"十二五"国家重点图书

国家出版基金项目

马克思主义基础研究和建设工程

经济学系列

百年论争

——20世纪西方学者马克思经济学研究述要

Debate over the Century

An Overview of Western Scholars' Research on Marxian Economics
in the 20th Century

中

主 编 顾海良

副主编 常庆欣

经济科学出版社

Economic Science Press

编 审 委 员 会 成 员

前　言

编写《百年论争——20 世纪西方学者马克思经济学研究述要》，是我们多年来一直努力在做的一项与马克思主义经济思想史教学和研究密切相联系的工作。从 2004 年开始筹划，到现在已经过去整整 10 年了！

自 19 世纪中叶马克思主义经济学形成以后，20 世纪是马克思主义经济思想发展经历的第一个完整的世纪。我们可以毫不夸张地认为，在 20 世纪的经济思想发展中，没有哪一种经济学说，能像马克思主义经济学这样，如此密切地贴近人类经济、政治和社会发展的实际，如此深刻地影响着百年来人类社会经济关系的发展，如此长久地萦绕在经济思想论争和探索的主题之中。回顾百年历史，作为一种指导思想，马克思主义经济学经历过凯歌行进的辉煌岁月，也曾度过如磐风雨摧折的艰难时辰，但却始终保持其强大的生命力和影响力；作为一种经济思想流派，马克思主义经济学既几度辉煌而展示其思想光彩，也受过多方"责难"而被宣布为"过时"的境地，但却一再"复兴"而永葆其思想活力和学术魅力。

在回顾 20 世纪马克思主义经济学的命运时，不免使人想起 20 世纪中叶西方一位著名的经济学家（同时也是一位顽固的马克思经济学的反对者）约瑟夫·熊彼特（J. A. Schumpeter），在感慨于马克思经济学的"伟大"时所说的一番话。他谈到："大多数智力或想象力的创作，经过短的不过饭后一小时，长的达到一个世纪的时间，就永远消失了。但有一些创作却不是这样，它们遭受几度隐没，复又出现，它们不是作为文化遗产中不可辨认的成分而出现，而是穿着自己的服装，带着人们能看到的、摸到的自己的瘢痕而重现。这些创作，我们完全可以称之为伟大的创作——这个把伟大与生命力联结一起的称谓不会不恰当。从这个意义上说，无疑这伟大一词适合于马克思的理论。"① 确实，马克思经济学正是在其曲折的发展过程中，显示其"伟大的"理论的和学术的感召力。

---

① 熊彼特著，吴良健译：《资本主义、社会主义和民主》，商务印书馆 1999 年版，第 43 页。

I

对 20 世纪这一百年间马克思经济学的历史发展作出回顾，探寻马克思主义经济思想发展的"历史路标"，对于我们理解马克思经济学的现时代意义是极其重要的。对 20 世纪马克思主义经济学的历史回顾，显然不能只限于中国学者的理论成就和学术成果，也要关顾国外学者，特别是西方学者的学术探索和理论建树。在我国学术界，马克思主义经济学研究视阈的"盲区"，就在于对西方学者关于马克思经济学的多方面、多视野研究的缺乏和偏见。特别是在经济思想史和马克思主义经济思想史的教学中，缺乏对西方学者研究成果的了解和理解，就难以对 20 世纪经济思想史和马克思主义经济学发展作出整体的理解，也难以对 20 世纪马克思主义发展历史作出整体的把握。这就是我们编写《百年论争》的初衷，也是我们力求形成《百年论争》特色的基本设想。

1. 对《百年论争》中涉及的"西方学者"的理解

《百年论争》注重于 20 世纪"西方学者"对马克思经济思想的研究，这里的"西方学者"，是一个较为宽泛的概念，不仅包括西方国家的马克思主义经济学的赞成者，也包括马克思主义经济学的反对者，还包括那些热心于"沟通"马克思经济学和西方主流经济学的研究者，以及那些自称"价值无涉"的所谓"纯粹学术性"的马克思经济学的研究者。这些由不同学术流派构成的"西方学者"，对马克思经济思想作出的不同方面、不同倾向、不同观点的解说和理解，对 20 世纪马克思主义经济学的发展起着不同的作用。特别是这些"西方学者"之间在不同方面进行的不同倾向和不同观点的交流、交锋和交融，对 20 世纪马克思主义经济学的发展更是起着重要的影响。

即使在赞成马克思主义经济学的"西方学者"中，学术倾向也色彩斑斓、学术观点更莫衷一是。如果从他们的政治立场、学术观点和研究方法等差异上来看，大体可以区分出三种主要的理论倾向或者说主要的理论流派的学者。

一是"正统的"马克思主义经济学家。这些学者在政治上大多参加本国的或国际的工人运动组织或类似性质的组织、团体，有的甚至是这些组织、团体的领导人和主要的理论家。在理论研究和学术探讨中，这些学者自视能坚持马克思的唯物史观和剩余价值理论，能坚信资本主义必然灭亡和社会主义必然胜利的历史发展趋势，能在坚守马克思经济学基本原理的前提下研究和探讨问题。但是，在一些重要的理论结论及主要的研究方法上，他们则从属于他们所在的组织、团体的理论上的需要，为他们所在的组织、团体的路线、方针或政策寻求理论根据。如莫里斯·多布（M. Dobb）自 20 世纪 20 年代末之后的 40 余年间，一直是英国共产党的重要理论家；埃内斯特·曼德尔（E. Mandel）在 20 世纪 60 年代以后，一直是"第四国际"的重要理论家之一。

二是"激进的"社会主义者或"新"马克思主义经济学家。他们自认为也能够坚持和运用马克思经济学原理，分析和研究当代资本主义和社会主义经济制度和经济关系。在政治上，他们同西方国家的工人运动和政党组织，只在理论研究论题上有着某种联系，在组织上并不相关。他们中的一些人，早年可能参加过某种无产阶级政党或激进的政治组织，但后来就完全与之相脱离了；还有一些人至多只是通过某些"在政治上基本是边缘性的团体"，而同有组织的工人运动保持某些联系。在学术观点上，他们一般都认为："第二国际和第三国际在理论上的推动力现已耗尽，理论上的停滞只有通过新的探讨才能加以克服，这种新的探讨既包括直接回到马克思那里，也包括直接同资产阶级理论的对抗。"① 在研究方法上，他们与西方其他马克思主义经济学家相比较，更强调对马克思经济学的"重新研究"（restudying）和"重新塑造"（reshaping）。他们试图在对当代资本主义社会制度和经济关系的研究中，既主张恢复马克思经济学的"传统"，更倡导"马克思主义必须对世界作出重新解释，并在这一重新解释中，批判它过去已经提出的旧的解释"。② 在这一类型的学者中，最有影响的有保罗·巴兰（P. Baran）和保罗·斯威齐（P. M. Sweezy）。

三是"教授的"或"校园的"马克思主义经济学家。他们最大特点在于，自认为是以"纯粹"的学者、教授来看待和研究马克思经济学的。他们与西方国家的任何具有政治性质的组织或团体没有丝毫的联系；在学术探讨上，他们也不打算为认识当代资本主义和社会主义经济关系提供什么新的理论见解和思想基础。他们主张"赞成"（for）马克思经济学的科学成就、"反对"（against）马克思经济学本身的缺损和对马克思经济学的非科学的理解，包括剔除他们认为的马克思经济学中的已经"过时"或者"被扭曲"的成分。持这种倾向的较有影响的学者及著作有：M. C. 霍华德（M. C. Howard）、J. E. 金（J. E. King）及他们合著的《马克思主义经济思想

---

① 格·哈达赫（G. Hardack）：《社会主义经济思想简史》，伦敦爱德华·安诺出版公司 1978 年英文版，第 60 页。

② Sweezy, Paul M., Review of the Month: Marxism and Revolution 100 Years after Marx, *Monthly Review*, Vol. 34, No. 10, March 1983.

史》（两卷本）；安·布鲁厄（A. Brewer）及他的《马克思主义的帝国主义的理论：一个评论性的考察》；查里斯·巴罗纳（C. A. Barone）及他的《马克思主义的帝国主义思想：总结和评论》等。

对"西方学者"中的那些马克思经济学的反对者，从其理论倾向上，也可以作出类似的理解。卡尔·屈内（Karl Kühne）对"学术圈"内马克思经济学反对者的理论倾向分为四类。第一类是那些讨论马克思的著述是为了驳斥马克思并指责他的固有的错误的经济学家，其中重要的有庞巴维克（E. von Böhm－Bawerk）、萨缪尔森（P. A. Samuelson）等。第二类是那些追随罗宾逊（J. V. Robinson）夫人的"著名评论"的经济学家。罗宾逊夫人的"著名评论"就是，"向一个被认为是科学家的经济学家学习，必须把他对经济体系进行的描述中有效的内容和他服务于自己的意识形态而进行的公开的或无意识的宣传区分开来"①。这一经济学家群体在贬斥马克思经济学在社会和政治领域阐述的重要原则的同时，也力求使用马克思经济学思想内涵和结构中蕴含的启发性建议。第三类是接受马克思经济学提出的基本问题，从而也在很大程度上接受马克思主义经济学观点的经济学家，但他们并没有成为真正意义上的马克思主义者，这类经济学家中较为著名的有卡莱斯基（M. Kalecki）、里昂惕夫（W. W. Leontief）等。第四类是那些最初的思想源自于马克思主义经济学的经济学家，随后开始朝着其他的方向发展，有的越来越疏远了马克思经济学，这类经济学家中包括 M. 布朗芬布伦纳（M. Bronfenbrenner）和 R. L. 米克（R. L. Meek）等。

这里所说的"西方学者"，在马克思经济学理论倾向上的这些复杂组合，同20世纪马克思经济学命运的变化有着直接的关系。屈内指出：19世纪末和20世纪初以后的专业经济学家，试图忽视马克思已经不再是荣耀的标志，因为"试图忽视马克思的，并不是由那些真正伟大的经济学家作出的。比如，熊彼特、里昂惕夫和马歇尔（A. Marshall）等都对马克思的成就表示了极大的钦佩"②。屈内特别强调："必须注意到，马克思的思想曾在保守主义思想界引起过一定的反响。作为重要的保守分子，哈耶克（F. A. Hayek）就曾鼓足勇气承认，通过杜冈－巴拉诺夫斯基（M. I Tugan－Bara-

---

① Joan Robinson, Marx, Marshall and Keynes, Three Views of Capitalism, In Joan Robinson, *Collected economic papers*, Vol. 2, Oxford：Blackwell, 1960. P. 2.

② Karl Kühne, *Economics and Marxism*, Vol. 1, English Translation Edition, Translated by Robert Shaw, Macmillan Press Ltd 1979, P. 43.

nowsky）和施皮特霍夫（A. Spiethoff），他受到过马克思的影响。"① 屈内还认为："马克思主义理论中有一部分就是资本过剩理论，而真正继承了这一理论的，却是一位铁杆保守主义者冯·哈耶克，他略有反常地但却是坦率地承认自己受到过马克思的影响……重要的不只是注意哈耶克的保守主义的结论，而要看到他对繁荣和萧条的原因的分析，这种分析和马克思的分析非常接近。"② 即使是庞巴维克，他在强烈地批判马克思经济学理论体系相关内容的同时，仍然承认"在马克思体系的中间部分，逻辑的发展和连结呈现出一种令人赞叹的严密性和内在一致性……以其异乎寻常的逻辑连贯性，永远地确立了马克思作为第一流思想家的声誉。"③

2. 对《百年论争》凸显的"马克思经济学"的理解

《百年论争》着力于 20 世纪西方学者对"马克思经济学"或"马克思经济思想"研究的述评。应该清楚，马克思是马克思主义经济学的创立者，"马克思经济思想"或"马克思经济学"是马克思主义经济学的理论渊源，马克思主义经济学则是"马克思经济学"的理论流域。

"马克思经济学"或"马克思经济思想"的主要内容，就是马克思创立的经济学基本理论。这些基本理论构成马克思经济学体系的主要的和基本的概念、范畴和原理，是马克思实现的经济学科学革命的最显著的标识，也是马克思主义经济学理论体系的基本构件和主要支柱。显然，全面把握"马克思经济学"或"马克思经济思想"的基本原理，是全面理解 19 世纪 40年代及之后 40 年间马克思实现的经济学科学革命意义的基点，是认识一个半世纪以来马克思主义经济学体现的科学理论和科学精神的基础，也是现时代发展和拓新马克思主义经济学的基础。对"马克思经济学"或"马克思经济思想"基本理论的理解和研究的主要思路和方法之一，就是综合分析国内外学者有关马克思及马克思之后经济学基本理论的研究成果，以及依此而形成的各种理论流派和思潮，特别关注历史上有关的重要理论论争和新的理论探索，评价理论论争各方的主要观点、分析方法和学术背景、论争结果及其影响等。

与"马克思经济学"或"马克思经济思想"相对应的"马克思主义经

① Karl Kühne, *Economics and Marxism*, Vol. 1, English Translation Edition, Translated by Robert Shaw, Macmillan Press Ltd 1979, P. 44.

② Karl Kühne, *Economics and Marxism*, Vol. 2, English Translation Edition, Translated by Robert Shaw, Macmillan Press Ltd 1979, pp. 222–223.

③ Eugen von Böhm-Bawerk, *Karl Marx and the Close of His System*, New York：Augustus M. Kelley, 1949, pp. 88–89.

济学"，主要是指"把其方法论和研究建立在卡尔·马克思基础上的那些较为近期的经济学家的研究成果"。其中心论题，首先在于认为，"资本主义制度具有本质上的矛盾，这种矛盾指的是由资本主义制度结构产生的根本上的失灵，而不是某些和谐机制上表现出来的'不完善性'。"其次在于认为，"资本主义制度结构的核心是资本与劳动之间的关系，它在本质上是一种剥削关系。这种在其结构上对资本主义制度产生关键性影响的冲突，在各方面都得到了发展，在技术形式方面已发展到采取国家政策的形式。"再次在于认为，"对作为这一制度动力的资本积累，不能只从量上加以分析，它所引起的经济结构上的变化受到阶级关系的影响，反过来促进阶级关系尖锐化。"最后在于认为，资本主义制度尽管会发生一些变化，但"资本主义的根本逻辑仍然没有改变，它的历史可以区分为以一系列的特殊的阶级关系、技术、国家政策和国际结构为特征的不同阶段"①。这一界说表明，与"马克思经济学"或"马克思经济思想"相联系和区别的是，"马克思主义经济学"是指建立在"马克思经济学"或"马克思经济思想"基础上的、由马克思之后的马克思主义经济学家发展起来的经济学，是对马克思主义经济学派的基本理论取向的统称。

3.《百年论争》选择的十大理论主题的说明

《百年论争》不是依照西方学者所在的不同国家和地区，或者依照西方学者的理论观点、理论流派来展示他们对马克思经济学研究状况的，而是依照"马克思经济学"或"马克思经济思想"基本理论主题来展示西方学者对马克思经济学"论争"主线的。

《百年论争》将"马克思经济学"或"马克思经济思想"的基本理论分为十个主题，即马克思经济思想的历史地位与当代意义，马克思经济学的对象和方法，劳动价值理论，货币理论，剩余价值和利润，转形问题，资本积累和社会资本再生产理论，利润率趋向下降理论，经济危机理论，马克思与凯恩斯、斯拉法的比较研究。选取这十个理论主题的主要原因在于以下几个方面。

第一，这些理论主题构成马克思经济思想的基本原理和主要理论观点。在《百年论争》中涉及的十大主题，如劳动价值理论、剩余价值理论和资本积累理论等，构成了马克思经济学的精髓和理论支柱，这些主题同马克思

---

① 参见《新帕尔格雷夫经济学辞典·马克思经济学卷》，麦克米伦出版公司1990年版，第274页。

经济学在 20 世纪的几度"复兴"密切相关，是几次"复兴"的内在理论动因。屈内在对 20 世纪 60 年代中期马克思经济学在西方"复兴"原因的分析时认为，马克思经济学中存在着三个对现代经济学的发展可能产生不同影响的因素，是马克思经济学"复兴"的动因。这些因素，一是"马克思为现代宏观经济理论创建了基础"，二是"马克思不只是经济学研究中许多理论的先驱者，而且为继续发展这些理论奠定了基础"，三是"尽管马克思在未来的社会主义社会问题上保持了沉默，但是马克思至少是在《政治经济学批判大纲》中对远至自动化时代的社会制度变革进行了概略的叙述"①。这三个因素涉及的马克思经济学基本理论，就包含在以上提及的十大主题之中。

第二，这些理论主题呈现了 20 世纪西方经济学界对马克思经济学研究和论争的主要论题和脉络。如"转形"问题（The Transformation Problem），就是 20 世纪西方各经济学流派，包括西方马克思主义经济学学者和主流经济学学者多次探讨和激烈论争的理论主题。甚至可以说，"转形"问题论争的起伏跌宕，就是 20 世纪马克思经济学在西方命运多舛的写照，也是 20 世纪马克思经济学在西方发展的主要线索。

西方学者所谓的"转形"问题，指的是马克思在《资本论》第一卷和第三卷中论及的价值转化为生产价格的理论问题。在马克思经济学中，价值转化为生产价格的理论是劳动价值论和剩余价值论发展的综合成果。一方面，生产价格作为价值的转化形式，对其形成机制和形成过程的理解，是以劳动价值论为基础的，不理解价值实体、价值实现及其转化机制，就不可能搞清抽象层次上的价值向具体层次上的生产价格转化的逻辑过程；另一方面，生产价格中的平均利润是剩余价值的转化形式，离开了剩余价值理论就不可能搞清剩余价值到利润、利润到平均利润的内在转化关系。据此可以认为，转形问题论争实质上就是关于马克思劳动价值论和剩余价值论的地位及其意义的论争。

冯·博特凯维兹（L. von Bortkiewicz）在 1906 年发表的《关于马克思体系中价值计算和价格计算问题》和 1907 年发表的《对马克思〈资本论〉第

---

① Karl Kühne, *Economics and Marxism*, Vol. 1, English Translation Edition, Translated by Robert Shaw, Macmillan Press Ltd 1979, P. 5.

三卷基本理论结构的修正》的文章中，① 试图用一个联立方程组来完善马克思对价值到生产价格的量的转化关系的论述，特别是希望能找到一个数学模型，解决成本价格在按生产价格计算时的这种量的转化关系。博特凯维兹的论文在当时并没有产生什么影响，直到 1942 年保罗·斯威齐在《资本主义发展论》一书中重提博特凯维兹这两篇文章时，② 才引起了西方经济学界的关注。同时，斯威齐也提出一个新的联立方程组，对博特凯维兹的论述作出补充。1948 年 C. J. 温特尼茨（C. J. Winternitz）发表的《价值和价格：所谓转形问题的解决》一文，是英国马克思主义经济学研究者对博特凯维兹的第一次批判；莫里斯·多布 1955 年发表的《关于价值问题的探讨》一文、罗·林·米克 1956 年出版的《劳动价值学说史的研究》一书和同年发表的《关于"转形"的若干问题的探讨》一文，以及塞顿（F. Seton）1957年发表的《关于"转形问题"》一文，都对转形问题作出了新的论述。这一时期，对转形问题的探讨，大多以"补充"或"完善"马克思既有理论为基本出发点，因而更多的是马克思主义经济学圈子内的有着显著的"学术"取向的论争。

1960 年，斯拉法（P. Sraffa）的《用商品生产商品》的出版，使得转形问题的论争，"开始从对马克思的价值理论构建的技术性批判，转向试图证明对经济分析而言劳动价值论是不必要的，而且应当被抛弃"的论争。③ 西方主流经济学营垒内的新古典综合学派和新李嘉图学派，对转形问题提出了各自富有挑战性的论争。20 世纪 70 年代初，转形问题论争开始围绕价值理论的"可行性和重要性"展开，"参与争论的学者的数目和多样性、以及所考察的理论问题涉及的范围，都使得这次争论成为漫长的经济理论历史上最为显著的争论之一"④。

新古典综合学派的代表人物保罗·萨缪尔森，在 1971 年发表的《理解马克思的剥削概念：马克思的价值与竞争价格间所谓转化问题概述》等文，提出了他的"橡皮擦算法"，认为"马克思对工业再生产的模式的分析确实

---

① L. von Bortkiewicz, *Value and Price in the Marxian System*, International Economic Papers, 2, 1952, pp. 5 – 60; On the Correction of Marx's Fundamental Theoretical Construction in the Third Volume of Capital, In Sweezy (ed.) *Karl Marx and the Close of his System*, pp. 197 – 221.

② P. M. Sweezy, *Theory of Capitalist Development*, New York: Monthly Review Press, 1970; First Published 1942, pp. 112 – 25.

③ Ernest Mandel, Introduction, In Ernest Mandel, Alan Freeman (ed.), *Ricardo, Marx, Sraffa: The Langston Memorial Volume*, Schocken Books, 1985, P. xi.

④ Makoto Itoh, The Value Controversy Reconsidered, In *Radical Economics*, Edited by Bruce Roberts, Susan Feiner, Kluwer Academic Publishers, 1992, P. 53.

是原创性的"，但是，"马克思《资本论》第一卷的劳动价值论似乎是一种迂回，对于理解竞争条件下的资本主义是不必要的。而剩余价值理论对于不完全竞争和垄断竞争这两个重要问题的分析，也几乎或完全没有帮助。"①他在一定程度打破了从庞巴维克开始沿袭下来的认为马克思劳动价值论是错误的观点，转而认为劳动价值论是对于理解生产价格和一般利润率完全是"不必要的多余的。"萨缪尔森的研究同时受到赞成和反对劳动价值论的学者的质疑。1973 年，森岛通夫（M. Morishima）在《马克思的经济学》一书中，主要利用冯·诺依曼（J. Von Neumann）的线性规划技术，强调马克思的生产价格概念只有在产业是"线性相关"的情况下才是有效的，他以异质劳动和联合生产或固定资本时存在的理论上的困难为由，建议放弃马克思劳动价值论，用冯·诺依曼类型的理论模型替代它。1974 年，鲍莫尔（W. J Baumol）《价值转形：马克思的"真实"含义》一文用一种新的形式考察了转形问题，认为马克思转形问题的真实意图是用一个数学模型，说明通过竞争实现剩余在不同形式的资本之间收入分配的问题。② 这样，转形问题似乎成了纯粹的剩余价值的分配问题。

在新李嘉图学派中，1977 年，伊恩·斯蒂德曼（I. Steedman）在《依照斯拉法研究马克思》一书，试图根据斯拉法《用商品生产商品》中提出的基本理论和方法，附和萨缪尔森的观点，认为均衡价格能够按照斯拉法的方法，直接从实物量体系和实际工资的计算中得出，利润率和生产价格的确定，完全不必求助于价值和剩余价值理论，劳动价值论是"多余的"和"不必要的"。对转形问题论争的这些变化，"在年轻的西方学者中产生了一种意想不到的后果，这些学者现在意识到，马克思主义经济理论同新古典和新李嘉图主义经济学一样，可能值得进行数学分析。与此同时，他们被沿着斯拉法相同的思路进行的批判所感染"③。

这一时期的论争，转变为三种理论方法——新古典主义、新李嘉图主义和马克思主义学派的对抗，如伊藤诚（M. Itoh）认为的呈现出"三足鼎立"

---

① Paul A. Samuelson, Understanding the Marxian Notion of Exploitation: A Summary of the So-Called Transformation Problem between Marxian Values and Competitive Prices, *Journal of Economic Literature*, Vol. 9, No. 2. (Jun. , 1971), P. 408.

② Baumol, W. J. , The Transformation of Values: What Marx ' Really ' Meant: An Interpretation, *Journal of Economic Literature*, Vol. 12 (1), March, 1974, pp. 51 – 62.

③ Makoto Itoh, The Value Controversy Reconsidered. In *Radical Economics*, Edited by Bruce Roberts, Susan Feiner, Kluwer Academic Publishers, 1992, P. 59.

的局面①。对这三种基本方法、主要观点和根本立场的理解和把握，成为20世纪和21世纪之交探索转形问题的新的论争的关键。

应该看到，类似于转形问题（也包括劳动价值论、剩余价值论）这样的争论，在西方马克思主义经济学的学术氛围中才能出现。在这种氛围下，对马克思经济学基本理论的质疑、反对乃至攻击才可能完全地暴露出来，西方主流经济学娴熟的数理经济方法也能得到广泛运用。这种氛围，在当时苏联和东欧国家的经济学界是不存在的。当马克思经济学受到过多的非学术性的"保护"时，就难以在直面各种理论和学派的交流、交融和交锋中推进自身的发展。当马克思经济学缺乏现代分析手段时，就难以在理论经济学质态研究向量化分析的转变中实现自身的时代化。以西方经济学学术氛围为背景，展示马克思经济学主要论题论争的思想史过程，是切合于这一时期马克思主义经济学的历史发展的。

第三，这些主题突出体现了20世纪西方资本主义经济关系发展对马克思主义经济学提出的新的课题，如利润率趋向下降理论、经济危机理论等研究，都体现马克思主义经济学发展中"回到马克思"、"回到马克思经济学"的趋向。同时，这些主题也比较全面地展现了20世纪西方马克思经济学研究的新的趋势与倾向，如在对马克思与凯恩斯（J. M. Keynes）、斯拉法的比较研究中出现的"沟通"马克思经济学和西方主流经济学的倾向。

马克思经济学与凯恩斯经济学的关系问题，是20世纪60年代马克思主义经济学理论发展的主题之一。霍华德与金在对"凯恩斯是如何看待马克思"问题的阐述中曾经认为，凯恩斯在《就业、利息与货币通论》中三处提到过马克思，其中一处只是简单地承认马克思是"古典经济学"这一术语的首创者②；另一处凯恩斯描写了1820年以后李嘉图经济学是如何成功地排除了总需求不足这一观点："有效需求只能偷偷摸摸地生活在不入流的卡尔·马克思、西尔维·奥·格塞尔（Silvio Geseu）和道格拉斯（Douglas）少校的地下社会之中。"③ 这显然是对马克思的不敬重、深有偏见的说法。在最后一处，凯恩斯断言，与马克思不同，格塞尔已经明确地否定了"古典假设"（即萨伊（J. B. Say）定律）。格塞尔这样做，就使得

---

① Makoto Itoh, The Value Controversy Reconsidered, In *Radical Economics*, Edited by Bruce Roberts, Susan Feiner, Kluwer Academic Publishers, 1992, P. 53.

② John Maynard Keynes, *The General Theory of Employment, Money and Interest*, London：Macmillan, 1936, P. 3.

③ 约翰·梅纳德·凯恩斯著，高鸿业译：《就业、利息和货币通论》，商务印书馆1999年版，第37~38页。

马克思本人对古典经济学的批判变成多余的了；格塞尔的论著中包含了"对马克思主义的回答"。凯恩斯以游移不定的口气得出结论："我相信，在将来，人们从格赛尔那里学到的东西要比从马克思那里学到的为多。"①

在霍华德和金看来，凯恩斯对马克思并非一无所知，也不总是对马克思持蔑视的态度。在 1920 年和 1921 年间或者 1921 年和 1922 年间，莫里斯·多布在当研究生时，曾在凯恩斯的房间里读到一篇论述马克思与剑桥的政治经济学俱乐部的论文。多布回忆道，凯恩斯很赞许这篇论文，因为"他年轻时在一定程度上也喜欢非正统思想"②。凯恩斯在 20 世纪 20 年代以来的文章中，对马克思多有诋毁，提出过诸如"一个如此不合逻辑，如此空洞的教条怎么能对人的思想从而对历史事件有如此强烈和持久的影响"③ 的质疑等。但是，到 1933 年，大概在斯拉法的影响下，凯恩斯开始对马克思采取比较赞许的态度，在他关于古典货币理论的演讲中，婉转地提到马克思对实现问题的阐述，而且发现马克思和马尔萨斯在有效需求问题上的密切相似之处。

凯恩斯《通论》第一稿写于 1933 年。在第一稿中，凯恩斯对马克思作了近乎正确的理解。凯恩斯指出："合伙经济和企业家经济之间的区别，同卡尔·马克思所作的大量观察有某种关系——尽管其后他对这一观察的利用是相当不合逻辑的。他指出，在现实世界中，生产的本质并不像经济学家们通常所认为的那样，如 W－G－W′ 的情形，即把商品（或劳务）换成货币是为了获得另外的商品（或劳务）。这也许是私人消费者的观点，但不是商家的看法，后者认为是 G－W－G′ 的情形，即抛出货币换取商品（或劳务），是为了获取更多的货币。"凯恩斯接着指出，这一观点的意义在于：企业家对劳动力的需求，依赖于生产预期的可获利性，而不取决于对人类需求的直接满足。在一个长脚注中，凯恩斯作了进一步阐述。G′ 超过 G 的余额，是马克思的剩余价值的源泉。令人不解的是，在经济理论史上，那些数百年来以这种或那种形式用古典公式 W－G－W′ 反对 G－W－G′ 公式的异教徒们，或者倾向于相信 G′ 总是并且必然超过 G，或者倾向于相信 G 总是并且必然超过 G′，这要取决于他们生活的时期哪一种思想在实践中占支配地位。马

① 约翰·梅纳德·凯恩斯著，高鸿业译：《就业、利息和货币通论》，商务印书馆 1999 年版，第 366 页。

② Dobb Maurice, Random Biographical Notes, *Cambridge Journal of Economics*, Vol. 2, Issue 2, 1978, P. 117.

③ John Maynard Keynes, *The End of Laissez-faire*, London：Hogarth Press, 1926, P. 3.

克思与那些相信资本主义制度必然具有剥削性的人断言，G'余额是不可避免的；然而，相信资本主义内在地具有通货紧缩和就业不足发展趋势的霍布森（J. A. Hobson）、福斯特、卡钦斯或道格拉斯少校则断言，G 余额是不可避免的。但当马克思补充说 G'持续增加的余额，将不可避免地被一系列日益猛烈的危机或者企业倒闭和未充分就业所打断时，马克思正在逐渐接近不偏不倚的真理，可以推测，在这种情况下，G 一定会有余额。如果能够得到承认，我自己的观点至少可以有助于使马克思的追随者们和道格拉斯少校的追随者这两派达成和解，而不去理会那些不切实际空洞地相信 G 与 G'总是相等的古典经济学家们（按照凯恩斯对这一术语的独特用法，古典经济学家就是指萨伊定律的支持者）。①

但是，凯恩斯对马克思经济学的赞许并没有持续下去。霍华德和金认为，1934 年，凯恩斯又开始嘲笑马克思，认为马克思对资本主义历史命运的描述是不适合当时资本主义现实的。同年 11 月，他在一次广播讲话中指出："如果李嘉图经济学说破产了，马克思主义理论根基的一个主要后盾也将随之坍塌。"在同乔治·萧伯纳（G. Bernard Shaw）的通信中，他还坚持认为，马克思主义理论是建立在李嘉图（D. Ricardo）学说（即萨伊定律起作用）基础之上的。他不屑一顾地把《资本论》比作《古兰经》，认为它们都是无用的教条，并抱怨说人们对于《资本论》的争议是"乏味的、过时的和学究气的"。凯恩斯的结论是："《资本论》在当代的经济价值（排除一些偶然的但却非建设性的和不连贯的思想火花以后）是零。"②

《百年论争》把马克思和凯恩斯、斯拉法的比较研究作为一个专门的主题，就是为了了解 20 世纪西方学者"沟通"马克思经济学和主流经济学的过程和主要论题、基本倾向和取向等问题，拓展对马克思经济学在 20 世纪理论影响的理解。

第四，也许是最重要的，这些理论主题（除去关于"马克思经济思想的历史地位与当代意义"和"马克思与凯恩斯、斯拉法的比较研究"之外），都是马克思《资本论》第一卷到第三卷理论叙述部分的重要问题，甚至《百年论争》各篇的程序，也体现了马克思《资本论》的理论逻辑。在这一意义上，《百年论争》也是对 20 世纪西方学者关于《资本论》研究的

---

① 凯恩斯：《就业、货币和利息通论》1933 年的草稿，转引自霍华德和金：《马克思主义经济学史（1929～1990）》，中央编译出版社 2003 年版，第 92～93 页。

② 凯恩斯：《凯恩斯先生答肖伯纳》，转引自霍华德和金：《马克思主义经济学史（1929～1990）》，中央编译出版社 2003 年版，第 93 页。

主要理论问题的述要。

需要说明的是，《百年论争》编写时间长达 10 年，期间数易其稿，在内容和结构上都做过许多次变动。为了集中于马克思经济学基本理论的研究，马克思经济学中有关资本主义经济的社会形态和制度、有关未来社会的基本特征及其过渡和转型问题等，都没有列入本书的主题之内。

4. 《百年论争》采取"述要"方式的说明

《百年论争》以"述要"的方式，展示 20 世纪西方学者对马克思经济思想研究的瑕瑜和得失。《百年论争》中的十个主题，涉及西方不同国家的、不同经济学流派的 200 多位经济学家的近 300 篇（部）著述中的观点。所谓"述要"，首先强调对不同学者所要论述问题的基本观点的陈述，以及不同学者在对同一理论问题论争中的不同观点及其分歧的陈述；在对这两个方面陈述的基础上作出简要的评论和评价。这样做的目的，主要是为了广大的研究者在进一步研究中有更大的空间，也是为了避免对不同的学术观点流于简单的"贴标签"式的评论。其实，"述要"的基本思路，在对《百年论争》十个主题的确定上，特别是在对每个主题的主要论题的梳理上、在对主要理论观点以及相应著述的选择上，已经得到较为完全的体现了。

总 目 录

第五篇　剩余价值和利润理论

第六篇　转形问题

第七篇　资本积累和社会资本再生产理论

第八篇　利润率趋向下降理论

第九篇　经济危机理论

第十篇　马克思与凯恩斯、斯拉法的比较研究

本 册 目 录

第五篇　剩余价值和利润理论

第七篇　资本积累和社会资本再生产理论

第五篇　剩余价值和利润理论

剩余价值理论是马克思一生科学研究中继唯物史观之后的第二个伟大发现。这一理论的创立，"使明亮的阳光照进了经济学的各个领域，而在这些领域中，从前社会主义者也曾像资产阶级经济学家一样在深沉的黑暗中摸索。科学社会主义就是以这个问题的解决为起点，并以此为中心的。"① 这一理论成为马克思《资本论》揭示资本主义生产方式奥秘的最基本的原理。

17 世纪中叶以后，资产阶级古典政治经济学家就对剩余价值如何产生的问题做过一定程度的研究。但是，"所有经济学家都犯了一个错误：他们不是就剩余价值的纯粹形式，不是就剩余价值本身，而是就利润和地租这些特殊形式来考察剩余价值。"② 例如，威廉·配第（W. Petty）和法国的重农学派都把地租当作剩余价值的一般形式。亚当·斯密尽管对利润、地租和利息等范畴首次做了系统研究，但他也没有把剩余价值本身当作一个专门范畴同它在利润和地租中所具有的特殊形式区别开来。李嘉图专注于利润和地租、利息之间的量的关系的探讨，也没有发现剩余价值一般范畴。经济学说史上诸多经济学家都犯有这个错误，除了他们的阶级局限性和缺少科学的劳动价值论之外，还在于他们所运用的方法论上的错误。这一个错误主要表现在两方面：第一，他们不能从经济现象中揭示出本质规定性，"他们都是粗略地抓住现成的经验材料，只对这些材料感兴趣"③；第二，他们只是孤立地看待经济运行中的个别现象，不能揭示出这些现象之间的内在联系及其转化关系，直接把剩余价值同更为具体的形式即利润、利息和地租等混同起来，由此产生了一系列不连贯的说法、没有解决的矛盾，甚至是荒谬的东西。

19 世纪 40 年代初，马克思在开始研究政治经济学时，也没有区分剩余

① 《马克思恩格斯文集》第 9 卷，人民出版 2009 年版，第 212 页。
② 《马克思恩格斯全集》第 26 卷第 I 册，人民出版社 1972 年版，第 7 页。
③ 《马克思恩格斯全集》第 26 卷第 I 册，人民出版社 1972 年版，第 72 页。

价值一般和剩余价值特殊，但是，马克思纠正了资产阶级古典政治经济学家在资本和利润问题研究中的非社会和非历史的错误倾向。他在《1844 年经济学哲学手稿》中已指出："资金只有当它给自己的所有者带来收入或利润的时候，才叫做资本。"资本是"对他人劳动产品的私有权"，是"对劳动及其产品的支配权力"①。他还证明，工资是异化劳动的直接结果，工资和利润的对立是资本对工人劳动占有、奴役和剥夺的结果。马克思对利润的社会历史性质的深刻认识，为他进一步探讨利润的一般性奠定了重要基础。随着马克思唯物史观的创立及其在政治经济学研究中的运用，特别是马克思政治经济学科学方法论的创立，使他能够站在无产阶级立场上揭示了资本、利润等范畴的社会历史性。

在《1857～1858 年经济学手稿》中，马克思第一次提出了剩余价值的概念。马克思以资本和劳动能力的交换作为考察资本主义生产过程的出发点，区分资本和交换的性质上不同的甚至相互对立的两个过程：一是工人拿自己的商品同资本家的一定的货币额相交换；二是资本家把交换来的"劳动本身"，在生产过程中作为一种生产劳动加以使用，使资本价值得到保存和增殖。之后，马克思进一步考察"资本作为资本的形式关系"中体现的"价值的简单保存"（或"预先存在的价值的保存"）和"价值增殖"的两重性问题。这一两重性，就是马克思后来在《资本论》第一卷称作的资本主义生产过程中劳动过程和价值增殖过程的两重性。在这一考察中，马克思首次提出了"剩余价值"概念。从资本主义价值的简单保存过程来看，资本主义商品价值只相当于生产商品的生产费用，这就是："产品的价值＝原料的价值＋劳动工具已被消耗的部分（即已转移到产品上的、扬弃了其原来形式的那一部分）的价值＋劳动的价值。或者说，产品的价格等于这些生产费用，也就是＝在生产过程中消费掉的各种商品的价格总和。"② 这里所说的"生产费用"，指的是商品生产中消耗的资本的价值部分。在资本现实运动中，这种生产费用构成资本生产过程的前提；在资本的理论逻辑中，这种生产费用范畴构成论述资本价值增殖过程的起始点。从"资本作为资本的形式关系"来看，资本是由价值构成的，资本所具有的物质实体和资本的价值规定毫无关系。在生产过程中，劳动改变的只是生产资料的物质实体，并不改变生产资料商品和劳动力商品中预先存在的价值，它们仍然是生

① 《马克思恩格斯文集》第 1 卷，人民出版社 2009 年版，第 130、129 页。
② 《马克思恩格斯全集》第 46 卷上，人民出版社 1979 年版，第 273 页。

产过程结束时的商品价值的构成部分。然而，要使预先存在的资本价值得到增殖，就必须使劳动能力使用所创造的价值大于劳动力自身的价值。马克思的结论就是："因此，价值所以能够增加，只是由于获得了也就是创造了一个超过等价物的价值。"① 马克思第一次把这一"超过等价物的价值"称作"剩余价值"。他指出："在资本方面表现为剩余价值的东西，正好在工人方面表现为超过他作为工人的需要，即超过他维持生命力的直接需要而形成的剩余劳动。"② 资本的使命就是创造这种剩余劳动，攫取剩余价值。

马克思在对资本主义生产过程的分析中，从利润、利息的具体形式中抽象出剩余价值这一内在的、本质的规定性，从而把剩余价值看作是利润和利息的纯粹形式，把剩余价值一般和剩余价值特殊完全区分开来了。马克思初步提出了剩余价值和利润的转化关系。他认为，"利润只是剩余价值的第二级的、派生的和变形的形式，只是资产阶级的形式，在这个形式中，剩余价值起源的痕迹消失了。"③ 这里的"第二级的"一词，不仅具有由原生的生产关系转化而来的意义，而且还具有在形式上脱离原生的生产关系，形成更高层次的"非原生的生产关系"的意义。利润作为剩余价值的"第二级的"转化形式，不仅说明剩余价值是利润的源泉，是利润的本质；而且还说明，在剩余价值转化为利润时，利润已较剩余价值具有更复杂、更具体的规定性。

自《1857～1858 年经济学手稿》到 1867 年《资本论》第一卷德文第一版出版的十年间，马克思为完善和发展剩余价值理论，做了坚韧不拔的科学研究，形成了在《资本论》中得以体现的理论体系。

马克思的剩余价值理论，探索资本主义生产方式的奥秘，是以他所创立的科学的劳动价值论为重要理论基础的。在《资本论》第一卷中，马克思把商品二因素理论运用于对资本主义经济中劳动力商品的分析，说明了劳动力作为商品，和其他商品一样也具有价值和使用价值两个因素，只不过劳动力的价值是由生产和再生产劳动力所需要的社会必要劳动时间决定的，从而是由"维持劳动力占有者所必要的生活资料的价值"决定的，而劳动力的使用价值所具有的特殊性则在于，它不仅能够创造价值，而且能够创造出比劳动力商品价值更大的价值。劳动力的使用所创造的价值和劳动力商品的价

---

① 《马克思恩格斯全集》第 46 卷上，人民出版社 1979 年版，第 286 页。
② 《马克思恩格斯全集》第 46 卷上，人民出版社 1979 年版，第 287 页。
③ 《马克思恩格斯全集》第 46 卷下，人民出版社 1980 年版，第 95 页。

值是两个不等的量，它们之间的差额就是被资本家无偿占有的剩余价值。马克思由此通过揭示剩余价值的来源而说明了资本主义生产方式的奥秘。

马克思把劳动二重性理论运用于对资本主义生产过程的分析，说明了资本主义生产过程的实质是劳动过程与价值增殖过程的统一。资本主义生产过程作为劳动过程，工人的具体劳动转移生产资料的价值；资本主义生产过程作为价值增殖过程，工人的抽象劳动一方面创造劳动力自身的价值，另一方面也为资本家创造了剩余价值。马克思把劳动二重性理论运用于对资本的划分，说明了资本可以区分为不变资本和可变资本。不变资本是由具体劳动转移的生产资料价值的资本；可变资本是转化为劳动力并在生产过程中通过抽象劳动能使价值增殖的资本。马克思对资本不同部分在价值增殖过程中的不同作用的分析，进一步揭示了剩余价值的真正来源，从而为考察资本对雇佣劳动的剥削程度提供了科学依据，表明这种剥削程度的就是剩余价值与可变资本之比，即剩余价值率。马克思由此通过揭示资本对雇佣劳动的剥削而说明了资本主义生产方式的奥秘。

在对劳动力商品和资本主义生产过程二重性分析的基础上，马克思深入考察了剩余价值生产的两种基本形式，即绝对剩余价值生产和相对剩余价值生产，并以简单协作、工场手工业和机器大工业这一历史发展为主线，考察了绝对剩余价值生产向相对剩余价值生产转化的历史过程。马克思认为，在资本主义生产方式确立初期，它还没有创造出相应的物质技术基础，不得不靠手工工艺的生产方法，资本家要加强剩余价值的生产，就只能采取比较原始的剥削手段——延长工作日，即靠绝对延长劳动时间以加强剩余价值的生产。随着资本主义机器大工业的产生和发展，手工劳动逐步被取代，资本家便主要采取加强相对剩余价值的生产方法——缩短必要劳动时间，依靠技术进步和加强劳动管理，从而在一定的工作日时间内降低劳动力的价值，即缩短必要劳动时间，以相对延长剩余劳动时间。与此相适应，劳动对资本的隶属关系也由形式上的隶属转向实际隶属；劳动对资本的实际隶属标志着资本主义经济关系已进入它的成熟阶段。马克思的这一分析已经预示着资本主义生产方式最终崩溃的内在的必然性。资本主义生产的目的是为了获取剩余价值，"生产剩余价值或赚钱，是这个生产方式的绝对规律。"[1] 马克思以对这个规律的分析，揭示了资本主义生产方式的本质及其表现出来的纷繁复杂的社会现象的实质。

---

[1] 《马克思恩格斯文集》第5卷，人民出版社2009年版，第714页。

剩余价值生产出来以后，必然要按一定的经济规律在整个资本家阶级之间进行分配。在《资本论》第三卷中，马克思对这一问题做了论述。在资本主义生产方式中，呈现在人们面前的利润和剩余价值是一回事，利润掩盖着剩余价值。因为剩余价值只同可变资本有关，利润则表现为资本家全部预付资本的比例。这就使剩余价值转化为利润，剩余价值率转化为利润率了。随之而来的是利润转化为平均利润，价值也转化为生产价格，其结果，利润的真正性质和起源就完全被掩盖起来，价值决定的基础也被掩盖起来。在揭示了平均利润和生产价格规律的基础上，马克思进一步探讨了利润的分割问题。由于商品资本独立化为商业资本，作为剩余价值转化形式的利润便分割为产业利润和商业利润，这种形式的分割是受平均利润率支配的。作为职能资本家，由于借用货币资本而以报酬形式支付给借贷资本家的一部分利润则表现为利息。马克思在阐明了利润的分割以后，考察了资本主义在农业中的发展和地租问题。他指出，资本主义地租不过是租佃资本家交给土地所有者的超过平均利润的那部分剩余价值，体现土地所有者和农业资本家共同剥削农业工人的关系。马克思揭露批判了"资本—利润、土地—地租、劳动—工资"的"三位一体"公式，指出这是现实社会经济关系的异化，是资本主义分配关系的转化形式。马克思由此通过揭示资本家阶级、土地所有者阶级共同瓜分工人阶级创造的剩余价值而说明了资本主义生产方式的奥秘。

剩余价值理论是马克思在科学研究上的伟大发现。这一评价首先是由恩格斯作出的，他对这一伟大发现内容的具体说法是：马克思发现了剩余价值，才"彻底弄清了资本和劳动的关系"，揭示了剩余价值的真正来源，揭开了现代资本主义社会内部资产阶级对无产阶级剥削的秘密，从而"发现了现代资本主义生产方式和它所产生的资产阶级社会的特殊的运动规律。"[①]恩格斯是从理解资本主义生产方式的理论功能上来肯定剩余价值的理论地位的，正是在这种历史的、社会的内在联系上，剩余价值理论的创立才是马克思经济学研究中的划时代的功绩之一。

---

① 《马克思恩格斯文集》第3卷，人民出版社2009年版，第601页。

第 22 章　剩余价值理论与剥削

曼德尔在其为《新帕尔格雷夫经济学大辞典》所撰写的卡尔·马克思词条中，阐述了马克思对剩余价值理论的一般看法。[①] 马克思自己也认为，他的剩余价值理论是他对经济分析的发展方面所作出的最重要的贡献。马克思运用他渊博的社会学和历史学学识，以剩余价值理论为基础，将资本主义生产方式放在当时的社会历史环境中去思考，发现了资本主义生产方式内在矛盾的根源，以及作为其基础的那些特定的生产关系的运行规律。

马克思的剩余价值理论指出了资本主义社会中劳动力市场平等交换关系掩盖下的资本家和工人之间权利不平等的实际情况，科学论证了资本家凭借在政治和经济方面的优势总是可以无偿占有工人剩余劳动的事实。但是，新古典经济学家们通常不这样认为。罗默的分析差不多包含了所有对马克思经济学持否定态度的分析所具有的特征，如新古典经济学的方法、纯粹技术的分析手段等等。

22.1　对剩余价值和利润理论的一般理解

西方马克思主义经济学者一般都认为，在马克思的剩余价值理论中，资本主义经济关系的根本性质在于，资本主义生产是为了获取利润这一目的和动机。在曼德尔等一些学者看来，马克思的阶级理论基于这样一种认识，即在各个阶级社会中，总是部分社会的统治阶级占有社会剩余产品。但是，这种剩余产品可能采取三种性质根本不同（或三者结合的）的形式。一是可能表现为直接无偿占有剩余劳动，如奴隶制生产方式、封建社会的早期或某些亚细亚生产方式。二是在封建制度下，封建地租是用一定数量的农产品（农产品地租）或是采用佃租（如谷物分成）这种较为近代的形式来支付

---

① 曼德尔，"卡尔·马克思"——《新帕尔格雷夫经济学大辞典》词条，载伊特维尔等编:《新帕尔格雷夫经济学大辞典》第 3 卷，经济科学出版社 1996 年版，第 404～406 页。

的，剩余价值可能表现为统治阶级以纯粹使用价值的形式（剩余劳动产品）占有产品。三是可能采用货币形式，如封建社会末期的货币地租形式以及资本主义的利润。剩余价值的实质就是货币形式的社会剩余产品，或者说是剩余劳动的货币产品。因此，它和所有其他形式的剩余产品一样都源自无偿劳动。全部的社会产品（净国民收入）是在生产过程中产生出来的，而市场活动实际上是对已经创造出来的东西进行分配或再分配。剩余产品以及它的货币形式即剩余价值，是社会新产品（或社会净收入）在扣除生产阶级得到补偿（在资本主义制度下即指他们的工资）之后的剩余部分。这种统治阶级收入"扣除"论，本质上就是一种剥削理论，这不是就这个词的道德意义而言，而是就其经济意义而言的。统治阶级的收入最终归结为无偿劳动的产品，这就是马克思关于剥削理论的核心所在。这也是为什么马克思如此重视在利润（利润又分为工业利润、银行利润、商业利润等等）、利息和地租之上把剩余价值作为一个总范畴来对待的原因所在。而利润、利息、地租等都是雇佣劳动创造的全部剩余产品的一部分，正是这一总范畴解释了以剩余价值为生的统治阶级的存在，以及资本主义社会阶级斗争的根源。因此，对利润源泉的阐述，构成了马克思剩余价值理论的核心部分。

马克思揭露了剩余价值产生的经济机制。资本主义生产方式的前提条件是劳动力变为商品，和所有别的商品一样，劳动力商品也具有交换价值和使用价值。如同其他所有商品的交换价值一样，劳动力商品的交换价值等于它所体现的社会必要劳动时间，也就是再生产劳动力所需的花费。商品劳动力的使用价值是它创造新价值的能力，包括创造比它本身再生产所需的成本更高的价值的潜力。剩余价值就是劳动力商品创造的全部新价值和它自身价值（即再生产成本）之间的差额。

因此，马克思的整个剩余价值理论就建立在"劳动力"和"劳动"的精微的区分上。资本家并不购买工人的"劳动"，因为工人的工资明显低于他在生产过程中使原材料价值增值的总值。资本家购买的是"劳动力"，购买的是劳动力真正意义上的使用价值。这是由于这种社会制度注定首先要把工人的生产能力变成商品，然后在这一以不平等为特征的特殊的市场（劳动力市场）上出卖劳动力。因此，在资本家预付货币资本购买劳动力和生产资料时，只是他所购买的劳动力这一特殊的商品，才为资本家带来剩余价值，即利润，它实际上不过是一种应当归工人的，未支付给工人的无酬劳动。

资本家购买劳动力，劳动者使用原材料和工具（机器、厂房等）带来了价值增殖。在一定时间内，如果价值增加的部分低于或等于工人的工资，就不会产生剩余价值。在这种情况下，资本家根本不会有兴趣雇佣劳动力。使用雇佣劳动力只是由于雇佣劳动具有使原材料的增殖高于其本身价值（即他的工资）这一特点（使用价值）。这部分"额外的增殖"（全部"增殖"和工资的差额）正是剩余价值。在生产过程中，剩余价值生产是资本家雇佣工人以及资本主义生产方式存在的先决条件。资本主义生产方式是以普遍的商品生产及市场经济为基础的，这就使劳动力市场上存在着制度上的不平等。劳动者没有资本，在经济强制下只能出卖他仅有的商品——劳动力，而且是一直不断地出卖。在这样的结构中，个人具有的真正的经济上的选择自由，只不过是决定是否把自己的劳动力出卖给他人（或公司）的自由。

当资本家采用一般价值形式或货币进行成本—收益计算时，即资本主义生产是资本家投入一笔货币，但不是按照劳动的价值，而是按照劳动力的价值来购买劳动，也就是说，当所有的商品价值都是由劳动的价值决定时，资本家再按照劳动的价值出售商品，就将得到剩余价值或增加的货币。这种以货币形式或价值形式进行的交换与物物交换是完全不同的，它表明生产和交换并不是为了消费，而只是为了价值增殖或剩余价值。借助于在价值基础上形成的价格中介，剩余价值也就采取了利润的货币形式，即利润是劳动创造出来，但被生产资料所有者占有的剩余价值的货币形式。对此考斯塔概括说："这也就可以清楚地表达马克思所一贯坚持的观点：利润的源泉在于占有货币资本的资本家拥有资本主义生产方式的所有权，因而可以迫使雇佣工人进行剩余劳动。"[1]

罗宾逊夫人也指出，如果按照社会关系来理解剩余生产，那么，资本主义的特殊性质就在于生产中榨取剩余产品的方式。她举例说，在奴隶社会，奴隶主占有奴隶劳动成果的方式对一切人都是显而易见的；同样，在早期封建经济中，农奴每天要有一部分时间为地主劳动，于是地主直接得到农奴超过他们需要用来养活自己那一部分的劳动剩余产品的好处；在资本主义经济中，榨取剩余产品的方式却被工资和价格的表面现象掩盖了，就好像工资和价格是在市场上自由议价决定的一样。罗宾逊夫人接着指出，正是马克思透过这些表面现象发现了其中隐藏的秘密。马克思首先接受了古典学派的理

---

[1] Costa, G. C., *Production*, *Prices and Distribution*, University of Bombay Press, Bombay, 1980, P. 258.

论，认为商品的价值是由生产商品的社会必要劳动时间决定的，商品交换实行等价交换。这也就意味着，只有劳动才创造价值。从这一点推论，由于一切商品都是按照它们的劳动价值进行交换的，那么，劳动这一商品（马克思称为"劳动力"商品），也必须按照它的劳动价值进行交换，也就是说，劳动力价值是生产维持工人最低生活所必需的商品的劳动时间决定的，于是，劳动就有了生产大于它本身价值的独特性质。

可见，在资本主义条件下，生产的任何商品的价值都可以分成三个组成部门。其中，第一部分仅表示生产方式的价值，例如机器和原材料，这些代表着"储存劳动"或"死劳动"，由于它"在生产过程中并不改变自己的价值量"①，因此被称为"不变资本"，以符号 c 表示。第二部分就是补偿生产中所使用的劳动力价值的那一部分，马克思将其称为"活劳动"，它由工资基金来表示，也就是说，由维持工人生产和再生产所必需的生存资料的价值决定；同时，在一定意义上，它要经历一个价值的变化过程，因为"它再生产自身的等价物和一个超过这个等价物而形成的余额，剩余价值。这个剩余价值本身是可以变化的，是可大可小的。这部分资本从不变量不断转化为可变量"②，所以这个第二部分又被称为"可变资本"，以符号 v 表示。第三部分就是剩余价值本身，以符号 m 表示。这样，一个商品的总价值 W 也就可以按下式列出：

$$W = c + v + m$$

对于这个公式的应用范围，斯威齐认为，它不只限于单个商品的价值分析，而且也可以直接加以引申，从而包括一个企业或任何一群企业乃至包括整个经济社会在一定时期内（比如说一年）的产量。对此，斯威齐作了两个简单的注释：第一，必须注意，上列公式实际上是现代股份公司的收益表的简式。总价值 W 等于销售总收入，不变资本 c 等于原料开支加折旧，可变资本 v 等于工资和薪金的支出，而剩余价值 m 等于可以当作利息和红利来分配或用于企业再投资的收入。因此，马克思的价值理论的最大优点就在于，它和资本主义工商企业的实际会计范畴相吻合，这也是它不同于其他价值理论的地方。第二，如果把这个公式引申到社会整个经济，它就为我们提供了一个概念体系，以利于处理通常所谓的国民收入的问题。③

---

①② 《马克思恩格斯文集》第 5 卷，人民出版社 2009 年版，第 243 页。
③ 保罗·斯威齐著，陈观烈、秦亚南译：《资本主义发展论》，商务印书馆 1997 年版，第 82 页。

马克思经济思想中剩余价值和剥削之间的关系是西方学者争论的核心问题。大多数新古典经济学家直接从否定劳动价值论出发，证明剩余价值理论是无效的，从而证明马克思的剥削理论是站不住脚的。马克思主义者关注的往往并不是剩余价值理论本身，他们把更多的精力放在论证资本主义剥削的存在及其机制上。

22.2 罗默对剥削的研究

罗默在 1982 年出版的《剥削和阶级的一般理论》一书中①，运用新古典经济学理论和数学中的博弈论，借助于分析哲学的方法，把马克思的剥削理论放在更一般化的历史条件下来考察，从而提出了一般的剥削理论。这一理论可以对任何形式的剥削概念——封建主义的、资本主义的或社会主义的剥削概念——进行解释。罗默对一般剥削理论的论述，主要见于他 1982 年发表在《计量经济学》杂志上的论文《剥削和阶级的起源——前资本主义经济的价值理论》。另外，他 1980 年发表在《计量经济学》杂志上的《马克思经济学的一般均衡方法》和 1982 年发表在《经济学杂志》上的《剥削、选择和社会主义》等文章，对这一理论作了多方面的补充论述。

20 世纪 80 年代初，罗默发表《剥削和阶级的起源——前资本主义经济的价值理论》一文的背景在于，当时非马克思主义的概念和观点，特别是分析哲学的、建立数理模型的、现代心理学的和新古典经济学的概念和观点，被频繁地运用于马克思经济学分析。罗默本人恰好擅长这样的分析，同时，当时也正处于苏东剧变前夕，西方学术界对社会主义问题的讨论非常热烈，"现实存在的社会主义"（actually existing socialism，really existing socialism）、"真正的社会主义"（real socialism）等成为众多学者在讨论社会主义问题时经常使用的术语。在罗默看来，当代社会主义国家内的政治行为，"民主的匮乏"问题，如果不是一个普遍性的问题，至少也是一个十分严重地存在着的问题。社会主义经济虽然出现了某些市场化的发展态势，但其他存在的问题也是不可忽视的，比如"低效率"、"物质刺激"等问题广泛存在。包括罗默在内的一批学者在思考：难道经典的马克思主义给人们作出预期的东西，就是人们在当代社会主义已经见到的东西吗？罗默的回答是否定的。

---

① John E. Roemer, *A General Theory of Exploitation and Class*, Cambridge University Press, 1982.

正是在上述背景下，罗默开始对社会主义经济、对马克思主义经济学作出自己的分析。在《剥削和阶级的起源——前资本主义经济的价值理论》一开始罗默就说明，他选择剥削这个概念作为分析的重点，是因为剥削概念是马克思分析资本主义经济的基石，"为了理解我为什么要选择构成一个一般的剥削理论的方式来研究当代社会主义问题，人们就必须回过头去看马克思在研究资本主义时是如何面对这个问题的。"① 罗默认为，马克思就是在解答自由资本主义历史条件下的这个问题中，形成自己的价值理论和剥削理论的。在罗默看来，马克思建立自己的价值理论的目的是要表明，在资本主义背景下，交换不是强制性的，而是竞争性的，商品的交换也是按照它们的价值来进行的。马克思的剥削理论又是基于其劳动价值理论，即剥削也就是对被剥削者在剩余劳动时间内所创造的剩余价值的一种剥夺。在马克思看来，这样的剥削之所以存在的前提，就是资本主义制度中生产资料私人所有权。如果生产资料被国有化了，处在工人阶级的控制之下，剥削也就变得不可能了。换言之，资本主义剥削的前提就不存在了。罗默指出，如果按照马克思经典的剥削理论来思考问题，那么，当代社会主义社会的剥削现象就已经消失了。然而，假如人们引申出这样的结论的话，他们又如何理解当代社会主义国家的政治行为，如何理解这些社会中存在的不平等的现象呢？罗默认为，按照马克思的历史唯物主义理论，政治、社会生活中的不平等归根到底是由经济生活中的不平等所导致的。那么，这是否意味着当代社会主义国家中仍然存在着经济上的剥削现象呢？如果回答是肯定的，那就不能像马克思那样，把剥削仅仅理解为在资本主义条件下独有的现象，而应该以更一般的方式来理解剥削理论。换言之，就应该提出一个一般的剥削理论，使之适应各种不同的社会形态，也包括当代社会主义形态在内。

罗默在对一般剥削理论展开论述前，对自己选择的具体的分析方法作了说明。他认为，在试图克服马克思主义的理论危机时，当代马克思主义者惯用的方法存在两个典型的错误：第一，他们认为，既然所讨论的这些社会主义国家显露出种种弊端，那么他们本来就不是真正意义上的社会主义国家。这种方法的缺点是，它没有解释力。"社会主义"被断定为一系列结果，而不被理解为一种生产方式。这样的探讨方法，实际上是对所要探讨的问题本身的回避。第二，他们在解释当代社会主义国家出现的种种现象时，分析的

---

① John E. Roemer, Origins of Exploitation and Class: Value Theory of Pre-capitalist Economy, *Econometrica*, Vol. 50, No1. January, 1982, P. 163.

视角无一例外是政治学的或社会学的，而不是经济学的或唯物主义的。罗默认为，解答当代社会主义国家中出现的各种问题，使马克思主义从理论危机中走出来，归根到底应该使用经济学术语。也就是说，在回答"为什么"的问题时，始源性的术语应该是经济学的。

既然是一般剥削理论，就意味着假定所有社会形态中都应当存在剥削。罗默从对前资本主义经济的分析开始。罗默所分析的前资本主义经济，主要包括奴隶制经济和封建制经济。罗默认为，这种前资本主义经济模式，没有"资本主义的许多特征"、"是一种简单经济"，因为经济代理人的主要目标是"生存"而不是"积累"①。在奴隶制和封建制经济中，社会分为富裕的剥削阶级和贫穷的被剥削阶级，根本原因在于"存在强制性的劳动交换制度"②。罗默认为，困扰马克思的问题是："（资本主义）劳动交换制度不是强制性的，然而一个阶级变得富裕，另外的仍然是贫穷的。"③ 这就是说，在不存在强制性劳动交换的情况下，是什么导致了剥削呢？罗默指出，"某种劳动交换制度、经济剩余的生产和生产资料的私人所有"这三种条件的存在，使剥削成为可能。社会主义国家既然取消了私人财产所有权，那么剥削应该消失，但是，在社会主义国家，依然存在着社会分层、阶级以及不平等的现象。在这种情况下，马克思的理论不再适用，因为生产资料已经公有。因此，需要有一个适用于社会主义的剥削理论。罗默的论证思路是这样的，如果表明马克思所论述的古典制度条件不存在时，剥削也存在，那么这意味着剥削这种现象是更加一般性的现象，特别意味着当资本主义制度生产资料私人所有取得特征不存在时，建立一种适用于社会主义的剥削理论的可能性。因此，罗默并不是要建立一种真正的一般性的剥削理论，主要目的"不是提出一种这样的一般性理论，而是作一个这种研究的导言。"④

通过对简单经济中存在剥削的研究，可以证明剥削比马克思主义者所认为的更具一般性。在马克思所论述的剥削的三个必要条件缺失两个条件时，剥削仍然存在。在这种简单模型中加入劳动力市场，可以发现阶级是内生的。在这个模型中，社会分化为不同阶级是某种劳动交换制度存在的后果吗？或者说，这种分化能由其他方式产生吗？罗默接着建立了一个没有劳动力市场，但是存在信贷市场的模型，证明在存在信贷市场的经济中，阶级分

①② John E. Roemer, Origins of Exploitation and Class: Value Theory of Pre-capitalist Economy, *Econometrica*, Vol. 50, No. 1. January, 1982, P. 163.

③④ John E. Roemer, Origins of Exploitation and Class: Value Theory of Pre-capitalist Economy, *Econometrica*, Vol. 50, No. 1. January, 1982, P. 164.

层几乎和存在劳动力市场时的阶级分层一样。这样的类比分析表明，劳动力市场，或者任何一种劳动交换制度，对于阶级分层产生都是不必要的，而马克思认为阶级分层是生产中一个劳动群体对另一个劳动群体直接剥夺的唯一后果。

罗默首先建立了一个没有劳动力市场的私人产权、生存经济模型。这个简单模型的目标是证明，在一个经济体中，既不存在资本市场，也不存在劳动力市场，那么人们对剥削的指责既不能基于劳动力市场，也不能基于资本市场。在这一经济中，剥削与不平等的结果将作为生产资料私有权的后果而出现，更直接地依赖初始财产分配的不平等和普通的商品交换的存在。

这个模型的关键启示是，在社会分为剥削者和被剥削者这个情况出现时，既没有经过劳动力市场，也没有经过资本市场，它只不过是不平等的初始财产和交易的结果。这个简单经济的模型证明了以下两个观点：第一，虽然存在剥削，但不一定非要有剩余产品。第二，更为重要的是，即使不存在某种劳动交换制度时，也能存在剥削。剥削只是通过生产出来的产品的交换这一中介产生的。罗默的模型说明，剥削是通过商品交换这个市场中介形成的，和马克思意义上的生产中的劳动过程没有必然关系。用罗默自己的话说："这个模型展示的是，即使在生产过程中不存在剩余价值占有，剥削也有逻辑上存在的可能性。"[1] 罗默分别分析了存在劳动力市场的生存经济的模型和不存在劳动力市场但存在信贷市场的模型。

罗默的模型始终建立在以下思想基础之上：阶级地位不是外生给定的，阶级的出现是最优化的结果，即在初始资产既定的情况下最大化其效用的结果（因为是生存经济，在服从生存约束的条件下为最小化所花费的劳动），也就是说，在经济均衡中，如同人的特性一样，阶级是内生的。

罗默证明，在简单商品生产条件下，不存在劳动力市场，就没有雇佣劳动，生产者都是小资产阶级成员，从而也没有阶级存在，但是可以产生剥削，资本主义剥削不一定包含着雇佣劳动，劳动力市场的出现强化了阶级结构。但是，劳动力市场的存在，也不是阶级出现的充分条件，信贷市场可以达到同样的功效。罗默认为，资产的不平等分配是产生剥削的主要因素，与劳动力市场比较，在某种程度上，信贷市场在剥削产生过程中的作用更加明

① John E. Roemer, Origins of Exploitation and Class: Value Theory of Pre-capitalist Economy, *Econometrica*, Vol. 50, No. 1. January, 1982, P. 170.

显。但是，罗默断定，竞争性市场和不同的生产资本所有权是阶级和剥削产生的关键的制度因素，而劳动交换却不是。[①]

为了理解罗默的剥削理论，应当把罗默放在分析的马克思主义或理性选择的马克思主义的背景下考察。分析的马克思主义有三个特征：一是自认为高度关注马克思主义的理论精髓和清晰表述；二是在分析马克思著作时使用的是非马克思的，如分析哲学的、建立数理模型的、新古典经济学的和现代心理学等概念与方法；三是特别强调从决策者的理性行为推导出马克思关于社会—经济体系的命题。

罗默的剥削理论存在如下一些缺陷：第一，罗默的分析是非历史性的，只是一种抽象推导的理论；第二，罗默的剥削理论是建立在劳动价值论的基础之上的，但他却不承认劳动价值论；第三，罗默认为，尽管产权和劳动过程都会决定剥削，但产权的作用更大。这一点，需要提到罗默在《自由的丧失》一书中谈论的初始分配问题。[②] 他认为，抢劫和掠夺、不同的时间偏好率、企业家能力、冒险倾向和运气等对初始分配都有影响。马克思更多强调的是，资本原始积累时期抢劫和掠夺发挥更大的作用。传统马克思主义者认为，第一，罗默列出了所有的条件，而且这些条件可能不是同一层次的范畴，他们有时候坚称罗默在分析剥削根源时是一个不可知论者。第二，和马克思一样，罗默坚持认为，没有生产就不会有剥削，但罗默忽视了生产过程中的劳动关系。第三，马克思通常从普遍联系的视角来思考问题，但在罗默的分析中，假定劳动力市场和信贷市场具有同构性，制度结构的变化不会引起剥削的变化，生产过程不受任何市场运作类型的影响，在这些评价中，前面三种可以被称为用马克思经济学来重新审视罗默，后面三种其实更多是用罗默使用的现代方法对罗默的利润理论进行考察得出的介评。

22.3　剥削、替代选择和社会主义

罗默在 1982 年《经济学杂志》上发表的《剥削、替代选择和社会主

---

① John E. Roemer, Origins of Exploitation and Class: Value Theory of Pre-capitalist Economy, *Econometrica*, Vol. 50, No. 1. January, 1982, P. 185.

② Roemer, *Free to Lose: An Introduction to Marxist Economic Philosophy*, Harvard University Press; First Edition edition, 1988.

义》① 一文中，探讨了社会主义社会人们是如何理解诸如不平等、阶层和阶级的形成以及剥削问题的。罗默关心上述问题，是因为他认为，马克思主义者并没有提出被人们广泛接受的有关社会主义社会中阶级和不平等发展的理论。也许更值得注意的是，并不存在广泛接受的社会主义国家政治行为的理论。例如，当两个社会主义国家之间发生战争时，许多甚至是大多数马克思主义者的反应是，交战的双方中至少有一方不是社会主义国家。"这种观点不仅是同义反复，而且也是不科学的：既然社会主义国家间从来不会彼此开战，那么，这个重要假设（即两国都是社会主义）必然是错误的"②。

　　罗默指出，社会主义国家之间战争的例证指出了马克思主义理论面临的危机的本质："产生于 19 世纪末的旨在解释 19 世纪资本主义发展的马克思主义理论，对于解释 20 世纪晚期的社会主义社会（或许还有资本主义社会）并无裨益"③。例如，对苏联社会性质的看法，它是一种社会主义、资本主义、国家资本主义，还是一个过渡时期？该如何界定这一概念？马克思主义者的回答并不一致。罗默认为，"可以从马克思主义研究资本主义的方法中得到启示：先定义一个关于社会主义社会剥削的概念，并由此出发得到一个关于阶级的理论，最后把社会主义社会的政治理论作为阶级理论的推论"④。罗默的《剥削、替代选择和社会主义》一文试图用上述方法来解决这一系列问题，建立剥削的一般理论，而社会主义剥削则是它的一个特例。

　　罗默认为，与社会主义经济相关的剥削理论的提出，与马克思在提出资本主义经济剥削理论时面临的问题是相同的。马克思面临的经济问题是解释资本主义总体意义上的不平等是如何在以自愿交换为特征的经济中再生产出来的。在封建制和奴隶制经济中，在剩余占有上没有什么神秘之处，因为劳动交换制度是强制性的，人们可以清楚地说农奴和奴隶的劳动是因这种社会关系被强制剥夺的。在资本主义社会，劳动交换制度是非强制性的，人们怎么能够说剥削或任何商品（包括劳动力）的占有呢？罗默认为，马克思的努力在于通过提出价值理论解决这个悖论，价值理论主张"尽管劳动交换制度是非强制性的，但是交换是剥削性的"⑤。因此，马克思认为，当放松劳动交换制度是强制性的这一要求时，剥削仍然是一种强有力的现象。"正

　　① John E. Roemer, Exploitation, Alternatives and Socialism, *The Economic Journal*, Vol. 92, No. 365, 1982, pp. 87 – 107.
　　②③④⑤ John E. Roemer, Exploitation, Alternatives and Socialism, *The Economic Journal*, Vol. 92, No. 365, 1982, P. 87.

是在这一点上，新古典和马克思主义理论分道扬镳了"①。新古典经济学认为，竞争性配置是非剥削性的，就是因为市场制度是竞争性和非强制性的。

罗默认为，面对社会主义社会，19世纪的马克思主义者可能认为，当生产资料不再是有差别的（私人的）拥有时，剥削将成为一个无意义的概念。罗默试图证明："情况并不是如此，事实上，可以把马克思的剥削理论一般化，即使把生产资料社会化时，剥削现象仍然是存在的"②。

罗默的文章提出了对剥削的一般分类，其中的特例包括封建剥削、资本主义剥削和社会主义剥削。这种分类构成对剥削的一般定义。尽管罗默的目标是把这种分类用于理解社会主义发展，但是他认为，该分类还可以应用于其他几个方面。它为社会科学家比较不同的剥削概念提供了共同的语言。新古典经济学家经常对马克思主义者对剥削概念的辩护提出挑战：假定剩余价值存在，但是为什么它的存在必然导致剥削？罗默指出，新古典的剥削概念和马克思的剥削概念都是这个一般分类中的特例。新古典和马克思主义有关剥削问题上的规范争论可以在此基础上被清楚地加以说明。

剥削的一般理论对马克思主义剥削理论特征的说明，在许多方面优于劳动价值论的经典剥削理论。一般剥削理论中的关键是财产关系，不是劳动价值，尽管两者是有联系的，财产关系理论更具一般性，而且能够解决很多困扰劳动价值理论的经典剥削理论的难题。

罗默这篇文章的内容安排如下：第一部分基于博弈论给出了剥削概念的公式化表达；第二部分和第三部分定义了体现封建主义和资本主义剥削性质的博弈；就不平等的形式而言，新古典主义认为的剥削与封建社会的剥削类似，而马克思主义理解的剥削则等同于资本主义剥削；第四部分定义了体现社会主义剥削性质的博弈；第五部分探讨了社会必要剥削问题，并用剥削理论来阐明历史唯物主义的某些主张，尽管它并不支持这些主张；第六部分简要说明了该理论在现实存在的社会主义社会中的不平等分析上的应用，最后一部分是对全文的总结。

22.3.1 *剥削及其替代选择*

事实上，每个社会或经济制度都存在不平等现象。然而，并非所有的不平等都被社会视为是剥削性的；也并非所有人都赞成某种形式的不平等就是

---

①② John E. Roemer, Exploitation, Alternatives and Socialism, *The Economic Journal*, Vol. 92, No. 365, 1982, P. 88.

剥削性的。当然，剥削的概念在某种程度上包括不平等。一个特定的社会（或个人）把什么形式的不平等视为是剥削性的呢？在古代社会，很多人认为，奴隶主与奴隶的不平等是公正的，不具有剥削性质，就跟封建社会一样，领主与农奴的不平等也不具有剥削的性质，尽管当今的大多数人会认为他们之间的关系是剥削性的。与此相类似，马克思主义者认为，资本家和工人之间的关系的不平等是剥削性的，尽管在当今的资本主义社会，这种不平等也被许多人视为非剥削性的。罗默希望通过构建一个理论，明确地提出一种判断标准，以便根据这一标准判断某种类型的经济不平等是否是剥削性的。

当人们提到在某种情形下一个人或群体受到剥削时意味着什么呢？罗默提出了一种包含这些情形的剥削概念。在一个较大的社会 N 中，一个群体 S 受到剥削，当且仅当：

（1）存在一个替代选择，假定该选择可行，在这种选择下，S 比现在的情形更好；

（2）在替代选择下，S 的补集即联盟 NS = S′ 的情形将比现在更糟。

罗默的正式分析是用（1）和（2）刻画剥削的，而第三个条件的必要性在于排除某些特例，即：

（3）S′ 在与 S 关系中占优（或者说居于支配地位）。①

罗默认为，一般来说，只要人们使用涉及人的状况的"剥削"一词时，上述机制就是适用的。但是，如果两个人不能就某种情形下一个群体是否受到剥削达成一致，则该机制会引导人们进一步追问：他们对该群体替代选择的具体说明是否一样？"对替代选择不同的具体说明，将会界定不同的剥削概念"②。

具备条件（1）~（3）意味着什么呢？罗默认为，条件（1）的意思很明显。条件（2）是剥削的必要条件，因为事实是受剥削的 S 被另一部分人剥削，而非受自然或技术等的剥削（因此这里使用的剥削有别于对自然资源的利用）。条件（3）是社会学意义上的，这里没有建立正式的模型，也没有定义占优。③

---

①② John E. Roemer, Exploitation, Alternatives and Socialism, *The Economic Journal*, Vol. 92, No. 365, 1982, P. 89.

③ 罗默在注释里说明了在具备条件（1）、（2）后，（3）为何不是多余的? John E. Roemer, Exploitation, Alternatives and Socialism, *The Economic Journal*, Vol. 92, No. 365, 1982, pp. 90–91.

从形式上，可以通过对一个经济中行为主体的不同联盟的博弈的具体说明，先对（1）和（2）模型化。定义一个博弈，它具体说明了任一联盟从经济中"退出"后能为自己实现什么。在该博弈的定义中，作为参与经济的替代选择是，一个联盟带着自己的支付或禀赋退出。如果一个联盟 S 在退出的选择下，使它的成员变得更好，并且如果作为它的补集的联盟 S′，在 S 退出后变得更糟，则在博弈规则的特定条件下，S 是受到了剥削。①

为了使上述分析更具体，考虑常见的"私有制交换经济的核（core）的概念。核是一个配置集，在该配置集中没有任何一个联盟可以通过如下规则的退出而得到改善：即该联盟可以带走其成员的私人禀赋"②。在这些特定的退出规则下，任一联盟都有一个确定的可以达到的效用边界，并且给定这些退出规则，如果某个联盟得到的效用可以被另一个按照自己的利益采取合作行为的联盟的效用向量所控制，那么就说这个联盟是受剥削的。另外，剥削一定是在如下情况下发生的：在最初的联盟带着其禀赋退出后，互补联盟的生活更糟了。更一般地，如果使用不同的退出规则，即对不同联盟可以独立得到的支付做出不同方式的规定，那么就能得到具有不同的核的不同的博弈。罗默的定义意味着：在一个给定的配置下，如果这种配置不在由特定的退出规则所定义的博弈的核中，那么就会产生剥削。也就是说，一个联盟受到剥削当且仅当在博弈的规则下，它能"阻断"一种配置。

这种价值抓住了如下想法：剥削包含了更好的选择的可能性。对于是什么构成了封建剥削、资本主义剥削和社会主义剥削的问题，罗默的建议是，它们就等同于给三种不同的退出规则的（三种不同的博弈）具体规定进行命名。

剥削概念的正式定义如下：假定一个经济体支持一种分配 $\{z^1, \cdots, z^n\}$。其中，z^v 是第 v 个个体获得的支付（z^v 可以是一定数量的货币，或是一定数量的商品和闲暇，或是一个效用水平）。假定我们给经济具体指定一个博弈，并设定一个特征函数 v，它为经济中每个 S 分配一个支付 $v(S)$。当然，$v(S)$ 与 z^v 位于同一空间。$v(S)$ 被认为是联盟 S 可获得的支付（联盟 S 选择行使其从原经济中退出的权利，这是整个社会赋予它的禀赋）。假设在原经济中，不存在联盟 S 能够实际获得收益 $v(S)$ 的制度安排时，S 应该选择退出。例如，函数 v 可以定义某些观察者认为的赋予某些联盟的公平的

①② John E. Roemer, Exploitation, Alternatives and Socialism, *The Economic Journal*, Vol. 92, No. 365, 1982, P. 90.

应得权利应该是什么，他们是否将脱离原有的社会状态。给定这个结构，可以说在配置 $\{z^1, \cdots, z^n\}$ 下，对应于替代选择 v 一个联盟 S 受到了剥削，如果：

$$\sum_{v \in S} z^v < v(S) \tag{22.1}$$

$$\sum_{v \in S'} z^v > v(S') \tag{22.2}$$

假定在此时，联盟可以将禀赋分配给其成员使得每个成员 v 得到份额 v^v，并满足 $z^v < v^v$，如果条件（1）满足，则这无疑在代数上是可能实现的。因此，无须考虑联盟内部的激励和策略，这里避开了一个重要的棘手问题。联盟内部存在的是合作行为。

值得注意的是，剥削的定义是与替代选择的特定概念相关的。实际的配置是 $\{z^1, \cdots, z^n\}$，替代选择是通过函数 v（S）定义的。这自然有了既令人感兴趣，又不免笨拙的方法来具体指定 v：任务是详细说明特定的函数 v，以抓住明白易懂的且有历史说服力的剥削的类型。例如，人们可能想要一个特定的 v，它允许没有剥削的可能性的存在。也就是说，给定 v，是否存在一个配置使得经济中没有个体或联盟受到剥削呢？如果这样的配置不存在，则 v 将会表明这种不可能，如果把与这种配置相关的剥削形式的消除作为 v 暗含的道德义务，v 允许一个非剥削配置的充分条件是，博弈存在一个非空核（根据条件（1），存在一个配置 $\{z^1, \cdots, z^n\}$ 没有联盟 S 能阻断它）。罗默在文中提到的所有以特征函数形式 v 表示的不同博弈均存在非空核。

罗默把与替代选择 v 相关的剥削联盟，定义为被剥削联盟的互补联盟。S 是一个剥削联盟，当且仅当不等式（22.1）和（22.2）成立，但每个式子的不等号与前面的相反。

现在可以看到，在合理的假设下，非剥削配置恰好是博弈的核：

定理1：设 v 是超可加性博弈（superadditive game），且配置 $\{z^1, \cdots, z^n\}$ 为帕累托最优：$v(N) \leqslant \sum_N z^v$。那么当且仅当 $v(S) > \sum_S Z^v$ 时，联盟 S 受到了剥削，类似地，联盟 T 是剥削的，当且仅当 $v(T') > \sum_{T'} z^v$。因此，v 的核恰好是非剥削性配置集。

证明：根据定义，条件的必要性成立。为证明充分性，假设 S 是不受剥削的，但：

$$v(S) > \sum_S z^v \tag{22.3}$$

那么 S 没有受到剥削只能因为：

$$v(S') \geqslant \sum_{S'} z^v \qquad (22.4)$$

不等式（22.3）和不等式（22.4）相加得：

$$v(S) + v(S') > \sum_{N} z^v \geqslant v(N) \qquad (22.5)$$

但 v 的超可加性表明，对任意联盟 S，$v(S) + v(S') \leqslant v(N)$。因此，如果不等式（22.3）成立，则 S 一定受到剥削。既然剥削集的补集是被剥削集，因此，定理 1 中的第二句话就随之成立。

罗默进一步讨论了为什么条件（2）对于剥削的定义是必须的。正如前面所提到的，该条件是为了确保当一个联盟受到剥削时，它是被其他人剥削的。如果 S 处于受剥削状态时，只要求条件（1）成立，那么有可能 S 和它的补集都是受剥削的。对称地，如果 S 处于剥削状态时，只要求 $\sum z^v >$ $v(S)$，则 S 和 S′ 都可能是受剥削的。例如，考虑一个规模报酬递增的经济，设 v (S) 是联盟 S 的收益，是通过带着其拥有的资产退出的方式得到的。由于经济是规模报酬递增的，有可能 S 和 S′ 都满足 $\sum_S z^v > v(S)$：但是人们并不希望在配置 $\{z^1, \cdots, z^n\}$ 下把两者均视为剥削联盟。而且，它们均能在当前的规模经济中获益（或者剥削）（类似地，报酬递减的经济也能定义一些联盟和它们的互补联盟均为被剥削的联盟，只要不等式（22.1）成立）。定义由条件（1）和（2）构成的剥削，保证了每个受剥削的联盟都有一个与它互补的剥削联盟。反之亦然。因此剥削一定包含某些联盟从另一个联盟的损失中获得利益——而不是利益或损失均产生于纯自然或技术上的现象，例如规模经济。

这样，定义剥削的机制就是在某个特定的配置下，对应于某个特定的替代选择，个体是受剥削的。替代选择是通过一个定义个体和个体所在联盟的权利的特征函数详细说明的。这种说明暂时不考虑这类问题：支付 v(S) 的实现在某种方式下是可行的吗？联盟形成的成本是什么？联盟 S 如何在它的成员中分配 v(S)？

22.3.2　封建剥削

在分析一开始罗默就指出，他的封建经济的基本模型并不是与历史精确一致的。考虑在封建关系下一个经济主体，它拥有各种禀赋，从事生产和消费活动。如果一个联盟按照下述规则退出——该联盟可以带走自己的禀赋——能够大大改善自身的状况，该联盟受到的剥削就是封建剥削。因此，封建制下的非剥削性配置就是私有制经济中交换博弈的核。这种退出规定，准确地抓住了封建剥削的特点，因为它造成了农奴被剥削，而领主成为剥削者这一结果，这也是封建的剥削分析所要理解的。此外，在这些规则下，非农奴的无产者将不是一个受剥削的联盟，因此，该定义抓住了封建剥削的特点。

为了证明上述观点，罗默做出假设，农奴的家庭拥有的土地是他的禀赋的一部分。在封建社会里，这些小块土地的所有权总体上并没有被清晰地加以界定，但为了阐明这一论点，将对历史做简化处理。罗默认为，封建制度的本质是奴役，它要求农奴为庄园主的领地提供劳动并服徭役，即使农奴能够为自己的家庭获得生活资料，包括耕种自由土地。因此，无产者和农奴之间的根本性区别在于前者必须以交换他们的劳动作为获得生活资料的途径，而后者即使能够获取生活资料，也必须交换他们的劳动。这种区别解释了封建制度下劳动占有关系的强制性，这就与资本主义社会劳动力市场的自愿性质形成鲜明的对照。从而，假如允许农奴带着其禀赋（包括自家的小块土地）从封建社会退出，那么他们的处境将会改善，原因在于，他们能够拥有同样的生产资料，却不再需要为领地和徭役提供劳动。根据这些规则，退出就意味着摆脱了封建束缚。然而，封建思想家会提出相反的观点反驳说：农奴不会通过带着自身的禀赋退出而改善自身的处境，因为他们从庄园主那里获得了诸多好处，最明显的就是军事保护。有关军事保护的观点是一个非常重要的观点，当非凸性存在时，分析这里定义的剥削会遇到困难。其关键在于当非凸性存在时，探讨个人（或小联盟）是否被剥削是没有意义的。的确，如果一个农奴在封建制的博弈规则下退出，他可能变得更糟，并且其互补联盟也是如此。因此，他是不受封建剥削的。

如果有足够多的农奴大联盟带着自有地退出，他们能够自卫，那么，他们的处境就能得到改善；显然，其互补联盟处境会变得更糟，也无法从农奴的剩余劳动中获利。农奴作为一个阶层是受封建剥削的，而庄园主则是封建剥削者。

其次，封建思想家也许会说庄园主掌握着一些组织封建采邑生活的本领和能力，没有庄园主，农奴会变得更糟。这种论述，由诺思（D. North）和托马斯（R. Thomas）提出。[①] 他们认为，农奴为领地和徭役提供的劳动是交

---

① Douglas，North and Robert，Thomas，*The Rise of the Western World*，Cambridge：Cambridge University Press，1973.

换物，这种交换也是公平的，是为了获得封建社会的利益。布伦纳（R. Brenner）反驳了这种论述。[①] 罗默认为，可以说，诺思和托马斯与马克思主义者之间的争论与特征函数的适当表述相关：即如果农奴从封建社会中退出，不考虑退出的直接成本，他们将享有哪些收入？罗默对上述问题进行了简单讨论，并同时讨论了社会必要剥削概念。

在对农奴从封建束缚中退出、保留他们的技术和土地时，他们的处境会得到改善的说明时，罗默求助于静态福利比较的方法。退出后的农奴能享有的闲暇和商品组合，严格占优于他们在封建束缚下得到的闲暇和商品组合。如果动态地分析这个问题，就不得不提出其他问题。假设从农奴制退出后，在封建制度消亡后发展起来的竞争性农业资本主义制度下，农民由于缺乏效率而逐渐变得贫穷，并最终成为无产者。作为一个无产者，他现在是否比在封建庄园里过得更好呢？

在构建反事实的情形并依照其判断当前的配置时，剥削的一般定义有意忽略了这些动态问题。为社会收入的封建配置提出的替代选择是通过合作协定进行的配置，即假定个体能通过合作性协定实现自我，并且经济体中尊重私有财产，没有封建奴役的束缚，也没用由此产生的强制性税款。这样，被视为封建剥削的不平等是源于封建制度的不平等，与将要讨论的源于资本主义制度的不平等是不同的。

22.3.3 资本主义剥削

为了检验经济主体联盟是否受到资本主义性质的剥削，罗默界定了一个不同的博弈退出规则。当一个联盟"退出"时，它可以带走联盟的可转让的、非人力资本财产的人均份额，以及它自己的不可让渡的资产。也就是说，当可让渡资产的初始禀赋为均分的、平等主义的财产禀赋时，如果一个特定的配置可被一个联盟所改善，则该联盟可以阻止这种配置。在构建一个用于判断当前配置的替代选择时，对封建剥削的检验相当于使每个个体都能平等地获得人身自由，而检验资本主义剥削相当于在构建假想的替代选择时，使每个个体都能平等地获得社会可让渡资产（非人力资本的生产资料）。在封建制度下，问题是如果废除封建奴役关系，经济主体的处境将会变得怎样；在资本主义制度下，问题是如果改变可让渡资产的所有权关系，

---

① Robert, Brenner, Agrarian class structure and economic development in pre-industrial Europe, *Past and Present*, 1976, Vol. 70.

使每一个主体获得同样的数量，人们的处境将会怎样。考虑到替代选择的这种表达，无须惊讶此处定义的资本主义剥削，等价于常见的马克思主义者用社会必要劳动时间和剩余价值定义的剥削。①

这事实上是一个定理，只是限于篇幅，罗默没有进行详细的阐述，因为这种阐述需要先将马克思主义的剥削用明确的经济模型表示出来。罗默认为，在各种各样的类似模型中，马克思主义的剥削等价于这里定义的资本主义剥削。也就是说，在马克思主义的框架中，资本家之所以能够占有或转移从工人那里得到的剩余价值，是因为工人无法获得可让渡的生产资料。在上述博弈规定的反事实假设的情况下，工人可以带着他们的可让渡资产的相应的社会份额退出，因此也就无须以他们的"剩余"劳动交换到资本。在马克思的意义上受到剥削的联盟正是那些受到资本主义剥削的联盟；在博弈规则下，这类联盟可以阻止给各联盟分配社会可让渡总资产相应份额的配置。罗默认为，资本主义剥削的博弈论定义比马克思所说的剥削，具有更为一般的应用性：即使劳动是异质的，且存在其他非生产出来的要素的情况下，也可以检验资本主义剥削。罗默认为，这两个条件界定的生产环境，正是马克思的剥削的经典定义（依赖于劳动价值论）遇到严重的但不是无法解决的问题的生产环境。

在最具概括性的形式中，对定义封建剥削和资本主义剥削的博弈的具体说明，很好地回答了这个问题：封建剥削是由特定的封建关系造成的不平等，而资本主义剥削则是可让渡生产资料的私人所有权关系（资本主义财产关系）导致的不平等。

正如封建思想家所说，事实上，如果农奴带着自己的禀赋退出，他们不会变得更好，于是资产阶级思想家可能会认为，如果受到马克思意义上的剥削的人（即他们的剩余价值被其他人占有）带着社会可让渡资产的人均份额退出，他们也不会得到改善。工人贡献给资本家的剩余价值，也许是对资本家所拥有的稀缺技能的回报，而这种稀缺技能对于组织生产而言是必需的。罗默认为，资产阶级思想家的论述从理论上看是正确的：如果，事实上可让渡资产的均等化，不足以使受马克思所说的剥削的工人靠自己变得更好，那么他们就没有受到资本主义的剥削。马克思主义者和资产阶级思想家之间的这一重要争论的焦点，可以称作关于资本主义制度下资本主义剥削存

---

① 这里资本主义剥削的模型等同于马克思的剥削模型，没有外部性和公共品。考虑到这些特征将会使财产关系更加复杂，从而使得对剥削的博弈理论检验变得更加复杂。

在性的微妙的分歧。

然而，还有一个明显的分歧。新古典主义的共同立场是：在竞争性均衡中，剥削是不存在的，因为每个人都已尽可能从交易中获得了应得之利。如果 v 自愿与 μ 交易，人们如何能说 μ 剥削了 v？已经提及的马克思主义剥削模型表明，交易收益和马克思主义的剥削并不互相排斥。无产阶级通过交换他的劳动力获益，因为否则的话，他们不能进行自身的再生产，但是，他的剩余劳动时间被转移了。这里重要的是封建剥削与资本主义剥削的区别。说没有联盟能进一步从交易中获利，相当于说这种配置位于封建博弈的核上：没有一个个体组成群体，在带着其禀赋退出后，通过交易可以实现其成员的更优配置。因此，罗默指出，新古典主义阵营说："资本主义社会不存在封建剥削"[1]，这句话是正确的。它依据的是一个众所周知的事实，即竞争性均衡位于私有制经济的核上，也就是说，博弈的核由私有制退出规则定义。

对马克思主义的剥削概念的异议究竟是微妙的形式（在此情形下，对经济主体的不可转让资产对生产的贡献的认识上存在实质性的差异），还是非微妙形式（在此情形下，讨论的是两种不同类型的剥削）通常并不明显。在非微妙形式的情形下，反对者采纳了对假定的替代选择的不同的具体说明，并且双方都认为各自的定义适合于对"剥削"的检验。对非微妙形式的情形，两种立场之间的区别很明晰，然而这并不意味着问题得到了解决，在有关什么样的财产权利是合理的或是公平的问题上双方仍存在重大的分歧。在罗默看来，非微妙形式的争论相当普遍。特别是，如果争论双方在模型化主体上达成一致，即认为他们的差异只在于对生产出来的物品的所有权的不同，那么争议必定是非微妙形式的类型。当新古典主义一方声称无产阶级并不受资本家的剥削，因为后者无论如何都会要求对自己资产（是可让渡资产，而非技能）的回报时，实际上说的是人们必须考虑生产出来的生产资料所有权的问题，因此，对资本主义剥削的检验是不合适的。

为了详细地讨论这一性质，需要对资产阶级中的企业家和利息获取者进行区分。假定企业家从其不可让渡禀赋中获取高额回报，而利息获取者只从可让渡禀赋中获得回报。如果我们认为资产阶级主要由前者构成，那么"剥削在资本主义制度下不存在"这一命题中的"剥削"可以理解为资本主义剥削；如果是指"剥削不存在"，则这句话仅指封建剥削。

---

① John E. Roemer, Exploitation, Alternatives and Socialism, *The Economic Journal*, Vol. 92, No. 365, 1982, P. 96.

然而，之前有关资本主义制度下的剥削的争论是微妙形式的假说，有一个相当重要的间接证据。新古典主义（自由主义，多元主义）社会科学的普遍规范都重视生产资料的私有制（相比之下，他们并不重视人身束缚关系，无论是奴隶形式的或是封建形式的）。因此，流行的自由主义哲学不能接受对资本主义剥削的检验，因为这种检验试图废除财产关系。注意到资本主义剥削存在的支持者，并不把资本主义制度下所有的不平等判断成资本主义剥削形式，而只把所有的不平等中能通过可让渡资源禀赋的均等分配消除的部分，视为资本主义剥削。

根据上述分析，罗默做出了如下总结："资本主义制度下不存在封建剥削"，这是一句实话，至少对一个竞争性均衡来说是如此。马克思主义者也许会说，虽然——这是关键性的——并非所有的不平等都能通过废除生产资料私有制消除，但是资本主义制度下仍存在资本主义剥削。

"新古典主义经济学家依据其评价一个配置的暗含的替代选择是'自由贸易'"①，如果经济主体和联盟在这种替代选择下能做得更好，那么他们一定受到了剥削。在一个新古典主义意义上的剥削性配置中，罪魁祸首是那些阻止市场竞争性运行的障碍。事实上，可以把传统新古典主义的剥削概念与作为封建剥削的剥削特征联系起来，奥斯特罗伊（Ostroy，1980）证明，在大型经济体中，位于私有制交换经济的核上的配置（即封建的非剥削性配置）正是使每个经济主体都能得到其边际产出的那些配置。②

另一方面，马克思主义者用以评价一个配置的暗含的替代选择则不是自由贸易，"而是'释放'可让渡资产"③。

在这一部分的最后，罗默特别提到，定义资本主义剥削的公共博弈的具体说明，有助于理解马克思主义的剥削理论，同时无需涉及劳动价值论。在剥削的定义中，占据核心地位的是财产关系，而不是劳动的转移。"这立刻彰显了新古典主义和马克思主义的剥削概念背后隐含的不同道德立场，正如它们在定义两个概念的博弈规则中所显现出来的那样"④。

罗默认为，在道德要求的意义上，剥削的剩余劳动（马克思主义）定义和资本主义剥削的财产关系定义之间的对比将变得非常明显。存在某些情形，根据马克思主义定义某些联盟被剥削了，但是根据财产关系的定义它们

---

①③④　John E. Roemer, Exploitation, Alternatives and Socialism, *The Economic Journal*, Vol. 92, No. 365, 1982, P. 97.

②　Joseph, Ostroy, The no-surplus condition as a characterization of perfectly competitive equilibrium, *Journal of Economic Theory*, Vol. 22, 1980, pp. 183 – 207.

并不是受到了资本主义剥削。在这些情形下，财产关系定义能够得出更为直观、正确的判断。罗默认为，剩余劳动方法的不足本质上在于它采用了过于微观的方法，集中关注了发生在一个市场（劳动力市场）上的事情，而不是对不同财产制度下的宏观替代选择进行评价。

22.3.4　社会主义剥削

罗默进一步分析了定义社会主义剥削的博弈规则。在系统地阐述检验资本主义剥削的博弈规则时，一些禀赋没有被假定成是均等的：不可让渡资产、技能禀赋。罗默首先描绘了社会主义经济。在这个经济中，不存在可让渡资产的私有制，所有人都可以获得，但不可让渡资产仍为个体所特有。在市场安排下，拥有稀缺技能的人比无特殊技能的人变得更好。然而，这种不平等不是资本主义剥削，因为所有人都能平等地获得可让渡资产，并且没有一个联盟可以通过带着其社会可让渡生产资料的人均份额从经济中退出的方式来改善自己的处境。罗默将把这种不平等关系称为社会主义剥削，其特征如下：假设一个联盟退出，并带着其所有禀赋的人均份额，包括可让渡的和不可让渡的。如果它能改善其成员的处境，并且如果其互补联盟在这种调整下变得更糟，那么它在这种配置下会受到社会主义类型的剥削。[①]

如果所有个体禀赋要么是可让渡的，要么是不可让渡的，那么当一个配置位于一个均等分配的核上时，该配置就不存在社会主义剥削。罗默指出，值得注意的是，特定的社会主义和共产主义的经典概念是如何反映在这个定义中的。社会主义革命的历史任务是带来一个新制度，使每个人按能生产，按劳分配，而从社会主义发展而来的共产主义，进一步转变这种制度，使人们按需分配。因此，社会主义制度下的社会主义剥削是可能存在的："社会主义的历史任务不是消除能力的差别回报，而是消除财产所有权的差别回报。而共产主义革命是要消除社会主义剥削的。这与资本主义革命消除了封建剥削，而社会主义革命消除了资本主义剥削有着历史相似性"[②]。

因此，最新的博弈规则似乎也适合经典的定义。然而令人困惑的问题是：在多大程度上，可以把真实的社会主义经济中的不平等归于"社会主义剥削"？

---

①② John E. Roemer, Exploitation, Alternatives and Socialism, *The Economic Journal*, Vol. 92, No. 365, 1982, P. 98.

22.3.5 社会必要剥削和历史唯物主义

从各种形式剥削的名称——封建的、资本主义的、社会主义的——可以看出，根据历史唯物主义的观念，历史必然按照某种顺序消除各种形式的剥削，直到实现共产主义。在《哥达纲领批判》中，共产主义的分配形式可以概括为"各尽所能，按需分配"。罗默指出，历史唯物主义的语言诱使人们认为一定历史时期的历史任务是消除它相应的剥削形式。然而更仔细地对历史唯物主义的阅读表明，这并不是它想说明的；相反地，一定时期的历史任务是消除影响生产力发展的束缚，这不必与造就一个直接生产者"得到改善"的情形相一致。

罗默指出，为了更仔细地讨论这一问题，需要定义社会必要剥削的概念。在剥削的最初定义中，假定当一个联盟退出时，在由该联盟建立的替代选择下的经济中，其成员面对的激励结构与初始经济中的激励结构没有差异。一般说来，这是错误的。考虑早期资本主义中的无产者，如果他们带着其生产出来的社会资产的人均份额退出，他们的境况会变好，因为作为无产者他们不用为了获取收入而工作足够长的时间；相反地，他们可能会选择享受更多闲暇和更少的收入。假定在资本主义社会早期，资本主义产权关系对积累和技术革新而言是必要的，那么已经退出的联盟将会很快因为缺乏创新的激励而落后于资本主义社会。资本主义社会中的无产者最终享有的收入—闲暇组合将优于那些已带着其资本份额退居山林的独立的空想社会主义者的收入—闲暇组合。假定大量的生产率增长的收益转给了无产阶级，正如历史上所发生的那样。因此，对判断标准更精确的表述是：如果一个联盟能够维持同样的激励结构，并且通过带着其生产出来的资产的人均份额改善了其成员的状况，那么，在当前的配置下，该联盟是受资本主义类型的剥削的。然而，如果激励结构无法得以维持，并且结果上联盟的处境变得更糟，则它"所遭受的资本主义剥削在静态意义上是社会必要剥削"[①]。然而，假设该联盟的境况在行使其退出权利的开始阶段得到了改善（即使考虑激励效应），但"很快"处境就恶化了，比如由于缺乏发展生产力的激励。罗默认为，在这种情况下，"这种剥削在动态意义上是社会必要剥削"[②]。

按照马克思对历史的解读，许多社会制度实施的事例说明，动态的社会

---

①②　John E. Roemer, Exploitation, Alternatives and Socialism, *The Economic Journal*, Vol. 92, No. 365, 1982, P. 99.

必要剥削是必要的，而这会导致直接生产者只能享有较劣的收入—闲暇组合。罗默提到了两个例子。马克思赞成英国对印度的统治，因为它发展了生产力，尽管这种统治也给直接生产者带来了不幸。因此，争论在于：静态地看，印度的无产阶级在没有帝国主义干涉时将变得更好；但动态地看，英帝国主义的剥削对发展生产力而言又是社会必要的，它最终将改善生产者（或其后代）的收入—闲暇组合（超过在没有这种干涉时能够达到的水平）。第二个例子取自布伦纳对英法资本主义发展的比较。[1] 在英国，农业资本家成功地摧毁了自耕农的力量，农业生产力在资本家的支持下得到了发展。在法国，独立的农民的力量仍很强大，并且没有发展生产力，选择的收入—闲暇组合在短期内无疑优于他们的英国同行。农业生产力的发展与农民福利水平的提高并不同义。但最后，英国的农业无产阶级比他们的法国同行变得更好了。

那么，为什么马克思主义坚持资本主义剥削从动态上看在早期资本主义社会是社会必要的？换句话说，在资本主义发展的特定阶段，资本主义制度最初对于进一步发展生产力而言是一个进步的制度，一个最优的经济结构？罗默对此做出了回答。首先，说它是社会必要的只是在动态的意义上才成立。没有资本主义的财产关系，创新和劳动生产力的发展将会停滞，工人将因此而最终变得更糟；其次，值得注意的是，社会必要的是私有财产关系，而不是特定的个体资本家。这里争论焦点不在于私有财产对劝诱某些拥有稀缺技能的行为人利用他们的能力而言（企业家能力，创造力）是必要的；而在于生产资料的私有财产制度能够刺激创新。罗默指出，"任何人都能扮演资本家的角色，而有些人不得不是资本家。这不否认资本家的技能在某种程度上是稀缺的——公正地说是它们并不是那样的稀缺。在无产阶级人群中，有大量潜在的资本家，也就是说，这些人能够胜任资本家的角色，但他们不是资本家，因为他们无法获得生产资料"[2]。

罗默指出，在坚持资本主义剥削存在，但是它是社会必要的，和资产阶级思想家宣扬的资本主义剥削不存在之间是有区别的。因为前者坚持认为资本家的利润是对他们拥有的稀缺技能的回报，因此当联盟中的工人带着其可让渡资产的人均份额退出时，收入会减少，这不是由于激励问题造成的，而

① Brenner, Robert, Agrarian class structure and economic development in pre-industrial Europe, *Past and Present*, 1976, Vol. 70.

② John E. Roemer, Exploitation, Alternatives and Socialism, *The Economic Journal*, Vol. 92, No. 365, 1982, P. 100.

是因为他们无法获得资本家所具有的技能。资产阶级思想家认为资本主义社会工人受到的是社会主义类型剥削，而非资本主义类型的剥削。这与下面的观点是不同的：资本家并不拥有在大量的无产阶级中不存在的技能，而是生产资料的私有制产生了某些（引起创新的竞争性）行为。当这种私有制不存在时，就不会出现这些行为。其次，谁是资本家并不重要，重要的是如果有人成为资本家，那么工人的处境也将得到改善。"资本主义制度是社会必要的，但特定的个体资本家则并不是必不可少的"①。

在早期的社会主义社会中，社会主义剥削的社会必要性以不同的方式显现出来，在那种方式下，得到特别回报的技能体现在特定的人身上。"不仅社会主义剥削可能是必要的，而且特定的社会主义剥削者也可能是必要的"②。然而，动态地看，也许情况并非如此（罗默坚信一定不是这样）。如果这些技能仅仅是培养的结果，是剥削的先前状态的结果，那么任何人都能成为这些技能的载体，虽然有的人必须是。因此，再一次，并不是一定要发现某个特殊的人，提供给他一份特殊的工资，而是特殊的工资创造一个能使部分人得到训练的体系。一旦经过训练，拥有特定技能的人对社会将有特别的价值，这对特定的资本家而言同样成立，像亨利·福特二世（Henry Ford Ⅱ），他通过世袭获得了社会地位，并最终学会了经营资本主义帝国。

罗默指出，根据历史唯物主义的观点，封建剥削、资本主义剥削和社会主义剥削在封建社会都存在。到了一定的时候，封建关系就变成了生产力发展的桎梏，资产阶级革命就会推翻它。封建剥削在资本主义社会被禁止了，由于两者收入—闲暇组合的不可比性，无产阶级并不是立刻就变得比农奴更好，但可以断定：由于生产力的快速发展和实际工资的增加他们很快（也许在一代以内）会改善他们的处境。因此，当封建关系在动态意义上成为社会所不必要的时，它们就会被消灭，在资本主义社会，只有资本主义和社会主义的剥削仍然继续存在。一开始，正如所讨论的那样，资本主义的剥削是社会必要的，然而最终它也成了生产力发展的桎梏。无产阶级的大联盟可以通过带着其生产出来的生产资料的人均份额退出，并按社会主义方式组织它们，改善自身的处境，这是因为资本主义不再能够发挥进步的推动创新的职能，这些只能在社会主义社会才能进一步实现，资本主义的剥削变得不再是社会必要的了，社会主义革命将会消灭它。在社会主义社会，资本主义剥

①② John E. Roemer, Exploitation, Alternatives and Socialism, *The Economic Journal*, Vol. 92, No. 365, 1982, P. 101.

削被禁止了，但社会主义剥削仍然存在，并且可以说是社会必要的，至少在早期阶段是如此。

罗默指出，"概括地说，历史唯物主义认为，历史正是通过不断消除动态意义上的社会不必要剥削形式的过程向前发展的。需要反复强调的是，这并不意味着受剥削的行为主体的处境在革命完成后马上就会得到改善（表现为收入—闲暇组合的形式）。这里所讨论的历史唯物主义并不会导致这种模式的出现。上面的分析是把历史唯物主义理论中的技术决定论方面转换成了剥削理论的语言"①。

总而言之，罗默这部分分析的目的是展示历史唯物主义的一些观点如何借助于剥削的分类的话语加以阐明。罗默强调，这里并不存在为历史唯物主义辩护的意图，后者将是一项更加精妙的任务。

22.3.6 现实存在的社会主义中的剥削

罗默简要地回答第四部分结束时提出的问题。第一个相关的重要现象是，社会主义国家中像共产党员的地位所造成的不平等的存在。地位本身已经成了对技能的"竞争性"报酬，它可以被视为是允许为技术提供不同报酬的通道（或符号）。原则上，党员拥有一些稀缺技能（领导革命的能力等等），但如果说所有的（或者说绝大部分）对地位的报酬不能用对技能的回报来解释，是很少会引起争议的。那么，如何分析并不是由作为技能的符号的那部分地位所造成的不平等呢？罗默认为，从形式上看，"把它视为封建剥削是最为恰当的，因为封建剥削正是由地位的优势造成的"②。如果探讨地位特权被取消，社会主义社会中的联盟是否改善了其成员的处境，这就和对封建剥削的检验差不多了。地位低者的后代中的一些人进入地位高的群体中；如果地位低的人能够消除自身的地位束缚，他们会变得更好，而事实上如果地位高的人并不是特别有技能的人，则地位低的人可以简单地通过带着其禀赋从经济中退出使自身变得更好。

那么，为什么地位剥削会在社会主义社会中存在？一个推测是由于当前的社会主义机制中缺乏市场的作用。大量的文献证实了这样一个信念："如果市场的作用没有得到发挥，官僚权力就会取代它"③。这和一个精炼的马克思的表述（尽管来自不同的语境）有异曲同工之妙，"每个个人以物的形

---

①②③ John E. Roemer, Exploitation, Alternatives and Socialism, *The Economic Journal*, Vol. 92, No. 365, 1982, P. 102.

式占有社会权力。如果你从物那里夺去这种社会权力，那你就必须赋予人以支配人的这种权力"①。因此，在这种情况下，"地位剥削是否必然伴随着社会主义社会的问题，等同于社会主义的实践是否和利用市场机制相冲突这一人们更为熟悉的问题"②。假定地位剥削在社会主义国家存在，从上文第五部分的意义上来说，它也许还是社会必要的：消除地位剥削可能需要消除官僚主义，并用市场取而代之。在市场条件下，资本主义剥削会再次出现，从而使得受到地位剥削的联盟变得更糟。因此，地位剥削具有社会必要性。那些攻击国家社会主义的人，例如霍瓦特（B. Horvat）反对地位剥削的社会必要性。自治和中央计划之争，可以在一定程度上被视为这样的问题，即采用以地位剥削形式表现的社会必要不平等形式更好，还是采用给市场留出充分的余地的资本主义剥削的社会必要不平等形式更好。罗默认为，根据博弈论的标准，南斯拉夫的富裕工厂和贫穷工厂之间的不平等是资本主义剥削的一个例子。

第二个重要的问题，涉及社会主义剥削的理论特征是否适用于当前的社会主义不平等的问题：社会主义社会是否废除了资本主义剥削？如果一个社会主义社会工人的联盟退出，并带走它的社会可让渡资产的人均份额，他们有可能改善自己的处境吗？这个问题出现的主要原因在于，社会主义社会可让渡资产不是以平等主义的方式分配给个体的——如同他们在一个工团主义或无政府主义体制下一样，而是集中在政府手中的。事实上，这正是左翼无政府主义者对社会主义社会提出的批评。在罗默看来，只要财产不在个体生产者手中，资本主义剥削就不会被废除，因为无法保证政府将会遵循直接生产者利润最大化的原则行事。把苏联社会性质描绘为国家资本主义是恰当的，由特定阶层控制的国家机器是按该阶层的利益使用生产资料的。罗默指出，"剥削的分类表明，从某种意义上讲，社会主义是一种内在不稳定的制度安排。在资本主义社会，个体允许从其所拥有的资产中获取利益。在共产主义社会（从理论上看），个体不允许获取不同的回报（不管是因为他们拥有的是可让渡资产还是不可让渡资产），社会主义社会采取了折衷的立场：它允许个体获取不同的技能报酬，但禁止这些报酬资本化为可让渡资产，以免造成资本主义剥削。持这种立场面临的困难，可以在一定程度上解释社会

---

① 《马克思恩格斯全集》第 46 卷上，人民出版社 1979 年版，第 104 页。
② John E. Roemer, Exploitation, Alternatives and Socialism, *The Economic Journal*, Vol. 92, No. 365, 1982, P. 102.

主义社会中权威的必要性"[1]。

22.3.7 罗默的结语

罗默关于这四个问题的结论表述如下：

第一，关于新古典主义者和马克思主义者对剥削的争论，所提出的剥削分类使得反对者能够将争论明确地加以表述。新古典主义和马克思主义的剥削概念分别对应着两种不同假定的选择或博弈。新古典主义者提出封建剥削作为相应的概念，而马克思主义者提出的则是资本主义剥削。不过，罗默指出，如果反对者不同意企业家才能的贡献，那么这种不同意见则是另一种剥削类型。

第二，关于马克思主义剥削理论，博弈理论中的产权分析方法给出了一个比劳动价值论更为一般的定义。罗默坚信产权分析方法更优基于很多原因。首先，它明确表达了当马克思主义者提到剩余价值被征占时所理解的另一种表达是无报酬的劳动；其次，它适用于一般生产集，而劳动论方法却不适用。最后，它能区分出"占有无酬劳动"的不同形式——封建制度、资本主义制度和社会主义制度造成的结果，而劳动理论却不能。

第三，关于历史唯物主义，剥削分类使其主要观点能用解析性的语言表述出来。两大著名的马克思主义理论的联系得到了展现。历史唯物主义的解析性表述使得对它所主张的理论的关键讨论得以继续进行。

第四，关于现存社会主义制度下的不平等，理论建议将其分解成三种类型的剥削。马克思主义理论一直承认早期社会主义社会剥削的社会必要性；现存社会主义制度下的资本主义剥削，如果运用这里的定义将得到更详细的讨论，虽然计划与市场的争论涉及这个问题。

罗默指出，也许这一理论对评价现在社会主义社会应有的主要影响，是教育人们不要对消除不平等期望太多。在每个时期，革命者都坚信消除主要的普遍存在的剥削形式会带来一个自由的社会。法国革命者认为封建剥削的结束将迎来"自由、博爱、平等"；他们低估了封建剥削的影响力。社会主义革命者坚信资本主义的终结将带来一切事物的自由发展，或许，他们低估了社会主义剥削和地位剥削的重要性。存在于社会主义国家的这些剥削形式不必成为谴责他们的原因。特别是，社会主义剥削和地位剥削在资本主义社

---

[1] John E. Roemer, Exploitation, Alternatives and Socialism, *The Economic Journal*, Vol. 92, No. 365, 1982, P. 103.

会也都存在。然而资本主义社会宣传地位剥削并不存在，因为市场只酬劳真实的贡献，并且无情地抛弃了所有封建特权的残余，这明显与事实不符。在现有的资本主义制度下，地位剥削很有可能比在现存社会主义制度下要严重得多。

第 23 章　罗默论剥削和前资本主义的价值理论

罗默 1982 年在《计量经济学》杂志上发表了《剥削和阶级的起源：前资本主义经济的价值理论》一文。[①] 在这篇文章中，罗默试图说明，个体的阶级立场和剥削、被剥削的地位，都是他们在资产约束下进行最优选择时内生决定的。资产约束限制了他们创造利润的能力。阶级剥削对应性（调和）原理（Class Exploitation Correspondence Principle，CECP）断言，阶级和剥削地位是以古典的方式联系起来的，进一步研究表明，阶级结构与一种劳动力市场相联系，这种劳动力市场可以由信贷市场同构地生成，这两种市场在功能上具有等价性。罗默认为，这些结论在前资本主义的生存经济（subsistence economy）中也成立，这证明马克思的剥削和阶级现象的经济机制不仅适用于资本主义社会，在其他社会形态中剥削理论也有其存在的可能性。

23.1　剥削和阶级起源问题的提出

马克思的资本主义分析的基础在于剥削概念：利润之所以产生，是因为资本家能够占有工人的剩余劳动。剩余劳动时间是工人的超过再生产自己的必要劳动之上的劳动时间，剩余劳动时间凝结在商品中，而商品属于生产资料所有者，即劳动的雇佣者所有。当一些个体工作时间超过了用他们的收入或者工资能够购买的商品中所凝结的时间时，人们就认为存在剥削。

在罗默看来，马克思希望回答的问题是：资本主义社会的利润从何而来？通过把资本主义与前资本主义的两个阶级分层的生产模式，即封建制度和奴隶制度进行对比，也许能够更容易地理解该问题的矛盾所在。在奴隶制度下，奴隶主阶级强制地剥夺奴隶的无偿劳动，奴隶主显然依靠奴隶生活。

---

① Romer, John, Origins of Exploitation and Class: Value Theory of Pre-Capitalist Economy, *Econometrica*, Vol. 50, No. 1. 1982, pp. 57 – 58.

在封建社会生产组织中，对于剩余的剥夺也是显而易见的。农奴一周中以强迫劳役和领地劳役形式劳动几天，又在自己的土地上劳动几天。自己土地上的产品供他们消费；在领地上的劳动时间转化为农产品，直接被领主剥夺。同样，不要混淆剩余生产的路径和剥夺的路径。在奴隶制度和封建制度下，把社会区分为富人、剥削阶级和穷人、被剥削阶级的关键，在于劳动交换的强制制度的存在。

令马克思大感不解的是：资本主义社会劳动交换的制度并不是强制性的。然而，一个阶级非常富有，而其他阶级仍一贫如洗。马克思把资本主义刻画为一种市场是公平的制度，这一思想体现在马克思的价值理论——要求商品之间等价地进行交换——中。特别是劳动力商品在劳动力市场上按照他的价值（工资）进行交换。让人困惑的地方在于，如果不存在劳动交换的强制性制度，劳动剥削怎么会出现呢？而剥削又被解释为资本主义社会各个阶级之间财富的巨大差异的原因。马克思的价值、剩余价值、剥削的劳动理论为这些问题提供了答案。重要的是，这种理论的任务是证明，劳动交换的制度的强制性并不是一个阶级剥削另一个阶级的必要条件。

罗默认为，在马克思的理论中，资本主义社会即使不存在强制劳动交换的制度，剥削也可能发生。在这一理论中，剥削存在的必要性是什么呢？人们可以想到如下三个条件：某种劳动交换制度、经济剩余的生产、生产资料的私人占有制。强制存在于国家的本质中。国家是有产者的专政，迫使工人按照规则行事，不会侵占私有财产。社会主义的药方本质上是：如果废除生产资料的私人占有制，所有的生产资料归工人共同占有，那么剥削就会消失了。马克思认为，对社会主义经济学的讨论超出了他的范围。

然而，今天已有必要理解在社会主义国家社会阶层或阶级（当然也包括不平等）的系统形成。从马克思获得的启示，或许可以提出一种适合社会主义的剥削理论。显然，由于生产资料是公有的，马克思的理论就不再适用。罗默并不提出这样一种理论，而是试图着手这一研究。希望能够理解哪种机制对于像马克思所说的剥削的存在是必要的。如果能够证明，当经典的马克思的制度条件不满足时，剥削是存在的，这就意味着这种现象是比通常认为的存在性更为一般；特别地，它意味着当资本主义的另一制度特征，即生产资料的私人占有制不存在时，提出一种适用于社会主义的剥削理论的可能性。

罗默的研究，先构造一种没有资本主义制度、奴隶制度或封建制度那么多特征的简单经济，研究剥削概念存在的基础，考察这一经济中是否存在剥削。这一经济可以是前资本主义经济，马克思称之为简单生产经济。之所以称为前资本主义，是因为个体的目标是生存，而不是积累。第一种这样的经济是生存经济，也是交换经济，它是生产资料私有制，其中没有任何形式的劳动交换的制度。在这种经济中，不仅没有剩余生产，而且没有强制和非强制的直接的劳动交换。然而，剥削存在于这种经济中。这就证明了剥削现象比马克思主义者曾经认为的要普遍得多：甚至即使马克思的经典的关于剥削存在的三个条件中的两个不成立时，剥削也能够存在。

接着，雇佣劳动力市场被引入这一经济中，证明阶级的出现是内生的。更精确地说，当剥削存在于这个经济中，剥削呈现出某种马克思主义者熟悉的具体形式：实质上，简单地通过观察生产者与生产资料之间的关系，人们可以读出一个具体的生产者被剥削的程度。

一个问题随之出现：当存在劳动力市场时，阶级社会是存在的，那么社会分化成阶级是模型中劳动交换制度的存在的结果，还是通过其他方式可以达到的？然后通过构造一个含有信贷市场但没有劳动力市场的经济，证明了在信贷市场中的阶级分层与在劳动力市场中的阶级分层在精确的意思上是等价的。这就解释了劳动力市场，或者，更一般地，任何劳动交换的制度对于阶级形成都不是必要的，而马克思曾经认为阶级形成仅仅是生产中生产群体的劳动被其他群体直接剥削的结果。

这些结论引起了人们对经典马克思主义思想的质疑，同时，反过来它也强调了经典马克思主义的其他思想。然而，首要的兴趣不在于这里阐述的前资本主义经济的具体的价值理论，而是在于它说明了应该把马克思的剥削看成是非常普遍的，即使现代剥削经济的许多特征不满足时，它还能够存在。也许有人会说，由这里的研究可知：在一种竞争性市场的社会制度下，剥削存在的唯一必要条件是生产资料的私人占有制。然而，即便如此，这也是一种过于保守的姿态：因为研究的目的在于激起我们思考，经济体的那种特征甚至不存在时，剥削是如何存在的。余下部分将讲述剥削的一般理论，马克思的剥削、文中的前资本主义的剥削以及"社会主义的剥削"都是它的特例。

23.2　没有劳动力市场的私有生存经济

罗默假定，这里讨论的所有的经济都是生存生产经济。经济由 N 个称作生产者的个体构成，每个生产者具有相同的里昂惕夫技术 (A, L)，其中

A 是 $n \times n$ 的产品投入—产出矩阵；L 是 $1 \times n$ 的直接劳动系数的行向量。也就是，有 n 种产品，完成单位量的第 j 种产品的生产要利用产品的投入 A_j，即 A 的第 j 列，L_j 单位的以生产者劳动日衡量的劳动。

为简便起见，罗默在此作出如下的假设。

假设 A1：A 是不可分解的（indecomposable），并且 $L > 0$。

生产在如下意义上顺利地进行：运作行动向量 x 需要投入存货 Ax，Ax 在过去已经生产出来了。净产出的生产并非从无到有瞬时完成。经济要运作必须要有存货的禀赋向量 $\omega^v \in R_+^n$。

第 v 个生产者拥有存货向量 $\omega^v \in R_+^n$，又有一单位的劳动力。所有的生产者有相同的生存必需量，为向量 $b \in R_+^n$。面对商品价格 p，每个生产者采取的行动给他带来的净收益足够购买他的生存必需量。他的行动的选择被他的财富所限制，因为他必须当期购买他的投入并且没有信贷市场。受这些条件约束，他选择行动，以最小化他的劳动投入——这就定义了生存经济。

他的规划是：选择行动水平 x^v 以

$$\min L x^v$$

s. t. $\quad p(I - A)x^v \geqslant pb \qquad\qquad (23.1)$

$\qquad\quad pAx^v \leqslant p\omega^v \qquad\qquad\quad (23.2)$

$\qquad\quad Lx^v \leqslant 1 \qquad\qquad\qquad (23.3)$

$\qquad\quad x^v \geqslant 0$

式（23.1）表示他坚持不用完他的存货：$p(I-A)x^v$ 是他的净产出的价值，pb 是他的消费的价值。式（23.2）表示他必须用他的财富支付他选择的行动 x^v。他不需要拥有实物形态的禀赋 Ax^v，但他必须在生产开始之前能够通过交换获得它们。

现在需要介绍有点滥用的记号，把这种经济叫做 $\varepsilon(p)$，这可以看作是 $\varepsilon(p \mid A, L, b, \omega^1, \cdots, \omega^N)$ 的缩写。记号 $\varepsilon(p)$ 微妙地显示了只含有价格为 p 的 n 种商品的市场的情形。特别是经济中没有劳动力市场和信贷市场。

定义 2.1 $(p; x^1, \cdots, x^N)$ 是 $\varepsilon(p)$ 的可再生产解（RS, reproducible solution）$\Leftrightarrow$

（ⅰ）x^v 对任意的 v 是最优的（最优性）

（ⅱ）$(I-A)x \geqslant Nb$ 其中 $x = \sum x^v$（可再生产性）

（ⅲ）$Ax \leqslant \omega$（可行性）

按照定义2.1的（ⅱ），净产出足够满足所有的生存需要（消费者需要），并且投入品市场也出清（ⅲ）。在这种意义上，在可再生产解下，所有的个体能最优化并且经济能够再生产自身。我们可以写出如下的生产者的规划以及由此而来的均衡的概念。每个生产者生存一期，规则是他必须至少留给他的取代者、下一代和他继承的一样多的财富。受限于他的约束（23.1表达的），他希望最小化他的劳动量。一个可再生产解是一个价格向量和相应的生产者行动，它们在经济体中产生了一个稳定状态。

既然时间在模型中具有本质的意义，区分今天的价格 p_t 和生产者 v 预期的价格 p_{t+1} 就会更加精确。尽管如此，我们后文像定义的那样记可再生产解为 p，它可以看成是经济的稳态解。因而，只讨论稳态解，我们可以忽略时间的下标。

经济 $\varepsilon(p)$ 的相关的结果在这里不加证明地陈述。

定理2.1：令 $(p; x^1, \cdots, x^N)$ 是 RS，那么：

$$x \equiv \sum x^v = (I - A)^{-1} Nb \qquad (a)$$

$$Lx = N\Lambda b \qquad (b)$$

$\Lambda = L(I - A)^{-1}$ 是内含于商品中的劳动时间向量，同样地，Λb 是马克思所谓的个体生产者的"社会必要劳动时间"。这个定理说明了社会将在 RS 下精确地生产生存所需要的量；并且社会将完全精确地工作马克思所说的社会必要劳动时间长度，$N\Lambda b$。这证明了生存经济生产没有剩余的观点，这与人们的直觉相同。

定理2.2：如果 p 在这一期是 RS，那么 p 在下一期也是 RS。

正如前面所注释的，这证明了如果我们希望把模型看成一个暂时的均衡，那么可再生产解是稳定的即时均衡，因而把价格向量的下标去掉是可以允许的。

按照定理2.1，RS 下，消耗的平均劳动时间恰好是生存的劳动价值，Λb。这得出如下定义：

定义2.2：一个 RS $(p; x^1, \cdots, x^N)$ 是均等的 $\Leftrightarrow$ 对于任意的 v，有 $Lx^v = \Lambda b$。否则就是不均等的。在不均等解下，工作时间长于 Λb 的生产者是被剥削者；工作时间短于 Λb 的生产者是剥削者。

定理2.3：令 $\omega \geqslant A(I - A)^{-1}(Nb)$，令 p 是 RS。那么：$p \sim \Lambda \Leftrightarrow p$ 是均等的（$p \sim \Lambda$ 意思是 p 与 Λ 成比例）。

注意：从定义2.1看出，除非 $\omega \geqslant A(I - A)^{-1}(Nb)$，一个可再生产解不

能存在。因此，定理2.3中关于 ω 的假设只剔除了一种情形 $\omega = A(I-A)^{-1}$（Nb）。

这个定理证明了经典的观点，即劳动价值的定价在某种意义上是公平的定价。

关于向量排序的惯例：$x \geqslant y$ 是指在某个 i 有 $x_i > y_i$。$x \geqslant y$ 是指对任意的 i，$x_i \geqslant y_i$。

定理2.4：存在经济（$p \mid A$，L，b，ω^1，…，ω^N）使得不均等的 RS 存在。

不均等的可再生产解是容易构造的。在不均等的解下，我们可以说剥削在马克思主义的意义上产生了。令（p；x^1，…，x^N）是一个这样的解。那么对于某生产者 μ，v：$Lx^\mu > \Lambda b > Lx^v$。生产者 v 的工作时间比再生产他自己的社会必要时间少，而生产者 μ 的工作时间比社会必要时间多。生产者 v 剥削了生产者 μ。这产生的原因是在价格 p 下，v 比 μ 富有，他能够利用他的财富作为手段通过交换机制迫使 μ "为"他工作。生产者 μ 在价格 p 下相对贫困；由于他的 "资本约束"（$pAx^\mu \leqslant p\omega^\mu$），他必须选择劳动密集型活动。既然 v 是相对富有，他可以集中于资本密集型活动。

对马克思称为剥削的现象阐述如下：假定 μ 和 v 是经济中仅有的生产者，v 剥夺 μ 的禀赋并杀死了他。生产者 v 比以前更加富有了；然而在新的仅有他一个成员的 RS 经济中，他必须工作 Λb 时间，比 μ 存在时要长。因此，剥削是一种社会现象：v 能侥幸成功地工作时间少于 Λb 只是因为有其他人工作时间长于 Λb 来 "供养"他。即使所有生产者的再生产解都能从交易中获利，在结束语部分将要指出的含义上，生产者 v 似乎是以 μ 的代价来获利。

然而，从马克思的优势地位来看，这个构造有些不寻常之处。首先，尽管存在剥削，但不存在剩余产品：每个生产者消费相同的 b，没有谁变得更富了。其次，也是更加重要的是，即使没有劳动交换的机制，也产生了剥削。剥削完全间接产生于生产的商品的交换中。这在某种意义上，是马克思文献中曾经宽泛地讨论过的不平等交换的一个准确的模型。

值得指出的是，一个反转（re-switching）现象存在于模型 $\varepsilon(p)$ 中。可以构造两个生产者的经济，它有两个可再生产解：一个是 v 剥削 μ，另一个是 μ 剥削 v。这是与多均衡存在相联系的奇怪现象。它为反转是由于，在精确的意义上，它说明了剥削能力并不是由指定给经济的数据决定的。例如，

假定人们相信 μ 能够剥削 v 是因为过去 μ 工作得更加努力些；那么在反转经济中，人们必然推导出 μ 和 v 都比另外的一个要努力。这个谬论暗含着不能把剥削的能力看成是过去努力工作的"回报"，或者是经济数据说明的其他任何东西。在剑桥之争中，反转被认为说明了利润不能用稀缺要素的回报来解释。

尽管在生产过程中每个生产者事实上完全掌控了他自己的劳动，但是，剥削的存在引起了对马克思"剩余价值的剥削是发生在生产过程中"的观点的质疑。在 $\varepsilon(p)$ 中，生产的劳动过程中，完全没有生产者之间的相互作用。他们可以在不同的岛屿上；剥削的中介完全通过生产的商品的交换的市场。

罗默指出，应该注意这个模型不是一个资本主义社会的模型，因而这些结论不能推出关于资本主义社会的剥削途径。模型证明的是，即使在生产中没有对剩余价值的占有，从逻辑上说剥削也有存在的可能。

23.3 存在劳动力市场的生存经济

23.3.1 分析的模型

在以上研究的经济 $\varepsilon(p)$ 中，有许多经济不能支持一个可再生产解的禀赋的分配。特别是那些只有很少的禀赋的生产者，将不能够在任何的价格下再生产自身所需。在这种情形下，劳动力市场作为自然的机制来出现：那些具有良好禀赋的人出工资雇佣那些禀赋差的人，使得前者的工作时间减少，后者得以存活。

这样，生产者 v 就有三个选择变量：$x^v \in R^n_+$：v 自己控制的行动水平的向量；$y^v \in R^n_+$：v 雇用他人的行动水平向量；$x_0^v \in R_+$：v 选择的出卖给别人的劳动时间量。他的规划是：面对价格和工资 (p, w)，选择 x^v，y^v，x_0^v 来

$$\min Lx^v + x_0^v$$

s. t.　（P1）　$p(I-A)x^v + (p-(pA+wL))y^v + wx_0^v \geq pb$（可再生产性）

（P2）　$pA(x^v + y^v) \leq p\omega^v$（可行性）

（P3）　$Lx^v + x_0^v \leq 1$（工作日的长度）

　　　　x^v，y^v，$x_0^v \geq 0$

这三个约束的解释与经济 $\varepsilon(p)$ 的一致。令：

$$\wp(p, w) \equiv \{(x^v, y^v, x_0^v) \text{ 是规划的解}\}$$

定义 3.1：经济 $\varepsilon(p \mid A, L, b, \omega^1, \cdots, \omega^N)$ 或 $\varepsilon(p)$ 的一个可再生产解（RS）是一个价格向量 (p, w) 和与之相应的行动集，它们满足：

（ⅰ）$\forall v, (x^v, y^v, x_0^v) \in \wp^v(p, w)$

（ⅱ）$(x + y) \geqslant A(x + y) + Nb, x = \sum x^v, y = \sum y^v$ （再生产性）

（ⅲ）$A(x + y) \leqslant \omega = \sum \omega^v$ （可行性）

（ⅳ）$Ly = x_0 \equiv \sum x_0^v$ （劳动市场均衡）

继续之前，这种结构也应该是逻辑的，而不是历史的。

加入了劳动力市场，保留了生存特征的经济中，我们将要证明出现了一个不曾在 $\varepsilon(p)$ 中出现的高度分化的阶级结构，而且劳动力市场解决了困扰 $\varepsilon(p)$ 的均衡不存在的问题。最后，将证明劳动力市场没有什么特别的；一个信贷市场也能够精确地做到相同的事情。

23.3.2 $\varepsilon(p, w)$ 中可再生产解的分析

注意到如果生产者 v 足够富有，那么在个体最优（IO）解下，他可能根本不用工作。他可能仅仅通过雇用其他人来再生产自身所需。这种可能性在经济 $\varepsilon(p)$ 中是没有的，当它发生时，v 的行为的选择就有不确定性，剔除掉它是便利的。这是通过如下的假设完成的。

假设 2（NBC）：令价格 (p, w) 使得对某 v，$\exists (x^v, y^v, x_0^v) \in \wp^v(p, w)$，s.t. $x^v = x_0^v = 0$。那么在规划问题的最优解中，v 选择一个最小化资本费用 pAy^v 的解 y^v。

以这种方式进行的生产者是非慈善资本家（NBC）：称其为"资本家"，是因为他只雇用他人；称其"非慈善的"则是因为他选择流通最小的资本量来取得他的零工作时间，而不是流通更多从而可能创造更多的就业。下面的一些结果我们并不需要 NBC 假设。

引理 3.1：令 (p, w) 是 $\varepsilon(p, w)$ 的一个 RS。假设 NBC。那么：

$$\forall v, p(I - A)x^v + (p - (pA + L))y^v + wx_0^v = pb[1]$$

证明：首先，考虑工作的 v。要么 x_0^v，要么 x^v 是非零的。如果生产者的

---

① 可再生产性约束取等号。

可再生产性约束是严格不等式，要么 x_0^v，要么 x^v 可减少，而不损害解的可行性，又有 $L>0$，（假设1），从而减少了工作时间 $Lx^v + x_0^v$。

考虑不工作的 v。如果 $(p-(pA+L))y^v>pb$，那么 y^v 能够被减少而不损害可行性。这反过来减少了 pAy^v，这与 NBC 矛盾。

引理 3.2：假设 NBC。对于作为 $\varepsilon(p, w)$ 一个 RS 的 (p, w)，$p \geqslant pA + wL$。

证明：假定存在部门 j 使得

$$p_j < pA_j + wL_j \qquad (23.4)$$

我们证明没有生产者将自己进行 j 部门的生产，也不会雇用其他人来进行 j 部门的生产。如果他雇用他人进行 j 部门的生产的水平为 y_j^v，那么他在该过程的净收入为负的。通过减少 y_j^v 到零，他的可再生产性约束将变松。当 v 工作时间和以前一样，这是可行解，但是由引理 3.1 可知这不可能是个体的最优解。因此对任何的 v，个体最优时 $y_j^v = 0$。

现在假定对于某个 v，$x_j^v > 0$。那么 v 能够减少他的 j 的行动某个小量 $\in_j^v$，并且通过选择 j，

$$(p_j < pA_j) \in_j^v < wL_j \in_j^v \qquad (23.5)$$

v 的工作时间的节省是 $L_j \in_j^v$。令 v 售出量为 $L_j \in_j^v$ 的劳动时间。对 v 而言，他的这种新配置与以前总工作时间相同，但由式（23.5），他的收入较之前增加。因而，他的可再生产性约束现在是松的，由引理 3.1，这个解并不是最优的；原来的解也不是最优的。

因而，对任意 v，$x_j^v = y_j^v = 0$。但是 (x, y, x_0) 是一个 RS，

$$x + y \geqslant (I - A)^{-1}(Nb) > 0$$

从而 $x_j + y_j > 0$。这与满足不等式（23.4）的 j 部门的存在性相矛盾。作为引理 3.2 的结果，在 RS 下，要么 $p = w\Lambda$，要么 $p \geqslant w\Lambda$。在第二种情形下，在 (p, w) 下，存在正利润的可能性（PPP）。

推论 3.3：假定 NBC。在 $\varepsilon(p, w)$ 的 RS (p, w)：

（i）$x + y = (I - A)^{-1}(Nb)$

（ii）$Lx + x_0 = N\Lambda b$

证明：把所有生产者的可再生产性约束（P1）加总，利用引理 3.1 和定义 3.1 的（iv）部分：

$$p(I - A)(x + y) = pNb \qquad (23.6)$$

由定义 3.1，（ii）部分，可证明如果 $p > 0$，那么

$$(I - A)(x + y) = Nb \qquad (23.7)$$

由于（p，w）是个 RS，w > 0：因为若 w = 0，容易证明劳动的需求将超过供给。因而，由引理 3.2，p > pA，p > 0。

因此式（23.7）成立。左乘 $L(I - A)^{-1}$：

$$L(x + y) = Lx + x_0 = N\Lambda b$$

如同在 ε(p) 中，ε(p，w) 中的 RS 的总的工作时间刚好是社会必要劳动时间。正如在 ε(p) 中，如果所有的人工作 Λb，可以说 RS 是均等的；否则是不均等和剥削的。

接下来，在有劳动力市场的经济中证明与定理 2.3 类似的定理。

定理 3.4 假定 NBC。令 $\omega \geqslant A(I - A)^{-1} Nb$，（p，w）是 ε(p，w) 的 RS。下列命题等价：（A）正利润的可能性（PPP）即 $p \neq w\Lambda$；（B）（p，w）下存在剥削；（C）某些生产者不工作。

引理 3.5：令在（p，w）下，PPP（$p \geqslant pA + wL$）。如果 v 在 IO（Individual Optimal）上工作，那么 $pA(x^v + y^v) = p\omega^v$。

证明：如果 $pA(x^v + y^v) < p\omega^v$，那么 v 拥有超额的资本。他可以选择部门 j。其中 $(p_j - (pA_j + wL_j)) > 0$，并雇用一些工人利用他的超额资本来进行生产。这将增加他的收入，允许减少工作时间。因此，他不是最优的。定理 3.4 的证明：

（A）⇒（C）：在 RS，$x + y = (I - A)^{-1}(Nb)$，因此 $A(x + y) \leqslant \omega$. 既然 p > 0（见推论 3.3），$pA(x + y) < p\omega$. 因此 ∃v，$pA(x^v + y^v) < p\omega^v$。

由引理 3.5，v 在 IO 上不工作。

（C）⇒（B）：直接由推论 3.3 得。

（B）⇒（A）：反设 $p = w\Lambda$。每个生产者的规划可以写成：

$$\min Lx^v + x_0^v$$

s. t.   （P1） $w(Lx^v + x_0^v) \geqslant w\Lambda b$

         （P2） $\Lambda A(x^v + x_0^v) \leqslant w\Lambda w^v$

         （P3） $Lx^v + x_0^v \leqslant 1$

P2 有误，应为 $\Lambda A(x^v + y^v) \leqslant w\Lambda \omega^v$。

由引理 3.1，观察上面的（P1）：

$$Lx^v + x_0^v = \Lambda b，\ \forall v$$

因此，没有剥削。

定理 3.4 可被看作这个经济体中的"马克思基本定理"（FMT），它证明了剥削等于利润的可能性。在不平等解中，有一些纯粹的资本家根本不工作，这个论断不免令人好奇，但从生存经济中也可以得出这一结论。

23.4 阶级分化的产生

经济 $\varepsilon(p)$ 中，在不平等解中有两个生产群体：剥削者和被剥削者（存在一个边际群体，他们刚好生产 Λb）。然而，这些群体不是马克思所说的阶级，因为所有的生产者以相同的方式与如下生产资料相联系：他们全都有自己的生产资料。然而在 $\varepsilon(p, w)$ 中，从本质上说，存在不同的阶级。在 RS，不同的生产者与不同的生产资料相联系。V 的最优解是三个向量的组合 $(x^v; y^v; x_0^v)$。按照向量是零向量还是非零向量，有七种可能的分类：它们是 $(0, +, 0)$，$(+, +, 0)$，$(+, +, +)$，$(+, 0, 0)$，$(0, +, +)$，$(+, 0, +)$ 和 $(0, 0, +)$ 其中"+"指在相应的位置是非零向量。拥有 $(0, +, 0)$ 形式 RS 的生产者可以被称为纯资本家，因为他们仅仅雇用他人；$(0, 0, +)$ 形式的生产者可以被称为无产阶级，因为他们仅仅出卖劳动力，其他的阶级以后再定义。

利用阶级来描述这些生产者恰好符合马克思的用法：因为它刻画了个体所联系的生产资料的特征——不管他雇用劳动力、出卖劳动力还是在他自己的车间工作，或者这些生产关系的联合。正式的阶级关系的定义如下。

定义 4.1：令 (p, w) 是价格向量。如果 v 拥有 (a_1, a_2, a_3) 形式的个体最优解，个体 v 被称为关于 (p, w) 的阶级 (a_1, a_2, a_3) 的成员，其中 a_i 是符号 + 或者 0。

这一部分的任务是证明社会分解成五个阶级，如果我们按照财富排列生产者，他们总是落入某种指定的顺序。"纯资本家"阶级会出现在层次的最顶端，无产阶级会出现在底部（见下面的定理 4.3）。为了证明阶级分解定理，必须证明定理 4.1，它精确地计算了 $\varepsilon(p, w)$ 中 RS 下，每个生产者工作时间的长度。

令 (p, w) 是 $\varepsilon(p, w)$ 的 RS。在所有部门间我们定义最大利润率为：

$$\pi_{max} = \max_j \frac{(p - (pA + wL))_i}{pA_j}$$

π_{max} 是预付资本的最大利润率，注意：在罗默的定义中不包括工资。

定理 4.1：令 (p, w) 是 $\varepsilon(p, w)$ 的 RS。那么 (p, w) 下 v 的工作时间是：

$$Lx^v + x_0^v = \max\left(0, \frac{pb - \pi_{max}p\omega^v}{w}\right)$$

证明：重新写出生产者的规划：

$$\min Lx^v + x_0^v$$

s.t. （P1） $p(I-A)(x^v+y^v) + w(x_0^v - Ly^v) \geqslant pb$

（P2） $pA(x^v+y^v) \leqslant pw^v$

（P3） $Lx^v + x_0^v \leqslant 1$

$x^v, y^v, x_0^v \geqslant 0$

如果 (x^v, y^v, x_0^v) 是规划的解，它满足 $(\underline{x}^v, \underline{y}^v, \underline{x}_0^v)$ 也是一个解，只要：

$$\underline{x}^v + \underline{y}^v = x^v + y^v \qquad (23.8)$$

且 $$\underline{x}_0^v - L\underline{y}^v = x_0^v - Ly^v \qquad (23.9)$$

显然，由方程（23.8）、方程（23.9），$(\underline{x}^v, \underline{y}^v, \underline{x}_0^v)$ 是可行的；通过方程（23.8）左乘 L 再把结果带入方程（23.9），可以求出最优解。因而，如果解 (x^v, y^v, x_0^v) 存在，那么总是存在解 $(0, \underline{y}^v, \underline{x}_0^v)$：简单地令 $\underline{x}^v = 0$，$\underline{y}^v = x^v + y^v$，$\underline{x}_0^v = Lx^v + x_0^v$，证明方程（23.8）、方程（23.9）成立。

这就是个体是通过不在自己的车间工作总可以实现最优。从而把可行解的范围限制在具有 $(0, \underline{y}^v, \underline{x}_0^v)$ 的那些可行解，而不改变规划的最优值；因而规划问题可以重写为：

$$\min x_0^v$$

s.t. （P1′） $(p(I-A) - wL)y^v + wx_0^v \geqslant pb$

（P2′） $pAy^v \leqslant pw^v$

$x_0^v, y^v \geqslant 0$

P2′有误，应为 $pAy^v \leqslant p\omega^v$，$x_c^v, y^v \geqslant 0$。

但解这个规划等价于连续地解以下的两个规划：

（1） $\max(p(I-A) - wL)y^v$

s.t. $pAy^v \leqslant pw^v$

$y^v \geqslant 0$

第二行公式应为 $pAy^v \leqslant p\omega^v$。

对任意给定的 $\prod^v$：

（2） $\min x_0^v$

$$\text{s. t.} \qquad \prod{}^v + wx_0^v \geq pb$$
$$x_0^v \geq 0$$

为证明定理 4.1，假定 $\pi_{max} > 0$。那么规划（1）的最优值是 $\pi_{max} p\omega^v$：个体 v 单纯地在 π_{max} 部门雇佣劳动直到他的资本 $p\omega^v$ 耗尽（注意到（1）的目标函数仅是利润）。令 $\prod{}^v = \pi_{max} p\omega^v$，规划（2）的解将如所求 $x_0^v = \max(0, (pb - \prod{}^v / w))$。

如果 $\pi_{max} = 0$，那么 $y^v = 0$ 是（1）的最优的解，（2）的最优解是 $x_0^v = pb/w$ 服从所求的方程。证毕。

推论 4.2：（A）在 $\varepsilon(p, w)$ 的一个 RS，只要 $W^v < pb/\pi_{max}$，v 的工作时间是财富 $W^v \equiv p\omega^v$ 的严格单调减函数。（B）在 $\varepsilon(p, w)$ 的一个 RS 是均等的 $\Leftrightarrow \pi_{max} = 0$ 或者所有的财富是相等的，$W^v = W^u \, \forall u, v$。（C）纯资本家阶级是 $\{v \mid W \geq p\omega^v / w\}$。

证明：由定理 4.1 得。

现在能讨论阶级分解定理。在 $\varepsilon(p, w)$ 的 RS，方便起见，给定经济中存在五个阶级：

(x^v, y^v, x_0^v)

1. $(0, +, 0)$ 大资本家（地主）
2. $(+, +, 0)$ 小资本家（富农）
3. $(+, 0, 0)$ 小资产阶级（中农）
4. $(+, 0, +)$ 半无产阶级（贫农）
5. $(0, 0, +)$ 无产阶级（雇农）

圆括号里面的名称作为有趣的史实加进来：他们是毛泽东在《中国社会各阶级分析》中把农民分为五个阶层的名称。这种命名并非毫无根据：毛泽东正好用这里定义的方式来定义了这五个阶级——例如，一个贫农既在自己的土地上劳动，也把自己雇佣出去；地主只雇用其他人，等等。对于毛泽东，五个阶级的排列顺序也是按照财富的等级的顺序，因而也反映了农民中不同阶级的剥削程度。在这个模型中，定理是严格正确的。

为使之精确，必须消除阶级中一些的重复性。回忆 $\wp(p, w)$ 是 v 的最优规划 P 的最优解 (x^v, y^v, x_0^v) 的集合。我们定义不相交的阶级如下：

$C^1 = \{v \mid \wp^v$ 含有一解 $(0, +, 0)\}$

$C^2 = \{v \mid \wp^v$ 含有一解 $(+, +, 0)$，但不含 $(+, 0, 0)$ 形式的解 $\}$

$C^3 = \{v \mid \wp^v$含有一解（$+$，0，0）$\}$

$C^4 = \{v \mid \wp^v$含有一解（$+$，0，$+$）但没有（$+$，0，0）$\}$

$C^5 = \{v \mid \wp^v$含有一解（0，0，$+$）$\}$

那就是，一个给定的生产者可能有各种形式的个人最优解，使他处于显然不同的两个阶级。可以证明在允许阶级的不相交和穷尽分解可能的意义上，上述定义是有用的。适当的简化是：

$$C^1 = (0，+，0)$$
$$C^2 = (+，+，0) \backslash (+，0，0)$$
$$C^3 = (+，0，0)$$
$$C^4 = (+，0，+) \backslash (+，0，0)$$
$$C^5 = (0，0，+)$$

定理 4.3：令（p，w）是 ε（p，w）的 RS。令生产者按照他们在（p，w）下的工作时间排序。那么这个序复制了五个阶级的序，C^1，…，C^5 那就是：对于 $1 \leqslant i < j \leqslant 5$，任何 C^j 阶级中的成员工作时间比 C^i 中的成员要长。进一步，这五个阶级全部是两两不相交的。

这个定理证明了生产者与和他们财富相对应的生产方式之间的联系，或者说，在有劳动力市场的经济 ε（p，w）中他被剥削的程度相关。直观地看，图 23 - 1 可能有所帮助。

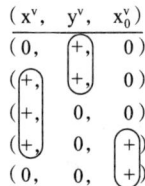

图 23 - 1　生产关系的等级

显然最幸运的生产关系是劳动雇用者；最不幸的关系是劳动的出卖者；自雇用的介于二者之间。这证明了传统的马克思主义的理论。存在很重要的非对称性：雇用的过程与致富紧密相关，因而按照剥削效用标准改善了社会处境。注意暂时还没有确定阶级等级在剥削和被剥削者之间的临界点。

定理 4.3 的证明：首先，我们很容易得到个体的阶级 C^1 正好构成了最富有的个体，因而像声称的那样他们出现在等级的最顶端。这是明显的，因为 C^1 的成员根本不参加劳动，所以他们是最富有的群体。其他四个阶级都要工作。C^1 的财富临界点由推论 4.2 的 C 部分给出。接下来，明显的，C^5 是由毫无财富的个体构成，也是最穷的个体。因为如果一个生产者拥有些许财富，他很清楚地通过以如下的方式使用他的资本可以实现最优：特别地，不是仅仅为他人工作，他可以通过雇佣他人来经营他的资本。从而，所有的 C^5 的成员陷入了财富排序的底层；他们完全没有财产。

还有五个先验的可能的阶级：

$(+, +, 0)$，$(+, +, +)$，$(+, 0, 0)$，$(0, +, +)$ 和 $(+, 0, +)$。

接下来证明，在下述意义下，阶级关系 $(+, +, +)$ 和 $(0, +, +)$ 也总是多余的。

引理 4.1：令 v 是拥有正财富在他最优解处工作的个体。那么 v 是 C^2，C^3 或 C^4 中的一个的成员，并且只是其中的一个的成员，且满足如下所述：(a) 如果对任意的解 $\xi^v \in \wp^v$ 有 $Ly^v > x_0^v$，那么 $v \in (+, +, 0) \backslash (+, 0, 0)$；(b) 如果存在 $\xi^v \in \wp^v$ 使得 $Ly^v = x_0^v$，那么 $v \in (+, 0, 0)$；(c) 如果对任意的解 $\xi^v \in \wp^v$，$Ly^v < x_0^v$，那么 $v \in (+, 0, +) \backslash (+, 0, 0)$（因而，在 C^2，C^3 或 C^4 中，$(+, +, +)$ 与 $(0, +, +)$ 的成员关系是多余的）。

证明：注意到三个假设 (a)、(b)、(c) 中的一个能够描述任何的 v。因为如果 v 含有两个解，其中一种是 $Ly^v > x_0^v$ 而另一种是 $Ly^v < x_0^v$，那么由 $\wp^v$ 的凸性 v 包含一个解 $Ly^v = x_0^v$ 从而在类 (b) 中。显然，三个假设把个体分成不相交的集合；因此只要证明三个论述都是正确的。

证明命题 (a)。令 $\xi^v = (x^v, y^v, x_0^v)$ 是 v 的解，他的所有解都服从条件 (a)。构建 v 的一个 $(+, +, 0)$ 形式的解。如果 $x_0^v = 0$，ξ^v 具有了假设的形式（既然 $Ly^v > 0$，$y^v \neq 0$；既然 v 工作，那么 $x_0^v \neq 0$）。如果 $x_0^v > 0$，v 应该解雇一些他在 ξ^v 雇佣的工人来减少他的总雇佣劳动力到 $Ly^v - x_0^v$；由此产生的自由资本存货由他在自己的车间使用他自己的时间 x_0^v；他不会出售他的劳动力。这生成了一个新的 $(+, +, 0)$ 形式的解，它也是 v 的最优解，v 对于自己经营可获得利润的部门和把自己以某一工资水平雇佣出去再雇佣他人经营，这二者是没有差异的。

剩下 $v \notin (+, 0, 0)$ 要证。假定他是 $(+, 0, 0)$，有最优解 $(x^v, 0, 0)$，那么 $\xi'^v = (0, x^v, Lx^v)$ 也是他的最优解，但与 v 的解的假设 (a) 矛盾。

因此命题 (a) 被证明了。利用相同的构造可证命题 (b)、(c)。罗默最终要证明三个阶级 C^2，C^3，C^4 的财富的顺序。这由两个命题构成：

（d）每个 C^4 的成员比 C^3 中任何成员要贫穷。

（e）每个 C^2 的成员比 C^3 中任何成员要富有。

证明（d）。令 $v \in C^4$，$\mu \in C^3$ 是两个生产者。假定（d）不正确，并且 v 和 μ 的选择满足 $W^v > W^\mu$（显然，不能够允许 $W^v = W^\mu$，否则 C^3 和 C^4 的不相交性会被违背）。既然 $\mu \in C^3$，由引理 4.1 的构造，存在解（0，y^μ，x_0^μ）$\in \wp^\mu$ 使得 $Ly^\mu = x_0^\mu$。令（0，y^v，x_0^v）$\in \wp^v$（由引理 4.1 的反构造，$\wp^v$ 总有这样的解）。对那些工作的人，工作时间是财富的严格单调函数（定理 4.1），既然 $W^v > W^\mu$，则有 $x_0^v < x_0^\mu$，因而，$Ly^v < x_0^v < x_0^\mu = Ly^\mu$。但是这是不可能的，因为如果 v 比 μ 富有，他肯定可以最优化时雇佣比 μ 多的劳动。这是容易得到的——如一个最优解由以任意的方式把所有的资本投入 π_{max} 过程构成。因而，v 能够复制 μ 雇佣与 v 一样多工人的投资选择，然后用他的多余资本雇佣更多的工人。

这就证明了论断（d）。论断（e）以相似的方法可证。从而定理得证。证毕。

接下来的问题是：在阶级等级中，给定一个 RS，区分剥削者与被剥削者的财富临界点在哪里？问题的答案被称为阶级剥削对应原理。

定理 4.4：假设 NBC（生产者是非慈善资本家）。令（p，w）是 $\varepsilon(p, w)$ 的不均等的 RS。那么对某非负数 π：$p = (1 + \pi)(pA) + wL$。

注意：作为定理 4.4 的结论，定理 4.1 的 π_{max} 能够被 π 取代。

这个定理表明，只要假定 NBC 满足，RS 的价格就明确地决定了劳动力和资本之间的交换比例。特别的，均衡价格是熟悉的斯拉法（Sraffian）的价格或马克思所说的生产价格（受限于工资支付时间这一附带条件）。值得注意的是，均衡的价格在生存经济里所呈现的形式逻辑上是先于以资本积累为目标的经济。同样值得注意的是，劳动力市场（或者是信贷市场）是使得均衡价格采取这种形式的必要条件。在经济 $\varepsilon(p)$ 中，均衡价格并不等于活动的利润率。因而，一个界定清晰的"资本回报"只在劳动力市场存在的情形下成立。

定理 4.4 的证明：回忆定理 4.1 的证明，通过研究两个简化称为（1）、（2）的规划的最优解，找到了生产者规划的最优值。假定利润率在各个部门之间不是相等的，令 $\pi_j < \pi_{max}$，可以证明没有生产者将不在 j 部门生产，因而，由 A 的不可分解性，可以推出将不存在可再生产解。

首先，考虑一个生产者在最优解工作。然后，在解规划（1），他必定

使得利润 $\prod^{v} \equiv [p - (pA + wL)]y^{v}$ 尽可能的大。因此，他只会在最大利润率的部门雇佣工人生产，生产者将不在 j 部门生产。

其次，考虑一个生产者不在最优解工作。由假定 NBC，他会使他的资本支出最小，这意味着他将只在利润最大的部门进行投资。定理得证（这个定理也能够通过解生产者规划的对偶问题来证明）。证毕。

注意：没有 NBC 假设，定理 4.4 一般是不正确的。"仁慈的"资本家，如果他足够富有，他也可能在非最大利润率的部门进行生产。

现在证明阶级剥削对应原理（CECP）：

定理 4.5：假定 NBC。令（p，w）是 $\varepsilon(p, w)$ 的非均等 RS。那么：任何必须通过雇佣劳动力来达到最优的生产者是剥削者（也就是 $C^{1} \cup C^{2}$ 中的成员）；任何必须通过出卖劳动力来达到最优的生产者是被剥削者（也就是 $C^{4} \cup C^{5}$ 中的成员）。

证明之一，按照定理 4.1，在非均衡的 RS 对持有者有唯一的财富值 $\overline{W}$ 与工作时间 Λb 相联系。只要证明生产者的财富 $\overline{W}$ 在阶级（+，0，0）中就足够了。

证明之二，从定理 4.1 的公式解出 $\overline{W}$：

$$\overline{W} = \frac{pb - w\Lambda b}{\pi}$$

其中由定理 4.4，$p = (1 + \pi)(pA) + wL$。

证明之三，为了简洁起见，称假设的有财富 $\overline{W}$ 生产者为 $\overline{W}$。证明 $\overline{W} \in$（+，0，0）等价于证明 $\overline{W}$ 有形如（0，y^{v}，Ly^{v}）的最优解（参看例如引理 4.1 的证明）。选择 $y^{v} \equiv (I - A)^{-1}b$。得到：

$$pAy^{v} = pA(I - A)^{-1}b = \frac{[p(I - A) - wL]}{\pi}(I - A)^{-1}b = \frac{pb - w\Lambda b}{\pi} = \overline{W}$$

因而，如果他雇佣工人进行活动 y^{v}，生产者 $\overline{W}$ 将刚好用尽他的资本。既然所有部门产生最大利润率 π，那么任何通过雇佣工人来用尽资本的方式将导致 v 的一个最优解。最后注意选择 y^{v}，它构成了 $\overline{W}$ 的最优工作时间，从而 $Ly^{v} = \Lambda b$，所以（0，y^{v}，Ly^{v}）正如被说明的，它是一个最优解。

综合起来，定理 4.3 和定理 4.5 组成了阶级剥削对应原理，因为他们证明了马克思重要的观点：那些为他人工作的人是被剥削者；那些雇佣他人工作的是剥削者；而且，一个人在剥削和阶级等级的顺序是他的财富的代表，从而，在这个模型中一个人的福利是由他的工作时间衡量的。

应该注意的是，生产者的阶级和剥削地位，是在竞争市场和生产方式的不同所有制下最优化自身行为时内生产生的。罗默并不先验地假定某个生产者是"无产阶级"，"纯资本家"或者"小资产阶级"，而是让他们在经济的运行中出现。在给定的约束和能够利用的市场，人们选择他们自己的阶级位置。

23.5　有信贷市场的经济

以上已经证明，剥削能够在没有任何的劳动交换机制下出现。从马克思的经典观点来看，这是令人诧异的。然而，引进一个劳动力市场后，高度分化的阶级结构出现了，这看起来更有古典主义色彩。在这一节，罗默证明完全一样的阶级等级和剥削形态是能够在没有劳动力市场而引入信贷市场的情形下取得的。这些结论实质上就是认为，剥削的存在需要有劳动交换的机制，这完全不是问题的本质。即使定理4.3高度分化的阶级结构也是可以在没有劳动力市场的条件下再生产出来。这突出了罗默在这篇文章中的一个主要观点：剥削和阶级的存在应该被视为源于私有制和竞争性市场，而不是在通过劳动交换机制进行的直接的劳动剥削过程之中。

从原始的没有劳动力市场的经济 $\varepsilon(p)$ 开始。由于信贷市场的开放，无需引入劳动力市场，可以设想缺乏再生产性的问题。具有良好禀赋的人以利率 r 提供借出资本。生产者可参与三种活动：以他们自己的资金经营生产资料，以借来的资金经营生产资料和贷款出去收取利息。

对生产者 v，令 x^v 是利用自有的资金进行生产的活动 R_+^n 向量，y^v 是利用借贷资金进行生产的活动 R_+^n 向量，z^v 是贷出的资金的标量。生产者 v 面对价格 – 利率对（p，r）的规划是：

$$\min Lx^v + Ly^v$$

s. t.　（Q1）　　$(p - pA)x^v + (p - (1 + r)pA)y^v + rz^v \geqslant pb$

　　　（Q2）　　$pAx^v + z \leqslant p\omega^v \equiv W^v$

　　　（Q3）　　$Lx^v + Ly^v \leqslant 1$

如同以前，做出如下的定义。

定义 5.1：（p，r）是经济 ε（p，r）的 RS。$\Leftrightarrow$

1. $\exists (x^v, y^v, z^v) \in \wp^v(p, r)$（个体的最优化）

2. $x = \sum x^v$, $y = \sum y^v$, $z = \sum z^v$ 且 $x + y \geq A(x + y) + Nb$（可再生产性）

3. $A(x + y) \leq \omega$,（可行性）

4. $pAy = z$（信贷市场的出清）

略去 $\varepsilon(p, r)$ 的分析，因为它的分析与 $\varepsilon(p, w)$ 的分析是类似的。正如以前的分析，假定非仁慈的资本家（NBC 假定）：令（p，r）是 v 能够解决规划 Q 的价格，并且在此价格上他不需要工作，v 是个纯借款人。那么 v 的借出量 z^v 是所有可能的贷款的最小值（确切地说，$z^v = pb/r$）。

在这个模型中，定理 4.3 的类似定理是正确的。在一个 RS，有五个阶级：

(x, z, y)

1.（0，+，0）纯贷款者

2.（+，+，0）混合贷款者

3.（+，0，0）小资产阶级

4.（+，0，+）混合借款者

5.（0，0，+）纯借款者

定理 5.1：令（p，r）是 $\varepsilon(p, r)$ 的不均等的 RS，令生产者按照他们在（p，r）下工作的时间长度来排列。那么这种排序是完全服从五个阶级 C^1，C^2，C^3，C^4，C^5 的排序。也就是：对于 $1 \leq i < j \leq 5$，任何 C^j 阶级中的成员工作时间比 C^i 中的成员都要长。

定理 4.1 的类似定理也是正确的：

定理 5.2：令（p，r）是 $\varepsilon(p, r)$ 的 RS。那么生产者 v 的工作时间是：

$$Lx^v + Ly^v = \max(0, \rho_{min}(pb - rW^v))$$

其中，$\rho_{min} = \min_j \left(\dfrac{L}{p - (1 + r)pA} \right)_j$

定理 4.4 的类似定理也是正确的。

定理 5.3：假定 NBC。在 RS 的（p，r），存在非负数 w 使得 $p = (1 + r)pA + wL$。

这些结论为这一节的主要定理做了准备。

定理 5.4：令（$\bar{p}$，$\bar{r}$）是有信贷市场的经济 $\varepsilon(p, r)$ 的 RS。那么存在一个工资 w 使得（$\bar{p}$，w）是有劳动力市场的经济 $\varepsilon(p, w)$ 的 RS。映射 ϕ：（$\bar{p}$，$\bar{r}$）→（$\bar{p}$，w）是关于剥削和阶级性质的同构。也就是，每个生产者在两

个可再生产解都工作相同的时间量，且每个生产者仍然是"相同"的阶级的成员。反过来，每个 $\varepsilon(p, w)$ 的 $RS(\bar{\bar{p}}, \bar{\bar{w}})$ 诱导出一个同构的 $\varepsilon(p, r)$ 的 $RS(\bar{\bar{p}}, \bar{\bar{r}})$。

证明之一：令 $(\bar{p}, \bar{r})$ 是经济 $\varepsilon(p, r)$ 的 RS。引入一个符合这一特性的 $\varepsilon(p, w)$ 的 RS。选择 $\bar{w} = \max_j((\bar{p} - (1 + r)\bar{p}A)/L)$（事实上，由定理5.3，这种选择可以直接推导出来）。从而由 $(\bar{p}, \bar{w})$ 生成的利润率 π 等于 $\bar{r}$。

证明之二：现在指定生产者 v 的 $\varepsilon(\bar{p}, \bar{w})$ 一个行动。令 v 在 $\varepsilon(\bar{p}, \bar{r})$ 中的行动为 (x^v, y^v, z^v)。指定 v 出售他的劳动的量为 Ly^v。也就是，他不是在 $\varepsilon(\bar{p}, \bar{r})$ 中借入资金，且在借入的资金上工作 Ly^v 时间，而是在 $\varepsilon(\bar{p}, \bar{w})$ 的劳动力市场工作相同的时间。他这两个行为的净收入是相同的：

$$\bar{w}Ly^v = \frac{(\bar{p} - (1 + r)\bar{p}A)}{L}Ly^v = (\bar{p} - (1 + r)\bar{p}A)y^v$$

因而，那些在 $\varepsilon(\bar{p}, \bar{r})$ 中借给 v 资金 pAy^v 的人被指定为在 $\varepsilon(\bar{p}, \bar{w})$ 中雇佣 v 进行相同的活动 y^v。依次检验在两个经济中的由这两种行动生产者获得的利润是相同的，这是很简单的。最后，向量 x^v 保持不变：v 在 $\varepsilon(\bar{p}, \bar{w})$ 中为自己进行生产的行动仍然是他在 $\varepsilon(\bar{p}, \bar{r})$ 中依靠自己进行的行动。

按照这种构造，在 $\varepsilon(\bar{p}, \bar{w})$ 中生成的总的行动水平等于在 $\varepsilon(\bar{p}, \bar{r})$ 中的。因而，在 $\varepsilon(\bar{p}, \bar{w})$ 中可再生产性的总的条件是成立的：也就是说，总的净生产是 $(I - A)^{-1}Nb$ 以及在 $\varepsilon(\bar{p}, \bar{w})$ 中 $A(x + y) \leqslant \omega$。其次，既然在 $\varepsilon(\bar{p}, \bar{r})$ 中信贷市场出清，根据上述构造，劳动力市场出清了。

证明之三：需要证明，在 $\varepsilon(\bar{p}, \bar{w})$ 中，上面构造的行动是个体的最优的。这是由定理4.1和定理5.2来证明的。由在 $\varepsilon(\bar{p}, \bar{w})$ 中 v 的行动的构造，他的工作与在 $\varepsilon(\bar{p}, \bar{r})$ 中 $(\bar{p}, \bar{r})$ 下工作的时间相等。由定理5.2，工作时间是：

$$\max(0, \rho_{min}(\bar{p}b - \bar{r}W^v))$$

既然 $\rho_{min} = 1/\bar{w}$，$\pi = \bar{r}$，工作时间等于：

$$\max\left(0, \frac{\bar{p}b - \pi W^v}{\bar{w}}\right)$$

由定理4.1，这就是在 $\varepsilon(\bar{p}, \bar{w})$ 中价格 $(\bar{p}, \bar{w})$ 下的最优工作时间。因此，指定给 v 的可行行动，事实上是最优的。

证明之四：（由构造诱致的）映射保持了特定的阶级，这可以直接由构造看出。借入诱致劳动力的售出，借出诱致劳动力的雇佣。

证明之五：给定的 $\varepsilon(p, w)$ $RS(\bar{\bar{p}}, \bar{\bar{w}})$，反向的构造由设定 $\bar{\bar{r}} = \pi$ 以相

似的方式进行。证毕。

最后一个问题是，假定建立了一个既有劳动力市场又有信贷市场的经济 $\varepsilon(p, w, r)$。两个市场是必要的吗？能够得到一些只有一个市场下得不到的东西吗？由下面的定理知道，不仅分别含有劳动和信贷市场的经济是同构的，而且在经济中两个市场的同时存在是多余的。

在经济 $\varepsilon(p, w, r)$ 中无须生产者的规划和 RS 的正式定义，这次能够由读者容易地构造出来。

定理 5.5：令 (p, w, r) 是 $\varepsilon(p, w, r)$ 的 RS。那么对任何生产者存在一组最优解，它们要么都利用了劳动力市场，要么都利用了信贷市场，但不同时利用，并且可再生产性被保持。

证明：情形 1：$r < \pi$。那么每个生产者将有一个个体的最优解，他根本不用工作。他借入利率为 r 的大量资本并雇佣工人把它转化为更高的利润率 π，从而为自己生成他想要的尽可能多的利润。价格向量不是可再生产性的。

情形 2：$r > \pi$。每个拥有资本的生产者将愿意借出它，因为他能获得比雇佣工人使用它的回报率 π 更高的回报率。

情形 3：$r = \pi$。由定理 5.4 的证明中的构造，RS 能够被转换成一个使用上面两个市场中的一个，而不使用另外的一个。定理 5.4 同构定理有趣地阐释了一句古老命题，即"到底是资本雇佣劳动，还是劳动雇佣资本"，在竞争模型中是无关紧要的。在第 4 节的模型中，资本雇佣劳动；在这节的模型中，劳动雇佣资本。同构定理说明了到底是资本雇佣劳动还是劳动雇佣资本实际上并不重要。穷人被剥削，富人参与剥削，这是一样的。

23.6　剥削和阶级起源问题的几点结论

这些模型的主要结论可以总结为：

第一，马克思所说的剥削能够发生在没有任何劳动交换机制、没有积累的情形中。只要给定竞争性市场和生产资料的不同私有制，剥削就会出现。

第二，有了劳动力市场，生产者的目标还不是积累，剥削进一步组合成阶级结构。劳动雇佣者是剥削者，劳动出售者是被剥削者。当生产者在他们的生产资料所有制的约束下进行最优化时，生产者的剥削和阶级地位都内生出现。

第三，阶级结构甚至能够在没有劳动力市场的信贷市场产生。劳动力市场和信贷市场在产生剥削和阶级现象的功能上是等价的。

第四，显然，就阶级关系而言，在资本主义，劳动力市场在历史上比信贷市场要重要。因此，只要承认监管成本、违约、信息和规模经济的重要性，劳动力市场和信贷市场的区别就在于一个比文章中所关注的更加具体的情况（众所周知，在资本主义社会，工人拥有的企业非常少。更加具体的情况是，劳动和信贷市场的功能是不等价的）。这并没有削弱如下论断，即剥削和阶级出现的制度根源不是劳动的交换制度，而是竞争性市场和不同的生产资料所有制。事实上，同构定理会挑战我们去准确地理解劳动力市场的什么特征支持它的程度超过信贷市场。

没有回答的一个问题是，为什么人们把这种现象叫做剥削。新古典学派将会指出，通过交换所有的经济当事人都会获利，因而这不是错误地建议把这种结果描述成剥削吗？罗默提出过依据博弈理论的剥削分类法，① 区分了马克思和新古典学派的剥削阶级的不同之处。简而言之，一个分配是新阶级论的非剥削，如果它在"私有制博弈"核里，该博弈的个体有以他们自己的资产撤出联盟的选择权（因此，竞争性的均衡是新阶级论的非剥削）。相对应地考虑"共同博弈"，该博弈赋予的不是以他们自己的资产，而是以他们的社会的总禀赋的人均股份撤出的选择权。易知马克思的 $\varepsilon(p)$，$\varepsilon(p, w)$，$\varepsilon(p, r)$ 的非剥削分配刚好是个体进行的共同博弈。因此马克思和新古典学派的剥削概念选择了不同的假设，它可以表达为不同的博弈，依靠它估计当前分配的个体或者联盟的福利，以此来确定他是否被剥削。正如这两个博弈的定义说的，检验一个人是否是马克思意义的被剥削者，适当的与事实相悖的是取消不同的生产资料所有制，然而新古典论的观念尊重私有财产只是取消交换的障碍。如果剥削的意思是以牺牲他人为代价或者以不道德的方式来获得，那么就必须预先对公正地属于个体的东西加以界定，这比个体之间的关系更加重要，然后据此界定来决定一个结果是否具有剥削的性质。新古典学派的定义尊重个人可让渡的生产性资产的财产权和劳动权利，而马克思的说明只是尊重他自己的劳动的权利及人均社会上可让渡资产股份的权利。

罗默的目的并不是暗示实际的前资本主义经济支持了这些阶级和剥削的特征，他们与马克思所描述的资本主义的特征是如此的类似。在以下的意义上，可以得出逻辑的而非历史的结论：从逻辑上说，它证明了剥削和阶级能

① Roemer *General Theory of Exploitation and Class*. Cambridge：Harvard University Press，1982.

够出现在甚至与资本主义制度迥然不同的制度下。这激起人们思考马克思的剥削和阶级理论一般的必要条件，一个不仅包括呈现在这里的，而且将为社会主义提供一个合适的剥削和阶级概念的条件。

第 24 章　马克思的剥削理论
与劳动价值论

　　西方学者在对马克思剩余价值理论的研究中，惯于把剩余价值理论等同于剥削理论，因而惯于从剥削问题的讨论中评价马克思剩余价值理论的得失成败。本章列举的一些理论及其论争，主要是从剥削理论与劳动价值论的角度对剩余价值理论进行评价，例如，霍兰德的观点和戈登的论证、科恩的探讨等。这些理论及其论争，实际上是对马克思剩余价值的理论基础的探讨。

24.1　霍兰德关于阶级对抗中劳动价值论的认识

　　霍兰德（S. Holländer）1982 年在《经济学杂志》发表了《阶级对抗、剥削和劳动价值论》一文。[①] 在该文中，霍兰德认为，马克思的历史理论中的一个关键假设是，工人阶级在反对资本家的阶级斗争中最终会解放自己，建立一个没有剥削的社会主义社会。阶级利益的根本冲突引起了阶级斗争，在资本主义生产关系下，这一冲突不可能得到解决。如果阶级关系是这种利益敌对的状态，那么就称为"阶级对抗"。霍兰德要研究的就是马克思关于阶级对抗理论的基础。首先，确定一个社会关系的价值判断集合，这些价值判断构成马克思关于剥削概念的基础，并证明马克思关于工人受到剥削导致阶级对抗的断言很大程度上依赖于工人阶级接受这些价值判断的假设。这个假设看起来不是很清晰，至少在马克思理论中没有被明确地讨论过。霍兰德要证明，与通常的看法不同，阶级对抗完全与劳动价值论无关。

　　为了避免误解，霍兰德详细地解释了阶级对抗的概念。第一，阶级对抗区别于阶级斗争。后者通常是指各阶级在争取自身利益时所采取的一系列非

　　① Heinz Holländer, Class Antagonism, Exploitation and the Labour Theory of Value, *The Economic Journal*, Vol. 92, No. 368, Dec. , 1982, pp. 868 – 885.

和平的行动。虽然阶级斗争预示着相互矛盾的利益，但是反过来该命题一般不成立。例如，在假设某种利益下所有策略中，如果某些和平的策略赢得了最高的利益，那么对抗就不会导致斗争。因此阶级对抗和阶级斗争之间的关系很复杂，这里不再赘述。第二，必须意识到，对利益范畴而言，从阶级利益角度解释实际的阶级行为具有重要的意义。一个阶级只能作为一个（正式或者非正式）联盟来行动，而联盟的稳定性要求它能够增进每个成员的利益。因此，阶级利益可以被理解为各阶级成员的共同利益。个体利益可以进一步被解释为目标，该目标与每个个体选择某个特定行动进程实际密切真实相关。这种个人主义方法论尤为排斥阶级对抗的功能主义方法论。

马克思将阶级对抗刻画成一种"剥削者和他所剥削的原料之间不可避免的对抗"[1]。资本家对利润感兴趣，并且根据所谓的马克思基本定理（FMT），正的利润意味着对工人的剥削。[2] 假定这个定理是正确的，那么，当且仅当工人们完全不希望被资本家剥削，马克思的剥削导致阶级对抗的断言就是正确的。这种不愿意被剥削的希望是一种偏好关系：工人对非剥削的社会关系的偏好超过了对剥削的社会关系的偏好。这个偏好关系的集合是应用剥削范畴的结果。因此，马克思关于阶级对抗的断言，依赖于他的剥削范畴是工人偏好的一个有机构成部分的假设。这就意味着，剥削范畴是工人中关于社会关系的各种价值观念的集合。霍兰德试图通过提出一系列公理去鉴别这些价值判断。这些公理是马克思的剥削理论本身所蕴含的，并由马克思的剥削理论及所界定的剥削范畴共同决定。借助这些公理，能够推导出该理论的标准结论。

马克思的剥削理论传统上完全是通过劳动价值学说呈现出来的，因此阶级对抗的理论基础似乎随着这一学说的兴衰而兴衰。这也是为什么对于参与劳动价值学说百年论争的大部分学者来说，马克思的阶级理论在价值理论问题的深层研究中危如累卵。同时，萨缪尔森、森岛通夫和斯蒂德曼明确地提出，劳动价值学说在通过劳动价值和马克思的剥削率，推导出的统一的利润

[1]　《马克思恩格斯文集》第 5 卷，人民出版社 2009 年版，第 384 页。

[2]　Okishio, A mathematical note on Marxian theorems, *Weltwirschaftliches Archiv*, 1963, Vol. 91, No. 2, pp. 287 – 299. Morishima, M., *Marx's Economics: a dual theory of value and growth*, Cambridge University Press, 1973.

率和相关的相对生产价格中，绕了"一个不必要的弯路"①。尽管有这样或那样的缺陷，很多马克思主义者似乎并不准备放弃这一理论。原因仅仅是他们不仅把它看作经济理论，而且还把它看作是马克思社会学理论的基础。社会学理论本质上也就是阶级理论。他们经常引用马克思的一个观点来支持他们的观点，"价值作为人与人之间的关系被表示成物与物之间的关系"，而不是像很多非马克思的学说认为的那样，价值只是物与物之间的联系。因此，为什么不在经济学理论中绕上一段不必要的弯路，如果这段弯路恰好在社会学和历史学理论中是一条直路呢？霍兰德的研究表明，马克思"阶级斗争源于剥削"的论点，事实上完全独立于劳动价值论。

霍兰德的《阶级对抗、剥削和劳动价值论》一文具体安排如下:② 第一节给出一个简单的经济模型描述马克思对剥削观念的分析；第二节给出马克思剥削概念的公理化表述；第三节证明前两节给出的理论工具，能够产生马克思剥削理论的标准结论，并用来讨论一些关键性公理的作用；第四节对马克思的阶级理论进行概述和评价；最后将先前的讨论拓展到不同商品生产过程和联合生产的情形。③

24.1.1 参考经济：简单经济模型描述的马克思对剥削概念的分析

霍兰德的研究仅仅局限于纯粹的资本主义市场经济。因为霍兰德的目的并不是为了讨论资源是如何分配的，所以假设生产性和消费性的分配价格是外生给定的。

任何生产过程采用的是点对点的投入产出模式，生产周期都是相同的，设定为一个单位时间。任何商品只被一个厂商生产。没有联合生产（所以没有固定资本），每个厂商的产出只有一种。厂商 j 生产 j 商品的数量是 $b_{jj} > 0(j = 1, 2, \cdots, n)$。产出矩阵是 B：= diag($b_{11}, \cdots, b_{nn}$)，投入是（n × n）矩阵 A：=（$a_{ij}$），其中 a_{ij} 表示第 j 个厂商生产要采用的第 i 种商品的数

---

① Samuelson, P. A., Understanding the Marxian notion of exploitation: A summary of the socalled transformation problem between Marxian values and competitive prices. *Journal of Economic Literature*, 1971, Vol. 9, No. 2 (June), pp. 399 – 431. Morishima, M. (1973). *Marx's Economics*. CambridgeUniversity Press. Steedman, J. (1977). *Marx After Sraffa*. London: New Left Books.

② Heinz Holländer, Class Antagonism, Exploitation and the Labour Theory of Value, *The Economic Journal*, Vol. 92, No. 368, Dec. , 1982, pp. 868 – 885.

③ 本书没有对不同商品生产过程和联合生产的情形进行分析，有兴趣的读者可以参考: Heinz Holländer. Class Antagonism, Exploitation and the Labour Theory of Value, *The Economic Journal*, Vol. 92, No. 368. (Dec. , 1982), pp. 868 – 885.

量。通常情况下，为方便起见，我们采用净产出矩阵 D：= B − A。注意到 $d_{ij} \leq 0$，如果 $i \neq j$。最后，定义劳动投入矩阵 L：= (l_{kj}) 表示在不同厂商各种劳动种类的投入数量。因此，L 的列向量不可能为 0。同样，经济中还存在自然资源的投入。霍兰德只关心厂商的生产过程，所以既没有假设规模回报不变，也没有假设技术不能获得。

定义所有被生产出来的商品固定点价格的向量为 P 工资率向量为 W。假设所有的价格和工资率水平是正的。为了方便，称马克思剩余的货币等价为"利润"。因此，利润被定义为产出价值超过生产投入和劳动力的成本的剩余货币价值。所以利润包括资本的回报、租金和剩余利润。假设利润是非负的。π 表示厂商利润向量，则得到：

$$\pi' := p'D - w'L \geq 0, \quad p > 0, \quad w > 0, \quad w'L > 0 \qquad (24.1)$$

价格和工资全部是采用经济中全部工资单来衡量的。因此，定义 u 为加和向量，价格系统可以标准化为：

$$w'Lu = 1 \qquad (24.2)$$

最后，假设工人将总工资 w'Lu 全部花费在消费品上。设工人的消费向量为 c，根据式 (24.2)，则得到：

$$p'c = 1 \qquad (24.3)$$

以上描述的经济环境被称为"参考经济"（reference economy）。注意到，除了其他的，该经济被刻画为在某段特殊的时期内，在特殊的价格、工资率和式 (24.1) ~ (24.3) 成立下的特殊分配。

24.1.2 马克思剥削概念的公理化表述

一般而言，马克思剥削理论中的当事人可能是个人或者是群体，如工人阶级或者资本家阶级。他的理论研究了劳动分工方面的社会生产关系和交换关系。劳动分工是通过当事人之间交易"有形的"劳动时间和劳动产品来区分的。任何这种两个当事人之间的交易意味着其中一个占有另外一个人所提供的。根据马克思的看法，占有某种具体劳动时间等于直接占有他的劳动产品。

经济当事人是否剥削对方取决于这些交易。具体劳动的数量通过"还原系数（reduction coefficients）"（通常被解释为生产力参数 productivity parameters），可以还原为总的或者"抽象"劳动量。劳动产品的价值是由再生产（比如劳动力）产品的社会必要的"抽象"劳动量来衡量。当且仅当占有的抽象劳动量超过了他所能提供的抽象劳动量时，任何经济主体就被认为在交易中剥削了他的同伴。

第一，非剥削、剥削和公平。提供的商品和服务的数量被视为数量为负的占有。那么，根据马克思剥削概念，被占有的净商品和服务的数量可以用维数与商品和服务数目相同的欧几里得空间（Euclidean space）中的某一点来表示。任何一个这种点被称为"占有活动"（或者"占有"）。定义所有这种理论上可能的占有点的集合为 X，称为"占有空间"。根据这些概念，马克思的非剥削关系可以正式的定义为：

假定1：对于任何参考经济，存在一个占有空间 X 和它的子集 N 满足，对于任何一对个体或者组合的代理（Y，Z），以及他们之间的所有交易，"Y 不剥削 Z"等价于"Y 占有 Z 的商品和服务属于集合 N"。

因为 N 是所有"非剥削"占有的集合，称为"非剥削集合"。命题"Y 剥削 Z"被定义为"Y 不剥削 Z 是不正确的，但是 Z 不剥削 Y 是正确的"。如果 Y 占有 Z 的商品和服务的数量为 x，那么 Z 的占有数量必须是 $-x$，因为每个占有都必须有提供者。因此，x 被定义为"剥削"当且仅当 $x \notin N$ 但是 $-x \in N$。"剥削集合"即是 $E := \{x \mid x \notin N, -x \in N\}$。并且，Y 和 Z 之间的关系被认为是公平的，当且仅当任何一方都不剥削另外一方，等价于：$x, -x \in N$。所以，"公平集合"是 $F := \{x \mid x, -x \in N\}$。

接下来，将详细说明关于马克思剥削观念的占有空间和参考经济的商品空间的确切关系。综合而言，一共有四种类型的商品：期初和期末可用的产品，期初可以使用的自然资源，在每一期内可以传递的劳动力服务。在马克思的剥削理论中，产品并没有根据可以采用的日期来区分，众所周知的，他在期初和期末采用相同的劳动力价值向量来衡量产品价值。此外，自然资源在马克思的剥削理论中也是不予考虑的，因为它们不是被劳动力生产出来的。因此马克思的占有空间可以概念化为：

假定2：参考经济的占有空间是一个（m+n）维的欧几里得空间。它的任何一个维度对应于某种类型的劳动力或者产品，反之亦然，劳动力和产品通过不同的现货市场来区分。

从新古典的观点来看，这个公理在后面的讨论中是非常重要的。

根据假定2，任何占有可以认为是一个（m+n）维的向量，前 m 维是指不同的劳动力类型，后面 n 维是指不同的产品。定义 v 为一个（m+n）维的还原系数和劳动力价值向量。那么，对应任何 $x \in X$，$v'x$ 表示被剥削的劳动数量。所以，马克思的剥削概念取决于两个逻辑上不一致的假设：第一，设非剥削集合为 $N = \{x \mid v'x \leqslant 0, v > 0\}$，推出 $E := \{x \mid v'x > 0\}$ 和

F：$= \{x \mid v'x = 0\}$。第二，元素 v 是通过劳动力价值和还原系数来辨识的。两个假设都很特别，需要详细的讨论。

第二，剥削的线性结构。接下来的四个关于非剥削关系的公理，将会证明马克思非剥削标准 $v'x \leq 0$ 的充分和必要基础。

命题 3：非剥削关系有如下的性质：

（1）凸性：N 是凸集合

（2）互惠性：N 不包含半正定的占有点

（3）完备性：对于任意 $x \in X$，x，$-x$ 中至少有一个属于 N

（4）闭集性：N 是闭集

这四个性质是如何产生的呢？给定 x^0，x^1 是非剥削的，那么，αx^0 和 $(1-\alpha)x^1$ 当 $0 < \alpha < 1$ 也是非剥削的。因为 $\alpha x^0 + (1-\alpha)x^1$ 是由两个非剥削占有点组成，那么，它应该也是非剥削的，应该假设 N 是凸集合。互惠性表示非剥削要求任何人要获得什么东西就需要付出另外一些东西作为代价。完备性表明非剥削关系是定义在任何两个代理人之间所有的交易上的。最后，闭集性表明任何剥削占有不可能因为一个边际的变化而变成非剥削的。

命题 1：存在向量 $v > 0$ 使得集合 $N = \{x \mid v'x \leq 0\}$ 当且仅当 N 满足假定 3。

证明：必要性。显然，$N = \{x \mid v'x \leq 0\}$ 和 $v > 0$ 能够推出（1）~（4）。充分性。根据互惠性知道，零点不是 N 的内点。由于 N 是凸集，根据分离定理（familiar separation theorem），存在向量 v 使得 $N \subset \{x \mid v'x \leq 0\}$。此外，完备性推出任何满足 $v'x < 0$ 的 x 属于 N，因为 $v(-x) > 0$，但是 $-x$ 不是。这一结果和 N 的闭集性质推出 $\{x \mid v'x \leq 0\} \subset N$。相互包含推出 $N = \{x \mid v'x \leq 0\}$。那么（2）推出当 $x \geq 0$ 时 $v'x > 0$ 仅当 $v > 0$ 时正确。

很自然地，可以定义 $v'x$ 为占有 x 的"剥削价值"，那么，向量 v 的各个分量可以被看成单位产品或者劳动力的剥削价值。在假定 3 的条件下，相对剥削价值充分的决定了唯一的 N。因此，通过标准化 $v'\bar{x} = 1$ 限制向量 v，使得任何占有的价值都能用标准化的占有 $\bar{x}$ 来衡量。不同于马克思选择 $\bar{x}$ 只包含一单位"简单"劳动力，霍兰德发现选择总劳动力为所有占有的参照点更为方便。将向量 v 表示成两部分 $v = (\rho', \lambda')$，其中 ρ 是一个 m 维的向量，λ 是 n 维向量，那么标准化变为：

$$\rho' L u = 1 \tag{24.4}$$

第三，剥削价值的决定。霍兰德认为，马克思详细讨论异质劳动非剥削性方面的文章有两篇。一篇是他（对蒲鲁东一书的评论，另外一篇是他对德国社会民主党《哥达纲领》（Gotha Programme of the German Social Democrats）的评论。[①] 这两篇文章都深刻地揭示了正规的还原难题背后的问题。在马克思的时代，很多资本主义的批评家和平等主义的李嘉图学派认为，社会公平性要求相同的劳动时间作为等价物。后者的"平等主义"的需求，马克思批评其为完全不切实际或乌托邦式的要求。根据马克思的观点，由阶级所有权关系造成的不平等，应该区别于由劳动力的效率差异所引起的不平等。即使在社会主义社会，为了解决激励问题，根据效率标准奖励劳动也是很必要的。森（A. K. Sen）在谈及他对《哥达纲领批判》的看法时特别地指出了马克思的这一立场。[②]

在竞争市场中，对不同劳动力的相对补偿，反映了相应的相对劳动生产率。根据这个事实，在一篇反对蒲鲁东的文章中，马克思着重指出竞争决定了两种不同的劳动时间是否等价。因为马克思在他的剥削框架中接受竞争的估价，所以可以假设任何赚取相同工资数量的两束劳动力等价。

假定 4：如果劳动占有的交换价值为零，那么，任何为零的不包含劳动力成分的占有是公平的。

显然，假定 4 意味着根据与相对工资率相等的市场交易率，任何两种劳动力在公平集合里是可以互相替代的。另一方面，如果命题 3 成立，在公平集合内的替代率是等于相应的相对剥削价值。因此，在命题 3 和 4 下，ρ 和 w 是成比例的，则式（24.2）和式（24.4）可推出：

$$\rho = w \tag{24.5}$$

将 λ 的所有元素解释为劳动力价值，并且 $\rho = w$ 的那些解释成还原系数，那么劳动力的价值就可以定义为：

$$\lambda'D = w'L \tag{24.6}$$

让 D_j 和 L_j 分别表示矩阵 D 和 L 的第 j 列，那么第 j 个厂商的生产行为可以表示成向量（$-L_j$，D_j）。式（24.6）就等价于对于任何 j 有（w'，λ'）（$-L_j'$，D_j'）$=0$，因此马克思的剥削观念认为，任何等价于生产行为的占有是公平的。根据他的意思，可以得到另外一个公理：

假定 5：假设生产行为由命题 2 中给出的占有空间的商品和服务的净产

① Marx，*The Poverty of Philosophy*. New York：International Publishers，1963，ch I，2；Marx.，*Critique of the Gotha Programme*，New York：International Publishers，1966，pp. 8 - 10.

② Sen，A. K，*On Economic Inequality*. Oxford and New York：Clarendon Press and Norton，1973.

出向量代表。那么，任何等价于生产行为的占有是公平的。

这个公理说明，交换竞争可行的生产过程是公平的，或者说对于不同的过程中的产品和劳动投入消耗，生产的相同产品的数量是相同的。这可以做如下解释：只有在产品的供给者赚回生产产品时真正消耗的投入时，他才不会剥削。并且是成本最小化的投入，因此不可能通过更少的投入来获得相应的产出。投入的提供者也不可能剥削，因为他可以自己生产以相同的成本获得他所需要的产品。根据洛克（J. Locke）的著名观点，他有权力占有他自己劳动力生产出的成果。[①]

但是，考虑到假定2，假定5有两个重要的含义。首先，公平性要求自然资源的投入没有补偿，根据假定2，这些资源不出现在占有中。马克思视生产为人与自然之间的交换。自然免费为人类提供资源，人类则提供劳动力和生产要素用于将原材料转换成最终产品。所以不允许任何人有可能通过垄断自然资源获得比其他人更多的好处。此前一系列的命题保证了这一点。其次，虽然生产性的资本家需要"等待"，直到他们的投入转换为产出，但是，用产出现货交换用于再生产所必需的投入仍然被认为是公平的。因此，公平并不要求补偿"等待"。事实上，这都是假定2的推论，获得的日期是与剥削的概念无关的。马克思似乎支持如下两个观点：第一，有能力和愿意"等待"主要取决于个人财富，第二，财富的所有权是由优厚的初始条件和资本主义制度运行的结果，而与个人值得称赞的品质丝毫无关。在这种情况下，"等待"并不值得补偿。

事实证明，假定5推出商品的剥削价值满足公式（24.6）。现在，我们可以证明假定1~5构成了一个剥削概念的完整定义。

命题2：设非剥削关系满足假定3，那么，存在正的剥削价值向量，v，使得 $N = \{x \mid v'x \leq 0\}$。通过式（24.4）标准化向量v。那么，对于参考经济，唯一符合命题4和命题5的剥削价值向量是 $(w', w'LD^{-1})'$。

证明：前面已经证明了假定4和式（24.4）推出 $\rho = w > 0$。现在只需要证明，对于给定经济中的 D 和 w'L，公式（24.6）严格为正的根为 $\lambda' = w'LD^{-1}$。不等式（24.1）推出 $p'D \geq w'L > 0$。因此 D 是有利可图的，非负的可逆的。因此 $\lambda' = w'LD^{-1}$。λ 是严格正的因为根据可逆性，D^{-1} 不包括为零的列向量并且 w'L 严格为正的。

---

① Locke, J., *The Second Treatise of Government* (e d. J. W. Gough). Oxford: Basil Blackwell, 1960.

虽然剥削价值和劳动力价值在概念上是完全不同的，式（24.6）明显可以将产品的剥削价值解释为"抽象"劳动的数量。这些基本假设的要点为马克思基于劳动价值论的价值剥削论奠定了逻辑基础。但是，基于劳动价值论的解释太有限了。在联合生产的情况下，这种解释就不再合理了。在重新构建马克思的剥削范畴时，丝毫没有用到劳动价值学说中的任何理论。因此，霍兰德的理论不依赖于这一理论。

24.1.3 工人与资本家之间的关系

第一，马克思基本定理（FMT）。

马克思理论断言，正如封建社会和奴隶社会一样，资本主义社会也是剥削社会。但是，相对而言，资本主义社会中的剥削并不明显。确切地说，植根于自愿交易制度下的平等观念掩盖了它的剥削性质。因此，必须证明工人遭受了系统性的剥削。

当且仅当资本家占有行为的价值 x^c 是正时，工人就被资本家剥削。资本家占有工人的劳动时间（Lu），并安排工人的生存资料（c）。可以得到：$v'x^c = \rho'Lu - \lambda'c$，留意到 $\rho'Lu = 1$，可以把上式重写成：

$$v'x^c = 1 - \lambda'c \qquad (24.7)$$

如果它生产的商品被直接（生存资料的形式）或者间接（产品的形式）用于劳动力的再生产，则称一个工厂是"基本的"。为了明确说明这一点，定义：

$$q: = D^{-1}c \qquad (24.8)$$

因为 $D^{-1} \geq 0$，$c \geq 0$ 并且 D^{-1} 是非奇异的，所以 q 必须是半正定的。现在任何厂商 j 被称为基本的当且仅当 $q_j > 0$。这是有意义的，因为 q 可以被解释为厂商生产水平向量，在规模回报不变的假设下，净产出向量 Dq，等于 c。

命题 3（FMT）：如果假定 1~5 都成立，在参考经济中，下面的主张是成立的：

（1）资本家剥削工人当且仅当基本部门的利润为正；

（2）资本家和工人之间的关系是公平的，当且仅当基本部门的利润为零。

证明：考虑 $\pi'q = (p'D - w'L)'D^{-1}c$。因为 $p'c = 1$ 且 $w'L = \lambda'D$，所以可以得到 $\pi'q = 1 - \lambda'c = v'x^c$。由于 $\pi \geq 0$ 并且 $q \geq 0$，很容易得到正（零）的 $\pi'q$ 等价于基础部门利润是正（零）的。

第二，在生产中还是在交换中剥削？

根据马克思的观点，资本家占有 x^c 是工人和资本家之间两次连续交易的结果。第一次交易发生在市场上，工人用他们的劳动力和资本家交换消费商品；第二次交易发生在工作地点，资本家通过让工人们工作占有他们的劳动，同时失去使用他们劳动力的权利。加总两次交易，工人的劳动转移给了资本家，资本家提供的消费品转到了工人手中。

众所周知，马克思认为市场交易是公平的，因此，所有的剥削发生在工作场所。他将劳动力视为工人通过消费品而得到的延伸商品。那么，劳动力的劳动价值等价于生产一揽子消费商品的劳动价值。如果假设工人不储蓄，市场中的交换是等价的。在霍兰德的基本框架下，该观点可以解释为：占有空间可以被拓展到包括劳动力。马克思的观点中隐约假设了对于占有和劳动生产假定 5 是成立的。相反的，从假定 5 出发，可以知道劳动力的剥削价值等于一揽子生存资料的剥削价值。因此，如果所有的工资都被消费掉了，工人和资本家之间的市场交易是公平的。但是，马克思关于市场交易公平的观点不是很让人满意。他认为劳动力和其他商品是完全相同的，即使它们有很大的不同需要区别对待。

普通商品的生产都受到成本最小化的约束。结合假定 5，说明根据客观的竞争法则，工人在交易中有权利获得作为回报的商品数量是最小化的。但是，支配着劳动力的生产法则却根本不同。为了说明这一点，需要知道实际情况不是这么回事的时候，工人的行为会变成怎样？显然，在工资既定的情况下，由于受到劳动力再生产的约束，他们会最小化消费（最大化积累）。每个人都会认为，实际行为要是这样的话，就显得荒诞不经。事实上，工人有动机让他们的消费和劳动力再生产完全无关。否则，难以解释为什么很多商品最后都被毁掉，而没有用于劳动力的再生产。因此，总体而言，工人的消费品不能全部被视为是劳动力再生产所必需的，至少不能和用于一般生产过程的消费品一样是投入所必需的。因此，从资本家的角度来看，有充分理由反驳马克思关于市场公平性的论断，工人的每笔工资不应该全部是公平的，因为他们并没有把全部的消费品都用于劳动力的再生产。

另一方面，如果工人储蓄他们的部分收入，那他们就被视为在市场中剥削了资本家。工人可能（会）有理由反对如下荒谬的观点，即仅仅通过比较他们的实际工资水平和某些所谓标准的物质或文化最低生存水平来评估工资的公平。值得赞同的是，一般商品应该用来交换必须用于它再生产的投入品，并且这一原理也适用于劳动力。与一般商品的卖家不同，当买家把出卖自己劳动力的个人投入生产时，卖家将会进入生产过程。这一差别将会影响人们看待工作公平的方式。人们在工作中一般是不会在意与他们无关的市场结果的。所以，工人只会基于他们在市场中会得到的和在工作中需要所投入的劳动的比较，来对公平或剥削做出基本判断。也就是说，马克思的程序是首先比较工资与生存水平，然后比较生存水平和已耗费的劳动数量，因而这一程序是与公平或剥削的观念毫无关系的。在这种情况下，区分市场中的剥削与工作中的剥削丝毫没有意义。因此，马克思所认为的"所有的剥削发生在生产领域"的观点看起来是有问题的。

第三，剥削观念的新古典修正。

为了向笃信公平竞争市场的新古典经济学家说明哪个假定重要，将要逐步修改马克思的剥削观念，使得只有所有的市场都是竞争性的时候，阶级关系才是公平的。

首先，新古典经济学家将会反对假定2，因为如果自身的利息率是正的，它会使得将来交换相同的商品是剥削交易。所以，我们改变假定2让产品可以通过不同的日期来区别。因为对每种产品都存在期初和期末两个日期，未知产品剥削价值的数量从n变成了2n。假定5就不能够充分的决定这些价值，因为它只能导出n个方程式。此外，为了公平，我们将采用新古典假设，对于某种产品，今天放弃一单位的数量将会换来明天$1 + r$单位的数量，其中r表示市场利率。也就是说，对于时间和风险的补偿不违背公平性。因此，用n维向量λ表示剥削今天的价值，那么产品明天的价值向量折现后为$\lambda(1 + r)^{-1}$。那么，定义：

$$D^* : = (1 + r)^{-1}B - A \qquad (24.9)$$

根据假定5，我们得到：

$$\lambda'D^* = w'L \qquad (24.10)$$

此式反映出式（24.1）、式（24.6）、式（24.8）中的D被D^*取代，相应的，重新解释的基本定理仍然成立。现在，利润向量变成为：

$$\pi^{*'} : = p'(1 + r)^{-1}B - p'A - w'L \qquad (24.11)$$

该式表明只有财产所得超过投资在生产资本回报和劳动力回报的部分才是利润。因此，资本回报现在和公平的阶级关系相融合了，结果是存在剥削、租金和其他的剩余利润。

其次，新古典经济学家反对假定2，因为它让任何自然资源和产品或者具体劳动时间的交易变为剥削的交易。这是由于自然资源没有用占有向量来表示。因此，修改假定2满足自然资源（或它们的服务）的交易也能被占有代表，并且假设他们的剥削价值分别等于他们单位竞争租金。也就是说，自然资源受到和各种劳动的相同待遇。因此，我们可以添加租金向量到式（24.10）的右边并从式（24.11）减去相同的向量。那么，对工人的剥削等价于正的剩余利润，例如，垄断利润，也就是说，竞争租金同样和公平的阶级关系相融合。这个假定其实是在经济环境中代表了社会关系的新古典价值的剥削观念。

从以上的概述中可以看到，首先，霍兰德建立了一套关于马克思剥削范畴的公理性基础。这个公理基础同样包括了传统上莫衷一是的异质性劳动，联合生产和任何商品不同生产过程的情况（后面两种是在附录中讨论的）。它包括了一系列定义完整的假定，每一个都正式地给出了一般原理和社会关系的特殊价值判断。并且，由这些假定生成的剥削范畴足以证明所谓的马克思剥削理论中的基本定理。霍兰德还详细说明了某些关键性假定在证明中的作用。

其次，霍兰德的分析指出了马克思阶级理论中的一个"严重的"问题。认为工人遭受了系统性剥削，资本家只对正利润感兴趣，那是想当然的看法。实际上，马克思对剥削导致阶级利益对抗的论断成立（当且仅当工人真正赞成假定的价值判断）。但是至少在大多数的资本主义社会，既没有实际工人阶级行为的证据，也没有工会联盟或者政党的意识形态说明这种条件是成立的。因此，马克思主义者所迫切需要的是关于利益形成的理论，该理论要详细地说明为什么工人现在或者慢慢变得对马克思所说的非剥削现象感兴趣。特别的是，该理论应该能够解释以下问题：为什么历史上一般的马克思非剥削观点与社会公平的概念有关？而为什么不是与资本主义社会中的完全竞争或者罗尔斯的正义相关？工人阶级的利益与非剥削是否有可能相互竞争？如果是的话，那么他们的相对重要性又如何体现呢？作者认为，能够回答这些问题的逻辑上一致的理论根本不存在。撇开明摆的理论困难不论，马克思低估了主观性的作用，马克思之后的马克思主义理论延续了这一趋势，因而妨碍了该理论的形成。这一点必须被克服，否则在解释实际的工人阶级行动时，永远无法逃避特殊的假定。

最后，霍兰德从分析中推断，马克思的剥削理论和劳动价值论完全无关。各种假定表明了剥削的线性结构和剥削价值概念，在一些特殊的情况下产品的剥削价值等于劳动的价值。这意味着马克思剥削观念中使用劳动价值的特定方式，完全是有关社会关系特殊价值判断的假设给出的，和劳动价值论完全没有关系，因为该理论的主张并没有被用到任何一个假定中。所以有人可能会认为，考虑到人们的价值判断依赖于他们对现实社会现象的理解和解释的一般有效性，劳动理论可以间接支持价值标准的假定。但是，这并不能被看成是该理论是如何支持任何假设的。无论人们如何看待劳动价值论，很可能都要么赞成、要么反对任何一个假设。因为劳动价值论在马克思的阶级理论中没有作用，并且是次优的价格理论（an inferior price theory），马克思主义者应该断然放弃它。这显然是霍兰德论证的根本错误所在。

24.2　戈登论剥削概念与劳动价值论基础

马克思的剥削理论是建立在劳动价值论的基础之上的吗？或者说，离开劳动价值论，马克思的剥削理论就难以成立吗？戈登（S. Gordon）1968年在《政治经济学杂志》（1～2月）上发表的《为什么马克思的剥削理论需要劳动价值论》文章，[①] 试图对这些问题作出解答。

戈登在文章的开始指出，"人们普遍承认（甚至是同情马克思的思想的经济学家也是如此），马克思的劳动价值论作为一种相对价格理论，并不比英国古典经济学家的价值理论更为充分"[②]。他指出，马克思在《资本论》中对资本主义生产过程的分析并不依靠对相对价格的研究，围绕"转形问题"展开的长期争论变成了一个在技术上而言十分有趣，但却不是十分重要的难题。戈登指出，如果马克思的分析被完全视为是一种资本主义的宏观经济模型，那就没有必要证明特定的市场价格与以劳动计算的"价值"之间的任何对应关系。用劳动价值计算出来的产出和用价格计算出来的产出总量相同，这仅仅是因为价值对价格的偏离的总和为零。只有在试图把经济划分为几个部门的时候（正如马克思在"再生产"模型中所做的那样），困难才会出现。但是，即使在这种情况下，也可以通过特定的相关系数把各个部门的价格总量与价值总量相互联系起来解决问题。

戈登接着提出了这样一个问题：如果用市场价格和"社会必要抽象劳动时间"度量的总产出之间没有本质区别，那么为什么还要费力地去研究后者呢？劳动单位不能直接被观察到，也难以设计出令人信服的合适的程

---

① Scott Gordon, Why Does Marxian Exploitation Theory Require a Labor Theory of Value? *The Journal of Political Economy*, Vol. 76, No. 1. (Jan. – Feb. , 1968), pp. 137–140.

② Scott Gordon, Why Does Marxian Exploitation Theory Require a Labor Theory of Value? *The Journal of Political Economy*, Vol. 76, No. 1. (Jan. – Feb. , 1968), P. 137.

序，使它们能够独立于市场价格被度量。那么，为什么不能简单地放弃整个劳动价值论，而只是用价格术语把分析推向深入呢？戈登指出："上述问题经常被提出，但是却没有得到令人满意的解答"①。

戈登认为，斯威齐在分析马克思的价值问题的时候，做了很多澄清与之相关的技术问题的工作，而且已经接近要完全放弃马克思劳动价值论的边缘，但最后还是退了回去。斯威齐说，在研究收入如何在各社会阶级之中进行分配，以及这种分配中包含的剥削关系时，用劳动价值论进行分析还是必要的。但是，斯威齐并没有具体说明为什么会这样，反而给他的读者留下了这个论证本质上是同义反复的印象。戈登打算在斯威齐的基础上把分析推向深入，明确提出"我试图通过证明为什么对马克思的阶级剥削理论而言劳动价值论是必要的来弥补这一缺陷"②。

戈登认为，马克思的剥削理论由三部分构成。

第一部分是可以定义的马克思的"基本的规范性判断：获得实际收入的任何道德权利的唯一基础源自以抽象单位度量的社会必要劳动时间的耗费。"③ 戈登把它称为"分配的权利函数"。其一般形式为：

$$R = R(L) \qquad (24.12)$$

这里的 R 是获得收入的权利的数量，L 是耗费的劳动的数量。这个表述既适用于个体也适用于社会阶级。

第二部分是描述一个经验事实，即"资本主义的国民收入是在劳动者与财产所有者之间进行分配的。"④ 戈登把它称为"分配等式"。其一般形式为：

$$O = l + p \qquad (24.13)$$

这里的 O 代表的是净国民产出，l，p 分别代表工资和"剩余价值"。

第三部分是劳动价值论。其一般形式为：

$$O = O(L) \qquad (24.14)$$

戈登指出，马克思的剥削理论用一段完整的话表示就是："只有劳动创造价值，只有劳动才应该获得收入，但是拥有资产的资本家也获得收入，这只能看作是资本家把本来属于劳动者的一部分收入'偷'为己有"⑤。

---

① Scott Gordon, Why Does Marxian Exploitation Theory Require a Labor Theory of Value? *The Journal of Political Economy*, Vol. 76, No. 1. (Jan. – Feb., 1968), pp. 137 – 138.

②③④⑤ Scott Gordon, Why Does Marxian Exploitation Theory Require a Labor Theory of Value? *The Journal of Political Economy*, Vol. 76, No. 1. (Jan. – Feb., 1968), P. 138.

接着，戈登再次提出了他要解决的问题。为什么代表劳动价值理论的等式（24.14）对剥削问题的讨论而言是必要的？为什么等式（24.12）和等式（24.13）不能单独构成对马克思剥削理论的分析？因为等式（24.12）已经说明了收入分配应该是什么样的，而等式（24.13）则说明了分配实际上是什么样的，并且结合等式（24.12）和等式（24.13）可以直观地发现正的 p 值就是剥削——"经济体系在应该怎么和实际怎样之间的差异"①。戈登指出，这就是许多后李嘉图社会主义者的简单的推理思路，他们主张一个伦理观点：劳动有权获得全部劳动产出。

戈登认为，在研究剥削理论的时候，等式（24.12）和等式（24.13）这种简单的命题，不能解决一个技术性的难题。也就是说，"如果获得收入的权利是耗费的劳动的结果，如何确定获得收入的权利的总和能精确地等于生产出来的产品的总价值呢？如果这个要求不能得到满足，就会有一些产出没有对应于公正的索取权或者是一些公正的索取权没有产出来满足它们。"②戈登认为，这就是劳动价值论进入马克思的剥削理论的切入点。

戈登假定等式（24.15）和等式（24.16）都是线性的、成比例的，而起有相同的系数，那么：

$$R = \alpha L \qquad\qquad (24.15)$$

$$O = \alpha L \qquad\qquad (24.16)$$

那么，对任何既定的社会耗费的劳动数量，$\sum O = \sum R$，总的产出应该被那些公正的索取权要求消耗完。戈登认为，这就是隐含的马克思的剥削理论。在劳动价值论中，马克思事实上使 $\alpha = 1$。戈登认为，这就是为什么许多《资本论》的评论者（包括马克思主义者）认为价值等式是对什么构成了价值的定义，而不是一种真正的函数性的表述。

戈登的主要结论是，为了解决生产和耗费劳动量的社会问题，对马克思的剥削理论而言，劳动价值论是必要的。尽管不需要如马克思提出的那样严格的劳动价值论，但无论如何，在坚持劳动投入与产出价值同比例关系的同时，也要把对耗费的劳动与获得收入权利的同比例关系坚持下去。

---

①② Scott Gordon, Why Does Marxian Exploitation Theory Require a Labor Theory of Value? *The Journal of Political Economy*, Vol. 76, No. 1. (Jan. – Feb. , 1968), P. 139.

24.3 柯亨关于劳动价值论和剥削概念无相关性的理解

柯亨1979年在《哲学和公共事务》杂志发表了《劳动价值论与剥削概念》一文，[①] 试图证明劳动价值论与剥削概念两者互不相干。他认为，就马克思主义者对资本主义剥削的谴责来说，以劳动价值论为其理论基础并不合适。真正的理论基础要简单得多，而这种理论基础，常常与劳动价值论混淆。

24.3.1 柯亨所理解的劳动价值论

柯亨认为，交换价值是一种满足人们某种欲望的物品的属性；用马克思主义的话来说，它是使用价值的一种属性。然而，它不是所有的使用价值的属性，而是那些在市场交易中买和卖的使用价值的属性。马克思主义把这样的使用价值称为"商品"。因而，交换价值是商品的一种属性。一种商品的交换价值是它交换一定量的其他商品的能力。在均衡条件下，用它所换取的任一种其他类型的商品的数量来衡量。因此一件大衣的交换价值可能是8件衬衫，也可能是3顶帽子，同样也可能是10枚银币。交换价值是一个相对量，潜藏在一种商品的交换价值背后的是价值这个绝对量。商品a把n个单位的商品b作为它的交换价值，恰恰在于a和b的价值之比为n:1。当两种商品的价值发生同向并且同比例的变化时，则每种商品相对于另一种商品的交换价值不变。

劳动价值论的核心内容是商品价值量是由社会必要劳动时间决定的。更确切地说，在社会正常的劳动生产条件下，一种商品的交换价值与生产它所需要的劳动时间成正比，而与生产其他商品所需要的标准劳动时间成反比。仅仅头一个条件，就简单地陈述了价值的决定形式。

柯亨认为，按照既定的价值定义，不能认为劳动价值论是正确的。在《资本论》第一卷的头几页，价值就有不同的表述方式，它是由社会必要劳动时间来定义。但是，一个专业术语的规范性定义并不构成一个理论，并且，如果定义"价值"为社会必要劳动时间，那么就不能把社会必要劳动

---

① G. A. Cohen, The Labor Theory of Value and the Concept of Exploitation, *Philosophy and Public Affairs*, Vol. 8, No. 4. (Summer, 1979), pp. 338 – 360。

时间决定商品的价值量当做劳动价值论的核心理论命题。而另外一些主张价值的其他定义的人，认为价值决定均衡价格，也就是说在均衡条件下，价格等于价值。

这种争论有时候被夸大了，因此柯亨提出下述这两个观点：

观点1 社会必要劳动时间决定价值量。

观点2 价值决定均衡价格。

观点2根据定义是正确的。也有人认为观点1是正确的。柯亨认为，无论谁对谁错，观点1和观点2合起来得到下面的命题：

观点3 社会必要劳动时间决定均衡价格。

观点3根据定义是不正确的。柯亨认为，只要劳动价值论认为根据定义观点3是不正确的，他也不会再坚持认为事实是观点2而不是观点1。

接下来柯亨转向了劳动价值论的一个可能的推论——劳动剩余价值论。劳动剩余价值论用来解释资本主义条件下非工资收入的来源。当工人劳动时，他所付出能量和能力被称为劳动力。在资本主义条件下，劳动力是一种商品，工人按其使用时间卖给资本家。作为一种商品，它具有某种价值，并且和任何一种商品一样，按照观点1它的价值由生产它所需要的时间确定。由于只要人生存下来，他的劳动力就被生产了出来，所以生产劳动力所需要的时间等于生产工人的生存资料所需要的时间。因此劳动力的价值，就是维持劳动力所有者所需要的生活资料的价值。非工资收入的来源，是劳动力的价值与劳动力所生产的价值之差。换种说法，它是劳动者用以生产他本人能够生存一段时间所需要的生活资料的劳动时间，与在那一段时间内他用以从事生产的整个劳动时间之差。

作为工资付出的资本等于生产者的劳动力价值，并称之为可变资本。工人生产的超出可变资本的价值被称为剩余价值。剩余价值对可变资本之比称为剥削率：

$$剥削率 = \frac{剩余价值}{可变资本} = \frac{剩余价值}{劳动力价值}$$

$$= \frac{工作时间 - 生产工人所需生存资料的时间}{生产工人所需生存资料的时间}$$

柯亨说："为什么把这个比率称为'剥削率'呢？是不是因为用这样一个词能够表达出某种非正义的意思？我们恐怕很难想出使用这个术语的其他

更好的理由了"①。然而，很多马克思主义者说马克思主义的剥削概念是一纯科学的概念，并不包含道德色彩。他们说用马克思主义的语言声称 a 剥削 b，并不含有对 a 或者 a 所受的制度安排进行谴责或批判的意思。对他们来说，观点 4 是不正确的：

观点 4　推翻资本主义的一个原因是它是一种剥削制度（而剥削是非正义的）。

有两类马克思主义者否认观点 4。第一类不认为有任何理由要推翻资本主义的人。他们这样认为只是因为他们过去这样认为。或者是出于他们的阶级立场，或者是出于他们道德上无根据的对于其他人的阶级立场的认同。第二类人相信推翻资本主义有着很好的理由，但是非正义性并不是理由。因为他们认为，正义并不是马克思主义的价值观。资本主义的问题不在于它的非正义性，而在于它压制了人的潜力，破坏博爱，鼓励人对人的非人待遇，以及其他与非正义性不同的严重缺陷。

柯亨从一个基于劳动价值论的论点开始，得出工人受到剥削的结论，而剥削是非正义的。我们可以将它称为传统的马克思主义观点。对于那些认为劳动价值论支持观点 4 的人来说，以下各点皆成立：

观点 5　劳动且只有劳动创造价值。

观点 6　劳动者得到其劳动力的价值。

观点 7　产品的价值大于他的劳动力的价值。

观点 8　劳动者得到的价值少于他所创造的价值。

观点 9　资本家获得剩下的价值。

观点 10　劳动者受到资本家的剥削。

假定观点 5 来自劳动价值论，假定观点 6、观点 7 和观点 9 来自劳动剩余价值论。

柯亨认为，对传统的马克思主义观点的这种阐述从两个方面来说是不完整的。首先，这里没有提出一个实质性规范的前提。这个假定的内容用非常一般的话来说就是：在特定条件下，剥削是从某人那里获得某些东西，而没有给予回报。具体说明这个特定的条件，并借此使这个假定更为精确，超出了本文的考虑范围。这里所要求的无非是粗略的剥削概念，它的某种特点是缺乏互惠性。这里也不打算修补另一种不完整性。其缺陷是没能刻画资本和

---

① G. A. Cohen，The Labor Theory of Value and the Concept of Exploitation，*Philosophy and Public Affairs*，Vol. 8，No. 4. (Summer，1979)，P. 341。

劳动之间关系的相关特点，例如说由于一无所有，劳动者才被迫为资本家工作的这个事实。这里，无法详述这个理应进一步阐述的饱受争议的议题。最后需要注意的是，传统的观点和本文其他的地方都提到的是"劳动者"和"资本家"。因而，仿效《资本论》的做法将阶级关系拟人化了。这种做法避开了区分工人阶级和资本家阶级的问题。现在这个问题要比马克思时代严重得多。传统的马克思主义观点用劳动剩余价值论来得到假定观点6、观点7和观点9。但是可以用一条不言自明的论断来取代它们，并且照样得出劳动者受到剥削的结论。这样做就得到一种较为简单的马克思主义的阐述（观点11是不言自明的）：

观点5 劳动且只有劳动创造价值。

观点11 资本家获得产品的一些价值。

观点8 劳动者得到的价值少于他所创造的价值。

观点12 资本家获得一些劳动者创造的价值。

观点10 劳动者受到资本家的剥削。

柯亨认为，"因此，当马克思主义者说资本主义具有剥削性的时候，这一道德论断无须借助于劳动剩余价值论。重要的不是用什么来解释工人创造的价值与其所获得的价值之间的差额，而是两者之间确实存在着差额"[①]。

24.3.2 柯亨对劳动价值论的否定

柯亨认为，劳动价值论的主要内容是商品的价值是由生产这种商品的社会必要劳动时间决定的。由此，得到一种"资本家剥削劳动者"的观点，并且，该观点的一个颇有争议的前提条件观点5被认为是来自劳动价值论。但是，现在作者将证明劳动价值论并不支持观点5，即劳动且只有劳动创造价值这一提法。恰恰相反，按照劳动价值论，这个提法是错误的。

柯亨用一个例子来表明他的观点，假定一个商品在时刻 t 具有某种价值。按劳动价值论的说法，这个价值是由生产此类商品所需要的社会必要劳动时间决定的。进一步人们会问：是在什么时候所需要的社会必要劳动时间？回答是在时刻 t，即当此商品具有要被解释的价值的时候。如果劳动价值论是正确的话，则在过去生产它所需要的时间，以及生产它所实际耗费的时间，在数量上和它的价值是没有什么关联的。

---

① G. A. Cohen, The Labor Theory of Value and the Concept of Exploitation, *Philosophy and Public Affairs*, Vol. 8, No. 4. (Summer, 1979), P. 344.

极端的情况会使这一说法更清楚。（1）假设有一在过去的时间中生产出来的使用价值a，并且虽然只有劳动才能创造a，但是现在a的出现不再需要那种劳动了（a可能是一定数量的粮食，在上帝降下这些食物给以色列人之前就被人们生产出来了）。那么根据劳动价值论，a是无价值的，尽管曾有劳动"物化"在它里面。（2）倒过来，假设现在市场上有一种商品b，b不是由劳动产生的，但是现在和b一样的东西的出现却需要花费大量的劳动（b可能是一定数量的干净空气，在需要人工制备干净空气之间就已经用瓶装好了）。那么b也会具有价值，尽管没有劳动"物化"在它里面。

这些说法都是从劳动价值论得来的。按此理论，过去的劳动和一种商品现在具有多少价值并无干系。但是，如果过去的劳动创造商品的价值的话，它就不会是不相干的。因此如果劳动价值论是正确的，则劳动并不创造价值。

柯亨认为，马克思主义对资本主义生产过程中剥削的非难的真正基础，并不是通常所说的观点5，而是一个与劳动价值论无关，却又普遍地与观点5相混淆的相当明显的真理。而人们又常常混淆观点5和劳动价值论，因此后者经常和我们下面将要提到的明显的真理相混淆。

柯亨讨论的一个副产品是对如下现象提出了一种解释，即为什么理应受到争论的劳动价值论，被那些睿智的马克思主义者认为是相当明显的真理。当马克思主义者认为显然是对的东西，却被其他人认为是显然不对的时候，至少有一方是错的。单单依据阶级地位或意识形态立场对这种错误做出解释是不够的，因为这样解释并没有表明产生这种错误的可能性以及这种错误是通过什么样的机制产生的。下列所述将有助于解释为何睿智的马克思主义者会犯这种错误。

如果劳动价值论是对的，则劳动并不创造价值。原因如下：如果劳动创造价值，那么过去的劳动同样创造价值；如果过去的劳动创造价值，那么过去的劳动决定了产品的价值。但是根据劳动价值论，价值量是由现在所需必要劳动时间决定的。因此，如果劳动价值论是正确的，那么过去的劳动并不创造价值。因此，宣称劳动创造价值是没有真凭实据的。基于此，科恩认为，劳动创造价值是不成立的，即使它成立，它也不构成对剥削进行攻击的坚实基础。劳动价值论本身同样无法构成这种基础。事实上，劳动价值论并不包含工人创造了任何东西。然而，工人显然是创造了某种东西，他们创造了产品。他们并不创造价值，但他们创造了具有价值的产品。措辞上的细微差别牵涉概念上的巨大差别。对剥削提出的非难不在于资本家获取了部分工人生产出来的价值，而是他获取了部分工人所生产出来的产品的价值。不管工人是否创造了价值，但他们的确是生产了产品，而产品具有价值。

并且，没有其他人生产产品。或者说得更严谨一些，生产者是唯一的生产具有价值的东西的人：根据定义，在人类活动中，只有生产才产生出具有价值的产品。而这并没有回答谁是生产者这一困难的问题。但是无论答案是什么，都只有那些被视为生产的人才能够生产具有价值的产品。

柯亨认为，凡是具有价值的东西并不都是生产出来的。他也不否认为了生产出具有价值的产品通常还需要工具和原材料。他断言，在最广泛的可能意义上的劳动者，是生产出任何具有价值的东西的唯一的人，而资本家并不是这种意义上的劳动者。如果资本家是的话，那么资本和劳动就不会是两种显然不同的生产要素了。资本家提供的是资本，而资本并不是一种劳动。

也许，有人会对资本所有者不生产任何东西这一论断提出疑问。当然，资本所有者也会参与某种生产活动。例如，执行一项任务，如果他不执行的话，那么这项任务就会落入被他雇佣的人手中。这时，他是一个生产者，而不是一个资本所有者。要使活动具有生产性，并不意味着要直接参与生产，只要做了有利于生产这件产品的事情就可以了。这二者的区别在于前者是直接生产活动，后者是生产性活动。如果资本家是一个具有生产性的非生产者的话，则"他是一个剥削者"这一说法就值得斟酌了。

柯亨认为，"正是这一显而易见的事实构成了马克思主义对资本主义剥削非难的核心。这种非难的真实基础不是工人生产价值，而是他们生产出具有价值的产品"①。

柯亨提出，是劳动创造具有价值的产品，而不是劳动创造价值。正是从这一点出发，对资本主义剥削制度的非难多少有点根据。接着他开始分析，即使劳动创造价值，也不会对剥削问题有什么冲击。

柯亨认为，首先，劳动创造价值的提法，对于劳动受到剥削这一命题并不是必需的。柯亨的论证如下：即使假定是什么别的东西创造价值，如果存有劳动受到剥削的印象，则它仍会保留下去。想象一种商品的价值量完全取决于对它的欲望的强烈程度，并且，因此可以说价值是由欲望而非劳动创造的。在这种情况下，如果同时有"劳动创造所有的具有价值的产品，并且

---

① G. A. Cohen, The Labor Theory of Value and the Concept of Exploitation, *Philosophy and Public Affairs*, Vol. 8, No. 4. (Summer, 1979), P. 355.

资本家占有了一些价值"这样的提法，这是否就会使对剥削的非难消失呢？肯定不会！因此，工人创造价值的论断对于这种非难肯定不是必需的，因为这里已经假定了是某种别的东西（欲望）创造价值，而非难仍旧成立。但是，劳动创造价值对于对剥削的非难来讲不仅是不必要的，而且，即使从它出发，也没有什么理由去进行这种非难。可以再次想象欲望创造价值的情况。如果说因为劳动者创造了价值，则价值的劳动创造给了劳动者拥有价值的权利，那么同样地，价值的欲望创造也会给有欲望的人以这种权力。然而，难道能说有欲望的人之所以受到了剥削，原因是他们创造了产品的价值而资本家部分地占有了价值？显然，这个提法是荒谬的。

因此，既不是劳动价值论（即社会必要劳动时间决定价值），也不是其流行的类似术语（劳动创造价值），而是朴素的真理（劳动创造了具有价值的东西）在回响，这个真理是马克思对资本主义剥削进行非难的真正基础。

通过对柯亨文章的仔细阅读，不难发现，柯亨对劳动价值论的否定和基于剩余价值论的剥削的否定，更多的是充满感情色彩的，是基于他自己给出的狭隘定义展开的。很多时候他更像是在用语义上的细微差别，而不是用科学的分析对剩余价值和剥削进行证实或证伪。

第 25 章　劳动价值论与剩余劳动和同期劳动成本

　　沃夫斯岱特（E. Wollfstetter）1973 年在《经济学杂志》上发表的《剩余劳动、同期劳动成本与马克思的劳动价值论》一文指出，[①] 自马克思对政治经济学的系统性批判以来，该批判的基本分析工具——劳动价值理论却成为无数批判的目标。然而，因为只有一小部分批判者了解价值的正式的定义，马克思的价值分析的目的基本上被误解了。其中，有三种误解最为典型：一是将价值错误地理解为有目的的人类活动（劳动）是所有物质财富（使用价值）的根本来源；二是将价值解释为公平价格的自然权力理论；三是将价值解释为竞争性均衡价格理论。最后一种解释，一直是庞巴维克对马克思批判的基础，而且大多数现代批评者也持这一观点。到 20 世纪 70 年代初，由于萨缪尔森和魏茨泽克的加入，马克思劳动价值论批判者的队伍扩大了。表面上这些批判与传统的批判不尽一致，这些批判者声称，用所谓的同期劳动成本概念来代替劳动价值，可以得到一般性的马克思的价值理论和剥削理论。

　　沃夫斯岱特在对马克思的价值分析以及隐藏在分析背后的目的的讨论中，对萨缪尔森和魏茨泽克等人的批判做了回复。为了能够作出"严肃"的回复，沃夫斯岱特首先对马克思进行价值分析使用的一些基本范畴及其内涵作了说明。他首先介绍了生产和再生产的自然联系（数量体系），价值分析（价值体系）和交换关系（价格体系）之间的细微区别。沃夫斯岱特认为，这些体系不是被看作是分离的实体，而是被看成同一的资本主义体系的不同方面。每一个体系都与其他体系一样真实，而且每一个体系都体现了这一实体的不同方面，因此每一个体系都是不可缺少的。在作出这一区别的基础上，沃夫斯岱特试图重新构建马克思价值分析的目的。为了简化说明以及

---

　　① Wollfstetter, E, Surplus Labour, Synchronised Labour Costs and Marx's Labour Theory of Value, *Economic Journal*, Vol. 83（33）, Sept. 1973, pp. 787－809.

直接与萨缪尔森和魏茨泽克的观点作出比较，沃夫斯岱特把他的分析限制在稳定增长的情况下，还将分析限制在竞争性利润的黄金法则率的情况下。沃夫斯岱特认为，需要强调的是，在资本主义经济中，像其他两个体系一样，价值体系应用的十分普遍，它既不会受限于给出的特殊的均衡假设，也不会受限于特定的技术性的假设。

25.1　一般性假设和步骤

沃夫斯岱特提出一种经济假设，假设这种经济在 n 个不同的部门中生产 n 种商品，而且使用同质的劳动和生产出来的投入。每一种商品都被假定为是一种基本商品，也就是说，被要求成为生产每一种商品的直间或间接的物质性投入。因为生产的阶段是均匀的，所以可以用时间单位表示生产的阶段。因为没有交叉生产，所以生产资料在一个生产阶段被完全用尽。技术是给定的，而且不随时间和规模的变化而变化。对任一产品 j(= 1, …, n)，由每单位产品 j 的物质性投入的需求量的一个半正定的列向量 $A^j \geqslant 0$ 以及与每单位产品 j 的直接劳动的需求量相对应的系数 a_{oj} 来定义。因为将技术的数量考虑为是既得的，对每一个产品 j 我们假定存在 m_j 种有效技术。用 $S_j =$ {1, 2, …, m_j} 代表用于生产产品 j 的既得技术的指标集，那么，所有可以得到的生产体系的集合，显然由指标集 S_j 的笛卡尔乘积 $S := \prod_{j=1}^{n} S_j$ 表示。若用元素 $v \in S$ 表示一个生产体系，则我们用 $A_v = (A^1, …, A^n)$ 表示任一技术矩阵，用向量 $a_0(v)' = (a_{01}, …, a_{0n})$ 表示与该技术（允许所有商品的生产）相对应的直接劳动的需求量。那么，完整的生产体系可以表示为：

$$\hat{A}\partial = (A_1^1, …, A_{m_1}^1; A_1^2, …, A_{m_2}^2; A_1^n, …, A_{m_n}^n)$$

$$\hat{a_0'}\partial = (a_{01}(1), …, a_{01}(m_1); …; a_{0n}(1), …, a_{0n}(m_n))$$

而且任一活动向量为 $x\partial = (x_j)$。假定任一技术矩阵是半正定的和不可分的。对这些矩阵下列陈述是等价的：

（ⅰ）A 的主特征根 $\lambda^x(A)$ 是正的，且满足 $\lambda^x(A) < 1$

（ⅱ）对于一个给定的 $c \gg 0$，方程 $(I-A)x = c$ 存在一个非负的解 $x \geqq 0$

（ⅲ）对每一个 $c \geqq 0$，方程 $(I-A)x = c$ 有一个非负的解

（ⅳ）$(I-A)^{-2}$ 存在并且是严格正的

（ⅴ）$\sum_{k=0}^{\infty} (A)^k$ 存在并且是严格正的

（vi）存在一个非奇异对角矩阵 $J > 0$，使得满足 $A^*1 \ll 1$（其中 $A^* = J^{-1}AJ$）

由于后面即将提到的原因，只要在这 6 个表述中有一个成立，那么，这个技术矩阵就被称为是可行的。接下来，将 $v \in S$ 看成是可行的，而且选择 $\hat{A}$ 的实际单位使得 A_v 的纵向和的向量为 $A_v 1 \ll 1$。

在考虑商品生产时，假定商品在每一个生产阶段的末期进行交换而且在竞争性价格处市场出清。在资本论中商品的生产能力本身就是商品，与马克思相反，假定这种特殊的商品是在使用之后（即在生产阶段的末期）进行支付。劳动力市场是完全竞争的因此对每个工人而言，工资与劳动日是相等的。只有资本家进行储蓄。

以下，按照一般性递减的顺序引入这些体系。假设每一个生产体系 $v \in S$ 都是给定的。这样这种分析是事后的，而（A_v，$a_0(v)$）是经济中实际使用的生产体系。在解释了萨缪尔森和魏茨泽克的同期劳动成本（synchronised labour cost）之后，为了让对同期劳动成本这个概念的有意义的分类成为最优计划的一个工具，应该考虑技术的事前选择。这能够将马克思的剥削概念与萨缪尔森和魏茨泽克所假定的一般化的概念进行比较。假定存在全球性的劳动加强型的技术进步，最后讨论模型的一个扩展，批评家认为这个扩展的结果与马克思的剥削理论的基本陈述不一致。这个基本陈述是：正的剥削率是正的利润率的充要条件，沃夫斯岱特也将这个基本陈述看成是马克思理论的基础。

25.2　数　量　体　系

沃夫斯岱特的分析从生产与再生产的最一般的关系（正如它们在实际使用的生产体系（A，a_0）中所规定的一样）和稳定均衡增长率 $g \geq 0$ 开始。这个信息描述了所考虑的社会内的劳动分工以及这个社会所产生的生产动力，但它却没有提到任何与这个特定社会的社会生产和分配组织的相关信息。所以，总的来说，这里考虑的是使用价值（产品）的生产与再生产，或者说是人与自然的关系的一个方面。

25.2.1　生产

要生产任一总产出向量 x，充足的生产方式 Ax 必须都是可以达到的并

且必须消耗 $L = a_0'x$ 单位的劳动。这样一个通过有目的的人类活动来进行产品转换的过程，马克思称之为劳动过程，而且这个过程还是人类生活的常规条件。为了用书面形式表达技术的可行性，这个劳动过程中的技术必须有一个正的净产出 u：

$$u = (I - A)x \qquad (25.1)$$

这个净产出，一般是用于当期的生存（无论谁消费它），或者是为了未来的增长的生产方式。因而生产往往是对净产出 u 的生产，而且在这种定义下生产包括了对耗尽的生产资料的再生产。

作为人类劳动的花费，对每种产品 j 的生产需要一定数量的社会必要劳动 ω_j。相对于一个单位水平的净产出，单位产品的社会必要劳动时间的向量为：

$$\omega' = a_0' + \omega'A$$
$$= a_0'(I - A)^{-1}$$
$$= a_0' \sum_{k=0}^{\infty} (A)^k \qquad (25.2)$$

其中 a_0 是相应的直接劳动的投入的向量，$\omega'A$ 是耗尽的生产资料的再生产所必要的劳动投入的向量。因为排除了技术的变动，$\omega'A$ 与过去用于生产耗尽的生产资料的劳动时间是相同的。所以，和包含在 u 中的劳动时间一样，社会必要的生产净产出 u 的劳动时间与实际花费的时间 L 是相等的，

$$\omega'u = \omega'(I - A)x$$
$$= a_0'x = L \qquad (25.3)$$

明显的是，当且仅当生产体系是可行的时候，社会必要劳动的向量可以仅从生产体系 (A, a_0) 的数据中得到，而且这个向量是严格正的。

25.2.2 再生产

净产出往往被认为是用于当期的消费和未来的增长，其中当期的消费用向量 c 表示。因此，对于给定的增长率 $g > 0$，如果在扩大的规模中再生产是可能的，那么向量 gAx 代表的生产资料要从 u 中扣除，使得在随后的生产阶段可以得到 $(1+g)Ax$ 的生产资料。

$$c = u - gAx$$
$$= (I - (1+g)A)x \qquad (25.4)$$

然而，正如可行性条件所表明的，不是每一个正的增长率都是可行的。因此，用 $\lambda^*(A)$ 表示 A 的（正的）主特征值，用 x^* 表示（严格正的）相

对应的特征向量。非负的 c，g，x 和 L 之间的如下关系都是成立的：如果 c = (0)：

$$x^* \lambda^* = Ax^*, \quad x^* \gg 0; \quad \lambda^* = (1 + g^*)^{-1} \tag{25.5}$$

$$g^* = \frac{1 - \lambda^*(A)}{\lambda^*(A)} > 0 \tag{25.6}$$

如果 c ≥ (0)：

$$g < g^* = \frac{1 - \lambda^*(A)}{\lambda^*(A)} \tag{25.7}$$

$$(I - (1 + g)A)^{-1} = \sum_{k=0}^{\infty} (A)^k (1 + g)^k \gg 0 \tag{25.8}$$

$$(I - (1 + g_0)A)^{-1} \gg (I - (1 + g_1)A)^{-2} \text{如果 } g_0 > g_1 \tag{25.9}$$

$$x = (I - (1 + g)A)^{-2}c \gg 0 \tag{25.10}$$

$$L = a_0'x = a_0'(I - (1 + g)A)^{-1}c \tag{25.11}$$

正如式（25.6）和式（25.7）表明的，g^* 是体系中最大的增长率；要达到这一最大增长率，要求社会不消费食物，即不需要生存性消费，还要求一组生产资料 Ax^* 是初始可得的，所以它本身没有特殊的意义。给定适当数量的生产资料有助于阐明对正的增长率的限制，即该正的增长率与任一半正定的生存消费向量 c ≥ 0 相一致（参见式（25.7）、式（25.11）），而我们只对后者的关系感兴趣。因此，如果任一给定的 c ≥ 0 在所研究的阶段中被生产出来，那么，可行的稳定均衡增长率 g < g^* 要求有一个关于总产出 x 的确定的组合和规模，因此也要求确定的对劳动的雇用和配置。式（25.10）和式（24.11）表明这些要求。因而，这些方程将被标记为稳定增长下再生产的物理性均衡条件。最后，式（25.9）、式（25.10）和式（25.11）一起显示了对劳动的雇用怎样随着 g 的增加而增加。而这正是人们所期望的；换句话说，如果任一的 c ≥ 0 被看作消费单位，那么，它就确保了每单位劳动的生存消费与增长之间的取舍。若给定每个工人的生存消费的向量，那么，它就决定了增长率。这导致了对可行的增长率的一个社会性限制。

25.2.3 剩余产品和剩余劳动

沃夫斯岱特进一步引入剩余产品和剩余劳动这两个概念。几乎每一个社会都能区分净产出中用于工人生存消费的部分和用于一般性的社会用途的部分。于是可以将劳动时间划分为分别与上面两部分相对应的两部分：必要劳动和剩余劳动。用 $Z \geq 0$ 表示工人的生存资料的向量（$c \geq Z$），用 gAx 表示净产出 u 中用于未来增长的部分。于是剩余产品定义如下：

$$u - z = (I - A)x - z$$
$$= gAx + (c - z) \qquad (25.12)$$

用于生产剩余产品的社会必要劳动的总量被称为剩余劳动 m。显然，剩余劳动是总的劳动除去生产产品的工人的生存资料的社会必要劳动：

$$m = \omega'(u - z)$$
$$= L - \omega'z = \omega'gAx + \omega'(c - z) \qquad (25.13)$$

因此，如果 $z = c$，那么，剩余劳动是所考虑的生产阶段中用于未来增长所使用的劳动的数量，即是超出保持社会财富水平不变所必需的劳动的剩余部分。

25.2.4 奥地利学派的生产概念

到目前为止，沃夫斯岱特将生产定义为 u 的生产，而且使用了净产出这个非常普通的概念。然而这个概念却与奥地利学派资本理论中所使用的概念形成对比。奥地利学派资本理论中认为生产是形成生存资料的过程，而且在奥地利学派框架中，净产出仅仅由 c 组成而不是由全部的 u 组成。换句话说，生产资料的扩展从来不被算在净产出中。

现在，在这种观点下来分析生产。为了介绍更深层次的奥地利学派的类别，生产的阶段被定义为形成一束产品所需要的时间单位。如果在不同阶段之间对参与生产的资本的分配保证了稳定的均衡增长，那么，生产结构被称为是连续交错的（或者说是同步的）。所以，如果今天形成生存资料的向量 $c \geq 0$，而且这个向量在将来以速率 $g < g^*$ 增长，那么"同步"要求在距离产品形成的最近的阶段使用 $a_0'c$ 单位的劳动，在接下来的阶段使用 $a_0'A(1 + g)\,c$ 单位的劳动，以此类推。因此，在不同的生产阶段中，实际运作的商品束的结构和规模，由如下序列表示：

$$(c, \ A(1 + g)c, \ (A)^2(1 + g)^2c, \ \cdots, \ (A)^n(1 + g)^nc, \ \cdots)$$

那么，相应的劳动的结构性配置为：

$$(a_0'c, \ a_0'A(1 + g)c, \ a_0'(A)^2(1 + g)^2c, \ \cdots, \ a_0'(A)^n(1 + g)^nc, \ \cdots)$$

随着这种生产的奥地利学派定义，社会必要劳动的定义也不同了。生产一单位产品 j 的社会必要劳动不仅仅包括对用尽的生产资料的再生产所需要的劳动时间，也包括了扩大未来生产所需要的劳动时间。用 $\prod'$ 来表示与一单位产出水平相应的奥地利社会必要劳动的向量，有：

$$\prod{}' = a'_0 + \prod{}'A(1 + g)$$
$$= a'_0(I - (1 + g)A)^{-1}$$
$$= a'_0 \sum_{k=0}^{\infty} A^k(1 + g)^k \qquad (25.14)$$

萨缪尔森和魏茨泽克是用同期劳动成本或者称为合理价值（rational values）来表示社会必要劳动这个概念，而且它的奥地利学派起源也是很明显的。在 $g = 0$ 的情形下，$\prod$ 和 ω 是相等的。但因此而将 $\prod$ 称为一般化的 ω 会令人产生误解。

从这种观点来看生产与再生产的区别的话，同期劳动成本为扩大的再生产的物理性平衡条件提供了一种精确的经济学的解释。这可从式子（1.11）奥地利学派净产出的同期劳动成本的相等中看到：

$$\prod{}'c = a'_0(I - (1 + g)A)^{-1}(I - (1 + g)A)x$$
$$= a'_0 x = L = \omega'u \qquad (25.15)$$

最后，要强调的是，必要劳动和剩余劳动的概念在奥地利学派理论中也有不同的意义。如果仍然用 z 表示用于工人生存的资料的向量，那么，在奥地利学派定义中必要劳动是 $\prod{}'z$，剩余劳动是 $\prod{}'(c - z)$。与特定的增长率 $g < g^*$ 无关，当且仅当 $(c - z) \geq 0$ 时剩余劳动是正的。与传统的定义相比，奥地利学派必要劳动包含了两部分，第一部分是（传统的）必要劳动，第二部分是为了保持 z 的稳定增长所使用的（传统的）剩余价值。因此，如果 $z = c$，那么，奥地利学派必要劳动 $\prod{}'z$ 等于（传统）必要劳动 $\omega'c$ 加上（传统）剩余劳动 $\omega'gAx$，而且奥地利学派剩余劳动等于 0。即：

$$\prod{}'c = \omega'c + \omega'gAx \qquad (25.16)$$

正如之前提到的，$\prod$ 与 ω 的不同依赖于不同的生产的概念。两种概念可能都很有用，但没有什么是必须在 $\prod$ 的使用下才能被发现的。然而如果采用奥地利学派概念，而拒绝传统的概念，那么就不可能形成对生产的社会关系的基本认识。这一点是第Ⅲ部分的结论中的一个，第Ⅲ部分讨论的是资本主义商品生产。

25.3 价值体系

在此前对社会生产的分析中，沃夫斯岱特并没有提到所分析的社会的类型。现在，沃夫斯岱特转向分析一个特定形式的社会生产：资本主义生产。资本主义生产有两个突出的特点，一是生产（产品）使用价值用于交换（商品生产）：一是劳动能力本身也是商品。然而，工人是自由的，即工人是自己的主人，他们出售的仅仅是自己的劳动能力。工人将劳动的能力卖给那些将生产资料垄断为私人财产的人（即资本家），而且因为劳动的能力是工人唯一的财产，所以他们被迫必须出售他们的劳动能力。为了完善格式化的描述，生产由相互独立的厂商进行，而且假设对劳动的购买与对生产资料的购买是一样的。拥有生产资料不仅意味着对劳动过程的完全的控制权，还意味着对这个劳动过程的产出的拥有权。这种生产形式在资本主义社会中是占主导地位的，在这里不考虑资本主义社会实际同时存在的其他生产形式。

马克思用生产一个商品所耗费的社会必要劳动时间来定义商品的价值。因此，商品 j 的价值等于生产它所直接花费的劳动时间 a_{0j}，加上所使用的生产资料的价值。在我们对社会必要劳动的定义（1.2）中，后一部分被定义为对所使用的生产资料的再生产（即未来的资本重置）而实际花费的劳动时间。由于我们的假设，这些数量与包含在这些生产资料中的（历史的）劳动时间相等。为了避免误解，我们一般将生产资料的价值定义为了提供生产资料的未来再生产而在当期花费的劳动时间，而且替代的速率能够得到一个稳定的消费水平。这个定义与式（25.2）相一致，而且 ω 将被看作是商品价值的向量。然而，需要说明的是，"商品的价值"只有当单个厂商是为了交换而生产时才有意义。价值，这个理论化的说法，假定了交换的存在，而且这种意思是在社会学里所特定的。

25.3.1 价值分析的目的

在沃夫斯岱特讨论的开始，马克思价值分析的目的不能被看作是对均衡价格的解释。这可以从资本论中的很多段落中得到证实，而且为了证明支撑这种观点，有必要指出的是，是马克思对李嘉图的关于均衡价格和价值提出了批评。但是将生产作为价值的产生过程来分析的目的是什么，用价值来衡量单个承包商间的商品流通的目的又是什么？为了介绍接下来的段落，沃夫斯岱特归纳了他所理解的马克思价值分析的目的。

总的说来，价值分析是揭开隐藏在交换（流通）背后的人与人之间的社会关系的工具。它将我们的注意力指向人与人之间的关系的一个集合。这些关系既不能在数量体系的基础上被发现，也不能在价格体系的基础上被发现。这些是在劳动过程中所形成的社会关系。因为价值分析揭露了资本主义制度下社会不平等的根源，所以它也为利润的来源提供了一种解释；而且因为它是建立在商品的一个不变标准单位的基础之上，所以它也为马克思的剥削的概念提供了唯一的测量方法。最后，价值分析有助于揭示资本主义的生产形式运动的规律。

25.3.2 商品拜物教

分析任何社会的社会关系时，常常要区分社会关系本身，社会关系对这个社会的成员的透明度，以及建立这些社会关系的稳定性所采取的一些或多或少的法律三者之间的不同。举一个简单的例子，在封建制的生产形式下，直接生产者，基于法律的责任或常规的权力，将投入与他的封建主的利益成一定比例的劳动，或者说生产。生产中的社会关系是非常明显的。人与人之间的法律的关系是社会关系的一个直接指标，而且每个人都能察觉到他是被迫投入剩余劳动还是有权利自由处置剩余劳动。对这些社会关系的辩护，将其作为一种神圣的秩序，将在长期内有效。

与前资本主义的生产形式形成对比的是，在资本主义制度下，没有对生产与再生产之间复杂的网络的直接控制，取而代之的是私人财产以及产品与劳动能力的自由交换。于是社会关系表现为市场关系的一个集合。通过普通的法律权力，这些关系掩饰在合约商之间的关系之中，而且平等和自由（这正是资产阶级革命的口号）似乎历史性的取代了不平等、压迫以及剥削。这种政治经济学中典型的对资本主义的描述实际上是错误的。比较新社会（资本主义）和一个权力管制社会的典型（封建社会），在人的合法立场的基础上，不能揭示出不平等、压迫以及剥削作为资本主义结构性的元素而存在。在马克思的观点中，这种描述是意识形态性的：但它不是一种"自觉分发鸦片"意义上的意识形态。因为资本主义的这种描述是由交换领域本身提出的，所以这是一种自我欺骗（商品拜物教）意义上的意识形态。因此，在资本主义下，权力关系不是透明的。为了弄清这些权力关系，首先就要揭开"商品拜物教"这层面纱。

25.3.3 剥削的意义和测量

最容易说明资本主义生产形式的是，这一生产形式存在一个没有任何生产资料的阶级。作为自由而平等的公民，这个阶级的成员，被迫"自愿的"出售他们的劳动能力。而在封建制度下，这些人被迫将他们的工作日的一部分作为剩余劳动。这些人作为雇佣工人的一个重要的结果是，这种出售将工人置于调节劳动过程的资本的完全控制之下，因而也促成了异化的劳动。

沃夫斯岱特从第一个命题开始。揭示了隐藏在利润背后的一个社会的权力关系——促成了剩余劳动的出现。因此，剩余劳动必须被证明为每个工人工作日的一部分，而且剩余劳动与劳动能力的自由的出售相一致。然而在揭示过程中有一个困难：为了谈及利润，必须引入价格体系，而为了谈及剩余价值就必须进行价值分析。所以，为了回避这个困难，一个结论是：正的剩余价值是正的利润的充分必要条件。虽然是非具体的意义，这使他可以将剩余价值看作利润的抽象形式。现在，脱离这个困难的可选择的方法是假定商品按照他们的价值进行交换。这与马克思的《资本论》第一卷中所使用的程序是一样的，正是这个程序引起了很多的误解。马克思对这个程序进行了更加深入的讨论。为了排除由于其他的公司的损失而产生的个人的利润，他在开始就假定商品按照他们的价值进行交换。显然这个假设足以排除这个可能性。在这个基础上，马克思就可以反驳早期社会主义者例如蒲鲁东的教条，即认为资本家们产生利润是交换机制的一个结果。

现在将劳动过程看做资本控制之下的价值形成过程。z表示所有工人所消费的生存资料的向量：它也是由雇用工人用他们的工资所购买的总的工资产品的向量。为了简单化，沃夫斯岱特将工作日作为时间单位，并且工作日由劳动合同所确定。也许值得强调的是，这里定义的实际工资与单个工人的消费习惯无关。讨论的逻辑如下：找出工人用他们得到的工资所购买的消费品的总和。这给出了向量z。于是将每单位劳动的平均实际工资定义为z的倍数，其中1/L是适合的乘数。如果每个工人的工资率是相等的，那么(1/L)z就是单位劳动的实际工资。沃夫斯岱特不打算解释单个工人的消费形式。相反，他想要揭示隐藏在实际发生的经济事件背后的社会关系。这种意义上的价值分析是一种事后的分析。于是，$v = \frac{1}{L}(z)$ 表示的是每个工人日常消费的生存资料的向量。由于标准化和一个竞争的劳动市场，v也和整体的每劳动单位的实际工资相等。任何参与商品j的生产的资本家雇用单位活动，a_{0j} 单位的劳动和向量为 A^j 的生产资料。从式（25.2）中可以知道，商品 j 的价值为：

$$\omega_j = a_{0j} + \omega' A^j$$

而劳动过程带给 $\omega' A^j$ 的增加量是单位时间内直接使用的劳动时间。与实际工资率相等的价值，即生产 v 的社会必要劳动 $\omega' v$，是资本家使用一个劳动单位（商品劳动力的价值）所必需的以价值形式表示的支付。因而，"价值增量"（每单位劳动）的一部分 a_{0j} 转到了工人那里，而剩下的留在资本家手中的是剩余价值 S_j：

$$S_j = a_{0j} - a_{0j}(\omega' v)$$
$$= a_{0j}(1 - \omega' v) \qquad (25.17)$$

剩余价值 S_j 与支付给创造剩余价值的工人的工资之间的比例，就是马克思所说的剥削率 e_j：

$$e_j = \frac{S_j}{a_{0j}(\omega' v)} = \frac{1 - \omega' v}{\omega' v} \qquad (25.18)$$

显然，$\omega' v$ 是工作日（一个时间单位）中单个工人为了生产与他的日常生存资料相等的价值所必须花费的那部分，而（$1 - \omega' v$）是基于合同的，单个工人在每个工作日所产生的剩余价值。结果，在法律眼中，强制的单个的剩余劳动与自由和平价是一致的。这可以直接从将劳动作为工资劳动以及将生产资料作为资本中得到。剥削率不变的测量了每个工人的工作日的分割，一部分是工人为了得到实际工资所必须提供的，另一部分是剩余劳动。显然，剥削率与产出的规模是没有关系的，而且如果实际工资率在所有部门都是相同的，那么剥削率在所有部门也都是相同的：

$$e_j = e, \quad j = 1, \cdots, n \qquad (25.19)$$

在数量体系的框架下，引入社会必要劳动和剩余劳动的概念。现在要表明的是，总剩余价值与所雇用的所有的劳动能力的价值的比率和剩余劳动与必要劳动的比率是相等的：

$$e = \frac{L - L(\omega' v)}{L(\omega' v)}$$
$$= \frac{a_0' x - \omega' z}{\omega' z}$$
$$= \frac{\omega' u - \omega' z}{\omega' z} \qquad (25.20)$$

一个有趣的关于比率 e 的等式是：

$$e = \frac{\omega'u - \omega'z}{\omega'z}$$

$$= \frac{\omega'gAx + \omega'(c-z)}{\omega'z} \qquad (25.21)$$

其中（$gAx + (c-z)$）是属于资本家的（即由资本家处置的）那部分净产出。

到目前为止，数量体系只包含总和的价值分析。数量体系中的概念（社会必要劳动和剩余劳动）与价值体系中的相应的概念（价值与剩余价值）有着实质性的区别。剩余劳动代表的是总和的剩余产品，单个的剩余价值代表的是总和的剩余产品中单个的那一份，而且反映了一个剩余产品分配的独特的机制。这个机制是专门针对资本主义的，而且价值与剩余价值的概念将生产假定为商品的生产，将劳动假定为工资劳动。为了避免误解，在将剩余价值作为利润的抽象形式的解释中（至今还没有被证明），并没有假定单个的剩余价值与利润是相等的。事实上，一般情况下，价格机制隐含了对不同部门所生产的剩余价值的再分配。

为了完成这个部分，现在来检验为什么马克思将 e 看成是社会权力关系的一个合适的指标，即剥削。这使得可以将马克思的剥削率的社会意义与基于同期劳动成本（理性价值）的概念的剥削率进行比较。为了对比剩余劳动与剩余价值的概念的社会意义，首先考虑一个农民公社，公社共同决定三个基本问题：公社要生产什么，怎样生产以及为谁生产。显然，这个公社为了未来的增长，会决定生产一些剩余产品，或者为了给那些不能劳动的成员提供生存资料，公社也会决定进行一些剩余劳动。但是作为平等主义下的决定过程没有人会将剩余劳动看成是剥削的指标。因而，正的剩余劳动不再是确定存在剥削的充分条件。现在考虑剩余价值（它的一个特征就是它是利润的抽象形式）代表了一个生产的资本主义形式，例如，将劳动作为工资劳动，将生产资料作为资本。提到剩余价值时，我们暗示着单个的工人被强制性地进行剩余劳动，而且因为这是劳动合同的结果，这些剩余劳动被控制劳动过程的人所占用。与前面提到的农民公社不同的是，工资工人不决定怎样进行生产；他们既不决定是否生产剩余产品，也不决定这个剩余产品向量的组成成分；而且最终他们也不决定这些生产的剩余产品由谁来处理。这就是为什么剩余价值可以被看作一个社会里人与人之间的权力关系的指标；实际上是剥削的指标。

正如已经知道的，关于净产出与剩余产出的奥地利学派概念是同期劳动

成本的定义的基础。因此，相应的剥削率被定义为奥地利学派剩余劳动与奥地利学派必要劳动之比（见式（25.5））

$$\varepsilon = \frac{\prod{}'(c - z)}{\prod{}'z}$$

$$= \frac{1 - \prod{}'v}{\prod{}'v} \qquad (25.22)$$

其中，$v = \frac{1}{L}(z)$。

显然，ε 代表的对工作日的一个分割，将工作日分为生产日常生存资料所需的社会必要劳动加上维持稳定增长所必要的相应的额外的生产资料以及一个余量。与增长率 g 无关，奥地利学派 ε 是正的当且仅当资本家们消费的是他们的利润。另一方面，在 g > 0 的情形中，马克思主义的 e 是正的，即使资本家储蓄他们所有的利润。因此可以得到结论：根据资本家执行他们的社会功能即积累的程度，ε 评价了资本主义体系。然而它却不能作为我们上面提到的社会权力关系的指标，因而它绝不会是马克思的剥削概念的一般化。

25.4 价 格 体 系

一般而言，商品并不总是以它的价值进行等价交换的。为了完善所做的分析，沃夫斯岱特开始转向研究资本家生产活动的另一个方面，即交换关系（价格）。对比已经分析过的其他方面，交换关系所体现出来的不同特点是它能够被直接观察到。由于决策是以交换关系为基础的，所以交换关系便有了实践性的意义。然而，生产的实际形式，比如说商品的实际生产，容易使生产和再生产的物质关系以及人与人之间的社会关系变得模糊不清。因此，基于这些原因，需要数量体系和价值体系作为分析的理论工具。

25.4.1 均衡价格

沃夫斯岱特首先讨论了与均衡假设相一致的交换关系，也就是竞争性价格，简称价格。要求商品的价格向量 $\bar{p}$ 允许对全体的竞争性工资率 $\omega \geqslant 0$ 进行支付并保证用作投资的资本的全体的竞争性利润率，$r \geqslant 0$。

$$\bar{p}' = (1 + r)\bar{p}'A + \omega a_0'$$

$$= \omega a_0' (I - (1 + r)A)^{-1}$$

$$= \omega a_0' \sum_{k=0}^{\infty} (A)^k (1 + r)^k \qquad (25.23)$$

就像容易预计的那样，并非每个大于 0 的利润率都是可行的（能实现的）。在满足 $p \gg 0$ 的情况下，最大化利润率 r^* 事实上等价于最大化增长率 g^*，即 $r^* = g^*$。此时的 r^* 事实上使得 $\omega = 0$。因此，在 $\omega > 0$ 的情况下，关于一个 r 可行且大于 0 的利润率的约束是和式（25.7）完全相同的。如果将 g 替换成 r，式（25.8）、式（25.9）仍然成立，而这一点正好是需要的。因为只有 $r < r^*$ 这种情况是令人感兴趣的，所以可以选择商品劳动力为货币兑换率计价标准（numeraire），即 $p = \dfrac{1}{\omega}(\bar{p})$。再根据式（25.8）、式（25.9），能得到向量 $p(r) \gg 0$ 是随着 r 单调递增的。并且如同在数量体系里一样，如果选择了生存单位，就能够证明在实际工资率和利润率两者中就一定存在一个权衡取舍。对于实际工资率 $\dfrac{1}{p'v}$（满足 $vL \leqslant c$）就相应会有一个唯一的利润率和一个严格正的价格向量。最后，如下这样一个价格（以商品劳动力形式表达）和同期劳动成本之间的关系式将成立（参见式（25.9）、式（25.14）、式（25.23））：

$$p' = a_0' (I - (1 + r)A)^{-1}$$

$$> \prod', \text{若} r > g$$

$$= \prod', \text{若} r = g$$

$$< \prod', \text{若} r < g \qquad (25.24)$$

25.4.2　剥削和利润

沃夫斯岱特开始考虑将竞争性价格和我们的价值分析联系起来了。作为前提，沃夫斯岱特首先断言，一个大于 0 的剥削率 e 是利润率 r 也大于 0 的充分必要条件。

这个结果足以保证价值分析的前后一致性。特别要指出的是，把利润解释成剩余价值的异常形式这种做法的合理性在这里也得到了印证。因此，马克思的价值理论是前后一致而并不存在矛盾。并且可以说，马克思的价值理论是一种不仅能挖掘经济关系中的社会内容，而且在此种意义上能够提供关于利润来源的解释的有效工具。但是沃夫斯岱特提醒读者注意的是，这并不是承认了任何剩余价值的合理性，或者认可个体资本家的剩余价值与其利润之间存在某种正常的一致性。因此，在剩余价值的单次形成过程中，它并不完全精确地等于个体资本家在总剩余价值中所占有的那一部分，即它仅仅只是代表了他的工人所创造的那部分，而不是他从那块大蛋糕中分得的一块。事实上，要确定个体资本家能得到什么并非难事。然而，这也将取决于一个关于剩余产品的假设，其中剩余产品代表了个别资本家的利润。因此这个意义就不大了。

25.5　技术选择和价值规律

一般的，沃夫斯岱特假设所应用的生产体系是已经给定的。那么社会必要劳动和价格方程组这两个概念就非常明确了。为了合理地将同期劳动成本划归为中央计划者的一个计划工具，同时也为了评价马克思的价值规律，沃夫斯岱特把目光转向技术的选择上。首先他规定当期劳动力需求的最小值以作为对计划者进行选择的一个评判标准。然而在资本主义的体制下，决策是根据交换关系的基础（即竞争）来做出的。因此，所做的决策必须要使得单位成本的选择能够最小化生产体系。如果给定利润率，那么竞争性的均衡将会自然的导出生产体系的一个选择，这个选择能以工资单位的形式同时最小化所有的价格。

随后，沃夫斯岱特证明，给定稳定状态下的增长率 $g \geq 0$，计划者所能安排的最优生产系统就是能同时最小化所有物品的同期劳动成本。同时有以下推论：在黄金律的情况下，计划者的选择与竞争性均衡的结果相吻合。沃夫斯岱特认为，在这些结果的基础上，最终能够开始讨论马克思的分析中另外一个总被广泛误解的部分——价值规律。

25.5.1　技术选择

为了证明上述定理，假设 $g \geq 0$ 已经给定，并假设可行生产系统中的子集 $S^* = S$ 与 g 一致且非空，也就是 $S^* := \{\sigma \in S \mid (1 + g)\lambda(A_0) < 1\} \neq \phi$。定义 $\hat{A}$ 和 $\hat{a}_0$ 为各自完整的生产体系（见假设），并定义 $\hat{I}$ 如下：

$$\hat{I} = (e^1, \cdots, e^1, e^2, \cdots, e^2, e^n, \cdots, e^n)$$

于是对于任意 $c \geq 0$，方程 $(\hat{I} - (1 + g)\hat{A})x = c$ 都有非负解。现在考虑已给定 $c \geq 0$，那么计划者为了找出最优的技术决策，就必须使当前的劳动力需求最小化，即 $\hat{a}_0'x = \min$，且满足 $(\hat{I} - (1 + g)\hat{A})x = c$，$x \geqslant 0$。

这样一个线性规划的问题是有最优解的。通过兰开斯特（Lancaster）对动态的非替代性定理（dynamic non-substitution theorem）的证明，能得到两个重要结果：第一，这个最小化问题有一个最优的基本解；第二，一个最优解的基对于任何 $c \geqslant 0$ 仍然是一个最优解。因为基（Basis）代表了 S^* 中的一种生产体系，所以最佳生产体系，记作 $v(\in S^*)$，就和 c 无关，并且满足：

$$\text{对于每个 } \mu \in S^*，\text{都有 } a_0(v)'x_v \leqslant a_0(\mu)'x_\mu \qquad (25.25)$$

在这些结果的基础上，我们能进一步地证明：生产体系 v 的同期劳动成本向量满足：

$$\text{对于每个 } \mu \in S^*，\text{有 } \prod(v) \leqslant \prod(\mu) \qquad (25.26)$$

因此，最优生产体系一定是能够同时使同期劳动成本最小化的。那么，我们当然就有理由将同期劳动成本描述成用于中央计划的工具了。

在上面已经证明了（25.14），在黄金律的情况下，$\prod$ 等于以商品劳动力表示的相应的价格向量，于是立即可得，在资本家竞争的基础上，如果 $r = g$，则如上的选择依然会被做出。

25.5.2　价值规律

上述两个结果都能证明，技术的选择并不意味着价值的同时最小化。如同一个理性计划的系统一样，在竞争的资本主义下这一点仍然正确。因此，商品总会以最低成本的技术去生产的这一说法，就没有说服力了。但是该说法通常被认为是马克思的分析中的核心部分，即马克思的价值规律。现在可以认为，这种解释有误，并体现出对马克思价值分析存在的一种根本误解。

上面提到过，马克思建立他的整个理论的假设的前提是，在竞争性均衡条件下，商品总是以它们的价值进行等价交换的。这里将不对做此假设的理由进行讨论。而仅仅强调在此基础上，"价值规律"的确是正确的，它表述了一个社会机制的运作（即竞争）能驱使个体资本家应用单位成本最小化的技术。然而在一般的情况下，当交换率被认为是外生变量且允许价格和价值间有系统性差异时，马克思明确地指出，所作决策（比如技术选择）依据的基础是价格而非价值。所以马克思认为，技术的选择一般不是由价值规律得出的。

但是，这一点丝毫没有影响马克思价值分析存在的意义。以价值分析为工具能完全揭示隐藏在交换关系下的社会权力关系，并且在作为这种工具时，价值分析首先假定这种关系被给定。在决策前，它分析这种社会力量关系，然后，应用于技术被选择及工资被消费于商品之后。事实上，价值体系的目标中已经暗示了这一点。

25.6 技 术 变 化

至此，沃夫斯岱特在这篇文章中还没有对马克思理论中某些"达尔文进化论"的元素加以肯定，尤其是在他的资本主义"运动规律"中。萨缪尔森和魏茨泽克含蓄的表达了对利润和剥削之间的关系有异议，为了讨论这些，考虑马克思的运动规律，即认为资本主义的竞争保证了"劳动过程的持久革新"，也就是说，新技术的加速发展使得劳动过程自控制的进步以及个体价值的减少成为现实。在此沃夫斯岱特将目光转向萨缪尔森和魏茨泽克关于技术进步的简化模型，而不再深入讨论马克思理论这方面的细节了。然而，他指出必须先强调的是，技术革新的存在绝不是和马克思的分析无关的，并且马克思在资本主义动态这方面的深刻理解事实上也得到了他价值分析的不少帮助。

作为一个简化的技术进步模型，首先假设，随着时间的推移，直接劳动需求是以给定的固定比率 $\gamma \geq 0$ 递减，物质投入需求是常量，并且最优生产体系也是给定了的。时间单位和以前相同，将在从 $t-1$ 时刻到 t 时刻中间阶段的开头可用的劳动需求向量表示成 t 的函数，并且在此阶段中产品的价格、价值和同期劳动成本都表示成 t 的函数。那么，如果给定在某个初始阶段的劳动力需求是 $a_0(0)$，则第 t 期的劳动力需求为：

$$a_0(t) = a_0(0)(1+\gamma)^{-t} \qquad (25.27)$$

价格的表达式由（3.1）或者（3.2）给出，价值则被定义为生产一单位产品 j 加上再生产生产过程中所用个别劳动的社会必要劳动时间，已由式（25.2）给出：

$$\omega_j(t) = a_{0j}(t) + \omega(t)'A^j$$

于是，技术进步仅仅只引起了价值随时间的减少，即：

$$\omega(t-1) - \omega(t) = -\gamma\omega(t+1) \qquad (25.28)$$

而并不影响规定向量本身。所以前面每一个结论应用于这个情况都依然成立，特别的，大于0的剩余价值仍然和大于0的利润是等价的。只有社会必要劳动和历史性劳动相等的关系是仅限于没有技术改进的情况。

萨缪尔森和魏茨泽克将马克思的价值概念定义如下：

$$\omega(t)' = a_0(t)' + \omega(t-1)'A \qquad (25.29)$$

于是他们得出结论，如果就业率不变的话，价值决定于 γ 并且就等于 $\prod$（参见式（25.14））。

$$\omega(t)' = a_0(t)' + \omega(t-1)'A$$

$$= a_0(t)' \sum_{k=0}^{\infty} (A)^k (1+\gamma)^k$$

$$= a_0(t)'(I - (1+\gamma)A)^{-1}$$

$$> \prod(t)', \ 若 \gamma > g$$

$$= \prod(t)', \ 若 \gamma = g$$

$$< \prod(t)', \ 若 \gamma < g \qquad (25.30)$$

如果还有 $\gamma = r$，就同时也等于价格。

$$\omega(t)' > p(t)', \ 若 \gamma > r$$

$$\omega(t)' < p(t)', \ 若 \gamma < r$$

$$\omega(t)' = p(t)', \ 若 \gamma = r \qquad (25.31)$$

因此，如果 $g = \gamma$，则马克思主义的 e 和奥地利学派的 ε 是相等的，并且如果在这种情况下资本家能省下他们全部的利润，那么 e = 0 将是和利润大于 0 是一致的。

然而，沃夫斯岱特指出，对于马克思的剥削理论的一般性，萨缪尔森和魏茨泽克并没有找出任何反例。他们只是简单的用历史性劳动成本来定义价值，并没有应用马克思的定义。事实上，为了刻意回避由于生产方法价值降低所引起的"损失"而背离马克思的定义这一做法本身就是不合理的。尽管对于在期初所购买的生产方法确实存在价值的降低（参见式（25.28）），但是把这种降低叫做"损失"是有误导性的，只有在假设价格等于价值的情况下这才有意义。当然，还是可以说这个关于价格的假设意味着损失。除此之外，同期劳动成本也会以 γ 的比率递减，并且如果商品以它们的同期劳动成本交换，那么所谓"损失"就会产生。但是因此就没有人会为了回避这些"损失"，而抹去富含意义的定义（参见式（25.14））。就如在定义5.3里的情况一样，这样一个过程也将对于这些修正同期劳动成本的作用提出质疑：

$$\prod(t)' = a_0(t)' + \prod(t-1)'A(1+g)$$

$$= a_0(t)' \sum_{k=0}^{\infty} (A)^k (1+g)^k (1+\gamma)^k$$

$$= a_0(t)' (I - (1+g)(1+\gamma)A)^{-1} \qquad (25.32)$$

因为 $\prod(t) \gg 0$ 将要求 $(1+g)(1+\gamma)\lambda^*(A) < 1$ 和 $\omega(t) \gg 0$，$(1+\gamma)$ $\lambda^*(A) < 1$。

　　显然这些条件都是没有任何经济意义的。社会必要劳动向量和同期劳动成本向量都必须认为是对数量体系某些方面的说明，记住在数量体系里最大增长率是不受技术增长率影响的。通过上面的讨论我们可以总结，以当前所表现的劳动形式来定义社会必要劳动是恰当而有意义的。对于萨缪尔森和魏茨泽克基于历史性劳动而不是当前劳动的研究方法，我们有很多有力的反对意见。这些反对致使他们所设想的针对马克思剥削基本理论的反例毫无意义。再一次重申，同等劳动力成本绝不是马克思的"价值"的一般概括，并且剥削的相关概念显示了物质在社会内容上的区别。

第26章 剥削、商品关系和资本主义

萨缪尔森在 1971 年《经济学文献杂志》6 月号上发表了题为《理解马克思的剥削概念：马克思的价值与竞争价格之间所谓"转形问题"的一个综述》的文章。文章一开始，萨缪尔森就提出了经济学界对马克思"转形问题"的两派不同的观点。"一个很清楚的事实是，卡尔·马克思的《资本论》第一卷中的模型跟第三卷中的模型完全不同。马克思经济学的批评者认为，《资本论》第三卷中的模型是向正统经济学的回归，而第一卷中对'剩余价值率'和'价值'计算的古怪分析是完全不必要的，是没有什么结果的胡说。"[①] 萨缪尔森试图对这一问题给出自己的解答。

26.1 萨缪尔森对剥削问题的分析及其引发的争论

26.1.1 萨缪尔森的观点

萨缪尔森的文章分成三个部分。第一部分是对问题背景的介绍和分析，主要对劳动价值论存在的缺陷进行分析，第二部分是对马克思"转形问题"及剥削模型的研究，第三部分对历史上对"转形问题"研究做出贡献的主要的经济学思想做出评介。

马克思主义对马克思的"价值"概念提出了如下观点："（1）它是富有哲学成果的；（2）具有社会学与历史学上的价值和关联性；（3）在认识资本主义剥削的本质与资本主义发展运动规律方面提供重要的见解；（4）《资本论》第三卷中的利润率与价格立足于第一卷中的价值分析中的总的剩余

---

① Paul A. Samuelson, Understanding the Marxian Notion of Exploitation：A Summary of the So-Called Transformation Problem Between Marxian Values and Competitive Prices, *Journal of Economic Literature*, Vol. 9, No. 2.（Jun. , 1971）, P. 399.

价值基础之上，或者至少可以借助剩余价值来进行分析；（5）马克思自己已经揭示了《资本论》第一卷中的价值是如何'转化'成现实世界中的价格和利润的；（6）后来的一大批作者，包括一些资产阶级经济学家，如斯威齐、博特凯维兹、多布、米克等，已经充实了马克思的模型；（7）马克思开创的价值与剩余价值分析可以由现代经济分析中的数学方法所证明。"[1]

萨缪尔森认为，劳动价值论的缺陷主要在三个方面：

首先，亚当·斯密的"原始状态"（只有劳动力是生产的唯一稀缺资源）早就不存在。"如今土地是稀缺的，地租是必须交的，鹿和海狸的交换价值里面包含有地租的价值，货物的价格永远地偏离了其物化劳动的数量。"[2]

其次，劳动力并不是完全同质的。李嘉图和马克思都企图跳过这个障碍，对劳动单位进行新的定义。然而，劳动单位在现实生活中最多只可能以粗略的形式起作用。如果缺少了李嘉图和马克思在研究收入分配问题时刻意回避的瓦尔拉斯的一般均衡条件，几乎不可能有什么结果。事实上，要明确静态和动态的收入分配情况，必须使用而不是忽视资产阶级经济学的研究工具（如简单的一般均衡定价理论）。

再次，对劳动价值论最大的反对意见来自对"时间"的看法。在斯密的"原始状态"，时间可以被忽略的假定永远都是值得怀疑的。在现实世界，时间就是金钱，利率不会等于零。

在对马克思的"转形"问题进行研究时，萨缪尔森提出了两个假设条件，即两大部类具有相同的不变资本构成；货物按照相同的相对比例进入生产过程。萨缪尔森认为，在这样的条件下，马克思简单化的"转化"过程是成立的。

萨缪尔森认为，关于马克思的"转形问题"，在马克思的批评者庞巴维克和马克思的同情者罗宾逊夫人教授那里，存在一个共同的错误看法。他们都认为，由于在现实中只有利润和价格看得到，而马克思一开始就采用了抽象的价值与剩余价值，这表明他已完成了"转形"问题中的"反转形过程"，因此，正向的"转形"只不过是把马克思拉回到了他开始的地方

---

① Paul A. Samuelson, Understanding the Marxian Notion of Exploitation：A Summary of the So-Called Transformation Problem Between Marxian Values and Competitive Prices, *Journal of Economic Literature*, Vol. 9, No. 2. (Jun. , 1971), P. 399.

② Paul A. Samuelson, Understanding the Marxian Notion of Exploitation：A Summary of the So-Called Transformation Problem Between Marxian Values and Competitive Prices, *Journal of Economic Literature*, Vol. 9, No. 2. (Jun. , 1971), P. 404.

罢了。

萨缪尔森认为这是不对的。他认为，罗宾逊夫人没有意识到，可以直接从纯粹的劳动价值论出发，把劳动价值论中的直接或间接必要劳动时间以及生存工资等概念，转化为马克思价值理论中的一些具体的术语。庞巴维克的错误在于，他否认了劳动价值论可以以纯粹的技术形式告诉人们，在资本货物经过调整之后，一个确定状态下的劳动可以制造出什么东西。虽然剥削工资理论在利润和价格分析的基础上也是可以建立起来的，但是，这并不能否认生存工资理论也是能够在《资本论》第一卷分析基础上建立起自己的交换关系的框架。

在剩余价值的问题上，萨缪尔森的看法是"多余的剩余价值"。他指出，问题的关键不在于《资本论》第三卷中的价格体系要比第一卷中的价值体系是否更具现实性，而在于第三卷中基于瓦尔拉斯均衡的利润率自身，是否需要通过第一卷中的剩余价值分析来确定，或者说是否在很大程度上受到了它的影响。

萨缪尔森认为，对于那些信奉剥削工资理论的人来说，没有必要研究"转形"问题，无论是正向的还是反向的"转形"。任何要解决这个著名的"转形"问题的努力都是到《资本论》第一卷中的价值分析那里，兜了一个不必要的大圈之后返回。[①]

萨缪尔森对马克思"转形"问题与剥削理论的意义提出自己的看法，"离开纯粹经济学的王国，我们也许可以补充的是，《资本论》第一卷中采用的研究路径，在当代也许是不必要的，但是在逻辑上却有便于叙述的优势。它以一种富于情感的语言形式，在诱导读者转向马克思的世界观时发挥了作用。即便在今天，最纯粹的学者和教师都会对《资本论》第一卷的内容怀着极大的认同感。相同的资本或劳动密度结构性构成，虽然不具备特定的现实基础，却为探讨劳动剥削模型的实质和动态发展提供了一个探索的途径。[②]

① Paul A. Samuelson, Understanding the Marxian Notion of Exploitation: A Summary of the So-Called Transformation Problem Between Marxian Values and Competitive Prices, *Journal of Economic Literature*, Vol. 9, No. 2. (Jun., 1971), Part Two, pp. 413 – 423.

② Paul A, Samuelson, Understanding the Marxian Notion of Exploitation: A Summary of the So-Called Transformation Problem Between Marxian Values and Competitive Prices, *Journal of Economic Literature*, Vol. 9, No. 2. (Jun., 1971), P. 249.

26.1.2　勒纳对萨缪尔森观点的评论

在萨缪尔森发表了那篇著名的《对马克思剥削概念的理解》文章之后的第二年，勒纳（Lerner）在《经济学文献》杂志上发表了评析萨缪尔森文章的短文。[①]

勒纳一开始就提出了萨缪尔森的一个主要观点，即"马克思《资本论》第一卷中的纯粹的劳动价值论仅仅在劳动力完全同质，并且是生产的唯一稀缺性资源的经济环境中才是成立的。它并不能对历史上曾经存在过的任何经济环境中的交换价值或相对价格进行有效的解释"。萨缪尔森的这个观点是他对"把价值转化成生产价格"即"转形"问题的主要看法。

"马克思整个思想动机的基础是工人受到剥削，生产出来的一部分东西被他人而不是自己所消费。马克思的动机则是要消除这种剥削，没有必要去考虑劳动价值论是如何计算劳动力生存货物的数量或者可生产货物的总量。在计算这些数量时，'物化的必要劳动'并不比物化的土地、时间、电力、阳光或者任何一种进入生产过程的其他要素关联度更大。"这是萨缪尔森对马克思经济思想的基本观点。

勒纳指出，萨缪尔森认为马克思经济思想的意义是，进行"只有劳动者具有消费权利这种道德公理的政治灌输。"[②] 通过把输入到产品中的劳动看成是产品的"价值"，为这种道德公理赋予了科学权威的色彩。"劳动价值论，无论是纯粹的还是非纯粹的，在今天的经济分析中是没有地位的。劳动者没有取得全部产品这一基本论点是毋庸置疑的。这种道德观有可能被永远地争论下去，改变消费分配政策可以进行理性讨论，在顾及对生产的影响情况下不同利益团体将不再沉默。这些术语在调动工人拥有获得所有"价值"正当权利的感觉上发挥出它们的政治功能。但是劳动价值论，对交换价值和相对价格的解释，则与此无关。"

勒纳指出，需要区分剥削和剩余。剩余是产品中超出"生产与再生产"劳动力的必要劳动的部分，剥削是产品中超出劳动者获得的产品的部分。两者之所以混同，是因为预先假设了劳动者仅获得了最低的生存水平的"价值"。修改这个假设就是再定义生存水平是劳动者能够获得的生活水平，显

---

①　A. P. Lerner，A Note on 'Understanding the Marxian Notion of Exploitation'，*Journal of Economic Literature*，Vol. 10（1），March 1972，pp. 50 – 51.

②　A. P. Lerner，A Note on 'Understanding the Marxian Notion of Exploitation'，*Journal of Economic Literature*，Vol. 10（1），March 1972，P. 51.

然，这个假设虽然不能说是完全的荒谬，但是也是相当的无聊。①

最后，勒纳指出，"对马克思主义者的人道主义或是自由主义的目标的同情，并不是对那些破产的理论的让步。让步只会阻碍而非促进那些老练的马克思主义经济学家发展他们的思想。"相反，"让步往往支持了那些极端马克思主义真正的信奉者，因为既然马克思在《资本论》第三卷中已抛弃那些简单抽象术语，而他们却狭隘地集中精力于《资本论》第一卷中那些非劳动因素进行简单化抽象，结果把它弄成了对抗那些'持异见者'的僵化的教条。"②

26.2　莱伯曼关于剥削和资本主义关系的观点

26.2.1　莱伯曼对剥削和资本主义关系的说明

霍奇森1980年在《科学与社会》秋季号上发表《没有劳动价值论的剥削理论》一文时，莱伯曼在同一杂志发表了《剥削、商品关系和资本主义——对劳动价值论述的捍卫》一文③。莱伯曼认为，霍奇森只是重复了某些传统的反对劳动价值论的观点，并加上了他自己的少数论点。莱伯曼自己在这篇文章中想解决的问题主要有两个："指出为什么霍奇森提出的资本主义剥削理论是不适当的；以及在什么意义上，劳动价值概念对资本主义经济理论而言是不可缺少的"④。

莱伯曼认为，对捍卫劳动价值的研究方法而言，有些条件一旦得到满足，就可能有助于辩论的推进。首先，人们发现，在某些马克思主义文献中，说服是通过模棱两可的语义进行的，莱伯曼认为应当抛弃这种做法；其次，对劳动价值研究方法的捍卫，不能依靠纯粹的观察，因为可观察到的资本主义条件，在社会关系上都被商品化了。也就是说，包括劳动力在内的商品，都采取具有交换价值的商品形式。莱伯曼指出，虽然霍奇森认为，马克

---

① A. P. Lerner, A Note on 'Understanding the Marxian Notion of Exploitation', *Journal of Economic Literature*, Vol. 10 (1), March 1972, P. 51.

② A. P. Lerner, A Note on 'Understanding the Marxian Notion of Exploitation', *Journal of Economic Literature*, Vol. 10 (1), March 1972, P. 51.

③ Laibman, D, Exploitation, Commodity Relations and Capitalism: A Defense of the Labor-value Formulation, *Science and Society*, 1980. XLIV, No. 3, pp. 274 – 288.

④ Laibman, D, Exploitation, Commodity Relations and Capitalism: A Defense of the Labor-value Formulation, *Science and Society*, 1980, XLIV, No. 3, pp. 274 – 275.

思的拜物教概念不能被视为一个整体并移植到马克思对政治经济学的重建中，但是很清楚的是，和这个概念相联系的主要见解——特别是作为商品出售者的工人在法律上的独立，隐藏了他们所忍受的剥削，并以平等的伪装掩盖了剥削——完全和霍奇森的非劳动剥削理论相一致。

莱伯曼认为，论证的核心在于对实证性的劳动价值论的详细阐述：即说明劳动价值概念究竟能使我们干什么，而如果没有它，我们就不可能办到。在这一点上，必须小心确定"干什么"的范畴。莱伯曼特别关心的是劳动价值概念的下述作用，即它在确立资本主义剥削的特征，以及在描述不断持续的工人和资本家之间的关系方面（特别是在领会这种关系的不同方面的统一性上）具有的作用。

最后，假定实证论证是有价值的，并且要以这种论证的视角为基础，那就必须回答霍奇森所列举的对劳动价值理论的批评。因此，莱伯曼的论证的要点是："劳动价值概念在有关资本主义剥削（以及作为商品生产和交换一般的社会关系）的政治经济学中是唯一有用的，而且它与这些关系的量的方面的严格表述是完全一致的"①。

莱伯曼首先驳斥了霍奇森的观点。霍奇森把剥削定义为剩余产品的存在。霍奇森指明，剩余产品存在于一切剥削性的生产方式中：奴隶制的、封建制的和资本主义的生产方式中。资本主义剥削最显著的特征是剩余产品采取了价格形式。于是，各自按照均衡价格计，剥削率只不过是剩余产品除以必要产品——工资。这显然是一个宏观经济概念：虽然原则上可能分别计算出每一个部门甚至每一个企业的相应的剥削率，但是不会存在各个剥削率趋于均等的倾向，整体的剥削率是平均的，但不是一般的。莱伯曼认为，无论如何，按照霍奇森的看法，这根本上没有提出问题，因为剥削率确实首先是一个总体现象，又因为不存在能应用于各个部门的一般的剥削率，但是上述事实并不妨碍对于各个部门彼此间的工资和劳动条件的差别性和（或）相似性的分析。

莱伯曼指出，把一部分社会纯产品确认为剩余产品，显然意味着发生了剥削。霍奇森的问题是，在资本主义经济中，如何证明这种剥削呢？莱伯曼认为，这一问题表明：每一种剥削性的生产方式必须产生出它自身的、特有的对剥削的解释。假定马克思阐述的劳动价值概念提供了对资本主义剥削的

---

① Laibman, D, Exploitation, Commodity Relations and Capitalism: A Defense of the Labor-value Formulation, *Science and Society*, 1980, XLIV, No. 3, pp. 276 – 277.

解释。霍奇森的论文却花了大量的篇幅，提出了另一种解释。该解释详细阐述了马克思对劳动和劳动力进行的区分。与占有机器不同，不破坏资本主义得以建立的资本主义自由，劳动就不可能被资本家所占有。工人不仅提供了他所承认的某些服务，而且提供了劳动过程本身——对资本家的纪律和控制的自觉服从。因此，人们说这里就存在着剥削。因为"凭借生产资料所有权获得收入与对称和公平存在矛盾。"① 从而，这里引出了一个明显的规范标准，以便把财产收入描绘为剩余产品，从而描绘成剥削的产物。

莱伯曼的问题是，上述说明满足剥削理论的要求吗？为了回答这个问题，莱伯曼对一个方法论前提进行了说明，即"资本主义剥削理论必须和一般剥削理论相一致，而同时它又必须抓住资本主义所特有的具体特征。此外，剥削理论必须包括（作为一个核心构成部分）对强制手段的描述，凭借这种手段，从一个阶级榨取剩余产品并转让给另一个阶级"②。

莱伯曼指出，当然，有很多层次的强制和控制：从军事力量到思想和人身攻击的力量。不管怎样，值得任何明显的控制机制得以再生和延续的力量，最终仍依赖于一个唯一的、最后的基础：对劳动过程的控制。因此，莱伯曼认为，马克思的见识超过了古典表述："谁控制了谷仓谁就统治了埃及"。在马克思那里，更准确的表述是："谁控制了使谷仓不断被填满的过程谁就统治了埃及"③。莱伯曼认为，如果不深入到剩余产品背后的产品（和剩余产品）生产过程，那么，人们就只能停留在一个静止的概念上，对剩余产品的认识便会陷于武断。

莱伯曼指出，在前资本主义剥削性生产方式中，榨取剩余产品的能力在于控制劳动过程和再生产这种控制的持续能力。因此，它在于对剩余劳动的控制和占有。没有剩余劳动的概念，前资本主义剥削的理论将简化为这样的论述："剩余产品被强力所窃取"。莱伯曼认为，这样的论述类似于同义反复，它缺乏解释力，而且类似于很早以前恩格斯就批判过的"暴力论"。

莱伯曼指出，如果接受霍奇森研究资本主义剥削的方法（即不使用剩余劳动，而从剩余产品直接到剥削），那么人们"面临的要么是资本主义生产方式和前资本主义生产方式之间的根本断裂，要么是一贯的但又是肤浅的研究前资本主义剥削的暴力论方法。两种情况都忽视了劳动过程控制的明显

---

① Gelff Hodgson, A Theory of Expoitation without the Labor Theory of Value, *Science and Society*, Fall1980, P. 267.

②③ Laibman, D, Exploitation, Commodity Relations and Capitalism: A Defense of the Labor-value Formulation, *Science and Society*, 1980, XLIV, No. 3, P. 278.

的中心地位"①。

莱伯曼认为，资本主义可以被想象为两条河流的汇合：第一，它是前资本主义生产方式的后继者，因此它的特征符合剥削性生产方式的一般特征；第二，它是商品生产的最高发展阶段，在这个阶段，物品为交换而生产，物品表现为交换价值，社会关系则采取了间接的和神秘的形式。

为了把握第二条"河流"的本质，需要考察简单商品生产。给定一个由独立生产者构成的社会，在交换过程以外不存在任何的强制机制，那么，在这个社会中，有没有支配生产者之间交换关系的、反映包括这些交换关系在内的更深的社会关系的系统原则呢？莱伯曼指出，在思考这一问题时，劳动过程再一次作为最重要的考察因素出现。每个生产者拥有个人的生产资料，从而他（或她）拥有对自己的劳动过程的控制力量，从而每个人就拥有了一个较小的、与对社会劳动过程的控制成比例的对个人劳动过程的控制，而这样获得的力量恰好被赋予与他（或她）相似的人的力量所抵消。市场上持久的强制是由分工的利益所驱使的，但是这些益处是同等地赋予所有市场参与者的，因而也是能够互相抵消的。"均衡条件"是由以下事实所给定的：所有参与者都有机会去寻求更优的选择：是通过交换还是通过直接生产去获得商品。但实质上，这表现的是对社会力量的根本来源——劳动过程——的控制上的平等，如同被交换的劳动时间的相等所表现的情况一样。

既然同样均衡条件适用于生产资料，那么，一般结论就是：商品按照与它们所"包含的"直接和间接物化劳动的比例进行交换，现在这个"包含"的或"体现"的劳动时间显然只不过是一种隐喻、一种理论上的构想，可以赋予它以"价值"的名称。因此，莱伯曼认为，抽象劳动的形成及其在商品（使用价值）中的体现对应于真实的社会过程，通过这个过程，不同的具体劳动才得以比较并彼此相等。莱伯曼指出，在这个阶段值得强调的是，抽象劳动的简化是一个必须首先存在于简单商品生产中的一个过程；它要求对劳动时间有一个有意识的理解，这种理解不是主观的和个别的，而是客观社会现实的一部分。一个单个生产者无须知道体现在他（或她）所使用的生产资料中的劳动时间，而只需要知道所生产的商品和各种替换品的纯收入（价格减去原料和折旧的单位成本）对现行的劳动时间的比率。对每个个体来说，不需要有渊博的生产知识；只需要某些有知识的并经常活动的

---

① Laibman, D, Exploitation, Commodity Relations and Capitalism: A Defense of the Labor-value Formulation, *Science and Society*, 1980, XLIV, No. 3, P. 279.

个体处于一对产业的联系之中，以便于配置机制不断地发挥作用。

简言之，在简单商品生产中，具有经济活动能力的单位拥有生产资料，从而能够处理产品，产品的交换必然反映劳动的交换；考虑到整个市场没有系统的强制，等量劳动得以交换。劳动价值体现在商品中，并支配着可感知得到的交换价值。莱伯曼认为，在这里，指导原则是，交换过程是由从事劳动的上述个体实现的，因此，劳动是直接由它的持续时间即劳动时间来体现的。这就是社会生产关系及其在交换领域中的表现之间的特有联系——简单商品生产所特有的联系。

莱伯曼认为，在上述分析中有两件事情值得注意：第一，上面所提到的由直接生产者所体现的价值和劳动时间之间的系统联系的概念，并不意味着个体是通过有意识的过程来决定商品的价值的。他们确实企图使耗费的每单位劳动得到最大的收入，并在这一过程中必然比较不同的具体劳动。这个过程，当由巨大的社会集团处理时，就导致了抽象劳动的升华，这种升华反映了社会必要劳动（即社会平均劳动）支出，并作为支配各个生产单位的客观现实而得到承认。各个单位将不知道物化的劳动时间和交换价值之间的联系，而且不知道他们自己在建立这种联系中所发挥的作用。因此，个体使耗费的每单位具体劳动的收入最大化的个别的有意识的过程的假设，导致了作为抽象劳动时间的价值的决定。如果没有这个过程，抽象劳动的概念就仍然是不确定的。莱伯曼认为，这不是"社会学还原论"的一种形式，这是对抽象劳动的客观现实及其在各个单位的主观意识上的反映（并由它再生产）这两者之间的必然联系的表述。第二，作为抽象社会劳动时间的价值决定，证实了莫里斯·多布的著名论述："如果只根据某一特殊价值来表示价值，就不够恰当。这种决定性的常量必须表示出和某种数量的关系，同时这种数量本身又不是价值才行。"[1]

莱伯曼认为，"就价值计算而言，虽然现代斯拉法主义的价格决定理论的出现削弱了这个表述的说服力，但是它作为价格体系（'交换领域'）与不断发展中的劳动活动之间的联系的表述的适当性仍是完整无缺的"[2]。

这里采用的研究方法（即作为反映简单商品生产特有的社会关系，价值是由劳动的持续时间来度量的社会劳动时间构成的方法）表明，随着资

[1]　Maurice Dobb, *Political Economy and Capitalism*, Routledge and Kegan. Paul, 1968, pp. 9 – 10.

[2]　Laibman, D, Exploitation, Commodity Relations and Capitalism: A Defense of the Labor-value Formulation, *Science and Society*, 1980, XLIV, No. 3, P. 282.

本主义商品生产的出现，价值原理也必然发生改变以反映变化了的生产关系。与劳动价值决定价格不同的是生产价格的形成，是资本主义经济的典型特征，这是众所周知的。这里的问题是：实际上存在的包含劳动过程在内的根本原理，仍像在早前情况下那样真实吗？这个原理会揭示资本主义经济中生产和交换之间的特有的联系。

莱伯曼认为，关键在于资本主义社会区分成各阶级的性质。资本家和工人对劳动过程有不同的"感受"，对工人来说，劳动的直接体验是根据劳动的持续时间，所花费的劳动来决定对劳动的感知的，而对于资本家而言，劳动是通过劳动支配被体验的，而且它体现在资本存量中。莱伯曼认为，资本家把由资本所支配的劳动成果即利润率，增加到最大限度，因而导致平均化。剥削率的决定和由利润率均等化而引起的价格形成无关。而剥削率的独立性决定了作为物化劳动量的生产价格的绝对大小。

剩余价值只以资本主义特性修正的形式"存在"，从这个意义上讲，不存在"价值转形"。另一方面，从工人阶级的客观立场产生的对劳动的感受，不断地与从资本家立场产生的感受相互对立。后者由于它的统治地位，强制价值发生改变或变形，并且导致根本的社会关系的神秘化。剩余劳动或者体现在剩余产品中的劳动和总的（转化了的）剩余价值是有着系统的联系的，尽管这两个量必定不同。这种一致性确认了资本主义条件下剩余劳动的价值性质——既有资本主义剥削的特性，又有和其他剥削性的生产方式相同的共性。

26.2.2 莱伯曼对霍奇森的批评

莱伯曼简要回答了霍奇森对劳动价值论所列举的各种反对意见。莱伯曼试图说明，对资本主义过程（包括关键的方面剥削过程在内）的劳动理论解释是可能的。并试图证明，与任何其他范畴（包括霍奇森提出来的范畴在内）相比，劳动价值理论范畴更容易理解资本主义生产关系诸方面构成的复杂整体。

莱伯曼指出，劳动力价值的概念是必不可少的：它确立了工人阶级法律上的独立性、家计部门（household sector）的相对自治以及工资（价格形式）的客观的、社会一般的特征。它作为劳动时间（系统地区别于在雇佣期间进行的劳动）的定义明确地构造了工人阶级再生产和资本主义生产的历史前提的概念。

劳动力的价值和在其消费中所进行的劳动的关系（理解剥削的关键）

是许多限定因素共同作用的结果。其中包括工厂内部的强制和统治关系，霍奇森的建议把注意力集中于这些因素。莱伯曼指出，脱离整个劳动力市场而孤立地对上述关系进行考察，一个给定的工厂内部的过程是无法得到解释的，事实上，这种过程似乎被还原为前资本主义形式的过程。资本主义不是许多工厂的简单叠加，否则对资本主义而言，将是工团主义而不是社会主义对其构成合适的挑战。剥削引发了强化工人对基本市场过程的依赖的一切因素，包括失业后备军、工厂内外官僚主义等级制的形成、约束工人阶级的组织的人口和政治条件、国营部门及其提供的服务的性质等等。莱伯曼指出，经验研究往往诱使人们把对剥削概念的理解简化为这些因素中的某一个。莱伯曼说："对于通过资本的力量（使劳动转移给一个剥削阶级）实现的无产阶级地位的再生产的劳动理论描述，充当了一种有力的统一的工具。因为没有这个工具，霍奇森迷失在了对财产的微妙的法律定义和工厂内部的统治细节上"[1]。莱伯曼认为，霍奇森提出的对劳动价值论的反对意见中，许多意见都是老调重弹。

莱伯曼指出，在价值背后存在着一个同质的、共同的实体的假定是上面概述的实证理论的必然结果。通过商品生产的社会过程取得它抽象的、可定量的性质的劳动是产生支配力量的共同活动，人们称之为价值。它是一个单一的实体，因为构成这个力量的基础原则是唯一的，同时也因为具体劳动简化为单一的实体——抽象劳动。这里完全不涉及什么"一元论的谬误"。价值形式受制于许多抽象水平上的多重决定因素。"价值的同质实体的理论构建是否有效，必须依据内在于政治经济学的理由来判定，而诉诸于自然科学或者'新式东西'无法解决这个问题"[2]。

劳动不是同质的，而是分成不同技术等级的论点，提出了熟练劳动化约的问题。霍奇森认为，熟练劳动技能的通约发生在市场上，然后指出，不同类型的土地或者事实上任何一种商品，都可以被视为是一种价值标准。莱伯曼认为，这个论点未能认识到技能化约为共同标准发生在交换之前；这是在较低抽象水平上所考虑的生产（和再生产）关系的一方面，它必须在价值形成之前加以解决，以避免循环论证。此外，"选择劳动而不是其他可能不只是消极的消元过程的结果，而是建立在对人类活动中劳动的核心地位的积

---

①② Laibman, D, Exploitation, Commodity Relations and Capitalism: A Defense of the Labor-value Formulation, *Science and Society*, 1980, XLIV, No. 3, P. 285.

极评价的基础之上"①。

霍奇森引述了罗松对循环推理的指责，"在论证中多少存在循环推理，即首先把所有的产品都规定为劳动的产物，然后声称：已经证明剩余产品是劳动产品的扣除。"② 莱伯曼认为，这也许听起来让人印象深刻，但是却是一种误解。劳动价值概念并不打算"证明"剥削的存在，事实上，劳动价值在概念上是先于剥削的，正如简单商品生产是先于资本主义商品生产一样，资本主义社会的剥削存在的"证据"是可观察得到的剩余产品的转移，因而——渗入到实际的控制过程——价值形式的剩余劳动转移到资本家阶级，如果这个证明不是单纯经验主义的，那么它也不是由价值理论得到的纯粹逻辑推论。后者使资本主义剥削处于一般剥削理论范围内，确立了它的特征，把握了它所有的各要素和各方面的复杂的统一性。

霍奇森认为马克思采用劳动价值只是因为劳动价值是马克思那个时代的"智力环境"的一部分。马克思的目的在于表明，即使对等价交换而言剥削也是存在的。霍奇森认为，如果要超越马克思，那么就应该从当代的智力环境着手。莱伯曼认为，正是因为这个原因，"霍奇森是沉湎于供求概念所支配的智力环境，修改了马克思的著名论述，霍奇森认为，为了解释资本主义剥削的一般性质，必须从这一原理出发：一般说来，人们按照他们的劳动或资本的边际产量得到工资或利润。如果不能根据这一假定来解释剥削，那就一点也不能解释剥削"。

莱伯曼认为，霍奇森的上述观点完全歪曲了马克思的方法。马克思的劳动价值结构的"选择"，并不是基于战术上的考虑，而是从基础上进行考虑的：这并不是关于寻找进入他的同时代智力环境的捷径问题，而是关于发展诸种工具来揭露被隐藏的社会现实的问题。对于马克思说来，这是一个事关超越对世界的世俗看法的问题，不是因为战术上的原因而屈从于常识。莱伯曼认为无论如何，当代的智力环境，在马克思的时代和我们的时代，由供求庸俗经济学所构成胜过由劳动价值概念所构成，后者在李嘉图的时代未完全被领会，而在以后的几十年间，几乎完全从资产阶级政治经济学被删除了。

莱伯曼指出，总之，对资本主义剥削的适当了解，需要把这种剥削放在剥削的一般理论的范围内，依靠对劳动过程的对抗性控制，导致了对剩余劳

---

① Laibman, D, Exploitation, Commodity Relations and Capitalism: A Defense of the Labor-value Formulation, *Science and Society*, 1980, XLIV, No. 3, P. 286.

② Gelff Hodgson, A Theory of Expoitation without the Labor Theory of Value, *Science and Society*, Fall, 1980, P. 261.

动的占有。资本主义剥削的特征，在于它是作为普遍化的商品生产而出现的，在这里劳动再次成为使生产关系和它们在交换领域中的表现相统一的重要概念。劳动过程和劳动力的再生产共同形成这样一种结构，其中，资本主义剥削的具体的方面——工厂内部的强制、家计部门的相对自治、剩余价值不同组成部分之间相互作用、劳动力市场和失业后备军——能够最好地被相互联系起来，而它们对劳动和资本之间的力量平衡的影响可以得到最好的研究。霍奇森对劳动价值概念的批评，未能正视这个概念的完全的普遍性，特别是未能认真对待它在说明生产关系和市场现象之间的联系中发挥的积极作用。

第 27 章　利润确定模型分析
及其相关争论

　　赖特（E. O. Wright）在《关于价值的争论和社会研究》一文中指出，[①]
有关劳动价值论的论争通常都是在最抽象的理论层次上进行的。这些辩论经
常专注于进行社会分析的适当方法论问题，如从认识论角度争论对某种社会
过程进行"解释"的含义是什么，或争论从一组概念经过形式上的推导得
出另一组概念的不同数学方法的优点。问题的提出很少考虑到社会科学家们
所从事的对社会生活的具体调查。赖特文章的中心议题是：劳动价值论的含
义和它对经验调查的评判。为了使讨论尽可能集中，赖特的分析主要围绕于
劳动价值论的一个重要方面：在资本主义社会，劳动价值论在利润确定中的
作用。利润确定问题并不是劳动价值论争论中最基本的问题，但是利润分析
在整个马克思经济学理论中起着中心作用，并且它具有特别重要的直接经验
上的含义，所以赖特集中讨论了这一特定的问题。

　　本章首先对赖特在《关于价值的争论和社会研究》中的观点作出评价，
然后概要地说明霍奇森和班德约帕德海亚（P. Bandypadhyay）对赖特的评
价，最后是赖特的回复。[②]

27.1　赖特最初提出的观点

　　赖特分析了三种不同的利润确定模型，对不同模型的特征分别进行了分
析和评价，并提出了一种他认为是根据马克思的精神进行扩展后的利润确定
模型。在对不同模型进行分析和评价的过程中，围绕利润决定问题，赖特探
讨了斯拉法和马克思的关系，而赖特对斯拉法主义框架的评论激起了斯拉法

---

　　① 有关文献参见斯蒂德曼和斯威齐等著，陈东威译：《价值的论战》，商务印书馆 1990 年版。
　　② 赖特：《关于价值的争论和社会研究》，转引自斯蒂德曼和斯威齐等著、陈东威译：《价值
的论战》，商务印书馆 1990 年版，第 27 ~ 61 页。

主义者的回应。

27.1.1　赖特提到的三种不同的利润确定模型

一是"原因不可知论"[①]的模型。这是有关资本主义利润确定的最简单的模型。在资本主义社会中，为了生产出利润，必须具备许多必要条件。资本家必须组织他们的投资和金融交易，生产过程中生产资料必须和劳动相结合，气候和地理条件必须有一定的限制，如此等等。之所以强调这些是必要条件，是因为如果它们超出了一定的限制，利润就不可能产生。因此，"原因不可知论"的论点支持者提出，"考虑所有这些相关的必要条件下，将其中任何一个条件提高到利润的'本质'原因的特殊地位，或如马克思主义者通常所说的那样，是利润的'起源'，就是武断的"[②]。

"原因不可知论"基本论点可用图27-1表示：

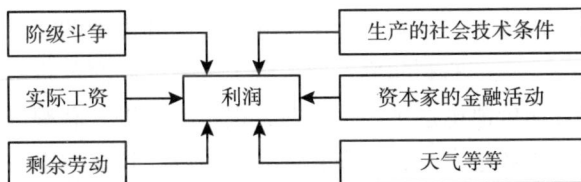

图27-1　利润确定的"原因不可知论"解释

"原因不可知论"的支持者并不认为在生产中剩余劳动量对利润没有影响，他们强调的只是剩余劳动在分析利润问题时并不具有特殊地位。因为剩余劳动是伴随着特定的技术、资本家的活动、劳动分工以及其他因素一起起作用的，也就是说，"如果承认原材料的转换主体是复杂的过程（包括机器、集体劳动、技术和知识等每一种必要的要素），那么最终的产出就只能归于过程本身，而不只是劳动或劳动时间"[③]。

二是斯拉法主义的模型。持斯拉法主义视角的理论家们认为，"从理论上讲，影响利润的各种原因能够以一种系统的方式加以排序"[④]。这种观点

---

① 也可称为利润多元决定模型，参见 Erik Olin Wright, The Value Controversy and Social Research, In *The Value Controversy* edit by Ian Steedman, Verso Editions and NLB, P.40，注释5。

② Erik Olin Wright, The Value Controversy and Social Research, In *The Value Controversy* edit by Ian Steedman, Verso Editions and NLB, P.39.

③ Cutler et al. Marx's 'Capital' and Capitalism Today, Vol.1, London1977, P.19.

④ Erik Olin Wright, The Value Controversy and Social Research, In *The Value Controversy* edit by Ian Steedman, Verso Editions and NLB, 1981, P.41.

的支持者认为利润是两个因素的直接结果：生产的社会技术条件和支付给工人的实际工资。利润的其他原因只是通过对这两个因素的影响而起作用。斯拉法主义的观点可以表达为图27－2：

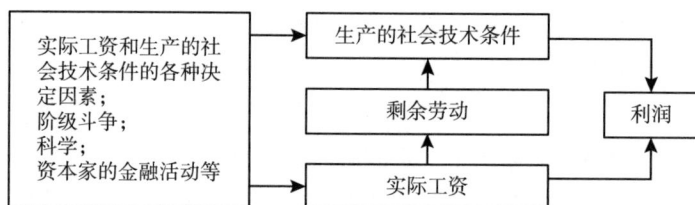

图27－2　利润确定的斯拉法主义解释

　　赖特认为，斯拉法主义的观点建立在从一系列的初始条件出发，对从形式上计算利润的必要条件的数学分析的基础之上。比如，斯蒂德曼和其他一些斯拉法主义者都认为，只要知道了实际工资率和生产的社会技术条件，就有可能计算出一个唯一的利润率。斯拉法主义者的利润分析有一个典型的特点，他们认为劳动价值论这个理论范畴，根本就没进入利润计算中去。事实上，为了确定价值数量本身，首先必须规定生产的社会技术条件。斯蒂德曼还认为，在一定的情况下（如存在联合生产和固定资本时），从价值计算利润不仅是不必要的，而且会得出错误的答案。在赖特看来，斯蒂德曼"所进行的批评的核心，无非是表明价值和利润计算无关"①。

　　赖特认为，斯拉法主义者的上述分析基于两个基本前提。"第一，数学计算具有证明因果过程的地位。……第二，这种形式上的论证，得到对有关作为研究对象的过程中的行为人的选择和决策的本质的行为论证的支持。因为行为人是基于实际工资和生产的技术条件做出选择的，而且这些条件足以推导出利润的数量，因此数学上的论证可以被解释为把真实的人的行为和结构的结果（利润）联系在了一起"②。

　　赖特认为"这个模型的要点不在于把利润理论简单地分解为一种二元论，而是认为所有其他因素都是以影响实际工资和技术条件的方式对利润产

　　① Erik Olin Wright, The Value Controversy and Social Research, In *The Value Controversy* edit by Ian Steedman, Verso Editions and NLB, 1981, P. 42.
　　② Erik Olin Wright, The Value Controversy and Social Research, In *The Value Controversy* edit by Ian Steedman, Verso Editions and NLB, 1981, P. 43.

生影响的"①。

三是马克思主义的模型。赖特认为，在"致力于把利润决定的多种因素组织为一个有序的决定结构上"②，马克思主义者和斯拉法主义者是一致的。但不同的是，在这样一个利润决定的结构模型中，马克思主义把剩余劳动（以剩余价值的形式表现）放在了首位。马克思主义的利润决定的基本观点可以概括为图 27-3：

图 27-3 利润决定的马克思主义的解释

根据马克思主义的观点，对剩余价值量不产生影响的实际工资的商品组合的变化、社会生产技术条件的变化，对利润总量的大小没有影响。只有当它们影响到剩余价值时才能影响总利润。正是在这种意义上，"马克思主义者才把剩余价值称为利润的'起源'"③。

斯拉法主义者的观点构成了对马克思主义观点的批判，为了"使马克思主义的观点既保留其理论的要点，又可以使它包容相关的反对意见"，④赖特提出了一种新的利润决定模型。为了能实现他意欲达到的目标，赖特提出了"决定方式"的概念，他的"决定方式"的概念是"一种更为复杂的因果观念，即理论的各要素之间具有不同类型的因果关系"⑤。

赖特认为，在利润决定分析中，有两种决定方式特别重要："（a）结构性限制（structural limitation），即一种结构或要素对另一种结构或要素的可能的变化系统地设定了界限。在这些界限内，可以有不同的结果，但界限本身是决定性。（b）从一系列被结构性地限定的可能中选择（selection）特定的结果。在某种意义上，这是一种在界限之中进一步设定界限的决定方

---

①② Erik Olin Wright, The Value Controversy and Social Research, In *The Value Controversy* edit by Ian Steedman, Verso Editions and NLB, 1981, P. 43.

③④ Erik Olin Wright, The Value Controversy and Social Research, In *The Value Controversy* edit by Ian Steedman, Verso Editions and NLB, 1981, P. 44.

⑤ Erik Olin Wright, The Value Controversy and Social Research, In *The Value Controversy* edit by Ian Steedman, Verso Editions and NLB, 1981, P. 45.

式。"①

根据对决定方式的解释，赖特修改了图 27 - 3 所表示的利润决定模型。赖特自己提出的更为复杂的利润决定模型用图 27 - 4 近似表示。基于简化的考虑，赖特在模型中只考虑了四个要素：实际工资、生产的社会技术条件、剩余价值以及利润。在赖特的分析中，生产的社会技术条件为剩余价值的创造设定了基本的界限。由于在生产中付出的全部劳动是生产的社会技术条件的一个方面，因此这些条件明确地规定了剩余价值的最大可能数量（当实际工资为零时剩余价值最大）。在这些界限之内，实际工资准确地规定了付出的全部劳动中多大的比例是"剩余"价值，因此，实际工资是在生产的社会技术条件所建立的界限之内起着选择决定剩余的作用。

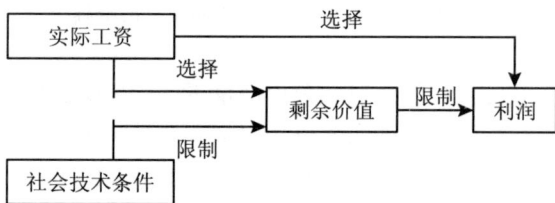

图 27 - 4 马克思主义的利润决定模型的初步近似

如图 27 - 4 所示，"剩余价值对利润可能的变动范围设定了根本性的界限"②。剩余价值量一旦给定，利润的可能数量就有一绝对上限。因此，剩余价值将保持利润的"起源"的地位，"这不是因为剩余价值是利润的唯一决定因素，而是因为所有其他的决定利润的因素或者要通过对剩余价值的作用产生影响，或者其效应的发挥必须局限于由剩余价值所设定的界限之内"③。

赖特预见到对图 27 - 4 的利润决定模型可能存在的两个主要反对意见：第一，因为剩余价值本身取决于社会技术条件和实际工资，它本身在过程中并不发挥主体的作用，因而仍旧是"多余"的；第二，剩余价值为最终结果设定了基本界限的说法是武断的，因为如果使任何"生产要素"保持不

① Erik Olin Wright, The Value Controversy and Social Research, In *The Value Controversy* edit by Ian Steedman, Verso Editions and NLB, 1981, P. 45.
② Erik Olin Wright, The Value Controversy and Social Research, In *The Value Controversy* edit by Ian Steedman, Verso Editions and NLB, 1981, P. 46.
③ Erik Olin Wright, The Value Controversy and Social Research, In *The Value Controversy* edit by Ian Steedman, Verso Editions and NLB, 1981, P. 47.

变，都会使利润有一上限。①

对这两种可能的反对意见的回应，成为赖特后来和斯拉法主义者争论的重要方面。他认为，第一种意见从根本上误会了他的模型的要点。这里并没有说剩余价值是利润的单独起作用的或初始的原因，"恰恰因为剩余价值在此过程中是一内生因素，才把它看作一种首要的决定因素。……尽可以改变实际工资和技术条件，但是如果这些改变没有影响到剩余价值的数量，则利润量将保持不变。……剩余价值的变化不再是实际利润变化的充分条件，但是仍然是可能的利润界限的充要条件"②。赖特认为，第二种反对意见提出了一种不同性质的问题。"从界限的形式计算的角度看，以劳动而不是其他生产要素作为界限的基础的确是武断的"③。但是，选择剩余价值作为设限过程的主要原因，不在于在所有的情况下都是由剩余价值决定了利润的实际界限。选择剩余价值的根本原因，"在于它使我们能够建立一种利润的社会决定理论，特别是一种能够把阶级结构、阶级斗争和利润系统地联系起来的理论"④。

赖特指出，如果仅仅针对如何计算利润这个具体问题而言，认为剩余价值是利润的唯一原因的话，指责把剩余价值选为限定条件的做法是"武断的"的反对意见是有一定道理的。但是，"如果从更广泛的理论目标出发，即依据生产的社会关系去理解阶级和阶级斗争，并将阶级斗争问题与通过剩余价值和利润占有剩余劳动的资本主义机制进行的具体分析联系起来考虑，则选择剩余价值作为限制条件就决不是武断的了"⑤。基于上述原因，赖特提出，"构造利润计算模型的具体方式，从理论上看都应该从属于使利润具有社会内容的有关社会关系的定性理论"⑥。

27.1.2　赖特从抽象层次上对三种利润决定模型的评价

赖特认为，"从马克思主义劳动价值论的高度来看，有关利润决定问题的原因不可知论模型和斯拉法主义模型，只是部分正确但又都不全面"⑦。

① Erik Olin Wright, The Value Controversy and Social Research, In *The Value Controversy* edit by Ian Steedman, Verso Editions and NLB, 1981, P. 49.

②③ Erik Olin Wright, The Value Controversy and Social Research, In *The Value Controversy* edit by Ian Steedman, Verso Editions and NLB, 1981, P. 50.

④ Erik Olin Wright, The Value Controversy and Social Research, In *The Value Controversy* edit by Ian Steedman, Verso Editions and NLB, 1981, P. 51.

⑤⑥ Erik Olin Wright, The Value Controversy and Social Research, In *The Value Controversy* edit by Ian Steedman, Verso Editions and NLB, 1981, P. 52.

⑦Erik Olin Wright, The Value Controversy and Social Research, In *The Value Controversy* edit by Ian Steedman, Verso Editions and NLB, 1981, P. 56.

说它们部分正确，是因为它们以不同的方式、在不同的抽象水平上详细说明了实际的关系，实际的效应；说它们不全面，是因为它们对事实上代表了利润决定的实际过程的条件进行了不充分的理论概括。

在赖特看来，"原因不可知论"模型是对所有对利润决定有影响的因素的简单罗列。斯拉法主义者对利润的解释要比"原因不可知论"的简单的描述性模型进步一些。它是在中等抽象水平上说明了利润水平的决定。"在给定了反映在剩余劳动水平上的，由基本阶级关系结构和阶级力量对比所决定的对利润的基本限制之后，斯拉法主义模型提供了对利润的选择决定的解释"①。

但是，对结果的完全的社会解释要求理解结构性限制的社会决定因素，而这又要求进入到更高的抽象层次。"这正是马克思主义的利润决定模型在分析剩余劳动与利润的关系时试图去做的。马克思主义的分析在两个关键方面要比斯拉法主义模型深入一步。首先，它说明了在斯拉法主义的选择过程中起作用的结构性限制条件；斯拉法主义的解释能够精确地计算具体的利润水平，而马克思主义的说明解释这些利润的社会可能性。其次，马克思主义的解释把它有关利润决定的分析嵌入在范围更大的有关社会关系和决定因素的理论中，在这样一种理论中，利润本身不仅是结果，而且也是决定因素"②。赖特认为，这样一个更为广泛的理论要优于原因不可知论和斯拉法主义的理论。"它使我们超越了对现存社会是什么做出的简单的、实证的描述，而是阐述了一种它可能变成什么样的社会批判理论"③。

27.1.3 赖特从社会研究方面对三种模型进行的评价

赖特从理论在确定实证研究中可能提出的问题的范围的意义上，进一步考察了三种模型对社会研究具有的含义。

在赖特看来，原因不可知论和斯拉法主义模型能够提出的问题都是非常有局限性的。对于原因不可知论模型而言，它所提出的问题大多都涉及研究了解在一个因果过程中不同因素的相对权重。这样一种研究思路很可能会对利润变化的各种主要因素做出内容丰富的描述。但是，坚持不可知论的立场

---

① Erik Olin Wright, The Value Controversy and Social Research, In *The Value Controversy* edit by Ian Steedman, Verso Editions and NLB, 1981, P. 56.

② Erik Olin Wright, The Value Controversy and Social Research, In *The Value Controversy* edit by Ian Steedman, Verso Editions and NLB, 1981, P. 57.

③ Erik Olin Wright, The Value Controversy and Social Research, In The Value Controversy edit by Ian Steedman, Verso Editions and NLB, 1981, P. 57.

是无法发展出一种有关利润产生的机制的理论的，因为它拒绝承认存在着对决定因素加以结构化排序的可能。说整个过程本身就是"机制"，无异于说利润是一切涉及利润的因素的总结果，但这并不能揭示产生这种结果的内在逻辑。斯拉法主义模型提出的中心问题是：什么是决定实际工资和生产技术条件的因素？这个问题立即导致了实证研究的两个总的目标：工人和资本家所拥有的市场力量的决定因素以及技术变化。所有由斯拉法利润确定模型产生的问题，在马克思主义理论框架中同样会发生，因为在某种意义上斯拉法模型包含在马克思主义的模型之中。两个模型的不同之处，集中在对阶级斗争的影响问题所做的不同处理。

对马克思主义理论来说，情况就大不一样了。"所有由斯拉法主义利润决定模型提出的问题，都同样可以在马克思主义理论的框架内提出，因为在某种意义上斯拉法主义模型包含在马克思主义模型之中。两个模型的不同之处主要在于对阶级斗争的影响问题所做的不同处理"[1]。赖特认为，在马克思主义中剩余劳动所起的中心作用，使它产生了与斯拉法主义的分析相区别的根本的不同点。在斯拉法主义理论中，只有在确定实际工资的问题上各阶级才系统地发挥作用，而对阶级斗争的定义又是通过他们的市场地位进行的。按照马克思主义理论，阶级的概念与剩余劳动紧密地联系在一起。阶级是由生产的社会关系而不是在根本上由市场关系所决定的。

总之，赖特认为，"经过进一步发展的马克思主义利润决定模型的优点，在于它一方面吸收了斯拉法主义方法的预见能力，另一方面又坚持了在解释利润时始终围绕剩余劳动这个理论中心展开"[2]。

27.2 霍奇森和班德约帕德海亚对赖特的评价

赖特对利润决定模型的分析和评价中，隐含着对斯拉法主义的批判，并认为马克思主义的利润决定模型可以涵盖斯拉法主义的利润决定模型，赖特的观点遭到了斯拉法主义者的反对和批评。

---

① Erik Olin Wright, The Value Controversy and Social Research, In *The Value Controversy* edit by Ian Steedman, Verso Editions and NLB, 1981, P. 62.

② Erik Olin Wright, The Value Controversy and Social Research, In *The Value Controversy* edit by Ian Steedman, Verso Editions and NLB, 1981, P. 65.

27.2.1　霍奇森对赖特观点的批评

斯拉法主义者霍奇森对赖特的分析在总体上做出了评价，他认为："赖特思路严密，厌恶原教旨主义者们给反对派乱贴标签和动不动就引述神圣不可侵犯的文本的做法，这些都使他的文章在和其他有关这个问题的论述相比时脱颖而出。然而，站在争论的对立一方的立场上看，……赖特的文章是一种高明的却又过时的尝试，因为赖特企图把资本主义的现实纳入劳动价值论的陈旧框架之中"[①]。

霍奇森对赖特的批评主要体现在以下几个方面：

第一，凝结劳动的任意性。在赖特的模型里，剩余劳动被确认为利润的限制性因素。霍奇森用下面的例子说明了这点，假定能量是系统的一个输入。能量为大多数商品的生产所需要，也为劳动力本身的生产和再生产所需要。每种商品（包括劳动力在内）都将包含一定数量的"凝结能量"。那么利润就会以受限于"剩余价值"一样的方式受限于"剩余能量"[②]。

第二，赖特的辩护落入了循环论证。霍奇森认为，为了反对可以选择任何投入来提供对利润的"结构性限制"这个论点，赖特对为什么要选择劳动和剩余劳动引证了一些特殊的理由，认为利润决定分析的关键是如何把阶级斗争纳入理论中。这样就产生了一个问题：阶级是怎样确定的？霍奇森认为，按照赖特的说法，之所以要着重于研究剩余劳动是为了了解阶级；为了解阶级就要涉及生产关系；而从根本上讲，这些关系又不过是哪个阶级付出哪个阶级占有剩余劳动的问题。人们可以再向赖特问一遍有关的问题：为什么不选择别的剩余而要选择剩余劳动作为对利润的结构性限制？赖特回答似乎是：之所以着眼于剩余劳动是因为它帮助我们依据生产关系来理解阶级和阶级斗争；而阶级要依据它们对剩余劳动的关系才能够被理解。"在赖特的回答里，'剩余劳动'和'阶级'就像是在一本编得很糟的字典里的两个词，查找其中一个词时，发现它又是用另一个词来定义，当我们再查这另外一个词时，发现它又是用头一个词来进行解释。赖特对'选择剩余劳动是主观随意的'这个批评意见所做的辩解，无非是一种同义反复的循环论

① Geoff Hodgson, Critique of Wright 1. Labour and Profits, In *The Value Controversy* edit by Ian Steedman, Verso Editions and NLB, 1981, P. 76.

② Geoff Hodgson, Critique of Wright 1. Labour and Profits, In *The Value Controversy* edit by Ian Steedman, Verso Editions and NLB, 1981, P. 80.

证。"①

第三，对于在赖特的分析中非常重要的"结构性限制"和"选择"，霍奇森也提出了批评。霍奇森指出，一般地说，如果有其他因素通过选择过程完全充分地决定了最后的结果，再设想结构性限制的因果作用是很困难的。"这样做就类似于说人类的身高是由大气层的厚度通过'结构性限制'所造成的一样，因为的的确确，如果人的身高有 10 英里的话，他们在地球上是活不下去的。对任何实际现象都可以任意地想出一些'结构性限制'"②。

第四，霍奇森对斯拉法主义的利润决定模型进行了辩护。霍奇森指出，"价格和利润在逻辑上都是依赖于社会技术条件和实际工资以及影响这两者的其他因素，除此之外并无其他。这些形式上的结果使我们能够安排理清有关现实世界的各类数据，并且帮助我们在分析价值和分配问题时避开逻辑上不一致的陷阱"③。霍奇森指出，"斯拉法的形式化理论并不会自动导致得出对生产过程的某一特定的看法，或者诸如把交换领域看作是基本的而生产是第二位的等等。所有这些都可以被合理或不合理地加到形式结构中去，但是它们并不是一开始就在那里的"④。

总之，霍奇森认为，赖特并没有否定斯拉法，相反，赖特试图把斯拉法的东西归拢到一个修改过的马克思主义模型之中。他认为，赖特采取的做法是断言在马克思主义理论中存在着能够和斯拉法的看法结合起来的因果要素，同时又保持它们与现实世界的联系。但是，霍奇森认为，赖特希望保留的因果要素完全不具有现实意义，并且他对"原因"的选择多少是主观随意的。赖特为确证剩余劳动范畴是直接原因所做的努力是基于一个有关阶级问题的循环论证，"其特点是把有待证明的东西作为论证的前提"⑤。此外，赖特认为的"由于马克思主义范畴能够指引我们进入重要的生产领域

① Geoff Hodgson, Critique of Wright 1. Labour and Profits, In *The Value Controversy* edit by Ian Steedman, Verso Editions and NLB, 1981, P. 84.

② Geoff Hodgson, Critique of Wright 1. Labour and Profits, In *The Value Controversy* edit by Ian Steedman, Verso Editions and NLB, 1981, pp. 87 – 88.

③ Geoff Hodgson, Critique of Wright 1. Labour and Profits, In *The Value Controversy* edit by Ian Steedman, Verso Editions and NLB, 1981, P. 88.

④ Geoff Hodgson, Critique of Wright 1. Labour and Profits, In *The Value Controversy* edit by Ian Steedman, Verso Editions and NLB, 1981, P. 89.

⑤ Geoff Hodgson, Critique of Wright 1. Labour and Profits, In *The Value Controversy* edit by Ian Steedman, Verso Editions and NLB, 1981, P. 96.

和劳动过程，因而其本身具有更多内容"的观点，是没有任何事实根据的。①

27.2.2 班德约帕德海亚对赖特的批评

班德约帕德海亚对赖特的批评主要体现是通过对斯拉法主义模型的辩护进行的。班德约帕德海亚的研究，想要证明赖特有关"'按照斯拉法思想研究马克思'的立场的四点结论，不是完全没有根据就是部分曲解，或者是错误的"②。这里所说的四点结论，是班德约帕德海亚对赖特的基本观点进行的概括：第一，发展了的马克思主义的利润决定过程的模型，与大部分的斯拉法主义有关利润的看法在"形式上是相容的"。也就是说斯拉法主义解释中的大多数"积极的论断"，与"剩余劳动表现为剩余价值"并且成为"利润决定的一种基本限制因素的理论框架"相一致。班德约帕德海亚把这一点称为"一般兼容性命题"。第二，重建的马克思主义解释能够包容斯拉法主义解释的观点，后者代表了在较低抽象水平上的利润决定过程，也就是说，赖特认为马克思主义模型有更大的普遍性。班德约帕德海亚把这一点称为"包容性命题"。第三，从社会学意义上说，马克思主义模型比斯拉法主义模型更为重要，更为有力。这一点有两重含义：马克思主义模型能够系统引入阶级斗争，而阶级在斯拉法主义模型中发挥不了"有机的作用"；马克思主义模型要求把流通和生产过程都包含在阶级的概念中，而斯拉法主义模型中的阶级不过是所谓的"市场阶级"。班德约帕德海亚把这一点称为"忽略生产关系命题"。第四，马克思主义模型使资本主义利润决定理论有可能包含在一个更广泛的有关"结构性限制、选择和转换的理论"之中。也就是说，斯拉法主义模型引起固有的性质做不到这一点。与这一结论相联系的还有两个推论，作为一种研究方法，特别是对劳动过程的研究而言，马克思主义模型要比斯拉法模型丰富；斯拉法主义者只注意到了利润率的计算，但成功的计算不能同实际过程中真正的因果决定混同。③

班德约帕德海亚首先从固定资本和联合生产的角度对赖特提出了批

---

① Geoff Hodgson, Critique of Wright 1. Labour and Profits, In *The Value Controversy* edit by Ian Steedman, Verso Editions and NLB, 1981, P. 96.

② Pradeep Bandypadhyay, Critique of Wright 2. In Defence of a Post-Sraffian Approach, In *The Value Controversy* edit by Ian Steedman, Verso Editions and NLB, 1981, P. 101.

③ Pradeep Bandypadhyay, Critique of Wright 2. In Defence of a Post-Sraffian Approach, In *The Value Controversy* edit by Ian Steedman, Verso Editions and NLB, 1981, P. 102.

评,① 他认为，在论证改造过的马克思主义模型具有更大的普遍性，并能把斯拉法主义的观点包容在其中时，"固定资本和联合生产问题是不能忽略的"②。"如果劳动价值论（马克思意义上的）不能成功地应用于具有固定资本和联合生产的资本主义经济，而斯拉法主义模型能够做到这一点，那么就应该说后者具有更大的普遍性"③。

班德约帕德海亚指出了赖特文章的第二个严重弱点："他随便地将'剩余劳动'和'剩余价值'混同了起来"④。班德约帕德海亚指出，赖特一直假定只要"剩余劳动"作为一个概念是成立的，在传统马克思主义的意义上讲剩余价值就是正确的。赖特这样做，"是把未经证明的判断作为证明论题的论据，因为在斯拉法主义和重建的马克思主义模型之间的争论焦点，恰恰就是劳动价值论和马克思主义的'剩余价值'概念对于分析剩余劳动及其量的估算是否合适"⑤。

此外，班德约帕德海亚指出，赖特对斯拉法主义模型的一些批评是错误的。对于剥削问题，"斯拉法主义者不会接受由于阶级斗争通过生产的社会技术条件和实际工资起作用，因而'阶级斗争并不直接影响剩余价值和剥削'这一说法"⑥。班德约帕德海亚认为，在斯拉法主义的观点中，剥削率取决于进入工人的实际工资的净产出的比例。因此，围绕实际工资进行的阶级斗争就直接影响到剥削率并间接地影响到资本家占有的"剩余劳动"⑦ 的比例。班德约帕德海亚进一步指出，认为在斯拉法的分析中"剩余劳动"的概念不起作用的想法是错误的。"恰恰相反，斯拉法主义分析赋予剩余劳动以精确的理论意义，并使它至少对于整个经济来说在原则上成为可计算的。斯蒂德曼要求人们抛弃的是剩余价值的概念，而不是剩余劳动的概念。剩余劳动概念更为基本和更具一般性，无论对生产方式进行马克思主义的研究还是形成有关社会阶级及各阶级之间相互关系的理论，都要求有这样一个概念。另一方面，剩余价值是马克思为了分析资本主义经济的特定特征而提

---

① 赖特在自己的研究中指出自己为了分析的便利，忽略掉固定资本和联合生产问题。

② Pradeep Bandypadhyay, Critique of Wright 2. In Defence of a Post-Sraffian Approach, In *The Value Controversy* edit by Ian Steedman, Verso Editions and NLB, 1981, P. 102.

③ Pradeep Bandypadhyay, Critique of Wright 2. In Defence of a Post-Sraffian Approach, In *The Value Controversy* edit by Ian Steedman, Verso Editions and NLB, 1981, pp. 102 – 103.

④⑤ Pradeep Bandypadhyay, Critique of Wright 2. In Defence of a Post-Sraffian Approach, In *The Value Controversy* edit by Ian Steedman, Verso Editions and NLB, 1981, P. 108.

⑥ Pradeep Bandypadhyay, Critique of Wright 2. In Defence of a Post-Sraffian Approach, In *The Value Controversy* edit by Ian Steedman, Verso Editions and NLB, 1981, P. 120.

⑦ 这里的剩余劳动不是马克思意义上的，而是森岛通夫意义上的。

出的特殊概念，并且一旦将其系统地加以运用，就会发现它并不适合它原来想要达到的目的"①。

27.3　赖特的回复

赖特对霍奇森和班德约帕德海亚的批评给予了回复。② 赖特在回复两位斯拉法主义者的过程中，重新思考了阶级定义问题，并以阶级分析为核心，再次比较了马克思主义模型和斯拉法主义模型的异同，在一定程度上缓和了对斯拉法主义模型的批判，并修正了自己先前的有关观点。

赖特先前的研究，主要是为了回应斯蒂德曼对劳动价值论的斯拉法主义批判，因此，他的研究试图实现两个主要目标：（1）如果适当地改造一下有关剩余价值和利润之间的关系的马克思主义观点，就可以证明劳动价值论和斯拉法主义者对利润决定问题的看法在形式上是兼容的；（2）劳动价值论产生的研究内容区别于斯拉法主义的研究内容，在劳动价值论的基础上会形成与斯拉法主义不同的阶级关系理论。劳动价值论支持一种基于生产关系的剥削而确立的阶级理论，而斯拉法主义理论支持一种以市场为基础的阶级观念，因此劳动价值论会更系统地导向对劳动过程及其与阶级的关系的问题的研究。

霍奇森和班德约帕德海亚批评赖特的重点正是上述两个方面。在回顾有关对劳动价值论的辩护的解释之后，考虑到两位作者的批判，赖特承认，"对劳动价值论从因果关系方面所做的辩护，并没有通过任何传统的马克思主义论证充分地建立起来。……劳动价值论不是利润存在的从逻辑上唯一的因果基础"③。"尽管有可能从形式上论证剩余劳动或价值对可能的利润范围设定了界限，但是还没有提出支持这种形式界限的令人满意的因果方面的论证。这是一个严重的弱点"④。在先前的研究中，赖特解决上面的问题的方式，是提出与其他生产要素可能产生的限制不同，剩余劳动能把利润理论和一般的阶级理论联系起来。

而赖特的论证方式，正是引起激烈争论的原因。霍奇森和班德约帕德海

---

① Pradeep Bandypadhyay, Critique of Wright 2. In Defence of a Post-Sraffian Approach, In *The Value Controversy* edit by Ian Steedman, Verso Editions and NLB, 1981, P. 121.

② Erik Olin Wright, Reconsiderations, In *The Value Controversy* edit by Ian Steedman, Verso Editions and NLB, 1981.

③④ Erik Olin Wright, Reconsiderations, In *The Value Controversy* edit by Ian Steedman, Verso Editions and NLB, 1981, P. 145.

亚都指出，在占有剩余劳动的阶级概念的基础上为劳动价值论进行辩护，是循环论证，是预先假定需要证明的东西。另外，斯拉法主义者对利润的看法能够和马克思主义的阶级概念相容。赖特对这两点批评做了具体的回复，认为斯拉法主义者的第一点批评是错误的，第二点批评很大程度上是正确的。

为了证明第一点批评是错误的，赖特详细探讨了马克思对阶级概念的分析。并提出了一种结构化的阶级定义，"阶级可以在结构上被定义为在剥削的社会关系中的一定的社会位置"①。从而，阶级总是在关系中被定义的，这些关系处于生产过程之中，这些生产关系的核心是剥削关系。赖特认为，"在这种对阶级的定义中没有一处要求预先假定劳动价值论本身"②。赖特进一步指出，尽管上面提出的阶级概念并未预先假定劳动价值论，但是这两组概念之间明显地具有系统的联系。即"劳动价值论为阶级分析中的一个具体问题提供了答案：即当工人为资本家工作时所得到的报酬相当于他们的劳动力的全部价值，资本主义社会中怎么会产生剩余劳动的占有呢？"③ 赖特认为，沿着这条线索，劳动价值论把阶级理论和资本积累、利润等理论联系了起来。

赖特原来认为，斯拉法主义者对利润问题的观点没有自发地与基于生产关系的阶级概念贯通起来，尽管斯拉法主义的论证的形式结构并未实际上与以生产为基础的阶级概念不相容，但是斯拉法主义者认为阶级取决于在市场关系中所处的地位。赖特现在承认他原来的结论"有点过分夸大了"④。赖特认为，在斯拉法主义的框架中隐含着生产层次上的阶级概念。但是，"如果有人真的打算用斯拉法主义框架……去进行生产关系的阶级分析，他会更自然地被引向生产中的控制理论而不是剥削理论"⑤。赖特认为，基于剥削的马克思主义的阶级概念，与基于生产控制的斯拉法主义的阶级概念之间存在的实质性区别，并不像自己原来认为的那样大。市场阶级的观点，并不是斯拉法主义理论体系逻辑上必然得出的结果。从斯拉法主义体系中照样能得出一种生产水平上的关系式的阶级概念。"具有潜在重要性的一个区别是从

①② Erik Olin Wright, Reconsiderations, In *The Value Controversy* edit by Ian Steedman, Verso Editions and NLB, 1981, P. 150.

③ Erik Olin Wright, Reconsiderations, In *The Value Controversy* edit by Ian Steedman, Verso Editions and NLB, 1981, P. 151.

④ Erik Olin Wright, Reconsiderations, In *The Value Controversy* edit by Ian Steedman, Verso Editions and NLB, 1981, P. 152.

⑤ Erik Olin Wright, Reconsiderations, In *The Value Controversy* edit by Ian Steedman, Verso Editions and NLB, 1981, P. 153.

斯拉法主义理论中得出的阶级概念不会自然地围绕剩余劳动及其占有的概念而形成"[1]。在承认了斯拉法主义能够从生产关系的方面分析阶级问题后，赖特对斯拉法主义者的阶级分析提出了一种新的批评，"当严格运用阶级概念去理解作为资本主义的历史替代物的社会主义的时候"，上述问题可能会产生一定的影响，但是就对资本主义社会问题的分析而言，可能并不会造成带有普遍性的后果。

在做出上述变更和妥协之后，赖特修正了先前的研究中的一些结论：（1）剩余价值限定了利润的范围，而生产的社会技术条件和实际工资在此范围内对利润具有选择作用。从方法论上看这一提法是合理的。因此，尽管在剩余价值和利润之间不存在简单的一对一的关系，剩余价值仍应被视为系统地约束了可能的利润范围。（2）这一关于限定问题的论断，纯粹是从形式上说的。传统的马克思主义的从因果关系方面对劳动价值论所做的辩护当中，还没有一个是令人满意的，其原因在于它们都未能实际解释价值调节或确定或限定价格的因果机制。（3）斯拉法主义对利润问题的处理从特点上说也纯粹是形式的，因而至少到目前为止，还没有对裁决这一争论的因果关系表达得很清楚的客观基础。（4）确定了剩余劳动的限定作用，使我们能把利润理论和马克思主义的阶级概念（即基于剩余劳动占有的社会关系去认识的阶级）联系起来。（5）斯拉法主义对利润问题的观点，并不必然导致采纳以市场为基础的阶级概念。斯拉法理论同样也能够提出一种面向生产关系的阶级结构概念。（6）马克思主义的阶级概念围绕着剩余劳动占有关系的问题展开；从斯拉法的利润和价格理论得出的阶级概念更倾向集中于劳动控制关系（劳动过程）和剩余产品的占有，而不是剩余劳动的占有。

在得到上面这些结论之后，应怎样看待马克思主义和斯拉法主义之间的争论呢？赖特认为，首先，技术性的争论并没有完全得到解决。斯蒂德曼关于劳动价值论是多余的说法，并不能构成拒绝劳动价值论的有说服力的基础；其次，这场争论的结果所造成的影响，并不是太大，至少对那些从事阶级分析的实证及历史研究的人来说是这样。劳动价值论和斯拉法理论都具有一种基于生产的阶级概念，都从关系角度看待阶级；并且都把阶级分析引向对劳动过程及其与技术、市场、斗争等的关系的研究。虽然特别是在涉及剩余劳动占有的地位问题时两者的阶级概念之间存在着分歧，但还不能肯定这

① Erik Olin Wright, Reconsiderations, In *The Value Controversy* edit by Ian Steedman, Verso Editions and NLB, 1981, P. 159.

种分歧会对大多数社会分析中的实证研究产生实质性的影响；最后，保留劳动价值论并且把它作为对资本主义的阶级分析基础还有一个重要的宣传上的原因。劳动价值论可使生产和交换关系的特点格外鲜明地展现出来；它以一种确定不疑的方式加深了对剥削的理解，并且有力地揭示了资本主义的实质结构所提供的是奴役，而不是自由。分析价格和利润的斯拉法派的理论框架作为一种纯粹的技术性工具，可被很好地用于经济参数的形式计算，也能被用来理解生产体系中的阶级问题。但是对于在马克思主义中发展起来的劳动价值论来说，不进行以生产为基础的阶级分析就很难理解其本身的含义。因此，赖特仍然认为，斯拉法的概念工具对阶级分析并不像劳动价值论那样强有力。

赖特在回复的最后指出，"劳动价值论之所以经受得起攻击，并继续成为大多数马克思主义思想的出发点，恰恰就在于它集作为政治、科学、意识形态的马克思主义的特征于一身。除非确定无疑地证明它的科学理论性内容是不适当的，否则劳动价值论就会继续理直气壮地发挥它的这种作用"①。

---

① Erik Olin Wright, Reconsiderations, In *The Value Controversy* edit by Ian Steedman, Verso Editions and NLB, 1981, P. 162.

第 28 章　马克思基本定理的研究

马克思基本定理（Fundamental Marxian Theorem，FMT）是指，对剩余价值占有或剥削是利润的源泉。或者用数学语言来说，正的剩余价值率是正的利润率的必要和充分条件。这个定理首先由日本神户大学教授置盐信雄（Okishio）在 1963 年发表的题为《马克思基本定理的一些数学说明》一文中提出来的。在马克思主义经济学研究中，关于"马克思基本定理"能否成立是关于这个定理论争的焦点。20 世纪 60 年代初，森岛通夫、塞顿、置盐信雄等对这个定理作过证明。70 年代斯蒂德曼提出，联合生产条件下负的剩余价值可以和正的利润同时并存，由此引起了一场有关 FMT 的大争论。

西方一些马克思主义经济学家认为，马克思的劳动价值论由于种种缺陷，已不能用来作为剥削理论的基础，从而否定剩余价值理论和剥削，或者认为劳动价值论无关紧要，可以建立没有劳动价值论的剥削理论。森岛通夫指出，"森岛—塞顿—置盐定理表明，当且仅当剥削率为正时，均衡利润率才为正。这是马克思试图在《资本论》中建立的一个定理。它应当被视为是马克思的哲学的核心和灵魂，因为它意味着剥削是资本主义经济存活的必要条件，如果均衡利润率不为正，资本主义经济就无法存活"[1]。

森岛通夫对早期马克思基本定理提出的历史进行了简单的说明。他认为，在他自己和塞顿 1961 年的文章《里昂惕夫矩阵中的加总和劳动价值论》[2] 以及置盐信雄 1963 年的文章《对马克思基本定理的一个数学注解》[3] 中，最早提出了马克思基本定理，即当且仅当剥削率为正时，均衡利润率才为正。随后，1975 年时，斯蒂德曼提出了在联合生产的情况下，负剩余价值可以和正利润并存的情况，这似乎对马克思基本定理构成了根本性的挑

---

① Michio Morishima, *Marx's Economics：A Dual Theory of Value and Growth*, Cambridge University Press, 1973, P. 6.

② M. Morishima and F. Seton, Aggregation in Leontief Matrices and the Labour Theory of Value, *Econometrica*, 1961.

③ N. Okishion, *A Mathematical Note on Marxian Theorems*, Weltwirtschaftliches Archiv, 1963.

战。从而引发了对 FMT 是否能够成立的激烈争论。对于斯蒂德曼的联合生产的例子，森岛通夫和置盐信雄提出了驳斥，并证明在联合生产的情况下，马克思基本定理仍能成立。但是这时两位作者提出的劳动价值已不是马克思的劳动价值了。所以罗默仍然坚持，在马克思的意义上，FMT 只有在独立生产的情形下成立。

20 世纪 80 年代后，随着对转形问题的"新解释"和"跨期单一体系解释（Temporal Single System Interpretation，TSSI）"的出现，有关马克思基本定理又产生了一次新的论争。这次论争是在斯拉法主义利润决定的背景下产生的，被人们称为"利润的剥削理论"的论争。在这次论争中，学者们批评了先前对马克思基本定理的证明中存在的不足，并根据对马克思的价值概念的修正提出了新的证明。

28.1　马克思基本定理的内涵

一般认为，首先是置盐信雄第一次完整地证明了马克思基本定理。在分析利润和工资的关系时，置盐信雄区分了价值和价格两个概念，用价格表示的正利润存在的条件是：

$$p_i > \sum a_{ij}p_j + \tau_i w, \ (i = 1, 2, \cdots, n)$$
$$w \geqslant \sum b_i p_i, \ w, \ p_i > 0 \qquad (28.1)$$

p_i 是一单位商品 i 的价格，a_{ij} 和 τ_i 是生产一单位商品 i 所需的商品 j 的数量和直接劳动投入量，w 是货币工资率，b_i 是用各种消费品表示的每小时劳动的实际工资率。式（28.1）中的不等式的经济学含义为，商品在给定价格下出售能获得正利润、工资不低于劳动力的价值、工资和价格都为正。

经过计算和转化，置盐把上述条件转化为用价值表示的不等式：

$$1 - \sum b_i t_i > 0$$
$$t_i > 0 \qquad (28.2)$$

t_i 为生产一单位商品 i 所需的全部劳动，包括直接劳动投入和间接劳动投入。式（28.2）中的两个不等式分别表示正剩余价值的存在和商品价值为正。置盐信雄指出，式（28.2）只是从生产的角度考察式（28.1）成立的必要条件，而没有从需求的角度考察正利润存在的充分条件。他说："一个正的剥削率仅仅是正利润存在的必要条件。因为剥削率的正值仅仅保证了剩余价值的生产，并不意味着剩余价值向货币形式的转化。因此，需要存在一个充分的需求。正的剥削率是生产方面的必要条件。需要有市场方面的附加条件，具体说来，是资本家对剩余产品的充分需求"[1]。置盐信雄指出，这个必要条件是"马克思利润理论的核心问题"[2]。

根据置盐的观点，FMT 的重要性完全显现出来了，剩余价值是利润的源泉，利润的存在是资本主义社会再生产的基础。正是因为这种观点对马克思的经济理论体系所具有的重要性，人们才把这种观点称为马克思基本定理。

置盐信雄的分析只证明了正剩余价值是正利润的必要条件，并未证明它是正利润的充分条件。森岛通夫在 1973 年的《马克思的经济学》中，证明了正的剥削率是正利润的必要和充分条件。

森岛通夫把整个社会分为分别生产生产资料和生产生活资料的两个部门，区分了价值体系和价格体系，并认为马克思基本定理是连接两个体系的桥梁。

在森岛通夫的分析中，两个部门的价值决定方程为：

$$\Lambda_1 = \Lambda_1 A_1 + \omega \Lambda_2 BL_1 + e\omega \Lambda_2 BL_1 \tag{28.3}$$

$$\Lambda_2 = \Lambda_1 A_2 + \omega \Lambda_2 BL_2 + e\omega \Lambda_2 BL_2 \tag{28.4}$$

Λ_1，Λ_2 分别是两个部门产品价值的行向量，A_1，A_2 分别是两个部门生产资料投入系数矩阵，L_1，L_2 分别为对应的劳动投入系数行向量，ω 是每天劳动小时 T 的倒数，即 $\omega = \dfrac{1}{T}$，表示工人一小时劳动得到的消费品份额；e 为剩余价值率，B 为劳动者生存所需生活必需品的列向量。式（28.3）、式（28.4）的右边三项分别等于马克思的 C_i，V_i，S_i，$i = 1$，2。表示利润存在的用价格计算的不等式为：

$$P_1 > P_1 A_1 + wL_1 \tag{28.5}$$

$$P_2 > P_1 A_2 + wL_2 \tag{28.6}$$

P_1，P_2 分别为两个部门产出的价格行向量，w 为每小时劳动的货币收入，由于劳动力价格不低于劳动力的价值，所以：

$$w \geqslant P_2 \omega B \tag{28.7}$$

森岛通夫随后通过"除非 e > 0，否则每个以及所有部门不可能有正利

① N. Okishion, *A Mathematical Note on Marxian Theorems*, Weltwirtschaftliches Archiv, 1963, P. 293.

② N. Okishion, *A Mathematical Note on Marxian Theorems*, Weltwirtschaftliches Archiv, 1963, P. 292.

润"，来证明"剥削是利润的源泉"，[1] 也就是 FMT 成立的必要条件，把式（28.7）带入式（28.5）和式（28.6），得到：

$$P_1 > P_1 A_1 + P_2 \omega BL_1 \qquad (28.8)$$

$$P_2 > P_1 A_2 + P_2 \omega BL_2 \qquad (28.9)$$

由式（28.8）和式（28.9）可知，因 P_1，P_2 根据定义为正，所以生产资料投入系数和劳动维持投入系数组成的矩阵 $\begin{pmatrix} A_1 & A_2 \\ \omega BL_1 & \omega BL_2 \end{pmatrix}$ 是生产性的。从而得到正的产出品向量 X_1，X_2，使得：

$$\begin{pmatrix} X_1 \\ X_2 \end{pmatrix} > \begin{pmatrix} A_1 & A_2 \\ \omega BL_1 & \omega BL_2 \end{pmatrix} \begin{pmatrix} X_1 \\ X_2 \end{pmatrix} \qquad (28.10)$$

用正值的向量 (Λ_1, Λ_2) 左乘（28.10），并参考价值决定方程，得到：

$$(\Lambda_1 X_1 + \Lambda_2 X_2) - \Lambda_1 (A_1 X_1 + A_2 X_2) - \Lambda_2 (\omega BL_1 X_1 + \omega BL_2 X_2)$$

$$= e(\omega \Lambda_2 BL_1 X_1 + \omega \Lambda_2 BL_2 X_2) > 0 \qquad (28.11)$$

根据式（28.11），只有 $e > 0$，才能从价值体系推导出用式（28.5）、式（28.6）表示的正利润的存在。

接下来，森岛通夫证明了"当剥削存在时，所有部门才可能得到正利润"，[2] 以证明 FMT 成立的充分条件，由于 $e > 0$，从式（28.3）、式（28.4）可知：

$$\Lambda_1 > \Lambda_1 A_1 + \Lambda_2 \omega BL_1$$

$$\Lambda_2 > \Lambda_1 A_2 + \Lambda_2 \omega BL_2$$

设 $P_1 = \alpha \Lambda_1$，$P_2 = \alpha \Lambda_2$，$w = \alpha \Lambda_2 \omega B$，$\alpha$ 为任意正数，直接可以得到，P_1，P_2，w 为正，并且满足利润产生的条件式（28.5）、式（28.6），即 $e > 0$ 时，产生正利润。

28.2 联合生产对 FMT 提出的挑战

经过森岛通夫的严格数学证明，FMT 是成立的。但是，斯拉法主义者斯蒂德曼对 FMT 的证明提出了异议。在 1975 年发表的论文《正利润和负剩余价值》中，以及在 1977 年出版的《按照斯拉法思想研究马克思》一书

① Michio Morishima，*Marx's Economics：A Dual Theory of Value and Growth*，Cambridge University Press，1973，P. 53.

② Michio Morishima，*Marx's Economics：A Dual Theory of Value and Growth*，Cambridge University Press，1973，P. 54.

中，斯蒂德曼通过数字例子证明，在存在技术选择和联合生产的条件下，负剩余价值可以和正利润同时存在，正剩余价值也可以和负利润同时存在。斯蒂德曼认为，自己证明了"剩余价值的存在既不是正利润存在的必要条件，也不是它存在的充分条件"[①]。因为斯蒂德曼的例子成为讨论联合生产问题时被频繁引用的例子，因此，有必要加以详细解释。

在斯蒂德曼的例子[②]中，存在两种联合生产过程，每个生产过程中投入和产出的商品为 1 和 2，实际工资为每 6 单位劳动支付 3 单位商品 1 和 5 单位商品 2。斯蒂德曼用表 28 – 1 描述了每种生产过程的投入和产出：[③]

表 28 – 1　　　　　　　　　　　生产过程的投入产出

	商品 1	商品 2	劳动	商品 1	商品 2
生产过程 1	5 +	0 +	1→	6 +	1
生产过程 2	0 +	10 +	1→	3 +	12

根据表 28 – 1 斯蒂德曼分别分析了价格体系、数量体系和价值体系：

一是价格体系。假设 1 单位商品 1 和 1 单位商品 2 用劳动表示的价格分别为 p_1、p_2，利润率为。根据表 1，有如下的等式关系：

$$(1 + r)5p_1 + 1 = 6p_1 + p_2 \tag{28.12}$$

$$(1 + r)10p_2 + 1 = 3p_1 + 12p_2 \tag{28.13}$$

根据假定条件，6 单位劳动的实际工资为 3 单位商品 1 和 5 单位商品 2，因此有：

$$3p_1 + 5p_2 = 6 \tag{28.14}$$

求解方程（28.12）、方程（28.13）、方程（28.14），则有：

$$r = 20\% \quad p_1 = 1/3 \quad p_2 = 1$$

从而，"利润率与价格都是正的"[④]。

二是数量体系。假定 6 单位劳动中的 5 单位劳动用于第一种生产过程，

---

① Ian Steedman, Positive Profits with Negative Surplus Value, *The Economic Journal*, Vol. 85, No. 337 (Mar., 1975), P. 123.

② 有关该例子的假设条件，参见：Ian Steedman, Positive Profits with Negative Surplus Value, *The Economic Journal*, Vol. 85, No. 337 (Mar., 1975), P. 114. 一种稳定增长，且不存在技术进步的资本主义经济，工人没有储蓄，资本家把全部剩余价值用于新投资，社会使用两种规模收益不变的生产过程，两种生产过程的生产周期相同，生产过程中投入的是同质劳动，不存在固定资本，两种生产过程都是联合生产过程。

③④ Ian Steedman, Positive Profits with Negative Surplus Value, *The Economic Journal*, Vol. 85, No. 337 (Mar., 1975), P. 115.

1 单位的劳动用于第二种生产过程。于是可以得到由表 28 - 1 转化而来，用表 28 - 2 描述的相应的投入产出关系。

表 28 - 2   生产过程投入产出关系

	商品 1	商品 2	劳动	商品 1	商品 2
生产过程 1	25 +	0 +	5→	30 +	5
生产过程 2	0 +	10 +	1→	3 +	12
社会总计 2	5 +	10 +	6→	33 +	17

从表 28 - 2 中的加总栏中的产出中减去商品投入，可以得到两种商品的净产出，再从中减去实际工资，可以得到剩余产出。假定资本家把全部剩余产出用于投资，于是得到表 28 - 3 表示的数量体系中的净产出、工资品和净投资三者之间的关系。

表 28 - 3   净产出、工资品和净投资表

	商品 1		商品 2
净产品	8	+	7
工资品	3	+	5
净投资	5	+	2

从表 28 - 3 中可以得出，"所有的投入、产出、价格、工资、增长率以及利润率都是正的"[1]。

三是价值体系。根据上述分析，可以求解出每种商品的价值，用 l_1、l_2 分别表示两种商品的价值：生产每单位产出所需要的直接和间接的劳动投入。但是，在联合生产的情况下，不能直接确定两种商品的生产过程中的劳动投入组合，因此必须采用联立方程组的方法来求解商品的价值。于是有：

$$5l_1 + 1 = 6l_1 + l_2 \tag{28.15}$$

$$10l_2 + 1 = 3_1 + 12l_2 \tag{28.16}$$

根据式（28.15）、式（28.16），得到：$l_1 = -1$，$l_2 = 2$。

根据上面计算的商品的价值，可以计算"劳动力的价值" V，它是实际工资组合中体现的劳动，以及"剩余价值" S，它是体现在商品组合中的被资本家榨取的劳动。根据实际工资的商品组合是（3 + 5），和由数量体系得

① Ian Steedman, Positive Profits with Negative Surplus Value, *The Economic Journal*, Vol. 85, No. 337（Mar., 1975），P. 116.

到的资本家的净投资商品组合（5＋2），因此：

$$V = 3 \times (-1) + 5 \times 2 = 7$$
$$S = 5 \times (-1) + 2 \times 2 = -1$$
$$V + S = 6$$

因此，剩余价值是负的（S＝－1），而利润率却是正的（r＝20%）[1]。

在《按照斯拉法研究马克思》一书的第 11 章"剩余价值为负时的正利润"[2]，斯蒂德曼再次重申了负剩余价值和正利润的同时存在问题。他指出："在联合生产的情形下。马克思的价值＝c＋v＋s 的计算方法会产生正值的、零值的或负值的商品价值，……就是说，即使利润率和生产价格为正时，如果每种商品的价值是按马克思的价值计算方法计算的，定义为总的活劳动减去凝结在实际工资组合中的总劳动量后的余额的剩余价值会出现负值"[3]。斯蒂德曼认为"这一结论的含义是十分清楚的"，"马克思所定义的商品价值和剩余价值不仅与利润率（和生产价格）的决定无关，而且相反其本身会使价值概念失去任何马克思自以为它们会有的重要意义。因此，马克思用价值＝c＋v＋s 的计算方法定义的价值概念应当予以摒弃"[4]。

斯蒂德曼的目标是强调马克思的价值概念的多余性，他本质上并不是为了否定利润来源于剩余劳动。这一点在他后来对森岛通夫的评价中可以体现出来，但是无论如何，在联合生产的基础上提出的正利润和负剩余价值的同时存在，给 FMT 的成立带来了挑战。

和斯蒂德曼持相似观点，认为在联合生产条件下 FMT 是不成立的，还有一位重要的经济学家罗默。罗默认为独立生产（independence of production）是保证 FMT 成立的基本条件，"使 FMT 成立的生产技术特征是生产独立性的普遍性"[5]。他举例说明了为什么在非独立生产，即联合生产的条件下，没有剥削也会有正利润。假定工人为自己生产面包，同时顺便生产出自身不需要的副产品——钻石，资本家占有钻石。工人在生产生活必需品的同时，生产出来免费商品钻石。因此，这时就存在零剥削和正利润。[6] 罗默指

---

① Ian Steedman, *Positive Profits with Negative Surplus Value*, *The Economic Journal*, Vol. 85, No. 337（Mar. , 1975），P. 116.

②③④ 斯蒂德曼著，吴剑敏、史晋川译：《按照斯拉法研究马克思》，商务印书馆 1991 年版，第 129 页。

⑤ 约翰·E·罗默著，汪立鑫等译：《马克思主义经济理论的分析基础》，上海人民出版社 2007 年版，第 74 页。

⑥ 约翰·E·罗默著，汪立鑫等译：《马克思主义经济理论的分析基础》，上海人民出版社 2007 年版，第 75 页。

出，"我们可能会从以下角度来考虑生产独立性背后的经济学：如果一个生产集具有独立性，那么没有产品可以在缺乏劳动的情况下被生产出来。通常总是需要增加劳动投入来提高净产出。在经典的'非免费午餐'的框架下，FMT 也是成立的。当然，只有在产出的增加不需要劳动扩张的情况是偏离马克思主义原理的"[1]。

如何解决联合生产给 FMT 带来的挑战，成为一些马克思主义经济学家研究的重点之一。因此，在斯蒂德曼提出"正利润和负剩余价值同时存在"的问题后，森岛通夫和置盐信雄对斯蒂德曼进行了回应。他们各自对斯蒂德曼的价值概念进行了批评，并分别证明了在联合生产的条件下，FMT 也是成立的。

28.3　森岛通夫的"真价值"分析
与对马克思基本定理的扩展

森岛通夫和凯特福斯在 1978 年出版的《价值、剥削和增长》一书的第二章第二节，批判了斯蒂德曼的负价值和负剩余价值。"然而，就他的例子而言，斯蒂德曼得到的价值和商品的劳动价值（即马克思的价值）风马牛不相及，因为根据定义后者只能是非负的，而前者包含负价值。事实上，就我们所知，一个商品的价值被定义为生产这个商品直接或间接耗费的人类劳动数量。它应当是非负的。我们如何能去运用或耗费一个负数量的劳动呢？负数量的劳动意味着什么呢？不顾这些根本的困难，不顾他的负价值的解提出的明显的警告，斯蒂德曼在他的'价值'或'假价值（pseudo-values）'的基础上，继续他的数学练习，继续去计算负数量的'剩余价值'。但是，很显然，从假价值得出来的假的剩余价值，同马克思的剩余价值，因而同马克思基本定理完全是两回事"[2]。

针对斯蒂德曼的数字例子，森岛通夫和凯特福斯给出了他们对必要劳动和剩余劳动的解释。

对于一个有 n 种商品投入和 n 种产出的经济，假定 A 是 $n \times n$ 生产资料投入矩阵，B 是对应的 $n \times n$ 总产出矩阵，y 是 $n \times 1$ 一个外生给定的净产出

①　约翰·E·罗默著，汪立鑫等译：《马克思主义经济理论的分析基础》，上海人民出版社 2007 年版，第 75 页。

②　Michio Morishima and George Catephores, *Value*, *Exploitation and Growth*：*Marx in the Light of Modern Economic Theory*, McGraw-Hill Book Company Limited, 1978, P. 32.

向量，l 是 1×n 活劳动投入向量，x 是 n×1 生产活动水平向量，这个经济面临的一般意义上的规划问题，是最小化：

$$L = lx \qquad (28.17)$$

受约束于：

$$Bx > Ax + y, \quad x > 0 \qquad (28.18)$$

式（28.17）表示在所有生产活动中使用的活劳动总量，（28.18）式表明每一种商品的净产出至少等于所需的投入数量加上一个具体的净产出。

对于斯蒂德曼的数字例子，可以表述如下：

$$A = \begin{pmatrix} 5 & 0 \\ 0 & 10 \end{pmatrix}, \ B = \begin{pmatrix} 6 & 3 \\ 1 & 12 \end{pmatrix}, \ l = (1, \ 1), \ y = \begin{pmatrix} 8 \\ 7 \end{pmatrix}$$

对这个例子，规划问题为最小化：

$$L = (1) x_1 + (1) x_2$$

受约束于：

$$\begin{pmatrix} 6 & 3 \\ 1 & 12 \end{pmatrix} \begin{pmatrix} x_1 \\ x_2 \end{pmatrix} \geqslant \begin{pmatrix} 5 & 0 \\ 0 & 10 \end{pmatrix} \begin{pmatrix} x_1 \\ x_2 \end{pmatrix} + \begin{pmatrix} 8 \\ 7 \end{pmatrix}$$

上面的规划问题的解为 $x_1 = 0$，$x_2 = 3.5$。[1]

对于上面的问题，森岛通夫和凯特福斯指出，"即使净产出从（8，7）增加到（9，7），x_i 的最小劳动使用仍然是相同的"[2]。也就是说，在这种情况下不存在劳动利用的变化，"同样地，可以发现当净产出从（8，7）增加到（8，8）时，最小劳动投入量增加 0.5。很明显，在净产出为（8，7）的有效的劳动利用乘数（efficient employment multipliers）（商品 1 为 0，商品 2 为 0.5），不同于斯蒂德曼的价值 -1 和 2"[3]。森岛通夫和凯特福斯把生产一种商品所需的最小必要劳动数量定义为商品的"真价值"[4]。

在森岛通夫和凯特福斯提出的真价值的基础上，他们考察了"一般形式的马克思基本定理"，也就是说"建立它最一般的形式"[5]。他们认为，这

① Michio Morishima and George Catephores, *Value, Exploitation and Growth: Marx in the Light of Modern Economic Theory*, McGraw-Hill Book Company Limited, 1978, pp. 33 – 34.

②③ Michio Morishima and George Catephores, *Value, Exploitation and Growth: Marx in the Light of Modern Economic Theory*, McGraw-Hill Book Company Limited, 1978, P. 34.

④ Michio Morishima and George Catephores, *Value, Exploitation and Growth: Marx in the Light of Modern Economic Theory*, McGraw-Hill Book Company Limited, 1978, P. 36.

⑤ Michio Morishima and George Catephores, *Value, Exploitation and Growth: Marx in the Light of Modern Economic Theory*, McGraw-Hill Book Company Limited, 1978, P. 48.

个问题的实质就是："找到资本主义经济能够盈利和扩张的必要和充分条件"。[①]

设 p 为价格行向量，B 为产出矩阵，A 为投入矩阵，w 为工资率，π_i 为生产过程 i 的利润率，可以得到：

对于所有的 i，$(pB)_i = (1 + \pi_i)(pA + wL)_i$

$(B)_i$ 代表向量 B 中的第 i 种商品构成，定义 π 为最大的 π_i，这些方程可以被表达为不等式的形式，

对于所有的 i，$(pB)_i \leqslant (1 + \pi)(pA + wL)_i$

上式可以被表述为矩阵不等式的形式：

$$pB \leqslant (1 + \pi)p(A + DL) \tag{28.19}$$

其中，C 为维持生存每个工人消费的商品束，T 为每个工人每天得到 C 工作的劳动时间，D 是人均每小时的生存商品束，$D = \dfrac{C}{T}$，因为工资率被设定在生存水平，所以 wT = pC，或者 w = pD，A + DL 为增广投入系数。

考虑到目标是把技术选择问题整合到分析中，如果严格不等式成立，那么对应的 π_i 将会小于 π，因此资本家将会放弃生产过程 i，因为技术的竞争性选择，经济中流行的利润率将是 π。然而，最大的利润率 π 将取决于价格 p。由给定的技术和给定的生存工资保证的最小的利润率 π，满足非负、非零的 p 时的式（28.19），定义为 π^w，保证这一最小利润率的 p 为 p^w。

当资本家把全部收入用于投资，只对工人支付生存工资时，资本主义经济能够以最大生产能力增长。那么就不存在资本家消费，对商品的总需求为 $Ax_t + CN_t$，x_t 为 t 时期经济运作水平，N_t 是这一时期雇佣的工人的数量。N_t 为保证 x_t 的运作所需的总劳动时间数量除以每人每天工作小时数 $N_t = \dfrac{Lx_t}{T}$，从而对商品的总需求可以表示为 $(A + DL)x_t$，生产的可行性要求 $Bx_{t-1} \geqslant (A + DL)x_t$。

设 g_i 为运作过程 i 的强度的增加率，体系的增长率由个别生产过程的最小增长率决定。从上述可行条件可以得到：

对于所有的 i，$(Bx_{t-1})_i \geqslant (1 + g_i)[(A + DL)x_{t-1}]_i \geqslant (1 + g)[(A + DL)x_{t-1}]_i$

① Michio Morishima and George Catephores, *Value*, *Exploitation and Growth*：*Marx in the Light of Modern Economic Theory*, McGraw-Hill Book Company Limited, 1978, P. 48.

去掉下标，可以得到：

$$Bx \geq (1 + g)(A + DL)x \qquad (28.20)$$

经济的增长能力为最大化的平衡增长率，即在非负、非零的 x 时，从受约束于式（28.20）的条件中得到的最大的 g，定义最大增长率为 g^c，与其相联系的 x 为 x^c。

现在可以建立剥削率 e_L 与有保证的利润率 π^w，和经济的增长能力 g^c 之间的关系。在考察这种关系时，森岛通夫和凯特福斯给出了三个假定：[①]

假定 1：对于生产生存商品篮子 C 而言，劳动是必不可少的，也就是说，C 的价值 λ_C^* 必须是正的；

假定 2：当不对工人支付工资时，保证资本家能获得正利润。也就是说，满足 $pB \leq (1 + \pi)pA$ 和非负、非零的 p 的 π 的最小值是正的；

假定 3：对于经济按最大能力增长而言，劳动是必不可少的，也就是说 $Lx^c > 0$。

森岛通夫和凯特福斯认为上述假定"都是可行的、真实的，而且对所有经济分析而言都是基本的"，尤其是，如果假定 2 不被满足，"就不会出现正利润，在这种情况下，没有资本主义经济能够存在"。[②]

使用上述假定，森岛通夫和凯特福斯证明了下述结论：

（a）如果存在剩余劳动比必要劳动的比率意义上的剥削为正（$e_L > 0$），那么有保证利润率也为正，$\pi^w > 0$；

（b）经济的最大增长率至少和有保证的利润率 π^w 一样大，即 $g^c \geq \pi^w$；

（c）如果最大增长率为正（$g^c > 0$），剥削率（剩余劳动同必要劳动的比率）为正（$e_L > 0$）。[③]

斯蒂德曼对森岛通夫的研究进行了评价。他把森岛通夫的问题改为"生产要求的工资品的必要劳动数量的最小化。……但是，论证的实质并没有发生改变"。[④]

设支付给 6 单位劳动时间的实际工资组合仍然是（3，5）。森岛通夫提出的问题是，在既定生产方法下，如何确定生产这一商品组合所需的最小劳动时间量。而且分析不仅仅限于资本家实际采用的生产程序，它们一般说来只是可供采用的生产程序的子集。这个劳动时间量就是森岛通夫的"必要"

---

①②③　Michio Morishima and George Catephores，*Value*，*Exploitation and Growth*：*Marx in the Light of Modern Economic Theory*，McGraw-Hill Book Company Limited，1978，P. 50.

④　M. C. Howard and J. E. King，*The Political Economy of Marx*，Longman Group Limited，1985，P. 165.

劳动时间，而总劳动量6和这个必要劳动时间之间的差额，就是森岛通夫定义的剩余劳动。

假定 x_1 和 x_2 分别是配置在生产程序1和生产程序2中的劳动时间量，根据例子中的数据，两种生产程序的净产出分别为（1，1）和（3，2）。这要求对于商品1满足：

$$x_1 + 3x_2 \geq 3 \tag{28.21}$$

对于商品2，满足：

$$x_1 + 2x_2 \geq 5 \tag{28.22}$$

总劳动时间是 $x_1 + x_2$，上述问题成为一个规划问题。

目标函数 $V = x_1 + x_2$，最小化这个受约束于式（28.21）、式（28.22）和 x_1，$x_2 \geq 0$ 的目标函数，很容易证明，$x_1^* = 0$，$x_2^* = 2.5$ 时，得到约束条件下的 V 的最小值。由于生产支付给6单位劳动时间的工资组合的必要劳动是2.5，所以剩余劳动为 6 – 2.5 = 3.5，这时"根据新的定义剥削率和利润率一样是正的"[1]。

对于森岛通夫的这种证明，斯蒂德曼指出，"因为森岛通夫和我们所使用的剩余价值定义和剥削率定义是完全不同的。然而，完全由理由认为，在这两种分析中，森岛通夫的分析对马克思主义经济学家来说更为志趣相投。森岛通夫的分析给必要劳动、剩余劳动和剥削率提供了清晰的和有意义的定义，即使在一般的联合生产体系的分析中，它们也能够用于证明，当且仅当（新定义的）剥削率为正时利润率才是正的"[2]。"然而，必须指出的是，森岛通夫的必要劳动量和剩余劳动量的决定，只需要知道生产的物质条件和实际工资，一点都不涉及马克思的价值概念，因此，森岛通夫的分析与本书的目的完全相符合：传统的马克思的价值量根本无助于利润率和生产价格的分析，在存在固定资本和联合生产时，它甚至无助于分析剩余劳动，也不能阐明剩余劳动与正的利润之间的关系。相反，所有这些问题都能够依据生产的物质条件和实际工资来加以分析"[3]。

班德约帕德海亚认为在对于森岛的分析中，"价值不仅成为不可加的（正是价值的可加性产生了斯蒂德曼所发现的困难），而且它们不再被认为

———————

[1] 斯蒂德曼著，吴剑敏、史晋川译：《按照斯拉法研究马克思》，商务印书馆1991年版，第168页。

[2] 斯蒂德曼著，吴剑敏、史晋川译：《按照斯拉法研究马克思》，商务印书馆1991年版，第168～169页。

[3] 斯蒂德曼著，吴剑敏、史晋川译：《按照斯拉法研究马克思》，商务印书馆1991年版，第169页。

是凝结的或被包含的可识别的'社会必要劳动时间'的数量——至少不是马克思所认为的那种取决于使用不同技术的不同部门的平均条件下的那种数量。恰恰相反，森岛所定义的'剩余劳动'要求人们首先通过线性规划去发现工人为维持生计所需要的消费品而花费的最小劳动时间。这个概念上的最少劳动时间数量就是'必要劳动'，而它与实际耗用的劳动时间之差就是'剩余劳动'"①。森岛的方法"导致的是一种作为抽象概念的'必要劳动'，而不是在生产工资品时实际耗费的劳动时间"②。

班德约帕德海亚认为，森岛的研究证明了"重新定义价值的概念使其具备更大的普遍性"，依据"最优价值"消除了负价值之谜。"但是，在价值现在重新具备不可负的同时，它们却变成了不是实际的又不是可加性的了"③。从这种角度看，"森岛通夫和斯蒂德曼之间的意见分歧在于是否能继续把森岛的提法看做基本上还是马克思的劳动价值论。斯蒂德曼觉得不能。……森岛强调的是按他的方法计算剥削率的客观性。这个比率现在或者是从新定义的剩余劳动比必要劳动，或者是有酬劳动比无酬劳动，这里的有酬劳动是用最优价值而不是实际凝结的劳动价值衡量的工人生存消费量。在这两种情况下，剥削率、工人生存消费的最优价值，或经济中的必要劳动，都是由下列因素决定的：产出系数矩阵、物质投入系数矩阵、劳动投入系数向量、实际雇佣的工人数以及使用实物单位的工人生存消费品数量"④。

28.4 置盐信雄对斯蒂德曼的反驳与对 FMT 的进一步证明

置盐信雄也在题为《马克思基本定理：联合生产的情况》⑤ 文章中，对斯蒂德曼提出的挑战进行了回应。他在文中对联合生产条件下的剥削提出了一个新的定义，对斯蒂德曼的《正利润和负剩余价值》一文中的观点进行

① Pradeep Bandypadhyay, Critique of Wright 2. In Defence of a Post-Sraffian Approach, In *The Value Controversy* edit by Ian Steedman, Verso Editions and NLB, 1981, P. 104.

② Pradeep Bandypadhyay, Critique of Wright 2. In Defence of a Post-Sraffian Approach, In *The Value Controversy* edit by Ian Steedman, Verso Editions and NLB, 1981, P. 105.

③ Pradeep Bandypadhyay, Critique of Wright 2. In Defence of a Post-Sraffian Approach, In *The Value Controversy* edit by Ian Steedman, Verso Editions and NLB, 1981, P. 106.

④ Pradeep Bandypadhyay, Critique of Wright 2. In Defence of a Post-Sraffian Approach, In *The Value Controversy* edit by Ian Steedman, Verso Editions and NLB, 1981, pp. 106 – 107.

⑤ Okishio, N, Marxian Fundamental Theorem: Joint-Production Case, *Kobe University economic review*, 1976, 22, pp. 1 – 11.

评论和分析。

置盐信雄认为，在联合生产条件下，即使没有剩余价值的剥削，但只要工人的生产有剩余产品，就是一种剥削。他对剥削定义做了如下说明，如果生产一单位商品 i 的必要的直接和间接劳动总量为 t_i，生产商品组合 x_1，x_2，$\cdots$，x_n 的必要劳动总量为 $t_1x_1 + t_2x_2$，$\cdots$，t_nx_n。在非联合生产条件下，各个生产部门的利润率为正的必要条件是：

$$1 - (R_1t_1 + R_2t_2 + \cdots + R_nt_n) > 0$$

R_i 为一个劳动者一单位劳动投入得到的各种消费品数量。

在联合生产条件下，情况发生了变化。首先，如果 t_i^o 为联合生产条件下生产一单位商品 i 的必要劳动数量（i 为主产品，副产品视为是免费品），$V(x_1$，x_2，$\cdots$，$x_n)$ 为工人消费品的商品组合中的必要劳动总量，一般情况下：

$$\sum t_i^o x_i \geq V(x_1，x_2，\cdots，x_n)$$

上式表明，各种产品作为主产品来计算的劳动总量大于或等于它们作为商品组合计算的劳动总量。设 A 和 B 是两种联合产品，一单位劳动投入分别得到一单位 A 和 B，从主产品的角度看，t_a^o 等于 1，t_b^o 也等于 1。如果劳动者一单位劳动得到 $\frac{1}{2}$ 单位 A 和 1 单位 B，而且只去生产同样数量的 A 和 B，所需劳动并没有减少，仍是一单位，$\frac{1}{2}t_a^o + t_b^o > V\left(\frac{1}{2}，1\right) = 1$。另外，如果 Δx_i 是商品 x_i 增加的产量，联合生产条件下，产量增加后的必要劳动总量，不一定大于原来的必要劳动总量，即 $V(x_1 + \Delta x_1，x_2 + \Delta x_2，\cdots，x_n + \Delta x_n) - V(x_1，x_2，\cdots，x_n)(= \sum t_i^o x_i) > 0$ 不一定成立。

考虑到联合生产下的新情况，置盐信雄认为，联合生产条件下剩余价值的剥削用下面的公式表示：

$$1 - (R_1 + R_2 + \cdots + R_n) > 0$$

因此，即使没有剩余价值（上式等于零），联合生产条件下还会有剩余产品和剥削。另外，根据上面的例子，因为 $1 - V\left(\frac{1}{2}，1\right) = 0$，而工人一单位的劳动分别生产一单位的 A 和 B，剩余产品 $\frac{1}{2}$ 单位的 A 就是一种剥削。置盐信雄的结论是，在联合生产条件下，即使：

$$1 - (R_1 + R_2 + \cdots + R_n) = 0$$

成立，只要剩余产品 s_i 存在，就存在剥削。

置盐信雄用他的剥削定义对斯蒂德曼的例子进行了讨论。他认为，在斯蒂德曼的例子中，第二种生产程序比第一种先进。斯蒂德曼的 $l_1 = -1$ 的含义是：社会以下面的生产技术变换取得了一单位商品 A，也就是斯蒂德曼的例子中的商品 1，从生产过程 1 中抽出两单位劳动，把其中一单位劳动投入生产过程 2 中，而另一单位劳动节省了下来，这时，在社会总劳动减少一单位的情况下，反而商品 A 增加了一单位。其次，置盐信雄分析了斯蒂德曼的一单位劳动工资品（$\frac{1}{2}$ 单位的 A 和 $\frac{5}{6}$ 单位的 B）的价值是 $\frac{7}{6}$。他设 x，y 是得到这个工资品时两种生产技术中各自的劳动投入，得到：

$$x + 3y = \frac{1}{2}$$

$$x + 2y = \frac{5}{6}$$

解出 $x = \frac{3}{2}$，$y = -\frac{1}{3}$，$x + y = \frac{7}{6} > 1$。

这时的 x 为正、y 为负意味着，社会从先进的技术中抽出劳动投入落后的生产技术中，但是置盐信雄指出，这样做有必要吗？根据计算，在森岛通夫意义上的 $\frac{5}{12}$ 单位的劳动投入生产技术 2 足以生产出一单位劳动的工资品（$\frac{1}{2}$ 单位的 A 和 $\frac{5}{6}$ 单位的 B）。即使只使用生产技术 1，$\frac{5}{6}$ 单位的劳动也足以得到单位劳动所需的工资品。也就是说，在上述两种情况下，一单位劳动投入的剩余价值分别为 $1 - \frac{5}{12} = \frac{7}{12}$ 和 $1 - \frac{5}{6} = \frac{1}{6}$，绝对不会得出 $1 - \frac{7}{6} = -\frac{1}{6}$ 的结果。

置盐信雄认为，斯蒂德曼之所以会得出负剩余价值的结果，是因为他不承认存在剩余产品。他要求整个劳动投入的产出恰好等于 $\frac{1}{2}$ 单位的 A 和 $\frac{5}{6}$ 单位的 B。只有把 $\frac{7}{6}$ 的劳动量按 $x = \frac{3}{2}$ 和 $y = -\frac{1}{3}$ 分别投入生产过程 1 和 2，才能恰好得到 $\frac{1}{2}$ 单位的 A 和 $\frac{5}{6}$ 单位的 B 的工资品。于是才产生了负价值，才产生了负剩余价值。置盐信雄指出，从有剩余产品就有剥削的观点看，斯蒂德曼的例子中照样存在着剥削："无论用什么样的生产技术，劳动者都生产出剩余产品。当使用生产技术 1 时，用 A 和 B 表示的剩余产品是 $\left(\dfrac{1}{2}, \dfrac{1}{6}\right)$，当使用生产技术 2 时，剩余产品是 $\left(\dfrac{5}{2}, \dfrac{7}{6}\right)$。因此，在斯蒂德曼的例子中利润为正并不奇怪，他的证明不能被看成是对马克思基本定理的否定"[①]。

随后，置盐信雄等人在后来的研究中进一步指出，斯蒂德曼的负价值是一种边际价值，与马克思的价值无关。这种在生产技术不是最佳使用的情况下产生的负的边际价值，不能说明不存在剩余价值。他们认为，在存在固定资本和技术进步的情况下，正利润率存在的充分条件是剩余价值为正。[②]

28.5　新解释学派和 TSSI 对 FMT 的研究

在置盐信雄和森岛通夫完成对联合生产条件下 FMT 成立的证明之后，在随后的一段时期里，"这个定理被视为是对马克思剥削理论的'证明'"[③]。但是，"马克思基本定理并不是马克思主义经济学家的避风港"[④]。随着跨期单一体系的兴起，支持跨期单一体系解释的学者重新引发了对马克思基本定理的争论。这个学派的学者坚持认为，马克思基本定理意味着"剩余劳动是实际利润存在的充要条件"，必须"在完全一般化的条件下"被加以证明。[⑤]

克莱曼（A. Kliman）在 2001 年发表的文章《同期价值估算与利润的剥削理论》一文中，对标准解释（standard interpretation）[⑥] 和在"新解释"与同期单一体系解释（'new interpretation' and simultaneous single-system interpretations）中 FMT 成立的条件进行了分析，批评它们都不具有"一般性"[⑦]。克莱曼的批评并没有引起坚持标准解释的学者的回应。但是引起了

①　Okishio, N. , Marxian Fundamental Theorem: Joint-Production Case, *Kobe University economic review*, 1976, 22, P. 10.

②　Okishio, N. , T. Nakatani, and M. Kitano. Three topics on Marxian fundamental theorem, *Kobe University Economic Review*, 1978, 24, pp. 1 – 18.

③④　Dong-Min Rieu, Interpretations of Marxian Value Theory in Terms of the Fundamental Marxian Theorem, *Review of Radical Political Economics*, Volume 41, No. 2, Spring 2009, P. 216.

⑤　Kliman, A. Simultaneous valuation vs. the exploitation theory of profit. *Capital and Class*, 2001, 73, P. 106.

⑥　置盐信雄、森岛通夫、罗默、斯蒂德曼等的解释都属于标准解释。

⑦　Kliman, A. Simultaneous valuation vs. the exploitation theory of profit. *Capital and Class*, 2001, 73, pp. 97 – 112.

其他新解释和同期单一体系解释者的批判，并引发了一场仍在继续的争论。[①]

下面分别考察跨期单一体系对两种类型的解释提出的批评，以及跨期单一体系的支持者对 FMT 的证明。

28.5.1 对标准解释的批评

标准解释的观点，可以用罗默对马克思基本定理的证明予以转述：[②]

首先，生产价格用下式表示：

$$p = (1+r)(pA+wl) = (1+r)p(A+bl) \qquad (28.23)$$

p，A，l，w，r，b 分别表示生产价格向量、投入系数矩阵、劳动投入向量、工资率、利润率和工资商品篮子向量。

罗默证明了，当（A+bl）是不可分解矩阵时，x 为总产出向量，满足下述条件：

$$x = (1+r)(A+bl)x \qquad (28.24)$$

用价值向量 $\lambda = \lambda A + l$ 前乘（28.24）并用 $e = \dfrac{(1-\lambda b)}{\lambda b}$ 定义剥削率，得到：

$$\lambda x = (1+r)(\lambda A + \lambda bl)x = (1+r)\left(\lambda Ax + \frac{1}{1+e}lx\right)$$

$$(1+r) = \frac{\lambda x}{\left(\lambda A + \dfrac{1}{1+e}l\right)x} \qquad (28.25)$$

在式（28.25）的分母中，根据价值定义，可以证明有且只有 $e > 0$，$r > 0$。由于 r 是统一的利润率，因此，FMT 的理论背景局限于经济中的"每个产业都存在正利润"[③]。

对于标准解释的这种 FMT 的证明，跨期单一体系的支持者提出了批评，克莱曼和弗里曼强调，FMT"考虑在所有价格都为正的情况下剩余劳动和利

---

① 争论主要体现在发表在《资本与阶级》上的系列文章中：Mohun, S. 2003. On the TSSI and the exploitation theory of profit. *Capital and Class* (81), pp. 85－102；Kliman, A., and A. Freeman. 2006. Replicating Marx: A reply to Mohun. *Capital and Class* (88), pp. 117－126；Mohun, S., and R. Veneziani. 2007. The incoherence of the TSSI: A reply to Kliman and Freeman, *Capital and Class* (92), pp. 139－145；Kliman, A., and A. Freeman. 2008. Simultaneous valuation versus the exploitation theory of profit: A summing up. *Capital and Class* (94), pp. 107－118.

② Roemer, J. E. *Analytical foundations of Marxian economic theory*. Cambridge University Press, 1981, pp. 16－17.

③ Morishima, M. *Marx's economics*. Cambridge University Press, 1973, P. 53.

润之间的关系"①。上面提出的对 FMT 的证明以"净产出可能性条件"或可再生产条件为前提，这意味着"净产出，在社会选择的意义上，能够至少补偿工人的总消费——只有雇佣工人消费"②。

标准解释的假定的含义可以在一个单一商品模型中加以理解。用 a 和 l 表示生产一单位商品所需的物质和劳动投入的数量。那么，商品的价值是由下式决定的，其中 λ 是标量：

$$\lambda = \lambda a + l = \frac{1}{1-a} \qquad (28.26)$$

由于净产出可能性条件意味着 a < 1，它保证了价值量为正。如果 a > 1，则商品的价值将是负的，这意味着生产一单位商品要求的投入大于一单位该商品。如果 a = 1，价值量将是无穷大，这意味着生产一单位商品需要无穷大数量的劳动。因此，只要诸如式（28.26）所表明的价值定义成立，对具有经济意义的分析而言，净生产可能条件就是必不可少的。

尽管，在标准解释中，FMT 表达的是马克思的一个基本观点，"当工人的生产性贡献超过他们的工资时，存在对劳动的资本主义剥削"③。但是，这种分析只"在物质剩余的层面分析剥削问题，这使得对资本主义的特定的剥削形式的分析变得不可能"④。

克莱曼认为，在标准解释中，利润和剩余劳动不过是同样一个实物剩余产品用两种不同方法估算的结果，根据这种解释，当剩余产出中的所有元素为正的时候，即每个使用价值都有正的剩余产品被生产出来时，FMT 成立。也就是说，在价格向量和价值向量中没有负元素的情形中，π，s 必然为正值。由于所有实物产出均为正的，因此价格和价值是否发生偏离，偏离的大小如何，就变得无关紧要。⑤ 然而，一旦实物剩余向量中有某些元素为负，FMT 就无法成立。

此外，对于标准解释中的 FMT，还存在另外的批评，数学逻辑能够证

---

① Kliman, A., and A. Freeman. Replicating Marx：A reply to Mohun. *Capital and Class*（88）：2006，P. 119.

② Roemer, J. E. *Analytical foundations of Marxian economic theory*. Cambridge University Press. 1981, P. 41.

③ Screpanti, E. Value and exploitation：A counterfactual approach. *Review of Political Economy* 15（2）：2003，P. 163.

④ Dong-Min Rieu, Interpretations of Marxian Value Theory in Terms of the Fundamental Marxian Theorem, *Review of Radical Political Economics*, Volume 41, No. 2, Spring 2009, P. 219.

⑤ Kliman, A. Simultaneous valuation vs. the exploitation theory of profit. *Capital and Class*（73）：2001，P. 100.

明，任何一种基本品（basic commodity），比如石油，在 FMT 中可以和劳动力商品发挥同样的功能："如果我们把任何一种直接或间接地进入工资商品束中的任一构成要素的生产中去的商品定义为'基本品'，那么我们就能证明任何一种基本品都可以作为价值的尺度。此外，在利润代表着从这种商品上榨取的剩余价值的转化的意义，可以证明这种商品受到了剥削"[1]。因为遇到了石油价值理论的难题，许多非马克思主义者甚至是大多数马克思主义者也不再谈论 FMT 了。

因此，尽管 FMT 建立了剩余劳动和竞争性利润率之间的具有经济含义的关系。然而，它预先假定实际工资被限定在一个特定的，满足剩余条件的水平上。价值决定方程可以改写为 $\lambda = \lambda A + l = \lambda A + \lambda bl + (1 - \lambda b) l$，从而把新增价值分解为可变资本（劳动力的价值）和剩余价值。$(1 - \lambda b)l$ 代表剩余劳动向量，为了使剩余价值为正，$(1 - \lambda b)l > 0$ 必须被满足。这就是置盐信雄所说的剩余条件。[2] 因此，必须有一种实际的机制能够保证实际工资低于特定的水平。这意味着对包含商业周期和劳动力市场的资本积累的动态过程的研究要求充分理解 FMT 的制度背景。因此，FMT 只在远离了人们具体生活于其中的资本主义社会的抽象层面上才是有效的。

28.5.2　新解释中的 FMT

由杜梅尼尔和弗利等人发展出来的"新解释"，试图以劳动时间的货币表示（MELT）的概念，把价格和劳动时间直接联系起来。根据新解释，MELT（m）被定义为新增货币价值和总量直接劳动的比率。[3]

$$m = \frac{py}{lx} \qquad (28.27)$$

其中，y 表示净产出向量。

劳动力的价值是货币工资同 MELT 的比率，等于"工资在新增货币价值中的份额"[4]。

---

① Bowles, S. and H. Gintis, Structure and practice in the labor theory of value. *Review of Radical Political Economics* 12（4）: 1981, P. 7.

② Okishio, N., T. Nakatani, and M. Kitano, Three topics on Marxian fundamental theorem. *Kobe University Economic Review*, 1978（24）.

③ Mohun, S. The labour theory of value as foundations for empirical investigations. *Metroeconomica* 55（1）: 2004, P. 72.

④ Mohun, S. The labour theory of value as foundations for empirical investigations. *Metroeconomica* 55（1）: 2004, P. 75.

$$VLP = \frac{w}{m} = \frac{wlx}{py} \qquad (28.28)$$

根据方程（28.27）、方程（28.28），总剩余价值 S 与总利润 $\prod$ 联系起来，

$$S = lx - VLP \cdot lx = lx - \frac{w}{m}lx = \frac{py - wlx}{m} = \frac{\prod}{m} \qquad (28.29)$$

从而，很容易知道，m > 0 意味着在新解释中 FMT 成立，在方程（28.27）中，由于在任何经济中总劳动小时 lx 必然为正，m > 0 意味着 py > 0。因此，净产出价格为正是新解释中 FMT 成立的必要条件。

然而，由于 m 表示的是给定一段时期，新增货币价值和总劳动时间之间的一种事后的关系，在逻辑上，如果净产出向量 y 中的某个元素是负的，那么负的净产出价格是可能的。这种解释中存在的问题是，剩余劳动不一定是正利润的充分条件。$m = \frac{py}{lx}$ 意味着，如果用期末市场价格估算的净产出是负数，那么 m 就也是负的。这时，即使剩余劳动为正，利润也可能为负。即使是在一个生产能力极高的经济中，净产出中的绝大部分产出是正的，只有少量是负的，但是后者价格足够的高，这些净产出加总以后的价格也可能是负的。[①] m 的变化是负的情况，会动摇新解释和同期单一体系解释对 FMT 的证明。

另外，就标准解释和新解释的 FMT 证明而言，如果净产出可能性条件被满足了，那么 PNP 必然是正的，因为不可能有负价格。另一方面，正的 PNP 并不必然意味着净生产可能性条件被满足。这意味着新解释中的 FMT 取决于一个比标准解释中的 FMT 更弱的条件。

新解释的支持者对标准解释也是存在不满的，比如，弗利认为，从总体上看，FMT 在"森岛通夫提出了马克思基本定理，即价格体系中的利润率当且仅当物化劳动体系中的剥削率是正的时才为正。然而，这些有趣的数学发现并不能通过证明它对可观察到的现象有什么解释力而推动对于物化劳动系数体系的分析"[②]。

事实上，新解释并不需要 FMT 去证明剥削理论。因为新解释关注货币和劳动时间统一的概念，它是从货币形式领域开始，然后回到劳动时间领域

① Kliman, A. Simultaneous valuation vs. the exploitation theory of profit. *Capital and Class*（73）: 2001，P. 102.

② Foley, D. K. Recent developments in the labor theory of value. *Review of Radical Political Economics* 32（1）: 2000，P. 18.

的。在这种逻辑结构中，利润的存在被认为是剥削的症状。① 因此，剩余劳动是利润的唯一源泉的观点是新解释的隐含的前提。这种解释可以被新解释的两个基本方程所支持，式（28.27）、式（28.28）不是推导出来的，也没有被加以证明，而是一开始就假定的。这也说明了为什么弗利说新解释是一种解释，而不是一种解决方法。

弗利说：新解释"采取了稍微不同的方法来定义劳动价值论的相关范畴，因此我们认为的马克思的重要理论洞见：资本家的总利润等于未付酬劳动，是成立的。与之相反，在本文描述的劳动价值论的'二元体系'方法，是考虑有没有可能从其他的假设条件（例如，假定劳动力的价值等于工人的消费品中物化的劳动）推导出马克思的这一相等关系。正是在这一层意义上，'新解释'是一个'解释（interpretation）'，而不是一个'解法（solution）'"②。

新解释并没有去探索在什么样的条件下，剩余劳动的存在导致正利润。也就是说，FMT 不是新解释的数学证明的目标。如果考虑 FMT 是"一个关于真实世界的主张"③。新解释就无法解释 FMT 成立的充分性。

28.5.3 跨期单一体系中的 FMT

跨期单一体系解释认为，FMT 在现实世界的具体层面必然是成立的。这种解释认为，只有跨期单一体系解释才能产生"现实世界"意义上的 FMT。

一方面，TSSI 认为置盐信雄的净产出可能性条件（或可再生产条件）是导致标准解释的 FMT 无法成立的重要原因。这是因为 TSSI 认为，标准解释的 FMT"并没有在实际产出的层面说下任何有关剩余劳动和利润之间的关系的话"④。而且，"假定所有净产出是正的，……被任何一种实际的经济都违反了"⑤。

---

① Alfredo Saad-Filho, *The Value of Marx: Political Economy for Contemporary Capitalism*, Routledge, 2002, P. 45.

② Foley, D. K. Recent developments in the labor theory of value. *Review of Radical Political Economics* 32（1）：2000, P. 22.

③ Kliman, A. *Reclaiming Marx's capital: A refutation of the myth of inconsistency*. Lexington Books 2007, P. 180.

④ Kliman, A. *Reclaiming Marx's capital: A refutation of the myth of inconsistency*. Lexington Books 2007, P. 190.

⑤ Kliman, A. Simultaneous valuation vs. the exploitation theory of profit. *Capital and Class*（73）：2001, P. 103.

TSSI 不要求净产出可能性条件的存在，是因为它对马克思的价值概念进行的跨期解释，用离散时间模型考察：

$$\lambda_{t+1} = p_t A + l \qquad (28.30)$$

另一方面，相对于新解释，所谓的 TSSI 在逻辑上的优越性表现在这样一个事实上，TSSI 的 m 即使在存在负的净产出价格的情况下也总是正的。考虑这两点，TSSI 的 FMT 看起来在更具体的层面上也是成立的。

首先，TSSI 中的 FMT 被认为表明了"剩余劳动是真实利润存在的充要条件"[1]。这意味着利润应当被定义为真实利润，而不是名义利润。根据克莱曼的观点，真实利润 π_R 为：[2]

$$\pi_R = \left(\frac{1}{1+i} \right) P - C - V \qquad (28.31)$$

其中，P，C，V，i 分别表示产出、不变资本、可变资本（工资账单）的总价格和通货膨胀率。另一方面，名义利润如下：

$$\pi_N = P - C - V \qquad (28.32)$$

此外，引入了一个新的通货膨胀的定义。这是因为通货膨胀定义决定了 TSSI 的 FMT 是否成立："然而，针对通货膨胀的不同的调整方法将产生不同的对真实利润的度量。因此，从分析的层面去证明或否证剩余劳动是利润，甚至是真实利润的唯一源泉是不可能的。答案将取决于分析者使用的通货膨胀概念。如果利润的剥削理论在特定的通货膨胀的定义下成立，而且分析者接受这种定义，那么他必然得出结论是，剩余劳动是（真实）利润的唯一源泉。如果他反对这个定义，他必然得出相反的结论"。[3]

TSSI 对通货膨胀率的定义为：

$$i = \frac{m_{t+1} - m_t}{m_t} \qquad (28.33)$$

其中，m_t，m_{t+1} 分别表示投入的 MELT 和产出的 MELT。[4] 这个概念源自 TSSI 的价值决定方程（28.30），在这个方程中区分了投入时间和产出时间。m_t 不同于 NI 的 MELT，因为它是分跨期定义的。

---

[1][3] Kliman, A. Simultaneous valuation vs. the exploitation theory of profit. *Capital and Class* (73)：2001，P. 106.

[2] Kliman, A. Simultaneous valuation vs. the exploitation theory of profit. *Capital and Class* (73)：2001，P. 107.

[4] Kliman, A. *Reclaiming Marx's capital*：*A refutation of the myth of inconsistency*. Lexington Books，2007，P. 185.

$$m_{t+1} = \frac{P_{t+1}}{\dfrac{C_t}{m_t + l_t x_t}} \qquad (28.34)$$

TSSI 的 FMT 可以通过下述方式加以证明，[①] 由于剩余劳动等于总劳动减去等于货币工资的劳动时间，因此

$$S = l_t x_t - \frac{1}{m_t} V \qquad (28.35)$$

TSSI 用劳动时间定义的新增价值为：

$$l_t x_t = \frac{P}{m_{t+1}} - \frac{C}{m_t} \qquad (28.36)$$

用 m_t 乘以（28.36）式，使用方程（28.32），得到

$$\frac{P}{1+i} = C + m_t l_t x_t \qquad (28.37)$$

比较式（28.37）和真实利润的定义式（28.30），使用式（28.35），可得到：

$$\pi_R = C + - C - V = m_t l_t x_t - V = m_t S \qquad (28.38)$$

式（28.38）就是 TSSI 的 FMT。在这里，不存在负 m 的可能性。[②]

就已经存在的三种主要类型的 FMT 的证明而言，每一种证明（或解释）都是从一些假定开始，并试图以该学派自己坚持的方式证明 FMT。在标准解释解释中，FMT 在可再生产性的假定下被加以证明。因此，它的目标在于证明剥削率和统一的利润率之间存在的双向关系，但是这种证明无法充分说明人们生活于其中的资本主义社会中剥削的存在。而且，标准解释在一定意义上修改了马克思的价值概念，并使得这种分析适用于任何生产体系。在新解释中，正的净产出价格，从而正的 m 是给定的前提。与标准解释相比，取决于一个更加弱的假定。而跨期单一体系解释试图降低马克思基本定理研究的抽象水平，试图证明在实际经济的层面基本的马克思主义定理是成立的，尽管 TSSI 不要求可再生性或正的净产出价格，但是它的通货膨胀和利润率概念一开始就是在能够使马克思基本定理成立的意义上定义的，因此跨期单一体系对马克思基本定理的证明仍然是服务于他们否定实际大多数对马

① Kliman, A. Simultaneous valuation vs. the exploitation theory of profit. *Capital and Class*（73）：2001，pp. 107 – 108；Kliman, A. *Reclaiming Marx's capital*：*A refutation of the myth of inconsistency*. Lexington BooksKliman 2007，pp. 185 – 187.

② Kliman, A. Simultaneous valuation vs. the exploitation theory of profit. *Capital*and Class（73）：2001，P. 108.

克思经济学存在"内在矛盾"指责的回应。这就是为什么克莱曼会说，"用静态的方法解释马克思的价值理论时，不仅马克思所阐述的一些动态问题，例如利润率变化趋势看起来是错误的，而且看起来是静态问题的他对利润来源的说明，也是无法成立的。相反，跨期单一体系解释既在其他各个方面证明了马克思价值理论的内在一致性，也同样证明了利润的剥削理论的逻辑一致性"①。

28.6　异质劳动与马克思基本定理

森岛通夫在《马克思经济学》的最后部分指出，异质劳动是马克思剥削理论中的一个"严重悖论"，尤其对于马克思基本定理。这个问题主要体现在找到一个合适的各种不同类型的劳动与一单位普通劳动的比例关系，而且它应该与联合生产的特性区别开。鲍尔斯和吉提斯采用了一种新的马克思价值理论的表达形式，对于异质劳动完全绕开这个比例关系问题。② 但是对于马克思基本定理，这样做只是将异质劳动问题转移到了剥削率的不同上了。

克劳斯 1973 年在《经济研究评论》杂志上发表的《异质劳动与马克思基本定理》一文的目的，③ 就是将马克思基本定理中的同质劳动扩展到异质劳动。这样的扩展基于一个新的概念——劳动标准化约简，与斯拉法的标准商品有着双重的联系。我们需要一个特定的矩阵——斯拉法矩阵。这个矩阵将鲍尔斯和吉提斯的半不可约矩阵一般化。标准约简将意味着一个一致的剥削率，尽管在特殊的情形下用工资率来约简也能得到同样的效果。因此，从广义上来讲，标准约简与用工资率约简是不同的。

28.6.1　劳动标准化约简

先来分析 n 种投入 n 种产出，m 种劳动，标记如下（忽略联合生产的特性）：

A　n×n 矩阵　物质投入系数

① Kliman, A. Simultaneous valuation vs. the exploitation theory of profit. *Capital and Class* (73): 2001, P. 110.

② Bowles, S. and Ginits, H, The Marxian Theory of Value and Heterogeneous Labour: A Critique and Reformulation, *Cambridge Journal of Economics*, 1977 (1), pp. 173 – 192.

③ U. Krause, Heterogeneous Labor and Fundamental Marxian Theorem, *Review of Economic Studies*, Vol. 48 (1), Jan. pp. 173 – 178. In *Karl Marx's Economics: Critical Assessments*, Edited by Cunningham Wood, Volume III, 1973, pp. 720 – 727.

L　m×n 矩阵　劳动投入系数

B　n×m 矩阵　每单位劳动的消费

x　n×1 向量　总产出（系统的状态）

p　1×n 向量　价格

w　1×m 向量　工资率

显然以上所有量都是非负的（≥0）和 A 可乘的，例如，$\rho(A) < 1$，$\rho(\cdot)$ 表示一个非负方阵的最大特征值。先假设相等的利润率 r 和工资回报，那么价格系统就可以写成 $p = (1 + r)(pA + wL)$。进一步假设，工人不储蓄，比如 $w = pB$，价格系统就变成：

$$p = (1 + r)pM \tag{28.39}$$

其中，$M = A + BL$。

这里价格/利润方面就可以通过一个 n×n 的矩阵 M 来分析，价值/剩余方面可以通过一个 m×m 的矩阵 $H = L(I - A)^{-1}B$ 来分析。H 中的项 h_{ij} 表示第 j 种劳动的再生产中所需的第 i 中劳动的量。令 $y = Lx$ 表示在状态 x 处的各种劳动的总和。劳动约简是指一个 1×m 阶半正定的（≥0）向量 α。

通过一个劳动约简 α，x 状态处加总的价值总和就是 αy，劳动力的总再生产价值为 αHy。通过 y 和 α 定义剩余价值率 $e(\alpha, y)$：

$$e(\alpha, y) = \frac{ay - aHy}{aHy} \tag{28.40}$$

如果加总的价值和再生产价值不同时为零，这个比例就是在数学上有意义的（实际上，给定合适的 α 与 y 的适当取值的话，鲍尔斯和吉提斯以及森岛通夫[①]中所考虑的剩余价值率是上面定义的 $e(\alpha, y)$ 的特殊情形）。接下来，考虑一种简约形式，它在分析异质劳动中起着关键作用，这与斯拉法的标准商品在分析异质资本中的作用相类似。一个简约称作标准简约，如果对一些标量 e

$$\alpha = (1 + e)\alpha H \tag{28.41}$$

其中，$H = L(I - A)^{-1}B$。

由式（28.40）和式（28.41）可知，标准简约情形中对于所有的 y，$e = m(\alpha, y)$，这样加总价值和再生产价值不会同时为零。因此式（28.41）中的标量 e 是剩余价值的一个一致比率，称为标准约简的标准率。根据佩

---

① Morishima. , S. Bowles and H. Gintis on the Marxian Theory of Value and Heterogeneous Labour, *Cambridge Journal of Economics*, 2, 1978, pp. 305 – 309.

龙—弗洛比尼斯（Perron-Frobenius）定理，方程（28.40）和方程（28.41）有解 $p \geq 0$，$r > -1$ 和 $\alpha \geq 0$，$e > -1$，比率 r 和 e 可以用最大特征值 $\rho(M)$ 和 $\rho(H)$ 给出：

$$r = \frac{1 - \rho(M)}{\rho(M)} \quad e = \frac{1 - \rho(H)}{\rho(H)} \qquad (28.42)$$

因此，如果 r 和 e 可以通过式（28.42）决定，那么马克思基本定理中所需的利润率与剩余率之间的相互关系就变成了矩阵 M 和 H 的最大特征值之间关系的问题了。

28.6.2 异质劳动情形下的马克思基本定理

证明这个定理最关键的一步是下面的这个关于两个矩阵和的最大特征值的不等式。

引理 设 S，T 为两个非负方阵，s，t 为两个实数，$s \leq \rho(S + T) \leq t$ 和 $\rho(S) < s$，t。则：

$$t \cdot \rho((tI - S)^{-1}T) \leq \rho(S + T) \leq s \cdot \rho((sI - S)^{-1}T)$$

证明 对于 $\rho(S) > h$，下面等式恒成立：

$$(hI - (S - T)) = (hI - S)(I - (hI - S)^{-1}T)$$

（1）令 $\rho(S + T) < h' < h$。则 $h'I - (S + T)$ 是可逆的。因为 $\rho(S) < h'$，由上面等式可知，$I - (h'I - S)^{-1}T$ 也是可逆的。因为：

$$h' < h\rho((hI - S)^{-1}T) \leq h'\rho((h'I - S)^{-1}T) \leq h'$$

所以 $\rho((h'I - S)^{-1}T) < 1$。对所有的 h' 取下确界，则得到：

$$h\rho((hI - S)^{-1}T) \leq \rho(S + T) \text{ 对所有的 } \rho(S + T) < h$$

要证明引理中的第一个不等式，令 $\rho(S + T) \leq t$ 和 $\rho(S) < t$。若 $\rho(S + T) < t$，则当 $h = t$ 时不等式成立。若 $\rho(S + T) = t$，则对所有的满足 $t < h$ 的 h，$h\rho((hI - S)^{-1}T) \leq \rho(S + T)$。

对所有的 h 取上确界，由于 $\rho(S) < t$，所以 $t\rho((tI - S)^{-1}T) \leq \rho(S + T)$。

（2）下面证明引理的第二个不等式，令 $\rho(S) < s \leq \rho(S + T)$。因此对于 $h = \rho(S + T)$，$\rho(S) < h$，并且 $hI - (S + T)$ 是可逆的。由开始的等式出发可知，$I - (hI - S)^{-1}T$ 是不可逆的。因此 $1 \leq \rho((hI - S)^{-1}T)$。因为 $s \leq h$，可知 $h \leq h\rho((hI - S)^{-1}T) \leq s\rho(sI - S)^{-1}T$，从而第二个不等式得证。

定理：令利润率 r 和标准率 e 由 M 和 H 的最大特征值给出（如式（28.42））：

（i）若 $r \leq 0$，则 $e \leq r$

（ⅱ）若 $r \geqslant 0$，则 $r \leqslant e$

（ⅲ）$r > 0$ 当且仅当 $e > 0$

证明：首先来看，$\rho(H) = \rho((I-A)^{-1}BL)$。如果 $U = (I-A)^{-1}B$，则有 $(I-A)^{-1}BL = UL$ 和 $H = L(I-A)^{-1}B = LU$。一般地，对于两个矩阵 U 和 H，若他们的乘积 LU 和 UL 都存在，那么我们有 $\rho(LU) = \rho(UL)$。下面，根据引理，令 $S = A$ 和 $T = BL$。设 $s = 1$，并考虑到 $\rho(A) = 1$，可以得到以下结论：

若 $\rho(M) \geqslant 1$，则 $\rho(M) \leqslant \rho((I-A)^{-1}BL) = \rho(H)$。

令 $t = 1$，则又可得到：

若 $\rho(M) \leqslant 1$，则 $\rho(H) = \rho((I-A)^{-1}BL) \leqslant \rho(M)$。

现在，由假设可知：

$$\rho(M) = \frac{1}{1+r} \quad \rho(H) = \frac{1}{1+e}$$

因此，由第一个结论可知（ⅰ）得证，由第二个结论可知（ⅱ）得证。将（ⅰ）和（ⅱ）合在一起，则得到（ⅲ）。

如果矩阵 M 和 H 都是不可约的，由佩龙—弗洛比尼斯定理，上面定理的假设是成立的，也就是 r 和 e 分别是这两个矩阵的最大特征根。更一般的，上面定理还能得到以下推论。

推论：设 M 和 H 均为斯拉法矩阵。那么由价值系统的不同对应不同的价格系统，存在唯一的解 $r > -1$，$p > 0$；$e > -1$，$\alpha > 0$（α 和 p 变为标量），并且定理中（ⅰ）、（ⅱ）、（ⅲ）对于 r 和 e 均成立。

证明：唯一确定的 r 和 e 分别由最大特征根给出。因此，本推论从定理可以直接得到。

评论1：定理中的（ⅲ）是通常的马克思基本定理由同质劳动向异质劳动的一个推广。在同质劳动情形下，比如当 $m = 1$，L 变成一个 $1 \times n$ 维的向量 l，B 变成一个 $n \times 1$ 维的向量 d。这样矩阵 H 退化成一实数 $h = \lambda d$，这里 $\lambda = l(I-A)^{-1}$ 为表示同质劳动量的向量。此时标准简约以及标准简约率可以唯一的决定，$\alpha = 1$（变为一个标量），$e = (1-\lambda d)/\lambda d$。因此（ⅲ）表明当且仅当 $\lambda d < 1$ 时 $r > 0$。定理中的（ⅰ）和（ⅱ）对基本马克思定理补充了进一步的信息，甚至在同质劳动的条件下也都成立。

评论2：若定理或推论中的假设不满足的话，（ⅲ）也可能不成立。甚至在同质劳动情形下，马克思基本定理也可能失效，可以从下面的这个简单的例子看出。

设：

$$m=1，n=2 \text{ 和 } A=\begin{bmatrix} 0 & 0 \\ 0 & \dfrac{1}{2} \end{bmatrix}，B=d=\begin{bmatrix} 1 \\ 0 \end{bmatrix}，L=l=[1，1]$$

从而：

$$M=\begin{bmatrix} 1 & 1 \\ 0 & \dfrac{1}{2} \end{bmatrix}，H=h=1$$

因此 M 和 H 均为斯拉法矩阵。推论中的唯一解为 $e=0$，$\alpha=1$；$r=0$，$p=(1，2)$（α 和 p 变为标量）。并且根据推论，因为 $e=0$，$r=0$，（iii）是可行的。但是价格系统的解也为 $\bar{r}=1$，$\bar{p}=(0，1)$，对于比率 e 和 $\bar{r}$，定理中的（iii）不成立，此时因为没有 $\bar{p}>0$，推论中的假设也不满足，且因为 $\bar{r}$ 与最大特征根 $\rho(M)=1$ 不相等，定理中的假设也不满足。

评论3：马克思基本定理的特点在于它将利润率（它是一致的）与一个一致的剩余价值率联系起来。因为 e 是一致的，e 并不依赖于系统状态 x，这样（iii）的成立独立于系统状态 x。特别的，并不要求系统处于一个自我再生产的状态 x，即 $Mx \leq x$（这个要求是鲍尔斯、吉提斯与森岛通夫之间讨论的中心问题[1]）。似乎对于任何马克思基本定理来说，给予 r 和劳动力价值意义上的再生产而非物质层面的再生产的一个明确的关系都是一个核心点。这两种再生产之间的区别从下面的例子中可以得到体现（当然，物质层面的再生产也同样意味着劳动力价值的再生产）：

$$m=n=2，A=\begin{bmatrix} \dfrac{1}{2} & \dfrac{1}{4} \\ \dfrac{1}{5} & \dfrac{1}{2} \end{bmatrix}，B=\begin{bmatrix} 0 & \dfrac{1}{24} \\ \dfrac{1}{20} & 0 \end{bmatrix}，L=\begin{bmatrix} 2 & 0 \\ 0 & 3 \end{bmatrix}$$

由此：

$$M=\begin{bmatrix} \dfrac{1}{2} & \dfrac{3}{8} \\ \dfrac{3}{10} & \dfrac{1}{2} \end{bmatrix}，H=\begin{bmatrix} \dfrac{1}{8} & \dfrac{5}{24} \\ \dfrac{3}{8} & \dfrac{1}{8} \end{bmatrix} \text{ 和 } 0<\rho(M)，\rho(M)<1$$

因为 $\rho(M)<1$，所以存在一个自我再生产的状态，但是状态 $\bar{x}=(2，$

---

① Bowles，S. and Gintis，H.，Professor Morishima on Heterogeneous Labour and Marxian Theory, *Cambridge Journal of Economics*，1978（2），311 – 314. Morishima.，S. Bowles and H. Gintis on the Marxian Theory of Value and Heterogeneous Labour，*Cambridge Journal of Economics*，1978（2），pp. 305 – 309.

1）则不是自我再生产的。然而对于所有的简约率 α，剩余价值率 $e(\alpha, L\bar{x})$ 都是严格正的。在这个例子中，马克思基本定理是正确的，在没有物质再生产时也成立。这很重要，因为它可能有利于一个物质上不能复制自身的系统，比如国际贸易理论。

28.7 沃夫斯岱特关于带负剩余价值的正利润的评论

沃夫斯岱特（E. Wolfstette）1973 年在《经济学杂志》发表的题为《剩余劳动、同步劳动成本与马克思的劳动价值论》的论文，证明了马克思的正剩余价值是产生正价格和正利润的充要条件。[①] 沃夫斯岱特的证明是建立在一系列经济学的基本假设之上的，包括经济中没有联合生产这样的假定。沃夫斯岱特 1976 年在《经济学杂志》发表了《带负剩余价值的正利润：一个评论》一文，[②] 对斯蒂德曼 1975 年的文章进行了评论。沃夫斯岱特指出，斯蒂德曼证明了"当存在联合生产时，正剩余价值的既非正价格和正利润存在的必要条件也非充分条件"这一命题。[③] 这一论断可能会使许多读者感到吃惊，因为这与森岛通夫 1974 年证明的广义联合生产体系下的马克思基本定理是相矛盾的。[④] 沃夫斯岱特再次探讨这一命题并试图证明负劳动价值、负剩余价值与正价格和正利润同时存在的可能性，揭示出斯拉法 1960 年联合生产理论的缺陷，而这一缺陷是致命的。沃夫斯岱特认为，他的工作有利于更加客观的评价斯蒂德曼的工作，同时也有利于更好地对比斯拉法与诺伊曼 1937 年的联合生产的理论。他假设读者对森岛通夫 1974 年的劳动价值的修正定义以及相应的广义马克思基本定理有了一个基本的了解。[⑤]

① Steedman, Positive Profits with Negative Surplus Value, *The Economic Journal*, Vol. 85, Mar, 1975, pp. 114 – 123. E. Wolfstette, Positive Profits with Negative Surplus Value: A Comment, *The Economic Journal*, Vol. 86, Dec, pp. 864 – 872.

② E. Wolfstette, Positive Profits with Negative Surplus Value: A Comment, *The Economic Journal*, Vol. 86, Dec, 1976, pp. 864 – 872.

③ Steedman, Positive Profits with Negative Surplus Value, *Economic Journal*, Vol. 85, Mar, 1975, pp. 114 – 123, P. 114.

④ 斯蒂德曼在其文章第 117 页的脚注中，注意到了其与森岛通夫结论的不一致性，但其将这种不同归因于双方对劳动价值、剩余价值等定义的不同。沃夫斯岱特认为斯蒂德曼对"森岛通夫通过放弃传统的马克思分析方法进而得到了一个与马克思主义截然不同的原理"的评论有待商榷，因为在联合生产体系中，没有所谓的"传统的马克思主义分析"。

⑤ Michio Morishima: Marx in the Light of Modern Economic Theory, *Econometrica*, Vol. 42, No. 4. (Jul., 1974), pp. 611 – 632.

与斯蒂德曼的数值例子不同，沃夫斯岱特此处运用的是一个广义的两种活动/两种商品的联合生产模型。第一节给出模型的基本假设，第二节在斯拉法的联合生产理论框架中引入对偶关系，第三节给出负劳动价值的情形。特别的，如果生产体系是可行的，那就可以排除每种商品的劳动价值为负的可能性。由此得出的得到劳动价值为负的充要条件，这一条件有利于判断劳动价值的正负。第四节讨论在何种的情况下，负剩余价值是与正价格、正利润相互一致的，第五节是对斯拉法联合生产理论批判的总结，这些批判也同样适用于斯蒂德曼的联合生产理论。

为避免误解，这里要指出的是，沃夫斯岱特并不认为斯蒂德曼的分析与马克思关于劳动价值的定义相互矛盾，也并不认为马克思的理论包含有联合生产理论内容，他只对劳动价值定义的一些关键特征予以解释。[①] 他最后指出了斯拉法联合生产理论的致命缺陷。

28.7.1　假设与定义

为了尽量与斯蒂德曼的例子保持一致，沃夫斯岱特考虑的是一个包含两种生产活动和两种商品的经济。每种活动 $j(=1,2)$ 至少需要两种商品 i $(=1,2)$ 中的一种作为要素投入，每种生产活动生产出的两种商品均严格为正。每种生产活动都需要一定数量的同质的劳动时间 $a_{0j}(j=1,2)$（劳动强度给定）作为要素投入，劳动时间也是唯一的非生产性投入。每种活动需要一单位的劳动时间，例如：$a_{0j}\equiv1(j=1,2)$。因此，可以分别将投入、产出系数标准化为 a_{ij} 和 $b_{ij}(i,j=1,2)$。经济中没有技术进步，每个市场都是完全竞争的，劳动的需求量 $N(t)$ 小于等于劳动的供给量 $L(t)$。工人将其全部收入的固定比例用作对两种商品的消费。真实工资为常数且为一个严格正的向量 $(c_1,c_2)\geqq0$。每期期末支付工资。

给定一个严格正的增长因子，$\mu=(1+g)>0$，我们可以定义一个"消费产出矩阵" $F=(f_{ij})$，$f_{ij}=b_{ij}-\mu a_{ij}(i,j=1,2)$。构建一个稳定的参照数量体系对分析非常有意义，可以将"稳定消费产出矩阵"记为 $D=(d_{ij})$，$d_{ij}=b_{ij}-a_{ij}(i,j=1,2)$。为更好地讨论斯蒂德曼性质以及斯拉法的定理，假设 D 和 F 的秩为2。

---

① 因此，如果马克思也犯了同样的"错误"，那么，对斯蒂德曼和斯拉法的批判也同样适用于对马克思的批判。沃夫斯岱特认为，马克思并没有提出联合生产理论，尽管其对马尔萨斯理论的旁征博引显示出其对这一理论很熟悉。

对比 r、s 两种活动，如果 r 的消费产出比 s 来的小，即：$f_{ir} < f_{is}$，那么 r 是 "商品 i 的相对低级的活动"。$\gamma_{rs}^i = \dfrac{(f_{is} - f_{ir})}{f_{is}}$ 表示 "r 的相对低级程度"。此外，如果 r 对于商品 i = 1，2 都是相对低级的，那么，我们称其为 "绝对低级的"，稳定参照经济的 "相对低级" 程度可以被表示为：

$$\lambda_{rs}^i = \frac{(d_{is} - d_{ir})}{d_{is}}$$

且当 $\mu = 1$ 时，$\gamma_{rs}^i = \lambda_{rs}^i$。

28.7.2 斯拉法体系中的重要对偶关系

可以用 "自我更新状态增长" 来替换 "黄金律稳定状态增长"。也可以通过数量体系与竞争价格体系来表示一个修正的斯拉法体系。用 x_j 表示活动水平，用 p_i 表示产品价格（用劳动需求来衡量的）。根据基本假设，数量体系式（28.43）、式（28.44）以及价格体系式（28.45）可以表示为：

$$f_{i1}x_1 + f_{i2}x_2 = (x_1 + x_2)c_i \equiv C_i(i = 1,\ 2) \tag{28.43}$$

由于 $x_j(t) = \mu x_j(t-1)$：

$$x_1(t) + x_2(t) = N(t-1) \leqslant L(t-1)(t = 1,\ 2,\ \cdots) \tag{28.44}$$

$$f_{1j}p_1 + f_{2j}p_2 = a_{0j} \equiv 1(j = 1,\ 2;\ f_{ij} = b_{ij} - \mu a_{ij}) \tag{28.45}$$

大家可能要质疑的是斯拉法并没有假设规模报酬不变，[1] 也并没有假定所有的投入、产出是固定的，其事实上只考虑了一种 "自我替换的状态"。如果在斯拉法体系中引入经济增长，那么斯拉法体系的一些特征将不复存在。在斯拉法关于联合生产的讨论中，其假定这些活动是线形相关的，进而也就暗含着规模报酬不变的假定。

若满足式（28.43）~（28.45）的价格向量（x_1^*，x_2^*），（p_1^*，p_2^*），以及整数 $\mu^* > 1$ 存在，那么，满足上述两个系统的解是存在的。在以下的分析中，假设满足 $\mu^* > 1$ 的解是存在的。

值得提及的是，斯拉法看上去将其分析局限在那些有严格正价格和正活动水平的体系中。斯拉法没有指出这些解存在的条件，而只是假设一种隐藏机制总可以使得价格为正。[2]

很多重要的概念是建立在稳定参照体系基础之上的，所谓的 "稳定参

---

① 值得注意的是：根据假设，利率因子 1 + r 总是等于增长因子 1 + g。

② Sraffa, *Production of Commodities by Means of Commodities*, Cambridge University Press, 1960, P. 59.

照体系"由两部分组成：（1）稳定数量参照体系；（2）劳动价值体系。稳定参照活动向量记为（x_1^0, x_2^0），相应的劳动力价值向量记为（ω_1, ω_2）。根据斯拉法的观点，可以将两个体系表示为：

$$d_{i1}x_1^0 + d_{i2}x_2^0 = C_i (i = 1, 2) \tag{28.46}$$

由于 $x_i^0(t) = x_j^0$, $C_i(t) = C_i(t^*) = N(t^* - 1)c_i$:

$$x_1^0(t) + x_2^0(t) \equiv N^0 \leqslant N(t^* - 1) \equiv x_1(t^*) + x_2(t^*)$$

$$\leqslant L(t^* - 1)(t = t^*, t^* + 1, \cdots) \tag{28.47}$$

$$d_{1j}\omega_1 + d_{2j}\omega_2 = a_{0j} \equiv 1(j = 1, 2); \quad d_{ij} = b_{ij} - a_{ij} \tag{28.48}$$

尽管式（28.46）~（28.48）是为了与式（28.42）~（28.44）作对比，式（28.46）、式（28.47）必须是非负的。但是，对于式（28.47）而言，并不强加非负或是严格为正的限制。

28.7.3 负劳动力价值

假设（d_{11}, d_{21}）与（d_{12}, d_{22}）是线形无关的，因而式（28.48）的解为：

$$\omega_1 = (d_{22} - d_{21})(\det D)^{-1}; \quad \omega_2 = (d_{11} - d_{12})(\det D)^{-1} \tag{28.49}$$

其中：$\det D = d_{11}d_{22} - d_{12}d_{21} \neq 0$。

那么，在什么情况下至少一种劳动的价值是负的呢？

当且仅当一个生产体系中的消费品向量（C_1, C_2）严格为正时，这种生产体系就是可行的。以下的定理适用于这个定义：

定理1：如果一个生产体系是可行的，那么，至少一种商品的劳动力价值是正的。证明过程如下：

$$\omega_1 C_1 + \omega_2 C_2 = (\det D)^{-1}[(d_{22} - d_{21})C_1 + (d_{11} - d_{12})C_2] = x_1^0 + x_2^0 \equiv N^0 > 0 \tag{28.50}$$

可行性并不排除一种劳动力的价值为负的情形，以下的两个定理为一种劳动力价值为负的可能性提供了充要条件，斯蒂德曼在其数值例子的解释中已预期到了这种情形。

定理2：在一种可行的生产体系中，当且仅当稳定参照体系的转换曲线的斜率为正时，劳动力价值符号相反。

证明：假设 $C_1 > 0$，$C_2 > 0$ 为转化曲线上的两点，转化曲线的斜率为：

$\dfrac{dC_1}{dC_2} = -\dfrac{\omega_2}{\omega_1}$，见式（28.50）。

定理3：在一种可行的生产体系中，当且仅当一种活动是绝对低级的时候，劳动力价值符号相反。

根据$\dfrac{\omega_2}{\omega_1}$以及关于"绝对低级活动"的定义，可以证明上述定理。

定理2和定理3说明了在什么情况下一种劳动的价值严格为负。假设一种活动是绝对低级的，本节的余下部分将提出判断哪种劳动力价值为负的充要条件，这里要用到"相对低级程度"的定义λ^i_{rs}。下面的引理有助于判断相对低级程度的符号：

引理：在一个可行的生产体系中，假设活动r是绝对低级的。那么，λ^1_{rs}和λ^2_{rs}都是正的，但两者不相等。

从这个引理中知道：如果活动r是绝对低级的，那么必有一个是极大值。下面的定理提供了判断哪种劳动力价值为负的充要条件：

定理4：在一个可行的生产体系中，假设活动r是绝对低级的。当且仅当：

$$\lambda^1_{rs} > \lambda^2_{rs} > 0$$

（$\lambda^2_{rs} > \lambda^1_{rs} > 0$）时，$\omega_1$（$\omega_2$）为负，$\omega_2$（$\omega_1$）为正。

28.7.4　带负剩余价值的正利润

如果劳动的价值是按照斯蒂德曼定义的话，为什么正的价格、正的利润还有可能与负剩余价值同时存在呢？

首先，在稳定状态绝对低级活动在平稳增长的经济中并不一定也是绝对低级的。事实上，正如以下的定理即将说明的，负劳动力价值与斯拉法价格体系同时存在的一个必要条件是：稳定状态的经济中，一种活动是绝对低级的，但在一个黄金律利润率的增长的经济中，这种活动并不一定是绝对低级的。

定理5：假设一个斯拉法价格体系有一个黄金律利润率为正的解，例如：$p_1^* > 0$，$p_2^* > 0$，$\mu^* > 1$。那么，这两种活动都不是绝对低级的。

证明：根据（28.45）式（假设满足条件的$p_1^* > 0$，$p_2^* > 0$，$\mu^* > 1$是存在的），可以求得相对价格：$\dfrac{p_1^*}{p_2^*} = \dfrac{(f_{22} - f_{21})}{(f_{11} - f_{12})}$。正如后面将要证明的负劳动力价值与斯拉法价格体系是马克思基本定理反例存在的必要条件（尽管并不是充分条件）。

其次，尽管稳定规划$\bar{C}_1(t) \geq C_1(t^*)$，$\bar{C}_2(t) \geq C_2(t^*)$，$\hat{C}_1(t) \geq$

$C_1(t^*) \mu^{t-t^*}$, $\hat{C}_2(t) \geqslant C_2(t^*) \mu^{t-t^*}$ 是可行的，但经济并不一定能提供常数的消费产出流，使得：$C_1(t) = C_1(t^*)$，$C_2(t) = C_2(t^*)$ $(t = t^*$，$t^* +1$，…)。

定理6：假设 $\hat{C}_i(t) = C_i(t^*) \mu^{t-t^*}$ $(i = 1$，2；$t = t^*$，$t^* +1$，…) （例如，数量体系的解是存在的）是可行的，那么：

（1）当且仅当经济中生产不出这样的消费产出流，使得：$C(t) = C_i(t^*)$ $(i = 1$，2)，$\lambda C_i(t^*)$ $(\lambda > 0)$，尽管经济可以生产出这样的消费产出流，使得：$\bar{C}_i(t) \geqslant C_i(t^*)$，则剩余价值是负的。

（2）如果稳定参照经济要求的供给 $\bar{C}_i(t) \geqslant C_i(t^*)$，那么，剩余价值可以为正。

（3）如果按照劳动投入极小化的原则来选择 $(x_1^0$，$x_2^0)$，那么，剩余价值是正的。

证明：（1）$N(t^* -1)$ 单位的劳动力（$t^* -1$ 期到 t^* 期雇佣的劳动力）的成本为：$\omega_1 C_1(t^*) + \omega_2 C_2(t^*)$。剩余价值为：

$$S = N(t^* -1) - [\omega_1 C_1(t^*) + \omega_2 C_2(t^*)] \equiv N(t^* -1) - N^0$$

因此，当雇佣 $N(t^* -1)$ 单位的劳动力的成本大于 $N(t^* -1)$ 生产时，剩余价值为负。另一方面，我们假定生产体系是可行的（$\hat{C}_i(t)$ 是可行的）。$S < 0$ 的必要条件是：一个（而且只有一个）负的劳动力价值。假定 $\omega_1 < 0$，那么通过另一种稳定方案 $\bar{C}_1(t) \geqslant C_1(t^*)$，$\bar{C}_2(t) \geqslant C_2(t^*)$，劳动力需求可以得到降低。假定 $N(t^* -1)$ 的劳动力生产的净产出大于 $C_i(t^*)$，那么，一个可行的稳定规划 $\bar{C}_i(t) \geqslant C_i(t^*)$ 是存在的。

（2）假设两种活动的强度为：$x_1^0(t) = x_1(t^*)$，$x_2^0(t) = x_2(t^*)$，（$t = t^*$，$t^* +1$，…）（x_j 为数量体系的解），需要投入 $N(t^* -1)$ 单位的劳动。这可以产生一个稳定规划 $\bar{C}_i(t) \geqslant C_i(t^*)$ $(i = 1$，2)。当保持两种活动中相对比例不变的前提下，强度可以降低。因此，劳动需求 $N^0 \equiv x_1^0 + x_2^0$ 可以得到降低，例如：$N^0 < N(t^* -1)$，剩余价值为正。当然，如果排除掉绝对低级活动且 $\bar{C}_i(t) \geqslant C_i(t^*)$ $(t = t^*$，$t^* +1$，…) 至少对一种取等式约束时，劳动力的需求可以达到极小化。

本节解释了在什么样的情况下正的价格和利润是与负的剩余价值相一致的。沃夫斯岱特的工作暗含着对斯蒂德曼关于劳动价值与剩余价值解释的批判，但其实也是对斯拉法联合生产理论的归纳。

所有关于马克思劳动价值理论的性质"马克思基本定理"都是建立在对数量价格体系与相应的稳态参照体系对比的基础之上的。按照斯拉法的思路来构建稳定参照体系是毫无意义的，原因如下：（1）基本的错误是参照体系应当取等号而非不等号，这种错误使得以后的很多假设毫无意义。（2）活动的数目以及商品的种类是相等的。（3）矩阵 D 的秩为 2。更严重的是（4）等式约束使得我们不能确定应该采取哪些活动。当然，一定消费规划必须取等号的假设又增加了一些选择。但是，正如定理 3 和定理 6 所解释的，这种选择可能没有任何经济意义，而且可能违背了可行性，进而使得剩余价值和劳动价值均为负。当然，如果稳态参照数量体系以及相应的价值体系取不等号，且如果增加一个"选择标准"和"免费物品"的定义，那么，这种错误即可避免。

斯蒂德曼的错误是建立在斯拉法联合生产模型的错误基础之上的。事实上，价格数量体系（并不只是价值体系）取等号是斯拉法理论的一个特点。因此，一方面是决定强度选择的真实经济因素的缺乏，另一方面是永久过剩商品价格的缺乏（如果系统取不等号，那么，这种可能性将出现）。有人可能反对说斯拉法并没有考虑到"活动选择"。但是，正如上述说明的，联合生产技术模型本质上都是一个"技术选择的问题"。斯拉法所采用的方法暗含着一种活动的选择，但这种选择并不与经济决定标准相一致，斯拉法价格也不能产生一组比较满意的竞争价格。沃夫斯岱特的判断是：斯拉法的联合生产理论在经济上是无意义的。同样的原因，斯蒂德曼的分析也有相似的问题。

第29章　生产性劳动与非生产性劳动

　　马克思对资本的生产性和非生产性的探讨，是同批判斯密的生产劳动和非生产劳动理论联系在一起的。斯密对生产劳动的理解具有二重性：一方面，斯密把生产劳动看作是"把自己的生活费的价值和他的主人的利润，加到他所加工的材料的价值上"的劳动；另一方面，又把生产劳动同那种"固定和物化在一个特定的对象或可以出卖的商品中，而这个对象或商品在劳动结束后，至少还存在若干时候"的劳动联系在一起。马克思认为，斯密对生产劳动的前一方面理解是正确的，这是因为，"这里，从资本主义生产的观点给生产劳动下了定义，亚当·斯密在这里触及了问题的本质，抓住了要领。他的巨大科学功绩之一……就在于，他下了生产劳动是直接同资本交换的劳动这样一个定义。"① 斯密对生产劳动的后一方面的理解却是浅薄的、错误的，它只是从劳动的物质规定性，从劳动作为具体劳动形式及其结果上来定义生产劳动，因而从根本上混淆了从资本主义特殊生产方式来看的生产劳动同一般的生产劳动的区别。

　　在批判斯密理论的过程中，马克思提出了自己的生产劳动和非生产劳动理论。首先，马克思反复强调：劳动作为生产劳动的特性只表现一定的社会生产关系。劳动的这种规定性，不是从劳动的内容或劳动的结果产生的，而是从劳动的一定的社会形式产生的。如马克思后来在《资本论》第一卷中所强调的："生产工人的概念决不只包含活动和效果之间的关系、工人和劳动产品之间的关系，而且还包含一种特殊社会的、历史地产生的生产关系。"② 因此，作为研究对象的生产劳动，被严格地限定在资本主义社会生产关系内。他从两个主要方面论述了资本主义生产劳动的性质：其一，从资本主义生产实质来看，生产劳动是给使用劳动的人生产剩余价值的劳动，或者说，是把客观劳动条件转化为资本，把客观劳动条件的所有者转化为资本

　　① 《马克思恩格斯全集》第26卷第Ⅰ册，人民出版社1972年版，第148页。
　　② 《马克思恩格斯文集》第5卷，人民出版社2009年版，第582页。

家的劳动。所以，这是他自己的产品作为资本生产出来的劳动。其二，从资本主义生产过程的特征来看，生产劳动可以说是直接同作为资本的货币交换的劳动，或者说，是直接同资本交换的劳动。马克思对资本主义生产劳动性质的这两个方面的说明，彻底克服了斯密在这一理论上的错误，揭示了资本主义生产劳动和非生产劳动理论的核心问题。

其次，马克思在揭示资本主义生产劳动性质时多次强调：生产劳动和非生产劳动的这种区分，既同劳动独有的特殊性毫无关系，也同劳动的这种特殊性借以体现的特殊使用价值毫无关系。这就是说，在资本主义经济关系中，一定使用价值的物质产品，可以是生产劳动的结果，只要这一劳动是同资本相交换的；也可以是非生产劳动的结果，如果这一劳动只是同收入相交换。也就是说，资本主义生产劳动的结果，可以表现为一定的物质产品形式，如雇佣工人为资本家生产的机床产品；也可以表现为一定的非物质产品形式，如被开设剧院的资本家所雇佣的歌剧演员，他的演唱使剧院资本家获得利润，但这种生产劳动的结果并不表现为有形的物质产品。这是马克思阐述资本主义生产劳动理论时一直坚持的思想。

但是，在马克思时代，在整个资本主义生产中，表现为非物质产品的生产劳动的比重还是微不足道的，因此，可以完全置之不理。只是在这一既定前提下，我们才可以认为，生产工人即生产资本的工人的特点，是他们的劳动物化在商品中，物化在物质财富中。也仅仅是在这一限界内，才可以认为斯密提出的第二个定义是对他具有决定意义的第一定义的"补充"。

后来，马克思在写作《资本论》第一卷手稿时，除了对生产劳动和非生产劳动问题做了更为规范的论述外，还对这一问题作了两个重要的补充。

第一，关于资本主义总体工人的生产劳动的性质。在《1861～1863年经济学手稿》中，马克思就指出，在资本主义生产方式中，由于商品是由许多工人共同生产的，因此，从单纯的劳动过程的结果来看，商品就表现为劳动者的总体进行生产的结果。这时，只要这些总体工人的劳动都是同资本交换的，他们就都是雇佣劳动者，就都是在这个特定意义上的生产工人。在《资本论》第一卷手稿的最后一章《直接生产过程的结果》中，马克思进一步认为，随着特殊资本主义生产方式的发展，总劳动过程的实际执行者不再是单个工人，而是日益以社会规模结合起来的劳动能力，这里既包括体力劳动也包括脑力劳动。马克思认为："于是劳动能力的越来越多的职能被列在生产劳动的直接概念下，这些劳动能力的承担者也被列在生产工人的概念下，即直接被资本剥削的和从属于资本价值增殖过程与生产过程本身的工人的概念下。"① 在这里，"单个工人作为这个总体工人的单纯成员的职能距直接体力劳动是远还是近，那都完全没有关系。"② 马克思的这些论述表明，资本主义总体工人的劳动是否属于生产劳动，完全是由这一总体劳动本身是否为资本生产剩余价值，是否与资本相交换确定的；总体工人中单个工人劳动是否属于生产劳动，完全取决于总体工人劳动的性质。

第二，关于生产劳动一般和生产劳动特殊问题。马克思在论述了资本主义生产劳动性质时，十分注意区分生产劳动一般和生产劳动特殊（资本主义生产劳动）的性质。他在《1861～1863 年经济学手稿》中就已强调，资本主义生产意义上的生产劳动，同不存在任何资本，由工人自己占有自己的剩余劳动意义上的生产劳动，在性质上是完全不同的。在《直接生产过程的结果》中，马克思进一步指出："从单纯的一般劳动过程的观点出发，实现在产品中的劳动，更确切些说，实现在商品中的劳动，对我们表现为生产劳动。但从资本主义生产过程的观点出发，则要加上更切近的规定：生产劳动是直接使资本增殖价值的劳动或生产剩余价值的劳动。"③ 马克思关于资本主义经济关系特殊性质所决定的资本主义生产劳动和一般意义上的生产劳动的不同规定性。在这里得到更为明确的表述。

29.1　高赫对生产劳动与非生产劳动的分析

高赫（I. Gough）1972 年发表了《马克思的生产劳动与非生产劳动的理论》一文，④ 文章试图阐明马克思关于生产劳动与非生产劳动的理论。这一理论在《资本论》三卷中和马克思打算写作的历史批判性的《资本论》第四卷——《剩余价值理论》中有所论述。

高赫认为，阐明马克思的生产劳动和非生产劳动既是有用的，也是必要的，这主要是基于以下原因。首先，作为古典政治经济学中最可疑的遗产之一，它在马克思主义政治经济学中的重要意义引发了争论。结果，在有关马克思的政治经济学的大多数论著中，这一理论都未被置于主要地位，而且它与剩余价值这一基本概念之间的关系也未被给以充分的强调。高赫指出，如果对马克思来说，在他成熟的经济学著作中，本质问题是对资本主义制度下

---

① ② 《马克思恩格斯文集》第 8 卷，人民出版社 2009 年版，第 522 页。
③ 《马克思恩格斯文集》第 8 卷，人民出版社 2009 年版，第 520 页。
④ Ian Gough, Marx's Theory of Productive and Unproductive Labor. *New Left Review*, 1972, No. 76, pp. 47 – 72.

的剩余价值进行解释的话，那么，无论如何，把创造剩余价值的生产劳动和大多要靠剩余价值来支持的非生产劳动加以区别——这是一个关键性问题——都是必要的。其次，对马克思的生产劳动和非生产劳动理论进行分析之所以非常迫切，还因为一些马克思主义著述者（如巴兰），在关注垄断资本主义条件下的剩余的处置和吸收的过程中，对马克思的这一理论做了重新解释。最后一个原因是，人们越来越感觉到，生产劳动和非生产劳动的概念，通过对解释当代垄断资本主义的阶级结构的影响，可能产生深刻的政治含义。

考虑到上述意义，高赫把自己的文章分为三个部分（或者更确切地说是两个半部分，因为第三部分相当简单，并且不够充分）。首先，高赫试图准确地讲清楚马克思的术语中生产劳动与非生产劳动的含义，高赫采取了在必要时对马克思论述这一主题的著作进行概述和引证的办法。这样做时，高赫是按照马克思自己的分析步骤进行的：先从《资本论》第一卷的基本概念开始，这些概念在《剩余价值理论》第一分册中被加以发展和扩充；然后进入《资本论》第二卷和第三卷中因考虑到商业劳动而对上述基本概念所作的修改。在文章的第二部分，生产劳动和非生产劳动的概念被置于同马克思政治经济学中一些核心议题相联系的背景中被加以论述。高赫对由此所引起的他认为的疑问和模糊之处进行了分析，一方面他对在马克思那里这一概念的作用和地位与在亚当·斯密和古典政治经济学那里这一概念的作用和地位进行了比较；另一方面，也把马克思的论述同一些马克思主义著作的论述进行了比较。最后，文章对生产劳动和非生产劳动理论的政治含义作了一个简短的探讨。

29.1.1 马克思的生产性和非生产劳动概念

第一，生产使用价值的劳动。

马克思认为："只有把生产的资本主义形式当作生产的绝对形式，因而当作生产的永恒的自然形式的资产阶级狭隘眼界，才会把从资本的观点来看什么是生产劳动的问题，同一般说来哪一种劳动是生产的或什么是生产劳动的问题混为一谈，并且因此自作聪明地回答说，凡是生产某种东西、取得某种结果的劳动，都是生产劳动。"①

高赫指出，上述引文表明，对于马克思来说，生产劳动的概念是一个具

---

① 《马克思恩格斯全集》第 26 卷第 Ⅰ 册，人民出版社 1972 年版，第 422 页。

有历史特定性的概念。高赫认为，正是由于这个原因，有必要从一开始就把资本主义条件下的生产劳动与"生产劳动一般"区分开来。因此，高赫从马克思对生产劳动一般的分析开始讨论，马克思在《资本论》第一卷第一章中把"生产劳动一般"称为"有用劳动"。这种劳动——通过劳动过程生产使用价值——是人类存在的必要条件："每个商品的使用价值都包含着一定的有目的的生产活动，或有用劳动。……因此，劳动作为使用价值的创造者，作为有用劳动，是不以一切社会形式为转移的人类生存条件，是人和自然之间的物质变换即人类生活得以实现的永恒的自然必然性"①。因此，这种必不可少的条件对一切商品生产和一切资本主义生产来说，都是适用的。

高赫认为，在《资本论》第一卷的很多地方，马克思所使用的有用劳动这一术语，是指单从劳动过程来观察的劳动。为了把这种劳动与资本主义制度下的生产劳动区分清楚，高赫把一切产生使用价值的劳动称为"有用劳动"。这一区别对理解《资本论》第一卷的下述著名段落是有帮助的："随着劳动过程的协作性质本身的发展，生产劳动和它的承担者即生产工人的概念也就必然扩大。为了从事生产劳动，现在不一定要亲自动手；只要成为总体工人的一个器官，完成他所属的某一种职能就够了。上面从物质生产性质本身中得出的关于生产劳动的最初的定义，对于作为整体来看的总体工人始终是正确的。但是，对于总体工人的每一单个成员来说，它就不再适用了。"②

高赫认为，随着劳动分工的展开，单独一个人独立生产使用价值的情形越来越少见。因此，他不能再按原先的定义被称为有用的劳动者。然而，个人形成的总体的确能生产使用价值，因之确实进行了有用的劳动。

第二，生产剩余价值的劳动。

高赫指出，"资本主义生产方式所特有的生产劳动就是生产剩余价值的劳动"③。这一定义在《资本论》第一卷中有如下的表述："只有为资本家生产剩余价值或者为资本的自行增殖服务的工人，才是生产工人。……因此，生产工人的概念决不只包含活动和效果之间的关系，工人和劳动产品之间的关系，而且还包含一种特殊社会的、历史地产生的生产关系。这种生产

---

① 《马克思恩格斯文集》第 5 卷，人民出版社 2009 年版，第 55、56 页。
② 《马克思恩格斯文集》第 5 卷，人民出版社 2009 年版，第 582 页。
③ Ian Gough，Marx's Theory of Productive and Unproductive Labor. *New Left Review*，1972，No. 76，P. 50.

关系把工人变成资本增殖的直接手段。"①

高赫指出，马克思在《资本论》第一卷中对这个问题未有更多的讨论，而只是建议读者去参看"探讨经济学说史的第四卷"。在《剩余价值理论》第一分册中，有篇幅很长的一章讨论亚当·斯密及其追随者关于生产劳动与非生产劳动的见解。高赫特别指出在解释这些段落时须持谨慎态度，因为马克思通常采取的方法是对其他经济学家的见解进行的叙述与评论同时进行。高赫主要把《剩余价值理论》第一册的附录作为引用的主要材料来源。

高赫指出，马克思在十多处一再重述生产劳动的基本性质：

"只有直接转化为资本的劳动……才是生产的。"②

"从资本主义意义上来说，这种劳动就不是生产的，因为它不生产任何剩余价值。"③

"从资本主义生产的意义上说，生产劳动是这样一种雇佣劳动，它同资本的可变部分（花在工资上的那部分资本）相交换，不仅把这部分资本（也就是自己劳动能力的价值）再生产出来，而且，除此之外，还为资本家生产剩余价值。"④

高赫指出，这不能和使用货币单纯购买劳动服务混为一谈，劳动服务恰恰是非生产劳动的性质。高赫指出，马克思强调"第一种意义下的生产劳动"——即"有用"劳动，在正确的意义上，是第二种生产劳动的必要条件，但并不是充分条件。

"用来生产商品的劳动必须是有用劳动，必须生产某种使用价值……只有表现为商品，也就是表现为使用价值的劳动，才是同资本交换的劳动。这是不言而喻的前提。但是，不是劳动的这种具体性质，不是劳动的使用价值本身……不是这一点构成劳动对资本的特殊使用价值，不是这一点使劳动在资本主义生产体系中打上生产劳动的印记。"⑤

高赫指出，假如生产劳动是与资本交换的产生剩余价值的劳动，那么，非生产劳动入就是与收入交换的劳动："什么是非生产劳动，因此也绝对地确定下来了。那就是不同资本交换，而直接同收入即工资或利润交换的劳动（当然也包括同那些靠资本家的利润存在的不同项目，如利息和地租交换的

---

① 《马克思恩格斯文集》第 5 卷，人民出版社 2009 年版，第 582 页。
② 《马克思恩格斯全集》第 26 卷第 I 册，人民出版社 1972 年版，第 422 页。
③ 《马克思恩格斯全集》第 26 卷第 I 册，人民出版社 1972 年版，第 143 页。
④ 《马克思恩格斯全集》第 26 卷第 I 册，人民出版社 1972 年版，第 142 页。
⑤ 《马克思恩格斯全集》第 26 卷第 I 册，人民出版社 1972 年版，第 431 页。

劳动）。"①

高赫认为，在这里，马克思清楚地指的是李嘉图的总收入，也就是所说的收入。换言之，雇佣工人和资本家以及与之分享剩余价值的那些人一样可以购买非生产劳动："工人自己可以购买劳动，就是购买以服务形式提供的商品……工人作为买者，即作为同商品对立的货币的代表，同仅仅作为买者出现，即仅仅把货币换成商品形式的资本家，完全属于同一个范畴。"②

资本家以资本家的身份购买劳动力来创造剩余价值。资本家（或就这一点而言的工人）也可以以消费者的身份来购买劳动服务，以直接享用这种服务所提供的使用价值。前一种劳动是生产的，后者是非生产的。包括在非生产劳动范畴内的包括国家的一切雇员，他们的服务是用税收购买的，无论这种原始税收的支付是来源于工资或者来源于各种剩余价值范畴。

马克思强调了生产劳动和非生产劳动之间区别的重要意义："生产劳动不过是对劳动能力出现在资本主义生产过程中所具有的整个关系和方式的简称。但是，把生产劳动同其他种类的劳动区分开来是十分重要的，因为这种区分恰恰表现了那种作为整个资本主义生产方式以及资本本身的基础的劳动的形式规定性。……"③

高赫指出，生产劳动是资本主义的绝对必要条件，是表现为"劳动能力出现在资本主义生产过程中所具有的整个关系和方式"的一种范畴。

第三，生产物质商品的劳动。

《剩余价值理论》第一册第四章用大量篇幅证明：其一，斯密通过上述探讨过的方式正确地给生产劳动下了定义；其二，斯密把这个定义与另一个、不正确的区分混淆在一起。斯密又把生产劳动看作是"固定并且实现在特殊商品或可卖商品上，可以经历一些时候，不会随生随灭"。而劳务是非生产劳动，原因是由于"随生随灭，要把它的价值保存起来，供日后雇佣等量劳动之用，是很困难的。"④ 高赫指出，这样一来，第二种对生产劳动和非生产劳动的区分是以产品的物质性质为基础的，而不是建立在劳动中所体现出来的社会关系中的。高赫认为这一概念，是在许多追随亚当·斯密的经济学家当中造成极大混乱的根源，马克思在各个场合都猛烈反对这个论

---

① 《马克思恩格斯全集》第 26 卷第Ⅰ册，人民出版社 1972 年版，第 148 页。
② 《马克思恩格斯全集》第 26 卷第Ⅰ册，人民出版社 1972 年版，第 436 页。
③ 《马克思恩格斯全集》第 26 卷第Ⅰ册，人民出版社 1972 年版，第 426 页。
④ 亚当·斯密著，郭大力、王亚南译：《国民财富的性质和原因的研究》上册，商务印书馆 1983 年版，第 304 页。

点，如《资本论》第一卷中的一段："如果可以在物质生产领域以外举一个例子，那么，一个教员只有当他不仅训练孩子的头脑，而且还为校董的发财致富劳碌时，他才是生产工人。校董不把他的资本投入香肠工厂，而投入教育工厂，这并不使事情有任何改变。"①

马克思特别强调说："从上述一切可以看出，'生产劳动'是对劳动所下的同劳动的一定内容，同劳动的特殊效用或劳动所借以表现的特殊使用价值绝对没有任何直接关系的定义。同一种劳动可以是生产劳动，也可以是非生产劳动。"②

高赫指出，马克思确实注意到，实际上在亚当·斯密和他进行写作期间，在这两种概念之间有较多的重叠。当资本主义生产方式扩展开来的时候，它逐渐占领了物质生产领域，但是对非物质生产领域的冲击甚为轻微。这样一来，生产物质商品的劳动者常常是被资本家雇佣的生产劳动者；而提供服务的劳动者的报酬是由收入来支付的，他们是非生产劳动者。但是，这个概念上的区别绝不会因此而显得模糊不清："在考察资本主义生产的本质关系时，可以假定（因为资本主义生产越来越接近这个情况；因为这是过程的基本方向，而且只有在这种情况下，劳动生产力的发展才达到最高峰）整个商品世界，物质生产即物质财富生产的一切领域，都（在形式上或者实际上）从属于资本主义生产方式。……在这种情况下，可以认为，生产工人即生产资本的工人特点，是他们的劳动物化在商品中，物化在物质财富中。这样一来，生产劳动，除了它那个与劳动内容完全无关、不以劳动内容为转移的具有决定意义的特征之外，又得到了与这个特征不同的第二个定义，补充的定义。"③就服务本身来说，"在这里，资本主义生产方式也只是在很小的范围内能够应用，并且就事物的本性来说，只能在某些领域中应用……资本主义生产在这个领域中的所有这些表现，同整个生产比起来是微不足道的，因此可以完全置之不理。"④

虽然马克思在这里想到"表演艺术家、学说家、演员、教员、医生、牧师等等"，现在他们多被国家雇佣，其收入来源于国家税收，因此是非生产劳动者；高赫认为资本主义企业提供的服务事业的发展表明上述意见必须要有所保留。

---

① 《马克思恩格斯文集》第5卷，人民出版社2009年版，第582页。
② 《马克思恩格斯全集》第26卷第Ⅰ册，人民出版社1972年版，第432页。
③ 《马克思恩格斯全集》第26卷第Ⅰ册，人民出版社1972年版，第442页。
④ 《马克思恩格斯全集》第26卷第Ⅰ册，人民出版社1972年版，第433页。

第四，手工业者和农民的劳动。

马克思在这方面的简短论述所涉及的，是那些在资本主义社会内所有自我雇佣的人的劳动，虽然马克思所考虑的，只是那些为了销售目的而去生产物质商品而不是服务的人，马克思批判同时代人关于农民的分析，这种分析认为用自己资本进行工作的农民，同时是资本家，又是雇佣工人。"生产资料只有当它独立化，作为独立的力量来反对劳动的时候，才成为资本。而在我们所考察的场合，生产者——劳动者——是自己的生产资料的占有者、所有者。因此，这些生产资料不是资本，而劳动者也不是作为雇佣工人同这些生产资料相对立。"①

所以，独立的手工业者或农民不是生产劳动者；而且也不是以其劳动直接与收入交换的非生产劳动者："在这种场合，他们是作为商品的卖者，而不是作为劳动的卖者同我发生一定的关系，所以，这种关系与资本和劳动之间的交换毫无共同之处，因此，在这里也就用不上生产劳动和非生产劳动的区分——这种区分的基础在于，劳动是同作为货币的货币相交换，还是同作为资本的货币相交换。因此，农民和手工业者虽然也是商品生产者，却既不属于生产劳动者的范畴，又不属于非生产劳动者的范畴。但是，他们是自己的生产不从属于资本主义生产方式的商品生产者。"②

换言之，资本主义生产方式之外的劳动是不能用马克思关于生产劳动和非生产劳动的区别来加以分析的；它既不是生产劳动，也不是非生产劳动，而是第三种劳动的范畴。"这是与马克思的从资本主义生产的观点来分析生产劳动与非生产劳动的目的相符合的"。③

第五，总体劳动。

高赫进一步探讨了马克思对于生产过程中的"总体劳动者"和"边缘"群体（如运输工人）的分析。马克思指出，在资本主义生产下，逐渐扩大的劳动分工对于许多工人来说，意味着："随着这种生产方式的发展，这些或那些工人的劳动同生产对象之间直接存在的关系，自然是各种各样的。例如，前面提到过的那些工厂小工，同原料的加工毫无直接关系；监督直接进行原料加工的工人的那些监工，就更远一步；工程师又有另一种关系，他主

---

① 《马克思恩格斯全集》第 26 卷第 I 册，人民出版社 1972 年版，第 440 页。
② 《马克思恩格斯全集》第 26 卷第 I 册，人民出版社 1972 年版，第 439 页。
③ Ian Gough，Marx's Theory of Productive and Unproductive Labor. *New Left Review*，1972，No. 76，P. 54.

要只是从事脑力劳动，如此等等。"①

可是，他们全都是生产劳动者，因为（1）他们集体地生产使用价值——他们全都是"总体劳动者的器官"；（2）他们都是个别地用自己的劳动同资本交换的雇佣劳动者。

"但是，所有这些具有不同价值的劳动能力（虽然使用的劳动量大致是在同一水平上）的劳动者的总体进行生产的结果——从单纯的劳动过程的结果来看——表现为商品或一个物质产品。所有这些劳动者合在一起，作为一个生产集体，是生产这种产品的活机器，就像从整个生产过程来看，他们用自己的劳动同资本交换。"②

高赫提出一个问题，即什么程度上的直接才算是"直接"。他认为马克思对这一点始终做着广义的解释："自然，所有以这种或那种方式参加商品生产的人，从真正的工人到（有别于资本家的）经理、工程师，都属于生产劳动者的范围。"③

高赫认为，这就是预示着，要把大批的科学家、技术专家、技师和工程师，加上大部分管理人员，以及白领工人都包括到生产劳动者范围之内。

除了采掘工业、农业和加工工业以外，马克思认为运输业是"第四个物质生产领域"④，因此，"在这里，生产劳动对资本家的关系，也就是说，雇佣工人对资本家的关系，同其他物质生产领域是完全一样的。"⑤ 这一论点背后的推理是完全一致的：运输改变商品的使用价值——因此，劳动是有用的劳动："产品总量不会因运输而增大。产品的自然属性因运输而引起的变化，除了若干例外，不是预期的效用，而是一种不可避免的祸害。但是，物品的使用价值只是在物品的消费中实现，而物品的消费可以使物品的位置变化成为必要，从而使运输业的追加生产过程成为必要。"⑥

"商品，确实发生了某种变化。它的位置改变了，从而它的使用价值也起了变化，因为这个使用价值的位置改变了。"⑦ 高赫认为，马克思对运输业工人的分析，既证实了到此为止所得出的生产劳动的概念（如生产使用价值及剩余价值），又有助于理解"使用价值"这个术语。

第六，在流通过程中雇佣的劳动。

---

① 《马克思恩格斯全集》第26卷第Ⅰ册，人民出版社1972年版，第443页。
② 《马克思恩格斯全集》第26卷第Ⅰ册，人民出版社1972年版，第443～444页。
③ 《马克思恩格斯全集》第26卷第Ⅰ册，人民出版社1972年版，第147页。
④⑤ 《马克思恩格斯全集》第26卷第Ⅰ册，人民出版社1972年版，第444页。
⑥ 《马克思恩格斯文集》第6卷，人民出版社2009年版，第167、168页。
⑦ 《马克思恩格斯全集》第26卷第Ⅰ册，人民出版社1972年版，第445页。

在《剩余价值理论》第一册中，马克思写道："我们在这里研究的还只是生产资本，就是说，还只是用于直接生产过程中的资本。后面我们还要谈到流通过程中的资本。只有到后面研究资本作为商业资本所采取的特殊形式时，才能答复这样的问题：商业资本所雇用的工人在什么范围内是生产的，在什么范围内是非生产的。"①

高赫认为讨论的议题要转到《资本论》第二卷、第三卷的有关段落，从《资本论》第三卷探讨"纯粹"商人资本开始。有关商业资本的探讨是："……撇开可以和它结合在一起的一切异质的职能，如保管、发送、运输、分类、分装等，只说它的真正的为卖而买的职能"②。

"在这里，我们把那些会在流通行为中继续进行的并且可以和商人业务完全分开的生产过程撇开不说。正像例如真正的运输业和发送业事实上可以是而且是和商业完全不同的产业部门一样。"③

专用于买和卖以及其有关业务的商人资本是在流通范围内发生功能的资本，因此，就不创造剩余价值。"资本在流通领域内的纯粹职能，……，也就是卖和买的行为，——既不生产价值，也不生产剩余价值。"④"商人资本不外是在流通领域内执行职能的资本。流通过程是总再生产过程的一个阶段。但是在流通过程中，任何价值也没有生产出来，因而任何剩余价值也没有生产出来。在这个过程中，只是同一价值量发生了形式变化。事实上不过是发生了商品的形态变化，这种形态变化本身同价值创造或价值变化毫无关系。"⑤

假使这些功能变成单独一群商业资本家所特别关切的事，他们自己雇佣工资劳动者，这个分析也绝不会有所改变。"如果商品的卖和买，……，是由产业资本家自己进行的、不创造价值或剩余价值的活动，那么它们也不可能因为不是由产业资本家而是由另一些人进行，就成为创造价值和剩余价值的活动。"⑥

因此，所得出的重要结论就是商业工人是非生产劳动者，尽管他们有着与生产过程中的工人一样的性质——主要表现在他们由于必须提供得不到报酬的劳动而同样是被剥削的这一事实。前面给生产劳动所下的定义的范围已

---

①　《马克思恩格斯全集》第 26 卷第 I 册，人民出版社 1972 年版，第 445 页。
②　《马克思恩格斯文集》第 7 卷，人民出版社 2009 年版，第 314 页。
③　《马克思恩格斯文集》第 7 卷，人民出版社 2009 年版，第 321~322 页。
④⑥　《马克思恩格斯文集》第 7 卷，人民出版社 2009 年版，第 313 页。
⑤　《马克思恩格斯文集》第 7 卷，人民出版社 2009 年版，第 311 页。

经从用资本交换的一切劳动缩小到同用生产资本交换的劳动上来了。同时，非生产劳动的定义却已扩大到把流通过程中的雇佣劳动都包括进去了。

高赫提出了一个问题：什么恰好就是生产与流通或实现之间的区别呢？高赫认为："在垄断资本主义条件下，随着销售努力不断渗透到生产过程中去，这个问题就有了更加重要的意义"①。高赫认为，上面的问题的答案可以从《资本论》第三卷以及第二卷中马克思对流通费用的较早的分析中去寻找。关键性的区别是一般生产所必须的那些活动及商品生产所特有的那些活动之间的区别。历史上的商品形式（包括资本主义生产）所特有的劳动是非生产劳动："如果商品经营资本和货币经营资本同谷物栽培业的区别，不过像谷物栽培业同畜牧业和制造业的区别一样，那就很清楚，生产和资本主义生产也就完全是一回事了……"②。

庸俗经济学家力图进行辩护的是："要把那些首先以商品流通，从而以货币流通为基础的资本主义生产方式的特有形式所产生的商品资本形式和货币资本形式，从而商品经营资本形式和货币经营资本形式，说成是生产过程本身必然产生的形态。"③

高赫认为，整段文意表明，有必要在这些费用中区别由于社会生产的一般性质而引起的那些费用（即储存与分配商品的必要性）和单纯由于商品形式引起的那些费用："不管产品储备的社会形式如何，保管这种储备，总是需要费用：需要有贮存产品的建筑物、容器等等；还要根据产品的性质，耗费或多或少的生产资料和劳动，以便防止各种有害的影响。储备越是社会地集中，这些费用相对地就越少。这些支出，总是构成对象化形式或活的形式的社会劳动的一部分，……现在要问，这些费用在多大程度上加入商品价值。……因此，如果储备的形成就是流通的停滞，由此引起的费用就不会把价值加到商品上。"④

因此，在储存费用内，必须区分那些完全由商品形式发生的费用与那些在任何生产方式下所需的费用。由于前一种理由所雇佣的劳动并不增加价值与剩余价值，因此，是非生产劳动。但是，当"商品储存不外就是产品储存的商品形式"的时候，也就是说，当储存和分配有必要作为一般劳动过程的一部分时，那么，所有的劳动，就增加商品的价值而言，这时就是生产

① Ian Gough, Marx's Theory of Productive and Unproductive Labor. *New Left Review*, 1972, No. 76, pp. 56 – 57.
②③ 《马克思恩格斯文集》第7卷，人民出版社2009年版，第361页。
④ 《马克思恩格斯文集》第6卷，人民出版社2009年版，第162～163页。

劳动。

高赫指出，马克思辨别了生产性的监督劳动与非生产性的监督劳动，但是这里非生产劳动扩大到包括以剥削为基础的所有阶级社会所特有的劳动。"凡是直接生产过程具有社会结合过程的形态，而不是表现为独立生产者的孤立劳动的地方，都必然会产生监督和指挥的劳动。不过它具有二重性。一方面，凡是有许多个人进行协作的劳动，过程的联系和统一都必然要表现在一个指挥的意志上，……。这是一种生产劳动，是每一种结合的生产方式中必须进行的劳动"①。其余的管理劳动和监督劳动都是非生产性的。高赫认为上述引文清楚地显示出马克思把生产劳动与非生产劳动的分析体现在了广阔的历史范围中。

第七，生产"非必需"商品的劳动。

高赫指出，马克思解释说，生产性的标准绝不依靠任何实际的劳动内容的"必要性"或"社会有用性"的观念。当马克思详尽阐述这些问题的时候，他对不同的历史时期以及对每一历史时期所必需的劳动都加以区别。这样一来，某些功能在以阶级矛盾为基础的任何社会里看起来都是"必需品"。在变到"大量的所谓'高级'工作人员——如国家官吏、军人"等等的时候，马克思评论说："这种继承下来的所有这些在某种程度上完全非生产的阶级的社会结合的必要性，就是由资产阶级自己的组织中产生出来的。"②

为了商品生产的起作用，流通领域的工人是必要的，例如买和卖的代理商，间接地有助于生产；专门致力于满足人类需要的其他非生产劳动，将随着共产主义的发展而扩大，例如教员和医生的职业。但是这种劳动的必要性或内在的有用性绝不可与生产劳动混为一谈。

高赫指出，马克思强烈地避免从历史的角度来确定劳动的最终产物的有用性，从而确定劳动本身的生产性。但是，这是不是和劳动的一种特殊形式的历史必然性精确地决定了劳动是不是生产性的这个分析相矛盾呢？高赫指出，从理论上说，答案是否定的。人们必须区分：什么是生产最终使用价值（不管它是消费货物、武器或者是社会服务）所必需的劳动，什么是用来生产"必需的"使用价值的劳动。马克思的理论认为，前者只是和生产特定有用效果（在特定的生产力水平上）在技术上所需要的劳动有关，而不管

---

① 《马克思恩格斯文集》第 7 卷，人民出版社 2009 年版，第 431 页。
② 《马克思恩格斯全集》第 26 卷第 I 册，人民出版社 1972 年版，第 168 页。

对这种特殊使用价值的需求是如何产生的。从这个意义上讲，就马克思而言，任何有需求的东西都有使用价值。这样一来，就要采用一种历史观点把对于生产一般所共有的劳动和完全由于商品形式所产生的劳动区分开来，但这样不要求去过问所生产的商品本身的性质。

高赫的结论是，"生产劳动是经过同资本交换产生剩余价值的劳动。作为一个必要条件的是，它必须是有用的劳动，必须生产或改变（日益采用集体方式）一种使用价值；就是说，必须在生产过程中使用它。在纯流通过程中的劳动并不产生使用价值，因而不会增加价值或剩余价值。它不能增加使用价值的生产，因为它是专门伴随商品生产而来的，是从商品价值的实现问题中产生的。和这一批非生产劳动者并列的是直接由收入支持的所有工作者，包括仆从或政府雇佣人员。然而这批人与生产使用价值的流通领域的工人不同，他们不生产使用价值——今天属于这一范畴的包括全体公立学校教师、医生等"[①]。

表29－1可使两组非生产性工人一目了然。

表 29－1	两组非生产性工人对比表	
	生产使用价值的劳动	不生产使用价值的劳动
生产剩余价值的劳动	工业、农业、分配与服务行业的生产工人	—
不生产剩余价值的劳动	非生产性工人：一切政府雇员、家庭仆役等	"纯"流通工人：售货员、广告工人等，以及"非必要的"监督工人

29.1.2 生产与非生产劳动观念在马克思主义政治经济学中的地位

在阐述了马克思的生产性与非生产劳动概念的本质与内容之后，高赫开始转而考虑这一观念在马克思主义政治经济学与古典政治经济学体系中的作用问题。

第一，剥削问题。

高赫认为，马克思的成熟的经济学著作的中心意图，在于用剩余价值概念解释资本主义剥削。因而他的生产劳动的概念便是朝这一目的发展的——

---

① Ian Gough，Marx's Theory of Productive and Unproductive Labor. *New Left Review*，1972，No. 76，P. 60.

它详细说明了只是在资本主义制度下生产剩余价值的劳动。由于生产劳动与非生产劳动这种术语，对马克思说来，都是历史范畴，概念的价值或效用是由时代所特有的问题所决定的。随着产业资本的兴起，这个问题已经是剩余的创造，而不是剩余在世界范围内的再分配了，而是这种创造采取价值的形式。剩余价值既然是以劳动过程中生产使用价值为前提的，那它就和劳动价值理论密不可分。高赫指出，罗宾逊夫人很想把马克思对某些种类工人的历史必要性的分析，同马克思对价值与剩余价值生产的分析分离来。但是，对此她只能提一提而已，因为她拒绝（或曾经一度拒绝过）劳动价值的理论基础。高赫指出，"正是这一理论沟通了商品中体现的社会劳动量与商品的价值之间的联系，沟通了使用价值的生产（即作为人类社会必要基础的有用劳动）与剩余价值的生产之间的联系"。[①]

高赫认为，"上述马克思的生产与非生产劳动的概念表明它们是同马克思的基本理论范畴紧密联系的：抛弃这个概念必将使他的这些理论范畴大成问题"。[②] 不过，高赫认为这一概念有可能以不同方式加以修改。他指出，人们想修改政治经济学的这一概念或任何其他概念的理由大致有三点：

首先，从马克思著书立说以来，实际情况已发生了巨大的变化，新问题已经出现，或者当时存在过的现象，其重要性已发生质变（尽管生产方式依然是资本主义的）。在过去百年间，有三种值得注意的趋势对生产劳动和非生产劳动的讨论产生了影响：（1）国家支出的增长，其中有一些（如健康和教育方面的支出）现在是实际工资的重要组成部分，因此可以归入可变资本再生产的范畴；（2）商业工人与分配领域的工人的增长，包括广告与销售主管、财务顾问等；（3）用来满足消费者需要的，可能被认为是"不必要的"或"可有可无的"产品的增长。这类产品或许是资本家企业和它们的销售部门有意制造的，也许是资本主义社会上起作用的闲散力量形成的。高赫认为马克思自己对资本主义的这些发展趋势非常了解。

其次，部分程度上出于对现实变化的反应，政治经济学的分析对象可能会发生转变，因此理论便被用来解答不同的问题。今天许多马克思主义经济学家，已把注意力从马克思试图对资本主义制度下剩余价值所作的解释转向集中分析垄断资本条件下剩余的处置上了，这进而导致了一方面对积累和增长的分析，另一方面对资本主义浪费的分析。

---

①② Ian Gough, Marx's Theory of Productive and Unproductive Labor. *New Left Review*, 1972, No. 76, P. 61.

最后，这两个因素——经济和社会现实的变化与经济理论目标的转移——又转而显示出马克思的最初表述有意义含混之处（先前是隐而未显的）。高赫指出，马克思的生产劳动与非生产劳动理论的主要含混不清之处即："一方面运用历史视角去辨认生产某一特定使用价值的劳动的必要性，另一方面又竭力否认运用这一视角去确定最终的'使用价值'自身的'必要性'"。① 在马克思看来，劳动的生产性取决于前者，而非取决于后者。以上所述三种趋势中的每一种趋势对于这一微妙的区别都赋予了新的内涵。

国家生产性企业——国有化产业——的增长提出了一些问题。在这些企业工人像私人部门一样具有生产性。至于其他政府活动，马克思意识到，其中既包括有用的、历史地必要的职能，也包括由于资本主义社会的阶级性质而产生的职能。"政府的监督劳动和全面干涉包括两方面：既包括由一切社会的性质产生的各种公共事务的执行，又包括由政府同人民大众相对立而产生的各种特有的职能。"② 高赫认为，在这种情况下，这一区分对生产劳动和非生产劳动的讨论没有任何意义，因为政府雇佣的一切劳动（除生产性企业外）都是同财政收入进行交换的，因而是非生产性的。

如果采用第二种区分不同政府支出的模式，即以马克思在《资本论》第二卷中分析再生产时所发展的奢侈品的概念为基础，情况就不同了。在马克思看来，奢侈品只会加入资本家阶级的消费中去，因而它不再作为可变资本和不变资本重新进入再生产循环中，这和生产必需品或生产资料是不同的。高赫认为，这可能是对现代国家支出进行分类的一种有效的方式。根据上述定义，武器和军事服务一般说来属于奢侈品。可是，另一方面，社会服务领域有所扩大，它给实际工资提供了日益增长的组成部分。这样，政府直接提供了构成劳动力价值的部分产品，这部分产品作为可变资本的要素直接参与再生产循环。高赫在后文对这一点是否同马克思的生产劳动概念相冲突进行了分析。

分销成本和商业中间阶级等的增长，给马克思关于生产与流通过程之间的区分带来了压力，从而也对生产劳动与非生产劳动的区分带来了挑战。斯威齐、巴兰等人曾试图不仅把销售员、广告业务员等的增长，也把分销与生

---

① Ian Gough, Marx's Theory of Productive and Unproductive Labor. *New Left Review*, 1972, No. 76, P. 62.

② 《马克思恩格斯文集》第 7 卷，人民出版社 2009 年版，第 431～432 页。

产领域日益增长的工人人数纳入马克思最初的图式中去。在垄断资本主义制度下，当前的分销成本中的一部分是"不必要的"。这里说的必要性的标准，是竞争条件下可能存在的标准——这是一种非马克思主义的研究方法。后来，巴兰和斯威齐把非生产工人的概念进一步扩大，包括事实上参与实现但在生产过程范围内从事工作的工人，例如受雇用从事重新设计、包装等的工人。与此同时，他们把"有用性"或"必要性"的标准改换成"能够在更合理的经济秩序下生产的产出结构"①。这种对比不再是回到和以往的竞争性资本主义时代的对比，而是要前进到和未来的社会（或共产主义）时代的对比。高赫认为，这看起来像是在有成效地推广马克思关于商业工人的历史分析和批判。

高赫认为，巴兰和斯威齐在考虑到变化的经济结构而重新解释马克思的分析时，也凸显了上面提到的含混之处。在对生产特定的使用价值所必要的劳动的批判和对使用价值本身的必要性的批判之间划分界限变得更加困难了。高赫认为，"假如马克思面临着现代的生产规模和生产构成，他会把一系列的新活动纳入非生产劳动的标题之下"②。

第二，积累问题。

斯密认为，生产劳动与积累有着密切联系。因此，用于仆人或国家官员或军队的那些来源于收入的费用越小，用于生产劳动的就越大，同时资本积累率也就越高。与这个斯密的理论概念核心相联系的，在生产劳动和非生产劳动之间，还有其他两个明显特征，它们在逻辑上看既是由于所使用的经济模型，在历史上看又是由于他从事写作的时代造成的。首先，正如马克思所提到并批判的那样，生产劳动者生产可贮藏的商品，非生产劳动者提供短暂的服务；其次，与此相关的是暗含着对必需品和奢侈品生产的区分。因此，在斯密的政治经济学中，生产劳动的概念指的是用生产物质商品和必需品的手段来增加价值的劳动。

吉尔曼、莫里斯和布莱克在他们对斯密生产劳动概念进行的较为重要的重新解释中，上述特征所指的是生产不变资本或可变资本的劳动，而不是与此相反的生产奢侈品的劳动，因为奢侈品在再生产周期中属于非生产性消耗。现在许多"劳务"在可变资本与不变资本的再生产中是重要的。同样

---

① P. Baran and P. Sweezy, *Monoly Capital*, London, 1968, P. 141.

② Ian Gough, Marx's Theory of Productive and Unproductive Labor. *New Left Review*, 1972, No. 76, P. 64.

的，检验是否是必需品不是看产品有没有社会有用性，而是要看与"资本的消费与积累的关系"。这种阐述注意到马克思对斯密理论中"物质标准"的批判，同时也保留了斯密理论的本质核心——对有助于资本积累的劳动的辨别。高赫认为，这样马克思关于生产劳动者的范畴就变得更加狭义了，从生产剩余价值的一切工人缩小到在"第一和第二部类"中生产剩余价值的一切工人。

但是，高赫认为，马克思从来没有把三部类分析与他对生产劳动和非生产劳动的分析联系起来。马克思坚决主张，生产使用价值和剩余价值的工人是生产劳动者。为了解释资本主义条件下的剩余价值，在工人之间区分谁是生产生产资料的，谁是生产生活资料的，谁是生产奢侈品的，根本没有什么重要意义。这意味着"不可把'为了增长的政治经济学'所需要的生产劳动与非生产劳动的标准与由于'剥削理论所需要的各种标准'混为一谈"①。高赫认为，假如马克思面临着奢侈品生产的增长，那么他将会坚持原先的定义，即生产劳动确实应当包括奢侈品的生产，按照马克思给自己确定的理论任务，这是生产劳动合乎逻辑的唯一解释。

第三，浪费问题。

高赫指出，巴兰根据必要性或社会有用性明确地探讨和重新解释了马克思的概念。非生产劳动是"由一切生产商品和服务的劳动组成的，对它们的需求是由于资本主义制度的特殊条件和关系，但它们在合理的、有秩序的社会里是不存在的。"②

这里，巴兰把马克思用来区分流通过程中的工人与生产工人的历史观点，用于对所有工人进行分类，而不管他们是否生产"使用价值"。高赫指出，因此，它一方面代表着对马克思的分析方式合乎逻辑的扩展，以便把发生在垄断资本主义条件下的产品的"浪费"与"畸形"考虑进来。但是，另一方面，它同新斯密学派一样由于把生产劳动的概念与剩余价值的概念分离开来，便从根本上与马克思的观点背道而驰。

巴兰的标准在于从"一个更加合理的有秩序的社会"的观点来看待工人的必要性。高赫提出了一个问题，在马克思的著作里这种分析方式有无理论上的先例呢？他认为是有的。根据马克思的观点，需要是社会决定的，因

---

① Ian Gough, Marx's Theory of Productive and Unproductive Labor. *New Left Review*, 1972, No. 76, P. 66.

② P. Baran, *The Political of Growth*, London, 1957. P. 32.

而，在资本主义时代，需要是由资本主义生产方式形成的。马克思对资本主义生产方式形成新的需要的批判，主要是从资本主义"传播文明的使命"出发的，并不包含从未来共产主义社会的观点上对创造出来的需要的批判。

马克思对于这类需要在早期的著作里进行过明确的谴责，"产品和需要的范围的扩大，要机敏地而且总是精打细算地屈从于非人的、精致的、非自然的和幻想出来的欲望。"①

高赫指出，人们仍在争论马克思后来在成熟的著作中是放弃了还是吸收了这个至关重要的观点。曼德尔认为，马克思始终关注他所经历的历史现实的两个互相矛盾的方面，在这个问题上，这两方面是指：在创造人的需要的全面发展中资本主义的积极作用，以及歪曲需要使之浅薄无聊的消极作用。

高赫认为，马克思没有用这一论点来确定非生产劳动。因为，首先，他并不认为这一点同他利用这个概念的唯一目的——创造剩余价值有相关之处。另一方面，很可能马克思那里并不存在这个问题，因为他把无聊的、奢侈品之类的生产与被资本家、地主和消费阶级所直接雇佣的非生产劳动等量齐观。高赫认为，既然是这样，根据巴兰的线索，按照正在变化中的客观条件对马克思的概念重新加以解释，是行得通的。但这样又会引起一大堆关于劳动价值论的唯物主义基础的问题，高赫指出，对这些问题的讨论超出了他当前的文章讨论的范围。

29.1.3 生产与非生产劳动的政治含义

高赫指出，关于生产劳动与非生产劳动的马克思主义区分的政治含义，存在着两种极端的见解。"第一种见解认为，生产工人就是工人阶级，从而，从这些经济范畴里演绎出资本主义社会政治上的阶级结构；第二种见解则否认这二者之间有任何理论上的或实际的联系。这两种观点都声称可以从马克思的著作中有关这个问题的论述上找到支持证据"②。

高赫指出，要想否定任何单纯地把无产阶级与生产工人等同起来的这一看法，只要重温一下《资本论》里马克思对商业工人的分析就行了。这里，马克思清楚地指出，商业雇工与生产工人有共同之处：（1）商业雇工的劳动是与资本交换的，尽管是在流通范围之内的资本；（2）因而，

---

① 《马克思恩格斯文集》第1卷，人民出版社2009年版，第224页。
② Ian Gough, Marx's Theory of Productive and Unproductive Labor. *New Left Review*, 1972, No. 76, P. 69.

他们提供剩余劳动，在这种意义上说，他们工作的一部分是无酬劳动；
（3）商业工人的工资同样地和生产工人的工资一样，是由他们那种劳动
力的生产费用决定的。另外，马克思至少有一次特别地使用了"商业无产
阶级"的术语。

　　然而，在别处还可以找到另一个与此相矛盾的政治和阶级分析的萌芽。
在《剩余价值理论》第二册里，马克思谈到中等阶级的发展，说它是由生
产劳动继续增长的生产力所供养的；随后他提到前一阶级的客观利益在于剥
削后一阶级。在马克思的分析中，新中间阶级的政治立场十分明显地与它在
资本主义生产方式中的客观经济状况有关。斯威齐对此作了发挥，他认为除
了享受一个主观上越来越把他们和资本家、土地所有者的统治密切联系在一
起的生活水平以外，还有一个客观的联结把新中间阶级与统治阶级的命运联
系起来。斯威齐认为，由于上述双重理由，新中间阶级趋于把社会的、政治
的支持提供给资本家而不是工人。高赫认为，斯威齐心目中这里想到的既是
"必要的"又是"非必要的"非生产工人——既有教师、自由职业者等等，
又有售货员、广告代理人和许多其他分销领域的从业人员。但是，他是否把
大量收入菲薄的商业雇工包括进去，尚不清楚。高赫指出，如果这些人不包
括在内的话，那么根据马克思的探讨"在经济作用、阶级地位和政治觉悟
之间的任何单纯的相互关联也都消失了"①。

　　高赫认为，政治分析要想有成果的话，就必须超出上面所假设的互相矛
盾的理论范围。现代阶段出现了两个问题。第一，在资本主义社会里，尽管
其他种类的雇佣劳动也具有和他们相同的特征，但是生产工人由于他们在生
产过程中的客观情况，他们是否是唯一的潜在的革命群体呢？第二，在非生
产工人的内部，例如以那些仅对资本主义社会有作用的人们为一方同在社会
主义生产方式下预期对他们的需要将要扩大的那些人为另一方之间，是否有
政治态度上潜在的分歧呢？

　　高赫认为，对第一个问题的回答，很明显的是白领工人和商业工人同生
产工人一样日益显示出工会化的趋势和政治斗争性。这正如马克思很早以前
就预言的，这种政治觉悟的传播是由于劳动大军日益无产阶级化带来的。
"在这个范围内，他划分生产工人和非生产工人之间的界限作为他们政治态
度的来源是不恰当的"②。曼德尔曾强调指出，无产阶级作为革命的主体，

①② Ian Gough, Marx's Theory of Productive and Unproductive Labor. *New Left Review*, 1972, No. 76, P. 71.

要求超出一般雇佣劳动与资本家彼此对立的常情之外。曼德尔说马克思与恩格斯在他们后期的分析中"赋予无产阶级在社会主义来临中以关键作用并不是因为他们受的苦多，而是因为他们在生产过程当中所具有的地位"①。曼德尔在对这个问题进行分析时，吸收了生产劳动和非生产劳动的理论，他说："大规模重新吸收知识分子劳动者参与到生产过程中去……对于科学知识的广泛阶层来说创造了先决条件，以便使他们重获他们很早就失去了的异化意识，这种意识的丧失是由于他们脱离了直接生产剩余价值的过程并转化成为直接或间接消费剩余价值的人……这就是物质基础……使得有可能把数目日益增多的科学技术人员卷入到革命运动中来"②。

在曼德尔的分析中，在生产过程中受雇用，从而进入剩余价值的创造，这就使这一批工作人员可能成为革命的。这首先源于异化的共同体验，曼德尔认为只有工人才有这种体验；其次源于科学家和技术人员在生产过程中的关键作用。他们的作用和在流通范围内的非生产工作者相反，他们对于发展无产阶级意识的消极影响是"长期的、不间断的"。但是这种区分并不是严格不变的。曼德尔不时地似乎是附和巴兰关于非生产劳动的意见，即把教员、科学家和技术人员归入第一类，把新闻记者和其他创造意识的工资劳动者归入第二类，即非革命的范畴内。那么，这个标准就是介乎一种劳动（由于资本主义生产的特殊条件而产生对它的需求）和另一种劳动（在社会主义制度中会发展扩大的劳动）之间。保证资本主义继续存在对前一种工作人员有"客观利益"；而后者则不是这样，因而后者可能成为革命运动的一个补充力量。

高赫指出，上述推理方式看起来是富有成效的，但是也有其危险之处。首先是有经济简化论（economic reductionism）的危险，其次，它未能把各类工人的经济情况同资本主义社会的其他矛盾联系起来。高赫认为，可以断言的是，因为他们既有异化的体验，又有在生产过程中的客观情况，大批生产工人的参与对社会主义革命的成功是非常必要的。

---

① E. Mandel, *The Formation of the Economic Thought of Karl Marx*, London 1971, P. 23.
② E. Mandel, *The Leninist Theory of Organisation*, London 1971, P. 15.

29.2　里德比特论马克思生产性和
非生产性劳动范畴的一致性

1985 年，里德比特（D. Leadbeater）发表在《政治经济学史》上的文章《马克思生产和非生产劳动范畴的一致性》① 一文，对有关批评马克思的生产劳动和非生产劳动的观点作了回应，指出了马克思的生产和非生产劳动区分的理论意义。

里德比特指出，在当前流行的许多关于经济政策方向的讨论和报告中，尤其是当涉及国家的适当角色时，通常会出现"生产性工作"、"生产性投资"、"生产性经济活动"等短语。但是，"这些短语的精确含义通常是不清晰和不连贯的"②。有时候"生产性"是相对于政府或者公共工作、投资或者活动，这个时候生产性大致等同于"私人部门"。有时候它们又等同于以市场为基础的工作、投资或活动（从而可能包括政府拥有的设施或类似的公共企业）。有时候它又简单地意味着有利可图和生产出实实在在的产品。有时候，它传递的是社会有用的观念，从而可能排除了（比如）军事工作、投资和活动，但是包括教育和住房等工作、投资和活动。里德比特指出，"一般说来，今天如何使用或者说是否使用'生产性'这个术语，并不只是退回到早期关于这个术语的争论，隐藏在这个术语的应用背后的理论问题在许多领域（比如，从国家会计原则到经济发展理论的宏观经济分析和政策等）有着重要的意义"③。

里德比特指出，认识和定义生产性和非生产性劳动范畴的真实含义，是一个需要回到古典政治经济学时代的有争议的问题。大量的关于这两个术语的争论和大量的二手文献围绕着马克思对这个问题的分析展开。而大量论述这个问题的英文文献主要是对马克思的范畴的批判，比较典型的如亨特的文章。亨特的文章综述了围绕马克思的范畴引发的几个主要争论。里德比特的文章主要是"与各种批判文章相反，力图找出更加精确的关键文本和逻辑问题，从而证明马克思的范畴在理解资本积累上不仅是连贯一致的，而且是

---

① D. Leadbeater, The consistency of Marx's categories of productive and unproductive labour, *History of Political Economy*, Vol. 17, No. 4, 1985, pp. 591 – 618.

②③ D. Leadbeater, The consistency of Marx's categories of productive and unproductive labour, *History of Political Economy*, Vol. 17, No. 4, 1985, pp. 591 – 618. In *Karl Marx's Economics: Critical Assessments*, Edited by Cunningham Wood, Volume VI, P. 272.

有用的"①。

29.2.1 马克思对生产劳动和非生产劳动的定义

里德比特认为，马克思对生产劳动的定义可以被《资本论》和《剩余价值理论》中的许多段落所证明。"只有为资本家生产剩余价值或者为资本的自行增殖服务的工人，才是生产工人"②。里德比特指出，许多学者，包括亨特都赞同这是马克思的"基本定义"③，然而，除了这种共识之外，围绕对这个基本定义的解释和应用出现了各种各样的争论。里德比特认为，概括地看，可以确定出四种类型的劳动，这种分类划定了在分析马克思的范畴时最具争议性的问题领域。"体力和脑力劳动，生产奢侈品的劳动，生产商品和服务的劳动，生产领域的劳动和流通领域的劳动"④。里德比特提出，在他的分析中，除非特别说明，劳动这个术语可以和雇佣劳动互换，从而文章中分析的不是劳动一般，而是资本主义体系中的雇佣劳动。

一开始，里德比特就提出，"必须在劳动同资本的交换与和劳动同收入（主要是工资、利润、利息、租金和税收）的交换做出区分"⑤。后者包括资本家用利润、地主用地租、资本主义国家用税收和使用费，以及不那么典型的，工人用工资雇佣的劳动的直接使用（不是为了创造利润和剩余价值）。也包括非盈利（慈善）文化和体育组织、教会、捐赠基金等的劳动雇佣。他们的收入主要来自捐赠、政府授予等。所有这些劳动都是非生产劳动。另一方面，只有同资本相交换的劳动才能满足成为生产劳动的必要条件（但是不是充分条件），也就是说劳动直接为资本家生产剩余价值。里德比特主要关注的是同资本相交换的劳动，因为这是资本主义（国家资本主义）企业的典型情况。体力和脑力劳动。这种区分主要和劳动活动的类型而不是和商品或产品的类型相关。对马克思而言，一种特定类型的具体劳动是生产性的还是非生产性的，不是由这种劳动是由手还是大脑进行来决定的。一些体力劳动是生产性的，另一些则不是；有的脑力劳动是生产性的，有的则是

---

① D. Leadbeater, The consistency of Marx's categories of productive and unproductive labour, *History of Political Economy*, Vol. 17, No. 4, 1985, pp. 591 – 618. In *Karl Marx's Economics: Critical Assessments*, Edited by Cunningham Wood, Volume VI, pp. 272 – 273.

② 《马克思恩格斯文集》第5卷，人民出版社 2009 年版，第 582 页。

③ E. K. Hunt. The categories of productive and unproductive labor in Marxist economic theory, *Science and Society*, 43. 3, fall 1979, P. 306.

④⑤ D. Leadbeater, The consistency of Marx's categories of productive and unproductive labour, *History of Political Economy*, Vol. 17, No. 4, 1985, pp. 591 – 618. In *Karl Marx's Economics: Critical Assessments*, Edited by Cunningham Wood, Volume VI, P. 273.

非生产性的。只要一种特定的体力或脑力雇佣劳动是生产领域生产一种特定产品的过程的一部分，这种劳动就是生产性的，但是这里有一个重要的限定条件。

这个限定条件和资本家管理的剥削功能有关。历史地看，随着生产过程的逐渐社会化，产生了更高水平的生产专业化和劳动分工，脑力劳动的作用（计划、设计和有意识的组织）必然扩大。从而，一些生产过程中的监督和管理劳动也被认为是生产劳动。但是，在资本主义条件下，生产功能或管理直接地、无法分割地和非生产性和剥削功能联系在一起，因此，资本家的管理劳动具有"双重性质"：

"剥削劳动是要花费劳动的。就资本主义企业主所从事的劳动仅仅由于资本和劳动对立才成为必要这一点来说，这种劳动加入他的监工（工业军士）的费用，并且已经算在工资项下，这种情况跟奴隶监工和监工所用的鞭子的费用算在奴隶主的生产费用中完全一样。这种费用跟大部分商业费用完全一样，属于资本主义生产的非生产费用。"①

马克思把奢侈品定义为"即不是生活必需品、不加入工人阶级日常消费的一切物品"②。以一种马克思讨论生存工资的方式理解，可以认为奢侈品的定义具有"历史的和道德的因素"。从资本主义模式的立场看，资本主义奢侈品生产中的劳动是生产劳动，虽然奢侈品生产在作为整体的资本主义再生产过程中具有独特的特征，尤其是奢侈品生产会阻碍资本积累。事实上，马克思意识到，"体现生产工人的劳动的商品，其使用价值可能是最微不足道的"③。从而，认为在分析剩余价值的生产时，产出的使用价值自身并不决定劳动投入是生产性的或非生产性的。然而需要强调下面一点："在考察剩余价值本身的时候，产品的实物形式，从而剩余产品的实物形式，是无关紧要的。在考察实际再生产过程的时候，它却具有重要意义，一方面是为了理解产品形式本身；另一方面是为了弄清楚奢侈品等等的生产对再生产过程的影响。这里我们又有了一个说明使用价值本身具有经济意义的例子"④。马克思至少认识到两种意义上对"服务"这个术语的使用。在第一种意义上，服务指的是非生产劳动，指的是用收入购买的劳动，在这种意义上货币直接交换到的劳动而不要求后者产生出资本，比如家庭服务和公务

---

① 《马克思恩格斯全集》第26卷第Ⅲ册，人民出版社1974年版，第392页。
② 《马克思恩格斯全集》第26卷第Ⅲ册，人民出版社1974年版，第38页。
③ 《马克思恩格斯全集》第26卷第Ⅰ册，人民出版社1974年版，第149页。
④ 《马克思恩格斯全集》第26卷第Ⅲ册，人民出版社1974年版，第276页。

员。在这种意义上，劳动可以是体力的或脑力的，生产出的产品可以是物质的或非物质的。在第二种意义上，服务指"不是以物品形式，而是以活动的形式"表达的使用价值。因此，生产劳动和非生产劳动的区分并不和生产商品的劳动和生产服务的劳动的区分必然相关联。

生产劳动包括大多数但不是全部生产商品（或物质使用价值）的劳动，也包括一些生产服务（非物质使用价值）——但不是全部——的劳动。里德比特认为，这和马克思时代资本主义生产欠发达的特征相吻合，由此马克思推论说，在和生产总体相比较时，非物质生产是如此的不重要，以至于可以在描述中被忽略掉。这点和马克思研究体力和脑力劳动之间关系的历史发展的方法相一致，也和马克思有关资本主义的另一观点相一致，即在资本主义条件下，资本主义商品生产是所有生产趋势的历史界限，在资本主义生产中，所有产品变成商品，所有劳动变为雇佣劳动，成为绝对的趋势。

里德比特指出，马克思接受了下述原理，至少有一些服务，可以"从属于资本"，马克思说："因此，从一方面说，所谓非生产劳动有一部分体现在物质的使用价值中，这些使用价值同样可能成为商品（'可以出卖的商品'），从另一方面说，一部分纯粹的服务（它不采取实物的形式，不作为物而离开服务者独立存在，不作为价值组成部分加入某一商品），能够（由直接购买劳动的人）用资本来购买，能够补偿自己的工资并提供利润。总之，这些服务的生产有一部分从属于资本，就像体现在有用物品中的劳动有一部分直接用收入来购买，不从属于资本主义生产一样。"①

里德比特认为，这里的关键之处是对商品和服务的生产的分析类似于对奢侈品生产的分析，"劳动的物质规定性，从而劳动产品的物质规定性本身，同生产劳动和非生产劳动之间的这种区分毫无关系"②。

上述对生产和非生产劳动的讨论一直局限在资本主义生产领域中。但是流通领域是和生产领域一道构成资本主义再生产的整体的。里德比特认为，马克思在分析生产劳动和非生产劳动时，有意区分了两个领域，但是他也认识到生产和流通中的劳动都是资本主义再生产的必要的方面。

在流通领域有两种广泛类型的流通费用。第一种是"真正的流通费用"，主要是在买卖、记账等上花费的劳动和资本，这种费用源自商品形式

---

① 《马克思恩格斯全集》第 26 卷第 I 册，人民出版社 1972 年版，第 158 页。
② 《马克思恩格斯全集》第 26 卷第 I 册，人民出版社 1972 年版，第 150 页。

的改变。马克思说："由价值的单纯形式变换，由观念地考察的流通产生的流通费用，不加入商品价值、就资本家来考察，耗费在这种费用上的资本部分，只是耗费在生产上的资本的一种扣除"①。第二种类型的流通费用由花费在保管、运输包括包装上的劳动和资本构成。花费在这种费用上的劳动是生产性的，它增加了价值（和剩余价值）以及商品价格。第二种类型的费用也可以被视为是追加的非生产费用。因为它们是源自生产过程向流通过程的扩展的价值的增加。

尽管花费在流通的真正费用上的劳动可能提供某种服务或"有用的结果"，但是对马克思而言真正重要的一点是，花费在真正费用上的劳动并不在物质上影响生产过程或商品的使用价值，而花费在"追加的费用"上的劳动创造了保存或利用使用价值的"明确的物质条件"。此外，追加的费用的目的不在于改变价值形式，而真正的费用发生在价值的实现或从一种形式转换到另一种形式之中。还需要注意的是，真正的或追加的费用都应当被视为社会财富的扣除或损失，因此两种类型的费用或各自劳动和资本的花费，不能仅仅从阻碍资本积累的效果上加以区分。

里德比特在分析了马克思的有关重要文本后，对生产劳动和非生产劳动的含义进行了总结。他说："简而言之，在马克思的生产性和非生产性劳动理论中，生产劳动被确定为所有的雇佣劳动：（1）生产以商品形式表现的使用价值；（2）直接为资本生产剩余价值（无论这种劳动是体力的、脑力的、生产奢侈品的或生产商品或服务的）。非生产劳动包括所有用来与收入而不是资本相交换的劳动，比如被资本家或他们的国家马上使用的直接雇佣的工资劳动。非生产性劳动也包括两个劳动与资本相交换的领域（作为资本主义模式的两个典型部分的领域）：花费在流通的真正费用上的劳动和花费在资本的剥削性管理和监督职能上的劳动"②。

29.2.2　对马克思的概念的不一致的指责的反驳

亨特（E. K. Hunt）对马克思对生产劳动和非生产劳动范畴的定义的主

---

① 《马克思恩格斯全集》第 4 卷，人民出版社 1972 年版，第 154 页。

② D. Leadbeater, The consistency of Marx's categories of productive and unproductive labour, *History of Political Economy*, Vol. 17, No. 4, 1985, pp. 591 – 618. In *Karl Marx's Economics*: *Critical Assessments*, Edited by Cunningham Wood, Volume VI, pp. 277 –278.

要批评是"所谓的它们的不一致性"①。

首先，亨特主要把他的论点建立在一个争议之上，即马克思在决定劳动是生产性的还是非生产性时认为使用价值不重要的观点存在不一致之处。亨特指出，"这里存在着不一致的症结。在所有定义生产性和非生产性劳动的著作中，除了《资本论》第二卷，马克思一直主张，为了榨取剩余劳动的目的，可变资本同劳动力相交换使得劳动成为生产性的，忽视了所涉及的劳动的具体活动。在《资本论》第二卷中，马克思放弃了这一点，明确地说一些劳动力在剩余劳动榨取中同可变资本相交换，而且这些劳动没有创造价值，是非生产性的"②。

里德比特指出，证据和亨特的观点相反，并从不同的角度对这种判断做了展开。首先，从马克思的著作的结构看，马克思在分析生产和非生产劳动时区分了生产和流通领域。他评价说使用价值不重要特别指的是生产领域而不是流通领域；其次，里德比特认为，马克思明确表明，当在实际再生产过程的层面分析资本主义时，使用价值具有经济上的重要性。区分流通领域的劳动的不是它是生产性的还是非生产性的，而是它在资本主义再生产体系中发挥的作用。流通领域的劳动以一种明确的方式和生产领域的劳动发生联系，而且作为一个整体依赖于生产领域的劳动。最后，马克思对生产领域和流通领域的非生产劳动的共同特征在认识上是明确的。这种共同特征是，它们都是不对商品的使用价值和剩余价值做出贡献的雇佣劳动。

亨特批评马克思的分析不一致的另一个主要领域是，在亨特看来，在是否生产劳动只生产物质商品，而非生产劳动包括出卖服务上，马克思那里存在不一致之处。里德比特的观点是，马克思在生产劳动可以既生产商品又生产服务上的立场比亨特允许的要明晰得多。

亨特认为马克思的观点的不一致之处还表现在另一个问题上，即马克思在是否是生产和非生产劳动的区分可以在规范的标准上进行这一问题上存在不一致之处。尤其是，亨特主张，马克思写下的一些段落表明，成为生产劳动意味着一个人的工作从一些规范的标准看是社会有用的，而用同样的标准看，非生产劳动者的工作似乎是社会无用的。里德比特认为，亨特的这种批

---

① D. Leadbeater, The consistency of Marx's categories of productive and unproductive labour, *History of Political Economy*, Vol. 17, No. 4, 1985, pp. 591 – 618. In *Karl Marx's Economics: Critical Assessments*, Edited by Cunningham Wood, Volume VI, P. 278.

② E. K. Hunt. The categories of productive and unproductive labor in Marxist economic theory, *Science and Society* 43. 3, fall 1979, P. 316.

评也是没有什么成效的。他指出，无论是从马克思的著作的文本还是逻辑看，对生产和非生产劳动的定义都不是建立在规范的（或伦理）的标准之上的。

此外，亨特还认为，除了对生产和非生产劳动做出的"基本定义"，马克思那里还存在着第二种、辅助性的定义。他说："纵观马克思论述生产和非生产劳动的著作，马克思那里似乎存在一种隐含的、辅助性的非生产劳动的定义，即只是因为资本主义社会结构的不合理性（从社会主义、规范的视角看）而变得必要的劳动"①。里德比特认为，亨特指出的辅助的或第二种定义不仅在马克思的著作中找不到文本支持，而且还假定了一种马克思并没有遵循的方法论。马克思不主张建立一种适用于不同的实际的或理想的生产模式的生产和非生产劳动标准；尤其是，设想一种理想的社会主义社会或社会主义理性的标准，作为评价资本主义的基准或规范标准采用的是与马克思相异的程序。马克思明确地批判了非历史的方法，这种方法用生产一般或生产劳动一般考虑问题。

里德比特指出，考虑到大量的关于马克思生产劳动和非生产劳动范畴一致性的争论和困惑，不难理解诸如亨特的批判，即他认为两种劳动的区分在某些应用分析中是无效的。亨特提出了四种相当有代表性的观点支持一种主张：即马克思的范畴在分析资本积累的决定因素和限制因素方面是无效的。

第一，亨特再一次转向流通领域的非生产劳动，他提出马克思的理论不能给下述问题提供合理的答案："为什么生产商品（广告文案、营销广告等）以减少流通领域资本家的劳累、麻烦和不确定性的工人和生产奢侈品以满足资本家反复无常、异想天开或营造个人区别的需要的工人具有不同的地位（在马克思的图式中这些工人是生产性的）？"②

里德比特指出，从事广告活动的工人和从事奢侈品生产的工人在再生产过程中发挥了不同的功能。它们并不意味着两种劳动（或者两种中的某一种）有不同的道德地位。也不意味着流通领域的广告工人与生产领域的奢侈品生产工人相比，不那么必要。马克思意识到流通领域的工人的劳动不仅是必要的也是有用的。与生产奢侈品的劳动相比，这种劳动只是没有增加实际商品的使用价值或价值。此外，尽管广告劳动是非生产劳动，这并不意味着这种劳动没有受到剥削。恰恰相反，马克思主张商业劳动像生产劳动一

---

① E. K. Hunt. The categories of productive and unproductive labor in Marxist economic theory, *Science and Society* 43. 3，fall 1979，P. 318.

② E. K. Hunt. The categories of productive and unproductive labor in Marxist economic theory, *Science and Society* 43. 3，fall 1979，P. 319.

样，受到了剥削。支配生产劳动劳动力价值的法则同样适用于商业劳动。

第二，亨特争论到，许多工人，尤其是被政府雇佣的士兵、警察、社会工作者和教师，他们不仅维护着资本主义财产关系的法律的、制度的和意识形态的基础，而且经常直接从事劳动和制造生产和再生产劳动力所必要的产品（虽不是商品）。这些非生产性工人在创造和实现利润中和被可变资本直接雇佣的劳动有着同等重要的作用。从历史的角度看，他们通常是改变利润大小和积累率的重要因果力量。"因此，这些工人直接影响劳动力的价值从而影响剩余价值的大小和剩余价值率"[①]。

里德比特认为，一定类型的非生产劳动能够影响劳动力的价值和剩余价值的大小与剩余价值率是合理的，但是这一点马克思早已经认识到了。因此说非生产劳动的生产率的增长并不矛盾。马克思的理论比较了一般劳动生产率和狭隘的资本主义意义上的生产劳动或生产率的定义。生产率的资本主义定义和资本能够剥削雇佣劳动的程度相关。

第三，亨特指出，一些生产工人，比如生产镇定剂和军事装备的工人，像某些非生产工人，比如那些生产在部分程度上能够抵消资本主义常规功能的邪恶的服务，而且这些类型的劳动都是资源的流失和对资本主义潜在积累的限制。里德比特指出，上述观察和马克思的范畴一点都不矛盾，而且能够使用马克思的范畴进行有效的分析。马克思的方法在分析典型的奢侈品支出和军事支出上都是有用的。

第四，亨特指出，如果人们对剩余价值生产的技术性或一般性生产限制感兴趣，人们就必须集中关注（用马克思的术语）生产能够被生产性消费的产品的生产者，这些产品等同于斯拉法的"基本品"。但是马克思认为生产奢侈品的工人是生产性的，而至少一些生产"基本品"的政府工人是非生产性的，亨特推论说："尽管对'基本品'和'非基本品'的区分对于理解潜在的积累非常重要，但是这样的区分无法从马克思的生产和非生产劳动的定义中推导出来"[②]。

里德比特指出，在这一点上，亨特未抓住马克思的理论中的关键要素。马克思明确区分了生产资料和必需品两种范畴。它们在社会再生产中占据了不同的位置，它们并不是结合在一起成为"基本品"。这些范畴不是从生产

① E. K. Hunt. The categories of productive and unproductive labor in Marxist economic theory, *Science and Society* 43.3, fall 1979, P. 320.

② E. K. Hunt. The categories of productive and unproductive labor in Marxist economic theory, *Science and Society* 43.3, fall 1979, pp. 320 – 321.

劳动和非生产劳动的定义中"推导"出来的，而主要是从马克思对劳动力买卖和劳动过程的分析中推导出来的。

里德比特在文章的最后指出，"马克思的生产劳动和非生产劳动的范畴并不具有亨特和其他一些批评者所说的不一致和无用的特征"。[①] 里德比特指出，毫无疑问，人们希望马克思有机会去重新组织和精炼他的材料，以使得他的一些观点变得更容易理解。但是，就生产劳动和非生产劳动范畴而言，"虽然马克思关于这个主题的著作具有分散和未完全完成的特征，但是，在我看来，马克思的方法的基本线索仍是确定的"[②]。

从本质上看，资本主义经济中的生产劳动等同于被资本雇佣的所有雇佣劳动，这种劳动生产出商品形式的使用价值，同时，在做到这一点时，又直接为资本生产剩余价值。无论是脑力还是体力劳动，是生产奢侈品，还是生产商品或服务都莫不如此。非生产劳动是非生产性雇佣劳动，包括所有由收入雇佣的劳动，以及两种由资本雇佣的劳动：花费在流通的真正费用上的劳动与花费在资本的剥削性管理职能上的劳动。

里德比特指出，"马克思对生产劳动和非生产劳动的区分，不仅有助于我们对马克思作为一个经济理论家的理解，而且有助于对资本主义发展的实际模式和趋势进行应用研究"[③]。比如，生产和非生产劳动的区分在分析资本积累和增长的质和量两个方面都非常有用，尤其是对研究经济中主要结构的变化对经济发展的影响，政府和服务部门的增长等方面非常有用。

在文章的最后，里德比特强调："与对马克思的劳动区分进行的批判相反，我认为马克思的生产劳动和非生产劳动的范畴，对于分析资本积累的决定因素和限制因素是有效的，但是这种有效性并不是不言自明，只有清晰地定义这些范畴，充分地理解它们在理论上的一致性时，它们的有效性才能真正发挥出来"[④]。我们认为，里德比特的这点建议事实上适用于大多数对马克思的经济范畴进行的研究。

---

①② D. Leadbeater, The consistency of Marx's categories of productive and unproductive labour, *History of Political Economy*, Vol. 17, No. 4, 1985, pp. 591–618. In *Karl Marx's Economics：Critical Assessments*, Edited by Cunningham Wood, Volume VI, P. 293.

③④ D. Leadbeater, The consistency of Marx's categories of productive and unproductive labour, *History of Political Economy*, Vol. 17, No. 4, 1985, pp. 591–618. In *Karl Marx's Economics：Critical Assessments*, Edited by Cunningham Wood, Volume VI, P. 294.

第六篇 转形问题

西方学者对马克思经济学研究中的所谓的"转形问题"（The Transformation Problem），指的是马克思在《资本论》第一卷和第三卷中论及的价值转化为生产价格的问题。在马克思经济学体系中，价值转化为生产价格的理论是劳动价值论和剩余价值论发展的综合成果。这是因为，一方面，生产价格作为价值的转化形式，对其形成机制和形成过程的理解，是以劳动价值论为基础的，不理解价值实体、价值实现及其转化机制，就不可能搞清抽象层次上的价值向具体层次上的生产价格转化的逻辑过程；另一方面，生产价格中的平均利润是剩余价值的转化形式，离开了剩余价值理论就不可能搞清剩余价值到利润、利润到平均利润的内在的转化关系。正是在上述意义上，我们可以清楚地看到：转形问题论争，实质上就是关于马克思劳动价值论和剩余价值论的科学地位及其理论意义的论争。

转形问题论争肇始于《资本论》第二卷出版之际。在写于 1885 年的《资本论》第二卷序言中，恩格斯提出了古典政治经济学的一个矛盾，向当时的理论家发出挑战。这个挑战就是要求当时的理论家证明"相等的平均利润率怎样能够并且必须不仅不违反价值规律，而且反而要以价值规律为基础来形成"①。恩格斯相信马克思已经解决了这一问题，在《资本论》第三卷中将对这个问题作出具体的解释。

1894 年正式出版的《资本论》第三卷，的确提供了马克思对转形问题的分析。但是，这并未终结转形问题论争，反而引发新的论争。参与转形问题论争的西方学者通常认为，《资本论》第三卷没有清楚地解决恩格斯所说的矛盾，也没有完全地解决转形问题，马克思的解决方法可能是错误的，起码是不完善的，存在着修正和发展的空间。这就进一步加剧了转形问题论争的复杂程度，因为每一个参与论争的马克思主义者或非马克思主义者，除了

---

① 《马克思恩格斯文集》第 6 卷，人民出版社 2009 年版，第 25 页。

要提出自己对马克思的转形方法的理解和解释（无论是赞同还是反对），还要提出自己认为的符合马克思精神实质的解决转形问题的方法。因此，自《资本论》第三卷出版后，围绕着马克思转形问题的论争日渐热烈起来。这一论争起起伏伏，有时候会因某位重要的经济学家试图"修正"马克思的解决方法引起一段激烈的论争，有时候又会因某种新的数学分析技术的出现重启一段激烈的论争。

转形问题始终是马克思经济学研究中论争的焦点问题。迄今为止，有关转形问题的论争已有超过百年的历史，但转形问题仍然是一个悬而未决的问题。如果说转形问题百年论争中有所共识的话，那就是人们认为理论意义上的转形问题的确是存在的。问题的终结并不意味着知识的最终获得，正是在问题的热烈论争的过程中，正是在参与论争的各方在充分展示他们的理念、视角、态度、方法、结论和意见时，并且把有关转形问题论争的历史阶段放在一起作纵向考察时，才有可能看到一种科学探究上的进步和发展，才有可能真正看到马克思经济学历久弥新的价值所在。本篇正是从这一视角出发，既对转形问题论争的历史作出宏观的概述，又对转形问题论争不同阶段的重要文献作出详细的述评。

第 30 章　转形问题研究概述

斯密、李嘉图和马克思都把劳动作为他们价值理论的基石，尽管他们对劳动价值的解释存在着实质性的差异。他们所面临的共同的实际问题就是如何把劳动价值和价格联系起来。在这一意义上，可以认为，转形问题的论争就是一个关于联系或者断裂价格和劳动价值之间关系的持续的论争的过程。

在马克思经济学研究中，有关转形问题的论争已经有超过百年的历史。德赛认为，这段理论论争的历史，可以追溯到 1885 年《资本论》第二卷序言中，恩格斯对洛贝尔图斯的追随者指责马克思在剩余价值理论存在剽窃所作出的回应。恩格斯指出，马克思解决了李嘉图曾经困惑不已的问题。如果像马克思主张的那样，只有活劳动创造剩余价值，那么，不同的活劳动和死劳动的结合（不同的资本有机构成，或者用一种粗糙的但不完全精确的说法，不同的资本—劳动比率）如何导致相等的利润率？德赛认为，对这个问题的回答构成了转形问题的实质，即"从劳动价值中推导出价格，并说明所有的利润源自工人创造的剩余价值"[1]。在德赛看来，转形问题论争的核心问题，并不只在于从价值中推导出价格，而且也包括提出一个令人满意的基于剩余价值的利润理论。德赛指出，"在百年论争的历史中，在转形问题中存在两个相互联系的方面：从价值推导出价格并解释利润的源泉，通常这并没有被充分地认识到"[2]。

30.1　转形问题的提出

马克思经济学体系中最核心的部分是它的价值理论。围绕马克思经济学展开的一般意义上的价值论争，有狭义和广义之分，狭义的价值论争主要是围绕马克思的劳动价值论自身展开的，包括价值的定义、价值的源泉、价值

---

①② Meghnad Desai, The Transformation Problem, *Journal of Economic Surveys*, 1988, Vol. 2, No. 4. P. 295.

的形式、不同条件下的价值决定等问题。广义的价值论争则包含《资本论》第一卷中的劳动价值论和《资本论》第三卷中的生产价格论之间的关系，即转形问题。对转形问题的讨论涉及马克思整个经济学体系，凡是非马克思主义经济学家指责马克思经济学缺陷与不足的关键之处，也正是马克思主义经济学家为它进行辩护的重点所在。弗利和杜梅尼尔认为，"转形问题的基础，可以在始于亚当·斯密和大卫·李嘉图的对资本主义竞争和价格进行的早期分析中找到"①。在马克思对斯密和李嘉图的价值理论的分析和评价中，可以找到分析转形问题的经济思想的源头。

30.1.1　古典经济学中的价值和价格关系：转形问题的源头

要清晰地了解转形问题论争的历史，就要回到古典政治经济学中，去寻找转形问题最初形成的思想背景或历史源头。这种历史源头，在马克思的劳动价值论与斯密和李嘉图的劳动价值论的联系及区别中表现得最为清晰。

就斯密而言，可以说，他"提出了三种不同的价值理论：他的海狸和野鹿的例子所表明的是劳动数量价值说，他的所谓'辛苦和麻烦'所表示的是劳动负效用说，他在他的分析的中心部分实际上所采用的是成本说"②。斯密的研究的出发点是土地和生产资料私有权形成之前的"初期的"、"野蛮的"社会。斯密声称，在那种状态下，人类劳动产品是按与生产各种物品所需要的劳动量之间的比例相交换的。斯密举例说明，如果捕杀一只海狸平均需要两天，捕杀一只野鹿只需要一天，那么，可用一只海狸换两只野鹿。斯密的这一结论是建立在这样一个假设之上的，即狩猎民可以自由选择把时间配置在捕海狸还是捕野鹿上。因此，如果交换比率高于或低于劳动时间比率，狩猎民将会从酬劳不足的生产活动转向酬劳丰厚的生产活动，从而迫使交换比率回到劳动时间比率。这种观点显然是和商品交换规律相同的。斯密用同样类型的推理来论证，一旦生产资料成为私有财产（他称之为"存货"，后来的经济学家称之为"资本"），所有者把资本从一条生产线转向另一条生产线的能力，使不同生产部门之间的利润率趋于平均化。这个观点就是现在的资本主义交换规律。

---

① Duncan Foley and Gerard Dunenil, Marx's Transformation Problem, In *The New Palgrave Dictionary of Economics*, Second Edition, Edited by Steven N. Durlauf and Lawrence E. Blume, Volume 5, Macmillan Publishers Ltd, 2008, P. 407.

② 约瑟夫·熊彼特著，杨敬年译：《经济分析史》第二卷，商务印书馆1992年版，第326~327页。

李嘉图的理论工作是从研究《国富论》开始的，他得出了这样的结论："由海狸和野鹿的例子所表示的劳动数量价值说，不仅在劳动是唯一的稀缺要素的'原始'状态下是应当采用的理论，而且在所有即使还存在其他稀缺性要素的情形下也是一般应当采用的理论"[1]。李嘉图认为，斯密的成本说在逻辑上是不能令人满意的，斯密可能认为劳动负效用说和劳动数量说没有什么不同，也不重视劳动负效用说。斯密自始至终把两种论争混在一起："一种是反对亚当·斯密对劳动数量价值说的偏离，一种是反对亚当·斯密（和马尔萨斯）把劳动选作价值的尺度"[2]。李嘉图批评并修正了斯密的分析。李嘉图最初把自己的价格和分配理论建立在斯密的第一原理的基础之上：生产商品的劳动耗费决定了它的交换价格。李嘉图使用包含的劳动数量，认为包含在一种商品中的劳动数量"支配着"该商品的价值。从而商品便获得了绝对价值，这种绝对价值能够比较、能够相加，也能够同时增减。虽然李嘉图的分析有助于澄清在斯密那里存在的一些混淆，但是，一个试图把看起来只适用于特殊场合的结论加以普遍化，仍然需要克服重重困难。比如，其数量将要"支配"或"调节"价值的劳动，必须是一个工人在任何特定时间和地点通常所做的那种质量的劳动，如是按照技术合理性通行标准使用的劳动等等。比如，李嘉图也认识到，商品的相对价值不只是由它们所包含的劳动数量"支配"的，而且也是由它们"运到市场以前必须经历的时间长短支配的"。李嘉图比斯密更加仔细地检验了决定自然价格的两种原理之间的必然的量的差异。李嘉图明白不同产业之间，投资在非劳动投入与劳动投入上的资本的比例是不一致的，这一事实也意味着两种价格体系之间的差异，但他认为这些偏差从数量上看是有限的。在马克思作相关研究之前，李嘉图专注于研究第一体系（价值）的性质以得到有关分配的结论，他认为这些结论在第二体系（生产价格）中也是成立的。

首先，当自然价格与价值（包含的劳动时间）成比例时，很明显，在分别由工人和资本家得到的产出份额之间存在权衡：工人创造了所有投入品的新增价值，并且购买了一部分产品，生产这部分产出所需的劳动时间要比他们花费的时间少。与斯密相反，李嘉图对这种机制有清楚的认识。总产出在工人和资本家之间的分配在他的分析中非常重要，因为分配具有经济政策

---

[1]　约瑟夫·熊彼特著，杨敬年译：《经济分析史》第二卷，商务印书馆1992年版，第327页。

[2]　约瑟夫·熊彼特著，杨敬年译：《经济分析史》第二卷，商务印书馆1992年版，第327页。这里指的是一件商品在市场上所"支配"的劳动数量，区别于"所包含"的劳动数量。

的含义。例如，李嘉图赞成降低谷物价格，他认为通过降低工资，谷物价格的低价会增加资本家的利润，从而有利于资本积累。其次，李嘉图尽管承认在与价值成比例的自然价格和使得行业间利润率平均化的自然价格之间存在量的差异，他还是想保留从价格与价值成比例的假设中直接得出的分配性质。但是，李嘉图明白，在利润率平均化的体系中，即使生产所需的劳动保持不变，商品的自然价格仍然会随实际工资的变化而变化（由于资本构成的不同），而在第一体系中，价值不随工资变化而变化。因此，从李嘉图的分析中，能够得到更加接近马克思的框架和问题。

马克思的研究一开始就试图尽可能地处理困扰着李嘉图的理论的许多难题。马克思采用了从斯密和李嘉图的著作中得到的重要要素：（1）资本主义自然价格的二元体系方法（以斯密为开端，把劳动作为唯一的投入）；（2）李嘉图把分配作为工资和利润的权衡的分析；（3）斯密的竞争分析（李嘉图也同样采用了）。

马克思始终区分价值和价格概念。与当代的经济学语言不同，当代的经济学语言用"价值"这个术语来指代一般均衡情况下的价格，"增加值"实际上是用价格术语度量的净产品的价值，对价值概念的使用并不确定。马克思认为，价值是一种以价格"形式"在经济关系中表现出来的"社会实体"，尽管价格并不必然与价值成比例。

在斯密和李嘉图那里，对价值和价格的区分仍然是模糊的。斯密未能阐明价值和利润率平均化之间的清晰关系，并把这种关系作为决定"自然价格"的原则。因此，这些方法的特征之一是考察两组价格（交换的两条规律），一组与价值成比例（包含的劳动时间），另一组与平均化的利润率（一个二元体系）相关，尽管在资本主义的真实世界中普遍运行的只有一个价格体系（一个一元体系）：

第一，一个与价值（包含的劳动时间）成比例的价格体系，在斯密、李嘉图和马克思的分析中发挥了作用。但是，只有马克思在一开始清楚地区分了这两种体系。

第二，当"剩余"的观念存在时（在李嘉图和马克思那里），它的决定是在第一个体系中提出的，并被引入第二个体系，而非直接在第二个体系中加以分析。

这种二元体系的方法是转形问题的基础，一般来说，转形问题指的是从一种体系转向另一种体系的转化。熊彼特对此有过详细的说明："对李嘉图来说，相对价格偏离他的比例定理——除了暂时的偏离以外——就意味着价值的改变；对马克思来说，这种偏离没有改变价值，而只是在商品之间重新分配了价值。"或者，换一个说法：对李嘉图来说，相对价格和价值在本质上是同一种东西，因而用价值表示的经济演算同用相对价格表示的经济演算是同一种东西；而对马克思来说，价值和价格却不是同一种东西，所以他给自己提出了另外的问题，这个问题对李嘉图来说显然是不存在的，即这两种演算之间的关系问题或价值估计与价格估计的问题"①。

马克思《资本论》的分析框架的核心是劳动价值理论，它把商品价值定义为生产商品所需的社会必要劳动时间，即具有平均劳动技能的工人在平均可用的生产技术条件下生产该商品所需的劳动时间。

劳动价值理论是马克思剥削理论的核心，他用剥削这个术语描述单个个体或群体以其他人的劳动产品为生的情况。根据劳动价值论，商品通过买卖进行交换时并没有创造价值。但这一原理并不适用于资本家对工人的劳动力的购买。工人把他们的劳动力，也就是他们的工作能力，出卖给资本家拥有的公司。劳动力的购买者在生产中用工人的劳动力增加所生产商品的价值。劳动力价值是生产工人所购买的商品所需的劳动时间。但在一般情况下，工人劳动时间要比生产这些商品平均所需的时间要长。

马克思把他的讨论置于斯密和李嘉图区分的"市场价格"和"自然价格"的背景之中。市场价格是市场上商品日常交换的实际价格。然而斯密和李嘉图把市场价格看成是围绕被他们称为"自然价格"的引力中心波动（或移动）。马克思认为，商品趋于按其价值来交换（以与价值成比例的价格），即与商品中所包含的社会劳动时间成比例。"趋于"在这里意味着，一定的偏离明显是可能的，但如果当时盛行的一系列价格无法充分补偿生产商品时所耗费的劳动，那么，工人将会向能得到更高报酬的商品生产上转移，在这一意义上，这样的价格将会"调节"市场。因此，未得到充分补偿的商品的供给会相应减少，它的价格就会上升。实际上，价格围绕着价值波动，在这一经济中，价值扮演着自然价格的角色。这就是商品的交换规律。

但是，在资本主义经济中，资本家购买的不仅仅是工人的劳动力（马克思将其称为可变资本），也购买非劳动投入，例如原材料与固定资产，如机器设备（马克思称之为不变资本）。如果像商品交换规律假定的那样，自

---

① 约瑟夫·熊彼特著，杨敬年译：《经济分析史》第二卷，商务印书馆 1992 年版，第 337 ~ 338 页。

然价格与劳动投入成比例，每个工人使用的不变资本高于平均值的资本家会得到更低的利润，与资本家预付的总资本相比，就意味着更低的利润率。马克思接受竞争能使不同产业间的利润率平均化的观点，这是资本主义的交换规律。马克思把生产价格看成是市场价格的引力中心，因此，自然价格与竞争性的资本经济相关。

德赛认为，"从劳动价值中推导出价格，并说明所有的利润源自工人创造的剩余价值"① 构成了转形问题的核心。"转形问题"其实也是有关剩余价值理论与竞争理论是否具有兼容性的问题。而这一兼容问题的实质，是一个涉及按生产价格交换的资本主义交换规律和榨取剩余价值的剥削理论之间的兼容性问题。马克思认为，剩余价值是在生产中通过对劳动的剥削创造出来的，即剩余价值与使用的劳动成比例，但剩余价值是按照与投资的总资本成比例的方式实现的。在马克思看来，剩余价值的榨取和实现场所的分离与剥削理论并不矛盾，因此，资本主义竞争与他的占有源自无偿劳动的剩余价值的剥削理论可以兼容。正是在这一兼容中，总剩余价值以利润的形式保留了下来。这种结果被表达为马克思经济学中的两个等式：总价值＝总生产价格；总剩余价值＝总利润。值得注意的是，这两个简洁的公式并不总是成立的，因为价值和剩余价值是用劳动时间度量的，而价格和利润是以货币度量的。

在价值理论上，马克思既继承又超越了古典政治经济学家，但是又没有沿着新古典经济学的思路前进。霍华德和金曾指出，今天对古典政治经济学的解释被清晰地划分为朝着两个相反的方向发展的观点：一方面，一些新古典经济学家认为，斯密和李嘉图的理论完全是现代新古典理论的萌芽，如他们对斯密的所谓生产成本价值论的解释，而且今天的新古典经济学家中持这种观点的占绝大多数；另一方面，许多当代的马克思主义经济学家则始终坚持古典经济学家有关剩余传统和社会关系分析的思想。对于这种理解上存在的混乱，霍华德和金认为，"古典政治经济学特别是李嘉图经济学，在根本上是一种属于剩余分析传统的经济学，从这一意义上讲，古典经济学家都可以认为是马克思理论的重要先驱"②。

---

① Meghnad Desai, The Transformation Problem, *Journal of Economic Surveys*, 1988, Vol. 2, No. 4. P. 295.

② Howard M. C. and J. E. King, *The Political Economy of Marx*, 1985, Longman, London, P. 85.

30.1.2 马克思对转形问题的论述

马克思继承了前辈用劳动时间衡量价值的概念，并将其应用到对整个资本主义社会的分析之中。他认为，在整个国民经济中，资本家之间的竞争最终将使资本趋于一个统一的利润率。但问题是，在统一的利润率下，商品的价格能否仍然和它的劳动价值相等；换句话说，只有劳动才创造价值的说法，将如何应用到用货币表示的价格的决定上去。

马克思首先区分了由生产工具构成的不变资本 c 和由工资构成的可变资本 v，从而避免了李嘉图未能清楚地认识到这两种资本的比例作为利润率的决定因素而带来的失误。马克思主要研究的是资本在资本主义经济中作为"许多资本"（many capitals）存在的具体形式。这一点使马克思的理论更加接近于资本主义经济的真实条件，但同时它也提出了使《资本论》前两卷的结果似乎相矛盾的一些新问题。比如，许多资本的存在，使得各个资本为取得最大利润率而不断地展开竞争，最终在生产的各个部门形成一个长期的统一利润率。但如果现实就像马克思所假定的那样——即各个部门的资本有机构成不相同，那么结果必然是，商品不再按照它们的劳动价值相交换，相反是按照马克思所说的生产价格来交换。这就是著名的"转形问题"，也是马克思在《资本论》第三卷所证明的，即生产价格来自，或者说由价值转形而来，同时利润是由剩余价值转形而来；换句话说，转形问题试图表明：生产价格和利润确实分别与价值和剩余价值密切相关。马克思明确表明，"应当从剩余价值率到利润率的转化引出剩余价值到利润的转化，而不是相反"。①

在马克思的抽象过程中，假定存在着一个统一的剩余价值率。显然，这时除非各个生产领域的资本有机构成均相等，否则交换比率事实上不会倾向等于物化劳动的比率，从而必然会导致价值形态的利润率不等；然而，资本主义的实际趋势却是有机构成的高低不等和利润率的平均化，而不是相反的情形，否则资本会不断地从利润率低的部门向利润率高的部门流动，最终必然导致统一的利润率；也就是说，各个不同生产领域的利润率会自动地趋向于一个统一的利润率，而这个统一利润率也正是各种商品交换比率的基础。但是，统一的利润率的存在又要求各个部门的资本有机构成相同；如果资本有机构成不同的话，就不能保证这个统一的利润率，或者说不能保证商品的

---

① 《马克思恩格斯文集》第 7 卷，人民出版社 2009 年版，第 51 页。

货币相对价格和劳动价值保持比例关系，因为这个统一的利润率要影响到商品的相对货币价格，由于不同的商品涉及不相同的资本有机构成，就会使得商品按价值进行交换与相同的利润率之间出现矛盾。如果按照劳动时间实行等价交换，必然意味着一个行业内的资本家所得剩余价值等于他们的工人生产的剩余价值；但倘若资本有机构成在各行业不同，则随着某一行业有机构成的高低，该行业工人生产的剩余价值就会表现为相对于所使用资本或低或高的利润率，即各部门利润率是不相等的，但这种情况在竞争趋向于一致的条件下又是不可能存在的。马克思对这个问题的解答，就是提出商品不按价值，而按生产价格进行交换，以确保在资本有机构成各不相同的条件下仍然能使各部门利润率相等。这样，马克思通过把商品的劳动价值转化为生产价格、剩余价值转化为利润的方式，也就解决了李嘉图的难题。[①] 他先计算出一般利润率为：

$$r = \frac{\sum m_i}{\sum (c_i + v_i)}$$

一旦给出一般利润率，他认为生产价格即是：

$$p = (1 + r)(c_i + v_i)$$

由于这个价格仅仅是转化了的价值，而利润则是重新分配的剩余价值，所以马克思认为，这里有两个总量关系始终成立，即"一切不同生产部门的利润的总和，必然等于剩余价值的总和；社会总产品的生产价格的总和，必然等于它的价值的总和"[②]。这样，在资本主义制度下，资本有机构成不同于社会平均有机构成的资本所生产的商品，就不是趋向于按照它们的价值，而是倾向于按照生产价格出售，而平均利润率则是来自于剩余价值。"生产价格以一般利润率的存在为前提；而这个一般利润率，又以每个特殊生产部门的利润率已经分别化为同样多的平均率为前提"[③]。

从上述分析可以理解，一般利润率来自于资本主义总量上的经济关系。所以，在资本主义经济中，始终存在着来自于资本家可以按照预付资本价值在各个部门获取统一收益率这样的一般利润率。由这个一般利润率所决定的总量，包括价值和剩余价值总量，以及工资率、利润率等各种宏观指标的存

① 亨特（E. K. Hunt）和格利克（M. Glick），"转形问题（Transformation Problem）"，《新帕尔格雷夫经济学大辞典》第4卷，经济科学出版社1992年版，第743页。
② 《马克思恩格斯文集》第7卷，人民出版社2009年版，第193页。
③ 《马克思恩格斯文集》第7卷，人民出版社2009年版，第176页。

在，都不再依赖于相对价格或任何技术关系，而只取决于资本主义的生产关系。实际上，马克思对李嘉图价值分配理论的修正，其本意正在于此，即要把技术关系与收入分配完全分开。马克思非常清楚地看到，当商品交换从原始野蛮社会过渡到资本主义社会以后，资本积累和土地私有化介入资本主义的社会关系，资本家通过预付资本雇用劳动进行生产和扩大再生产的唯一目的，就是不断获得增殖的利润，从而在这一体现资本主义社会关系的统一利润率的驱使下，资本主义的商品交换就必然要从以价值为基础过渡到以生产价格为基础。显然，这是由生产和交换的资本主义性质决定的，它不同于包括奴隶社会和封建社会在内的任何其他的社会关系。马克思的转形问题清楚地表明，利润率与资本存量价值之间存在的关系，对这一问题必须彻底抛开技术关系，只能从社会关系的角度来加以说明和解决。

30.1.3 恩格斯对转形问题的理解

多斯特勒（Dostaler）认为，在转形问题上，"马克思的解决方案早在1862年给恩格斯的信中就已经详细的阐述清楚，并在1895年《资本论》第三卷的第二篇公布于众"[①]。在1862年8月2日致恩格斯的信中，马克思就指出："你知道，我把资本分成两部分，一部分是不变资本（原料、辅助材料、机器等），它的价值只是在产品价值中再现出来，另一部分是可变资本，即用来支付工资的资本，它所包含的对象化劳动比工人为换取它而付还的劳动要少"，"在不同工业部门对工人的剥削程度相同的情况下，等量的不同资本在不同的生产领域会提供极不相同的剩余价值量，从而提供极不相同的利润率，因为利润率正是剩余价值和全部预付资本的比率。这将取决于资本的有机构成，即取决于资本怎样分为不变资本和可变资本"。马克思认为，"如果从这个阶级的总资本来考察，……得到同样的平均利润"，"经过上述调整的价格＝已耗费的资本＋平均利润（例如10％），这就是斯密所说的自然价格、费用价格等等。这就是平均价格，不同工业部门之间的竞争（通过资本的转移或流出）使不同工业部门的价格转化为这种价格。所以，竞争不是使商品转化为它们的价值，而是转化为费用价格，这种价格按资本的有机构成或高于或低于或等于它们的价值"。马克思的结论就是"关于和价值不同的费用价格的上述规定，还应当指出，除了从资本的直接生产过程

---

① Gilles Dostaler, Marx's Theory of Value and the transformation Problem：Some Lessons from a Debate, *Studies in Political Economy*, 1982, P. 80.

产生的不变资本和可变资本的区别，还有从资本的流通过程产生的固定资本和流动资本的区别。但是如果再把这一点考虑进去，这个公式就太复杂了"①。这就表明，在1862年给恩格斯的信中，马克思已经认识到后来被概括为"转形问题"的存在，对这个问题的复杂性，对它同时涉及生产和流通领域的实质，对价值规律和竞争之间的关系等问题都已有了完整的理解和认识。

恩格斯认为，马克思在《资本论》第三卷中解决了利润的源泉问题。在《资本论》第二卷的序言中，恩格斯指出："那些想在洛贝尔图斯那里发现马克思的秘密源泉和把洛贝尔图斯看做马克思的一个卓越先驱者的经济学家们，在这里有机会可以表明，洛贝尔图斯的经济学到底能够提供什么。如果他们能够证明，相等的平均利润率怎样能够并且必须不仅不违反价值规律，而且反而要以价值规律为基础来形成，那么，我们就愿意同他们继续谈下去。不过他们最好是快一点。这个第二册的卓越的研究，以及这种研究在至今几乎还没有人进入的领域内所取得的崭新成果，仅仅是第三册的内容的引言，而第三册，将阐明马克思对资本主义基础上的社会再生产过程的研究的最终结论。等到这个第三册出版的时候，洛贝尔图斯这个经济学家，就用不着再提了"②。

德赛认为，恩格斯认为人们不再会提及洛贝尔图斯是正确的，但是他也提出了一个引起长期争论的问题。德赛指出，如果转形问题只是一个技术性的数学问题，那么，"它很久之前就被解决了，而且也没有什么再需要讨论的了"③。在恩格斯对洛贝尔图斯的追随者提出挑战之后，围绕"平均利润率和它与价值规律的关系"发起了一个有奖征文竞赛，德赛认为，在《资本论》第三卷的序言中，恩格斯差不多提供了第一个关于转形问题争论的综述，但是，恩格斯几乎对所有其他人提出的解决问题的方法都不满意，"如果恩格斯认为《资本论》第三卷的出版将会完全解决争议，那就是错误的。事实上，《资本论》第三卷的出版使得转形问题成为马克思主义者和它的反对者之间争论的主要战场"④。

德赛认为，恩格斯正是第一个认识到存在转形问题的人。恩格斯接到马克思给他《资本论》第一卷的有关材料时，尤其是看到分析剩余价值转化

① 《马克思恩格斯文集》第10卷，人民出版社2009年版，第185～189页。
② 《马克思恩格斯文集》第6卷，人民出版社2009年版，第25页。
③④ Meghnad Desai, The Transformation Problem, *Journal of Economic Surveys*, 1988, Vol. 2, No. 4. P. 296.

为资本的那一部分材料时，认为"关于货币转化为资本的一章和剩余价值的产生的一章，就叙述和内容来说，是迄今为止最光辉的两章"①。但是，恩格斯又很快指出："关于剩余价值的产生，我还有以下的意见。工厂主和庸俗经济学家马上会一起反驳你：如果资本家对于工人十二小时的劳动时间只付给六小时的价格，那也不可能由此产生任何剩余价值，因此这样一来，工厂工人每一劳动小时只算做半个劳动小时——与他所得的报酬相适应，——并且只按这一价值进入劳动产品的价值。接着他们会用通常的计算方式来作为例证：原料若干，折旧若干，工资若干（每一个实际的小时产品的实际开支）等等。虽然这种论据极其肤浅，虽然它把交换价值和价格、把劳动价值和工资完全等同起来，虽然它的前提十分荒谬，认为一个劳动小时只支付半小时的报酬，那它只作为半小时进入价值，——但是，我对你没有注意这一点还是感到惊奇，因为肯定会对你马上作出这种反驳，最好是预先把它排除。也许你在以后的印张中会回头来谈这个问题"②。

在 1867 年 6 月 27 日致恩格斯的信中，马克思对恩格斯的疑问做了回复。马克思的主要论点在于：

"商品的价值怎样转化为它的生产价格，在生产价格中（1）全部劳动似乎是以工资的形式得到报酬；（2）但是剩余劳动或剩余价值在利息、利润等等名称下，采取了成本价格（＝不变资本部分的价格＋工资）的增加部分的形式。

回答这个问题的前提是：

一、阐明例如劳动力的日价值转化为工资或日劳动的价格。这在本卷第五章中已经谈到。

二、阐明剩余价值转化为利润，利润转化为平均利润，如此等等。要阐明这个问题，首先必须阐明资本的流通过程，因为资本周转等等在这方面是起作用的。因此，这个问题只能在第三册里加以叙述（第二卷包括第二册和第三册）。在那里将指出庸人和庸俗经济学家的想法是怎样产生的：由于反映在他们头脑里的始终只是各种关系的直接表现形式，而不是它们的内在联系。情况如果真是这样，那么还要科学做什么呢？

如果我想把所有这一类怀疑都预先打消，那我就会损害整个辩证的阐述方法。相反地，这种方法有一种好处，它可以不断地给那些家伙设下陷阱，

---

① 《马克思恩格斯全集》第 31 卷，人民出版社 1972 年版，第 314 页。
② 《马克思恩格斯全集》第 31 卷，人民出版社 1972 年版，第 316 页。

迫使他们早早地暴露出他们的愚蠢"①。

德赛认为，马克思的这一论述把转形问题的年代清楚地展现出来了。自从庞巴维克之后，很多人认为在《资本论》第一卷的价值理论和第三卷的价值理论之间存在致命的矛盾。德赛指出，庞巴维克并不知道马克思在19世纪60年代已经完成了《资本论》三卷的手稿，并正在进行《资本论》第一卷出版的准备工作。德赛认为，马克思已经清楚《资本论》三卷的结构以及转形问题应该在三卷中出现的合适的位置。马克思回复恩格斯的信表明："转形问题的发现并不是偶然的，它也提供了一条说明恩格斯为什么在看到构成《资本论》第三卷的笔记本之前在转形问题上那么有信心的线索"②。"它也表明，恩格斯在作为马克思的著作的批判性的读者上是多么的敏锐"③。

德赛指出，在马克思和恩格斯随后的通信中并未再涉及这个问题。马克思自己并没有完成《资本论》第二、三卷的出版工作。德赛提出了一个问题，在1867～1883年之间，马克思在有关转形问题的研究上是否做了什么进一步的工作呢？他认为，有关这个问题的唯一线索来自恩格斯撰写的《资本论》第三卷的序言，在讨论用于《资本论》第三卷与这个问题有关的马克思的笔记本的细节时，恩格斯说："可用于第三章的有一系列未完成的数学计算，此外还有写于70年代的整整一个几乎写满了的笔记本，用方程式来说明剩余价值率和利润率的关系"④。因此，德赛认为，在转形问题上，"在19世纪70年代，马克思仍然做了一些工作"⑤。

《反杜林论》的作者尽管是恩格斯，但是，恩格斯《反杜林论》的序言中说，马克思阅读了所有的内容，甚至撰写了其中的一章。马克思撰写的一章是评价杜林对经济思想史的分析的那一章。在《反杜林论》中涉及转形问题的地方，恩格斯引用了《资本论》第一卷中的有关论述，"以后在本书第三册中，我将说明，同一个剩余价值率可以表现为极不相同的利润率，而不同的剩余价值率在一定情况下也可以表现为同一利润率"，并指出："生产剩余价值即直接从工人身上榨取无酬劳动并把它固定在商品上的资本家，是剩余价值的第一个占有者，但绝不是剩余价值的最后所有者。以后他还必须同在整个社会生产中执行其他职能的资本家，同土地所有者等等，共同瓜

---

① 《马克思恩格斯文集》第10卷，人民出版社2009年版，第265～266页。

②③⑤ Meghnad Desai, The Transformation Problem, *Journal of Economic Surveys*, 1988, Vol. 2, No. 4. P. 300.

④ 《马克思恩格斯文集》第7卷，人民出版社2009年版，第8页。

分剩余价值。因此，剩余价值分为各个不同的部分。它的各部分归不同类的人所有，并具有不同的、互相独立的形式，如利润、利息、商业利润、地租等等。剩余价值的这些转化形式在第三册里才能研究"[①]。

德赛提醒说，在上述引文中，马克思并没有提出价格—价值的转形是剩余价值转化为利润的手段，也没有弄清楚企业利润（包括利息、租金等的总利润）并不是在企业内生产出来的剩余价值的货币表达。因此，就《资本论》第一卷的读者而言，存在一个需要解决的问题，也就是说，如果剩余价值只是由活劳动生产出来的，利润是剩余价值的货币表达，那么不同的企业是如何获得价值规律所要求的平均的利润率的？

恩格斯在《资本论》第二卷的序言中向读者提出了上述问题。德赛认为，在很大程度上，洛贝尔图斯跑题了。在《资本论》第三卷的序言中，恩格斯对已有的各种解决方法进行了综述。莱克西斯看到了不等的剩余价值能够导致相等的利润率的唯一途径，"有些资本家出售他们的商品时会得到高于这些商品的观念价值的价格，另一些资本家出售他们的商品时会得到低于这些商品的观念价值的价格。'但因为剩余价值的损益会在资本家阶级内部互相抵消，所以，剩余价值的总量同一切价格都和商品的观念价值成比例时一样'"[②]。恩格斯认为，问题在莱克西斯那里远远没有解决，而只是含糊地、肤浅地，然而大体上正确的提出了问题。德赛认为，恩格斯的评价过于严厉，因为根据后见之明，"在莱克西斯那里有两点是正确的：价格必然偏离价值，总剩余价值为总利润设定了限度，因为转形只是在资本家之间对总剩余价值进行再分配"[③]。

德赛认为，第二种解决方法是施米特在两篇文章中提出来的。第一篇文章是1889年完成的一个小册子，施米特一开始就接受工人生产了体现在剩余产品中的剩余价值。但是，资本家为了得到生产产品，比如预付一定资本进行生产。也就是说，资本家必须提供一定量的物化劳动，从而能够占有剩余产品。因此，对资本家而言，预付资本就是他为了获得剩余产品而付出的社会必要的对象化劳动的量。"所以，剩余产品是按照生产它们所必需的资本的比例来互相交换的，而不是按照实际体现在它们里面的劳动的比例来互相交换的。这样，每个资本单位所应得的份额，就等于生产出来的全部剩余

---

① 《马克思恩格斯文集》第9卷，人民出版社2009年版，第220~221页。
② 《马克思恩格斯文集》第7卷，人民出版社2009年版，第13页。
③ Meghnad Desai, The Transformation Problem, *Journal of Economic Surveys*, 1988, Vol. 2, No. 4. P. 301.

价值的总和除以所使用的资本的总和。因此，相等的资本在相等的期间内会提供相等的利润，而达到这一点的方法是，把剩余产品的这样计算的成本价格即平均利润，加到那个有酬产品的成本价格上，并按照这个已经提高的价格来出售这两个产品，即有酬产品和无酬产品"①。

德赛认为，施米特正确地提出了成本加利润的正确的定价原则，并运用与马克思相同的方式计算了平均利润率。施米特的错误之处可能在于，他把剩余产品和有酬产品分离开来，认为剩余产品是由物化劳动生产出来的。而在马克思看来，所有的产品都是由劳动和生产资料生产出来的，但是剩余价值只是由活劳动创造的。恩格斯正是在生产资料创造价值但不创造剩余价值的观点上反对施米特的解决办法。

在第二篇文章中，施米特换了一种方式继续对转形问题进行研究。他认为，竞争把资本从获得的利润低于平均利润的部分转移到高于平均利润的部门。通过这种转移，迫使存在供给过剩的商品的销售价格对价值的比率下降到"社会能够支付"的水平。但是恩格斯认为，这一点是无关紧要的。德赛认为，施米特在这里所做的，"是对转形问题的扩展，把它从一个纯粹概念上的解决转变为一个过程，然后把它从生产价格扩展到市场价格"②。

基于上述分析，德赛认为，在《资本论》第三卷出版以前，在转形问题上，以下几个方面已经非常明白了。（1）价格必然偏离价值；（2）在整体性的约束条件下，总剩余价值等于总利润，成本价格加成定价原则也已经提出来了。但是在这个时候，仍然缺乏的是（3）价格偏离价值的精确的方式。德赛认为，法尔曼在1892年为这个问题提供了答案，即不等的价值利润（$s/(c+v)$）可以导致相等的平均货币利润率，如恩格斯指出的："这只是由于：在……不变资本和可变资本的比率最大的一切生产部门，商品高于它们的价值出售，这也就是说，在不变资本和可变资本的比率即$c:v$最小的那些生产部门，商品低于它们的价值出售，只有在那些c和v的比率代表一个中位数的生产部门，商品才按照它们的真正价值出售……各个价格和它们各自的价值之间的这种不一致，是不是对价值原理的否定呢？绝对不是。因为当一些商品的价格提高到价值以上时，另一些商品的价格就按相同的程度降低到价值以下，所以价格的总额仍然和价值的总额相等……'归根到底'

---

① 《马克思恩格斯文集》第7卷，人民出版社2009年版，第15页。
② Meghnad Desai, The Transformation Problem, *Journal of Economic Surveys*, 1988, Vol. 2, No. 4. P. 302.

这种不一致就消失了。"这种不一致是一种"干扰";"不过,在精确的科学上,人们从来不把可以估计到的干扰看成是对一个规律的否定。"①

德赛认为,法尔曼提供了价格价值偏离的基本条件。唯一还缺乏的一个理论步骤是(4)计算价格的正确的公式。德赛认为,马克思没有明确区分价格和价值术语,在马克思的计算中,投入的定价和产出的定价之间的不一致起到了真正的破坏性的作用。

德赛指出,在考察《资本论》第三卷出版后的论争之前,必须弄清楚一些问题。"每一个经济学学派都有它自己理解的转形问题。在新古典经济学那里,首先是用供求解释价格的,然而再进一步深入到偏好和技术去解释为什么形成那样的价格。许多经济学家认为新古典理论优于马克思的理论"②。比如,维克塞尔认为,边际主义的价值解释优于劳动价值论,而这也正是庞巴维克批判马克思的价值理论的底线。也有许多马克思主义者认为,转形问题只是一个学术练习。马克思的转形问题是分析了一种静态的、价格对价值的偏离,利润同剩余价值的偏离。转形问题不是在动态术语的框架内进行的,它也无法被扩展到垄断资本主义的情况下,它没有明确地赋予货币某种功能,也没有分析不确定性问题。"马克思主义经济学中的困难在于,大量的时间被一再浪费在同样一个问题上,而不是进一步去研究未被解决的问题上"③。德赛认为,价值—价格转形问题在马克思自己的解决方法提出之前已经切实地被解决了。"从那时开始到斯拉法—斯蒂德曼的解决方法提出,并没有取得什么样的理论进步。现在人们有了更好的、更明显的方式提出和解决转形问题,仅此而已。有关动态的、货币的和不确定性的方面的未解的问题,仍然存在"④。

30.2　转形问题论争简史

价值向生产价格转形是马克思主义经济学领域最具争议的问题之一。在进入21世纪的开头十年中,有关转形问题的争论,仍然存在不同的解决方法,这足以证明这个问题的复杂性。对过去百年间有关转形问题的论争的重要阶段进行划分,对马克思主义经济学思想史研究是有重要的意义的。同

---

① 《马克思恩格斯文集》第7卷,人民出版社2009年版,第18页。
②③④ Meghnad Desai, The Transformation Problem, *Journal of Economic Surveys*, 1988, Vol. 2, No. 4. P. 303.

时，对这些阶段划分，也是对以下各章内容的概述。

30.2.1 恩格斯的"挑战"和转形问题的复杂性

对转形问题的讨论事实上始于恩格斯发起的一个"挑战"。在《资本论》第二卷序言中，恩格斯提出了一个古典政治经济学的矛盾，向当时的理论家发出挑战。这个挑战就是要求当时的理论家证明"相等的平均利润率怎样能够并且必须不仅不违反价值规律，而且反而要以价值规律为基础来形成"。① 恩格斯相信马克思已经解决了这个问题。

在回应恩格斯的"挑战"中，莱克西斯提出了一种解决方法，事实上，莱克西斯对恩格斯的挑战的回应已经预见到了差不多一个世纪之后出现的有关劳动价值论"多余性"的批判。除莱克西斯之外，另外的参与到论争中的理论家，也把价值规律作用的发挥和竞争的过程结合在一起对转形问题进行讨论。这个阶段的论争围绕对价值规律支配价格运动的事实的理解展开，每个参与者都力图把劳动价值概念和平均利润率联系起来。在这一阶段，因为人们广泛地接受劳动价值论，一般认为它本身并不需要预先给予严格的证明，因此，讨论也集中于对马克思劳动价值论和李嘉图观点的联系与区别的理论上。

因此，古典政治经济学的连续性和对它的批判，一开始就被交织进转形问题的争论中。自此，在复杂性基础上产生的困难开始出现在转形问题论争的各个方向。建立在劳动价值论基础上的利润率平均化的真实的经济过程必须加以具体解释。西方参与马克思经济学论争的学者一般认为，《资本论》第三卷的出版并没有清楚地解决这个矛盾。19 世纪末，庞巴维克宣称马克思经济学体系"终结"时，也认为已经"解决了"转形问题。

恩格斯认为，那些反对马克思的解决方法的经济学家的观点是令人失望的。因此，李嘉图和马克思之间的区别需要被明确地加以证明。马克思试图通过对价值规律支配实际价格运动的说明解决古典政治经济学中的矛盾，从而离开了李嘉图。这意味着，尽管价格并不直接与个别价值成比例，但是存在一种能够解释价格和价值相偏离的机制。然而，当试图为这种机制提供一个数学说明时，马克思并未得出一个完整正式的转形程序。这也就是为什么海因里希（Heinrich）认为，从马克思之后开始，转形问题不再被认为是古

---

① 《马克思恩格斯文集》第 6 卷，人民出版社 2009 年版，第 25 页。

典政治经济学的失败，而被看作是马克思的一个错误。①

30.2.2 博特凯维兹的"修正"和量化研究倾向的强化

《资本论》第三卷中马克思的数量解释用价值术语计算了成本价格。这种条件保证了资本家能够按照它们的个别价值购买到由不变和可变资本组成的商品组合。尽管这是一种可能的情况（比如，生产投入品的不同部门的有机构成恰好等于经济的平均有机构成），但是一般情况下，由不变资本和可变资本组成的商品的价格将会区别于构成它们的商品的个别价值。马克思认识到了他自己的解释存在的局限，并提醒说对这一问题的充分的解释要考虑到这一点。对马克思的这种提醒，后来成为争论的一个重要问题：有学者认为，这是马克思意识到自己的解决方法存在问题；有学者认为这表明马克思提醒那些不按照他的方法解决转形问题必然会遇到无法解决的困难。

至少在跨期单一体系解释出现之前，大多数转形问题的研究把马克思的提醒，理解为马克思意识到自己的解决方法存在缺陷。因此，较多的争论就是围绕着有关转形问题的量的方面展开的。如果上述认识是正确的，那么马克思的数量方法必须被加以修正，也就是说有关有机构成的所有可能的情况都应该包括在模型中。博特凯维兹正是沿着这个方向前行的，他追随杜冈－巴拉诺夫斯基，也可能受到了沃尔夫冈·米尔普福特的影响，提出了一个在后来产生了很大反响的解决方法。

这就如曼德尔所认为的，在有关马克思转形问题的论争史上，"第一个重要的转折点"② 是 1907 年 7 月普鲁士统计学家博特凯维兹的论文《对马克思〈资本论〉第三卷基本理论构建的修正》③ 的发表。博特凯维兹的论文，把人们的注意力引向了马克思在《资本论》第三卷中对价值向价格转形的说明存在所谓的"反馈"失败的问题。也就是说，生产投入是用价值量表示的，而产出是用生产价格计算的。博特凯维兹使用《资本论》第二卷中马克思的再生产图式提出了一个逻辑矛盾，指出在这个图式中如果投入

---

① Heinrich, M., Die Wissenschaft vom Wert. Münster, 1999.

② Ernest Mandel, Introduction, In Ernest Mandel, Alan Freeman Eds, *Ricardo*, *Marx*, *Sraffa*: *The Langston Memorial Volume*, Schocken Books, 1985, P. ix.

③ Ladislaus von Bortkiewicz, Zur Berichtigung der Grundlegenden Theoretischen Konstruktion von Marx im Dritten band des Kapital, Jahrbücher für Nationalökonomie und Statistik, July 1907. L. v. Bortkiewicz, On the Correction of Marx's Fundamental Theoretical Construction in the Third Volume of Capital, In Karl Marx: *Critical Responses*, Vol. 3, edited by Roberto Marchionatti, London; New York: Routledge, 1998, pp. 300－318.

是用生产价格量表示的，那么可以得到一个不同于马克思的转形问题的解决方法。由此，博特凯维兹推断马克思自己的计算应当"被修正"。

博特凯维兹的论文在当时并没有产生什么重要的影响，直到1942年斯威齐在《资本主义发展论》① 一书中重提博特凯维兹这篇文章和另一篇发表于1906年的《关于马克思体系中价值计算与价格计算问题》时，才引起了西方经济学界的关注。同时，斯威齐也提出了一个新的联立方程组，对博特凯维兹的论述作出补充论述。

20世纪40代末到60年代初，博特凯维兹的研究，加上斯维齐对博特凯维兹的解决方法的推广，引发了大量有关转形问题的文献的出现。"一系列的作者，通过研究社会总产品在劳动分工的不同部门的分配，在各种各样的假定下，设计不同的计算价格和价值的方法，得到了或多或少不同于马克思的结果"②。

针对博特凯维兹和斯威齐的论述，西方一些马克思经济学研究者先后提出了各自的独立的看法。例如，1948年，温特尼茨在《经济学杂志》上发表了一篇短文，这是英国马克思经济学研究者对博特凯维兹的第一次批判；莫里斯·多布1955年发表的《关于价值问题的探讨》一文、米克在1956年出版的《劳动价值学说的研究》一书中和同年发表的《关于"转形"的若干问题的探讨》一文中，以及塞顿1957年发表的论文都对转形问题作出了新的论述。这一时期，对转形问题的探讨大多是以"补充"或"完善"马克思的既有理论为基本出发点的，因而更多的是马克思主义经济学圈子内的一种具有显著的"学术"取向的论争。

博特凯维兹建立了一个探索价值向生产价格转化的代数算法的出发点。相应地，转形问题的量的方面的研究，成为后来转形问题研究的重要方面。正因为如此，博特凯维兹直至斯拉法的《用商品生产商品》出版之前这一阶段的转形问题论争，明显地弱化了意识形态和两极对立的特色。

如果对转形问题的这种讨论的确是因为马克思的解决方法存在局限引起的，那么有关转形问题的量的方面产生的大量争论到底是马克思自己造成的，还是后来的"修正者"人为构造的（在20世纪末和21世纪初得到充分发展的TSSI分析认为是由"修正者"造成的），就不是太重要了。但是，

① P. M. Sweezy, *Theory of Capitalist Development*, New York: Monthly Review Press, 1970; first published 1942, pp. 112 – 125.

② Ernest Mandel, Introduction, in Ernest Mandel, Alan Freeman Eds, *Ricardo*, *Marx*, *Sraffa*: *The Langston Memorial Volume*, Schocken Books, 1985, P. ix.

博特凯维兹的研究的确发挥了一个重要作用，它使得一种观念变得相当流行，那就是转形问题研究在很大程度上只是关于一种体系向另一种体系正式的数量方面的转化。这是这一阶段转形问题论争的一个重要特征。

30.2.3 价值理论"多余性"观点的盛行

20世纪60年代，有关传统的转形问题的论争出现了明确的特征：在很大程度上被人们（包括很多马克思主义者）接受的"解决方法"认为，价值体系是"多余的"。当然，这是所谓的"多余的"不等于说是"错误的"。

这种情况的出现和以斯拉法《用商品生产商品》中的分析为基础对转形问题的研究有关。这一阶段研究的主要结论可以概括如下：价值体系区别于生产价格体系。各种转形问题论争的差异主要是剩余价值分配的标准造成的。所谓的价值向生产价格转形就是从一个体系向另一个体系的转化。在形式上，这种分析是价值体系与一个特定的矩阵相乘加以描述的，这种方法"重组"了剩余价值分配，因此，生产价格和与每种类型的资本成比例的利润得以决定，无论这种资本是可变资本还是不变资本。通过这种方式，这种矩阵的逆矩阵使得逆转形问题也是成立的，也就是说，从生产价格转化为价值。这意味着两个体系之间彼此可以在量上相互决定。但是，这种认识的出现并没有终结转形问题的论争。

显然，转形问题论争的第二个"转折点"是以1960年斯拉法的《用商品生产商品》的出版为标志的。与里昂惕夫最初的著作有很强烈的实证和统计的特征不同，斯拉法使用投入—产出方程体系构建对新古典边际主义的理论批判。然而，在斯拉法的模型中，价格和物质量之间的关系完全独立于价值（先前的塞顿曾经提到这个结果）。尽管斯拉法自己没有明确地攻击马克思主义者的分析，但他著作中的结论迅速得到了应用，"争论开始从对马克思的价值理论构建的技术性批判，转向试图证明在经济分析上劳动价值论是不必要的，而且应当被抛弃"[1]。

这一问题引发了长期而热烈的争论，其中包括：梅迪奥、沃夫斯岱特等的论文和森岛通夫的《马克思的经济学》著作，森岛通夫主要利用冯·诺

---

[1] Ernest Mandel, Introduction, in Ernest Mandel, Alan Freeman Eds, *Ricardo, Marx, Sraffa*: *The Langston Memorial Volume*, Schocken Books, 1985, P. xi.

依曼的线性规划技术。《用商品生产商品》出版后引发的争论的"分水岭"① 出现在 1977 年斯蒂德曼《按照斯拉法理解马克思》出版之后，这本著作不仅总结和综合了先前的争论，而且对后来宣称为后斯拉法主义学派（post-Sraffian school）的论点作了描述。

因此，斯拉法的著作不仅因其自身的意义而重要，而且在经济理论的一般历史中显得非常重要。它标志着一个被广泛认为是新李嘉图主义（neo-Ricardianism）的经济思想流派的开始。这种流派打了新古典边际主义一记闷棍，尤其是在资本理论领域。这个流派的一些主流作者通过把马克思重新吸收进一般理论中质疑马克思对经济理论的贡献。同时，劳动价值理论的基本方面（李嘉图和马克思所共同具有的）被放弃了，价格被纯粹解释为是所谓的"生产的技术条件"和剩余产品在社会中两个主要阶级之间的分割的函数。

以斯拉法为基础的转形问题研究，使用了严格的推理和逻辑上严谨的数学证明，使得关于价值理论"多余的"观点在一段时间内似乎成了一种共识。这也是为什么一些先前的马克思主义者开始鼓吹"沟通"马克思和斯拉法、斯拉法"重新复活了"马克思、斯拉法是对"马克思的发展"等观点的原因。

自 20 世纪 70 年代开始，价值理论争论的核心围绕价值理论的"可行性和重要性"展开。"参与争论的学者的数目和多样性，以及所考察的理论问题涉及的范围，都使得这次论争成为经济理论历史上漫长的最为显著的论争之一"②。

这一时期的论争，不只是在马克思主义者内部进行。当时存在着三种理论方法的对抗，即新古典主义、新李嘉图主义和马克思主义学派在理论方法上的对抗，它们共同构成了这一时期论争的基本框架。用伊藤诚的话说，新李嘉图主义的加入，使得当时的论争呈现出"三足鼎立"的局面。③ 这三种本质上存在差异的方法，是理解当时的论争的关键，因为马克思主义价值理论家们的不同的态度，经常源自对这种三角关系中某一种视角的反应。

与第一阶段的转形论争不同，20 世纪 70 年代开始的第二阶段争论，先前被接受的规则成为论争的对象。"现代的转形争论把由博特凯维兹定义的

① Ernest Mandel, Introduction, in Ernest Mandel, Alan Freeman Eds, *Ricardo*, *Marx*, *Sraffa*: *The Langston Memorial Volume*, Schocken Books, 1985, P. xi.

②③ Makoto Itoh, The Value Controversy Reconsidered, In *Radical Economics*, Edited by Bruce Roberts, Susan Feiner, Kluwer Academic Publishers, 1992, P. 53.

转形问题和庞巴维克传统中的对劳动价值概念的广泛质疑结合在了一起"①。伊藤诚认为，萨缪尔森作为新古典理论的代表人物，在1971年开启了第二个阶段的论争。萨缪尔森认为，马克思的劳动价值论作为一种商品的相对价格理论是成立的，但只是在特殊的假定下才是成立的：不存在生产资料（不变资本为零）或利润（剩余价值为零），或者所有产业中资本的有机构成是一致的情况下是成立的。此外，马克思的用劳动价值术语定义成本价格的要素的生产价格理论，只在一种特殊情形中是有效的，那就是"相同的内部资本构成"的情形中，从而马克思的生产价格理论完全缺乏一般性。在萨缪尔森看来，沿着博特凯维兹—斯维齐的线路把成本价格要素转化为生产价格的程序，只是引出了上一个问题。既然结果与直接从用物质术语表示的投入—产出技术数据构建的价格方程体系得到的结果一样，萨缪尔森认为，《资本论》第一卷中的价值分析只是一种"不必要的迂回"。

萨缪尔森1971年提出他的"橡皮擦算法"后，一种新的争论就开始了，这既是因为萨缪尔森声名显赫，也因为他在一定程度上打破了从庞巴维克开始就已经存在的一种认识：马克思的价值理论是错误的。从那时开始，马克思主义者和斯拉法主义者之间的冲突开始变得日益激烈。萨缪尔森的研究既受到忠于劳动价值论的人的攻击，也受到否定劳动价值论的人的攻击。这一点其实很好理解。就如同对敌人的让步不能让敌人释怀，但却会激起朋友的愤怒是一个道理。比如，勒纳批评萨缪尔森，认为他对马克思劳动价值论作出了"不合理的让步"（illegal concessions）②，因为萨缪尔森的让步揭示了庞巴维克是如何失败的，同时在主流经济学完全否定古典政治经济学的价值理论后，使得劳动价值论再次变得可以接受。先前，反对马克思劳动价值论是因为它被认为是错误的，但是现在它变得在逻辑上是可以接受的。从劳动价值论是矛盾的指责转变为是多余的指责，表明马克思主义经济学在论争的演变中重新获得了力量。

另一个对萨缪尔森做出反应的是索斯沃斯（G. Southworth）。索斯沃斯研究了经济学家们对马克思的兴趣日增的动机和他们在理解马克思理论时存在困难的原因。索斯沃斯认为，一部分原因在于马克思自己的文本，但是另一部分原因在于不同类型研究方法之间的差别。索斯沃斯认为，为了反对对

---

① Makoto Itoh, The Value Controversy Reconsidered, In *Radical Economics*, Edited by Bruce Roberts, Susan Feiner, Kluwer Academic Publishers, 1992, P. 59.

② Lerner, A., A Note on Understanding the Marxian Notion of Exploitation, *Journal of Economic Literature*, Vol. 10, No. 1, 1972, pp. 50–61.

马克思主义理论日益增加的兴趣，一些论文具有抵制这种运动的政治目标。萨缪尔森的"打哈哈"[①] 式的词汇是这种行为的一个明证，以及他对马克思是一个"二流的后李嘉图主义者（minor post-Ricardian）"的说明。[②]

森岛通夫沿着上述论争的思路进行了研究，"尽管他在一定程度上弱化了萨缪尔森的批判"[③]。森岛通夫对马克思有关剩余价值率和剥削率之间关系的表述持更加同情的态度，这一点可以从他对置盐信雄的"马克思基本定理"的使用上看出来。但是，森岛通夫强调，马克思的生产价格概念（用价值术语定义成本价格）只有在产业是"线性相关"的情况下才是有效的，这同样是一个具有严格限制性的条件，尽管它不像可以包含于这种分析中的萨缪尔森的"相同的内部构成"条件那样严格。最终，森岛通夫以在面对异质劳动和联合生产或固定资本时存在的理论困难为理由，建议放弃马克思的劳动价值论，用冯·诺依曼的理论模型替代它。

这些批判，"在年轻的西方学者中产生了意想不到的后果，这些学者现在意识到，马克思主义经济理论同新古典和新李嘉图主义经济学一样，可能值得进行数学分析。与此同时，他们被斯拉法沿着相同的思路进行的批判所感染"[④]。比如，斯蒂德曼附和萨缪尔森，公开抨击劳动价值论是"多余的"，因为均衡价格能够按照斯拉法的方法从再生产的物质数据中推导出来。

在论争中提出的这一方法的基础上，萨缪尔森事实上清楚地表明价值能够被转化为生产价格。这使得论争发生了变化，开始从价值和价格两个极端出发：一方面，价值分析被认为是不必要的迂回；另一方面，认为如果不和价值联系起来价格就是没有意义的实体。在消解传统的量的一面的转形问题后，有关价值和价格之间的关系的论争中存在的两极分化变得越来越清晰了。

在一定意义上，可以说转形问题的算法找到了：问题被解决了或者说被取消了。但是，即使如此，讨论转形问题的文献仍层出不穷。这一定程度上是因为随着时间的推移，论争变得越来越形式化，马克思发起的"挑战"的最初的含义逐渐被淡化了。一旦找到解决问题的方法时，这个问题在整体

---

①② Samuelson, P. A., Understanding the Marxian Notion of Exploitation: A Summary of the So-Called Transformation Problem between Marxian Values and Competitive Prices. *Journal of Economic Literature*, Vol. 9, No. 2, 1971, pp. 399–431.

③④ Makoto Itoh, The Value Controversy Reconsidered, In *Radical Economics*, Edited by Bruce Roberts, Susan Feiner, Kluwer Academic Publishers, 1992, P. 59.

上的意义已经变得难以理解了。

这种情况的确发生了。鲍莫尔[1]1974年用一种新的形式考察了转形问题。他认为，博特凯维兹以后的作者过于关注在马克思那里其实无关紧要的问题。鲍莫尔提出了"马克思真正的意图是什么？"这样的问题，在鲍莫尔看来，马克思的真正意图是想说明，通过竞争实现的、剩余以不同形式的资本收入进行的分配，能够用一个数学模型来加以说明。自从1907年之后，从量上探索转形问题的解决方法耗费了参与论争的作者们的大部分精力。但是，真正重要的是需要知道剩余价值在现实中是如何分配的。此外，鲍莫尔强调，马克思知道生产价格可以在量上在不涉及价值的情况下加以决定。因此，重要的一环是剩余价值转化为不同范畴的资本所有权的回报（比如利润和利息）。对问题的这种理解与传统的方法产生了实质性的差异，转形问题似乎成了一个纯粹的剩余价值的分配问题，或者说分配问题。

在这一时期，"批判中存在的一个典型的共同特征是，所有的人都承认物化劳动价值是可以从再生产的物质数据中推导出来的，至少在排除掉异质劳动和联合产品的情况下是如此"[2]。在上述含义上，这一阶段对马克思主义价值理论的批判，"偏离了像庞巴维克那种类型的早期批判"[3]，因为庞巴维克完全反对劳动价值论，支持边际效用价值论。另外，博特凯维兹—斯维齐的从价值向生产价格转化的程序，不再被这一阶段的批判者认为存在逻辑上的错误，但是，他们必须承认劳动价值和生产价格能够从再生产的物质数据中推导出来，就如同在斯拉法的方法中，均衡价格是从同样的数据推导出来的一样。因此，这些批判的关键之处在于认为，作为一种直接的价格理论劳动价值论缺乏一般的相关性，而且与更直接的斯拉法式的方法相比，劳动价值论作为一种推导均衡价格的手段是"多余的"。

这种"多余性"的批判，显然会对马克思经济学体系造成很大的冲击，而且也难以被马克思主义经济学家所接受。在对这一阶段的"多余性"批判作出回应时，马克思主义理论家几乎无一例外地强调，马克思的价值理论不像其他类型的理论，并不只是为了决定均衡价格，更重要的是为了阐明资本和工人在剩余价值生产上的关系。因此，"如果在古典和马克思主义传统中，认为经济学作为社会科学的任务，在于揭示价格背后的以人类劳动为基

① Baumol, W. J., The Transformation of Values: What Marx 'Really' Meant: An Interpretation. *Journal of Economic Literature*, Vol. 12 (1), March, 1974, pp. 51–62.

②③ Makoto Itoh, The Value Controversy Reconsidered, In *Radical Economics*, Edited by Bruce Roberts, Susan Feiner, Kluwer Academic Publishers, 1992, P. 60.

础的社会关系的本质，那么劳动价值论不仅远远不是多余的，反而是必不可少的"①。

30.2.4 对价值理论"多余性"批判的反批判

从转形的数学解释被广泛接受时，分析转形问题的新的形式就开始出现。许多研究开始探寻价值向生产价格转化的含义。1977 年，斯蒂德曼出版了《按照斯拉法思想研究马克思》一书，他敦促经济学家们证明，对于经济的物质主义分析而言，劳动价值理论的必要性和有用性。这意味着，传统的转形问题只是包含政治经济学的连续和断裂的更广泛的问题在内的一个特定的插曲。传统的转形问题争论产生的实际后果是，明确地否定了庞巴维克发起的认为《资本论》第一卷和第三卷之间存在矛盾的批判。对所谓矛盾的批判完全被对"多余性"的批判取代了。

新李嘉图主义占据支配地位以后，对它的质疑一直存在。一些著述者认为，尽管新李嘉图主义批判了新古典主义理论中的边际主义要素，但是它同新古典理论一样，坚持的是一种均衡分析的方法。因此，它同新古典理论一样，无法为研究资本主义的一个最重要的特征提供分析工具，这一最重要的特征就是，资本主义发展的不平衡和相互联系的特征，这种发展以资本的无休止的运动，永不终止的失衡和价格、独立生产者的利润以及地租的重新恢复平衡为特征。资本主义不平衡的发展，它无休止的和无计划的波动，恰恰源自生产和交换的私人性质，源自生产者无法也不能进行计划的事实。对资本主义研究而言，新李嘉图主义方法是一个完全不科学的出发点，因为它抽象掉了资本主义同所有其他经济体系相区别的本质特征。

为了评价价值分析的多余性的观点，作为对"斯拉法冲击"的回应，出现了不同的解决方法。对如何解决"多余性"问题并没有达成共识。基于这个原因，第三个阶段的论争从根本上可以看作是发生在理论家们之间的关于劳动价值论的论争。接下来出现了有关转形问题的新解决方法、跨期单一体系、沿着质的一面阐述问题和概率近似方法等。

一是"新解决方法"或"新解释"问题。这是 20 世纪 80 年代产生重大影响的第一类型的解决方法。对"新解释"做出原创性贡献的主要包括

---

① Makoto Itoh, The Value Controversy Reconsidered, In *Radical Economics*, Edited by Bruce Roberts, Susan Feiner, Kluwer Academic Publishers, 1992, P. 60.

弗利、① 杜梅尼尔②和利皮兹（A. Lipietz）。③

杜梅尼尔认为，因为要加总不同的使用价值，所以价值概念的提出是一种理论必然。劳动价值论有一种独特的分类功能：解释历史背景中的劳动社会分工，而价格理论只能描述商品生产社会中的这种分工。此外，在杜梅尼尔看来，新解释必须通过引用马克思的论述作出说明，因此，它必须建立在马克思文本的基础上，而不是自由地加以阐发。另一方面，杜梅尼尔认识到，"多余性"的解释也可以通过马克思的著作中的某些内容加以证明。这表明文本中存在的模糊性应当仔细地作出分析。

新解释不能被认为是对这一阶段"多余性"批判的有效的反批判。它提出的是劳动价值理论家中最流行的解决方法，在过去一些年也遇到了批判，有些人只是简单地反对它，有些人赞同它反对有关转形问题的"多余性"解决方法的目标。因此，一些学者认为，新解释在政治统一的含义上是先驱者，但是，它脆弱的理论主张不可能得以维持。

二是有关质的一面的理论发展，它受到鲁宾（Rubin）的早期著作④的强烈影响。鲁宾是俄国的一位著名的马克思主义经济学家。他认为，如果人们不从构成商品生产基础的生产的社会关系出发，就无法理解为什么价值分析是必要的。如果社会劳动分工只纯粹受同部门的社会总产出的总量交换的调节，那么，实际上是在讨论一个完全不同的经济体系，即一个没有私有制和商品生产的经济体系。在这一经济体系中，所有劳动都直接是社会劳动，不再存在私人劳动只有通过交换才能成为社会劳动。在价值背后是抽象劳动，抽象劳动背后隐藏着具体的社会关系，这种社会关系调节着以近似平等的条件交换劳动产品的生产资料私人所有者的行为，没有这种社会关系，劳动的社会分工将会失败。

鲁宾的这个传统解释强调价值分析的质的方面，并以此来解决转形问题。在这一方法中，对抽象劳动的概念作出仔细研究。因此，价值分析质的一面成为问题的焦点。"政治经济学批判"的概念重新成为中心问题，马克

① Foley, D. K., The Value of Money the Value of Labor Power and the Marxian Transformation Problem, *Review of Radical Political Economics*, Vol. 14, No. 2, 1982, pp. 37 – 47.

② Duménil, G., Beyond the Transformation Riddle: a Labor Theory of Value, *Science and Society*, Vol. XLVII, No. 4. 1983 – 1984, pp. 427 – 450.

③ Lipietz, A., The So-called Transformation Problem Revisited, *Journal of Economic Theory*, Vol. 26, No. 1, 1982, pp. 59 – 88.

④ Rubin, I. I., Abstract Labour and Value in Marx's System, *Capital & Class*, Vol. 5, 1978, pp. 107 – 139.

思和古典经济学家的区别被做了明确说明。结果，价值的量的决定被忽视了。价值和价格之间的联系只是范畴的发展，是一种不同水平的抽象表达之间的联系，而不是一种逻辑性的数学程序。根据这种方法，价值向生产价格的量的转化是解决问题的不正确的方法。

法因和菲力欧（Saad-Filho）分析了质的解决方法的含义，他们指出，比转形问题的数学解决更重要的是要观察到，马克思的价值理论并不像那些寻找正确的数学解决方法的人认为的那样，它是无法在量的基础上建立起来的。[①] 他们认为，重要的是价值是作为社会关系的结果存在的。因此，不是要在价值或价格体系之间作选择，而是要对它们之间的关系进行理论上的认知和分析层面上的解释。

质的解释当然也遇到了量的分析的支持者的批判，认为质的阐述为许多马克思主义者提供了避难所。有关转形问题的质的论争是第三个阶段的争论的一个独特的方面。显然，这种质的解释不可能终结有关转形问题的论争，尤其是如果量的分析的发展多年来还没有找到它们的根本依据的话。此外，特别需要强调的是，价值理论的量的方面的问题受到马克思自己的强烈支持，马克思本人非常关注对价值和价格之间数量关系的解释。当然作为一种研究方法的辩证法，不可能允许把焦点只放在单纯量的方面或只放在单纯质的方面。

三是概率方法（probabilistic approach）。它更加直接地回应了斯蒂德曼在《按照斯拉法思想研究马克思》中的观点。法杰恩（E. Farjoun）和马考维（M. Machover）[②] 1983年对一种统计方法作出阐发，以此证明政治经济学的假定，并解决有关转形难题。在他们看来，有关这个问题的根本性的假定，同时也是一个最容易被误解的假定就是平均利润率的假定。

他们批判了有关利润率假定中存在的决定论，提出一种非决定论的模型，在这种模型中，利润率只能在概率的基础上决定。传统方法认为所有部门的利润率是相等的，是因为对所有理论家来说，通过竞争形成的利润率的均等化是一种真实存在的经验。事实上，利润率总是不同的，这一点从经验上和市场分析中看都是如此。

概率方法认为，市场上的交换关系通过自由市场过程按照生产价格调

---

① Fine, B. and Saad-Filho, A., *Marx's "Capital"* (Fifth Edition). London and New York: Pluto Press, 2010.

② Farjoun, E. and Machover, M., *Laws of Chaos: A probabilistic approach to political economy*. London, 1983.

整。商品的价格可以在买卖双方之间进行自由协商，但是价格的可变性受到一个未知的参数的限制。在这种方法中，与斯拉法不同的是，生产价格不是研究的对象：只存在价值体系（生产的单个价值）和市场价格（在市场上形成的可观察到的交换关系）。马克思认为具体的交换关系受经济规律，尤其是价值规律的支配。这意味着，即使市场价格是"开放的"，价值规律仍然支配和调节它们。价值和价格之间的联系可以模型化为一种概率计算，而这其中不存在绝对的均衡趋势。

30.2.5　跨期单一体系的兴起和对先前研究的批判

真正利用数学工具，对马克思的劳动价值论存在"内在不一致"或是"多余的"观点进行严格的学术研究的，是现在被称为"跨期单一体系解释（TSSI）"的潮流。TSSI 的支持者认为，TSSI 方法是对所有以同期方式（simultaneous）把价值和价格联系起来的方法的取代。对 TSSI 的支持者来说，差不多先前所有的讨论都是建立在同期转形模型基础之上（包括德米特里耶夫（V. K. Dmitrier、博特凯维兹、斯维齐、塞顿、置盐信雄、森岛通夫、谢赫、斯蒂德曼以及莱伯曼等），因此无法解释价值向价格转化的含义。

在同期解释中转形并不是按步骤发生的，价值体系和价格体系是同时决定的，从而出现了两套交换关系。从这种解释中得出的一个著名的结论是选择两种体系中的一个是可能的，因此在两个体系之间不存在理论联系。根据弗里曼（A. Freeman）、克莱曼和威尔斯（A. Wells）的观点（2004），这造成了体系的分离，并把转形问题转变为一个"虚假问题"（spurious problem）。[①] 从这种同期主义视角得到的实际结果就是价值体系的"多余性"和放弃马克思主义经济学。

与此相对，在 TSSI 中，转形发生在时间顺序中。类似于马克思的分析，TSSI 认为，首先，有一个价值体系，它是由经济的技术条件决定的；其次，价格体系是从这个源头推导出来的，然后，两个体系之间的跨期联系出现了。此外，对平均利润率的假定做了研究，认为它不能被认为是一种趋势。因此，为了澄清转形的含义，TSSI 有一个把马克思自己的解释放入争论中的目标。TSSI 事实上否定了博特凯维兹的"修正"，因为 TSSI 的支持者认

---

① Freeman, A., Kliman, A. and Wells, A. eds 2004. *The New Value Controversy and the Foundations of Economics.* Edward Elgar Publishing, 2004.

为，自从博特凯维兹开始，错误的解释支配了整个转形问题的争论。

因 TSSI 差不多否定了所有先前的对马克思的转形问题的解释，它自身也招致了激烈的批判。TSSI 的批判者认为，TSSI 是对"拯救马克思"的进一步挫败。事实上，一些马克思主义者困惑的是为什么 TSSI 否定价值分析"多余性"的结论。因为这个原因，蒙乔维（G. Mongiovi）认为，TSSI 真正缺乏的是对在斯拉法之后还需要劳动价值论作出清晰的解释。[①]

TSSI 的代表人物之一克莱曼认为，"同期主义难以分离地和物质主义交织在一起"[②]。物质主义是 TSSI 者克莱曼对斯蒂德曼所说的"以物质为基础的分析（physically based analysis）"和"物质数量方法（the physical quantities approach）"的简略表达。物质主义认为，"物质数量"或者更精确地说技术和工人的实际工资，是价值、剩余价值、生产价格、平均利润以及利润率的唯一直接的决定因素。粗略地说，技术指的是物质投入和物质产出之间的关系，实际工资是用物质术语度量的工资。当给定数量的投入与以前相比有了更大的产出时，技术进步就发生了。如果一个工人与以前相比能够消费更多的商品和服务，他的实际工资就在上升，无论这种情况是他的货币工资增加还是因为商品和服务变得更加便宜，都是如此。在克莱曼看来，所有的同期主义解释和理论都归属于物质主义者。他还认为，物质主义和同期主义都是无法和马克思的价值是由劳动时间决定的相兼容。

克莱曼认为，上面的观点"非常重要"。马克思的理论存在内部不一致的论争几乎毫无例外都可以简化到这一点上。"因为同期主义和价值规律根本无法兼容，那么当把马克思的理论构建为一种同期主义理论时，毫无疑问马克思的价值理论就变得存在内部不一致了"[③]。在几乎任何一种情况下，所谓马克思的理论的内部不一致只不过是这种根本性的不兼容的一个特定例子而已。从而，如果表明马克思自己事实上是一个同期主义者，或者他犯下的错误必须通过同期主义的方法来修正，那么他的价值理论注定会存在内部不一致。如果不通过这两种方式解决问题，那么马克思的结论和物质主义的结论之间的矛盾，就无法被用于证明马克思那里存在内部不一致。

围绕 TSSI 的观点展开的争论，成为了 21 世纪第一个 10 年和当前马克

---

① Mongiovi, G., Vulgar economy in Marxian garb: a critique of Temporal Single System Marxism, *Review of Radical Political Economics*, Vol. 34, No. 4, 2002, pp. 393 – 416.

② Andrew Kliman, *Reclaiming Marx's "Capital": A Refutation of the Myth of Inconsistency*, Lexington Books, 2007, P. 35.

③ Andrew Kliman, Reclaiming Marx's "Capital": *A Refutation of the Myth of Inconsistency*, Lexington Books, 2007, P. 36.

思的价值理论论争的新焦点。莱伯曼指出，TSSI 对自马克思逝世后几乎所有的马克思主义者著作进行了严厉的指责。这个受到指责的名单中的人包括"新古典的"、"新李嘉图的"、"新瓦尔拉斯的"、"斯拉法主义的"马克思主义传统的作者。在 20 世纪初对马克思的价值向生产价格转形程序进行了严厉的批评的非马克思主义者博特凯维兹，受到了特别严厉的批评。莱伯曼把 TSSI 命名为马克思主义中的"新正统"，他说："马克思主义政治经济学中的新正统，超越了只是主张把马克思主义的基本概念作为继续发展批判性的和革命性社会科学的富有成效的基础。新正统马克思主义宣称，马克思的表述无论是价值理论还是对资本主义积累和危机的分析，是完全正确的；马克思并没有犯什么错误，他留给我们的体系在所有要素上都是完整的，马克思远远超越他的时代，而且在倒霉的 20 世纪被完全误解了"①。

但是，莱伯曼对 TSSI 是持批评态度的，也就是，TSSI 是否能成为马克思主义的"新正统"，在当前正在接受着热烈的检验。有关转形问题论争的主要阶段可参见表 30 – 1：

表 30 – 1　　　　　　　　转形问题争论的阶段及主要内容

	第一阶段：恩格斯的挑战及回应（1885 ~ 1906）	第二阶段：价值理论是"多余的"（1907 ~ 1960 ~ 1971 ~ 1977）	第三阶段：对"多余性"的反批判（1977 ~ 1996）	第四阶段：重建劳动价值论（1996 ~ 当前）
主题	价值规律和平均利润率	转形的数学证明	劳动价值论含义探讨	回到马克思
批判	价值和价格体系之间的矛盾	马克思的代数解决方法的修正，严格假设条件下转形数学解决方法的正确性	价值体系不是多余的	错误在于马克思的"修正者"
主要过程	恩格斯的挑战，庞巴维克的否定，波特凯维兹的修正	从博特凯维兹的修正开始，经由斯拉法的冲击，到萨缪尔森所谓的"迂回"，再到斯蒂德曼的总结	"新解释"、"质的解释"等对逻辑上是内在一致的，但是是多余的观点的反批判	马克思本人那里并不存在后来研究者指出的所谓的错误

① David Laibman, Rhetoric and Substance in Value Theory：An Appraisal of the New Orthodox Marxism, *Science & Society*, Vol. 64, No. 3, Fall 2000, P. 312.

第 31 章 关于转形问题的早期探索

《资本论》第三卷正式出版之前，在转形问题尚未成为一个明确的理论论争问题之前，一些学者对转形问题的探讨，已经提出对后来被概括为转形问题的解决方法。对这一经济思想历史回溯有着重要的理论意义，它有助于理解后来围绕转形问题展开的论争纷繁芜杂的根源，有助于阐明不同类型的解决方法的优点与不足，也有助于理解后来提出的某些有关转形问题的解决方法其实只是历史上早已出现的观点的再现或重述而已。

31.1 "有奖征文竞赛"与莱克西斯和施米特的探索

正是在与马克思就有关转形问题的长期探讨的基础上，恩格斯才充满信心地发起了与转形问题密切相关的"有奖征文竞赛"。发起这个竞赛，既因为恩格斯已经预先了解了马克思对这个问题的思考和解决，也是基于对有人指责马克思剽窃了洛贝尔图斯（J. K. Rodbertus）的愤慨，同时也不排斥恩格斯故意地不预先提供答案，是响应马克思的"不断地给那些家伙设下陷阱，迫使他们早早地暴露出他们的愚蠢"的号召。

在《资本论》第三卷序言中，恩格斯承诺将对这个问题的有关论争作出总结。但这个论争因第三卷的出版被推迟了将近十年，而不是最初预想的几个月，而一直持续到 1894 年的这个"有奖征文竞赛"，吸引了来自不同流派的参赛者。

第一个参赛作品，是由德国著名的统计学家和经济学家威·莱克西斯（W. Lexis）在 1885 年评论《资本论》第二卷过程中提出来的。[①] 莱克西斯指出，他已经批评了洛贝尔图斯无法解决的一个矛盾，即在存在均等利润率的经济中，"李嘉图—马克思价值规律和实际价格形成"之间的矛盾。无论

---

① W. Lexis, Die Marx sche Kapitaltheorie, *Conrads Jahrbücher* 11, 1885, pp. 452–465.

《资本论》第三卷是什么样的，唯一可能的解决方法，就是允许价格和劳动价值之间存在偏离，而且这种偏离是以剩余价值从使用相对较大数量劳动力的资本家向使用较少数量劳动力的资本家转移的方式完成的："对我们来说，具有决定性意义的一点是，当两个生产者交换既定数量的不同商品时，作为资本利润的（也就是利润率）均等的结果，一个生产者从交换中得到劳动数量和另一个生产者从交换中失去的一样多……但是由于在资本家阶级内部所得和所失的相互抵消，如果所有的价格和商品的真正价值成比例，剩余价值总量将保持不变。"①

莱克西斯以这样的方式，专门论述了价格和价值之间存在的系统的偏离，以及这种偏离和不同产业中资本有机构成之间的联系；总剩余价值和总利润之间相等。莱克西斯看到了不等的剩余价值能够导致相等的利润率的唯一途径，"有些资本家出售他们的商品时会得到高于这些商品的观念价值的价格，另一些资本家出售他们的商品时会得到低于这些商品的观念价值的价格。'但因为剩余价值的损益会在资本家阶级内部互相抵消，所以，剩余价值的总量同一切价格都和商品的观念价值成比例时一样'"②。恩格斯认为，问题在莱克西斯那里远远没有解决，而只是含糊地、肤浅地，然而大体上正确地提出了问题。德赛认为，恩格斯的评价过于严厉，因为"在莱克西斯那里有两点是正确的：价格必然偏离价值，总剩余价值为总利润设定了限度，因为转形只是在资本家之间对总剩余价值进行再分配"③。霍华德和金可能会赞同德赛对莱克西斯的评价，他们指出："即使只是暗示，马克思解决转形问题方法的基础，已经出现在莱克西斯早期对转形问题简短的讨论中了"④。

康拉德·施米特（C. Schmidt）的参赛作品出版于 1889 年，实际上是他的博士论文。⑤ 施米特和恩格斯的通信中表明，无论是在论文写作还是在著作出版中，施米特绝对没有得到恩格斯提供的任何帮助。恩格斯也曾非常愤怒地否认他曾经秘密地告诉过施米特关于马克思的解决方法。⑥

①　W. Lexis, Die Marx'sche Kapitaltheorie, *Conrads Jahrbücher* 11, 1885, P. 464.

②　《马克思恩格斯文集》第 7 卷，人民出版社 2009 年版，第 13 页。

③　Meghnad Desai, The Transformation Problem, *Journal of Economic Surveys*, 1988, Vol. 2, No. 4. P. 301.

④　Howard, Michael C. and John E. King, *A History of Marxian Economics：Vol. I*, 1883 - 1929. London：Macmillan and Princeton：Princeton University Press, 1989, P. 26.

⑤　C. Schmidt, Die Durchschnittsprofitrate auf Grundlage des Marx'schen Werthgesetzes, Stuttgart：Dietz, 1889.

⑥　《马克思恩格斯文集》第 7 卷，人民出版社 2009 年版，第 20 页。

施米特一开始就接受工人生产了体现在剩余产品中的剩余价值，但是资本家必须提供一定量的物化劳动，从而能够占有剩余产品。因此，对资本家而言，预付资本就是他为了获得剩余产品而付出的社会必要的对象化劳动的量。

施米特从把总产品分为两个部分开始：一部分是生产所需的由不变资本和可变资本代表的产品；另一部分是剩余产品。关键问题是确定剩余产品的出售价格。平均利润率的形成，使每个资本家剩余产品的价格必然和预付资本成比例，从而价格必然不等于物化在产品中的劳动数量。施米特认为，这和马克思的价值理论并不矛盾。只有社会必要劳动创造价值，剩余产品中的物化劳动不是社会必要劳动，从而它无法决定商品的价值。[①] 这种出发点显然是错误的，因为它既误解了马克思的社会必要劳动概念，也混淆了价值和价格。马克思十分明确地坚持剩余产品的劳动价值和生产价格之间的区分。施米特注定要遭到两个方面的批评，既有来自恩格斯的批评，也有来自非马克思主义者的批评。

施米特把平均利润率定义为：

$$\frac{\sum m}{\sum (c+v)}$$

$\sum m$ 是总剩余价值，$\sum (c+v)$ 代表使用的不变资本和可变资本的总和。然后，施米特说明，个别资本家获得的利润，是由一般利润率和他使用的资本总量的乘积决定的。可以被写为：

$$\frac{\sum m}{\sum (c+v)}(c+v)$$

这确定了剩余产品的交换价值，从而也确定了它的价格，即用货币形式表示的交换价值。不变资本和可变资本的价格是以不同的方式确定下来的，尽管施米特认为它们各自的价格等于物化在它们中的劳动。[②]

施米特用一个数字例子说明了他的观点。假定生产了 100 单位的商品，其中 50 单位代表资本家在不变资本和可变资本上的支出，其余的 50 单位是剩余产品。第一部分的价值（用黄金表示）是 500 英镑，或者每单位产品

---

① C. Schmidt, *Die Durchschnittsprofitrate auf Grundlage des Marx'schen Werthgesetzes*, Stuttgart：Dietz，1889，pp. 11 - 12，16.

② C. Schmidt, *Die Durchschnittsprofitrate auf Grundlage des Marx'schen Werthgesetzes*, Stuttgart：Dietz，1889，pp. 47 - 48.

10 英镑。施米特进一步假定，使用的资本的价值是 400 英镑（这意味着平均周转期不足一年），平均利润率为 20%。从而资本家的利润为 400 英镑的 20%，即 80 英镑。这也是代表剩余产品的 50 单位商品的价格；从而每单位剩余产品的价格为 1.60 英镑。全部产品售出时得到（500＋80）＝580（英镑），小于其价值（100×10＝1000（英镑）），同样的，每单位商品的价格（5.80 英镑）小于单位商品的价值（10 英镑）。[①] 然而，"一旦考虑到年度总产出——所有个别商品的总和"，这种偏离就"消失了"。施米特声称，构成产出的第一部分产品的价格和价值是相同的，它们代表了资本家在不变资本和可变资本上的支出。总利润和总剩余价值也相等。施米特坚持认为，从总量上看，所有商品的价格之和等于它们的价值之和。[②] 施米特通过对两个反对他的见解的反驳结束了讨论。个别资本家没有意识到一般利润率的存在，从而无法用它去决定自己产品的价格，这是无关紧要的。因为，竞争以"一种纯粹机械和无意识的方式"决定了利润率相等。施米特声称，用不变资本和可变资本的投入是以均衡价格而不是以它们的劳动价值被出售的说法，来反对他的解决方法，也是不合理的。从总量上看，它们总是相等的："从而，总预付资本的价格必然等于它的价值。上面提到的两种反对意见，是不合理的，因为无论总预付资本，是以货币形式还是以商品资本的形式加以考察，利润率水平 $\dfrac{\sum m}{\sum (c+v)}$ 总是保持不变的"[③]。

马克思虽然赞扬了施米特，但他认为施米特的分析是不正确的，"如果施米特利用这个想法，借此来把那个按平均利润率计算的价格同价值规律协调起来，那么，他就把价值规律本身抛弃了，因为他把一种完全同价值规律相矛盾的想法，作为共同起决定作用的因素合并到这个规律中去了"[④]。德赛认为，施米特的研究正确地提出了成本加利润的正确的定价原则，他也以和马克思相同的方式计算了平均利润率。施米特的错误之处可能在于，他把剩余产品和有酬产品分离开来，意味着剩余产品是由物化劳动生产出来的。而对马克思而言，所有的产品都是由劳动和生产资料生产出来的，但是剩余

---

① C. Schmidt, *Die Durchschnittsprofitrate auf Grundlage des Marx'schen Werthgesetzes*, Stuttgart：Dietz，1889，pp. 49－50.

② C. Schmidt, *Die Durchschnittsprofitrate auf Grundlage des Marx'schen Werthgesetzes*, Stuttgart：Dietz，1889，P. 51.

③ C. Schmidt, *Die Durchschnittsprofitrate auf Grundlage des Marx'schen Werthgesetzes*, Stuttgart：Dietz，1889，pp. 52－53.

④ 《马克思恩格斯文集》第 7 卷，人民出版社 2009 年版，第 16 页。

价值只是由活劳动创造的。生产资料创造价值但不创造剩余价值。恩格斯正是在这种含义上反对施米特的解决办法。

在第二篇文章①中，施米特换了一种方式继续对转形问题进行研究。他认为，竞争把资本从获得的利润低于平均利润的部门转移到高于平均利润的部门。通过这种转移，迫使存在供给过剩的商品的销售价格对价值的比率下降到"社会能够支付"的水平。但是，恩格斯认为，这一点是无关紧要的，认为竞争是利润率平均化的重大原因这种看法，并不是什么新东西。尽管恩格斯对这篇文章评价不高，但是后来的研究者德赛认为，施米特在这里所做的，"是对转形问题的扩展，把它从一个纯粹上的概念转变为一个过程，然后把它从生产价格扩展到市场价格"②。这后一种区分经常被忽视。

霍华德和金对施米特的研究给予较高的评价，他们指出："在施米特的解决方法中，包含了马克思在《资本论》第三卷提供的解决方法中的三个核心要素。首先，施米特认为个别资本家的利润，由他所使用的资本和一般利润率的乘积决定；其次，施米特认为，总价格和总价值、总利润和总剩余价值是相等的；最后，施米特似乎主张（尽管不是很清晰），价值量在计算一般利润率时具有逻辑上的优先性。无法像把产出的价值转化为价格那样把投入品的价值转化为价格，成为施米特的主要错误，在这一点上他和马克思是相同的"③。

31.2　斯蒂贝林和沃尔弗的探索

对施米特作出大量批评的是乔治·C·斯蒂贝林（G. C. Stiebeling）。斯蒂贝林在1890～1894年出版了三本论述转形问题的小册子。④ 斯蒂贝林认为，有机构成不同的等量资本，无法产生等量的价值和剩余价值。有机构成越高，劳动生产率就越高，从而剥削率也就越高。通过剥削率的非均等化，

————————

① C. Schmidt, *Die Durchschnittsprofitrate auf Grundlage das Marx'sche Wertgesetz*, Die Neue Zeit, 11，1892 – 1893.

② Meghnad Desai, The Transformation Problem, *Journal of Economic Surveys*, 1988，Vol. 2，No. 4. P. 302.

③ Howard, Michael C. and John E. King, *A History of Marxian Economics*：*Vol. I*, 1883 – 1929. London：Macmillan and Princeton：Princeton University Press, 1989, P. 28.

④ G. C. Stiebeling, *Das Werthgesetz und die Profitrate*, New York：Heinrichs, 1890；*Das Problem der Durchschnittsprofitrate*：*Kritik einer Kritik mit Meinem Nachtrag*, New York：Labor News Co.，1893；*Untersuchungen Ueber die Raten des Mehrwerths und Profits mil Bezug auf die Lösung des Problems der Durchschnitts-Profitrate*（New York：New York Labor News Co.，1894）.

不同的有机构成，可以带来平均的利润率。[1] 斯蒂贝林对自己的观点作了进一步的经验证实。几乎可以肯定的是，他是第一个系统地使用统计资料研究马克思价值理论的人。他用了 1880 年美国生产普查数据，说明有机构成高的产业具有较高的剥削率，反过来也是成立的。他用了两个有相同利润率（约 9%）的产业作为例子：有机构成为 6.53、剥削率为 0.58 的粗盐业，有机构成为 1.56、剥削率为 0.14 的造船业。斯蒂贝林按照有机构成（定义为总资本和可变资本之间的比率）的大小，对全部 29 个产业进行排序，并把它们分为两组。前 14 个产业的平均有机构成为 5.50，平均剥削率为 1.38，平均利润率为 25.1%。后 15 个产业的相关数据分别为 2.58、0.57 和 22.1%。[2] 斯蒂贝林分析中存在的明显问题是只有价格的数量而没有价值的数量。在这里，斯蒂贝林潜在地假设个别商品的价格和价值的相等，正是这个潜在的假设表明，斯蒂贝林对整个转形问题存在着根本性的误解。根据他的定义，他对均衡情况的计算是正确的：斯蒂贝林没有解决转形问题，而是取消了这个问题。

　　尤里乌斯·沃尔弗（J. Wolf）并不了解斯蒂贝林的工作，但他却作出了与斯蒂贝林极为相似的论证。[3] 沃尔弗首先指出，在马克思看来，劳动生产率的提高和资本有机构成的增长是齐头并进的。商品（包括劳动力）的价值和劳动生产率是负相关的，剩余价值和劳动生产率之间存在着直接联系。因此，这个问题已经解决了，根据马克思自己的理论，甚至用马克思自己的话来说，不变资本的增加预先假定了劳动生产率的增加。剩余价值的增长和总资本中不变资本份额的扩大之间存在的直接联系出现了，因为生产率的提高引起了（通过使工人的生活资料变得更加便宜）剩余价值的增加。[4]

　　沃尔弗的数字例子见表 31 - 1 中。在表中，资本 Ⅱ 的资本有机构成较高，劳动生产率较高，剩余价值更多，剥削率也较高，并和资本 I 有着相同的利润率，对它们来说，相反的情况也一样。商品的价值仍然取决于物化在它们中的劳动数量。沃尔弗认为"价值规律并没有被破坏"，在马克思那里

　　① G. C. Stiebeling, *Untersuchungen Ueber die Raten des Mehrwerths und Profits mil Bezug auf die Lösung des Problems der Durchschnitts-Profitrate*, New York：New York Labor News Co.，1894，P. 23.

　　② G. C. Stiebeling, *Untersuchungen Ueber die Raten des Mehrwerths und Profits mil Bezug auf die Lösung des Problems der Durchschnitts-Profitrate*, New York：New York Labor News Co.，1894，P. 3.

　　③ J. Wolf, *Das Rötsel der Durchschnittsprofitrate bei Marx*, Jahrbücher für Nationalökonomie und Statistik. 57，1891，pp. 352 – 367.

　　④ J. Wolf, *Das Rätsel der Durchschnittsprofitrate bei Marx*, Jahrbücher für Nationalökonomie und Statistik. 57，1891，P. 358.

不存在自相矛盾的地方。"恰恰相反，它（解决方法）提供了一个新的证据，证明马克思对于资本主义经济的批判体系，是深刻且富有远见的"，沃尔弗的结论声称整个问题是个伪命题，这一混乱部分的是由恩格斯造成的，恩格斯试图使先前解决这一问题的尝试都无效，并（沃尔弗隐晦地暗示）推迟了《资本论》第三卷的出版。恩格斯对沃尔弗给出了较低的评价，他说"无论是相对地说还是绝对地说，他既毫不理解绝对剩余价值，也毫不理解相对剩余价值，……陷在错误当中的是他自己"[1]。无论如何，和斯蒂贝林一样，沃尔弗是回避而不是解决这个问题。

表 31 - 1   沃尔弗的数字例子

	不变资本 (c)	可变资本 (v)	剩余价值 (s)	总价值 (c + v + s)	剥削率 $\left(\frac{s}{v}\right)$%	利润率 $\left(\frac{s}{c+v}\right)$%
资本 I	5	5	1	11	20	10
资本 II	10	5	1.5	16.5	20	10

    资料来源：沃尔弗，'Das Ratsel der Durchschnittsprofitrate bei Marx'，Jahrbucher fur Nationalokonomie und Statistik，57，1891，第 358 页。

31.3   洛里亚、法尔曼和莱尔的探索

    意大利学者阿基尔·洛里亚（A. Loria）的"参赛作品"缺乏实质性内容，对他的关注只是因为恩格斯对他作出了尖刻的回应。[2] 1884 年，洛里亚把利润率相等和有机构成不等之间无法解决的矛盾，视为马克思整个理论体系的重大缺陷。[3] 但是，到了 1890 年，在对施米特的著作进行评论时，他提出了自己解决问题的方法。表 32 - 2 对洛里亚的解决方法作了概括。三个产业资本家（A、B 和 C）有着不同的资本有机构成和相同的剥削率，在不存在非产业资本介入的情况下，它们将有不同的利润率。存在借贷资本家时，他们把剩余价值的一部分用于支付货币资本家 D 的利息。自己留下的产业利润与他们使用的资本量成比例。从而形成了统一的产业利润率，而且这个利润率和货币资本家 D 的利润率相同。[4] 洛里亚没有对他自己奇怪的假

---

① 《马克思恩格斯文集》第 7 卷，人民出版社 2009 年版，第 20 页。
② 《马克思恩格斯文集》第 7 卷，人民出版社 2009 年版，第 20~21 页。
③ A. Loria，La Théorie de la Valeur de Karl Marx，*Journal des Economistes*，1884，pp. 137 - 139.
④ A. Loria，*Review of Schmidt*，Die Durchschnittsprofitrate，in Conrads Jahrbucher，20，1980.

设进行任何合理的说明，这个假设认为产业资本家 A、B、C 支付的利息反过来和他们使用的资本数量成比例。正如恩格斯在对他的批评中提到的，通过把资本家 D 看作是索取李嘉图的级差地租的地主，而不是索取利息的货币资本家，也许可以从洛里亚的例子中挽救出某些有用的内容。[①] 但是，这并不是洛里亚的观点，从洛里亚的例子中不可能得到一般性的解决方法，因为在没有地租支付的情况下它就不适用了。

表 31−2 　　　　　　　　　　　　洛里亚的数字例子

	不变资本（C）	可变资本（V）	剩余价值（S）	总资本（C+V）	$\left(\dfrac{s}{c+v}\right)$%	利息支出	产业利润	产业利润率（%）	货币资本家的利润率（%）
资本家 A	0	50	50	50	100	40	10	20	
资本家 B	100	50	50	150	$33\frac{1}{3}$	20	30	20	
资本家 C	200	50	50	250	20	0	50	20	
加总	300	150	150	450		60	90		
资本家 D				300		60			20

资料来源：Loria, Review of Schmidt, Die Durchschnittsprofitrate, in Conrads Jahrbucher, 20, 1890, P. 274.

较为有意义的贡献来自彼·法尔曼（P. Fireman）。法尔曼受到李嘉图理论的强烈影响。他区分了商品价格中的两个因素：由物化在商品中的劳动数量决定的商品价值的"构成因素"，以及代表资本家和地主对产品份额索取权的"分配因素"。法尔曼主张，由于社会财富是由人们生产的商品中所包含的人类劳动的总量构成的，因此，总的来说，价值必须等于价格："两种商品相交换时，一种商品的价格高于它的价值的大小，必然等于另一种商品的价格低于它的价值的大小，反之亦然"[②]，价格和价值之间差异的产生是由分配因素造成的。法尔曼驳斥了施米特的解决方法，认为施米特的方法是非马克思主义的，因为施米特的解决方法拒绝把价值规律应用于剩余产品。他也反对沃尔弗的结论，因为沃尔弗认为价值量会随着劳动生产率的提高而增加，这和马克思的观点是矛盾的。法尔曼非常清楚地说明了每个部门的价

---

① 《马克思恩格斯文集》第 7 卷，人民出版社 2009 年版，第 23 页。

② P. Fireman, Kritik der Marx'schen Werttheorie, *Jahrbücher für Nationalöknomie und Statistik*, 58, 1892, P. 798.

格、价值和资本有机构成之间的关系：

如果利润是剩余价值的表现形式，怎么能够认为在剩余价值量取决于工人数量的同时，利润量似乎是独立于工人数量的呢？仅仅因为投资在生产资料上的资本和投资在工资上的资本之间的比率（或者像马克思说的那样，不变资本和可变资本之间的比率 c∶v 最高的产业部门，其商品以高于它们价值的价格出售，这意味着，不变资本和可变资本的比率最小的产业部门，其商品以低于它们价值的价格出售，c∶v 的大小代表着明确的平均水平时，商品才按照它们的实际价值出售。① 这同价值规律并不矛盾，因为总价格仍然等于总价值。个别商品的价格与价值之间的差异只是竞争引起的波动造成的。"但是在严密的科学中，人们从来不把可精确计算的波动理解为对规律的否定"②。

恩格斯对法尔曼的工作较为赞许。施米特在同恩格斯通信后，对法尔曼的批评也变得较为温和了，但他仍然否认这位俄国人在莱克西斯的开创性工作之外做出过什么新的贡献。法尔曼通过强调总价格和总价值相等（莱克西斯强调总利润和总剩余价值相等）对莱克西斯的工作做出了补充，但是他对有机构成与价格和价值之间偏离关系的分析更为严密一些。和莱克西斯不同，法尔曼用一个简单的数字例子讨论转形问题，同时对自己的解决方法进行了一般化处理，使之能够包含地租和利润的支付，③ 但是，这两点并没有很好地加以展开，法尔曼对利润率和所用资本关系的分析，并不比施米特更好。

另一位参赛者是慕尼黑的教授莱尔（J. Lehr）。莱尔在 1886 年写了一篇批判《资本论》第一卷的长文。④ 六年后他转向了对《资本论》第三卷的关注。⑤ 莱尔驳斥了施米特的分析，认为它不仅存在矛盾，而且令人困惑的是，他也反对沃尔弗的观点，沃尔弗认为，在马克思那里，生产率不同的劳动创造出不同的价值。莱尔文章最重要的部分是他对转形问题的代数表述，

---

① P. Fireman, Kritik der Marx'schen Werttheorie, *Jahrbücher für Nationalöknomie und Statistik*, 58, 1892, pp. 805 – 806.

② P. Fireman, Kritik der Marx'schen Werttheorie, *Jahrbücher für Nationalöknomie und Statistik*, 58, 1892, P. 808.

③ P. Fireman, Kritik der Marx'schen Werttheorie, *Jahrbücher für Nationalöknomie und Statistik*, 58, 1892, pp. 805 – 807.

④ J. Lehr, K. Marx, Das Kapital, Kritik der Politischen Oekonomie, *Vierteljahrschrift für volkswirthschaft und kulturgeschichte* 23, 1886.

⑤ J. Lehr, Die Durchschnittsprofitrate auf Grundlage des Marx'schen Wertgesetzes, *Vierteljahrschrift für Volkswirtschaft und Kulturgeschichte*, 29 (1) 1892, pp. 145 – 74 and 29 (2) 1892, pp. 68 – 92.

这些代数表达式预见到了后来德米特里耶夫和（尤其是）博特凯维兹的数学分析。他用 k_1，k_2，…和 v_1，v_2，…分别表示产业 1，2，…中使用的不变和可变资本的价值，用 m_2，m_2，…表示剩余价值。对整个经济而言，相应的加总分别为 K，V 和 M，他采用了和马克思相同的立场，用 $\dfrac{M}{(K+V)} = r$ 表示平均利润率。"各单位商品的交换价值"用 t_1，t_2，…表示（这事实上等同于博特凯维兹的价格—价值比率，即生产价格和劳动价值的比率）。

然后，莱尔写下了下列等式：

$$m_1 + m_2 + m_3 + \cdots = M \tag{31.1}$$

$$t_1 m_1 + t_2 m_2 + t_3 m_3 + \cdots = M \tag{31.2}$$

$$k_1 + v_1 + k_2 + v_2 + k_3 + v_3 \cdots = K + V \tag{31.3}$$

$$(k_1 + v_1) r = t_1 m_1 \tag{31.4}$$

$$(k_2 + v_2)\ r = t_2 m_2\ \text{等等}$$

$$(k_1 + v_1 + m_1) = (k_1 + v_1)(1 + r) \tag{31.5}$$

$$(k_2 + v_2 + m_2) = (k_2 + v_2)(1 + r)\ \text{等等}$$

等式（31.1）和等式（31.2）一起表示总利润等于总剩余价值。等式（31.3）纯粹是定义性的，而等式（31.4）和（31.5）是试图把每个部门的剩余价值同利润，价值同生产价格联系起来的不成功的尝试。因为它们假定在单个部门内部价值量和价格量是相等的，这样的假设是完全错误的。然而，虽然莱尔没有明确说明，但他实际上通过方程（31.2）和方程（31.5）设定了一个有 $n+1$ 个方程和 $n+1$ 个未知数（t_1，t_2，t_3，…和 r）的模型，在这个模型中，约束条件和内生变量的数目是相同的。事实上，莱尔唯一直接的推论是：

$$t_1 = t_2 = t_3 = \cdots = t_n = 1$$

这个等式，只有在所有产业的资本有机构成相同的情况下才成立。莱尔再次没有能够说明马克思的原理，即 t_i 可能大于也可能小于单位值，因为不同产业的资本有机构成可能超过或低于社会平均水平的资本有机构成，但是莱尔的确提供了一个隐约表达这种观点的数学例子。[1]

莱尔并没有把他的分析继续推向深入。假如他尝试解出 t_i 和 r，他就会明白，他的方程错误地设定了价值量和价格—利润变量之间的关系，这将可

---

[1] J. Lehr, Die Durchschnittsprofitrate auf Grundlage des Marx'schen Wertgesetzes, *Vierteljahrschrift für Volkswirtschaft und Kulturgeschichte*, 29 (1) 1892, pp. 172 – 173.

能导致他在方法上需要进行根本性的改进。否则，他就将更加接近博特凯维兹的解决方法。作为一个自称为"庸俗经济学家"的学者，莱尔对马克思的价值理论并不十分认同，不大可能有太多的热情为马克思主要的分析性问题作出解答（虽然他在一定程度上是这样做了）。

31.4　恩格斯对"参赛"作品的评价

恩格斯在为《资本论》第三卷撰写的序言中，用较大的篇幅对参赛者进行了评价。恩格斯赞扬了莱克西斯、施米特和法尔曼。莱克西斯是"一个伪装成庸俗经济学家的马克思主义者"。"我们看到"，恩格斯对莱克西斯的文章评论道，"问题在这里远没有得到解决，尽管已经含糊地、肤浅地，然而大体上正确地被提出来了"。恩格斯认为，这已经是可能从莱克西斯那样背景的人那里得到的最多的东西了。法尔曼"实际上已经接触到了问题的关键"，恩格斯说，"但是，他这篇如此重要的论文所受到的不应有的冷遇却证明，……仍然需要有许多中间环节，才能完全地、明确地解决这个问题"。至于施米特，他是第一个真正试图解决这一问题的人，但是他没有成功；认为剩余产品价格的决定区别于不变资本和可变资本价格的决定，事实上等于抛弃了价值理论。施米特发表在《新时代》上的论文同样是错误的。在恩格斯看来，施米特的真正成就是他分析利润率下降趋势、商业利润、利息和地租的内容。①

另外三位参赛者受到恩格斯的严厉批评。在恩格斯看来，沃尔弗只是愚弄了他自己。马克思在《资本论》第一卷有上百处，说的正是和沃尔弗"解决方法"的基础相反的话。"说什么马克思认为在可变资本减少时相对剩余价值的增加和不变资本的增加成正比，而这个断言令人如此吃惊，足以使一切议会辞令相形见绌"。沃尔弗同样大胆地宣称施米特的著作受到恩格斯的直接怂恿，从而在有奖征文竞赛中，给了施米特一种对其他人而言不公平的竞争优势。这的确不是事实。洛里亚的分析也好不到哪里，他断言商业资本具有"一种魔力，能够在一般利润率确立之前，就把超过一般利润率的全部超额剩余价值吸取过来，并把它转化为自己的地租，而且在这样做的时候并不需要有任何的土地所有权"。恩格斯对洛里亚进行了最猛烈的抨击，一个"从内心深处瞧不起全部经济学的写作冒险家……诡辩家、谬论

---

① 《马克思恩格斯文集》第7卷，人民出版社2009年版，第13～18页。

家、吹牛家和江湖骗子"。相比较而言，恩格斯认为，斯蒂贝林的用意是非常好的。他只是无法胜任这个工作而已，他的解决方法提出了一个新问题（赋予马克思一个固定的利润率的理论）并产生了误导。①

恩格斯在序言中对整个有奖征文竞赛给出的结论是："全部研究的结果是：甚至在这个问题上，也只有马克思学派才取得了一些成就。如果法尔曼和康拉德·施米特读到这个第三册，他们就会对于他们各自的那部分工作感到完全满意了"②。

这一"有奖征文竞赛"，在转形问题论争的思想史研究中有着重要的意义。

第一，在解决转形问题时，参赛者采取了两种不同类型的解决程序。首先，根据马克思的观点，"价值规律中的矛盾"可以用"不变条件"的术语进行思考：通过对特定的价值量是如何等于特定的价格、利润量进行分析，可以把利润率表示为剩余价值和资本价值之间的比率。其次，仍然和马克思的思想保持一致，转形问题可以被概念化为，一个从外生给定的价值量得到内生的价格、利润变量的问题。后一种程序可能是描述转形问题更好的方法。一旦以这种方式解决了转形问题，解决第一种情况下的问题就成了相对简单的事情。此外，后一种程序突出了在何种程度上价值可以被合理地视为是外生的，而且有助于对与此相关的"价值逻辑的优先性"问题进行研究。

第二，在考察《资本论》第三卷出版之前有关转形问题的论争可以发现。几乎每一个经济学学派都有它自己理解的转形问题。比如，在新古典经济学那里，首先是用供求解释价格的，然而再进一步深入到偏好和技术去解释为什么形成那样的价格。许多经济学家认为新古典理论优于马克思的理论。比如，维克塞尔认为，边际主义的价值解释优于劳动价值论，而这也正是后来庞巴维克批判马克思的价值理论的底线。

第三，对转形问题的早期探索启发人们，如果试图从有关理论的争论中获益，不能预先设定一种绝对正确的立场，理论研究是在争论中不断向前推进的。在后来的转形问题争论中，这种预设立场的情况十分常见，马克思转形问题解决方法的支持者、批评者都或多或少存在这种倾向。大多数转形问题的研究者利用自己熟悉的工具、遵循自己习惯的分析框架，展开对转形问题的研究，参与到争论中，很多时候难以充分发现其他人提出的解决方法或

① 《马克思恩格斯文集》第7卷，人民出版社2009年版，第19~24页。
② 《马克思恩格斯文集》第7卷，人民出版社2009年版，第26页。

观点中存在的优点或不足。霍华德和金认为，恩格斯也存在这种倾向，他们指出："马克思解决方法中的缺陷，是恩格斯评判各种贡献时使用的标准中不可分割的一部分。恩格斯不加批判地接受了马克思存在缺陷的解决方法。事实上，他对马克思《资本论》第三卷中的解决方法存在的不确定性没有采取进一步的行动，或者是做出评价。他发起的竞赛，不像是为了解决一个真正的分析性问题，更像是为了努力评价其他社会主义者可以在多大程度上仿效马克思。一个重要问题的细枝末节，就给整个竞赛蒙上了阴影"①。

---

① Howard，Michael C. and John E. King，*A History of Marxian Economics*：*Vol. I*，1883 - 1929. London：Macmillan and Princeton：Princeton University Press，1989，P. 37.

第 32 章 博特凯维兹对转形问题的研究

庞巴维克在《卡尔·马克思及其体系的终结》中提出，《资本论》第三卷非但没有为平均利润率和价值规律之间关系问题的研究提供解决方法，反而暴露了《资本论》第一卷和第三卷之间存在的混乱和矛盾，而这个矛盾对马克思的整个体系而言是致命的。德赛认为，庞巴维克不认为价格可以是价值的函数，不必和价值是成比例的，这明显是不正确的。博特凯维兹在 1906～1907 年发表了两篇论文，试图解决从价值中推导出价格的问题，并且证明在遵循均等利润率的条件下，利润源自活劳动创造的剩余价值。

1906 年，博特凯维兹在《马克思体系中的价值和价格》中，对马克思的转形方法进行了评价；1907 年，博特凯维兹在《对马克思〈资本论〉第三卷基本理论构建的修正》中，依据马克思的有关思想，提出了他自己的解决转形问题的方法。无论是从对待马克思经济学的态度上，还是从使用的分析工具上，以及对后来有关转形问题争论产生的影响上看，博特凯维兹在转形问题论争的历史中都占据重要的地位。

32.1 对马克思的转形方法的评价

博特凯维兹在《马克思体系中的价值和价格》的开篇就指出，"价值只是表明多少单位的商品可以作为包含在交换到的商品或一单位这种商品中的价值。在这种含义上，价值只是商品交换关系的指数（index of an exchange relationship），完全不能把它和商品的'绝对价值（absolute value）'相混淆，后者与生产中使用的劳动数量相一致"①。博特凯维兹同时指出，"由于

---

① L. V. Bortkiewicz, Value and Price in the Marxian System, In *Karl Marx*: *Critical Responses*, *Vol.* 3, edited by Roberto Marchionatti, London; New York: Routledge, 1998, P. 238.

价值概念的多重含义"，必须避免产生误解。因此，除非明确说明价值具有其他含义时，价值意味着交换关系的指数，"这是价值概念的本质，因为只有这样它才能根据马克思主义的价值规律在量上加以决定"[①]。

博特凯维兹指出，这实际上构成了价值和生产价格之间的区别，因为后者并不是根据价值规律，而是根据利润率均等规律形成的。"价格，像价值一样，也是交换关系的指数，同样地，也像价值一样，代表着一种纯粹的理论结构，尽管价格，比如生产价格，本质上同古典经济学家的自然价格一样，与价值相比代表着更高程度的对现实的近似。价值计算意味着按照价值规律决定商品交换关系，价格计算意味着按照利润率均等规律决定同样的交换关系"[②]。

在具体分析开始时，博特凯维兹首先用一系列符号，重新表述了他理解的马克思的一些概念和解决转形问题的方法。用 c 表示不变资本的价值，v 为可变资本的价值，m 是生产出来的剩余价值，a 为进入到产品价值中的不变资本的比例，W 表示年产出的价值。从而：

$$W = ac + v + m \qquad (32.1)$$

假定各部门的剩余价值率 $\dfrac{m}{v}$ 是一样的，这样，各个部门的利润率 $\dfrac{m}{c+v}$ 就会不同，它的高低取决于不变资本在该部门资本中的比重，这就是价值计算原理的结果。

博特凯维兹在进一步的分析中认为，资本主义经济无法容忍这种结果的长期存在，根据马克思的理论，总的剩余价值必然在各个部门之间按照投资在每个部门的资本总额（c + v）进行重新分配，于是产生马克思称为利润的东西。如果用 m′ 表示利润，总不变资本的价值为 C，总可变资本的价值为 V，总剩余价值为 M，那么：

$$m' = \frac{c+v}{C+V} M \qquad (32.2)$$

随后，用生产价格 P 表示年产品的价值 W，得到：

$$P = ac + v + m'$$

博特凯维兹指出，马克思将（ac + v）称为"成本价格"，用 $\rho = \dfrac{M}{C+V}$ 表示平均利润率，则按照价格计算原理（平均利润率不仅流行于全部的生

①② L. V. Bortkiewicz, Value and Price in the Marxian System, In *Karl Marx: Critical Responses*, *Vol.* 3, edited by Roberto Marchionatti, London; New York: Routledge, 1998, P. 239.

产部门，也流行于每一类生产部门）：

$$P = ac + v + \rho(c + v) \tag{32.3}$$

如果用 r 表示剩余价值率 $\left(\dfrac{m}{v} 或 \dfrac{M}{V}\right)$，q 表示某生产部门的总资本中不变资本的份额 $\dfrac{c}{c + v}$，q_0 表示全部生产部门的总和中不变资本的份额 $\dfrac{C}{C + V}$，可得到：

$$\rho = (1 - q_0)r \tag{32.4}$$

根据方程（32.1）和方程（32.3），可以得到：

$$P = W + (c + v)(q - q_0)r \tag{32.5}$$

博特凯维兹指出："并不能在马克思那里找到的方程式（32.5）清楚地表明，价格将会根据 q 比 q_0 大还是小而高于或低于价值"[1]。

博特凯维兹用类似马克思的数字例子讨论了价值向生产价格的转形问题。为了使讨论简化，博特凯维兹对马克思的数字例子中生产部门Ⅱ和Ⅲ中消耗的不变资本 ac 的数值，分别用 50 和 52 替代了马克思使用的数值 51。[2] 然后，博特凯维兹在此基础上得到了两个表，分别表示价值计算（表 32 - 1）和价格计算（表 32 - 2）的表格。

表 32 - 1 价值计算

Sphere of production	Constant capital (c)	Variable capital (v)	Constant capital used up (ac)	Surplus value (m)	Value (W)	Rate of profit% $\left(\dfrac{m}{c + v}\right)$
Ⅰ	80	20	50	20	90	20
Ⅱ	70	30	50	30	110	30
Ⅲ	60	40	52	40	132	40
Ⅳ	85	15	40	15	70	15
Ⅴ	95	5	10	5	20	5
Ⅰ - Ⅴ	390	110	202	110	422	22

参见：L. V. Bortkiewicz，"*Value and Price in the Marxian System*"，in Karl Marx：Critical Responses，Vol. 3，edited by Roberto Marchionatti，London；New York：Routledge，1998，P. 240.

---

① L. V. Bortkiewicz, Value and Price in the Marxian System, In *Karl Marx：Critical Responses*, *Vol. 3*, edited by Roberto Marchionatti, London；New York：Routledge, 1998, P. 240.

② 马克思的原有数值参见《马克思恩格斯文集》第 7 卷，人民出版社 2009 年版，第 175 页。

表 32 – 2 价格计算

Sphere of production	Constant capital（t）	Variable capital（v）	Constant capital used up（ac）	Cost-price（ac + v）	profit（m′）	price（P）	Divergence of price from value（P – W）	Rate of profit $\left(\dfrac{m'}{c+v}\right)$
I	80	20	50	70	22	92	+ 2	22
II	70	30	50	80	22	102	– 8	22
III	60	40	52	92	22	114	– 18	22
IV	85	15	40	55	22	77	+ 7	22
V	95	5	10	15	22	37	+ 17	22
I – V	390	110	202	312	110	422	0	22

参见：L. V. Bortkiewicz, *"Value and Price in the Marxian System"*, in Karl Marx：Critical Responses, Vol. 3, edited by Roberto Marchionatti, London；New York：Routledge, 1998, P. 241.

　　博特凯维兹认为："马克思认为，这些表的比较，可以说明它们之间数量关系的对应性，只要它们包含了所有部门或所有产品：利润率的均等化是竞争的结果，或者说，用马克思的术语，把不同部门的利润率简化为一个共同的平均利润率（22%），马克思认为这是总剩余价值（110）在各个部门更新分配的结果。总价格（422）与总价值相等，价格同价值的正的偏离（2 + 7 + 17 = 26）与价值同价格的负的偏离（8 + 18 = 26）相互抵消"[①]。

　　博特凯维兹指出："可以很容易地看出，马克思使用的处理价值向生产价格转形的程序是错误的，因为这种程序没有分严格地区分价值和价格计算的两个原理"[②]。

　　考察价值计算的表格，博特凯维兹指出，人们可以假定第Ⅰ和第Ⅴ部门生产工人所需的必需品，因为两个部门的商品的价值之和（90 + 20 = 110）恰好等于各个部门的工人得到的工资（110）。此外，还可以假定第Ⅲ、Ⅳ两个部门制造生产资料，因为它们的价值之和（132 + 70 = 202）等于各个部门用掉的不变资本的价值（202）。第Ⅱ部门生产资本家所需的消费品，这个部门的商品价值等于剩余价值（110）。博特凯维兹指出，这里始终是简单再生产。

　　博特凯维兹继续把分析推向深入。他提出了一个问题："当用价格计算

---

　　①② L. V. Bortkiewicz, Value and Price in the Marxian System, In *Karl Marx*：*Critical Responses*, *Vol. 3*, edited by Roberto Marchionatti, London；New York：Routledge, 1998, P. 241.

代替价值计算时，将会发生什么情况"？① 与前面的分析相似，各部门发挥的功能保持不变，工资额不变，仍是110，工人仍能得到第 I 和第 V 部门生产的这个数额的产品。但是，这些产品现在的价格却变成 92 + 37，即 129。在这种情况下，这两个部门的一部分产品找不到销售出路。这样"价格模式就崩溃了。资本家的消费品和生产品的数值之间也出现了问题：总利润是110，但第 II 个部门生产的产品的价格是 102。所有部门用掉的不变资本是202，但第 III、IV 两个部门生产的产品的价格是 191"②。

因此，博特凯维兹指出，可以证明以马克思的方式从价值推导出价格是存在着内在矛盾。他认为，马克思的转形问题出现错误的原因在于，他"没有完成一定数量的商品从价值到价格的转化。在价值向价格的转形中，不能允许排除掉对投资在各个生产领域的不变资本和可变资本的重新计算"。③ 也就是说，博特凯维兹认为，马克思的问题在于，没有按照转化了的价格计算不变资本和可变资本的价格，而它们在进入生产时是按照生产价格而不是价值计算的。博特凯维兹指出，马克思预见到了这个可能存在的反对意见。马克思曾指出："一个产品的价格，例如资本 B 的产品的价格，会同它的价值相偏离，是因为实现在 B 中的剩余价值可以大于或小于加入 B 的产品价格的利润，除此之外，在形成资本 B 的不变部分的商品上，以及在作为工人生活资料因而间接形成资本 B 的可变部分的商品上，也会发生同样的情况。就不变部分来说，它本身等于成本价格加上剩余价值，在这里等于成本价格加上利润，并且这个利润又能够大于或小于它所代替的剩余价值。就可变资本来说，平均的日工资固然总是等于工人为生产必要生活资料而必须劳动的小时数的价值产品；但这个小时数本身，由于必要生活资料的生产价格同它的价值相偏离又不会原样反映出来。不过这一切总是归结为这样的情形：加入某种商品的剩余价值多多少，加入另一种商品的剩余价值就少多少，因此，商品生产价格中包含的偏离价值的情况会互相抵消。总的说来，在整个资本主义生产中，一般规律作为一种占统治地位的趋势，始终只是以一种极其错综复杂和近似的方式，作为从不断波动中得出的，但永远不能确定的平均情况来发生作用"④。

博特凯维兹对马克思的这段话进行了评论。他指出，在上一段引文的前

① ② ③　L. V. Bortkiewicz, Value and Price in the Marxian System, In *Karl Marx*: *Critical Responses*, *Vol. 3*, edited by Roberto Marchionatti, London; New York: Routledge, 1998, P. 242.

④　《马克思恩格斯文集》第 7 卷，人民出版社 2009 年版，第 180 ~ 181 页。

半部分，马克思意识到他的价值向价格的转形的结果，要求建立在价格基础之上的数值的修正，而价格表格自身是从价值表格得到的。"然而，马克思并没有得到一个适当的结论，即整个价格构建是无用的。马克思在第二部分，提出了两个论点去挽救这种价格构建中包含的含义：第一，价格同价值的偏离可以相互抵消；第二，资本主义经济是这样一个领域，严格的规律在其中从来都不是无可争议地有效的"①。也就是说，博特凯维兹认为，马克思用偏离的观点和规律在资本主义经济中只是近似和不确定的观点，回避了自己意识到存在的问题。

博特凯维兹认为，如果用马克思以上的观点，就可能对马克思的理论产生不利的后果，因为人们可能会认为，"价格与价值偏离的正负抵消，或者说总价值等于总价格，只是马克思使一定的价格（与不变资本和可变资本以及总利润相关的）与相应的价值相等的结果"②。而且马克思自己也承认价格与价值的相等是不可靠的，因而也就不能期望总价格的数值是可靠的。此外，"这并不是全部：如果不对价值向价格的转形的细节进行讨论，这就有可能带来一种积极的证据，表明总价值等于总价格的理论是完全错误的，而马克思和马克思主义者赋予这个理论以极大的意义"③。

博特凯维兹认为，"马克思的错误源于在从价值推导出价格时不合逻辑的方法。这种错误的出现，并不主要是因为对作为交换关系指数的价值概念和绝对价值概念的混淆造成的。这样一种混淆可能只是一种附属的产物，当马克思的计算致使他得出总价格等于总价值的结论时，他可能从中看到了对一种观点的证明，即商品的总价值具有重要的意义，而'资本主义的计算方法（也就是说应用价格计算的原理）'并不会改变这种意义。然而，这种观点只能在这样一个前提下提出，即所有商品的价值意味着它们的绝对价值，事实上，可能正是这一点造成了在马克思那里对两种价值概念的混淆"④。

博特凯维兹进一步指出，马克思的批评者认为，无论总价值等于总价格中存在什么样的真理或谬误，这种观点自身都是毫无意义的，庞巴维克差不多持这种观点。博特凯维兹评价说，这种认识在一定意义上是正确的，也就是说，在总价格事实上无法传递给我们任何有关商品交换关系的信息的意义上是正确的。但是，博特凯维兹指出，这种类型的批判忽略了马克思在这个

①②③　L. V. Bortkiewicz, Value and Price in the Marxian System, In *Karl Marx: Critical Responses*, *Vol.* 3, edited by Roberto Marchionatti, London; New York: Routledge, 1998, P. 243.

④　L. V. Bortkiewicz, Value and Price in the Marxian System, In *Karl Marx: Critical Responses*, *Vol.* 3, edited by Roberto Marchionatti, London; New York: Routledge, 1998, P. 244.

命题中试图表明的重要的一点，而这一点正是马克思的特色所在，"对马克思的观点而言，表明价格和利润可以在不考虑源自商品流通过程中连续的'加成定价'的情况下构建起来，具有根本性的意义。必须承认，通过证明总价格等于总价值，马克思可以否定掉'加成理论'，也就是说利润源自加成的理论。然而，同样正确的是，为了否定这种理论，并不需要这样一个证据。正如已经表明的那样，同价格既可以高于也可以低于总价值的事实，……其自身足以消除加成理论的基础"①。总之，博特凯维兹基本上是不赞同总价格等于总价值这一观点的。

在《马克思体系中的价值和价格》一文中涉及转形问题的部分，博特凯维兹主要指出了马克思的转形分析中存在的不足，但是无论如何，博特凯维兹与那些全盘否定或基于某些立场奋力声讨马克思的学者相比，他是一位继恩格斯发起有关转形问题的讨论后，许多年间第一位认真客观地分析马克思转形问题的学者，他对马克思转形问题的深入剖析和评价，为后来的转形问题研究奠定了基础。

在《马克思体系中的价值和价格》一文中，博特凯维兹主要进行的仍然是一种分析工作，比如，博特凯维兹比较了马克思和俄国经济学家德米特里耶夫在价格问题分析上的差异，比较了马克思与李嘉图价格分析的优劣，并对马克思的有关命题进行了评价。博特凯维兹在随后发表的一篇篇幅较短的论文《对马克思〈资本论〉第三卷基本理论构建的修正》② 中提出了自己解决转形问题的方法。

32.2　博特凯维兹提出的转形问题的解决方法

博特凯维兹在《对马克思〈资本论〉第三卷基本理论构建的修正》一文开头就指出："马克思的批评者至今无人深入地考查一下马克思在《资本论》第三卷处理价值转化为生产价格以及决定平均利润率的方法，以便判断他的方法是否存在矛盾"③。博特凯维兹认为，在上面那个问题上，杜

①　L. V. Bortkiewicz, Value and Price in the Marxian System, In *Karl Marx: Critical Responses*, *Vol.* 3, edited by Roberto Marchionatti, London; New York: Routledge, 1998, pp. 244 – 245.

②　L. V. Bortkiewicz, On the Correction of Marx's Fundamental Theoretical Construction in the Third Volume of Capital, In *Karl Marx: Critical Responses*, *Vol.* 3, edited by Roberto Marchionatti, London; New York: Routledge, 1998, pp. 300 – 318.

③　L. V. Bortkiewicz, On the Correction of Marx's Fundamental Theoretical Construction in the Third Volume of Capital, In *Karl Marx: Critical Responses*, *Vol.* 3, edited by Roberto Marchionatti, London; New York: Routledge, 1998, P. 300.

冈—巴拉诺夫斯基是个例外。"杜冈—巴拉诺夫斯基认为马克思计算平均利润率的方法是无效的，而且他还指出，已知生产价格和平均利润率，便可正确地计算出相应的价值和剩余价值率"[①]。博特凯维兹认为，杜冈—巴拉诺夫斯基实际上提出了一个同马克思想要解决的正好相反的问题。就是说，马克思是从价值推导出价格，而杜冈—巴拉诺夫斯基却要反过来从价格推算出价值。但是，博特凯维兹坚持认为："在改变马克思提出问题的方式的情况下，判断马克思在什么问题上犯了错误，以及以什么方式犯了错误，才是更有意义的事情"[②]。博特凯维兹正是按照这种思路展开了对马克思转形理论的分析，在说明马克思的分析方法存在的错误、指出应当如何计算生产价格和平均利润之后，博特凯维兹又回到杜冈—巴拉诺夫斯基所谈论的问题上。

为了便于分析并避免问题复杂化，博特凯维兹提出，使用同杜冈—巴拉诺夫斯基一样的前提条件；全部预付资本（包括不变资本）一年更新一次，并再现于年产品的价值或价格中；此外，分析的程序也遵循杜冈—巴拉诺夫斯基的方法：将生产部门划分为三类；部门 I 生产生产资料，部门 II 生产工人的消费品，部门 III 生产资本家的消费品。假定各个部门的资本有机构成一样。最后，假定生产是简单再生产。

如果用 c_1，c_2，c_3 分别表示三个部门的不变资本，v_1，v_2，v_3 表示其可变资本，以 s_1，s_2，s_3 表示剩余价值，则简单再生产的条件可表示如下：

$$c_1 + v_1 + s_1 = c_1 + c_2 + c_3 \qquad (32.6)$$

$$c_2 + v_2 + s_2 = v_1 + v_2 + v_3 \qquad (32.7)$$

$$c_3 + v_3 + s_3 = s_1 + s_2 + s_3 \qquad (32.8)$$

以 r 表示剩余价值率，有：$r = \dfrac{s_1}{v_1} = \dfrac{s_2}{v_2} = \dfrac{s_3}{v_3}$。

将 r 带入式（32.6）、式（32.7）、式（32.8），得到：

$$c_1 + (1 + r)v_1 = c_1 + c_2 + c_3 \qquad (32.9)$$

$$c_2 + (1 + r)v_2 = v_1 + v_2 + v_3 \qquad (32.10)$$

$$c_3 + (1 + r)v_3 = s_1 + s_2 + s_3 \qquad (32.11)$$

以上是价值公式。

接下来需要把它们转化为按照平均利润率规律计算的价格公式，博特凯维兹先对马克思的解决方法作了叙述。

---

①② L. V. Bortkiewicz, On the Correction of Marx's Fundamental Theoretical Construction in the Third Volume of Capital, In *Karl Marx*: *Critical Responses*, Vol. 3, edited by Roberto Marchionatti, London; New York: Routledge, 1998, P. 300.

首先，列出价值：

$$c_1 + c_2 + c_3 = C \tag{32.12}$$

$$v_1 + v_2 + v_3 = V \tag{32.13}$$

$$s_1 + s_2 + s_3 = S \tag{32.14}$$

接着，计算平均利润率，用 ρ 表示：

$$\rho = \frac{S}{C + V} \tag{32.15}$$

最后，以下列各式分别表示三个部门的生产价格：

$$c_1 + v_1 + \rho(c_1 + v_1)$$

$$c_2 + v_2 + \rho(c_2 + v_2)$$

$$c_3 + v_3 + \rho(c_3 + v_3)$$

博特凯维兹指出，马克思的结论是，这三个价格之和即总价格，等于价值之和即总价值（$C + V + S$）。

博特凯维兹认为，"这种解决问题的方法是不能被接受的，因为它把不变资本和可变资本排除在转形过程之外，而利润率均等的原理（在它取代马克思意义上的价值规律时）必然要涉及这些要素"①。

博特凯维兹指出，从价值量到价格量的正确的转化可以表述如下：假定生产部门 I 的价格与价值的关系（平均而言）是 x 比 1，生产部门 II 是 y 比 1，生产部门 III 是 z 比 1；假定以 ρ 表示所有生产部门的平均利润率（尽管上述式（32.15）已不再是 ρ 的正确表达，因为其中的不变资本和可变资本没有被转化为价格）。

式（32.9）、式（32.10）、式（32.11）相应地变为：

$$(1 + \rho)(c_1 x + v_1 y) = (c_1 + c_2 + c_3)x \tag{32.16}$$

$$(1 + \rho)(c_2 x + v_2 y) = (v_1 + v_2 + v_3)y \tag{32.17}$$

$$(1 + \rho)(c_3 x + v_3 y) = (s_1 + s_2 + s_3)z \tag{32.18}$$

博特凯维兹指出，在这三个方程中有四个未知数：x、y、z、ρ。为了能够有解，需要增加一个方程，比如使总价格等于总价值的方程，即：

$$Cx + Vy + Sz = C + V + S \tag{32.19}$$

其中：

$$C = c_1 + c_2 + c_3 \tag{32.20}$$

---

① L. V. Bortkiewicz, On the Correction of Marx's Fundamental Theoretical Construction in the Third Volume of Capital, In *Karl Marx: Critical Responses*, *Vol.* 3, edited by Roberto Marchionatti, London; New York: Routledge, 1998, P. 302.

$$V = v_1 + v_2 + v_3 \qquad (32.21)$$

$$S = s_1 + s_2 + s_3 \qquad (32.22)$$

博特凯维兹接着指出，为了有解，需要假定三个部门中有一个部门的价格单位和价值单位是相同的，即假定在三个部门中，有一个是生产作为价值和价格单位的商品的。如果这种商品是黄金，涉及的则是部门Ⅲ，也就是说，在式（32.19）中，设：

$$z = 1 \qquad (32.23)$$

这样，未知数就变成了三个 x，y，ρ。

为了使公式尽可能简化，博特凯维兹又对公式进行设定：

$$\frac{v_1}{c_1} = f_1, \quad \frac{v_1 + c_1 + s_1}{c_1} = g_1$$

$$\frac{v_2}{c_2} = f_2, \quad \frac{v_2 + c_2 + s_2}{c_2} = g_2$$

$$\frac{v_3}{c_3} = f_3, \quad \frac{v_3 + c_3 + s_3}{c_3} = g_3$$

$$1 + \rho = \sigma$$

根据上述简化的公式，式（32.16）、式（32.17）、式（32.18）可以改写为：

$$\sigma(x + f_1 y) = g_1 x \qquad (32.24)$$

$$\sigma(x + f_2 y) = g_2 y \qquad (32.25)$$

$$\sigma(x + f_3 y) = g_3 \qquad (32.26)$$

从方程（32.24）可以得到：

$$x = \frac{f_1 y \sigma}{g_1 - \sigma} \qquad (32.27)$$

将 x 的值带入方程（32.25），得到：

$$(f_1 - f_2)\sigma^2 + (f_2 g_1 + g_2)\sigma - g_1 g_2 = 0 \qquad (32.28)$$

从而可以得到：

$$\sigma = \frac{-(f_2 g_1 + g_2) + \sqrt{(f_2 g_1 + g_1)^2 + 4(f_1 - f_2) g_1 g_2}}{2(f_1 - f_2)} \qquad (32.29)$$

或者改写为：

$$\sigma = \frac{f_2 g_1 + g_2 - \sqrt{(g_2 - f_2 g_1)^2 + 4 f_1 g_1 g_2}}{2(f_2 - f_1)} \qquad (32.30)$$

博特凯维兹指出，很容易理解一元二次方程（32.28）在给定的术语的

情况下有唯一解。如果 $f_1 - f_2 > 0$，方程（32.29）的根号前是负号，则 $\sigma <$
0；如果 $f_1 - f_2 < 0$，方程（32.30）根号前的负号为正，可得到：$\sigma > \dfrac{g_2}{f_2 - f_1}$ 和
$\sigma > \dfrac{g_2}{f_2}$，而这与方程（32.25）相矛盾，因为方程（32.25）表明，$\sigma < \dfrac{g_2}{f_2}$。

从方程（32.25）和方程（32.26）可以得到：

$$y = \frac{g_3}{g_2 + (f_3 - f_2)\sigma} \tag{32.31}$$

有了 σ 和 y，可以根据方程（32.27）计算出 x。

在完成理论推导后，博特凯维兹以数字例子解释了价值向生产价格的转化，然后结合这些数例探讨了马克思理论中的若干概念问题。博特凯维兹首先给出了下面的价值计算表，如表32-3所示。

表32-3　　　　　　　　　　　价值计算

生产部门	不变资本	可变资本	剩余价值	产品价值
I	225	90	60	375
II	100	120	80	300
III	50	90	60	200
总计	275	200	200	875

博特凯维兹由上表得出了相关数值，$f_1 = 2/5$，$f_2 = 5/6$，$f_3 = 9/5$，$g_1 = 5/3$，$g_2 = 3$，$g_3 = 4$。从方程（32.30）、方程（32.31）和方程（32.27）可以得到：$\sigma = 5/4$，$\rho = 1/4$，$y = 16/15$，$x = 32/25$，从而得到下面的价格计算表，如表32-4所示。

表32-4　　　　　　　　　　　价格计算

生产部门	不变资本	可变资本	利润	产品价格
I	288	96	96	480
II	128	128	64	320
III	64	96	40	200
总计	480	320	200	1000

其中，部门I的不变资本价格（288）是相应的价值（225）与 $x = 32/25$ 的乘积，可变资本的价格（96）是价值（90）同 $y = 16/15$ 的乘积，该部门的

利润值为（288＋96）与利润率 $\rho = 1/4$ 的乘积，其余部门的情况以此类推。

从上面的分析可知，总价格超过了总价值。博特凯维兹指出，"总价格超过总价值源自生产价值和价格尺度的商品的部门Ⅲ的资本有机构成较低"①。而与此同时，总利润却等于总剩余价值。博特凯维兹认为，这种相等是"作为价值和价格尺度的商品属于部门Ⅲ这个事实的结果"②。在马克思的分析中，总价值等于总价格和总利润等于总剩余价值要求同时成立，但是在博特凯维兹的分析中，这两个相等不能同时成立，博特凯维兹指出，总价值和总价格的不等，是因为部门Ⅲ的资本有机构成低相对于社会平均资本有机构成低造成的。在这一意义上可以认为，博特凯维兹解决了价值向价格的转形问题，但却未能保证转形后总价格等于总价值。

博特凯维兹进一步分析了他的利润率概念和马克思的利润率概念的区别。博特凯维兹计算出来的利润率为 $\rho = 1/4$，在计算利润率时，相关的数据都已是转化后的价格，而马克思的公式（32.15）计算的利润率为剩余价值和未经转化的资本总价值的比率，$\rho = 200/675 = 8/27$。

博特凯维兹认为："马克思的解决方法不仅未能为在给定价值和剩余价值关系的基础上正确地计算利润率指出一条有效的途径，而且还误解了利润率高低的依存因素"③。马克思认为，给定剩余价值率，利润率的高低取决于社会总资本的有机构成的高低。这源自马克思用方程（32.15）表示的利润率这样一个事实。博特凯维兹指出，如果用 r 表示剩余价值率，q_0 表示不变资本与总资本的比率，可以得到：

$$\rho = (1 - q_0)r \tag{32.32}$$

由此可知，给定剩余价值率，影响利润率大小的唯一因素就是不变资本在总资本中比例，即 q_0 的大小，而同不同部门资本有机构成之间的差异无关。

博特凯维兹指出，马克思认为的一般利润率的决定因素有两个：（1）不同生产部门的资本有机构成，因而也就是各个部门的不同的利润率；（2）社会总资本在各个部门的分配。博特凯维兹指出，马克思将这两个因素加入他的计算公式的方式，可以使人们能够把它们简化为一个因素，即社会总资本的有机构成。为此，博特凯维兹将马克思的观点表述为下列公式。

---

①② L. V. Bortkiewicz, On the Correction of Marx's Fundamental Theoretical Construction in the Third Volume of Capital, In *Karl Marx*：*Critical Responses*, Vol. 3, edited by Roberto Marchionatti, London；New York：Routledge, 1998, P. 305.

③ L. V. Bortkiewicz, On the Correction of Marx's Fundamental Theoretical Construction in the Third Volume of Capital, In *Karl Marx*：*Critical Responses*, Vol. 3, edited by Roberto Marchionatti, London；New York：Routledge, 1998, pp. 305 – 306.

假定不同部门中不变资本与该部门总资本的比例为 q，各部门的总资本与社会总资本的比例为 γ，从而可得到下列公式：

$$\frac{c_1}{c_1 + v_1} = q_1 \quad \frac{c_2}{c_2 + v_2} = q_2 \quad \frac{c_3}{c_3 + v_3} = q_3$$

$$\frac{c_1 + v_1}{C + V} = \gamma_1 \quad \frac{c_2 + v_2}{C + V} = \gamma_2 \quad \frac{c_3 + v_3}{C + V} = \gamma_3$$

从上述公式可以得到：

$$\frac{c_1 + c_2 + c_3}{C + V} = \gamma_1 q_1 + \gamma_2 q_2 + \gamma_3 q_3$$

由于 $c_1 + c_2 + c_3 = C$，$\dfrac{C}{C + V} = q_0$，可知：

$$q_0 = \gamma_1 q_1 + \gamma_2 q_2 + \gamma_3 q_3 \tag{32.33}$$

将式（32.32）中的 q_0 代入式（32.28），考虑 $\gamma_1 + \gamma_2 + \gamma_3 = 1$，得到：

$$\rho = \frac{\gamma_1 (1 - q_1) r + \gamma_2 (1 - q_2) r + \gamma_3 (1 - q_3) r}{\gamma_1 + \gamma_2 + \gamma_3} \tag{32.34}$$

博特凯维兹指出，这个公式清晰地表明了马克思的观点："一般利润率 ρ 是各个特殊的利润率 $(1 - q_1) r$，$(1 - q_2) r$，$(1 - q_3) r$ 以各自的权重 γ_1，γ_2，γ_3 加权的算术平均数。在马克思看来，根据公式（32.34），两个因素 q_1，q_2，q_3 和 γ_1，γ_2，γ_3 决定了一般利润率。然而，从公式（32.33）可以明显地看出，这两个因素可以被简化为一个单一的因素，也就是用 q_0 表示的社会总资本的有机构成"[1]。

博特凯维兹不赞同马克思的观点，认为影响利润率的资本仅仅是生产与工人阶级消费相关的那些部门的资本的构成情况，而不是社会总资本的构成情况。博特凯维兹用数字例子说明了自己的观点，他指出，公式（32.32）和公式（32.34）是错误的，因为在给定剩余价值率的条件下，一个或相同的利润率可以和社会总资本的不同的有机构成相联系。但是，博特凯维兹根据数例分析也指出，在某些特殊的情况下，比如 "$q_1 = q_2 = q_3$ 的条件被满足时，价值和价格是一致的，公式（32.32）可以成立"[2]。但是他同时认

---

[1] L. V. Bortkiewicz, On the Correction of Marx's Fundamental Theoretical Construction in the Third Volume of Capital, In *Karl Marx*: *Critical Responses*, *Vol.* 3, edited by Roberto Marchionatti, London: New York: Routledge, 1998, P. 307.

[2] L. V. Bortkiewicz, On the Correction of Marx's Fundamental Theoretical Construction in the Third Volume of Capital, In *Karl Marx*: *Critical Responses*, *Vol.* 3, edited by Roberto Marchionatti, London: New York: Routledge, 1998, P. 317.

为，指出这种特殊情况的存在并不是为了给马克思作出辩解，因为如果能够使公式（32.32）有效的条件存在，那个整个把价值转化为价格的程序就没有什么意义了，而马克思正是以这种方式使用公式（32.32）的。指出这种情况的存在"只是为了反对一种批评，这种批评认为无论 q_1，q_2，q_3 是相等还是不等，公式（32.32）中表达出来的马克思主义的命题，即社会总资本的有机构成影响利润率的高低，都是错误的"[①]。

博特凯维兹在文章的最后，再次提及杜冈—巴拉诺夫斯基。他指出，杜冈—巴拉诺夫斯基犯的也是上述的错误。因为杜冈—巴拉诺夫斯基认为，一般利润率的高低同社会总资本的有机构成完全无关，并以此为基础认为马克思主义利润理论是错误的。

---

① L. V. Bortkiewicz, On the Correction of Marx's Fundamental Theoretical Construction in the Third Volume of Capital, In *Karl Marx*: *Critical Responses*, *Vol.* 3, edited by Roberto Marchionatti, London; New York: Routledge, 1998, P. 317.

第 33 章 转形问题最初解决方法

在博特凯维兹之后，有关转形问题的文献就比较少见了。德赛指出，"很难知道谁读过、更不说理解了博特凯维兹精妙的解决方法。第一轮有关转形问题的争论发生在 1885～1907 年"①。直到 1942 年斯威齐的《资本主义发展论》出版，在这本书中对转形问题进行的深入的综述，才导致了对转形问题的兴趣的重新复兴。多布认为斯威齐的《资本主义发展论》使人们对转形问题的重要性有了认识。这激励了温特尼茨 1948 年对转形问题的研究，并开启了有关转形问题的新一轮争论。斯威齐 1949 年翻译了庞巴维克对马克思的质疑和希法亭对庞巴维克的回应。② 斯威齐也翻译了博特凯维兹那篇较短的论文，一起收入该文集。德赛认为，新一轮的争论结束于 1957 年塞顿在《经济研究评论》上发表的论转形问题的文章。

33.1 温特尼茨提出的转形问题的解决方法

1948 年，温特尼茨在《经济学杂志》上发表了一篇短文，这是"英国马克思主义者对博特凯维兹的第一次批判"③。鉴于英国学者对转形问题在国外的讨论缺乏了解，温特尼茨花了一定的篇幅回顾了马克思关于转形问题的论述。在此基础上，他围绕斯威齐和博特凯维兹的研究展开了讨论，进而提出了自己的解决方法。

温特尼茨认为，"转形问题和一个被广泛争论的问题相关，即在产业资本主义和完全竞争背景下，产品价格结构能否按李嘉图和马克思假定的那

① Meghnad Desai, The Transformation Problem, *Journal of Economic Surveys*, 1988, Vol. 2, No. 4. P. 296.

② Sweezy, *Karl Marx and the Close of His System*, New York: Augustus Kelly, 1949.

③ M. C. 霍华德、J. E. 金著，顾海良等总译校：《马克思主义经济学史：1929～1990》，中央编译出版社 2003 年版，第 233 页。

样，从由劳动所决定的价值中合乎逻辑地推导出来"①。在早期的批判中，庞巴维克声称马克思的生产价格理论与价值交换由生产必需劳动量所决定的理论相冲突。而英语读者对这个问题的关注主要是由斯威齐的《资本主义发展论》第七章中的有关论述引起的，其讨论主要以博特凯维兹1907年的文章中对转形问题的解决方法为基础。在简要介绍了马克思在转形问题上的表述和分析后，温特尼茨依次对斯威齐和博特凯维兹在简单再生产框架下得出的观点进行了辩驳。根据马克思的转形方法，一个基于价值交换的简单再生产均衡不可能通过基于生产价格交换得到。斯威齐认为这种结果在逻辑上无法令人满意。温特尼茨则认为斯威齐的这种判断是不合适的，"通常价格结构的变化都会破坏现有的均衡，但其也可能通过必要地改变社会劳动分配重建均衡"②。

但温特尼茨也认为，马克思基于投入资本的价值来均等利润率计算确实存在问题。因为在生产价格占主导地位的资本主义社会，利润率应当与资本构成要素的生产价格相关联。马克思没有意识到这种困难，并且认为他自己的计算方法是"充分的近似（sufficient approximation）"。温特尼茨指出："如果我们以等价交换为基础，并认为在价格发生变化时始终保持利润率均等，那么马克思的转形方法就是正确的，……然而这种计算平均利润率的简单方法与资本主义的事实不符合，因为资本主义生产一经确立，价格不再是由等价交换的条件决定，而是由利润率均等实现决定。……因此，在产业资本主义的一般情况下，利润率的计算必须以资本家必须为他们的投入支付生产价格为前提假设。"③

由于使用了不正确的和不必要的假定，博特凯维兹对转形问题的研究方法也难以令温特尼茨满意。第一，博特凯维兹的计算过程以简单再生产等式为前提。但是，仅在简单再生产假设下成立的转形方法并不具有普遍性，因为现实中再生产过程中的净投入被忽略了。第二，博特凯维兹将产业划分为三大生产部门，再假设黄金既是奢侈品生产部门的产品，又是一种货币商品，最后得出奢侈品生产部门不受从价值到价格的转形的影响的结论。但这一随意且不合理的假设导致了生产价格总和不再等于价值

① J. Winternitz, Values and Prices: A Solution of the So-called Transformation Problem, *The Economic Journal*, Vol. 58, No. 230. (Jun., 1948), P. 276.

② J. Winternitz, Values and Prices: A Solution of the So-called Transformation Problem, *The Economic Journal*, Vol. 58, No. 230. (Jun., 1948), P. 277.

③ J. Winternitz, Values and Prices: A Solution of the So-called Transformation Problem, *The Economic Journal*, Vol. 58, No. 230. (Jun., 1948), P. 278.

总和。

　　总体而言，温特尼茨对马克思和博特凯维兹的转形方法，以及斯威齐的分析都存在不满，因此他提出了一个替代解法，"一个令人满意的、不需要特殊设定的、直截了当的代数分析方法"[①]。

　　温特尼茨提出，在三部门经济中，用 c，v，s 分别表示不变资本、可变资本和剩余价值；用 x，y，z 分别表示对应各部门产品的价格与价值的偏离值；用 C，V，S 分别表示对应的生产价格，如 C = cx，V = vy；用 a_1，a_2，a_3 分别表示各部门的总价值。从而可以得到下述价值方程组：

$$c_1 + v_1 + s_1 = a_1$$
$$c_2 + v_2 + s_2 = a_2 \qquad (33.1)$$
$$c_3 + v_3 + s_3 = a_3$$

生产价格方程组为：

$$c_1 x + v_1 y + S_1 = a_1 x$$
$$c_2 x + v_2 y + S_2 = a_2 y \qquad (33.2)$$
$$c_3 x + v_3 y + S_3 = a_3 z$$

　　由部门 I 和部门 II 的利润率必须相等，若假设 $m = \dfrac{x}{y}$，则可得到平均利润率为：

$$p = \frac{a_1 m}{c_1 m + v_1} - 1 \qquad (33.3)$$

　　温特尼茨认为，上述式子表明，只需简单假定价格与价值的偏离等比例地影响资本投入量和产品产出量，便可得到第 III 部门（资本家消费品）的利润率和投入该部门的资本对平均利润率没有影响的结论。为了确定生产价格，还需要第四个方程式。"利润率的均等决定了三个部门之间价格的关系（x：y：z），但经济系统的整体价格水平仍需确定。一个符合马克思主义精神的明显观点是：价格总额等于价值总额。这不是同义反复或毫无意义的说法。它表明只有生产总产出所必要的劳动小时数变动，或货币商品价值变动的条件下，价格水平才会发生改变。实际上，在经济周期内，价格水平总是随着价值总和的波动而上下变动的，此时方程式只在价格与价值的平均水平

---

① J. Winternitz, Values and Prices: A Solution of the So-called Transformation Problem, *The Economic Journal*, Vol. 58, No. 230. (Jun., 1948), P. 278.

下成立。"[1] 从而得到第四个方程式：

$$a_1 x + a_2 y + a_3 z = a_1 + a_2 + a_3 = a \qquad (33.4)$$

代入 $y = \dfrac{x}{m}$，并由三部门利润中相等条件可得：

$$x = \frac{am(c_1 m + v_1)}{a_1 m(c_3 m + v_3) + (a_1 m + a_2)(c_1 m + v_1)} \qquad z = \frac{a_1(c_3 m + v_3)x}{a_3(c_1 m + v_1)} \qquad (33.5)$$

温特尼茨的结论是："将这种转形方法应用于简单再生产的方程式，就会发现它不仅对这种特殊的转形是不变的，而且对于每个以同样的方式影响投入和产出的转形都是不变的。除此之外，这种转形还能由扩大再生产的条件得到，因为上述等式仅仅设定了不同部门之间积累率的函数关系，在转形过程中，其关系也会发生相应变化。"[2]

温特尼茨的文章发表后，肯尼思·梅对温特尼茨的解决方法进行了评价。梅在一篇题为"价值与生产价格：对温特尼茨解决方法的一个评论"的文章中认为，学界之所以对转形问题争论不休，是因为西方正统经济学和马克思主义经济学研究方法、手段和表达的分离。博特凯维兹的研究徒有数学计算的外衣，缺乏马克思主义的内涵，他在均衡条件上建立了模型，而这一条件并不为转形所需。与此相比，温特尼茨的研究则是一个有益的尝试，因为他将马克思理论的本质和现代经济分析的手段结合了起来。但他也认为，把价值和生产价格联系起来只需一些琐碎的数学运算即可达到，转形问题的真正困难是把这两个概念和实际价格及实际交换联系起来，因为它们并不包含在用劳动时间定义价值和生产价格中。由于马克思的生产价格的概念是从价值中衍生而来的，因此它也与实际价格无关。事实上，《资本论》第三卷讨论的是，实际价格是如何围绕"生产的市场价格"波动的。温特尼茨错就错在把马克思语境下的生产价格等同于西方经济学中所说的价格。因此，他还只是限于价值和生产价格之间的关系讨论上，而未涉及实际价格与经济过程的关系。

温特尼茨的数学解法不但独立于简单再生产条件，也独立于将经济划分为三个部门这种方式。也就是说，将温特尼茨的模型扩大到 n 个部门的分析，将不会影响结论的证明。此外，博特凯维兹和温特尼茨的分析还有一个

[1] J. Winternitz, Values and Prices: A Solution of the So-called Transformation Problem, *The Economic Journal*, Vol. 58, No. 230. (Jun., 1948), P. 279.

[2] J. Winternitz, Values and Prices: A Solution of the So-called Transformation Problem, *The Economic Journal*, Vol. 58, No. 230. (Jun., 1948), P. 280.

重要的缺陷，即认为利润率和生产奢侈品的部门无关。博特凯维兹从他的模型中解出的平均利润率，尽管与部门的初始投入价值无关，但由于他的均衡条件中包括了简单再生产过程，所以部门Ⅲ的投入价值与部门Ⅱ、Ⅲ的投入价值是相关联的，进而与平均利润率相关联。虽然温特尼茨的解决方法避免了扩大再生产的均衡条件，但是他得出了与博特凯维兹相同的利润率公式。梅认为平均利润率是否与部门Ⅲ有关，完全取决于三部门之间的初始投入价值是否相关，温特尼茨的文章中并没有阐明这一暗含假设。

总体而言，温特尼茨的解决方法，简化了博特凯维兹的数学分析，但是，也存在对博特凯维兹的误解，他没有看到博特凯维兹在求解时已经放弃了简单再生产的假定，温特尼茨认为，博特凯维兹假定部门Ⅲ生产黄金即货币商品，从而减少未知数的个数，这是随意和不正确的假定，使得价格总额偏离了价值总额，事实上，价格与价值是否偏离，关键不在于假定哪个部门是货币生产部门，而应当从资本有机构成同社会资本平均构成的关系的角度去理解，温特尼茨没有充分地理解这点。温特尼茨的另一个问题是，他在分析中首先假定总价格等于总价值，把需要分析的结论作为一个假设条件（从某种意义上理解，温特尼茨更为关注的似乎是价格的决定）。另外，温特尼茨没有分析马克思的另外一个等式，即总利润等于总剩余价值。

33.2 米克提出的转形问题的解决方法

英国经济学家米克写了许多关于转形问题的文章。主要有《关于"转形问题"的一些注解》（1956年），《劳动价值学说的研究》（1956年）中第五章有关"'资本论'第三卷的分析"，《斯密、马克思及其以后》（1977年）有关马克思的部分。米克对转形问题的研究是从对博特凯维兹和温特尼茨模型的评论和修正开始的，并在评论和修正中提出了自己的见解。

在1956年发表在英国《经济学杂志》的《关于"转形问题"的一些注解》论文中，米克开篇便指出，自从庞巴维克声称《资本论》第一卷和第三卷存在"巨大矛盾"以来引发的论争当前仍未解决，其中引起最多关注的便是由斯威齐介绍给英语国家的转形问题。接着他明确了文章的主要内容：一是对马克思本人转形理论的考察；二是对博特凯维兹和温特尼茨解决方法的评论，并提出一种更能反映出马克思本质观点的替代解法；三是对转形问题解决后马克思的论述中仍然存在的重要缺陷的讨论。

米克认为，《资本论》第一卷主要分析的是去除了表面被遮盖的剩余价值，马克思假设各部门的资本家以净收入形式获得本部门产生的剩余价值，由于剩余价值的唯一来源是剩余劳动，因此在资本有机构成不同的产业中的净收入也不相同。而这一假设在《资本论》第三卷中被移除了，市场竞争的存在使得资本家得到的是与其总资本而非仅与可变资本相匹配的平均利润率，大多数产业中生产价格与价值是不同的，利润与剩余价值也是有差别的。他认为，马克思是通过解决剩余价值向利润转形的问题，进而解决价值向生产价格转形的问题的。如果真如马克思所言，那么，生产价格最终还是由价值所决定的，两者之间的差别只是计算误差。他将马克思对于转形问题的解法归纳为：假设商品总价值对商品的劳动价值比率在价值$(\sum a / \sum v)$转形到价格$(\sum a_p / \sum v_p)$的过程中保持不变，那么就有：

$$\sum a / \sum v = \sum a_p / \sum v_p \qquad (33.6)$$

米克转述了马克思分析的五个不同产业间转形问题的例子。其中，对于如何理解转形过程中"总价格等于总价值"这个论断，他感到比较困惑。他认为，困难来自于，马克思解释完上面那个特殊的例子后，过于草率地进行了归纳，并得出社会总体的生产与这五个产业间的生产情况相同。但他没有注意到，其结论是建立在一个不符合事实的假定上的，即任何商品都不会进入其他商品的生产过程中。如果放弃这个不合理的假定，那么，产出品和投入品都应该以转换的价格形式出现，尽管此时利润还是能由《资本论》第一卷的分析所决定，然而总价格等于总价值以及总利润等于总剩余价值这两个条件不可能同时成立。当然，马克思对这一矛盾还是有所注意的，他在书中也进行了一些粗浅的探讨。总之，米克认为，马克思的转形方法因欠缺对"投入品和产出品的价值都需要转换为生产价格"的解释而存在错误，因此马克思提出的两大总量相等的条件不可能同时成立。但是，如果在考虑上述理论缺陷后，还能从价值中求解出价格，那么，马克思的理论也是有意义的。此时，转形问题可以等价地表述为：能否用一组可解的方程同时表达出以下两方面内容，一是不同产业间生产的关系；二是在转形中需要满足的马克思的理论假说。

米克概述了博特凯维兹和温特尼茨的解决方法，评论并比较了两者的优缺点。为了能从价格体系中解得产品的绝对价格，博特凯维兹的新增假设是将第三产业的产品价格标准化为1，他的解决方法坚持了总利润等于总剩余价值，但却得出总价格不等于总价值的结论。与此相比，温特尼茨的新增假设是他所认为的总价格等于总价值等式，即"一个从马克思理论体系中得

到的明显结论":

$$a_1 + a_2 + a_3 = a_1 x + a_2 y + a_3 z = a \qquad (33.7)$$

温特尼茨的解决方法坚持了总价格等于总价值，却得出了总利润不同于总剩余价值的结果。其中，米克更加肯定温特尼茨的解决方法。"温特尼茨对转形问题采取了和博特凯维兹相同的态度，但是他清除了博特凯维兹解决方法中的冗余内容和不必要的假定"[1]，而且"温特尼茨的解决方法虽然和博特凯维兹本质相似，但它更加简单，从纯数学的观点更加容易被接受……对那些抱有将投入和产出的要素都考虑在内时价值就不能转化为价格的观点的人来说，温特尼茨的解决方法是一个有效的回击"[2]。

但米克也认为，在进行博特凯维兹—温特尼茨式的演算之前，需要让经济系统满足一个前提，也就是在转形中商品总价值对商品的劳动价值比率保持不变这一条件（见式（33.6））。米克随后仍以三部门经济为分析模式，试图去得到满足这个等式的条件。他的价值和价格体系与温特尼茨的完全相同，在此不再赘述。但与温特尼茨对不变资本、可变资本和剩余价值随意取值不同的是，他选取的这三个变量有意地使其满足各部门的剥削率相等，以及部门Ⅱ的资本有机构成等于社会平均资本有机构成。如果再加上各部门利润率相等，且利润额等于剩余价值额这两个附加条件，就可以求解转形问题了。

米克认为，他的计算方法解决了一定的总剩余价值，如何以利润的形式，以平均利润率为标准，在不同的资本间进行分配的问题。虽然在他的体系中价格总量背离了价值总量，但他觉得马克思强调"价格总量和价格总量相等"的真正目的仍然可以由《资本论》第一卷的分析所决定。尽管在转形之后，表示"总剩余价值等于总利润"的式（33.6）中分子和分母的值不再保持不变，但是如果假设工资商品部门的有机构成等于社会平均资本构成，即 $\dfrac{c_2}{c_2 + v_2} = \dfrac{\sum c}{\sum c + \sum v}$，那么，式（33.6）的分子与分母总是以相同的比例变化，因此 $\dfrac{a_1 x + a_2 y + a_3 z}{v_1 y + v_2 y + v_3 y}$ 始终等于 $\dfrac{a_1 + a_2 + a_3}{v_1 + v_2 + v_3}$。

米克在他所认为的意义下解决了转形问题，但他的解决方法仍然无法让

① Ronald L. Meek, Some Notes on the 'Transformation Problem', *The Economic Journal*, Vol. 66, No. 261. (Mar. , 1956), P. 102.

② Ronald L. Meek, Some Notes on the 'Transformation Problem', *The Economic Journal*, Vol. 66, No. 261. (Mar. , 1956), pp. 102 – 103.

马克思的转形中两个保持不变的等量关系同时成立。他认为，"这种解决方法，只是弥补了马克思分析的一部分缺陷，为了弥补其余部分的缺陷，人们必须借助于经济史而不是数学模型。根据马克思的一般经济方法，价格与价值的背离必须被看作是一个历史的过程，一个逻辑的过程。我们在逻辑和简化的形式上反复思考的'从价值中产生出价格'问题，是一个在历史上真实发生过的过程。马克思之所以假设在资本主义社会商品按照其价值售出，不仅是因为从逻辑上说这是一个很好的分析起点，更是因为他相信过去就是如此的。而他之所以将价值的转化过程作为其分析重点，也不仅是因为这从逻辑上说的必要的，更是因为他认为过去曾经确实实现过这种转形。"①② 但马克思并没有在历史层面上对此问题进行深入探讨，而他的攻击者恰恰抓住了他理论中许多还未解释清楚的问题进行反驳。恩格斯在《资本论》第三卷的补充中虽然对庞巴维克等人的质疑进行了解释，但总体而言这个问题还需要更深入地探索。

1956 年，迪金森（H. D. Dickinson）发表了一篇题为《评米克"转形问题的若干考察"》的文章。在这篇文章中，迪金森认为，博特凯维兹、斯威齐、温特尼茨和米克等人为了求得绝对价格，在包含四个未知数的三个方程式后又加入了一个多余的方程的努力，完全没有意义。因为三个部门的生产价格是相互关联的，重要的是求出他们的相对价格。价值和价格是不同层次的量，而且要以不同的单位来度量。因为在求出相对价格后，通过定义一个单位价格就能得到绝对价格了。因此，真正相等的不是总价值和总价格，而是价值比率和价格比率。

事实上，米克的研究对转形问题没有做出特别重要的贡献，但是，他涉及了从剩余价值的分配出发研究转形问题这条重要途径。迪克森对上述几个作者的批评也有偏颇之处，比如，他误解了博特凯维兹等人模型中价值和生产价格的计量单位，其实博特凯维兹一直是在同一计量单位上讨论问题的。但是，迪克森涉及了一个重要的问题，即在研究转形问题时，应当将从劳动时间（价值）计量的平均利润同以货币计量的平均利润所产生的生产价格系统加以区别研究。

---

① Ronald L. Meek, Some Notes on the 'Transformation Problem', *The Economic Journal*, Vol. 66, No. 261. (Mar., 1956), pp. 105 – 106.

② 对于"历史的转形问题"森岛通夫有详细论述，参见 M. Morishima; G. Catephores, Is There an 'Historical Transformation Problem'? *The Economic Journal*, Vol. 85, No. 338. (Jun., 1975), pp. 309 – 328.

33.3　塞顿提出的转形问题的解决方法

1957年，有两篇关于转形问题的文章很重要。这两篇文章观点截然相反，作者分别是塞顿和萨缪尔森。塞顿分析的基本框架是里昂惕夫投入—产出分析。在此之前，他先概述了马克思对转形问题的解决方法，以及庞巴维克的反对意见及其他学者为捍卫马克思的理论所做的努力。其中，他特别指出，在转形问题的讨论中，需要注意两个问题：其一是转形问题是否以及在何种条件下能够得到唯一确定的解；其二是转形问题的解决方法是否包含了马克思理论的特征（过去的文章往往对这一点有所忽视）。塞顿认为，前人的数学分析中往往加入了毫无必要的限制条件，例如，将经济分为"三个部门"，却没有考虑到这些部门产出品之间的共性。有鉴于此，塞顿将其分析建立在n部门经济中，并假设所有的n种产品可以作为投入用于所有的n个部门中。其模型转述如下：

令 k_{ij} 为生产第 i 种产品所需要的第 j 种产品的投入（用劳动价值度量），这种投入同时包括不变资本和可变资本；令 e_i 为用于资本家消费或投资的第 i 种商品的价值，令 s_i 为 i 部门工人的剩余劳动价值；令 a_i 为第 i 种商品的产出的价值总额，则可得到价值体系：

$$k_{11} + k_{21} + \cdots k_{n1} + e_1 = a_1$$
$$k_{12} + k_{22} + \cdots k_{n2} + e_2 = a_2$$
$$\cdots\cdots \tag{33.8}$$
$$k_{1n} + k_{2n} + \cdots k_{nn} + e_n = a_n$$
$$s_1 + s_2 + \cdots s_n = s$$

其中每一行都表示商品的不同分配去向；每一列都表示商品的不同产生来源，且每列的总和与相应行相等都为 a_i。在以价值体系为基础建立价格时，令 p_i 为商品 i 的价格—价值比率，π 为总利润与总产出价值的比率，$\rho = 1 - \pi$ 为"成本比率"，则利润率 r 可表示为 $r = \dfrac{\pi}{(1-\pi)}$，由利润比率 π 在各产业中相等这一条件可得价格体系：

$$k_{11}p_1 + k_{12}p_2 + \cdots k_{1n}p_n = \rho a_1 p_1$$
$$k_{21}p_1 + k_{22}p_2 + \cdots k_{2n}p_n = \rho a_2 p_2$$
$$\cdots\cdots \tag{33.9}$$
$$k_{n1}p_1 + k_{n2}p_2 + \cdots k_{nn}p_n = \rho a_n p_n$$

每一行都表示，用价格表示的商品的产出去向总和等于其总销售收入，由于与成本比率 ρ 相乘，总收入中便不包括资本家的利润。每一列都表示用价格表示的商品的投入来源。在上述价格体系中，有 n 个方程和 n + 1 个变量（p_1，…，p_n，ρ），由矩阵运算可解得 ρ 和 n − 1 个相对价格。[①] 他还论证了马克思的一个观点，即生产价格是大于、等于还是小于价值，这将依赖于该部门的资本有机构成是高于、等于还是低于整个经济体的平均有机构成。[②]

为了确定商品的绝对价格，需要假设价值体系中存在某种在转形中不发生变化的变量取值或总量关系。根据这一假设条件和均等利润率的前提便可得到每一商品的绝对价格，从而解决了转形问题。塞顿首先考察了马克思自己的结论成立的假定条件，即价值总额等于价格总额，剩余价值总额等于利润总额，以及利润的价值比率等于利润的价格比率。这既要求第三部门的资本有机构成等于社会平均资本有机构成，也要求该体系处于简单而不是扩大再生产的状态。一般而言，这些条件显然不存在。接着塞顿依次列举并评价了博特凯维兹—斯威齐，温特尼茨和米克等人对这种确定关系的选择。第一种假定是某个部门的产品的单位价值保持不变，例如，博特凯维兹—斯威齐在传统三部门模型中假定奢侈品（包括黄金）的单位价值不变，使得其他商品都按照黄金价值进行计量；又如，根据"工人得到了其所付出劳动价值的全部报酬"，可以假定工资消费品的单位价值不变。第二种假定是所有产品的总价值保持不变，例如，温特尼茨假定商品总价值等于总价格（ $\sum a = \sum ap$ ），按照这种假定，保持不变的不再是其中某一个部门产品的价格或价值保持不变，而是全部价格的加权平均数。第三种假定是所有产品的总剩余价值保持不变，例如，米克提出的假定按价格表示的总利润等于总剩余价值（ $\sum s = \sum s_p = (1 - \rho) \sum ap$ ）。这种假定符合马克思关于剩余价值在资本家之间按其资本投入量重新分配的原理。最后，塞顿认为，还存在其他完全合理的满足不变性的其他关系，但是，似乎没有一个客观的基础来说明到底应该选择哪一种数量关系作为假设前提。从这个角度说，转形问题可以说缺乏完全的确定性。当然，塞顿也列举了同时期经济学家为了解

---

① F. Seton, The 'Transformation Problem', *The Review of Economic Studies*, Vol. 24, No. 3. (Jun., 1957), P. 152.

② F. Seton, The 'Transformation Problem', *The Review of Economic Studies*, Vol. 24, No. 3. (Jun., 1957), pp. 157 – 160.

决转形问题所做的错误假定，例如多布和米克认为"更符合马克思精神"的假定是：总价值等于按照工资消费品价值进行计量的总价格，也就是产出与工资比不变$\left(\sum a = (\sum ap)/p_2 \right)$。但事实上，这只不过是一个关于相对价格的多余条件，它并不能得到商品的绝对价格。

接着，塞顿不再关注转形问题是否存在唯一解，而是重点探讨马克思的生产价格的特征。因此，他将上述的一般模型特殊化为马克思的三部门模型，由于部门Ⅲ生产的奢侈品无法作为要素投入，因此 $k_{i3s} = 0$，则式（33.8）简化为：

$$c_1 + c_2 + c_3 + e_1 = a_1$$
$$v_1 + v_2 + v_3 + e_2 = a_2$$
$$\cdot \quad \cdot \quad \cdot \quad e_3 = a_3 \qquad (33.10)$$
$$s_1 + s_2 + s_3 \qquad = s$$

其中每一列都表示马克思的价值等式：总价值＝不变资本＋可变资本＋剩余价值，价格体系也简化为：

$$c_1 p_1 + v_1 p_2 = \rho a_1 p_1$$
$$c_2 p_1 + v_2 p_2 = \rho a_2 p_2 \qquad (33.11)$$
$$c_3 p_1 + v_3 p_2 = \rho a_3 p_3$$

用矩阵运算求解，便可得到成本比率和相对价格，同样假设一个不变性条件，便可得到绝对价格。此处，塞顿首先考虑了米克的假设：生产工资商品的部门Ⅱ中的资本有机构成和总体经济的平均资本有机构成相等，这一假设加上马克思的所有部门剥削率相等的条件时，部门Ⅱ成为了总体经济的"规模模型"（即 $c_2 : v_2 : a_2 = \sum c : \sum v : \sum a$，下同）。从代数运算中能够发现，"条件产出与工资比不变"这个在一般模型中被拒绝的不变性条件，现在成为了上述假设成立的必要前提，但此时并不能解出绝对价格。事实上，只有让部门Ⅲ成为总体经济的"规模模型"时，才能求解出绝对价格，此时解的特征还能满足马克思所有的理论假设。但问题是，这一不变性条件的成立基本不具备普遍性。塞顿最后指出：一个能够解决转形问题的模型，必须符合"在资本有机构成高于平均水平的部门中，其价格将高于价值"的观点，而前人的著作中对此都未引起关注，而他则用文中构造的模型证明了这一结论。

塞顿的论文在转形问题的研究历史中占有重要的地位，霍华德和金认为："塞顿的文章在转形问题的现代讨论中是一个界标，他提供了在许多部门经济中价格可以由劳动价值决定的证明，后来研究该问题的大多数的数量经济学家所采纳他的公式，仅仅做了很小的变动。塞顿还论证了利润率总是正数的条件，他是证明后来由森岛通夫命名的'马克思基本原理'的最早的人物之一。"①

塞顿的论文发表以后，围绕转形问题展开的讨论的重点明显发生了转移，由热衷于价值向生产价格转化逻辑结构的探索，转向对劳动价值论本身的探寻。这个研究重点的转移，可能与塞顿在论文最后的一个告诫有关："在结束这篇文章时，很有必要提出一个重要的告诫。马克思的转形过程概念的内在连续性和确定性，以及他由此概念引出的推论，经过本文的分析已完全证明是正确的。但是，构建其学说的理论基础却未经推敲，如果没有这些基本理论，整个转形理论将失去其本质的意义和存在的价值。据我所知，所有部门的剥削率都相等的假定就从未得到证实，而生产资本品的部门的资本有机构成比例一定会比其他部门高的假设的也无法确认其真伪。最重要的是，整个剩余价值学说的理论基石，即对于除劳动力以外的其他生产要素的价值的否定，实质上是一种（对世界的主观的）断言而不是（对世界的）真正的（客观的）认识。未来对于马克思经济学的研究重点应该放在考察这些对理论构建有基础性意义的先入之见（是否符合现实），而不需再研究已经在本文中得到充分证明的逻辑结构。"②

---

① M. C. 霍华德，J. E. 金著，顾海良等总译校：《马克思主义经济学史：1929～1990》，中央编译局出版社 2003 年版，第 238 页。

② F. Seton, The 'Transformation Problem', *The Review of Economic Studies*, Vol. 24, No. 3. (Jun., 1957), P. 160.

第34章 萨缪尔森关于转形问题的观点及论争

温特尼茨和塞顿或米克对转形问题的探讨，并不意味着转形问题论争的终结。之后不久，萨缪尔森重启了转形问题的论争。萨缪尔森坚持认为，从劳动价值推导出价格的所谓转形问题并不是一个"问题"，差不多等于是无事生非，这个问题可以很容易地"擦掉"。因此，转形问题也并不是马克思主义体系的致命的缺陷，而只是一个多余的附录。在1957年之后，特别是1960年斯拉法《用商品生产商品》的出版，使得转形问题的论争增添了新的因素。米克认为，劳动价值论可以用斯拉法的术语加以重新表述。但是，斯蒂德曼指出，用斯拉法的术语，就必须拒绝马克思的劳动价值论，这不仅因为价格可以在不涉及价值时计算出来，而且利润的存在并不要求正的剩余价值作为一个必要条件。德赛指出，"斯蒂德曼的文章和著作更大程度上引起了以谩骂为典型特征的争论的风暴，左派被驱除斯拉法/斯蒂德曼的挑战迷住了心窍。"[1] 但是，与此同时，把马克思整合进数理经济学的努力正在由森岛通夫和罗默展开，这使得一小股对价值—价格问题抱有技术分析兴趣的潮流稳定地存在着。

德赛认为，这一时期，转形问题开始以各种各样的方式解决和再解决。"如果说，一直存在对转形问题的兴趣，那不是因为在技术上这个问题难以解决，而是因为不同的人希望从它的解决或解决方法中缺乏的内容中得出不同的东西"[2]。比如，对庞巴维克，转形问题无法解决意味着马克思认为利润源自剥削的观点是错误的。"主流经济学家把转形问题作为一个类似分析技术练习的问题加以解决，可能是希望证明这个问题是一个无关紧要的问题，可以在不丧失任何东西的情况下消去这个问题"[3]。而对许多马克思主义者而言，如果这个问题在不提供资本主义的罪恶和暂时性的本质的无可辩

---

①②③ Meghnad Desai, The Transformation Problem, *Journal of Economic Surveys*, 1988, Vol. 2, No. 4. P. 297.

驳的证据的情况被解决了，那将是令人非常遗憾和恼火的。马克思主义者"继续反对转形问题可以被简化为一个数学的、数量的问题，并坚持人们提出和解决了错误的问题"①。其他一些同样充满热情的马克思主义者，"则认为原来的转形问题像挂在左翼马克思主义者和马克思主义政党的脖子上的磨盘。他们认为这个问题中充满了错误的和教条式的利润理论和阶级斗争理论。如果利润率能够被证明不只是源自对劳动的剥削，那么就能够和非劳动要素形成联盟并能更好的赢取政治权力"②。

34.1　萨缪尔森的观点

1957 年萨缪尔森发表了《工资和利息：马克思主义经济模型的一个现代剖析》一文，文章讨论的内容非常广泛，利润率下降、稳定增长等都是文章讨论的主题。这里重点关注的是他对转形问题和劳动价值论的分析。首先表明萨缪尔森的观点是非常重要的。他认为，"所谓转形问题是毫无意义的"③。"借用肖的说法，马克思的后继者应该留意在所有社会中都有效的基本经济规则：赶紧脱手避免更多的损失！"④ 劳动价值论也必须放弃。萨缪尔森 1971 年发表在《经济文献杂志》上的《理解马克思的剥削概念：马克思的价值与竞争价格间所谓转形问题的概述》的文章，主要结论还是 1957 年就已经得出的结论，认为劳动价值论是一个复杂的迂回，生产价格和一般利润率可以直接地取决于与生产条件和收入分配有关的数据，因此，马克思的剩余价值理论对理解资本主义经济中的利润来说是不必要的。萨缪尔森 1971 年的论文引起了广泛的关注，比较典型的有 1973 年布伦芬布伦纳与萨缪尔森的争论，1974 年鲍莫尔和森岛通夫与萨缪尔森的争论。1971 年的文章之所以产生广泛的关注和争论，有两个可以理解的原因：一是 1970 年萨缪尔森获得了诺贝尔奖，二是萨缪尔森 1971 年和 1957 年论文写作风格上的差异。1957 年的文章更多充满学术味道，1971 年的文章则带有挑衅的性质。

①② Meghnad Desai, The Transformation Problem, *Journal of Economic Surveys*, 1988, Vol. 2, No. 4. P. 297.

③ Paul A. Samuelson, Wages and Interest: A Modern Dissection of Marxian Economic Models, *The American Economic Review*, Vol. 47, No. 6. (Dec. , 1957), P. 890.

④ Paul A. Samuelson, Wages and Interest: A Modern Dissection of Marxian Economic Models, *The American Economic Review*, Vol. 47, No. 6. (Dec. , 1957), P. 892.

下面主要对萨缪尔森的这两篇文章[①]进行介绍。

萨缪尔森假设经济中有两部门：部门 I 生产同质的资本品 K，部门 II 生产同质的消费品 Y，两部门的投入要素为同质的劳动 L 与资本 K，生产技术按照马克思的假设为固定产出系数的形式，产出滞后一期：

$$K_{t+1} = Min\left(\frac{L_{1,t}}{a_1}, \frac{K_{1,t}}{b_1}\right) \quad Y_{t+1} = Min\left(\frac{L_{2,t}}{a_2}, \frac{K_{2,t}}{b_2}\right) \quad (34.1)$$

$$s.\,t.\ L_{1,t} + L_{2,t} \leqslant L_t \quad K_{1,t} + K_{2,t} \leqslant K_t$$

他还认为，在简单再生产条件下，不等式束紧，系统处于静态均衡状态，L_t、K_t 和 Y_t 分别到达其稳态值 L、K 和 Y。如果将唯一长期不变的投入要素——劳动设为外生给定的，就可求出产出和资本的稳态值：

$$Y = \frac{1 - b_1}{a_2(1 - b_1) + a_1 b_2} L$$

$$K = \frac{b_2}{a_2(1 - b_1) + a_1 b_2} L \quad (34.2)$$

在萨缪尔森看来，马克思理论中的利润率在他的模型中体现为跨期利率 r：假如一个人拥有 $t-1$ 期生产的总量为 Q 的产品，他可以在 t 期换取能够生产出总量为 $(1+r)Q$ 的相应产品的投入要素。假设资本、产出和劳动的市场均衡价格分别为 p_1，p_2 和 w。由于完全竞争条件下利润率和市场价格的趋同，生产成本可表示为：

$$p_1 = (wa_1 + p_1 b_1)(1 + r)$$

$$p_2 = (wa_2 + p_1 b_2)(1 + r) \quad (34.3)$$

给定外生的利润率，可以解出相对价格的稳态值：

$$\frac{p_1}{w} = \frac{a_1(1 + r)}{1 - b_1(1 + r)}$$

$$\frac{p_2}{w} = \frac{a_2(1 + r)[1 - b_1(1 + r)] + a_1(1 + r)b_2(1 + r)}{1 - b_1(1 + r)} \quad (34.4)$$

结合式（34.2）和式（34.4）可以得到魁奈—马克思—里昂惕夫资金流（money flow）矩阵，但其是以市场价格而非劳动价值为基础，这是因为人们的收入和物品的价格始终都是由市场决定的，从而可以得到：

---

① 萨缪尔森的观点在他与其他学者的争论中也有表述，参见另外两篇文章 Paul A. Samuelson, *The 'Transformation' from Marxian 'Values' to Competitive 'Prices': A Process of Rejection and Replacement*, Proceedings of the National Academy of Sciences of the United States of America, Vol. 67, No. 1. (Sep. 15, 1970), pp. 423 – 425; Paul A. Samuelson, Insight and Detour in the Theory of Exploitation: A Reply to Baumol, *Journal of Economic Literature*, Vol. 12, No. 1. (Mar., 1974), pp. 62 – 70.

$$p_1 K = (wL_1 + p_1 K_1)(1 + r)$$
$$p_2 K = (wL_2 + p_1 K_2)(1 + r)$$

(34.5)

定义固定资本 C_i（$i = 1$，2，下同）为 $p_i K_i$，可变资本 V_i 为 wL_i，剩余价值 S_i 为各部门的收入和总额的差额，则（34.5）可改写为：

$$p_1 K = C_1 + V_1 + S_1$$
$$p_2 K = C_2 + V_2 + S_2$$

(34.6)

在以上分析的前提下，萨缪尔森开始了对转形问题的批判。他认为，马克思似乎从未完全掌握他本人提出的这一套基于其理论的技术方法。"虽然我们并不指望（马克思）在 1860 年就发现 1960 年才有的建模方法，但是后来的学者却并未在此领域有多大突破，因为他们没有对劳动价值论展开精细的分析，而是浪费大量时间在言之无物的辩护上"[1]。他认为，"转形问题"完全没有分析的价值，因为根据方程组（34.4）、（34.5），给定外生变量（a_1，b_1，a_2，b_2，r，w）可以得到其他全部变量的均衡值。"根据公式（34.8）的隐含定义，我们可以看看用马克思的方法来描述上述函数关系意义何在。从逻辑上说这不过是将交换价值转换为马克思所定义价值，而不是相反。"[2] 他认为，交换价值有坚实的理论基础（即方程组（34.4）、（34.5））；反观马克思的劳动价值论，其理论基础（"均等的剩余价值率"）与市场竞争模型所能得到的结论几乎毫不相关。

接着，他反驳了马克思转形问题支持者的三种辩护：首先有人赞同马克思对劳动价值与市场价格偏离的解释，但他认为所有的真理都是由"理论加上与事实的许多偏离"组成的，因此无甚稀奇；其次有人辩护说历史上某时期的市场价格确实符合《资本论》第一卷中的劳动价值，但正如《资本论》第三卷已经以资本主义社会为研究背景一样，历史事件并不能作为当前问题的假设前提；再次是马克思自己的观点，即《资本论》第一卷中的劳动价值论是为了解释总剩余价值，第三卷则是为了解决总剩余价值如何分配的问题，但根据由马克思理论的上述建模过程可知，总量是无法预先设定的，它必须与所有价格关系同时被决定；最后有人提出劳动价值论只是简化的"第一近似"，但现代经济分析中充满了这种近似的分析，而马克思的理论根本无法做出"第二近似"，而且据他所知，唯一受到认可的"第一近似"是斯密和李嘉图在利润为零的假设下提出的，且目前已经遭到了否定。

---

①② Paul A. Samuelson，Wages and Interest：A Modern Dissection of Marxian Economic Models，*The American Economic Review*，Vol. 47，No. 6.（Dec.，1957），P. 890.

总之，在萨缪尔森看来，马克思对工业再生产的模式的分析确实是原创性的，马克思《资本论》第一卷的劳动价值论似乎是一种迂回，对于理解竞争条件下的资本主义是不必要的。而剩余价值理论对于不完全竞争和垄断竞争的这两个重要问题的分析也几乎或完全没有帮助。

萨缪尔森在《理解马克思的剥削概念》一文中，对于马克思劳动价值论及其转形问题进行了更为广泛的研究。文章的第一部分介绍了争论的背景和研究的工具，第二部分探讨了马克思劳动剥削理论的内容以及其本人关于转形问题的讨论，第三部分回顾并评价了其他学者对此问题的贡献。他认为，明确《资本论》第一卷和第三卷的系统性差别是理解整个问题的关键。尽管马克思理论的追随者从各种意义上肯定了劳动价值论并试图用各种方式进行证明，但他认为所谓"转形"问题的实质不过是"比较和对比价值和价格两个互不相关概念的问题"，准确地说，其计算方法也不过是"思考两个互不协调的理论体系，写下一个，然后拿橡皮擦擦掉它，填下另外一个，瞧（voila）！你已经完成了你的转形计算。"①

萨缪尔森认为，劳动价值论存在三个缺陷：第一，它忽视了劳动以外的其他多种投入要素的作用，劳动并不是商品生产的唯一成本，因此不同商品的交换比率不可能仅仅以投入的劳动价值为基础；第二，不同的人生产不同的商品时，其生产效率存在巨大差异，因此不存在生产某产品的"社会必需劳动量"；第三，它忽视了时间在生产中的巨大意义。需要注意的是，萨缪尔森在1957年的文章中自称按照马克思理论建立的模型中，包含了对第一点和第三点中他认为的"缺陷"的修正。

然后，萨缪尔森开始对马克思的剥削理论进行分析。他认为，劳动价值论是从斯密的原始社会条件下引申出来的，所以根据这种价值论得到的剥削学说也就只能适用于原始社会所有者的收益。萨缪尔森认为："均衡利润率将在零和剥削率 r^* 之间的一个水平上，这个水平恰足以使均衡资本量保持在与增长的劳动力相适应的水平上。劳动力在不断增长，因为实际工资超过了维持生活的最低消费和保证劳动力再生产的成本之和。资本家对利润的积累将会提高实际工资和经济的自然增长率，并会降低均衡利润率。如果我们给这一经济系统再加上持续不断的技术创新的话，那么可以断言，实际工资

---

① Paul A. Samuelson, Understanding the Marxian Notion of Exploitation: A Summary of the So-Called Transformation Problem Between Marxian Values and Competitive Prices, *Journal of Economic Literature*, Vol. 9, No. 2. (Jun. , 1971), P. 400.

将随着资本主义的发展而不断提升，其增加幅度取决于创新的性质和节俭的程度。"①

在讨论转形问题时，萨缪尔森认为，自从1894年至今的所有学者包括马克思本人，对转形过程的解决都无法令人满意。首先他转述了马克思对此的研究。他指出马克思解决转形问题的方法是前后不一致的。"因为他错误地把同一个不变资本 c_i，既计算在价格中，又计算在价值中。"② 事实上固定资本是在较早阶段的形态也是生产成品，使价值转形为价格的逻辑要求它们的价值也必须同样被转换为价格。因此，马克思在价格计算中错误地保留了价值计算的某些因素。萨缪尔森的这段话实际上想表达的是，马克思只转化了产出，而没有转化投入。

萨缪尔森接着指出，在唯一的一个场合，马克思的转形方法碰巧是严格准确的。但这不是那个资本有机构成相等的著名例子（因为在那个例子中，问题变得"明白而琐碎，价格和价值之间已无矛盾可言。如果世界像那个样子，马克思就没有必要试图改进资产阶级经济学家对价格的分析，因为相对价格和价值在那里是同一的。"③），而应该是假定各个生产部门资本的内部构成相同，其中不变资本中用于生产的原料和机器的使用比例一致，可变资本中组成维持最低生活标准的工资的一揽子消费品的相对比例与上述比例一致，进而可以得到资本家所获得的剩余价值或利润的内部构成的比例也与上述比例一致。只有在这种情况下，马克思的转形过程才是有效的。萨缪尔森认为，马克思和塞顿以前的学者在转型问题中保持了名义工资而非实际工资不变，因此"即便没有我的假设，马克思的转形过程也面对着一个更致命的反对意见，即维持最低生活标准的一揽子消费品相对单位劳动时间的价值，在不同的产业中是不同的"④。

最后他的结论是："在我所假定的资本具有相同内部构成的例子中，马

---

① Paul A. Samuelson, Understanding the Marxian Notion of Exploitation: A Summary of the So-Called Transformation Problem Between Marxian Values and Competitive Prices, *Journal of Economic Literature*, Vol. 9, No. 2. (Jun., 1971), P. 408.

② Paul A. Samuelson, Understanding the Marxian Notion of Exploitation: A Summary of the So-Called Transformation Problem Between Marxian Values and Competitive Prices, *Journal of Economic Literature*, Vol. 9, No. 2. (Jun., 1971), P. 414.

③ Paul A. Samuelson, Understanding the Marxian Notion of Exploitation: A Summary of the So-Called Transformation Problem Between Marxian Values and Competitive Prices, *Journal of Economic Literature*, Vol. 9, No. 2. (Jun., 1971), P. 415.

④ Paul A. Samuelson, Understanding the Marxian Notion of Exploitation: A Summary of the So-Called Transformation Problem Between Marxian Values and Competitive Prices, *Journal of Economic Literature*, Vol. 9, No. 2. (Jun., 1971), P. 416.

克思已被保护起来了，不致跌入任何陷阱之中"①。

萨缪尔森接下去分析了"逆转形"（inverse tranformation）问题。他认为从价格到价值的"逆转形"也只有在上文唯一的假设下才成立。逆转形的过程如下，先将生产价格与成本之间的差额加总，得到总利润，由于马克思的例子中的各个资本数额相同，所以各部门的利润率也相同，根据可变资本数额即可得到剩余价值量，将剩余价值量与成本量相加便得到了价值量。从上述逆转形过程可以看出，关于得到总利润后如何求出各部门的利润这一问题，马克思所假设的各部门利润率相同只是他的主观臆断，事实上还可以有很多在部门间分配利润的方式，因而价格和价值可以完全不对应。这样一来，转形是否成立的关键已经不再是说明在市场竞争中形成的价格比价值更符合现实，而是说明在瓦尔拉斯一般均衡下利润率条件完全由《资本论》第一卷所提出的剩余价值按照其重要性加总量所决定（亦即证明利润率只能是总利润的平均值）。

萨缪尔森进而证明上述说法是错误的，在他看来，完全没有必要从《资本论》第一卷对价值的分析入手解决转形问题，也就是说，价格的形成与劳动价值论完全无关。总之，他认为，马克思善于用文字影响读者，让他们进入马克思所构建的世界观中，至于马克思的理论，除了少数的有用的部分外其他都是无意义的。萨缪尔森在他文章的最后部分，简要评述了其他人对转形问题的解决方法，从他对于马克思理论的态度也能看出，他对整个转形问题的研究都持否定态度。事实上，他认为，后人的研究在转形问题上没增加什么实质性的内容，他们甚至还减少了些内容。

34.2　纽因对萨缪尔森观点的评价

纽因（D. Nguyen）在 1982 年对萨缪尔森关于转形问题的分析作了评价。他认为，尽管在《资本论》第三卷转形问题已经提出并被解决，转形问题仍然是高度争议性的。萨缪尔森 1971 年的论文中对于转形问题的讽刺性评价，并不为所有的经济学家所赞同，例如，森岛通夫就使用现代的分析对转形问题进行了认真的考察。纽因并不试图加入对转形问题的争论中，而

---

① Paul A. Samuelson, Understanding the Marxian Notion of Exploitation: A Summary of the So-Called Transformation Problem Between Marxian Values and Competitive Prices, *Journal of Economic Literature*, Vol. 9, No. 2. (Jun., 1971), P. 417.

是希望能在里昂惕夫—斯拉法线性生产关系框架下，对马克思的转形问题进行重新构造，用简单的矩阵代数进行求解。纽因认为，他自己的解释总体上是支持了萨缪尔森的结果，但他并不完全赞同萨缪尔森认为的价值和价格体系完全无关的武断结论。

纽因假设在一个由三部门构成的经济中进行简单再生产，部门Ⅰ生产中间产品，部门Ⅱ生产工资商品，部门Ⅲ生产奢侈品。基于马克思的论述和博特凯维兹与萨缪尔森的研究，可以构建如下模型：

设3阶方阵 $A = [a_{ij}]$ 表示给定技术条件下的部门间投入系数，其中 a_{ij} 表示制造一单位商品 i 所需要投入商品 j 的数量，由于只有部门Ⅰ生产中间产品，因此矩阵 A 第一列为正数，第二、三列为零；设3阶方阵 $B = [b_{ij}]$ 表示在生产三种产品时的劳动投入系数，其中 b_{ij} 表示制造一单位商品 i 劳动者需消耗商品 j 的数量，由于劳动者只消费由部门Ⅱ生产的工资商品，因此矩阵 B 第二列为正数，第一、三列为零。

设3阶列向量 p 表示各部门产品的劳动价值，即制造相应产品社会必需的劳动时间；设 s 表示剩余价值率，当然根绝马克思的论述，三个部门的剩余价值率 s 是一样的。根据《资本论》第一卷的论述，可得到价值模型：

$$[A + (1+s)B]p = p \qquad (34.7)$$

纽因认为，他的模型不是萨缪尔森模型简单的转置，因为在他的模型中，没有给价值向量 p 设定任何特殊的数值，剩余价值率 s 的计算仅依赖于表示经济体技术特征的矩阵 A 和 B，而独立于 p。

设3阶列向量 P 表示各部门产品的价格，设 r 表示利润率，则基于同上文相似的思路可以得出马克思的价格模型：

$$(1 + r)[A + B]P = P \qquad (34.8)$$

给定外生的技术参数，并取一个特定的价值和价格的值作为基准，就可以计算出剩余价值率，利润率和剩下的价格和价值的取值。通过上述计算可以看出，价值体系和价格体系的确存在明显的区别，通过独立地求解两个系统可以得到毫无关联的价格和价值，因而结果证实了萨缪尔森的结论，但是，"萨缪尔森认为马克思价值和价格体系之间毫不相关的结论是牵强的"[1]，因为尽管直接比较价值体系 p 和价格体系 P 是没有意义的，但是两种模型通过共同的技术矩阵 A 和 B 相互关联。所谓的"擦去"程序就可以

---

① D. Nguyen, Notes on Professor Samuelson's Analysis of the Marxian Transformation Problem, *Southern Economic Journal*, Vol. 49（1），July 1982, P. 6.

令人满意地解决马克思转形数学问题的说法，是无法令人信服的。

34.3 索斯沃斯对萨缪尔森观点的评述

索斯沃斯（G. Southworth）在 1972 年发表文章，对萨缪尔森的观点作了评述。他的文章主要包含三方面的内容：在斯拉法的理论框架下解释转形问题，分析萨缪尔森论文中的错误和曲解，以及探讨马克思主义经济学一直被人误解和最近引起研究者兴趣的原因。

索斯沃斯首先简要介绍了斯拉法理论体系的内涵，即"商品由商品和劳动在一个包含时间的生产过程中得到生产"[①]。一般而言，产出的商品除了用于补充在生产过程中所消耗的商品外，还会产生一部分剩余。为了分配这部分剩余，斯拉法引入了利润率 r 和工资率 v，其中利润率代表对生产资料的报酬，工资率代表对劳动的支付，两者的函数关系由生产技术所决定。除此之外，马克思的剥削率 s' 又能和利润率 r 由下述函数关系联系起来：

$$r = \frac{s}{(c+v)}, \quad s = \frac{s}{v} \tag{34.9}$$

于是，只要知道了利润率、工资率和剥削率之中的一个变量，便可根据上述关系确定剩下的两个。由于马克思已经将剥削率假设为由阶级斗争所决定的固定值了，所以工资率和利润率也能相应求解了。因此马克思完全不必如萨缪尔森所说的那样，需要借助马尔萨斯的生存工资理论来确定工资率水平。索斯沃斯认为，价值理论用于解释剩余价值的生产，生产价格理论则用于解释剩余价值的分配，因此两者间并不存在转形问题。不同产业间存在不同的剩余价值率的问题，是由《资本论》第一卷的价值理论加以解释，而竞争市场中总剩余价值按照平均利润率分配的问题，则是由《资本论》第三卷的生产价格理论加以解释。

在此基础上，索斯沃斯依次从以下五个方面批评了萨缪尔森对马克思理论的曲解。第一，马克思的剥削概念表明工人被要求工作的时间超过了他们被支付工资的时间，这和萨缪尔森在论文中所谈论的"征税的政府（Taxing Government）"概念没有丝毫的关联。第二，萨缪尔森错误地理解了马克思的经济行为模式。他认为资产阶级的生产的目的是消费，而马克思则认为生

① G. Southworth, Samuelson on Marx: A Note, *Review of Radical Political Economy*, Vol. 4（5），Fall 1972, pp. 103 – 111. In *Karl Marx's Economics: Critical Assessments*, Edited by Cunningham Wood, Volume Ⅲ, P. 103.

产的原动力是资本积累，进而使社会达到最优生产路径上。第三，萨缪尔森仅仅注意到了《资本论》第一卷和第三卷存在的差别，却没有考虑到由于分析目的的不同，这两个部分的理论是对现实经济不同程度的抽象。萨缪尔森本人的著作中同样有大量因为研究目的不同导致理论框架不同的情况存在。第四，萨缪尔森错误地认为利润—价格均衡可以独立于马克思的价值理论而得以确定，从而价值理论是多余的。然而马克思并没有确定任何的均衡状态，而是更关注剥削的过程和资本主义发展的运动规律。第五，萨缪尔森试图通过引述马克思与恩格斯的论述，来证明他们对经济分析的贡献只是体现在转形问题这个荒谬的结论上。但事实上马克思已经多次强调过，他认为自己关键的贡献是对剩余价值的发现。

当然，索斯沃斯也指出，马克思的经济学之所以被频繁误解，也有马克思写作风格上的问题，"不仅仅充满尖刻的讽刺和强烈的论战精神，而且重复，满是曲折"①。但他认为萨缪尔森对马克思的曲解并不是因为他没有理解马克思的著作，其目的在于展示马克思不过是个"卑微的后李嘉图主义者"，从他的文章中得出的结论无非是马克思"不仅可以忽视，而且应该被忽视"②。总之，马克思经济学不是"像教给大多数学生相信的那样是一种简单而纯粹的政治辩护，尽管它需要发展，但是，它还是提供了更好的理解现实的工具"③。

34.4　布朗芬布伦纳对萨缪尔森观点的评价

布朗芬布伦纳认为，萨缪尔森一直以来对马克思的理论以及以其为基础建立的社会主义国家心怀怨恨，在萨缪尔森看来，马克思被人们过分重视了，其实质只不过是个"卑微的后李嘉图主义者"。这种轻蔑的态度表现在萨缪尔森的如下几个观点中：第一，转形问题即便真正存在，马克思对其的解决也是建立在一种不合理的方法论上的；第二，静态的劳动价值论能做到的，竞争性价格理论做得更好，并且更容易做到，马克思的《资本论》第一卷充斥着太多冗长且与主题无关的论述；第三，随着资本积累和技术进

---

① G. Southworth, Samuelson on Marx: A Note, *Review of Radical Political Economy*, Vol. 4（5）, Fall 1972, pp. 103 – 111. In *Karl Marx's Economics: Critical Assessments*, Edited by Cunningham Wood, Volume Ⅲ, P. 319.

②③ G. Southworth, Samuelson on Marx: A Note, *Review of Radical Political Economy*, Vol. 4 （5）, Fall 1972, pp. 103 – 111. In *Karl Marx's Economics: Critical Assessments*, Edited by Cunningham Wood, Volume Ⅲ, P. 320.

步，利润率或实际工资率必然会上升，因此马克思的"利润率不断下降"或"工人阶级更加贫困"两种说法不可能同时成立。布朗芬布伦纳依次对这三个观点作了展开论述。

布朗芬布伦纳首先认为，萨缪尔森断言马克思从价格到竞争性价格转形方法存在根本性的错误：即便假设各部门的剩余价值率和利润率相等，再假设每个部门的价格来源于所有由其他部门投入此部门的产品的成本，马克思的转形问题还是无法用直观的线性关系予以表达。布朗芬布伦纳谈到，马克思和李嘉图一样，曾经试图用他那匮乏的数学知识来分析转形问题，但与李嘉图不同的是，他认为自己最终成功地解决了这一问题。但事实上，除了那些最坚定的马克思主义者以外，没人认为他真正解决了转形问题。相比之下，萨缪尔森则是严格地按照塞顿和森岛通夫提出的投入产出矩阵方法来求解的。布朗芬布伦纳还举例说明马克思的观点不但是错误的，而且是模糊的。由于马克思《资本论》中存在太多被他提出却未被他解答的问题，使得现在的学者不得不去寻找他书中的蛛丝马迹，以便弄清他的真实想法到底是什么。不过，布朗芬布伦纳也认为，尽管马克思的转形方法在技术上肯定是错误的，但可以通过分别计算马克思的生产价格和用正确方法得到的生产价格，以及两者之间的相关系数，来验证马克思主义者对萨缪尔森技术改进方法的反对是否有道理。

为了探讨萨缪尔森的第二个观点，布朗芬布伦纳提出了一个问题：假设真的有一种公认正确的转形方法，那么，这是否会使得劳动价值论或生产价格理论其中之一变得没有存在的价值？如果是，它影响的是哪一种理论？当然，对于受到新古典经济学熏陶的萨缪尔森，他肯定会抛弃劳动价值理论；但对那些受到马克思经济学教育的学者而言，他们肯定会抛弃生产价格理论。布朗芬布伦纳并没有给出一个主观的批判标准，但他认为，这种批判标准应该包括对两种体系相互转化的考察。而从前人的两个体系相互转化的例子中（尽管这些例子中的样本不是随机选取的），布朗芬布伦纳发现了以下两个特征：第一，不管是进行哪种方向转化的人，他们都声称自己将一个复杂的问题转化成了一个简单清晰的结果；第二，那些将劳动价值论转化为生产价格理论的人似乎都有着高超的数学水平，而那些进行反方向转化的人却不一定有，因此被批评为使用"非理性的认知方式"。但上述特点都无法充分说明到底哪个理论是可以被抛弃的。

对于萨缪尔森的第三个观点，布朗芬布伦纳认为是正确的。但他也指明萨缪尔森忽略了一种特殊情况。萨缪尔森认为，如果 t_0 时刻工资率和利润率的组合（r_0，w_0）在某条要素—价格边界上，那么在 t_1 时刻，理性的经济体中不可能发生工资率和利润率同时下降的情形，也就是说利润率不断下降"和"工人阶级更加贫困"两种说法不会同时成立。布朗芬布伦纳认为，萨缪尔森只是单纯考虑到了技术进步、人口增长、资本积累以及新资源开发时的情况，而在相反的情况下，工资率和利润率同时下降也未尝不可能。

布朗芬布伦纳最后对于六篇相关讨论文章作了述评。一是比昂逊（Bjornson）批评马克思和萨缪尔森在市场价格决定理论中对于货币力量的忽视，但布朗芬布伦纳认为这是对"生产价格"概念的误读，因为生产价格指的是商品的绝对价格，而马克思另外还将某种商品（即黄金）设为了价值单位，从而也有了相对价格。二是卡尔特里耶（Cartelier）对萨缪尔森和马克思的论点进行了简明扼要的概括，指出收入分配是由人为制度（Human Institution）决定的，并将价值理论作为用斯拉法体系反对新古典体系的必要条件。三是乔莎（Jossa）认为萨缪尔森所谈及的"劳动"其实指的是劳动时间（V＋S）而非仅仅为可变资本（S），他错误地将剩余价值看作是成本的一部分，因此混淆了马克思经济学中的劳动价值理论与庸俗经济学中的普通的成本理论。四是莱伯曼特别强调了在转形过程中工资率保持不变，并认为劳动价值的重要性不是在于计算而是在于将经济理论建立在社会关系和结构上，并通过这种方式理解价格体系。五是作为马克思主义劳动经济学家，马蒂克认为价值理论逻辑上要先于价格理论，且价格理论只有建立在价值理论的基础上才是有意义的。他强调了马克思对于资本主义生产方式的考察，并认为相对价格对相对价值的偏离并不是一个严重的问题。他还批评了萨缪尔森的工人自己剥削自己的说法，及其对于资产阶级垄断生产资料导致劳动收入下降这一事实的忽略。六是沃尔夫森认为正确的转形方法应该使价格形式的剩余价值率（及利润率）保持统一，他还认为生产技术不应作为外生给定变量，因为它本身就有可能是由阶级分类所决定的。

34.5 鲍莫尔对转形问题的解释

鲍莫尔在 1974 年发表的题为《什么是马克思价值转形的"真实"含义》文章的开始，就明确提出，"这篇文章将表明，《资本论》中描述的价值和价格之间的关系被广泛的误解了"①。他认为，罗宾逊和萨缪尔森所讨论的转形问题马克思并没有涉及，博特凯维兹以及后来者在解决转形问题时把注意力放在了无关紧要的问题上，而庞巴维克所认为的《资本论》第一卷和第三卷之间的矛盾根本不存在。尽管解释已逝作者的作品这一目的本身就值得怀疑，因为那些已故的作者已经无法再为自己辩护了，但鲍莫尔还是认为，通过仔细阅读相关原著可以发现，逝者依旧清晰地在为自己的观点进行辩护。只不过是现代人对于原著中那些原始表达方式的理解有误，导致逝者的本意被曲解了。例如，李嘉图在《赋税原理》中表明了他认同资本的数量和耐久性在价格决定方面所起的作用，进而提出了劳动价值论作为决定竞争性价格的近似理论，但他本质上还是坚持生产成本价格理论，而不是劳动价值论的。然而直到斯蒂格勒 1958 年的文章中，才意识到李嘉图并非纯粹的劳动价值论倡导者。不仅是为了表明尽管人们对马克思的误读是如此得广泛，但其本质意图也是同样显而易见的，而且通过指出人们对李嘉图和马克思价值理论的错误类比，也有助于解释对马克思价值理论的误读。

鲍莫尔认为，马克思和李嘉图不同，因为马克思并未将劳动价值论看成是一种近似理论，他对转形问题的考察也并非出自其本意。马克思之所以关注转形问题，次要目的是研究价值与价格之间差异的性质，主要目的是为了探究剩余价值是如何转化为包括利润、利息和租金在内的非劳动收入的。

鲍莫尔首先对萨缪尔森"不必要的迂回"的说法进行了评价。与那些古典经济学家一样，马克思清楚地知道可以在不依赖价值理论的前提下，由竞争性市场本身决定价格。但他对转形问题的分析与价格理论毫无关系，这不过是他价值理论的延续而已。具体而言，马克思首先在《资本论》第一卷中分析了剩余价值的产生来源，再在《资本论》第三卷中分析了总剩余价值是如何以利润、利息和租金形式进行分配的。考虑到每个产业中剩余价值的产生量和分配量并不一定相等，所谓的转形问题也就是探讨在何种情况下某产业的剩余价值的生产会超过其分配，在何种情况下又会有相反的结果。因此，马克思关注的是剩余价值如何转化为利润，而非价值如何转化为价格。事实上，马克思完全不关心竞争性价格的决定问题，他之所以对此问题进行探讨，不过是为了去除价格理论表面的伪装，从而将剩余价值的生产

① William J. Baumol, The Transformation of Values: What Marx 'Really' Mean (An Interpretation), *Journal of Economic Literature*, Vol. 12, No. 1. (Mar., 1974), P. 51. In *Karl Marx's Economics: Critical Assessments*, Edited by Cunningham Wood, Volume Ⅲ, pp. 407 – 410.

与分配这一本质问题展现出来。站在资产阶级经济学的角度，当然会将劳动价值论看成是"不必要的迂回"，但其实则是马克思理论框架的重点。

鲍莫尔认为，虽然马克思在《资本论》第一卷中也偶尔提到过价格与价值的关系，但只有在第三卷中当"成本价格"以不同产业的均等投资回报为基础时，两者才真正联系在了一起。对于《资本论》第一卷和第三卷中价值的意义的差别有三种解释。第一种认为马克思最初把价值看作是市场均衡时的相对价格，但在意识到与现实不符时，他退而求其次，在第三卷中尽最大努力建立价值与价格的关系；第二种认为马克思的价值理论是对正确分析价格的一个简化的近似理论；第三种认为价值理论并非为了解释资产阶级经济学中粗浅的价格理论而存在的，其目的是为了解释生产的过程，也就是解释经济中不同部门对于剩余价值的剥削。鲍莫尔说明前两种解释是错误的原因，并指出第三种解释是正确的。鲍莫尔认为，价格和价值不是同样的东西，价值既非价格的近似，也非计算价格的必要前提，价格理论只是粗浅的表象，价值理论则揭示了事实的本质。

现在就很容易明白马克思为什么花费大量精力去讨论似乎与他的主题无关的转形问题了。他分析转形问题，就是为了不让价格理论阻碍了人们对其本质的理解。事实上，它确实误导了太多的人，"资本家、劳动者、粗俗的经济学家甚至李嘉图"①。那么，马克思的价值理论到底说的是什么呢？鲍莫尔将价值理论做了如下总结：虽然商品的确是由劳动和自然资源的共同投入产生的，但其中与社会相关的生产投入是劳动，而非土地或资本。因此利润、利息和租金的来源也是劳动，其他们的总和应该等于劳动创造的总价值减去劳动本身消耗的部分。竞争性过程只是一种分配的表象，它看似表明了土地是租金的来源，资本是利润和利息的来源，实则掩盖了劳动是唯一的与社会相关的投入这一事实。"这才是劳动价值论和分析转形问题的意义。"②鲍莫尔最后提到，除了米克和森岛通夫外，其他作者对于转形过程都有不同程度的误解，并特别描述了萨缪尔森和斯威齐在这一问题上的错误。当然，他也认为，马克思本人的用词不当也是造成他人误解的根源之一，他对于诸如"价值理论"、"交换价值"等名词的解释与传统的解释有很大的差异，

---

① William J. Baumol, The Transformation of Values: What Marx 'Really' Mean (An Interpretation), *Journal of Economic Literature*, Vol. 12, No. 1. (Mar., 1974), P. 58.

② William J. Baumol, The Transformation of Values: What Marx 'Really' Mean (An Interpretation), *Journal of Economic Literature*, Vol. 12, No. 1. (Mar., 1974), pp. 59. In *Karl Marx's Economics: Critical Assessments*, Edited by Cunningham Wood, Volume Ⅲ, pp. 407 – 410.

也导致了人们理解的困难。

34.6 斯蒂德曼对劳动价值论和转形问题的分析

斯拉法的《用商品生产商品》出版后，一些学者从斯拉法分析生产条件与工资、利润、价格之间关系的方法上得到了启示，为研究马克思经济学提供了新的思路和工具。在此背景下，斯蒂德曼成为一个典型人物，他提倡"按照斯拉法研究马克思"，并认为斯拉法体系是马克思体系的替代物，只有按照斯拉法的生产条件和实物数量分析，才能得到关于利润和生产价格的正确计算方法，从而避免在转形问题上无谓的争论。

34.6.1 "无中生有"的转形问题

斯蒂德曼在开篇便提出，斯拉法的著作不仅成功地批判了边际主义，而且为简单明确地解答马克思主义者长期争论不休的问题提供了理论基础。他首先论证了马克思对转形问题的解决方法中存在的逻辑谬误。在他看来，这主要表现为两个方面。其中一个相对次要的方面是，马克思的解中未涉及对投入价格的转形。这一点之所以重要，首先是因为所有资本家都是以价格而非价值为依据做出决策的，那些认为同一商品在售出和购买时遵循不同的交换体系的观点并不符合资本主义的实际情形；其次是因为马克思自己也充分意识到了这一事实。而即使在计算中考虑了投入价格的转形，马克思的解法仍然是内在不一致的。这是因为，马克思一方面认可按照价值形式定义的利润率 $S/(C+V)$，即以物化的劳动量计算利润率；一方面又认可价格与价值背离的结论，一般而言，这个表明了 $S/(C+V)$ 并非实际的利润率。因此，马克思的理论体系存在内在的逻辑矛盾。在现实中，资本家既不知道也不关心马克思所使用的"价值利润率"，经济中也不存在使各部门的价值利润率趋于相等的力量，因此只有货币利润率趋于均等化。根据上述论证还可以看出，斯蒂德曼是将货币利润率作为其分析的出发点的。

与马克思的解决方法不同的是，博特凯维兹等人的方法避免了上述问题，证明了利润和价格只取决于实际工资和生产条件，并最终得到了具有逻辑一致性的解集。而由于反对这些解的人只是从侧面进行了一些错误的反驳，却从未对其有过直接的逻辑批判，因此斯蒂德曼认为博特凯维兹等人的解在逻辑上是无懈可击的。此外，那些马克思理论的拥护者之所以对其他的解法充满戒心，还可能是因为他们害怕其他解法破坏了在马克思转形问题中成立的两个等式，进而使得下述观点不再成立：即剥削是利润的源泉。然而恰恰相反，斯蒂德曼说道，"各种逻辑上一致的解并不损害剥削是利润源泉的思想，相反，它们为证明剩余价值存在的必要和充分的条件，提供了简便的分析工具。"①

接着，斯蒂德曼用一个例子证明了马克思解法的错误。他的例子包含两方面内容。一方面，仅仅从生产的物质条件出发，便可以推导出除了劳动力商品以外一般商品的价值，而用生产的物质条件加上实际工资条件，便可以推导出劳动力价值和剩余价值。另一方面，仅仅从对经济的实物描述中便可以推导出一个逻辑上一致的利润和价格理论，此时总价格与总价值无关，总利润也与总剩余价值无关。此外，斯蒂德曼还在例证中提出了一个新的批判，即马克思将黄金作为货币商品的设定已经过时，通货膨胀等现代的货币问题已经无法用当时所设定的转形模型所解释。

他的总体分析思路如图34 – 1所示。

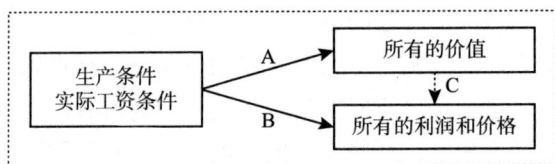

图 34 – 1　斯蒂德曼的分析思路

图34 – 1中实线箭头 A 表示依据实物数量可以解释所有的价值量，实线箭头 B 表示依据同样的实物数量可以解释利润和价格等，以上是斯蒂德曼所认为的逻辑一致性的解法。虚线箭头 C 表示在一般情况下无法从价值转形价格，也就说明马克思的解法是错误的。

斯蒂德曼对于转形问题的看法概括说来，可以由如下四个方面的结论组成：第一，生产条件和支付给工人的实际工资，两者均由商品的物质数量决定，进而决定利润率以及商品的生产价格；第二，各种商品中所包含的劳动数量本身也完全由生产条件所决定，因此，劳动价值在不能决定利润率或生产价格；第三，在一个竞争性资本主义中，利润率不等于 S/(C + V)，不存在从剩余价值到利润，从价值到生产价格的转形，因为利润和生产价格可以

---

① 斯蒂德曼著，吴剑敏、史晋川译：《按照斯拉法研究马克思》，商务印书馆1991年版，第22页。

无须考虑任何价值量而被决定；第四，不需要价值度量也能决定社会劳动的配置。①

即使抛开如何转形的问题不谈，仅从劳动价值论本身来看，斯蒂德曼也认为其存在诸多谬误。马克思主义经济学家把生产出来的商品的劳动价值看做是正值。但是斯蒂德曼派认为：其一，如果生产同一商品的存在两种或以上的同样盈利的技术，劳动价值可能无法确定或等于零，这样马克思的转形就无法进行，他的通向生产价格的进路根本不存在；其二，如果存在联合生产的问题，即同一生产过程产生两种或以上的产品，那么在这些商品上分配劳动时间的价值时，某些商品的劳动价值就可能为负，这样它与劳动价值可能是零，一起破坏了马克思的基本原理。第一种情况的实质在于，由于存在两种或以上可供选择的技术，无法确定究竟用哪一种生产方法计算商品的劳动价值。第二种情况的实质在于，资本家是在价格而非物化的劳动价值的基础上做决策，由于生产方法的选择是在利润最大化中被决定的，因此只有在确定了均等利润率之后，才有可能知道价值，即利润率的决定在逻辑上先于价值的决定。

总之，在斯蒂德曼的眼中，马克思的以价值为基础分析资本主义社会的理论与真正的历史唯物主义的分析是不一致的，如果继续将注意力集中在价值的分析上，就业严重阻碍资本主义经济的历史唯物主义理论的发展，因此，"与其让劳动价值论绕着脖子阻碍思考，不如干脆将它丢在一边而集中精力发展出一种内部联贯一致的资本主义发展理论。"②

34.6.2 没有转形问题的转形问题解决

在文字叙述和事例佐证的基础上，斯蒂德曼用数学推导严格证明了即使不存在生产技术的选择问题或联合生产的问题，马克思的转形方法依然是错误的。其主要思路简述如下。设 $A = [a_{ij}]$ 是生产技术矩阵，其中 a_{ij} 表示部门 i 对部门 j 的中间产品投入；设行向量 a 是各部门的就业水平，L 是经济体的总就业量；行向量 p^m 是各部门产品的货币价格，r 是均等利润率；m 是预付货币工资率，则根据总货币收入等于总利润加总货币成本的假设可得：

① 斯蒂德曼著，吴剑敏、史晋川译：《按照斯拉法研究马克思》，商务印书馆1991年版，第2页。

② 伊恩·斯蒂德曼、保罗·斯威齐著，陈东威译：《价值问题的论战》，商务印书馆1990年版，第10页。

$$(1 + r)(p^m A + ma) = p^m \qquad (34.10)$$

若工人不储蓄，并设列向量 w 是工人用货币工资购买在下实际工资所包含的商品组合，则均衡利润率可写为：

$$r = \lambda^{-1}(A + L^{-1}wa)^{-1} - 1 \qquad (34.11)$$

其中，λ 是矩阵 $(A + L^{-1}wa)$ 的单位根。这就说明生产条件和实际工资已经能够决定利润率，再加上斯蒂德曼在后文中还证明的利润率只能从这一等式决定，两者共同表明，利润率与劳动价值完全无关，因此转形问题确实是一个"无中生有的问题"。

斯蒂德曼接下来计算了商品的劳动价值和剩余价值。设行向量 l 是各产出品中的劳动价值，C，V 和 S 分别是不变资本、可变资本和剩余价值之和，则它们可依次写作：

$$\begin{aligned}
l &= a(I - A)^{-1} \\
C &= a(I - A)^{-1}Ai \\
V &= a(I - A)^{-1}w \\
S &= L - a(I - A)^{-1}w
\end{aligned} \qquad (34.12)$$

因此，只需要生产条件和实际工资就可以决定商品价值、不变资本、可变资本和剩余价值，上述四个变量也只能从这些等式中得出。除非生产商品的"社会必需劳动时间"与生产条件的系数有关，否则这一说法同样没有任何意义。生产任何商品所需要的（直接的或间接的）劳动时间是由有关的生产条件决定的。斯蒂德曼还认为，因为只有在 $S > 0$ 的条件下利润率才会为正，资本家才会进行生产。尽管上述理论并无法解释在现实中利润率为何为正，但至少说明了只要有产品被生产，就必然伴随着剩余价值被资本家榨取的过程。

基于上述分析可以看出，在斯蒂德曼的理解中，转形问题完全是一个虚幻的问题。因为只有认为利润率必须由劳动价值决定时，才会有价值转化为生产价格的转形问题，既然利润率的决定与劳动价值无关，转形问题也就不会出现。斯蒂德曼的这种研究实际上也是一种对转形问题的研究，只不过他否定了转形存在的基础——劳动价值论，从而也算"解决"了转形问题。

34.6.3 对斯蒂德曼观点的争论

斯蒂德曼的研究引起了广泛的讨论，其中伊藤诚的《联合生产：斯蒂德曼遗留的问题》是其中一个有力的反击。伊藤诚认为，斯蒂德曼对于马克思价值论的批评主要集中在"冗余的"和自相矛盾的两方面,他也说明了斯蒂德曼是如何通过生产联合产品的例子,最终得出劳动价值论无意义的结论的。伊藤诚认为,斯蒂德曼并未正确理解马克思价值论的实质内容,却把马克思的价值论的要点狭隘地归纳为确定均衡价格。然而对于马克思来说,"价值论完全不是仅仅确定均衡价格的手段。它首先是一种用以阐明资本主义社会的历史规定性的理论。"① 其本质在于阐明基于人类劳动的资本主义社会关系,以及它的特殊形式和机制。如果从这个立场出发,对作为价值和剩余价值本质的劳动数量的观察与研究自然是不容忽视的。伊藤诚还指出,斯蒂德曼指责马克思的价值论是自相矛盾的,正是由于他忽略了价值形式的理论和片面地从技术方面去理解价值概念;他试图用联合产品的例子驳倒马克思的价值论,也正是由于他忽视了在满足社会需求时哪种现存技术是主要的。

在提出联合生产问题正确的解决途径之前,伊藤诚先依次对斯威齐、置盐、阿姆斯特朗(P. Amstrong)、格林、哈里森、希默尔魏特(S. Himmelweit)和莫恩等人的改进方法进行了简要评论。总体而言,他认为,尽管上述这些作者的文章对正确理解马克思的价值论有一定的意义,但都没有抓住问题的实质,因此也都无法对斯蒂德曼的理论进行完整的反批判。事实上,他认为,不论是古典经济学家、斯拉法理论倡导者、新李嘉图主义者,还是继之发生的论战都仅仅关注了价值的数量分析,而不去分析价值形式的发展。

相比之下,伊藤诚则认为,为了解决联合生产问题,就必须搞清楚在联合产品之内分配劳动的资本主义经济的形式和机制,由于这是由历史所决定的,因此必须考虑在涉及贯穿历史的共同的社会经济规律时这个问题意味着什么。只有在确定上述问题之后,才能解决联合生产的问题,进而表明:资本主义这一制度本身,是能够如何在以历史所决定的方式下,在不需政府或其他外力干预的过程中解决社会劳动问题的。与此相比,斯蒂德曼则是从有多少不同的联合产品就有多少不同的生产技术这一随意的假设出发,得出了负的价值和负的剩余价值。他没有意识到,即使现实中存在许多不同的生产技术,其中必然只有一种技术满足市场中需求波动的普遍供给条件,从而只有这种技术能作为劳动的社会分配标准。

---

① 斯蒂德曼、保罗·斯威齐著,陈东威译:《价值问题的论战》,商务印书馆1990年版,第152页。

第35章　森岛通夫关于转形
问题的解决方法

　　为了清楚地认识森岛通夫的解决方法，首先需要对狭义和广义转形问题有所了解。所谓"狭义转形问题"的论争，是指自博特凯维兹开始，中间经过温特尼茨、米克、塞顿等经济学家，他们试图从要素投入生产价格化方面来完善或否定马克思的价值转形理论的讨论；所谓"广义转形问题"的论争，是指自斯拉法开始的，以实物量关系来说明或否定马克思劳动价值论的讨论。在发生于20世纪60年代以后关于广义转形问题的争论中，森岛通夫以马尔可夫过程解法，赢得了马克思主义经济理论界的许多赞誉，成为颇具影响的转形问题研究的著名专家。森岛通夫曾明确提出，他同萨缪尔森在转形问题的研究方法上有很多相似之处，而他也充分运用数理经济学方法对马克思经济理论的研究特征作出研究，他对待马克思经济学的态度与那些西方经济学家则是截然不同的，在他的研究中，更多倾注的是他对马克思的同情。森岛通夫指出，他研究马克思的方法具有一定的独特性，他的研究方法与那些马克思主义者和非马克思主义者提出的所谓的马克思主义经济学不同，他要使马克思不仅对其本身的目的来说站得住脚，而且在反对当代的经济理论方面也站得住脚。森岛通夫的目的并不是在于重建马克思经济学，而是在于依据现代经济学的方法，更加严密和精确地表述了马克思经济学，最终希望证明马克思在当代依然具有伟大的意义，其理论对当代经济学依然具有巨大贡献。

35.1　里昂惕夫矩阵的整合及其
导致的逆转形的扭曲

　　森岛通夫在1975年发表的《存在"历史上的转形问题"吗?》一文中，概括了转形问题早期研究的倾向。他认为，随着1948年温特尼茨文章的发表，对于转形问题的讨论大致分成了两个阶段。第一阶段以米克的长篇论述为研究的高峰，其中大部分的文章仍然局限在博特凯维兹的概念和数学框架之下。而梅和塞顿则开创了转形问题研究的新阶段，其中对于投入—产出分析和线性代数等手段的应用，使得这一阶段的讨论具备了更广泛的特征，并达到了更高的数学水准。与此同时，里昂惕夫的投入产出模型在劳动价值论上的应用也趋于成熟。这两种趋势（从转形问题到投入—产出，从投入—产出到劳动价值论）在 1961 年塞顿和森岛通夫的文章中汇合在一起了。

森岛通夫和塞顿在 1961 年发表的《里昂惕夫矩阵的整合与劳动价值论》一文，对于逆转形问题进行了深入的探讨。他们认为，马克思的转形问题是确实存在的，对其进行研究也是有意义的；虽然研究的重心在于逆转形过程，但从中还是能够看出作者对于之前所有转形问题研究的看法，即他们所研究的转形问题其实只是精确意义上转形问题的一个粗略的替代品。

文章开篇便阐明了研究逆转形问题的背景和意义。在当时的社会主义国家，经济学家面临的许多无法解决实际困难，都可以归结为将产品价格转换为价值的逆转形问题。尽管对逆转形问题的研究迫在眉睫，但这一问题却没有引起学界的足够重视。于是，森岛通夫和塞顿从最一般也是最本质的模型开始对逆转形问题的分析。

存在一个有 n 种初始行业的虚拟经济，假设每个行业都生产同质的产品 w_i（以当期价格衡量），其中 w_{ij} 部分为是用于生产 w_j 的中间产品，f_i 部分是最终产品。另设行业 i 的工资要素和非工资要素收入分别为 v_i 和 s_i，则标准的里昂惕夫价格体系可写为：

$$
\begin{aligned}
&w_{11} + w_{12} + \cdots + w_{1n} + f_1 = w_1 \\
&w_{21} + w_{22} + \cdots + w_{2n} + f_2 = w_2 \\
&\ \vdots \qquad \vdots \qquad \cdots \qquad \vdots \qquad \vdots \qquad \vdots \\
&w_{n1} + w_{n2} + \cdots + w_{nn} + f_n = w_n \\
&v_1 + v_2 + \cdots + v_n = v_0 \\
&s_1 + s_2 + \cdots + s_n = s_0
\end{aligned}
\qquad (35.1)
$$

根据定义，每一列的和等于该行业的全部产出$\left(\sum w_{ij} + v_j + s_j = w_j \right)$，最终产品的和等于工资和非工资要素收入和$\left(\sum f_i = \sum v_i + \sum s_i \right)$。而与上述价格体系相对应的价值体系可写为：

$$\omega_{11} + \omega_{12} + \cdots + \omega_{1n} + \phi_1 = \omega_1$$
$$\omega_{21} + \omega_{22} + \cdots + \omega_{2n} + \phi_2 = \omega_2$$
$$\vdots \quad \vdots \quad \cdots \quad \vdots \quad \vdots \quad \vdots \qquad (35.2)$$
$$\omega_{n1} + \omega_{n2} + \cdots + \omega_{nn} + \phi_n = \omega_n$$
$$\upsilon_1 + \upsilon_2 + \cdots + \upsilon_n = v_0$$
$$\sigma_1 + \sigma_2 + \cdots + \sigma_n = s_0$$

类似地，每一列（包括不变资本、可变资本和剩余价值）的和，等于该行业的产出总价值（$\omega_j = \sum \omega_{ij} + v_j + \sigma_j$）。并假设不变资本与可变资本的和为总资本（即生产成本）κ，其在价格体系中的相应取值为 ξ。通常而言，只有价格体系是可以观测的，价值体系虽然也客观存在，却无法观测其具体数值。森岛通夫和塞顿的首要工作就是借助一些在马克思理论框架下成立的重要假设，完成从价格到价值的逆转形，从而使价值体系同样具备现实意义。

设 $c_{ij} \equiv \dfrac{w_{ij}}{w_i} = \dfrac{\omega_{ij}}{\omega_i}$ 为生产者的"产出配额"，并设其矩阵形式为 $c = (c_{ij})_{n \times n}$，它的取值在价格和价值体系中保持不变。设为行业 j 的工人工资中用于消费行业 i 产品的部分为 d_{ij}，再设剥削率$\left(\dfrac{\sigma_i}{\upsilon_i}\right)$与 1 的和为"剥削强度"$\rho_i$。利用符合马克思理论的两个假设条件，其一是每个行业中工人对最终产品的"消费配额"与此行业中的生产者的"产出配额"相等，则 $\upsilon_i = \sum d_{ij}\omega_j$；其二设所有行业的剥削率相等，则 $\rho_0 = \rho_1 (= \rho_2 = \cdots = \rho_n)$。在此基础上，并注意到工资收入定义为维持最低生活标准的数额，则可改写（35.2）式的列向量表达为：

$$(c' + \rho_0 d')\omega = \omega \qquad (35.3)$$

其中，ρ_0 为等剥削强度，$d = (d_{ij})$ 和 $\omega = (\omega_{ij})$ 分别为相应变量的列向量表达（用小写英文字母代表列向量，下同）。在这一方程组中，c' 和 d' 分别为给定的外生变量，ρ_0 和 ω 为未知的内生变量。他们证明，只要确定了劳动时间的计量单位，便能够从上式解出正的 ρ_0 和对应的 ω，从而完成了从价格到价值的逆转形。他们还进一步证明，如果再假设所有行业的边际利润率相等，则可以从式（35.3）推导出两个重要结论：一是剥削率总是大于利润率，二是在马克思所定义的"经济增长"（即每个行业的资本积累都使得本行业总成本中的工资份额逐渐降低）中，只要剥削率不上升，利润率都会逐渐下降。不过他们也认为，上述结论并不带有任何政策导向的或意识形态的内涵，因为它们的成立与否很大程度上取决于不同的人对于"剩余价值"和"剥削率"等术语的不同理解方式。假如，在现实中，工资超过了维持最低生活水平的数额时，上述结论就都不成立了。

为了便于分析文章的重点——加总问题，森岛通夫和塞顿增加了两个假设条件，从而将上述一般性结论进行了简化。其一是每个行业中对工人所支付的工资数额都等于其真实付出的（以其技术水平和努力程度为权重的）劳动力水平[①]，即 $\upsilon_i = v_i$；其二是森岛通夫和塞顿对马克思理论中"总价格等于总价值"的表述，即 $\sum \varphi_i = \sum f_i$。在这两个新增的假设下，原本不可观测的等剥削强度 ρ_0，现在也可以用价格系统中可观测的 $r_0 = 1 + \sum v / \sum s$ 来代替了。此时可改写式（35.3）为：

$$c'\omega + r_0 v = \omega \tag{35.4}$$

并可从逆转形中解出价值为 $\omega = r_0 \bar{c}' v$，其中 $\bar{c}' \equiv (I - c')^{-1}$（用上划线符号表示单位阵减该矩阵再求逆的运算，下同）。

接下来森岛通夫和塞顿正式开始解决整合问题，即将初始的 n 个行业进行分组，并将同一组别下的行业加总为 N 个部门，具体分组和加总方式如下：

行业	部门
1，2，…，a→	A
a + 1，a + 2，…，b→	B
…	
m + 1，m + 2，…，n→	N

根据定义，部门 J 的产出品总额为 $W_J = \sum_{k=1}^{j-i} w_{i+k}$。以此类推，还可计算出其他的加总量。事实上，这种将行业整合为部门的过程很容易通过定义如下"整合矩阵"得到，其第 J 行依次由 i 个零，j − i 个 1 和 n − j 个零组成：

$$A \equiv \begin{pmatrix} 1\cdots1 & 0\cdots0\cdots0\cdots0 \\ 0\cdots0 & 1\cdots1\cdots0\cdots0 \\ & \cdots \\ 0\cdots0 & 0\cdots0\cdots1\cdots1 \end{pmatrix}_{N\times n} \tag{35.5}$$

---

① 需要注意的是这里的"劳动力"价值 υ_i 仅仅表示付报酬的（或"支付"）的部分，而不是劳动构成的总价值 $\sigma_i + \upsilon_i$。

则部门的产出价格、产出价值、最终产品和工资收入的列向量可分别表示为：

$$W = Aw$$
$$\Omega = A\omega$$
$$F = Af \qquad (35.6)$$
$$V = Av$$

设 $\hat{w} = \mathrm{diag}$（w_1，$\cdots$，w_n）（用帽符号表示某变量的对角阵，下同），则还可得到两个可以进行逆向整合过程的"分解矩阵"：$D' \equiv \hat{W}^{-1}A\hat{w}$，$\Delta' \equiv \hat{\Omega}^{-1}A\hat{\omega}$，满足 $DW = w$，$\Delta\Omega = \omega$。则还可将行业间产出配额转换为部门间产出配额：

$$C = D'cA' \text{（价值形式）}$$
$$\Gamma = \Delta'cA' \text{（价格形式）} \qquad (35.7)$$

最后，类似于在行业中的转形过程式（35.4），可以得到在部门中的逆转形过程：

$$C'\Omega + r_0 V = \Omega \qquad (35.8)$$

森岛通夫和塞顿认为，精确意义上的逆转形是：先在行业中由式（35.4）的方法完成从价格 w 到价值 ω 的逆转形，再由 ω 整合得到 Ω；大致意义上的逆转形是：先由 w，ω，f，v，c 整合得到部门的价格体系，再在部门中由式（35.8）的方法完成从价格 W 到价值 $\widetilde{\Omega}$（用波浪符号表示与真实值相对应的粗略值，下同）的逆转形。简言之，真实的逆转形价值应该由先转形再整合得到，而一般学者所做的工作只是粗略的逆转形过程，即先整合再转形。两种计算方法是不同的。对两种逆转形的等式关系的比较如下：

$$C'\widetilde{\Omega} + r_0 V = \widetilde{\Omega} \text{（粗略的逆转形）}$$
$$(\Delta'cA')'\Omega + r_0 V = \Gamma'\Omega + r_0 V \text{（精确的逆转形）} \qquad (35.9)$$

根据上两式的比较可以看出，用粗略的方法和精确的逆转形方法得到的价值（$\widetilde{\Omega}$ 和 Ω）一般而言是不相等的，两者之间的差额为"整合导致的价值扭曲"。进而可以证明，两种计算方法下，除了整体的总净收入（$\Omega - \Gamma'\Omega$ 和 $\widetilde{\Omega} - C'\widetilde{\Omega}$）或总净价值（$\sum \widetilde{\Phi}_J$ 和 $\sum \Phi_J$）相等之外，其他变量的单个取值或者总和都是不相等的。森岛通夫和塞顿接下来讨论了在什么情况下不存在价值扭曲，在什么情况下价值扭曲程度是有限的。首先通过比较公式（35.9）中的两个等式，可以知道在整合中不发生价值扭曲的充要条件是：

$$C'\widetilde{\Omega} = (\Delta'cA')\Omega \qquad (35.10)$$

森岛通夫和塞顿继续证明了，只要满足下述四个充分条件之一，整合过程就不会导致价值的扭曲：

（1）部门间产出份额在转形中保持不变（$C = \Gamma$）；

（2）组成每个部门的内在行业间相对重要性在转形中保持不变（$D = \Delta$）；

（3）组成每个部门的内在行业间的产出分配方式相同（$C'A = Ac'$）；

（4）组成每个部门的内在行业间的成本结构（包括工资）相同（$DC' = c'D$，$DV = v$）。

然而上述条件在通常情况下不能保证成立，于是森岛通夫和塞顿便考虑将真实的和粗略的价值的计算误差（即扭曲程度）保持在一个可控范围之内。由式（35.4）可得扭曲程度为：

$$\tilde{\Omega} - \Omega = r(\bar{C}'V - A\bar{c}'v) \tag{35.11}$$

根据部门间产出份额的不等式关系可以证明，只要能够将部门间的产出份额限制在一个合适的范围内，就可以通过这个范围计算出最大可能的扭曲程度值。

在文章的最后部分，森岛通夫和塞顿有针对性地分析了在马克思理论中因为整合导致的价值计算错误的问题。在马克思著作中仅剩两个部门，即生产部门 A 和消费部门 B，且消费部门的产出全部为最终产品。设不变资本 ω_{ij} 整合后的总量分别为固定资本 Ω_{AA} 和 Ω_{AB}，可变资本 υ_j（$= v_j$）整合后的总量分别为 V_A 和 V_B，剩余价值 σ_j 整合后的总量分别为 $\sum_A$ 和 $\sum_B$，净价值分别为投资 Φ_A 和消费 Φ_B，根据定义两者相等。于是可将价值体系式（35.2）改写为整合后的形式：

$$
\begin{aligned}
\Omega_{AA} + \Omega_{AB} + \Phi_A &= \Omega_A \\
\Phi_B &= \Omega_B \\
V_A + V_B \quad\quad &= V_0 \\
\sum_A + \sum_B \quad\quad &= \sum_0
\end{aligned}
\tag{35.12}
$$

而式（35.9）在马克思的价值体系中的对应表达式为：

$$
\left[\begin{pmatrix} 1 & 0 \\ 0 & 1 \end{pmatrix} - \begin{pmatrix} C_{AA} & 0 \\ C_{AB} & 0 \end{pmatrix}\right]\begin{Bmatrix} \tilde{\Omega}_A \\ \tilde{\Omega}_B \end{Bmatrix} = \left[\begin{pmatrix} 1 & 0 \\ 0 & 1 \end{pmatrix} - \begin{pmatrix} \Gamma_{AA} & 0 \\ \Gamma_{AB} & 0 \end{pmatrix}\right]\begin{Bmatrix} \Omega_A \\ \Omega_B \end{Bmatrix}
\tag{35.13}
$$

根据式（35.13）森岛通夫和塞顿证明了如下结论：

（1）生产部门产出价值（Ω_A）的扭曲程度相当于固定资本与总资本的价格比率和价值比率的差额；

（2）生产部门的产出价值（Ω_A）和固定资本（Ω_{AA}）的扭曲程度相同；

（3）消费部门的产出价值（Ω_B）和净产出价值（Φ_B）的扭曲程度相同，且等于生产部门净产出价值（Φ_A）扭曲程度的相反数，在简单再生产中，这一扭曲程度为零。

假如在此基础之上，如果经济体还满足另外两个使经济体等规模增长的条件：其一，对每个"初始行业"的投资必须让本行业的所有投入成本严格成比例增长；其二，生产部门内和消费部门内的"初始行业"有各自相同的投入增长率。那么还可以得到关于式（35.12）的三个结论：

（1）生产部门和消费部门的扭曲方式总是相反的，例如如果高估了生产部门的价值，则必然低估了消费部门的价值；

（2）消费部门的产出价值的扭曲程度总是低于生产部门；

（3）当所有"初始行业"的投入增长率都相同时，这一增长率越低，消费部门的产出价值的扭曲程度也越低。

35.2 森岛通夫提出的转形问题的解决方法

森岛通夫于1956～1970年之间发表了多篇与马克思主义经济学相关的论文，这些研究成果集中体现在他1973年出版的《马克思的经济学：二元的价值和增长理论》一书中，这是第一部用数学语言分析马克思主义经济学主题的长篇著作。接着，他在《计量经济学》上发表了一篇有着同样难度的文章——《现代经济理论视角下的马克思》，他在这篇文章中用现代数学工具解释了马克思理论中两个主要问题：Frobenius-Perron定理被用来解释劳动价值论的基本定理；马尔可夫链则被用来解释转形问题。他在1975年发表在《经济学杂志》的文章则转向了"历史的转形问题"的讨论，考察了马克思转形问题的历史价值。

森岛通夫对转形问题的分析，主要集中在《现代经济理论视角下的马克思》文章中。在《马克思的经济学》中，森岛通夫更为一般性地表明了他对马克思经济理论的观点，因此我们首先对森岛通夫的基本观点进行简述，再转向《现代经济理论视角下的马克思》的介绍。

森岛通夫在《马克思的经济学》一书中表达的主要观点是，马克思经济学的核心是一种一般均衡模式。这个核心有两个主要组成部分，一是再生产理论，二是马克思的劳动价值理论。森岛特别强调了马克思的价值和价格两重核算体系学说的意义。他认为，如果不存在剥削，价值与价格就是同一的；但任何资本主义社会都存在剥削，所以价值规律就不可能以其纯粹和简单的形式表现出来，这样价值与价格就会彼此不同，因而转化问题只是一个核算方法问题。在实际工资水平和剥削率都存在的条件下，森岛从复杂的数学推导中证明马克思的价值体系和价格体系并非互不相容，从而否定了萨缪尔森的观点。[①]

在1978年与凯特福斯合写的《价值、剥削和增长》这部书中，森岛再次"从逻辑—数学方面考察转形问题，并提出以马尔可夫过程的结果为依据的一种解法，即从价值开始，依照多次迭代之后而导向正确、一致的生产价格的计算……马克思确实意识到投入品和产出品这两者都必须从按照价值计算转化为按价格计算，但马克思并没有完全转化它们；相反，马克思是按照一种迭代公式，利用别的方法，通过连续方式来转化投入和产出的。"[②]森岛通夫指出，他研究马克思的方法具有一定的独特性，他的研究方法与那些马克思主义者和非马克思主义者的所谓马克思主义经济学不同，他要使马克思不仅对他自己的目的来说站得住脚，而且在反对当代的经济理论方面也站得住脚。他的目的就是证明马克思在当代的伟大意义以及对当代经济学的贡献。例如，他认为，马克思对数理经济学作出了前瞻性的贡献。"存在两种类型的数理经济学家，一种使用现有的数学工具解决经济问题（最好的例子是古诺），另一种预见到经济中的数学问题，马克思是第二种类型的经济学家。"[③] 森岛通夫并不是在重建马克思经济学，而是依据现代经济学的方法，主要是里昂惕夫的投入产出分析方法和瓦尔拉斯一般均衡的分析方法，更加严密和精确地表述马克思经济学。西方主流经济学总是贬低和分割马克思经济学，森岛通夫认为，马克思经济学和瓦尔拉斯在数理经济学史上具有同样崇高的地位。但与瓦尔拉斯不同，马克思提出的是一种两阶段的一般均衡模型。马克思研究的是资本主义的长期运动规律，他需要将其分析建立在可靠的总量分析基础之上，"在我看来，劳动价值论在马克思经济学中起着最重要的作用，因为他提供了一种不变的体系，依据这种体系，马克思得以将其微观模型在一系列假定条件下加总成两部门的宏观模型"。虽然森岛通夫对劳动价值论做出了上述评价，但他没有始终坚持劳动价值论，在《马克思经济学》一书中，他研究了劳动价值论同下述几个问题的关系：劳

---

① Morishima, M. *Marx's Economics: a dual theory of value and growth*, Cambridge University Press, Cambridge, 1973.

②③ Michio Morishima, *Marx's Economics*, *A Dual Theory of Value and Growth*, Cambridge University Press, 1973, P. 85.

动异质性、联合生产、生产方法的选择。他认为，只要其中任何一个成立，都会使劳动价值论陷入困境。森岛通夫认为："马克思经常混淆两种独特的核算体系，一种使用的术语是价格，比如工资率和利润率；另一种使用的术语是价值，劳动力的价值和剥削率。前者由通过竞争性套利必须满足的均衡价格和均衡利润率的方程组表示，后者提供了描述通过经济体中占主导地位的技术生产商品所需要劳动数量的方程。很明显，它们应该存在严格的区别。""一旦联合生产和技术选择被允许，我们必须放弃劳动价值论，至少按马克思的意思应当如此。"①

在《现代经济理论视角下的马克思》中，森岛通夫将马克思看作是伟大的数理经济学家。这不意味着马克思用其丰富的数学知识解决了许多经济学问题，而是在于从他对经济学的研究中，能够发现许多过去从未涉及的数学问题（如解决转形问题需要的马尔可夫链理论）。虽然森岛通夫也承认马克思并没有高超的数学能力，但他也认为，那些批评马克思没有用正确数学方法解决问题的批评是不恰当的，因为马克思在完整的数学理论建立之前，就已经用自己独特的方法解决了相应的问题，这反而能说明他所具有的远见。

下面我们重点关注森岛通夫在这篇文章中对转形问题的解决方法。森岛首先指出，转形问题主要关注的是由价格方程组解出的商品长期均衡价格，以及由价值方程组解出的商品价值两者之间的联系。设 A 为物质投入系数矩阵，L 为劳动投入行向量，B 为产出系数矩阵；设 Λ 为产品价值行向量，p 为产品价格行向量；w 为每小时工资率，π 为均衡利润率。考虑到马克思在处理转形问题时的隐含假设，即有且仅有一种生产技术，且经济中不存在无联合生产，可以认为矩阵 A 为方阵，矩阵 B 为单位矩阵，从而可写价值和价格方程组为：

$$\Lambda = \Lambda A + L$$
$$p = (1 + \pi)(pA + wL) \tag{35.14}$$

再设 D 表示每个工人每小时维持最低生存标准的产品消费行向量，并注意到工人预算方程 w = pD，则可改写价格方程组为：

$$\bar{p} = (1 + \bar{\pi})\bar{p}(A + DL) \tag{35.15}$$

其中，A + DL 表示扩张的投入系数矩阵。这表示着 $(1 + \bar{\pi})$ 是由特征值 A + DL 的倒数及其相关的特征向量 $\bar{p}$ 所决定的。如果设 $M \equiv A + DL$ 为非

---

① Michio Morishima, *Marx's Economics*, *A Dual Theory of Value and Growth*, Cambridge University Press, 1973, P. 85.

负方阵，则转形问题的实质为：非负方阵 M 是否存在一个正的特征向量及与之相联系的正的特征值。这从现代数学的角度而言，只需简单地将 Frobenius 定理运用到非负矩阵上就能解决了。森岛认为，虽然马克思的数学能力使其无法在严格意义上对上述猜想进行证明，但是他也几乎用自己的方法解决了这一问题。为了弄清楚马克思的解决方法，他对马克思的解法进行了修正，并对上述问题进行了简化。设 $\bar{y}$ 是与 M 的最大正特征值相联系的特征列向量，它也等于长期均衡下平衡增长时产出的列向量，设 $V \equiv \Lambda DL$ 为可变资本行向量，$C \equiv \Lambda A$ 为固定资本行向量，设均等剥削率为 e。则由马克思的理论可得以下两个方程：

$$\bar{\pi} = e\frac{\Lambda DL\bar{y}}{\Lambda M\bar{y}} = e\frac{V\bar{y}}{(C+V)\bar{y}} \tag{35.16}$$

$$p_t = (1+\bar{\pi})p_{t-1}M \tag{35.17}$$

式（35.16）将剥削率转化为利润率。则在给定外生的（A，L，D）后，便可以计算出（Λ，C，V，e，$\bar{y}$），以及与 M 的最大正特征值相联系的 $\bar{\pi}$。式（35.17）将价值转化为价格。由于已经在式（35.16）中求出了利润率 $\bar{\pi}$，则 $M^* \equiv (1+\bar{\pi})$ M 是已知的马尔可夫矩阵。在假定初始状态为 M^* 后，便可得到式（35.15）的遍历解 $\bar{p} = \lim_{t \to \infty} p_t$，其中 p_0 可取为任意的非负非零向量，$p_t(t \geqslant 1)$ 可由式（35.17）的递归条件得到。在马克思的转形问题中，他所取的 p_0 是"资本主义简单商品生产"的长期均衡价格，也就是商品价值 Λ。于是他的转形方法可表述为：从初始价值 Λ 向遍历解 $\bar{p}$ 转化的过程。森岛认为，在上述预设条件下求出的 $\bar{p}$ 也确实接近长期均衡价格。

尽管上述分析已经从理论上表达了马克思的转形方法，但其存在的计算问题是，马克思从未考虑过如何确定 $\bar{y}$ 的值。为了求出 $\bar{y}$，重写式（35.16）为：

$$y_t = \frac{\Lambda y_{t-1}}{\Lambda My_{t-1}}My_{t-1} \tag{35.18}$$

可以证明，序列 $\{y_t\}$ 收敛于与 M 的最大特征值相对应的列特征向量 $\bar{y}$。则转形问题的完整正确解法如下。第一步：取任意非负非零向量 y_0，根据式（35.18）的递归条件可以得到 $\bar{y} = \lim_{t \to \infty} y_t$；第二步：由等式 $1+\bar{\pi} = \frac{\Lambda \bar{y}}{\Lambda M\bar{y}}$，并根据式（35.16）可以完成从剥削率 e 到利润率 $\bar{\pi}$ 的转形；第三步：将第二步求得的 $1+\bar{\pi}$ 代入式（35.15）中，取 $p_0 = \Lambda$，根据式（35.15）的递

归条件可以得到 $\bar{p} = \lim\limits_{t \to \infty} p_t$，这就完成了从价值 Λ 到价格 $\bar{p}$ 的转形。

总体而言，森岛通夫认为马克思的转形理论由两部分构成，一部分是剩余价值（率）转化为平均利润（率），另一部分是商品价值转化为生产价格。森岛通夫认为，由于马克思混同了价值和价格，因此他将剩余价值转化为利润的计算公式是混乱的。尽管如此，他认为这种混乱并不影响马克思的基本论点，即利润来自剩余价值，利润率与剩余价值率相等，因为马克思还有一个隐含假定，即各部门资本的价值构成相一致。他总结道，"如果加以修正和附加某些限制条件的话，马克思的很多命题是正确的，不过这些条件是相当严格的，因而人们会认为马克思在解决转形问题上是不成功的……但是马克思的转形问题并不是想要确立价值和价格之间的比例，相反，他是想证明个别的剥削与个别的利润不成比例。"①

森岛通夫曾在《马克思的经济学》中对转形问题得出下述五个重要结论：（1）所有商品的生产价格总额等于价值总额；（2）一个商品的成本价格总是小于其价值；（3）总剩余价值等于总利润；（4）除了周转期间的差别外，商品的生产价格等于其价值只能出现在资本构成偶然相等的场合；（5）资本构成较高的商品价值低于其生产价格，资本构成较低的商品的生产价格低于其价值。② 森岛通夫曾认为，对马克思而言，前面三点结论是非常重要的，但是这些结论只有在产业之间存在线性依赖这一特殊条件，并且资本的价值构成相同，资本的内部构成也相同的条件下是成立的。③ 但在《现代经济理论视角下的马克思》中，森岛通夫修改了自己的观点。"只有第二点推论需要线性依赖条件，第一点和第三点独立于线性依赖的条件，只要假定经济是在一种长期均衡的平衡增长的状态下运行，且此时商品是在与特征向量 $\bar{y}$ 成比例的情况下被生产出来。"④

需要注意的是，森岛通夫有保留地赞同了马克思的转形理论，但是他给马克思转形问题的解决方法赋予太严格的限制条件，从而在某种程度上削弱了马克思本人的证明。森岛通夫使用迭代方法研究转形问题，是一种方法上的创新，为进一步研究转形问题奠定了一定的基础。这种方法采用

---

① Michio Morishima, *Marx's Economics*, *A Dual Theory of Value and Growth*, Cambridge University Press, 1973, P. 85.

② Michio Morishima, *Marx's Economics*, *A Dual Theory of Value and Growth*, Cambridge University Press, 1973, pp. 72 – 73.

③ 这是森岛通夫在《马克思的经济学》中的观点。

④ Michio Morishima, Marx in the Light of Modern Economic Theory, *Econometrica*, Vol. 42, No. 4 (Jul., 1974), P. 627.

的是时间序列分析方法，相比之下，马克思对转形问题的分析采用的是横截面分析方法。因此结论显然会存在不同，两者应当作为某种补充而互相存在。

魏茨泽克在其文章中对于森岛通夫的用现代的、数理的角度研究马克思经济学提出了赞同意见。在他看来，森岛通夫对马克思的理论充满了同情，这使其避免了西方经济学家在解释马克思理论时所犯的错误。他同样也认可"马克思在数理经济学史上的地位与瓦尔拉斯同样崇高"这一由森岛通夫提出的说法。尽管对于现代经济学家而言，马克思的研究方法有些笨拙，但其优势在于能够很好地解释诸如剥削之类的概念，这对于西方正统经济学理论而言是很难做到的。在文章的最后魏茨泽克说"我想我们应当听从森岛通夫的建议，并重读我们自己的研究领域中的那些 19 世纪大家的作品，其中当然也包括马克思。在把马克思经济学和现代数理经济学进行比较时，森岛通夫似乎基本认同了马克思的结论。但在我看来，这远远好于我们的经济学家对待马克思的态度，他们根本就没有试图对马克思理论进行严肃的思考，而只是随大流去批评马克思的观点。"[①]

35.3　"历史的转形问题"的提出

森岛通夫和凯特福斯在其 1975 年发表的《存在"历史的转形问题"吗?》文章中，对于历史的转形问题进行了详尽的论述。他们首先指出，在温特尼茨 1948 年的文章发表对于转形问题的探讨是第一阶段，当前对于这一问题的研究正处于第二阶段，此阶段的特点是投入产出分析思想的流行和线性代数数学方法的应用。但是与第一阶段存在大量从历史角度研究转形问题不同的，目前还没有在第二阶段研究的基础上对于历史转形问题的探讨。而这正是这篇文章的研究目的。

35.3.1　早期对历史转形问题的研究

桑巴特和施密特是最早认为价值和价格存在矛盾的经济学家。他们认为，当竞争市场中商品的价格系统性地偏离了其所蕴含的劳动价值时，所谓的价值已经没有任何现实的意义。为了反对上述观点，恩格斯指出，价值不

---

① Von Weizsacker, Morishima on Marx, *The Economic Journal*, Vol. 83, No. 322. (Dec., 1973), P. 1253.

仅是某种逻辑概念，它同样构成了真实的历史进程，他认为自己甚至可以指出某段明确的历史时期，在这些时期价值规律从经验上看是有效的，而且在实际中被应用。

恩格斯的理论观点在随后遭到了很多反对意见，直到米克和杜梅尼尔（G. Duménil）重新修改并完善了它。"历史的转形问题"中关键假设是存在一个简单商品生产的时期，此时的价值近似等同于商品交换的比率。由于在资本主义社会这种交换比率不再适用，所以在进入资本主义之前，必然存在一个"前资本主义时期"，在此期间受到某种社会进程或换算法则的影响，曾经的价值体系转换成了现在的价格体系。

但米克却不认同这种假设，因为不同程度的垄断和较低程度的要素流动，将会阻止均衡价格设定在其潜在价值的水平上。不过，他也认为，"价值交换时期"中的生产者会认为其净收入是对其劳动而非资本的回报，因此商品的供给价格可以用劳动价值来确定。不过后来他改变了看法，他按照马克思对价值问题的分析，将历史按照逻辑意义分成了三个时期：资本主义之前的价值交换时期，资本主义早期和资本主义成熟期。根据尼尔的说法，在价值交换时期之后，农产品价格仍与其价值水平保持一致，但工业品的价格体系却逐渐形成了。

事实上，森岛通夫和凯特福斯认为，根据不同的目的，从马克思的著作中可以衍生出其他许多历史时期的划分方法。但上述提及的划分方法，可能由于过于抽象而导致忽略了在马克思理论中提及的其他特定历史时期。如果人们对历史的抽象程度过高，以至于呈现出一种与历史事实一致的极具选择性的形态，那么还再按照某种理论假设进一步具体化这些历史阶段时，整个分析将会变成一种完全与真实历史无关的逻辑推理。因此，对价值到价格转变过程的分析，应该建立在对历史合理的抽象上。

35.3.2 关于前资本主义时期"价值时代"存在性的分析

恩格斯认为价值规律是前资本主义时期的交换基础，不仅因为当时的经济仍处于简单商品生产时期，而且经济中已经形成了广泛的交易行为。但他没有意识到，交易只是将产品转化为商品的一个必要而非充分的前提。马克思曾注意到，在前资本主义经济中，商人资本家的行为并不是按照价值交换的前提进行的。

诚然，马克思和恩格斯都认同，在简单商品生产中，商品按照其价值进行交换。但这一说法只是一种抽象的定义，其本身并不包含任何历史意义。

所谓的简单商品生产，不过定义了一种生产过程，此时生产者不再为自己生产日用品，而是为市场生产交易品，它与在独立生产者之间自然形成的劳动分工结合在了一起。因此关键的问题在于，在马克思看来，简单商品生产过程描述到底是一种历史事实（或者历史事实的近似），还是一种抽象的概念而已。

从马克思对于资本主义生产关系在殖民地的发展等论述中都能看出，他认为简单商品生产是一种独特的社会经济形式。然而在《政治经济学批判》（第一分册）的序言中，马克思却没有将简单商品生产看做是一个历史上重要的社会经济时期。事实上，马克思主要是将简单商品生产看成是一种历史的演变历程，而不是真正存在的一个历史时期。因为他认为按照价值进行商品交易只可能出现在生产者可以完全自由地选择职业的情形下，这在现实中显然是无法被满足的；而即使简单商品生产在古代某时期存在过，它也绝非当时的主流社会形态。

只有在资本主义的社会形态下，当资本主义的生产方式成为包括农业在内的所有经济部门的基础后，交易品的生产才真正得到发展。而在前资本主义时期，由于并非所有经济中的部门都被纳入交易网络，而对于那些纳入交易网络的部门而言，生产也不是完全为了交换的目的而存在的。上述两个原因再加上生产者无法自由流动，使得在前资本主义经济中按照价值交换商品成为了空谈。

通过对马克思著作的详细引述可以发现，马克思本人并未站在历史的角度思考转形问题。他认为，只有在发达资本主义的条件下，价值和抽象劳动的概念才有一定的现实意义。马克思之所以用抽象的简单商品生产去描述纯粹的价值体系，他之所以从价值的概念开始了其整个理论分析，并不认为前资本主义经济是价值概念发展的历史路径，也不是认为简单商品生产是前资本主义经济的社会形态，而是因为他想作出一种逻辑近似，用来分析拥有生产资料的资本主义家对于工人受到的剥削、所有权的集中，以及生产价格的形成等方面的影响。尽管可以认为，恩格斯为了证明价值不仅仅是一个逻辑概念而提出的价值在历史上是先于价格产生的观点是可以理解的，但是从对马克思著作的仔细理解看来，这一观点是不正确的。

森岛通夫和凯特福斯的结论是："不论是对丁至少在上文中提及的马克思的分析，还是我们所看到的任何事实证据，都无法将由简单商品生产构成的前资本主义的价值时代作为一种历史事实或其近似"①。

35.3.3 关于资本主义"价值时代"存在性的分析

森岛通夫和凯特福斯认为，尽管按照价值进行交易无法在资本主义经济中实现，但它可以出现在早期的资本主义中，因为早期资本主义扫除了那些曾在前资本主义经济中阻止产出品转化为交易品的障碍。进入资本主义社会后，自由的劳动力市场得到发展，商品交换也就围绕劳动价值展开了。而资本家之间的竞争还暂时没有带来均等的利润率，所以也没有出现生产价格对价值系统性的偏离，这一过程要在资本主义结构完善之后才会发生。此时，解决"历史的转形问题"的本质，变为解释资本主义的"价值时代"是如何向资本主义的"生产价格时代"转变的。从米克的论述看，实际上只需要考虑他所提出的第二个时期向第三个时期的转变的问题。

值得注意的是，从对于马克思和恩格斯著作的引述中可以发现，他们都认同以下观点，即从资本主义社会建立伊始，商品的计量和交换的比率就是以生产价格而非价值为基础的。虽然此时具有不同资本有机构成的部门存在不同的利润率，但这并不能说明商品就是按照其价值进行交换的。这样说来，所谓的从资本主义"价值时代"是向资本主义的"生产价格时代"的转形问题，在历史中也是不存在的。即便价值交换体系确实存在过，但也早就被资本主义生产方式和生产关系所摧毁了。自从资本主义社会建立以来，生产价格便占据了主流地位。从价值到价格的转形或许是一个否认和替代的过程，但绝非是一个历史过程。作者在最后指出："我们早就应该切断价格和生产价格在历史上的联系了"②。

35.3.4 价值计算的意义

在提出自己关于转形问题的观点之前，森岛通夫和凯特福斯特别强调，马克思所理解的价值和抽象劳动确实只是逻辑抽象概念。由于人类大脑只会在给定社会生产的物质条件的某种特定的历史环境下才能进行抽象，而且这些抽象的概念也只能应用到这一特定的历史环境中，因此上述的逻辑抽象概念才有意义。通过对实际存在的资本主义经济和假定的简单

---

① M. Morishima；G. Catephores，Is There an 'Historical Transformation Problem'？ *The Economic Journal*，Vol. 85，No. 338.（Jun.，1975），P. 319.
② M. Morishima；G. Catephores，Is There an 'Historical Transformation Problem'？ *The Economic Journal*，Vol. 85，No. 338.（Jun.，1975），P. 323.

商品生产经济之间的比较，可以发现隐藏在资本主义价格体系之后的剥削的事实。

第一个转形问题揭示了利润的秘密，均衡的利润率当且仅当剥削率是正的情况下才能产生，第二个问题解决了在资本主义经济中价格偏离价值如何掩盖了剥削。进而，简单商品生产大体上使人们能够发现资本主义制度如何再生产并不断扩大生产出资本主义自身，因为资本家剥削工人。最后，森岛通夫认为，所谓《资本论》第一卷和第三卷之间的矛盾就可以解决了，"《资本论》第一、第二、第三卷之间的关系可以这样理解，它们之间是一种层层递进的关系，从资本论第一卷后面的单部门模型，在这个模型里马克思经常混同价值和价格，到第二卷的两部门模型，在这个模型里，价格和价值之间存在比例关系，再到第三卷的一般性多部门模型，在这里比例关系不再需要。显然第三卷产生了一种需要，需要研究隐含在非比例关系中的问题……我们认为，在《资本论》的不同卷之间不存在矛盾，它们只是一种从特殊到一般的关系。"①

奥克利（A. Oakley）在1976年发表的文章主要是对鲍莫尔（1974）和森岛通夫和凯特福斯（1975）的补充研究。奥克利的结论和两位作者的结论不冲突，只不过是"拓展了文本证据的范围"②，从而支持两位作者的某些论点。两个注释分别关注马克思的一些书目和方法问题。通过对《资本论》中某些观点来源和《资本论》创作史的考察，奥克利得出结论："我们应当认识到安置和分析《资本论》这本巨著的顺序应该是第一卷、第三卷和第二卷。这种发展和解释的顺序对于把握我们称之为转形问题的马克思的概念有着直接的重要意义"③。奥克利认为，转形问题有着非常基础性的重要作用，因为马克思的努力就在于给资本主义的动态发展提供一个本质的、科学的基础。通过把马克思和斯密与李嘉图的方法进行对比，奥克利试图说明："转形问题是马克思方法论的一个内在的构成部分。这一问题的解决必须被认为是他分析链条的重要一环。没有有效的劳动价值和剩余价值的本质世界与货币价格和利润的真实世界之间的分析链条的存在，马克思的《资

---

① M. Morishima；C. Catephores，Is There an 'Historical Transformation Problem'? *The Economic Journal*，Vol. 85，No. 338.（Jun.，1975），P. 327.

② Allen Oakley，Two Notes on Marx and the 'Transformation Problem'，*Economica*，*New Series*，Vol. 43，No. 172.（Nov.，1976），P. 411.

③ Allen Oakley，Two Notes on Marx and the 'Transformation Problem'，*Economica*，*New Series*，Vol. 43，No. 172.（Nov.，1976），P. 414.

本论》就是不完整的。"①

此外，奥克利还指出，"在谈到利润率均等化时，我们必须有不同的机制去解释向资本主义社会的转形与资本主义社会的维持。从价值向价格的转化不可能同时承担这两个角色。然后毫无疑问它是一种维持资本主义体系的方法（对马克思而言也是非常重要的，从马克思的信条没有利润的均等化就不会有资本主义存在判断），那么用它解释最初的利润均等化就是不适当的"②。

① Allen Oakley, Two Notes on Marx and the 'Transformation Problem', *Economica*, *New Series*, Vol. 43, No. 172. (Nov., 1976), P. 416.

② Michio Morishima; George Catephores, The 'Historical Transformation Problem': A Reply, *The Economic Journal*, Vol. 86, No. 342. (Jun., 1976), P. 352.

第 36 章　谢赫对转形问题的研究

20 世纪 60 年代之前的转形问题论争，主要集中在讨论马克思的转形公式是否存在计算方面的失误上。60 年代后，"斯拉法革命"的出现，使得对转形问题讨论的重点转向马克思的劳动价值论是否多余的问题。到了 20 世纪 80 年代，转形问题的讨论进入到一个新阶段，各种有关转形问题的"新解释"陆续出现，这些新解释往往由马克思主义经济学的赞同者或支持者提出，往往试图超越先前的争论，寻找新的途径论证马克思的转形分析在什么样的条件下是成立的，或者对马克思的转形理论本身进行重新解释，也就是说探索转形问题本身的"真正含义"。

36.1　谢赫对转形问题研究的基本观点

谢赫对于转形问题的研究主要包含在他的两篇文章中，一篇是发表于 1977 年的《马克思的价值理论和"转形问题"》，一篇是发表于 1984 年的《从马克思到斯拉法的转形》。他的前一篇文章主要是理论层面的讨论，第二篇文章中则涉及实证的内容。他在两篇文章中主要是想强调马克思所认为的资本主义生产和再生产的概念与现代经济学家心目中的概念是完全不同的。与包括斯蒂德曼在内的学者的观点不同，马克思所意指的"流通"应该是一种相对独立循环的过程，而这一点也正是理解为什么一方面价格与价值体系存在系统性差异，而另一方面价格又由价值所决定的关键之处。同样，这也就能说明为什么那些对于转形是"多余的"或者是不一致的指责都是错误的了。

在《马克思的价值理论和转形问题》①的开篇，谢赫指出，"自从《资本论》第 3 卷问世以后，在差不多 80 多年的时间里，一个重要的理论问

---

① Anwar Shaikh，Marx's Theory of Value and the 'Transformation Problem'，In Jesse Schwartz (ed.)，*The Subtle Anatomy of Capitalism*，Santa Monica，CA：Goodyear Publishing Company，1977.

题——转形问题，从未得到令人满意的解决"①。谢赫指出，《资本论》第三卷的手稿的撰写早于第一卷的出版，而且整个《资本论》第一卷中的分析是以商品按照与它们的劳动价值成比例的价格进行交换的假设为基础的。谢赫把与劳动价值成比例的价格称为"直接价格"。马克思逝世后，在恩格斯依据不完整的手稿编辑出版的《资本论》第三卷中，马克思把自己的分析扩展到对生产价格的研究，并且证明了如何从《资本论》第一卷中的"直接价格"推导出生产价格。"从那以后，这种推导也就是最初的'转形程序'，就成为激烈争论的中心"②。

在《资本论》第三卷出版后发生的争论中，劳动价值论的反对者们立即抓住了马克思的转形程序中的不完善之处。比如，庞巴维克怀疑马克思对转形后的价格总和仍然等于价值总和进行的说明是否成立；另外一些人指出，马克思的转形程序中包含着一个"错误"，因为当马克思把产品的价格从"直接价格"转化为"生产价格"时，没有对投入做同样的分析。由于表现为一种生产体系的产品的商品，常常同时也是该体系的投入。因此，马克思的转形程序存在逻辑上的缺陷，直接价格和生产价格是两个相互分离且无关联的现象，因此《资本论》第一卷和第三卷之间存在着"巨大的矛盾"。谢赫不同意庞巴维克和萨缪尔森等人对马克思转形理论的批评，他说："这些批判是完全不正确的，这种批判被放错了地方"③。

谢赫对马克思主义者或马克思主义的同情者提出的解决转形问题的方法也不满意。他指出："从马克思主义者的那面看，他们对转形问题提出了许多'解法'，从博特凯维兹最初的转形程序到它后来的变体塞顿的重要论文。但是，令人遗憾的是，即使是劳动价值论的支持者和对它持同情态度的批判者也承认，所有这些'解法'都存在着同样的基本缺陷，他们在证明'从价值推导出价格的形式上可能性'的同时，明显地割断了马克思在他自己的转形程序中特别强调的价格和价值量之间的重要联系"④。

谢赫还对另外一些观点进行了批评。他指出，有一种观点认为，马克思在已经发表的《资本论》第一卷中完全相信劳动价值论是分析资本主义经济的正确的基础，但是晚些时候，在写《资本论》第三卷时，却又认为它

①②③ Anwar Shaikh, Marx's Theory of Value and the 'Transformation Problem', In Jesse Schwartz (ed.), *The Subtle Anatomy of Capitalism*, Santa Monica, CA: Goodyear Publishing Company, 1977, P. 106.

④ Anwar Shaikh, Marx's Theory of Value and the 'Transformation Problem', In Jesse Schwartz (ed.), *The Subtle Anatomy of Capitalism*, Santa Monica, CA: Goodyear Publishing Company, 1977, P. 107.

不是。谢赫以《资本论》第三卷的手稿的撰写早于第一卷的出版为理由，反驳了认为《资本论》第三卷的生产价格理论意味着放弃了《资本论》第一卷中的劳动价值论的观点。谢赫同时也对另外一种有关马克思与古典学派之间的联系的观点进行了讨论。谢赫指出，有些人认为劳动价值论作为一个相对价格理论，很大程度上是古典经济学传统的一部分，以至于马克思未经详细考察就把这种理论全部接收过来。在马克思主义者中流行的这种思路的一个变种是，今天如果我们把作为经济学家的马克思视为是古典学派的一员，那么是我们自己把只是名义上相似于斯密和李嘉图的价值理论输入到马克思的价值论中。所以在这种观点中，缺乏详细考察是我们这些后来者的责任，而不是马克思。马克思只是很糟糕地忽略了对数量关系的考察。谢赫对上述观点持反对意见，他指出："对于任何一个曾经读过马克思的多卷的评论和对古典经济学的批判——明显地存在于《剩余价值理论》和《资本论》中——的人，都不可能把未加详细考察就全部将别人的劳动价值论接收过来归之于马克思。马克思花费了几百页的篇幅讨论了价值和它们在质和量上同工资、利润和价格的关系，在这些惊人的详尽的讨论中，没有哪一个方面和问题被马克思所忽视。所以，这种争辩的重要思路是站不住脚的"①。谢赫认为，对于这种思路的变种，在认为斯密和李嘉图的价值理论和马克思的价值理论之间存在着广泛的差异的意义上，毫无疑问是正确的。但是，"从这样一个重要的事实，跳到认为马克思或者的确是，或者可能是忽略了支配着前马克思主义'价值理论'的数量方面的分析内容，则是错误的"②。

谢赫以爱因斯坦的相对论对于牛顿力学的关系为例，强调马克思的价值理论并不是对古典政治经济学价值理论的简单继承，而是一种完全不同的新学说。他以类比的方式指出："在爱因斯坦和牛顿之间也有着广泛的差别，一个导源于不同的方法论、不同的分析目标等等的区别，一直延伸到概念和计算上的区别。换句话说，在这两种分析方式上有一个托马斯·库恩所说的'范式突破（Paradigm Break）'"③。

谢赫开篇对转形问题争论的简单分析已经很明显地展示了他自己的目标，如果要想正确地解决转形问题，剥离后来的争论者附加给马克思的各种观点，或者沿着马克思的方法论展开分析都是非常必要的。这就首先要求深

---

①②③　Anwar Shaikh, Marx's Theory of Value and the 'Transformation Problem', In Jesse Schwartz (ed.), *The Subtle Anatomy of Capitalism*, Santa Monica, CA: Goodyear Publishing Company, 1977, P. 107.

入地考察马克思的"概念和计算"与其他解决转形问题时使用的"概念和计算"进行区分，这种思路实际上包含着对马克思的重新解释，或者说最终的目标必然会是一种新解释。这也是谢赫在具体讨论转形问题之前花费了差不多一半以上的篇幅讨论劳动价值论中包含的各种概念的原因。

谢赫指出，他的"主要目的在于表明：一个准确地采用马克思所提出的方法的人能够从价值计算出'正确的生产价格'。两者之间的联系是如此的明显，然而到了最近似乎已经完全被忽略了。不过当马克思的转形程序是一种十分一般的程序时，它只是从'直接价格'到'生产价格'的一种连续的迭代转形的第一步。但是当马克思的程序的这种扩展能证明所谓的'不可能定理'（萨缪尔森持这种观点）是没有根据的时，它决不会首先只要求这样一种转形。像常常指出的那样，'生产价格'能够代之以直接从如同'直接价格'那样的'经济数据'来计算。所以，这两种计算方法之间的区别，不是存在于终点，而是存在于始点，也就是说，它不是存在于生产价格的量上，而是存在于它们的意义和概念上。把转形问题简化为仅仅是计算问题，简直就是把马克思的经济学转变新古典经济学。……这样一种改变是不可能的事，在马克思那里也只能作为一种'多余'显露出来"①。

因此，非常重要的问题是，"马克思的价值分析在什么方式上区别于正统经济学？什么种类的问题、概念和计算单独地对它是特定的？马克思从它推导出了哪些不能从传统的经济分析中推导出来的规律？除非人们试图回答这些问题，否则任何关于转形问题的探讨都是无关紧要的：对于价值概念没有一个象在马克思经济学中所表现出来的那样的适当的理解，试图分析这个所谓从价值到生产价格的转形问题就是毫无意义的"②。谢赫基于这种认识，接下来用占全文一半的篇幅概述了马克思的价值论和剩余价值论的基本观点，然后转向转形问题本身。

在马克思的基本方法上，谢赫说，马克思主义者研究历史的决定性的因素，即"生产组织和从直接生产者吸取剩余劳动的特殊方式，形成了'整个社会结构的隐蔽的基础'。对于马克思，随之而来的是，适合于分析包括资本主义在内的任何特殊历史时代的概念必然是以它的社会实践的这些方面

① Anwar Shaikh, Marx's Theory of Value and the 'Transformation Problem', In Jesse Schwartz (ed.), *The Subtle Anatomy of Capitalism*, Santa Monica, CA: Goodyear Publishing Company, 1977, pp. 109 – 110.

② Anwar Shaikh, Marx's Theory of Value and the 'Transformation Problem', In Jesse Schwartz (ed.), *The Subtle Anatomy of Capitalism*, Santa Monica, CA: Goodyear Publishing Company, 1977, P. 110.

为基础的。生产斗争是一切人类社会的基本社会实践；因此，关于生产的分析是马克思主义分析的始点。剩余价值的榨取是一切阶级社会的基础。因此，它的研究是适合于分析所有阶级社会的概念的源泉。《资本论》是马克思的这种方法在分析资本主义时的应用"①。

在对价值理论的相关概念的分析中，谢赫强调了马克思关于生产和流通的一贯思想，即生产组织和生产要素结合的特殊形式是整个社会结构的隐蔽的基础，生产的分析是马克思主义分析的起点；资本主义生产方式的实质是劳动过程和价值增值过程的统一；价值论只能从生产领域的关系中得出，而劳动价值论是说明一切交换关系的基础，也是说明资本主义交换关系和生产关系的基础；特别重要的是，价值向生产价格的转形的实质，只是剩余价值在竞争条件下在资本有机构成不同的部门之间重新分配的结果，因而不可能发生价值总量的变化，价值总额必然等于生产价格总额，等等。比如，谢赫指出，按照马克思主义的交换是商品流通的概念，物化在商品生产中的总劳动时间是它们的交换价值和货币—价格的基础。与此同时，物化在它们当中的剩余劳动时间是从它们的出售中所要实现的资本家的利润的基础。"没有对生产领域和流通领域之间质和量的关系以及生产施加于流通的限制的适当理解，流通规律将仍是一个谜。新古典经济学对此就是一个例证"。再比如，谢赫在解释过剩余劳动时间后指出，"我们再一次可以看到，剩余价值是任何真实的资本家的利润的'隐蔽的基础'。顺便指出，这一点不意味着马克思试图按照洛克或者甚至是蒲鲁东的方式，打算使劳动价值论成为一个财产所有权理论的意思。马克思的目的是对资本主义进行科学的分析，而不是一种道义上的批判"②。

36.2　谢赫对转形问题的探索

根据对马克思的劳动价值论的理解，谢赫强调马克思的转形公式没有什么大的问题需要纠正，也不需要提出什么新的程序加以补充或修正，马克思的转形程序只是第一步，需要做的仅仅是把他的转形程序坚持作下去就是

---

① Anwar Shaikh, Marx's Theory of Value and the 'Transformation Problem', In Jesse Schwartz (ed.), *The Subtle Anatomy of Capitalism*, Santa Monica, CA: Goodyear Publishing Company, 1977, P. 110.

② Anwar Shaikh, Marx's Theory of Value and the 'Transformation Problem', In Jesse Schwartz (ed.), *The Subtle Anatomy of Capitalism*, Santa Monica, CA: Goodyear Publishing Company, 1977, P. 121.

了，这样就可最终得出与价值总额相符的生产价格总额。谢赫给出了从直接价格开始分析的理由，相对价格同相对价值的主要的系统的背离，是当商品价格按生产价格进行交换时产生的。但是，生产价格是反映一般利润率的价格，一般利润率反过来又是预先假定利润的存在。所以，先于一般利润率形成的任何问题，都涉及关于利润的来源问题。这个问题把马克思引向剩余劳动时间，因而引向剩余价值，并且再一次地引向价值的分析。从价值回到生产价格的道路，包含两个主要步骤：第一，人们必须考察和了解价格和利润一般；这是通过生产对流通的关系，以及价值对货币的关系的分析达到的；第二，由于生产价格必定反映一般利润率，人们就要被引向从每个生产部门个别利润率来分析一般利润率的形成。

谢赫采用了博特凯维兹的三部门模型。按价值交换的结果，各部门的利润率是不同的，资本有机构成高的生产资料部门的利润率最低（19.05%），资本有机构成低的资本家消费品部门利润率最高（42.85%），而生产工人生活必需品的部门的利润居中（36.36%）。因为竞争的作用，这些个别利润率并不能持久存在，而必然趋向于形成平均利润率 $\left(r = \dfrac{400}{1350} = 29.63\%\right)$。根据这个平均利润率，部门 I 应获得的平均利润 = 成本价格 630 × 29.63% = 186.67 镑，就是说它的价格必须从 750 镑提高到 M = 630 + 186.67 = 816.67 镑。同样地，可以计算出其他两个部门分别应获得的平均利润和相应的价格。按照平均利润率重新调整利润额之后，形成了从价值转化而来的生产价格。参见表 36-1、表 36-2。

表 36-1　　　　　　　　　　　　　　　按价值交换

	不变资本（MC_i）	可变资本（MV_i）	成本价格（M_i）	生产手段价值（C_i）	劳动力价值（V_i）	剩余价值（S_i）	价值总额（W_t）	价值利润率%（P_i）	价格总额（M_i）	利润总额（ΔM_t）
				全						
生产手段	450	180	630	225	90	60	375	19.5	750	120
生活资料	200	240	440	100	120	80	300	36.36	600	160
资本家的消费	100	180	280	50	90	60	200	42.85	400	120
总计	£750	£600	£1350	375	300	200	875		£1750	£400

表头标注：M→（C+V）…P…（C+L）→M′

表36-2   马克思的转化

部门	MC$_j$	MV$_i$	M$_i$	C$_i$	V$_i$	S$_i$	W$_t$	M$_f'$	ΔM$_i$	r$_i$
				M→(C+V)···P···(C+L)→M′						
I	450	180	630	225	90	60	375	816.67	186.67	29.63%
II	200	240	440	100	120	80	300	570.37	130.37	29.63%
III	100	180	280	50	90	60	200	362.96	82.96	29.63%
总计	£750	£600	£1350	370	300	200	875	£1750	£400	

谢赫指出，从马克思的转形表格可以看到，转形只是货币价格的变动，而不是价值的变化。但是，自博特凯维兹以来，人们一直认为马克思的这个转形程序存在一个缺陷，即马克思没有将各种投入（MC$_i$，MV$_i$）也予以转化，而彻底的转形应该把这两者包括在内。谢赫指出，马克思主义者们一直主张包括这两者的转化，以便能够从价值推导出生产价格，于是就有了博特凯维兹的纠正。按照博特凯维兹的方法，人们可以得出一系列的价格乘数，以使表36-1的按价值交换的体系转化为"正确的"按生产价格交换的体系。这样，问题就成了分析者是倾向于假定价格总量不变还是假定利润总量不变，人们总是能够使从博特凯维兹的方法中推导出的乘数"规范化"，以便保持其中的一个不变成立。一般来说两个都不变是不可能的。

谢赫认为以往关于"规范化"乘数的各种争论大都源于对价值与货币价格的混淆；谢赫指出，即使这种争论得到了满意解决，"与先前有关转形程序相关的一个真实问题依然存在：它们有效地割断了价值与货币价格之间的联系，或者至少把它淹没在代数学之中，并被迫将马克思的转形程序作为错误的东西加以拒绝。这样，例如，这个适当的代数程序就使人们从代表按价值交换的表36-1'跳到'表36-3，表36-3描绘了在一个代数学的武断的'规范化'之下、保持了货币价格总量（1750镑）对于转形来说不变的'正确的'生产价格体系。这样一来，马克思自己的转形（见表36-1）就完全不起什么作用了"[1]。

---

① Anwar Shaikh, Marx's Theory of Value and the 'Transformation Problem', In Jesse Schwartz (ed.), *The Subtle Anatomy of Capitalism*, Santa Monica, CA: Goodyear Publishing Company, 1977, P.130.

表 36 - 3　　　　　　　　　　　"正确的"生产价格

部门	$M \to (C+V) \cdots P \cdots (C+I_i) \to M'$									
	MC_j	MV_i	M_j	C_i	V_t	S_i	W_j	M_j	ΔM_i	r_i
I	504	168	672	225	90	60	375	840	168	25%
II	224	224	448	100	120	80	300	360	112	25%
III	112	168	280	50	90	60	200	350	70	25%
	£ 840	£ 560	£ 1400	375	300	200	875	£ 175	£ 350	

　　谢赫自己的分析重点在于扩展马克思的转形程序。他指出，马克思明确地意识到各种投入都需要加以转形，只是认为暂时没有进一步研究的必要。有人以马克思最终没有实行这种转形就是一种失败，说明《资本论》第一卷和第三卷之间存在巨大的矛盾；谢赫认为并不是这样，他指出："事实上存在着可供选择的办法：将马克思的程序加以扩展，即通过逐步地'反馈'这个最初价格——价值不成比例的影响，看看会发生什么结果"[①]。这就是谢赫自己的新解释的核心。

　　谢赫指出，为了强调转形及其扩展只影响货币流量 M 印 M'，而不影响价值流量（C + V）⋯p⋯（C + L），他将这两者都包括在内了。谢赫指出，"这也许有点让人厌烦，但是它使得价值和剩余价值更明确地区别于价格和利润，这种区别正是源自生产领域和流通领域的不同"[②]。谢赫进一步指出，转形的实质实际上是单位产品价格的调整和商品销售数量的变化，而供求关系的变动是调节商品价格的直接原因。谢赫给出了他的扩展转形程序后的表 36 - 4。

　　表 36 - 4 中步骤 1 表示按价值交换，价格总和是 1750 镑，利润总和是 400 镑。步骤 IB 表示马克思本人的转形计算，调整过程的内容包括提高部门 I 的价格和降低部门 II 和 III 的价格，重新分配剩余价值。货币价格总和保持在 1750 镑，货币利润的总和也保持在先前的 400 镑上。转形后的货币价格同先前的货币价格相比，部门 I 的变化率 φ_1 = 816.67/750 = 1.089，部门 II 的变化率 φ_2 = 570.38/600 = 0.951，部门 III 的变化率 φ_3 = 362.96/400 = 0.90。

---

①② Anwar Shaikh, Marx's Theory of Value and the 'Transformation Problem', In Jesse Schwartz (ed.), *The Subtle Anatomy of Capitalism*, Santa Monica, CA: Goodyear Publishing Company, 1977, P. 131.

表 36-4　从直接价格转化为生产价格

循环：$M \to (C+V) \cdots P \cdots (C+L) \to M'$

	部门	MC_f	MV_f	M_i	C_j	V_i	S_i	W_j	M'_f	ΔM_f	$r_i,\%$	Φ_i 乘数
步骤1A 按价值交换	I	450	180	630	225	90	60	375	750	120	19.05	—
	II	200	240	440	100	120	80	300	600	160	36.36	—
	III	100	180	280	50	90	60	200	400	120	42.85	—
		£750	£600	£1350	375	300	200	675	£1750	£400		
步骤1B 马克思的转化	I	450	180	630	225	90	60	375	816.67	186.67	29.63	1.089
	II	200	240	440	100	120	80	300	570.37	130.38	29.63	0.951
	III	100	180	280	50	90	60	200	362.96	82.96	29.63	0.907
		£750	£600	£1350	375	300	200	675	£1750	£400		
步骤2A 调整生产价格以反映步骤1B	I	490.00	171.12	661.12	〃	〃	〃	〃	861.67	155.54	〃	
	II	217.78	228.14	445.92	〃	〃	〃	〃	570.38	124.45	〃	
	III	108.88	171.12	280.00	〃	〃	〃	〃	362.96	82.96	〃	
1B的生产价格		£816.66	£570.38	£1387.04	〃	〃	〃	〃	£1750	£362.96		
步骤2B 调整生产价格以均等化	I	490.00	171.12	661.12	〃	〃	〃	〃	834.12	173.00	26.17	1.021
	II	217.78	228.14	445.92	〃	〃	〃	〃	562.62	116.70	〃	0.986
	III	108.88	171.12	280.00	〃	〃	〃	〃	353.26	73.26	〃	0.973
步骤2A的利润率		£816.66	£570.38	£1387.04	〃	〃	〃	〃	£1750	£362.96		
⋮											⋮	
最后步骤 "正确的" 生产价格	I	504	168	672	〃	〃	〃	〃	840	168	25	1.
	II	224	224	448	〃	〃	〃	〃	560	112	〃	1.
	III	112	168	280	〃	〃	〃	〃	350	70	〃	1.
		£840	£560	£1400	〃	〃	〃	〃	£1750	£350		

到步骤2A，可以看到价格同直接价格的背离对每一定量资本的成本价格的影响。部门Ⅰ为所有部门生产生产资料，它的价格乘数为1.089，这意味着所有生产资料都会有较高的货币价格 MC_1。同样，部门Ⅱ生产生活资料，它的价格乘数为0.951，意味着每一定量的劳动力的货币成本（MV_1）的降低。部门Ⅱ的价格乘数不会影响成本价格的任何部分。因为该部门只是为资本家生产消费品。每个部门的资本家现在有了新的成本价格。如果他们继续以步骤1的价格出售它们的商品，它们的利润率将不再相等。这是步骤2A的情况。先前"反馈"的总的影响是：总成本价格1350镑提高到1387.04镑。在价格总额不变时，结果就是总货币价格从450镑降低到362.96镑。因此，每个部门的资本家被迫再次调整其货币利润率以符合平均利润率，办法是调整其单个商品的价格。同时，平均商品，因而商品总量，将再次会在没有强制力量的情况下，保持其价格总和为1750镑。

这就是步骤2B的情况，部门Ⅰ的价格，同先前的步骤1B以及2A相比，再一次提高了，而部门Ⅱ和部门Ⅲ的价格再一次降低了。剩余价值转化的具体形式再一次改变了。这种情况下，剩余价值量的货币形式（也就是货币利润总和）的量也发生了变化。在同样的方式下，货币利润率不再等于价值利润率。

谢赫指出，如此重复上述的步骤，直到每一步之间的变化微不足道，就可以最终得到表36-3展示的"正确的"的生产价格。谢赫说："在每一个后继步骤，程序都被重复，直到从一步到另一步的变化几乎可以忽略不计——于是得到了表36-3中的'正确的'生产价格。这不是像通常的情况那样，以对马克思的转形程序的一种取代为基础得到这个结果，而毋宁说是以对它的连续应用为基础。"① 这就是谢赫提出的"反馈式"扩展转形方法。

在分析结束的时候，谢赫提出了四点概括性的观点：第一，"转形不是'从价值到价格'的转形，不过是从价值的一种形式（直接价格）向另一种形式（生产价格）的转化"②；第二，这是转形的一种纯粹的形式的变化，

---

① Anwar Shaikh, Marx's Theory of Value and the 'Transformation Problem', In Jesse Schwartz (ed.), *The Subtle Anatomy of Capitalism*, Santa Monica, CA：Goodyear Publishing Company, 1977, P. 133.

② Anwar Shaikh, Marx's Theory of Value and the 'Transformation Problem', In Jesse Schwartz (ed.), *The Subtle Anatomy of Capitalism*, Santa Monica, CA：Goodyear Publishing Company, 1977, P. 134.

"从直接价格到生产价格的转化不涉及整个体系的任何实质性的变化"①，商品总量及其在各阶级中的分配保持不变，价值总和和剩余价值总和也是如此，转形带来的只是剩余价值在各个资本家中的分配的变化；第三，马克思的转形程序反映了利润率平均化的内在本质，这是一个连续发生的过程，在纯粹形式上它通过改变单个商品的价格而同时保持了既定商品量的价格总和的完整，此外，马克思的转形程序能够在一个简单的方式下被扩展到推导出"正确的"生产价格；第四，在"正确的"生产价格下，货币利润率同价值利润率相背离，然而，如同生产价格背离直接价格那样，货币利润率和价值利润率的背离是有规则的和可确定的。

谢赫特别指出，需要记住的最重要的一点是："马克思在这种价值理论的基础上推导出的规律，不能从以生产价格为起点的理论推导出来"②。谢赫同时也表达了他对马克思的经济学的态度，他说："所有这些意思是想说，如果马克思的经济分析要得到发展，首先必须理解它。不然就必然会完全抛弃它。这后一条道路毫无疑问是非常便捷的，并且也的确同正统经济学对待马克思的经济学的态度非常一致。如果任务是为了改变世界而去理解世界，那么，分析的恰当性而不是它的'合意性'才是问题的关键所在。在这个基础上，我认为，马克思的分析是最适当的出发点。"③

谢赫的文章是试图证明马克思的转形问题的一次新的尝试。在这篇文章中，谢赫主要考察的是如何在马克思的解决转形问题的方法和他认为的博特凯维兹得到的"正确"的价值之间建立联系。谢赫始终假定总价值等于总生产价格，但是从本质上看，这个等式应当是转形问题证明的结果，而不是一个假定的前提。另外，即使能够证明这个相等，仍需证明马克思的第二个等式，即总利润等于总剩余价值。谢赫认为，人们需要做的只是重复马克思的方法，而不是发展一种新的数学程序。如果采用马克思的生产价格，把它们作为投入使用，然后再一次利用马克思的方法得到新的生产价格，一直这样持续下去，就会得到一组收敛于波的价格。然而，谢赫在具体分析中作出了一系列假设，这些假设可以在博特凯维兹那里发现，但却无法在马克思的方法中找到。此外，谢赫在每一步计算中都使总价格等于总价值，并且在每

①② Anwar Shaikh, Marx's Theory of Value and the 'Transformation Problem', In Jesse Schwartz (ed.), *The Subtle Anatomy of Capitalism*, Santa Monica, CA: Goodyear Publishing Company, 1977, P. 134.

③ Anwar Shaikh, Marx's Theory of Value and the 'Transformation Problem', In Jesse Schwartz (ed.), *The Subtle Anatomy of Capitalism*, Santa Monica, CA: Goodyear Publishing Company, 1977, P. 135.

一步中都改变货币工资。这样，工人是按照前一期的价格消费一组商品。谢赫的分析并没有得到一组和博特凯维兹相同的价格。和博特凯维兹一样，谢赫只得到了两个总量相等中的一个等式。在谢赫的分析中，全部剩余价值并不等于总利润。谢赫自己承认，"剩余价值量和它的转化了的货币形式（生产价格下的货币利润总额）的关系还需要更好的说明"①。

36.3　从马克思到斯拉法的转形探索

1984年，谢赫研究转形问题的另一篇文章《从马克思到斯拉法的转形》②发表，该文对谢赫1977年时认为"需更好地说明"的问题作出了研究。他提出，人们本来就不应该期望在通常条件下，利润总量会等于剩余价值总量，它们只有在平衡增长这种特殊的条件下才会相等。谢赫在1984年的文章中，强调了早在7年前就表明的一个基本观点，既必须区分价值和价值形式、价格不过是价值的货币形式，是价值在流通领域的货币表现。"从这一点出发，由利润率平均化趋势引起的转形只是价值形式的转化：从直接价格，与价值成比例的价格，转化为生产价格。所有的价格区别都是现存的价格与直接价格的区别"③。

谢赫仍然从对马克思的某些概念的讨论开始自己的分析。谢赫指出，生产和流通对资本主义都是绝对必要的，但是它们的作用和影响不同，生产创造价格和剩余价值，流通则将他们转化到所有者手中。谢赫分析了资本主义交换对马克思主义的价格现象分析所具有的一些重要含义：第一，它意味着货币是发达的商品生产绝对必要的一个方面；第二，因为货币是交换的一个必要的方面，交换的基本关系是买和卖，而不是物物交换，也就是说是 C－M，而不是 C－C，这意味着每一种商品都必须有一个价格；第三，所有价格现象都具有了双重含义，"一方面，作为价格量它们不同于价值量，而且有着更复杂的决定因素，另一方面，因为价格量自身受社会必要劳动分配的调节，各种形式的价格范畴的发展必然和社会必要劳动时间的数量存在联

---

① Anwar Shaikh, Marx's Theory of Value and the 'Transformation Problem', In Jesse Schwartz (ed.), *The Subtle Anatomy of Capitalism*, Santa Monica, CA: Goodyear Publishing Company, 1977, P. 134.

② A. Shaikh, The Transformation from Marx to Sraffa, In A. Freeman and E. Mandel (eds) *Ricardo, Marx, Sraffa*, London: Verso, 1984.

③ A. Shaikh, The Transformation from Marx to Sraffa, In A. Freeman and E. Mandel (eds) *Ricardo, Marx, Sraffa*, London: Verso, 1984, P. 44.

系，社会必要劳动时间的数量和运动支配并调节这些价格现象"①。因此，谢赫提醒说，在分析价格现象时，必须要不仅注意价格量的相对自治，而且也要注意到对这些变化存在的限制以及这些限制同社会劳动时间之间的联系。谢赫指出，在发展自己越来越复杂的价格现象范畴时，马克思一直强调价值规律对价格现象的支配作用。

谢赫强调了马克思对社会再生产过程中生产和交换之间关系的理解的独特性。谢赫指出，在相关问题上，马克思的理解和正统经济学之间存在差异，"概念上的每一个真正的差异必然意味着提出的问题、考察的经验现象以及最终得到的结论的不同"②。

通过谢赫提出的问题可以很好地理解他的思路。谢赫指出，不同的分配方式并不会改变需要被分配的剩余价值的总量，但这"绝不意味着总剩余价值的货币表达（货币利润）不能——在某些严格的限制下——在量上发生变化。……换句话说，利润如何能够背离剩余价值但仍然受剩余价值的支配？"③

谢赫指出，对生产领域和流通领域的关系的分析在马克思的再生产分析中发挥着根本性的作用。无论生产还是流通对资本主义再生产而言都是绝对必要的，但是它们的影响却是完全不同的，生产领域创造了价值和剩余价值，而流通领域只是对它们的转移。"转移价值的必要的机制是价格对与价值成比例的背离"④。用谢赫自己的话说，就是价格同直接价格的背离。

谢赫重申了马克思的转形理论，强调了转形的结果，整个经济的价格总量等于直接价格的总量，交换中一些人的损失恰是另一些人的所得，两者相互抵消。结果，作为卖者的整个资本家阶级能够获得的货币，同物化在他们的商品——资本中的总价值成比例。不过要注意，资本家卖者在价值上的损失是对他们的买者而言的，他们在价值上的所得也来自他们的买者。这样的话，就出现了一个问题，"这些买者是谁，他们的损失和所得在总货币利润的决定中是如何表现的呢？"⑤

---

① A. Shaikh, The Transformation from Marx to Sraffa, In A. Freeman and E. Mandel（eds）*Ricardo, Marx, Sraffa*, London：Verso, 1984, P. 47.
② A. Shaikh, The Transformation from Marx to Sraffa, In A. Freeman and E. Mandel（eds）*Ricardo, Marx, Sraffa*, London：Verso, 1984, P. 49.
③④ A. Shaikh, The Transformation from Marx to Sraffa, In A. Freeman and E. Mandel（eds）*Ricardo, Marx, Sraffa*, London：Verso, 1984, P. 52.
⑤ A. Shaikh, The Transformation from Marx to Sraffa, In A. Freeman and E. Mandel（eds）*Ricardo, Marx, Sraffa*, London：Verso, 1984, P. 53.

谢赫指出，为了回答这个问题，需要详细了解资本主义的再生产过程。他以图 36-1 来表示这个过程。为了使问题的分析变得简单，假定一个简单再生产系统，其中所有产品的生产周期为一年，在生产周期结束时，资本家和工人在市场上相遇，进行买卖活动。资本家带着 C' 和 M' 进入市场，其中 C' 和 M' 分别表示资本家的商品和货币。LP 表示工人的劳动力。资本家投资货币资本 M 购买下一年生产所需要的要素，M_c 表示为生产资料 MOP 预付的不变货币资本：它将买回商品 C' 的一部分。M_v 表示资本家购买的劳动力的可变资本。工人以其货币购买生活资料 MOS，它将买回商品 C' 的另一部分。最后，资本家会买回他自己的消费品，即 C' 余下的部分。图 36-1 表示了整个过程的货币流通。其中长方形表示资本部门内部的流通。

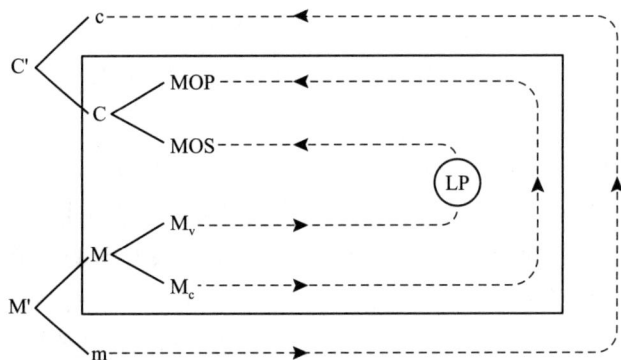

图 36-1　资本主义再生产过程的货币流通

谢赫指出，资本部门 M-C（长方形）包含了社会商品产品 C' 大宗的购买：直接地通过 M_c-MOP，间接地通过 M_v-LP-MOS。因而来自生产资料 MOP 和工人的生活资料 MOS 的价值—价格背离的任何价值转移都是在资本部门内部发生的，一个资本家作为 MOP 和 MOS 的资本家卖者的损失，就是另一个资本家作为 MOP 和 LP 的资本家投资者的所得。

谢赫指出，接下来要考虑的是资本家的收入的流通 m-c。这里同样存在着资本家内部损益相抵的情形。但是也存在一个极其重要的区别。"资本家在这种情况下作为卖者的损失将作为实际利润低于直接利润额，即实际利润低于其同剩余价值成比例的利润，记入企业账户。但是他们作为买者的所得仅仅出现在个人账户上，表示低价买进了同样的消费品。换句话说，来自资本部门的价值被转移到收入部门了，在企业账户上这个转移表示利润低于直接利润"①。

　　谢赫指出，在大多数情况下，社会再生产的分析不特别涉及资本家的收入流通的问题，这样，当价格背离价值时，一定量剩余产品或剩余价值能够表现为一笔可变的利润就显得比较神秘了。但是，如果考虑整个社会经济流通，这种神秘性就消失了。如果价格—价值的背离引起资本循环和资本家收入循环之间的转移，那么这种转移就表现为利润和直接利润的区别。谢赫指出，一旦了解价值和价值形式之间的区别，就不怎么奇怪了。价值和剩余价值是在生产中创造的，在流通中表现为一定的货币量。流通量的决定比生产中价值量的决定要更具体、也更复杂，不仅取决于价值生产条件，还取决于流通条件。谢赫说："流通领域的相对独立性必然表现在价格量的决定不同于价值量的决定上。也就是说，利润不仅取决于剩余价值额，而且取决于它的特殊的流通方式。流通相对独立于生产的概念还意味着，不仅利润会独立于剩余价值，而且这种独立性受到了严格的限制"②。

　　在这种思路的指导下，谢赫探讨了价值范畴是如何限制其货币表现的变动的。他指出实际利润对直接利润的背离是两个因素结合在一起的结果：第一，资本家消费品的价格背离其价值的程度，即取决于剩余价值在资本家之间分配的方式，以及各个价格—价值偏离的方式；第二，取决于资本家如何将他的剩余价值分配为资本和收入。资本家收入的多少是一个关键。如果剩余价值全部被消费，实际利润与直接利润的相对背离将达到最大。如果它被全部再投资，就不存在资本家收入，也就完全没有转移的出现。总实际利润将会等于总直接利润，而同个别的价格—价值背离的性质和方式无关。

　　随后，谢赫用一个具体的数学模型，说明了在最大限度扩大再生产的条件下，即没有资本家消费，只有资本积累的平衡增长的条件下，价格不会同价值相背离，但这个条件是不现实的，因此价格与价值的背离不可避免。在进行完模型分析后，谢赫又利用可以获得数据进行了实证分析。

　　在文章的结论部分，谢赫说："我特别强调马克思的流通领域相对自治的概念，因为只有这样才能理解价格为什么以及如何系统地不同于价值，并且同时受到它们的调节。"③ 有学者曾指出，当价值转形为生产价格后，个

---

　　① A. Shaikh, The Transformation from Marx to Sraffa, In A. Freeman and E. Mandel（eds）*Ricardo*, *Marx*, *Sraffa*, London：Verso, 1984, P. 54.

　　② A. Shaikh, The Transformation from Marx to Sraffa, In A. Freeman and E. Mandel（eds）*Ricardo*, *Marx*, *Sraffa*, London：Verso, 1984, P. 55.

　　③ A. Shaikh, The Transformation from Marx to Sraffa, In A. Freeman and E. Mandel（eds）*Ricardo*, *Marx*, *Sraffa*, London：Verso, 1984, P. 79.

别商品的利润率不再等于价值形式的平均利润率，这也就破坏了马克思理论的内在联系了。但如果流通过程是独立的，那么尽管上述两个利润率的数值可能存在一定程度不同，但事实上个别商品的利润率只是平均利润率在流通过程中的一种表象而已，两者在实质上仍然是由同种力量所决定的。更具体而言，谢赫从理论与实证分析中得出的结果是，两者数值的差异基本在8%～10%这一很小的范围内波动。而这一结论又能进一步说明价值与价格的差异只是反映了不同资本、不同地区甚至不同国家间的价值转形过程的特征，而两者的数值差异也不会超过20%。在这里价值与价格很高的相关性其实早已被马克思所预言，他所说的价格将随着价值的波动而变动正是这一现象的理论归纳。具体而言，根据谢赫的实证结果，不论是在跨行业还是在跨期中，有超过93%的价格变动可以由其相应的价值变动所解释。但是，极具讽刺意味的是，这些结果都是从那些批驳马克思理论的新李嘉图主义者自己的理论框架中得出的。谢赫在这篇文章的最后提出，将联合生产、固定资本、名义货币等因素纳入考虑范围，才能使得对这一问题的研究更加符合实际情况。

总体上看，谢赫在1984年的论文中论证说，转形问题的解决不应当采用特定的假设去得到马克思的两个总量相等的结论。相反地，他认为实际上应当预见到总剩余价值与总利润的不等。这种差别是由价格和价值之间的偏离和奢侈品行业的规模决定的。当奢侈品行业内存在着价格与价值的偏离时，通过收入的周转，剩余价值可以获得也可以失去。谢赫的分析实际上是对马克思转形后利润总额等于剩余价值总额的放弃。谢赫对这种观点的证明使用了平衡增长的假设。他指出，在平衡增长的情况下，剩余价值和利润之间的差值可以被证明是与生产奢侈品的部门中的价格和价值的偏离成比例的。但是，谢赫的结论在平衡增长的条件不被满足的情况下，无法成立。

第37章 转形问题的"新解决方法"

转型问题的所谓的"新解决方法"（new solution）或者"新解释"（new interpretation），最早是由弗利和杜梅尼尔独立提出的，随后利皮兹、格利切和厄巴尔（Glich and Ehrbar），迪瓦恩（Devine），莫宏，坎贝尔（Campbell）等继续进行了研究。

本章先对沃尔夫、卡拉瑞和罗伯茨1984年在《激进政治经济学评论》杂志上发表的《解决传统"转形问题"的另一种马克思主义的方法》一文进行讨论，而后对其他"新解决方法"作出述评。沃尔夫、卡拉瑞和罗伯茨的文章提供了对马克思转形问题一种独特的解决方法，这种解决方法和李嘉图分析框架之间存在差异，而且与其他的某些马克思主义者对李嘉图框架的批评也不同。这种独特的方法，"与马克思和古典经济学理论之间的基本差异紧密相关，这些差异的存在本身也保证了这种方法的独特性"[①]。

37.1 抛开古典经济学理论的替代解释

沃尔夫、卡拉瑞和罗伯茨认为，有些人草率地将马克思和李嘉图的理论都归结于"古典经济学"的框架下，并将马克思理论看作是李嘉图的学术观点的发展，这不过是为了方便其对新古典经济理论展开攻击。事实上，两者的理论基础、研究目标、论述方法、讨论框架和对复杂的社会关系网络的分析切入点，都存在根本性的差异。特别是他们对于劳动价值论的理解，更是大相径庭。作为古典经济学家的李嘉图没有把资本主义作为一种独特的生产体系，而这恰恰是马克思试图以理论去加以证明的社会观点。古典经济学把他们所思考的社会和经济现象当成是一种简单的自然秩序，而马克思所研

---

① R. D. Wolff, A. Callari and B. Roberts, A Marxian Alternative to The Traditional 'Transformation Problem', *Review of Radical Political Economics*, Vol. 16, No. 2/3, Summer/Fall 1984. pp. 115 – 135. In *Karl Marx's Economics: Critical Assessments*, Edited by Cunningham Wood, VolumeV, pp. 451 – 475, P. 115.

究的资本主义则与其他经济社会形态完全隔离开来。"为了这个目的，马克思不仅把劳动力看做一种商品，而且对他从古典理论中继承的价值概念进行了转形。"①

沃尔夫、卡拉瑞和罗伯茨在文章中对古典经济学派，特别是李嘉图的理论进行了介绍。古典经济学将人类对于财富的渴望看成是社会的自然秩序，将财富看成是使用价值的加总，并将财富的积累过程看成是人类生活的在经济方面的追求，将阶级看成是对生产和累积使用价值存在先天差异的不同经济阶层。他们认为，市场的演进过程就是使其组织结构变得更适于生产使用价值的过程。李嘉图《政治经济学原理及赋税原理》对上述理论的具体解释。从书中的前言部分即可看出，他将收入分配作为生产条件的直接表现，并认为除了土壤肥力（自然条件）、资本积累的数量程度（人类的自然行为）、马尔萨斯人口模式（人类的自然行为）、技术（人类的自然行为）以外，不存在任何影响生产或收入分配的因素，这也就排除了社会形态影响生产的可能性。李嘉图试图把商品的价值简化为仅由技术决定的劳动时间的数量。尽管马克思也认为价值由劳动时间的数量所决定，但是这种劳动数量建立在资本主义社会生产条件基础之上。这并不是说李嘉图所说的价值不是由社会决定的，而是说李嘉图所理解的社会决定因素只有技术。李嘉图将社会的流通领域抽象为"竞争性资本主义的商品流通"，此时市场仅仅成为了一种促进人类发展的工具，其本身不再具有任何社会本质的特征，从而经济危机也是不可能发生的。

沃尔夫等人认为，"在回应古典经济学的过程中，马克思建立了他自己的理论体系，其主要目标既非收入分配也非李嘉图意义上的生产条件集合，而是一种特定的资本主义生产方式，即剩余价值产生并被占有的资本主义阶级关系。"② 马克思分析的起点是剩余价值的生产过程，而不是一般性的生产过程。从这个意义上来说，马克思的分析和古典经济学是不同的，因为他把包括阶级关系在内的社会的方方面面与使用价值的生产结合起来。古典经

---

① R. D. Wolff, A. Callari and B. Roberts, A Marxian Alternative to The Traditional 'Transformation Problem', *Review of Radical Political Economics*, Vol. 16, No. 2/3, Summer/Fall 1984. pp. 115 – 135. In *Karl Marx's Economics：Critical Assessments*, Edited by Cunningham Wood, VolumeV, pp. 451 – 475, P. 116.

② R. D. Wolff, A. Callari and B. Roberts, A Marxian Alternative to The Traditional 'Transformation Problem', *Review of Radical Political Economics*, Vol. 16, No. 2/3, Summer/Fall 1984. pp. 115 – 135. In *Karl Marx's Economics：Critical Assessments*, Edited by Cunningham Wood, VolumeV, pp. 451 – 475, P. 119.

济学认为，阶级的产生是为了满足协调并促进生产过程这一社会总体目标，而马克思却认为阶级本身就是目标。在他看来，使用价值不仅可以影响社会阶级的产生，它的产生也依赖于社会阶级的构成方式。

马克思不仅对社会生产和流通的相互决定方面与李嘉图有明显不同，他的阶级概念亦与后者有很大差别。他所理解的阶级是一种特殊的社会过程，一种剩余劳动被生产并被占有的过程。"马克思把阶级关系置于他的社会理论的中心，这意味着只有在参照并受限于特定的阶级关系时，支配所有社会过程（分配、流通、生产等）的规律才能在理论上得到发展，……因此，马克思的分析目标是资本主义阶级关系，而李嘉图的目标则是使用价值总体上的生产和分配"①。

需要注意的是，马克思并不是把阶级当成社会其余所有方面的最终的、本质的决定因素。从这个意义上说马克思方法与古典经济学家的"本质主义"②之间存在着巨大的差异，他所做的只是分析这些社会过程在阶级关系方面的表现，而不是将其视为所有社会过程的本质。马克思在研究资本主义社会的形成时，明显地排斥了"本质主义"的分析手段，而是将每种社会过程都当做是其他其所社会过程共同作用的产物，但这并不是简单地认为每种过程都会被其他所有的过程所影响，而是认为这属于多元决定论的范畴，即马克思经济学中的每一个研究的客体——商品、价值、价格、阶级关系等，都是在社会形成中由所有不同进程的相互作用构成的。在上述论证的基础之上作者指出，马克思的价值概念是由资本主义生产和占有剩余价值所有的条件多元决定的，其中商品流通条件就是影响价值的因素之一。这种影响可以从马克思对于价值的定义之中窥见一二，因为商品流通条件是决定"社会必要"劳动时间必不可少的前提。

很多学者因为看到马克思和古典经济学者都将劳动时间作为价值的本质，就认为两者的分析是一致的，他们还声称马克思和李嘉图有着同样的研究目的和相同的推理方式。而如下观点也已经成为学界的共识：即便正确地运用马克思自己提出的理论，也无法在转形过程中同时满足两个总量关系。

---

① R. D. Wolff, A. Callari and B. Roberts, A Marxian Alternative to The Traditional 'Transformation Problem', *Review of Radical Political Economics*, Vol. 16, No. 2/3, Summer/Fall 1984. pp. 115 – 135. In *Karl Marx's Economics: Critical Assessments*, Edited by Cunningham Wood, VolumeV, pp. 451 – 475, P. 121.

② 沃尔夫等人认为：古典经济学中的价值或财富概念既是分析的切入点（他们在定义和安排其他范畴时把这一概念作为参照），又是一种本质性的因果关系（他们把所有的社会进程和相关的个人和阶级行为看成是最大化财富生产的后果）。

然而沃尔夫等人却认为，这两个不等关系好像是马克思的纰漏，实际上是《资本论》第三卷中所阐述的价值体系的真正内涵的组成部分。他们认为，《资本论》第一卷展示了资本家如何从无偿的劳动时间中获得收入；在此基础上，《资本论》第三卷描述的则是一种特殊的收入形式，因此可以视为是无偿劳动概念的进一步发展，没有任何一卷把价值当成价格的本质，价值也从未仅仅被看作是物化的抽象劳动的平均（Average Physically Embodied Abstract Labor）。人们之所以对于如何将抽象劳动时间转形为价格争论不休，是因为他们都是按照李嘉图的方式来理解马克思的理论，而没有注意到马克思在表达价值概念时使用的"社会必要"这一短语。李嘉图曾试图在理论上把生产价格化约为物化的劳动，而马克思却没有。李嘉图的"本质主义"和马克思的多元决定论是他们之间最基本的差异。

马克思并不像其他古典经济学家那样致力于解释价格的内涵。相反，他对所有商品同时赋予了两个维度：即商品的价值和商品交换中产生的价值形式。在讨论问题的每一个层次上，马克思关于价值和交换价值的概念都是相互依存的，具体而言，每个概念都由社会过程的某种特殊形式所决定，而这些社会过程合在一起组成的就是马克思所构建的资本主义概念。马克思在《资本论》第一卷所定义的商品价值的概念，即生产某种商品社会必需的（抽象）劳动时间，其一般意义在三卷分析中是保持不变的，但其具体内涵随着马克思在不同分析阶段所考虑的生产和交换的特殊社会条件而不断发展。其中价值是给定商品流通过程，附加商品生产过程上的社会劳动时间量；而交换价值则是给定商品生产过程，附加在商品流通过程上的社会劳动时间量。然而生产与流通过程在资本主义中的相互依存使得马克思陷入一种循环论证的怪圈，即阶级关系的定义都要以商品交换为基础，而商品交换又以阶级关系为前提。为了避免这一问题，马克思提出了等价交换的假设，在这种保持商品交换条件不变的情形下，生产条件成为了价值和交换价值的惟一决定因素。马克思之所以要这么假设，不仅是因为需要某种交换条件以便设定某种阶级关系，也是因为这能让他关注于商品生产过程，因为资本家对于剩余劳动的占有发生在这一阶段。沃尔夫等人对以上叙述的总结是，正如马克思在《资本论》第一卷所述，在假设了等价交换原则后，交换的价值形式直接反映了价值，也就是说价值独立于流通条件，而是由生产条件单独决定的。然而，一旦马克思放弃前面的假设条件，就必须对后面的结论进行修正。上面的分析实际上已经引出了转形问题，他们从马克思经济学和古典经济学的区别出发，从马克思和李嘉图的不同出发，概括出马克思方法的特别之处，马克思关注的主要是阶级关系，采用的主要是多元决定论的方法，根据社会进程的变化去赋予价值和价值形式不同的含义，同时马克思的价值概念在从简单到复杂的社会现实中是发生着变化的。

沃尔夫、卡拉瑞和罗伯茨认为，马克思曾指出资本主义的等价交换原则已经形成，此时等价交换根植于竞争性资本主义按照平均利润率重新分配无偿劳动时间的基础之上，因此生产价格产生了。而马克思在使用价值概念时同古典经济学和李嘉图存在很大的区别，李嘉图认为价值就是直接或间接的物化劳动时间，"马克思不这样认为，因为这样的价值概念可以应用于任何商品生产社会。马克思的确使用这样的概念开始了他对资本主义的分析，因为商品和作为商品的服务的流动是资本主义阶级关系存在的基本条件。"① 他们自己对转形问题的总结是，"马克思使用《资本论》第一卷的价值和价值形式概念作为必要的手段去构建其他的关键概念（剩余价值、竞争性积累，超额利润等），通过这些关键概念，他把《资本论》第一卷的价值和价值形式进行了转形，这种转形考虑了资本主义的商品流通，并且允许更多复杂的因素去决定社会必要劳动时间。"②

沃尔夫、卡拉瑞和罗伯茨最后总结道："传统观点认为马克思对转形的解释关注了两个问题：第一，在商品中物化抽象劳动，这个问题具有很强基础性和本质性，因此它独立于社会关系而产生；第二，阶级关系只影响了价值与价格联系的外在表现形式。这些恰恰是斯拉法文献中对马克思劳动时间范畴批评正确的地方。但事实上，对采用多元决定论的马克思来说，这两点没有任何一点是马克思的解释中所包含的，而且没有任何一点可以被认为是马克思价值理论的必要特征。"③ 他们认为："价值（和剩余价值）是因变量，为了应用的目的，它们必须与生产价格一起转形，借此作为理解资本主义经济、资本主义阶级关系的手段。"④ 他们最后的说明显然富有启发意义："我们怀疑某些读者会认为，我们通过定义其他人发现并不存在的问题

①② R. D. Wolff, B. Roberts, A. Callari, Marx's（not Ricardo's）'Transformation Problem'：A Radical Reconceptualization, *History of Political Economy*, Vol. 14（4），Winter 1982, pp. 564 – 582. In *Karl Marx's Economics：Critical Assessments*, Edited by Cunningham Wood, VolumeV, pp. 451 – 475, P. 895.

③ R. D. Wolff, B. Roberts, A. Callari, Marx's（not Ricardo's）'Transformation Problem'：A Radical Reconceptualization, *History of Political Economy*, Vol. 14（4），Winter 1982, pp. 564 – 582. In *Karl Marx's Economics：Critical Assessments*, Edited by Cunningham Wood, VolumeV, pp. 451 –475, P. 899.

④ R. D. Wolff, B. Roberts, A. Callari, Marx's（not Ricardo's）'Transformation Problem'：A Radical Reconceptualization, *History of Political Economy*, Vol. 14（4），Winter 1982, pp. 564 – 582. In *Karl Marx's Economics：Critical Assessments*, Edited by Cunningham Wood, VolumeV, pp. 451 –475, P. 467.

去拯救马克思的价值理论，在我们看来那些问题更多的是一开始就被创造出来的，在一种普遍的倾向下，去掩盖马克思和李嘉图思想的区别，而去追求一种无所不包的古典框架。无论这种古典综合在对新古典正统理论的批判上是多么的有价值，它现在都成了一种进一步发展马克思主义者分析的障碍。"[①]

37.2 转形问题的新解释及其评价

弗利把用货币代表劳动时间当作自己研究的中心，同时杜梅尼尔独立地进行了类似的工作，随后利皮兹把上述两位作者的方法同与转形问题相关的文献联系起来，把两位作者的方法称为"新解决方法"。当然，由此也产生一定的困惑，因为弗利的方法其实与转形问题没有直接的联系。

37.2.1 弗利的新解释

弗利的方法及其特征主要体现在以下三个方面：

第一，弗利首先强调货币和马克思理论的货币本质。他强调，马克思理论的总体分析框架是资本的货币循环，即 $M - C \cdots P \cdots C' - M'$。这种资本循环和资本主义企业账簿上账户上的货币资本流动相对应。"一个资本主义公司从货币形式的价值开始，购买商品，这些商品在生产过程中结合在一起，并产出新的商品，并被卖出以获得较开始时更多的货币。马克思用 $M - C \cdots P \cdots C' - M'$ 来表示这种运动……这种运动和资本主义公司的收入、利润和损失直接相关。"[②] 和这种强调货币流动相一致，弗利使用货币这个术语定义了马克思剩余价值理论中的关键变量：不变资本、可变资本、价值增加和剩余价值，作为资本循环一般框架下货币资本的流动模型。[③] 弗利继续使用货币定义马克思生产价格理论中的利润和生产价格。[④]

---

① R. D. Wolff, B. Roberts, A. Callari, Marx's (not Ricardo's) 'Transformation Problem': A Radical Reconceptualization, *History of Political Economy*, Vol. 14 (4), Winter 1982, pp. 564 – 582. In *Karl Marx's Economics: Critical Assessments*, Edited by Cunningham Wood, VolumeV, pp. 451 – 475, P. 467.

② Foley. Duncan, *Understanding Capital: Marx's Economic Theory*, Cambridge, Mass.: Harvard University Press, 1986, P. 33.

③ Foley. Duncan, The Value of Money, the Value of Labor-Power, and the Marxian Transformation Problem. *Review of Radical Political Economics*, 14 (Summer), P. 38.

④ Foley. Duncan, The Value of Money, the Value of Labor-Power, and the Marxian Transformation Problem. *Review of Radical Political Economics*, 14 (Summer), P. 40.

第二，不变资本和可变资本的决定是不同的。弗利认为可变资本作为支付给工人的货币工资，货币度量是预先给定的，而不是来自于工资商品的数量（斯拉法主义者的解释）。这种给定数量的货币可变资本，在从《资本论》第一卷的剩余价值理论向《资本论》第三卷的生产价格理论转形时保持不变。对不变资本而言，出发点是给定生产方式的数量，不变资本的价格从《资本论》第一卷到第三卷会发生变化。

弗利坚持的这种看法，和马克思一般逻辑方法并不一致，也不是马克思理论的本质要求，而是建立在资本主义社会资本家和工人之间关系的特定本质之上。弗利认为，从货币角度看，把可变资本视为给定的更准确地代表了资本家和工人之间的真实交换关系。"资本主义社会的工人并不就一束商品讨价还价或者接受为劳动力的报酬，他们收到一定数量的货币，这才是他们可以按照他们的意愿自由花费的货币工资。"① 弗利认为，这种解释可以更好地理解资本主义的剥削本质和资本家与工人之间的阶级斗争。弗利赞同斯拉法主义者对利润率的看法，即他认为在马克思的理论中存在两种利润率，《资本论》第一卷所决定的价值利润率和第三卷所决定的价格利润率，并且一般说来这两种利润率是不相等的，作为从价值向价格转形的结果利润率是会发生变化的。弗利赞同斯拉法主义者的解释，即价格利润率和生产价格是同时决定的，取决于给定的实物数量和生产与真实工资的技术条件。

第三，"净价格相等"。弗利认为，总价格和总价值相等无法得到满足，他假定商品总生产价格价值增加（Value Added）的部分总是等于商品总价值中的新价值。换句话说，弗利认为净价格（价格减去不变资本）在从价值到生产价格的转形中不发生改变，即使总价格发生改变。弗利这样表明自己的观点："在这篇文章中，我建议……把劳动价值论看作一种主张，这种主张认为净商品产出的货币价值表达了在商品生产经济中总社会劳动的花费……这种方法从劳动消耗的所制造的总价值，从体现在净商品产出中所体现的价值开始，然后考虑这种价值是如何实现为特定商品的价格的。价值概念作为总净商品产出的一个特征，在这种方法中，从分析上看优先于价格概念——特定商品在市场上的货币数量。"② 弗利重新定义了马克思的总价值和总价格的相等。马克思强调全部商品的总价格，弗利强调净产出的总价

---

① Foley. Duncan, The Value of Money, the Value of Labor-Power, and the Marxian Transformation Problem. *Review of Radical Political Economics*, 14（Summer），P. 43.

② Foley. Duncan, The Value of Money, the Value of Labor-Power, and the Marxian Transformation Problem. *Review of Radical Political Economics*, 14（Summer），P. 37.

格，或者说总商品价格的价值增加部分。弗利认为，可以证明总净价格与总净价值相等。

37.2.2 杜梅尼尔的新解释

杜梅尼尔的新解释不同于弗利的解释。第一，杜梅尼尔认为，马克思理论中的变量应该用劳动—时间这个术语来定义。弗利强调货币和货币资本的循环，并把这作为马克思理论分析的基本框架；杜梅尼尔不是这样认为的，他认为马克思理论中的所有关键变量，不变资本、可变资本、剩余价值，甚至是《资本论》第三卷中的成本价格、生产价格和利润，都是用劳动—时间单位而不是货币度量的。在引用马克思的一段话后，杜梅尼尔说："作为一个初步的评论，马克思在这里认为工资是用劳动—时间度量的。从而很清楚的是在这种分析中，所有的变量都是用这种单位度量的：价值、工资、生产价格。"[①] 杜梅尼尔认为，马克思的理论不应当用货币资本的流动来解释，而应当用商品资本的流通来分析。[②] 第二，杜梅尼尔认为不变资本和可变资本在马克思的理论中是由不同的方式决定的，他认为，"与通常主张的相反，马克思并不是同等地对待不变资本和可变资本的。事实上，资本家购买不变资本是真实的，必须使用生产价格去估价这种交易。但是资本家购买工人消费的商品，而是付给他们工资。"[③] 第三，杜梅尼尔认为，马克思的理论不应当用货币资本循环来解释，而应当用商品资本循环加以分析。[④] 第四，净价格相等。和弗利相似，杜梅尼尔使用净价格而不是总价格来研究马克思的著名的两个相等。杜梅尼尔和弗利在精确定义上也存在差别。弗利的定义是，总产出价格中价值增殖的部门，无论用价值还是用生产价格衡量都是相等的。杜梅尼尔的定义是净产出的总价格用价值或者生产价格衡量都是相同的。

杜梅尼尔对马克思的价值理论和生产价格论持肯定评价。他认为，能够增加价值的社会实体的只有生产，价格体系只是把这些财富在个人和阶级之

---

① Duménil. Gerard, 1986, *From Value to Price of Production*: *A Reinterpretation of the Transformation Problem*, Unpublished English translation of Duménil（1980）by Mark Glick, P. 52.

② Duménil. Gerard, 1986, *From Value to Price of Production*: *A Reinterpretation of the Transformation Problem*, Unpublished English translation of Duménil（1980）by Mark Glick, pp. 25 – 26, 41, 75.

③ Duménil. Gerard, 1986, *From Value to Price of Production*: *A Reinterpretation of the Transformation Problem*, Unpublished English translation of Duménil（1980）by Mark Glick, pp. 15 – 16.

④ 杜梅尼尔在用式子表达商品资本循环时存在一些问题，杜梅尼尔用 C – M – C – P – C 表达商品资本循环，马克思的表达为 C′ – M′ – C – P – C′。

间的再分配,仅以一系列投入乘以(1 + r),什么也没有创造,什么也没有增加,"这就是马克思理论的核心。"[①] 杜梅尼尔认为,在转形问题争论中,马克思主义者和非马克思主义者都陷入了某种误解,需要提出新的解释才能揭开转形之谜,并消除这些误解。

第一,对价值和价格关系的误解。他指出,由于马克思在《资本论》第三卷研究了价值到价格的转形,所以许多理论家以为价值—价格关系的全部复杂性都可以被限制在生产的价值—价格范围内,也有学者认为这种转化没有逻辑上的关联,因而不能在价值和价格这两个不同的领域之间建立联系。这种误解还因为人们的另一个误解而得到加强,即第一卷和第二卷只研究抽象问题,第三卷研究具体现象。杜梅尼尔认为,价格和货币的概念早在《资本论》第一卷已经做了初步分析。人们混淆了价值规律和交换规律,价值规律只有一个,劳动时间是价值的尺度,但是在《资本论》中,交换规律有两个,基于价值的交换和基于价格的交换,两者的区别是表面的,不管哪一个流行,劳动价值论的解释力不会受到影响。

第二,对总产品和纯产品关系的误解。很多关于转形问题的争论都围绕两个著名的等式展开,即总价值等于总价格、总利润等于总剩余价值。有些论争证明了单个等式的成立,有些研究努力去证明两个等式的同时成立。杜梅尼尔指出,这些条件只有在全部剩余价值都用于积累,而且成比例增长的条件下才是可能的。也就是说,同时成立是一种特殊情况。他认为,社会生产价值量和价格量的相等,是建立在纯产品而不是总产品的基础之上。为了分析某个时期的价值和价格体系,首先应当假定技术不变,说明这个劳动过程如何为下一个劳动过程提供所需要的投入。马克思认为这些投入的价值不过是转移到了新产品中。事实上,这些投入在生产过程中会被重新估价。以价格表现价值不仅表现在现在的生产产品上,还会表现在前一期的产品上,所以总价值和总价格中不可避免存在重复计算,为了避免这种情况,应当以该时期的总收入和总劳动量相等来表现价格量与价值量的相等。杜梅尼尔认为,这些新解释可以得到一些有意义的观点。一方面,传统的认识假定存在统一的剩余价值率,杜梅尼尔认为这个假定是没有意义的,除非所有工人消费的商品束都相同,但这同现实是矛盾的。另一方面,在传统研究中,如果工资的任何部分变为储蓄,估算剩余价值就没有意义了,因为剩余价值只有

---

① Duménil, Beyongd the Transformation Riddle: A Labor Theory of Value, *Science and Society*, 1983, 47 (4), Winter, P. 437.

在确切知道工人消费时才能计算出来，所以传统方法通常把劳动力价值看作一个商品向量。杜梅尼尔认为工资必须在价格的基础上计算，而不能从工资购买的商品的价值角度确定，否则当价格偏离价值时，用价格表示的剥削率就取决于工人购买的商品而不是取决于生产。

37.2.3 对新解释的评价

学者们赋予杜梅尼尔和弗利的方法很多名称，"新解释"、"新解决"、"新方法"、"D－F方法"。其实，最重要的是，这种方法到底新在什么地方？这种方法是否真正解决了转形问题？把弗利和杜梅尼尔的方法加以综合，可以很好地看到所谓的新解释新在什么地方，简单说来，他们重新定义了货币价值（Value of Money）和劳动力价值（Value of Labor Power），在其他学者纠缠于证明总产出相关变量相等的时候，他们从纯产品的角度出发开始他们的研究。事实上，两位作者的文章并不是专门针对转形问题的，应该说他们都在更加广泛的框架下研究了马克思理论的一些关键问题。这点弗利自己说得很明白："在1970年代后期，杜梅尼尔和我，独立地提出了对马克思劳动价值论的重建，我们强调货币和劳动时间之间的关系，从而一方面保持了付酬劳动和未付酬劳动之间的严格的数量关系，另一方面保持了总工资账单和总利润之间严格的数量关系……这种方法被不增加任何知识地描述为对转形问题的'新解决'，然而根据杜梅尼尔的观察它实际上废除了转形问题，事实上它没有解决任何问题，把它称为'新解释'同样不能增加任何知识。"①

在2000年的文章《劳动价值论的新进展》中，弗利对"新解释"进行了很好的概括。弗利说："我们的方法集中关注劳动时间的货币表示。我们认为对马克思而言重要的问题是用货币代表社会劳动时间，从而可以使用劳动时间货币表示的度量方式适当地在商品生产的加总体系层面把资本主义真实世界的货币流动转换为劳动时间流动，反之亦然。"②"我们认为，马克思劳动价值论的核心内容是生产中活劳动消耗增加货币价值到产品的投入中。"③ 通过上述弗利对马克思所面临的重要问题和马克思劳动价值论核心内容的解释，不难理解他们"新解释"的目的，我们主要是"通过强调货

①② Foley，Ducan，Recent developments in the labor theory of value，*Review of Radical Political Economics*，2000，32（1）：P. 20.

③ Foley，Ducan，Recent developments in the labor theory of value，*Review of Radical Political Economics*，2000，32（1）：P. 21.

币和劳动时间之间的关系重建马克思的劳动价值论"①。虽然对"新解释"存在诸多批评，但是弗利对"新解释"还是充满信心的。"劳动时间的货币表示使得我们能解决劳动价值论中防范范围的其他问题。……我相信，在过去十五年中，新解释已经开辟了马克思经济学更加稳健的、更加丰硕的实证的/理论的发展阶段。"② 弗利的自信不无道理，他们的新解释引发了诸多的讨论，但是这种自信又存在一定的问题，他们两个的分析，他们两个对马克思理论的解释到底在多大程度上与马克思的劳动价值论相吻合？把货币作为中心，的确回避了许多问题，而且使得经验研究变得更加便利，但是这种处理劳动时间和货币之间关系的方法是否事实上造成了对劳动价值论的偏离呢？存在诸多对新解释进行批评的文献。

"新解释"出现以后，遭到了不少批评。有学者认为，新解释在处理劳动时间和货币之间的联系时有些随意，并且无法被支持。罗默批评新解释在对等社会劳动时间和货币时缺乏经济动机。③ 菲力欧批评这种方法过分简约，"这种价格概念在方法上存在问题。它的主要缺陷在于（新解释）使用的是简单的建立在流通基础之上的价格观点，随着事情的进展，这样做是正确的，但是这种方法不能够给从概念上说更加基本的进程，比如生产中的劳动表现以分析上的优先地位，相反，它给予诸如每种商品的供给和需求等表面现象更大的分析优先性。新方法的内部结构导致它从以开始就关注表象……，但是这种明显的便捷付出了沉重的代价：在不随意地选择需要解释的现象时，它很难把理论分析引向深入的发展。"④ 从新解释的适当程度和来源的角度，谢赫和涂奈克（A. Tonak）批评了新解释，"像定义表明的那样，货币的价值……是净产品交换中所要求的活劳动。这意味着劳动力价值……是生产性工人货币工资所要求的活劳动，剩余价值是…存在的利润总和所要求的活劳动。马克思认为价格和利润是价值和剩余价值的货币表现形式，新方法定义剩余价值是利润的一种形式，由此放弃了这一点！剩余价值和利润之间的关系颠倒了。然而，这种方法甚至没有什么新颖的地方，实际

① Foley, Ducan, Recent developments in the labor theory of value, *Review of Radical Political Economics*, 2000, 32 (1): P. 21.

② Foley, Ducan, Recent developments in the labor theory of value, *Review of Radical Political Economics*, 2000, 32 (1): P. 22, 23.

③ Roemer, John, Review of Duncan K. Foley, Understanding Capital, *Journal of Economic Literature*, 1990, 27 (4), pp. 1727 – 1730.

④ Saad-Filho. Alfredo. 1996, *The Value of Money, the Value of Labour Power and the Net Profit: An Appraisal of the "New Approach" to the Transformation Problem*, In Freeman and Carchedi (eds.), 1996, Marx and Non-Equilibrium Economics, Brookfield, Vt.: Edward Elgar, pp. 116 – 135.

上它并没有超越斯密的劳动价值的第二种定义：价格所要求的活劳动（Living Labor Commanded by Price），李嘉图和马克思已经很好地反对了这种方法。"[1] 莫斯利认为，与传统的对马克思的解释批判相比较，"新"解释只是部分正确，因为"新"解释对可变资本和不变资本的确定存在着根本的方法论上的错误，根据这一方法，可变资本和不变资本是通过两种不同的方式得到确定的。相反，莫斯利认为，在马克思的理论中，可变资本和不变资本是通过同样的方式得到确定的，它们都是给定的、资本家在经济活动中用于购买生产资料和劳动力的货币资本的两种要素（即 M = C + V）。不变资本和可变资本的形式存在于生产过程之前，它们在生产过程和剩余价值的产生之前是给定的量，马克思的理论是要去解释最初的转化，即 M(= C + V) 转化为 M + ΔM 的过程。在莫斯利看来，既往的批评和"新"解释对马克思理论的批判都是无效的，因为：（1）马克思理论的两个总量相等的公式能够同时成立；（2）在马克思的理论中只有一种利润率，即价格的利润率，这在《资本论》第一卷对总资本的分析中就说清楚了，它在《资本论》第三卷中作为生产价格的决定成分；（3）价值理论不是"多余"的，对决定利润率和生产价格而言，它是至关重要的。因此，莫斯利认为，对马克思生产价格决定因素（例如"转化问题"）长达一个世纪的批判是无效的，因为这一批判基于对马克思理论的根本错误性的解释，尤其是误解了马克思有关不变资本和可变资本的投入方式。[2]

最后需要说明的是，虽然我们一直把弗利和杜梅尼尔放在一起研究，但是，他们对待劳动价值论的基本态度还是存在差别。弗利认为，从思想史的角度看，从引发众多讨论和不断地发展来看，"劳动价值论堪比伽利略和牛顿在物理领域进行的哲学的和理论的创新。"[3] 弗利认为，对劳动价值论的讨论存在很多混乱，意见也不一致，从这个角度看，弗利对劳动价值论持肯定态度，并且试图按照自己的理解去解释劳动价值论，以消弭他所认为的混乱和迷惘。与弗利相比，杜梅尔尼理解劳动价值论的角度更加狭隘，他更多的是把劳动价值论当成仅仅是一种剥削的社会学。杜梅尔尼说道："转形问题不是一个从价值引出生产价格的理论。价值的知识在计算生产价格上是没

① Shaikh. Anwar M, E. Ahmet Tonak, *Measuring the Wealth of Nations*：*The Political Economy of National Accounts*, New York, N. Y.：Cambridge University Press, 1994, P. 179.

② Fred Moseley, The "New Solution" to the Transformation Problem：A Sympathetic Critique, *Review of Radical Political Economics*, 2000, Vol. 32（2）, pp. 282 – 316.

③ Foley, Ducan, Recent developments in the labor theory of value. *Review of Radical Political Economics*, 2000, 32（1）：P. 2.

有帮助的。事实上，价值和价格之间的关系完全独立于利润率平均化的事实"，"然而，这不意味着，劳动价值论与分析资本主义无关。相反，对剥削理论而言，它是核心的内容……资本主义的生产方式是建立在占有剩余劳动的基础之上的阶级社会的一个新变种……从而，价值概念是资本主义剥削理论的一个必要部分，也是马克思在资本论分析中的一个首要目标。"[①] 正是杜梅尼尔的这种论调，使得法因对新解释作出下面的评论："虽然新解释代表着超越斯拉法主义的重大进步，在斯拉法主义看来，价格和价值是同时决定的概念，它们由生产和分配条件得出。然而，这种进步的成本是巨大的。在围绕价值形式提出价值理论、劳动力价值、货币价值和结构、序列、与资本主义动态等关键问题后，新解释一个都没有解决它们。更甚的是，新解释把劳动价值论放在一边并把它狭隘化为一种（静态）的剥削理论。"[②]

37.3 利皮兹对转形问题的思考

1980 年，杜梅尼尔在《科学与社会》上发表了《超越转形之谜：一种劳动价值论》的论文[③]，提出了他自己对转形问题的新解释。根据这种解释，马克思的劳动价值论和价值转化为生产价格的理论必须同时坚持，但是，人们必须重新思考转形的理论依据，即马克思的两个著名的等式。他认为，利润总量等于剩余价值总量的说法是没有意义的，应该放弃，总价值与总价格相等的公式也不能成立，应当用与某生产时期的纯产品相关的总收入与劳动总量相等代替它。利皮兹在《所谓转形问题：再思考》中，对这种观点进行了发展，同时弗利也独立地提出了类似的观点。[④]

利皮兹在文章的开始简要评述了当前对于转形问题的研究。他认为，尽管博特凯维兹并非批判马克思转形方法的第一人，但确实是自他以后才出现了大量对于转形问题的新解法。目前人们最多也只是将马克思的理论看做是，"工人的工资并不包括其劳动创造的所有成果"这一观点粗略近似的表

① Duménil, G., and D. Lévy, *The economics of the profit rate：Competition, crises and historical tendencies in capitalism.* Aldershot, UK：Edward Elgar. 1993, pp. 48 – 49.

② Fine, B., Transforming the Transformation Problem：Why the 'New Interpretation' Is a Wrong Turning, *Review of Radical Political Economics*, Vol, 36, No. 1, Winter 2004, P. 18.

③ Gerard Dumenil, Beyond the Transformation Riddle：A Labor Theory of Valu, *Science and Society*, 1983, 47（4）, Winter, pp. 427 – 450.

④ Duncan Foley, The Value of Money, the Value of Labor Power and the Marxian Transformation Problem, *Review of Radical Political Economics*, 1982, Vol. 14, No. 2, pp. 37 – 47.

达，而其价值和剩余价值理论的可信度，已经随着人们对森岛通夫转形解法的认同而大大降低了。在此情形下，有些马克思主义者试图通过提出某些与主题无关的事实，以避免承认森岛通夫的解决方法；有些人甚至打着所谓的认识论原理的幌子，完全拒绝面对转形问题。尽管利皮兹认同森岛通夫的解法，但他也认为自己对转形问题的解决思路更佳，这是因为他的解法保持了转形问题中的两个总量相等的条件，这在森岛通夫的解法中是不存在的。此外，与森岛通夫用消费结构来决定利润率不同的是，在他的模型中，利润率是由剥削率和产出结构决定的。

37.3.1 马克思的解释及其局限

在回顾了转形问题的历史并比较了新解法与森岛通夫解法的区别之后，利皮兹简述了马克思对转形问题的处理方法，并分析了其存在的局限性。他提出，设 y 为商品使用价值的行向量，v 为商品价值的行向量；设 $A = [a_j^i]$ 为代表性生产过程的技术矩阵，其中 a_j^i 为生产单位商品 j 通常所需要的商品 i 的数量，设 l 为单位商品中物化的抽象劳动行向量，则将当前的劳动价值附加到商品价值的过程可表示为：

$$v = vA + l \qquad (37.1)$$

在资本主义社会关系中，劳动力成为一种商品。设 w 为劳动力的价值，它表示工人拥有的能够用于劳动力再生产的抽象劳动的数量；设 va 为劳动力的增加值，它表示资本家从这种商品中榨取的抽象劳动的数量；$e \equiv \dfrac{(va - w)}{w}$ 为剥削率，它表示为"未支付劳动"与劳动力的比值；再设 λ 为劳动持续时间，ε 为劳动作用强度。根据马克思的理论，（w，λ，ε）是历史进程中阶级斗争的结果，后两者决定了 va，三者共同决定了 e。根据上述定义，给定劳动持续时间 λ、劳动强度 ε 和生产技术 A，由式（37.1）可写 C + V + S 的现代表达为：

$$v = vA + wl + ewl \qquad (37.2)$$

上述的矩阵 A 表示的是纯粹的技术矩阵，为了得到"社会—技术"矩阵，先设 d 为每单位劳动时间所得对应的工人消费的商品的列向量，则劳动力商品的价值可重写为商品组合的形式 w = vd；由于劳动力是作为一种可以自我生产的商品（autonomous commodity）的形式存在，因为生产每单位产品 j 需要投入 l_j 的劳动力，这些劳动力所消耗的产品 i 的数量为（$d^i l_j$），这也就是间接地经由劳动力，为生产商品 j 所需要投入的商品 i 的数量。则可得“社会—技术”矩阵为：

$$M \equiv A + d \otimes l \tag{37.3}$$

虽然这看起来还是个技术矩阵，但是它已包含了劳动价值论的三个决定变量（w，λ，ε）以及剥削率 e。

在此基础上，如果将经济划分为不同的部门，并设 $M_i \equiv C_i + V_i + S_i$ 为每个部门的产出总价值；则资本价值为 $\sum (C_i + V_i)$，总剩余价值为 $\sum S_i$，并设 $r \equiv \dfrac{\sum S_i}{\sum (C_i + V_i)}$ 为一般利润率。为了使得各部门的利润率相等，只需重新分配剩余价值。则每个部门的产出价格为：

$$PP_i \equiv (C_i + V_i)(1 + r) \tag{37.4}$$

利皮兹证明了上述经济模型中总产出价格与总价值相等，总利润与总剩余价值相等，且平均利润率是由剩余价值率，不同产业中的资本有机构成以及总资本在这些产业中的分配共同决定的。但是上述模型有两个局限。第一，它假定所有部门的生产周期相同；第二，资本家是按照生产价格而非价值购买可变资本和不变资本，这将导致价值的重新分配不仅会影响到剩余价值，而且影响到不变资本和可变资本。尽管马克思认为这一问题似乎并不重要，但通过对此问题的修正会导致马克思基本理论的动摇：即利润仅仅是工人创造的价值中未被支付的部分。

37.3.2 转形问题可接受的解决方法

为了纠正马克思的错误，假定可变资本和不变资本都是按照它们的生产价格被购买的。对于不变资本而言，这不存在什么问题，但是对于可变资本而言，可变资本按照它们的生产价格被购买到底是什么意思呢？可变资本可以被认为是支付给工人的货币，它代表了价值增值的一部分。但是有些学者不这样认为，而是认为商品束的价值 d，即在所有工人接受同一种消费模式在一个市场花费他们的货币时所能购买到的，在这个市场上商品的价格与劳动价值体系相一致。

假设 η 是价格余向量，r 是平均利润率，那么：

$$\eta = (\eta A + (\eta. d)l')(1 + r)$$
$$(1/(1 + r))\eta = \eta(A + d \times l') = \eta M$$

η 是社会—技术矩阵 M 的特征根（$1/(1 + r)$）的特征向量。η 和 M 都是半正定（semi-positive）的，根据 Perron-Frobenius 定理，η 必然是与最大

的特征值 μ（M）相联系的特征向量。从而可有：

$$r = 1/\mu(M) - 1$$

首先注意，μ，取决于 M，从而取决于 A，l′，d，上述三个要素也决定了 e，vd = w，从而表明利润率 r 依赖于 d 的构成，一点都不依赖于产出结构 y，也就是说不依赖于"资本在不同领域的分配"。假设选择一定的货币计量单位，使得总价格等于总价值，即 v·y = η·y。可以知道总利润是 ηMy，总剩余价值是 ewl′y，两者相等在下述情况下，（ηM – ewl′）y = 0。由上述可以看出，除非对生产结构的度量为 0，否则无法得到两个等式。利润率不受生产结构的影响。"这两个结果，即利润率与生产结构无关，价值和剩余价值没有在转化中保留下来，是许多马克思主义者不愿意正视的，在我看来，他们错了，不仅因为森岛通夫和萨缪尔森在'马克思主义的基本原理'的形式上提供了一些安慰，还因为有可能在这个概念的框架内能够得到马克思在其模式中试图得出的所有结论。"①

第一，资本家获得商品的价值事实上是剩余价值。

利皮兹认为，即使总利润不等于总剩余价值，使用的利润的价值必然是加总的剩余价值。某期的总产出 y 可以被分解为下述部分，替代使用的投入部分的 My，资本家非生产性消费 δ，扩张生产或者积累的部分 MΔy。后两个部分构成利润的使用，第一部分构成最初资本的使用。从而有：

$$y = My + \delta + M\Delta y$$
$$v(y - My) = v(\delta + M\Delta y)$$
$$ewl'y = v(\delta + M\Delta y)$$

第二，生产价格调节作为资本人格化的资本家的行为。δ 只能通过社会—心理学考虑去决定，在这种意义上正如马克思所言，资本家是他们资本的人格化。资本家将会积累他所拥有的所有资本。$p_i y^i(t)$ 是部门 i 在 t 期的收入，它全部被用于购买投入用于生产 $y^i(t+1)$：

$$p_i y(t) = (\eta M)_i y^i(t+1)$$
$$= \frac{1}{(1+r)} p_i y^i(t+1)$$

那么 $y^i(t+1) = (1+r) y^i(t)$ 从另一方面看，这些生产投入（包括新雇用工人的生存商品（subsistence goods））代表了 t 期的所有产出：

① A. Lipietz, The So-Called 'Transformation Problem' Revisited, *Journal of Economic Theory*, Vol. 26（1），Februray 1982, pp. 59 – 68. In *Karl Marx's Economics*：*Critical Assessments*, Edited by Cunningham Wood, Volume Ⅲ P. 818.

$y(t) = My(t+1)$，因此：

$$y(t+1) = (1+r)My(t+1)$$

在这种产出结构下，很容易看出，如果选择产出价格余向量使得 $\eta^{\times} \cdot y^{*} = v \cdot y^{*}$，那么就会有总利润等于总生产价值。

总利润：$r\eta^{*}My^{*} = (r/(1+r))\eta^{*} \cdot y^{*} = (r/(1+r))v \cdot y^{*}$

总剩余价值：$vy^{*} - vMy^{*} = (r-(1+r))v \cdot y^{*}$

第三，一个价值和价格的补偿定理。

任何产出向量，实际上能够被分解为两个部分，类似于整个积累结构的 y^{*} 部分和在价格体系 $\eta^{\times}$ 的直角超平面（Hyperplane Orthogonal y'）部分。

$y = y^{*} + y'$，$\eta^{*} \cdot y^{*} = v \cdot y^{*}$，且 $\eta^{*} \cdot y' = 0$。

如果：

$$\sigma v = \eta^{*} - v, \quad \sigma y = y - y^{*}$$

那么，$\sigma v \cdot y + v \cdot \sigma y = 0$。

事实上，$\sigma v \cdot y = (\eta^{*} - v) \cdot y = \eta^{*} \cdot y^{*} + \eta^{*} \cdot y' - v \cdot y^{*} - v \cdot y' = -v \cdot y' = -v \cdot \sigma y$。

第四，利润率是一个严格定义的剥削率的函数。

第五，生产价格和利润率从逻辑上说是由劳动价值论和剥削所决定的。

在上述分析中，需要假定可变资本和不变资本都是按照生产价格被购买的。其中容易理解不变资本按其生产价格购买的含义，而可变资本需要理解为其商品组合形式 d 是按照与购买不变资本相同的生产价格被工人消费的。设 η 为价格的余向量，r 为平均利润率，则可得到如下方程组：

$$\begin{cases} \eta = (\eta A + (\eta d)l)(1+r) \\ \left(\dfrac{1}{(1+r)}\right)\eta = \eta(A + d \otimes l) = \eta M \end{cases}$$

根据 Perron-Frobenius 定理可知，η 是与社会—技术矩阵 M 的最大特征值 $\mu(M) \equiv \dfrac{1}{(1+r)}$ 的特征向量。可以注意到，特征值 μ 和剥削率 e 都仅仅由 (A，l，d) 所决定，而回顾 $w = vd$ 可以发现，此时利润率 r 仅仅依赖于消费结构 d，而与产出结构 y 无关，亦即不依赖于"资本在不同领域的分配"。

进一步而言，假设取一货币计量单位使得总价格等于总价值（$vy = \eta y$），则总利润为 $r\eta My$，总剩余价值为 $ewly$，两者相等的条件是 $(r\eta M - ewl)y = 0$。因此除非存在一组对生产结构的零度量，否则不可能得到转形问题中的两个总量的不变关系。尽管这是马克思主义者不愿意面对的，但根据作者接下来的证明，在上述理论框架下几乎能够得到所有马克思试图在他的模型中证明的结论。作者选取了其中的某些结论加以证明：资本家获得商品的价值事实上是剩余价值，即被资本家所使用的利润的价值等于总剩余价值；生产价格以"资本人格化"的方式规范着资本家的行为，即资本家将会积累他所拥有的所有资本；存在一个价值与价格的补偿关系；利润率是一个严格定义的剥削率的函数；生产价格和利润率在逻辑上是由劳动价值和剥削所决定的。

37.3.3 转形问题的新解法

利皮兹根据上述分析指出，目前所公认的转形问题的解决方法与马克思理论不一致的地方比人们想象得要少。但是仍然存在两点重要的背离。第一，如果劳动价值论和剥削理论是计算生产价格的逻辑前提，那么这个事实并未在通常的转形计算中明确地表现出来。人们更愿意"看到"在利润率均等化过程中价值被分配到商品上。第二，如果产出结构与价格同价值的背离之间存在某种关系，那么它就应当出现在对此问题的事后讨论中。但是马克思却将产出结构作为决定利润率和生产价格的参数，而一般而言是将工人的消费结构作为决定参数的。

在利皮兹看来，问题的根源在于，人们总是把可变资本 V（文中称为 w）与不变资本 C 同等看待。没有人否认，如果生产技术（a_i^j, l_j）已知，则不变资本 C 的成本价格是 $\sum p_i a_i^j$。但是，我们能够将劳动力也归结为一定量的产出吗？即归结为作为投入所要求的具有成本价格 $\sum p_i d_i$ 的产出吗？利皮兹认为这是一种准奴隶制的生产方式，即各生产单位之间存在商品关系，但在单位内部却是奴隶。但是，在发达资本主义社会，工人能在市场上自愿地花费他们获得的货币工资。一般的生活水平必然限制他们选择的余地，这构成劳动力价值的基础。

利皮兹认为，这里出现了一个问题。表现工人预算压力的，实际上是他们购买商品时的价格体系，但是，在森岛通夫等人的模型中，这种压力却表现为价值，而价格体系却取决于最终选择的那组商品，这个困难只有用罗默的定点原理才能解决。另一方面，如果把 w 解释为被支付的劳动量，即增加的价值的 $\frac{1}{(1+e)}$ 的份额，其货币等价物以生产价格形式花费以满足社会所决定的需求，事情就简单了。"这样一来，生产价格就不取决于 d，而像马克思所说的取决于 y"①。一组消费品 d 和 w 是很不同的，d 的价值体现为物化的劳动，而不是体现为货币，货币是抽象的社会劳动。如果工人不满足 d 的这种消费形式，那么 d 就成为工人谈判的基础。利皮兹认为"这种解决方法，区别对待可变资本和可变资本，与马克思所关注的转形问题相一致。"② 在利皮兹看来，马克思认为在不变资本场合转化商品的价值是必要的，但是对于可变资本（工资），因其代表的是增加价值的一部分，代表的是一定的小时数，所以经过转化被保存下来，而劳动时间本身（被视为一定量等价商品）却被转化了。新解法说的就是上述意思。利皮兹的模型可以被简单转述如下：

设 v 是商品价值向量，由 A，L 决定，假定有给定的剥削率 e 和劳动力价值 w，$w = \dfrac{1}{(1+e)}$，寻求在此期间生产的总增加价值（抽象劳动的总流量）重新分配到同一时期的纯产品 y 上。利皮兹认为，此时需要面对通常为人们认可的转形方法的另一个批评，这种解法总是想证明价格总量等于价值总量一类的马克思等式，却不过问这是什么的价格总量。利皮兹引用马克思所说的避免重复计算的段落，推论马克思注意到不能加总全部价格和全部利润，因而也不能指望得到价值总量和剩余价值总量。设 p^* 为重新分配到每个商品 i 上的价值，重新分配的价值向量 η 规定相对的生产价格系统（价格水平依计价标准的选择而定）。从而有：

$$\eta^* y = vy$$

另外这种重新分配应当能实现资本利润率的平均化，以便重新分配到商品 i 上的价值应能等于 $(1+r)$ 乘不变资本量（用重新分配的价值衡量）和可变资本量（用为了换取劳动力而支付给工人的价值衡量），$(1+r)$ 在各部门是一样的。如果假定选择了一定单位的劳动力数量和花费的抽象劳动量，仍然暗含着线性转化 T，可以有：

$$\eta^* = (1+r)(\eta A + wL)$$

这个式子和 $v = vA + wL + ewL$ 一起，很好地说明了所寻求的重新分配价值的体系，一旦给出计量标准，就可以从这个体系中得出整个价格体系。随后，利皮兹总结了马克思关于转形问题的结论，并给出了数学证明。他总结的"马克思转形定理"的三点为：

①② A. Lipietz, The So-Called 'Transformation Problem' Revisited, *Journal of Economic Theory*, Vol. 26（1），Februray 1982, pp. 59 – 68. In *Karl Marx's Economics*：*Critical Assessments*, Edited by Cunningham Wood, Volume Ⅲ P. 818.

"第一，对于每一个产出结构而言，存在着一种且仅仅存在一种可使利润平均化的资本主义价值再分配；第二，如果选择这样的计量单位，能使得以价值表示的价值增加额等于纯产品的价格总值，那么利润总额就等于剩余价值总额；第三，平均利润率是剥削率、每个部门的生产技术函数以及社会劳动在部门间分配的函数，因而也是产出结构的函数。"[1]

在论文的最后，利皮兹比较了他自己的转形方法和通常认可的方法。他称自己的体系为 B，他说自己的解法得出了马克思转形理论希望得到的几乎全部结论，从森岛通夫（A 体系）等人的解法中得出的结论是错误的吗？利皮兹认为不是，"它们在数学上是正确的，在经济学上也能同马克思主义的价值和剥削理论相吻合。"[2] 之所以不矛盾，道理很简单，因为在体系 B 和体系 A 中，e、w 在两种体系中具有不同的意义，没有相同的数量尺度，虽然它们都是表现相同的理论概念的指标。在体系 A 中，$w(A) = vd$ 是工人消费品的价值，在体系 B 中，$w(B) = \dfrac{1}{1 + e(B)}$ 是工人创造的价值的一部分，工人据此获得工资，以便在市场上按照由重新分配的价值调节的价格来消费。

37.4 杜梅尼尔对利皮兹论文的简短评论

杜梅尼尔 1983 年发表在《科学与社会》杂志的论文中肯定了劳动价值论的意义，强调指出，不能否认利用生产价格能够获得相当重要的成果，他承认斯拉法方法的功能，完全肯定能够通过对技术的数学描述来计算生产价格，而不必涉及价值。但是他认为这算不上是什么伟大的发现。价值规律的解释力不在于可以由它推测出这样或那样的数量趋势，虽然它有助于说明这些现象。它的解释力就像万有引力规律一样，它能够对更深层次的问题做出适当的回答，但绝对不能代替对现实问题的专门研究。就生产价格而言，劳动价值论绝对不是多余的，它为解释现象的本质提供了一个理论依据，它使得我们可以把价格体系解释为社会劳动按照资本主义社会的法则重新分配的

---

① A. Lipietz, The So-Called 'Transformation Problem' Revisited, *Journal of Economic Theory*, Vol. 26 (1), Februray 1982, pp. 59 – 68. In *Karl Marx's Economics：Critical Assessments*, Edited by Cunningham Wood, Volume Ⅲ P. 821.

② A. Lipietz, The So-Called 'Transformation Problem' Revisited, *Journal of Economic Theory*, Vol. 26 (1), Februray 1982, pp. 59 – 68. In *Karl Marx's Economics：Critical Assessments*, Edited by Cunningham Wood, Volume Ⅲ P. 823.

结果。价格行为不能创造物质，只是分配它而已。

　　杜梅尼尔肯定了马克思的价值理论和生产价格理论。但是，他认为这离正确理解转形问题还有很远的距离。杜梅尼尔认为，在转形研究的争论中，马克思主义者和非马克思主义者都陷入了某种误解，导致转形问题走进了死胡同，必须消除这些误解并提出新的解释，才能揭开转形之谜。第一，对价值和价格关系的误解。人们通常混同了价值规律与交换规律，价值规律只有一个，劳动时间是价值的尺度。无论是基于价值的交换，还是基于价格的交换，两者的区别是表面的，不管哪一个流行都不会影响劳动价值论的解释力。第二是对纯产品和总产品关系的误解，杜梅尼尔指出几十年大多数关于转形问题的争论都聚焦于证明马克思的两个等式上，许多人致力于探讨两个条件同时成立。杜梅尼尔认为，这两个等式同时成立是一种特殊情况，他认为社会生产价值量和价格量的相等，在一定时期内必须建立在纯产品而不是总产品的基础之上。第三，对剥削与交换关系问题的误解。杜梅尼尔认为，马克思在《资本论》第一卷的研究证明，即使按照商品价值交换，剥削也可能发生，因而剥削是资本主义的一项"正常的"功能。杜梅尼尔认为从对先前的分析中可以得到下面值得关注的看法。

　　第一，传统的认识总是假定存在着统一的剩余价值率，然而这个假定没有任何意义，除非所有工人的消费都相同，或者说必须假定没有消费自由，这和资本主义事实相矛盾。第二，在传统的研究转形的方法中，如果工资的任何部分被储存起来，衡量剩余价值就变得没有意义了，因为剩余价值只有在确切知道工人消费时才能计算出来，所以传统的方法通常把劳动力价值看作一个商品束。第三，按照传统方法，利润率＝剩余价值率÷（1＋资本有机构成），但是分子可能存在上面两条中提到的不确定问题，分母的问题在于，它所显示的数值只同工人消费的纯产品相关，而不是同整个经济体系相关，所以应当用新的公式表示利润率问题，即用生产价格来表示剥削。

　　在简单回顾了杜梅尼尔的观点之后，我们可以来分析他对利皮兹的论文的评价了。杜梅尼尔认为，利皮兹想保持传统方法，因为在利皮兹的讨论中使用"e-d回路"（e表示剥削率，d是一束工人消费的商品）。从而d方法被吸收进老的解释中，e方法被吸收进新的方法。然而这种辩护是危险的，利皮兹认为必须把用一个商品束向量度量工人的状况与用一个标量度量的方法结合起来。杜梅尼尔认为，利皮兹在两点上存在困惑，第一，从理论的视角看什么是马克思所论述的劳动力的价值；第二，劳动力的价值如何作为资本家和工人之间斗争的结果被决定。

新的解释认为，一个给定的价格体系被解释为一定量劳动时间再分配①之后的货币表现形式。杜梅尼尔认为新解释的第一个特色就在于它对再分配需要解决的问题的回答。在一个给定时期所花费的劳动时间就是给定商品束的价值。在一定时期花费的总劳动时间是同一时期净产出的价值，这种劳动数量必须被同样分配给净产出。在新解释中，马克思的第一个相等（总价值＝总价格）必须围绕此一时期净产物展开。新解释的第二个特征是它和老的解释不相和谐，新解释关注评价剥削问题的方式。为了计算劳动力的价值和剥削率，新解释认为加总被上平的价格体系分配的抽象抽象劳动时间是必要的。杜梅尼尔认为，利皮兹的转形方法存在下述问题："第一，利皮兹试图把森岛通夫的方法和新的建立在混淆了劳动力价值的概念决定和实际决定基础之上的转形方法结合在一起；第二，利皮兹表明，新解释有效性的数学陈述建立在一个与资本主义竞争相联系的不适当的价格和数量机制概念之上，另外利皮兹的结果不能用于思考更加一般性的情况，比如联合生产。"②在另一篇评价利皮兹的文章中，弗兰彻（P. Flaschel）认为，利皮兹的马克思转形原理虽然有用，但它只是代表了一种简单的斯拉法标准商品模型明显的数学结果。劳动价值并没有被包含在对传统的生产价格进行的新解释中。

在这两篇评论文章发表后，利皮兹作出了回应。他认为杜梅尼尔对他论文的评价可以概括为两点，第一，对老解释的发展是没有价值的，利皮兹认为，从本质上说，新的解决方法和老的解决方法的区别在于劳动力价值的定义，使用工人消费的商品束 d 的价值定义，使用价值增加的一个份额 w 定义都是可以的。只是使用第一种定义，那么在定义剩余价值时应当和定义劳动力价值使用同样的方法，两种方法在马克思那里都可以找到。另外还有一个问题的历史维度问题，在 19 世纪，不同阶级在分配问题上的斗争可以通过对 d 的讨论认识，单位商品的价值收缩得如此厉害，从而工资购买力的增长成为社会冲突的中心，进而 e（价值增加的一部分）成为决定分配的关键因素。第二，新解释的数学表述是无效的。杜梅尼尔在对利皮兹进行批判时，提到了经济体系的生存能力问题，并用数学加以证明，从而否定利皮兹

---

① 杜梅尼尔认为马克思在《资本论》，第三卷中认为给定商品组合的总价值在保持不变的情况被重新分配给同一商品组合。要沿着这个方向进行下去，D 认为必须回答两个问题，第一，多少的劳动时间被重新分配了？第二，在哪些商品之间进行了再分配？

② G. Dumenil, The So-called 'Transformation Problem' Revisited: A Brief Comment, *Journal of Economic Theory*, Vol. 33, No. 2, August 1984, pp. 340 – 348. In *Karl Marx's Economics: Critical Assessments*, Edited by Cunningham Wood, Volume Ⅲ, P. 489.

方法在数学上的有效性，利皮兹认为杜梅尼尔的观点，生存能力是价格效应的后果是令人惊讶的，全球生产体系的历史就是社会和技术变革的历史，在这个过程中，价格是发挥了作用，但只是有很小的重要性。他认为弗利的评价也可以概括为两点，他自己的马克思转形原理是一种广为人知的斯拉法原理，对这点利皮兹的回答是，"据我所知，斯拉法从来没有尝试过解决转形问题。"① 他指出，弗利认为，转形问题主要是弄明白价值比率或利润率与价格比率或利润率之间的差异。利皮兹认为，这是不正确的，在他看来转形理论的主要目的在于建立资本主义经济内在（生产和剥削率）与外在（价格和收入）之间的联系。

37.5 关于终结转形问题研究的论述

格利切和厄巴尔的论文《转形问题：一个讣告》试图终结对于转形问题的讨论。他们在文章的开始便提出一个广泛存在的误解，即马克思之所以创造出一个充满魔力的转形理论，是因为他不肯承认其价值理论和均等利润率之间的矛盾，然而他的转形方法充满了计算错误和内在的逻辑不一致性。他们正是希望能借此文章澄清相关误解，结束相关争论，并将转形过程作为未来经验研究中确定价值的基础。

格利切和厄巴尔通过以下思路展开论证：首先他们证明了个别商品价格和价值之间的差异并不违反价值规律，并肯定了价值与价格总量相等的数量关系；其次他们将这种总量的等价关系应用于转形问题的解决，且这对于那些并未达到均等利润率条件的价格而言同样成立；最后他们指出目前分析转形问题的方法采用了大量不同的概念和假设而变得难以分辨对错，因此他们建立了一个前后一致的评判标准，并提出了正确的解决方法所必须满足的三个关键假设。

37.5.1 马克思对转形问题的表述

格利切和厄巴尔认为，尽管马克思确实将劳动时间作为价值基础，但他承认个别商品价值与价格差异，而只是将价值看成是实际价格的内在影响因

---

① A. Lipietz, The So-called 'Transformation Problem' Revisited: A Brief Reply to Brief Comments, *Journal of Economic Theory*, Vol. 33, No. 2, August 1984, pp. 352 – 355. In *Karl Marx's Economics: Critical Assessments*, Edited by Cunningham Wood, Volume III, P. 500.

素。与此不同的是，在对待总量问题上，马克思则认为市场交易过程并不会创造或毁灭其商品的价值，价值总量与价格总量始终相等。下面作者将上述观点转化为了数学语言。

设 x 表示个体生产者制造的产品组合的列向量，q 为上述产品价格增加量的列向量，设 A 为生产技术矩阵。因此生产者的收入为 $q'x$，由于生产使得投入品价格也上涨了，则生产者的成本为 $q'Ax$，则其净收入为：

$$q'(I-A)x \tag{37.5}$$

如我们视 x 为经济体的总产出（下同），并设 $y \equiv (I-A)x$ 为总净产出的列向量，则 $q'y = 0$ 表示价格的变化将会导致所有生产者净收入的再分配，而不会改变经济体的总净收入。假定经济体中的初始价格与价值成比例，并设 λ 为产品价值的列向量，k 为价格与价值的比例关系（如美元/小时），则 kλ 为产品初始的价格。假定经济体中无通货膨胀或紧缩，则可设 $p \equiv k\lambda + q$ 为产品经过上述生产后的价格的列向量。则总价格保持不变的条件可写为：

$$p'y = k\lambda'y \tag{37.6}$$

设 l 为劳动投入的列向量，由于产品的价值 λ 是它的新价值 l 与从生产资料转移过来的价值 $\lambda'A$ 之和，则式（37.6）可改写为：

$$p'y = kl'x \tag{37.7}$$

上述关系将净产出的总价格和直接的总劳动投入联系起来，"是一种建立价格和价值体系联系的基本等价关系"[①]。

马克思在《资本论》第三卷中指出，如果商品按照其价值交换，那么需要非常特殊的条件，即利润率是相等的。

格利切和厄巴尔接下来证明了满足商品等价交换的条件在现实中无法成立，因此实际价格应该按照其使得利润率相等的生产价格进行交换。设为每小时的工资率，则用货币表示的不变资本和可变资本总价值分别为（$k\lambda'Ax$，$\omega l'x$），总利润为 $(k-\omega)l'x$。从而利润率可表示为：

$$r = \frac{(k-\omega)l'x}{(k\lambda'A + \omega l')x} \tag{37.8}$$

则可用利润率来计算生产价格为 $p' = (1+r)(k\lambda'A + \omega l')$，且可以证明以下两等式成立：

$$r(k\lambda'A + \omega l')x = (k-\omega)l'x \tag{37.9}$$

① M. Glich, H. Ehrbar, The Transformation Problem: An Obituary, *Australian Economic Papers*, Vol. 26, No. 49, December 1987, pp. 294 – 317. In *Karl Marx's Economics: Critical Assessments*, Edited by Cunningham Wood, Volume Ⅶ, P. 352.

$$p'x = k\lambda'x \qquad (37.10)$$

第一个关系总利润等于总剩余价值表明了剩余价值是利润的源泉，第二个关系（总价格等于总价值）表明了在转形过程中价值保持不变。

然而，马克思并不满足这种结果，在对这种转形问题的解决的研究中，他列出了三个方面，在这些方面，上述方法是不充分的而且需要得到修正。

首先，马克思并未转形投入的不变资本；其次，当考虑社会总生产时，价格总和等于价值总和的条件将导致某种程度的重复计算；最后，如果价格与价值相偏离，则人们可以通过买卖行为得到或失去价值，则工人能够在市场上购买到比其产出更多或更少的产品数量。因此转形可能不仅要转形价格 p，还需要考虑转形工资 w，因为工资有着重要的分配意义。作者接下来举例说明了上述提及的重复计算的问题。

37.5.2 解决转形问题需考虑的假设

格利切和厄巴尔认为，对于每一种转形问题的现代解决方法，都需要满足三个条件：第一是需要包括转形投入品的方法；第二是需要采用一种标准化程序；第三是需要假定转形是如何影响分配的。为了澄清不同文献中解决转形方法的差异，他们先对以上条件的成立方式展开了讨论。

首先，马克思认为无论固定资本作为投入还是产出都需要转形，因此这应作为转形问题成立的必要条件，可以表示如下：

$$p' = (1 + r)(p'A + wl') \qquad (37.11)$$

由于只有在生产价格不随时间发生变化时上式才能成立。因此在这里（以及在本文剩下的部门）应该假设所有部门的增长率相等。如果经济是不可约的，且存在某价格向量，使得每个部门的销售收入都超过了投入生产的物质成本，则存在满足（37.11）式的价格，工资和非负利润的解。但需要注意的是，为了从（37.11）式的 N 个等式中解出 N + 2 个变量，必须附加另外两个条件。第一个条件是通过选择某种商品或商品组合作为单位计价标准，其价值与价格相等，其他商品的生产价格就等于与这种计价单位的相对价格，这样可以消去利润；第二个条件则也是选择单位计价标准，从而将生产价格和工资水平标准化，这样可以消去工资，最终就能解出方程组。

于是为了满足第二个条件，也就是标准化生产价格和工资水平，应该保持一单位的价值在转形前后等于相等数量的货币，也就是假设 k 在转形前后保持不变。之前大部分的文章都是通过设定总价格等于总价值，也就是假设在总量层面进行标准化过程（$p'x = k\lambda'x$），但作者认为这种方法忽略了重复计算问题，从而会产生一定的混乱。他们认为应该采纳杜梅尼尔和弗利的意见，假设在净值层面进行标准化过程（$p'y = k\lambda'y$）。这个等式可以从两个方面进行解释：如果想求解特定的 k 值，那么它就是标准化了给定的价格向量 p；如果想求解特定的 p 值，那么它就是标准化了价格与价值的比例关系 k。

最后，在有关转形过程的分配问题上，大致存在两种假设条件。第一种假设认为只要 k 在转形中不发生变化，则工资率 w 在转形中也保持不变，这是因为转形发生在流通过程中，从而不会影响生产过程中工人和资本家之间的关系。这种假设的缺陷在于，在转形后工人可能无法购买到维持其最低生活水平的商品组合了。有鉴于此，第二种假设认为上述工资商品组合 b 在转型中保持不变，而工资按照 $w = p'b$ 关系随着价格发生变化。此时（37.11）式变为：

$$p' = (1 + r)p'(A + bl') \tag{37.12}$$

事实上，尽管两种假设的模型设定方式不同，但都符合马克思对劳动力的定义，即将价值看作是工人必需的消费资料。事实上，分配的关键问题还是在于：在给定工资率水平后如何决定剩余价值率的方法的差异，对此问题也有两种解释方法。一种观点把剩余价值定义为工人生产的价值与其货币工资之间的差额。则总剩余价值的按照工资率的货币表示为：

$$s \equiv (k - w)l'x \tag{37.13}$$

此外，还可按照工资商品组合的货币表示为 $s \equiv (k - p'b)l'x$。从上述表达可以看出，如果假设工资率不变，则将导致剩余价值率 $e \equiv \dfrac{(k - w)}{w}$ 在转形中发生改变，但这并不违背马克思的理论观点。而另一种在作者看来错误的观点是把剩余价值定义为工人生产的价值与其工资商品组合的价值的差额，其相应的货币表示为 $s \equiv k(1 - \lambda'b)l'x$。尽管它保持了剩余价值不变，但其将剩余价值的决定时间放在工人购买商品之后，而事实上它应该在生产过程中得到决定；而如果工人没有花费完他们的全部工资，那么剩余价值率也就无法计算了。总之，这一观点混淆了两种效果，即生产过程中的价值产生和流通过程中的价值转移。

在分析完解决转形问题所必须满足的条件后，格利切和厄巴尔提出了一种在符合上述条件的转形方法。如果已知条件是价格，则根据式（37.7）可以得到价值和价格的比率：

$$k = \frac{p'(I - A)x}{l'x} \tag{37.14}$$

如果再用式（37.7）定义剩余价值，可到单位产出的剩余价值和利润之间的差额为：

$$t' \equiv p'(I - A) - kl' \tag{37.15}$$

由式（37.14）可以得出 $t'x = 0$，即总利润等于总剩余价值；而如果总价格和总价值都是针对净产出而言的，那么由式（37.14）还可以得出 $p'(I - A)x = kl'(I - A)x$，即总价格等于总价值。于是在转形问题中的两个总量等价关系就都成立了。此外，如果已知条件是价值，则可以根据式（37.7）和式（37.12）确定生产价格。至此作者就认为转形问题已经解决了，他们接着提出，转形过程之所以会在长久以来受到关注，是由于不同的学者采用了不同的假设条件，从而产生了很多本来不存在的"问题"。第一，转形问题引起了许多对于劳动价值论的批判，那些批判者声称只有在极少数的情况下，价格和工资才能在同时满足两个总量相等条件时被标准化，但这种误解实际上来自于其错误地将总价格等于总价值条件认为是在总量层面上的关系，但根据作者的例证已经清楚地表明，这是一个在净值层面成立的关系。第二个所谓的问题存在于工资由工资商品组合确定的假设中（$w = p'b$），因为此时式（37.12）似乎可以不依赖于经济中的实际产出，也不依赖于生产中间产品的技术，而直接决定利润率。但人们忽略了与固定的工资商品组合假设相联系的是可变的剩余价值率，而这是由实际产出的结构和技术条件所决定的。

格利切和厄巴尔接着根据转形过程需要满足的假设条件，对于先前的一些解决方法进行了评论。作者把文献分为三种类型：他们认为博特凯维兹、思威齐、温特尼茨和塞顿等人文章的特征是假设了固定工资商品组合的一种特殊情况，即再生产的假设；谢赫文章的特征是：假设了固定工资商品组合；在总量层面进行标准化过程；将经济设定到冯诺依曼的增长路径上；梅迪欧和米克文章的特征是：假设了固定工资商品组合；在斯拉法的标准商品层面进行标准化过程。

格利切和厄巴尔最后认为，即使在他们所推荐的转形方法中，仍旧存在一个问题：如果在净值层面的总价格等于总价值，而每种商品的价格最终都能简化为净产出价格，那不也意味着在总量层面的总价格等于总价值吗？马克思对此的看法是，从价值到价格的转形不仅是一个逻辑的过程，同时也是一个历史的过程，因而存在一个从价值体系到价格体系转换的动态路径。如果在体系转换过程中每一个阶段的净产出的价格和价值都是相等的，且如果每一阶段净产出都被消费了，那么进入资本主义社会后，总量层面的总价格与总价值也是相等的。但从斯威齐和博特凯维兹的再生产过程可以看出，净产出的价格和价值不是相等的，则每一阶段两者的差额会不断累积，最终导致与上述假设相反的结果。上述问题的根源在于，式（37.11）只是对动态经济过程的静态模拟。因此，动态环境下的转形问题，还等待着学者们去解决。

第38章 转形问题的新的分析和探索

近十多年来，西方学者关于马克思经济学的转形问题又提出一系列的新观点，或称作转形问题的新探索。在这些新观点中，跨期单一体系（TSS）分析和"新解释"、宏观货币解释、反思马克思主义的解释较有影响。

38.1 转形问题的跨期单一体系分析

近些年来，建立在跨期单一体系方法基础上的论述马克思经济学的文献越来越多。[①] 从总体上看，跨期单一体系与经典的转形问题的区别在于：在传统的转形问题中，价格与价值是两个各自独立的体系，因而是二元的体系；且当期的价值转形问题与下期的转形问题基本没有任何联系，因而是单期的体系；而在 TSS 中，价值体系与价格体系在时间维度下得到了统一，即将每一期通过转形后得到的价格看作是其后一期还未转形的价值，因而将原有的独立的、分裂的单期二元体系综合为跨期的单一的体系。之所以将其称为跨期，是因为这种方法使用非均衡和动态的方法，强调建立在历史成本基础之上的价值和价格的相继决定，与建立在当期价值和价格基础上的同时计算相对应；之所以称为单一体系，是价值和价格在被决定时存在着相互依赖的关系。

从跨期单一体系的角度看，不必计算单独的劳动价值体系——用来表示物化在个别商品中的劳动时间。这种单独的计算在对马克思的价值和价格体系进行二元分析时是需要的，这种二元方法源自博特凯维兹（1952），并被塞顿（1957）、斯威齐（1970）、森岛通夫（1973）、置盐信雄（1972）和罗默（1981）加以发展，也正是在这种二元体系的框架下，斯蒂德曼（1977）对劳动价值论提出了破坏性的批评。二元体系分析寻求从概念上看

---

① Lliman and McGlone（1988）；Giussani（1991），Freeman and Carchedi（1996），Kliman and McGlone（1999）et al.

相互独立的价格和劳动价值向量之间的原则性联系。劳动价值和生产价格之间数学联系的虚弱之处成为萨缪尔森（1971）、斯蒂德曼及他们的追随者对劳动价值论进行批判性拒绝的逻辑基础。跨期单一体系方法被认为是一种严格的和"一般性马克思价值理论形式——一种用来分析马克思框架下的经济学的不同的范式"[①]。根据 TSS 的观点，TSS 模型维护了马克思理论的内部一致性，并且证明了"在一种完全和一般的形式上马克思那些经常被批评为错误的命题"[②] 事实上，这是正确的。这些特点使得 TSS 与标准方法和新解释相比成为一种"明显的值得推荐的更好的解释方法"[③]。维尼奇亚尼（R. Veneziani）认为在跨期单一方法下，"马克思的命题得到了维护，（1）所有马克思的总价值—总价格相等是成立的；（2）价值不可能为负；（3）利润不能是正的，除非剩余价值是正的；（4）价值生产不再和价格与利润决定无关；（5）利润率不随利润的分配而变化；（6）奢侈部门的生产影响一般利润率；（7）节约劳动的技术的变化会引起利润率的下降。"[④] 通过跨期一元体系所坚持的上述观点，不难理解这种方法对转形问题的看法，弗利说："单一体系解释完全认可了马克思对转形问题的处理"[⑤]。下面主要以克莱曼和麦克高伦（T. McGlone）的论文"马克思价值理论的一种跨期单一说明"为代表研究跨期单一体系方法。

克莱曼（A. Kliman）和麦克高伦发表在《政治经济学评论》上的文章《马克思价值理论的一种跨期单一体系说明》提出，在转形问题研究中，不应当用价值体系和生产价格体系分别进行论述，应当在价值体系和价格体系之间建立某种联系，从而转化为某个单一体系。克莱曼和麦克高伦的文章假定：衡量价值的劳动时间不是小时这样的计量单位，而是先确定多少劳动时间可以交换到一单位货币，然后用这些时间为计量单位确定价值。这样就把劳动价值单位转化为货币价格，以度量不变资本和可变资

① Freeman A., Carchedi G. (eds), *Marx and Non-equilibrium Economics*, Edward Elgar, Aldershot. 1996, P. xiii.

② Freeman A., Carchedi G. (eds), *Marx and Non-equilibrium Economics*, Edward Elgar, Aldershot. 1996, P. xviii.

③ Kliman A., McGlone T., A temporal single-system interpretation of Marx's value theory, *Review of Political Economy*, 11, 1999, P. 35.

④ Roberto Veneziani, The Temporal Single-System Interpretation of Marx's Economics: A Critical Evaluation, *Metroeconomica*, 55（1），2004，P. 97. 这差不多完全是转述克莱曼和麦克高伦的观点，参见 Kliman A., McGlone T. (1999): A temporal single-system interpretation of Marx's value theory, *Review of Political Economy*, 11, P. 55.

⑤ Duncan K. Foley, Review of Marx and Non-equilibrium Economics by A. Freeman and G. Carchedi (eds), *Eastern Economic Journal*, 1997, 23（4），pp. 493 – 496.

本。从而 c，v 的计量单位就不是劳动时间，而是购买生产资料和工资品所预支的货币。这种货币数量同《资本论》第三卷第九章讨论转形问题时使用的 c，v 保持着一定的比例关系。因此，克莱曼和麦克高伦模型中的每一个变量，即是价值单位，又是货币价格单位。假定 c_j 和 v_j 是生产部门 j 的资本家预付的购买生产资料和支付给工人工资的货币。转形之后，它们不一定再和所购买到的生产资料和工资品中包含的劳动时间相等。s_j 是 j 生产部门中工人生产出来的超过 v_j 的价值，即剩余价值，它也用货币单位计量。$l_j = s_j + v_j$ 表示生产一单位 j 产品直接投入的劳动数量，即活劳动量，现在也用货币计量。如果社会有 n 个生产部门，并且如通常假设的那样每个部门只生产一种产品，不存在联合生产，那么社会产出的价值可以用行向量 λ 表示，$λ = λ_1，λ_2，\cdots，λ_n$。

克莱曼和麦克高伦提出了以下在转形前后马克思的"两个总和相等"都保持不变的模型。用向量 λ 表示社会产出的价值构成：

$$λ = c + v + s = c + l \qquad (38.1)$$

其中，λ，c，v，s，l 分别是表示各部门相应的向量。市场价格可能在交换过程中发生大于或者小于价值的偏差，克莱曼和麦克高伦定义 j 部门的偏差为 g_j，从而有：

$$p = c + v + s + g \qquad (38.2)$$

其中，p 是表示市场价格的行向量。利润定义为价格和成本之间的差额：

$$π = p - (c + v) = s + g \qquad (38.3)$$

各部门的利润率用价值表示为：

$$ρ_j = \frac{s_j}{c_j + v_j}$$

用价格表示为：

$$r_j = \frac{(s_j + g_j)}{(c_j + v_j)}$$

社会利润率在平均化并使得利润率 r 相等的过程中，决定了各部门的 g。克莱曼和麦克高伦根据马克思的观点，交换过程不可能创造价值，指出社会各部门产品的交换会使得一些部门的 g 改变，但一些部门 g 的增加就是另一些部门 g 的减少，x 为社会总产出的列向量，那么整个社会的 gx = 0。根据式（38.3），可以得出 πx = sx，即社会总产品的利润总额等于剩余价值总和。

克莱曼和麦克高伦对社会总价格等于社会总价值的证明，是从证明劳动价值论的一个重要命题，即劳动是价值的唯一源泉开始的。假定 $A = [a_{ij}]$

是 $n \times n$ 阶矩阵，表示各部门一单位产出的生产资料投入系数，从而价值向量为 $\lambda = \lambda A + l$，可得到 $\lambda = l[I - A]^{-1}$。假定 b 为一单位劳动所需要的工资品或生活资料的向量。克莱曼和麦克高伦的跨期单一体系假定价格由上一时期的价值决定，价值也由上一时期的价格决定。这样，上期的价值（或价格）对下期的价格（或价值）起着重要的决定作用。举例说明：$t + 1$ 期的价值是由 t 期的投入品的价格所决定，在 $c_t = P_t A$，$v_t = P_t bl$，$s_t = l - P_t bl$ 时，价值 $\lambda = C + V + S$ 变为：

$$\lambda_{t+1} = P_t A + P_t bl + (l - P_t bl) = P_t A + l \tag{38.4}$$

$P_t A = c_t = [c_{ij}]$ 是各部门一单位产出相应预付的不变资本数量。类似地，$t + 1$ 期的价格决定于 t 期经交换过程产生的 g 调整以后的成本：

$$p_{t+1} = p_t A + l + g \tag{38.5}$$

公式（38.3）和公式（38.4）很好地体现了跨期单一体系的特征。跨期，指公式中的变量已经明确分为 t 和 $t + 1$ 期，一元体系意味着价值体系和价格体系相互决定成为一个体系。根据每个时期 $gx = 0$，式（38.5）两边分别乘 x，有：

$$p_{t+1} x - p_t A x = lx \tag{38.6}$$

克莱曼和麦克高伦认为式（38.6）说明了马克思价值理论的一个重要观点，"每一时期价格符号所表现出来的新增价值的唯一来源……来自资本主义生产过程中的活劳动消耗"[①]。用 x 分别乘以式（38.1）和式（38.2），可以得到马克思转形问题中的另一个总和相等。即社会总价格等于总价值：$px = \lambda x$，同时用价格表示的社会利润率和用价值表示的利润率相等。因为：

$$\frac{\pi x}{cx + vx} = \frac{sx + gx}{cx + vx} = \frac{sx}{cx + vx}$$

克莱曼和麦克高伦进一步分析了联合生产问题，用以批判斯蒂德曼对劳动价值论的批判。首先，他们不再假定 A 和 l 是生产一元产品而是生产全社会产品时的生产资料和劳动投入，假定联合生产情况下的产出为矩阵 B 而不是 x，从而，斯蒂德曼对商品价值向量的定义变为：

$$\lambda B = \lambda A + l \tag{38.7}$$

工资在生产开始时预付，整个社会统一的利润率是 r^*，生产价格为 P^*，则生产价格公式矩阵为：

---

① Kliman Andrew, Ted McGlone, A Temporal Single-System Interpretation of Marx's Value Theory, *Review of Political Economy*, 1999, 11 (1), P. 38.

$$P^* B = P^* (A + bl)(1 + r^*) \qquad (38.8)$$

用联合生产情况下的价值矩阵 λ^J_{t+1} 代替一元产出情况下的价值向量 λ_{t+1}，式（38.4）变为：

$$\lambda^J_{t+1} = p_t A + p_t bl + (1 - p_t bl) = p_t A + l \qquad (38.9)$$

式（38.9）表明，如果投入品的价格为正，或存在劳动消耗，价值必然为正。从而论证了负价值在联合生产下不能发生。由于全部产品的价格为 $p^J_{t+1} = p_t A + l + g_t$，如前述那样假定 $gx = 0$，全部产品价格公式和全部产品价值公式一起，有 $\lambda^J_{t+1} = p^J_{t+1}$，这表明在联合生产情况下，社会总产品的价值总额仍然等于价格总额。由 $p^J_{t+1} - p_t A - p_t bl = l - p_t bl$，可知，在联合生产情况下，社会总利润仍然等于社会总剩余价值。克莱曼和麦克高伦相信他们的分析组成了对马克思价值理论的表述，避免了迄今为止对转形问题的各种批评。

跨期单一体系方法产生后，引发了对价值理论和马克思经济学的深入讨论，同时产生了很多对这一方法本身的评价。

对跨期单一体系方法本身的讨论可以从两个方面进行概括。一方面是对这种方法的一般性哲学视角所进行的分析，如弗利（2000）、莱伯曼（2000）、斯基尔曼（G. Skillman, 2001）、蒙乔维（G. Mongiovi, 2002）。另一方面是从跨期单一体系对某一具体的马克思命题的研究出发对此方法进行评价，比如利润率下降规律（弗利，1999）、莱伯曼（1999，2001）。蒙乔维在2002年发表在《激进政治经济学评论》中的文章"披着马克思主义者外衣的庸俗经济学：对跨期单一体系马克思主义的批评"对跨期单一体系进行了批评。蒙乔维认为，克莱曼和麦克高伦的文章概念混乱。比如，跨期单一学派把 v_i 假定为生产单位产出需要预付的用货币计量的可变资本，而 l_i 的计量单位却是时间，在 $l_i = s_i + v_i$ 的等式中，s_i 是如何从两个不同的计量单位中得到的？[1] 另外，蒙乔维认为跨期单一学派对马克思的两个总和相等的证明非常笨拙，是一种数学游戏，恰如罗宾逊夫人所讽刺的那样，是一种当着观众的面把兔子藏在帽子底下的拙劣的戏法。[2] 维尼奇亚尼在"马克思经济学的跨期单一体系解释：一个批判性评价"一文中，对 TSS 对马克思经济学所进行的数量分析进行了研究，得出结论认为："TSS 方法被采用，

---

① Mongiovi, G., Vulgar Economy in Marxian Garb: A Critique of Temporal Single System Marxism, *Review of Radical Political Economics*, 2002（34），P. 405.

② Mongiovi, G., Vulgar Economy in Marxian Garb: A Critique of Temporal Single System Marxism, *Review of Radical Political Economics*, 2002（34），P. 406.

在马克思理论的方法论和实际问题上并不能获得新的洞察力。从方法论的视角看，TSS 模型缺乏清晰的均衡概念和联贯的（非）均衡策略。从实际的视角看，所有 TSS 所坚持的只是通过假定得到的同义反复，尤其是在转形问题上，通过假定价值与观察到的市场价格成比例，回避了短期的价值、价格偏离，通过任意假定未加定义的比例因数，使得劳动时间的货币表示是正值。……无论是从理论还是从经验的层面出发，马克思经济学仍有许多问题要做，……但是，跨期单一体系方法并不能为未来的研究提供有前途的方向。"① 弗利认为，跨期单一体系是对"新解释"的扩展，他说"我看不出新解释和单一体系对劳动价值论的解释有任何的矛盾，只要跨期单一体系解释继续把劳动时间的货币表示定义为净产品的货币价格和所花费的活劳动之间的比率。"②

跨期单一体系肯定了马克思经济学的许多重要命题，这点值得肯定。但是它在面临上述的批判时，并不能有力地对自己进行辩护，进而会削弱它对马克思经济学的论证。跨期单一体系对马克思理论的解释提出了一个问题，它是对马克思自己的著作正确理解的结果吗？这种方法包含了自洽的劳动价值论吗？它是一种存在可被检验结果的操作性理论还是一种提出待检验的假说的分析框架？这些问题都有待进一步的研究。马克思可能使用的是单一体系，也可能马克思自己的分析本来强调的就是（价值—价格）二元体系的解释方法。对上述问题的回答，根据 TSS 的方法，毫无疑问最重要的问题就是对有关劳动系数的货币表示的理论和定义的研究，因为劳动时间的货币表示是联系货币价值这一个表象世界和生产过程中实质性劳动耗费的关节点。但事实上，TSS 对这个理论和定义的分析是不完备的。弗利对《马克思和非均衡经济学》所做的评论的结尾谈道："这本书对马克思价值理论的阅读的贡献是巨大而坚实的。作者们在跨期单一体系的基础上建立替代性例子、模型和方法，这些尝试应该被认为是试探性的，它们需要面对进一步的批判和修正"③。

---

① Roberto Veneziani, The Temporal Single-System Interpretation of Marx's Economics: A Critical Evaluation, *Metroeconomica*, 2004, 55（1）, P. 113.

② Foley, Ducan, Recent developments in the labor theory of value. *Review of Radical Political Economics*, 2000, 32（1）: P. 32.

③ Duncan K. Foley, Review of Marx and Non-equilibrium Economics by A. Freeman and G. Carchedi（eds）, *Eastern Economic Journal*, 1997, 23（4）, P. 496.

38.2　莫斯利对转形问题最新进展的分析

莫斯利在《"转形问题"的近期解释》中，对研究转形问题的新思路进行了评价。他指出，在最近几十年，出现了大量研究转形问题的新著作和对转形问题进行的再解释。莫斯利认为，这些新的著作和解释大多尝试对马克思的理论进行辩护，以反对一个长期以来一直存在的对马克思未能把由不变和可变资本构成的"投入进行转形"的批评。按照自己的分类，莫斯利的文章回顾了三种对转形问题的再解释：弗利和杜梅尼尔的"新解释"；莫斯利自己的"宏观货币（Macromonetary）"解释；以及沃尔夫、卡拉瑞和罗伯茨的反思马克思主义（Rethinking Marxism，RM）的解释。

38.2.1　莫斯利对转形问题研究新进展的评述

莫斯利认为，在马克思的理论中并不存在逻辑矛盾，所谓的逻辑矛盾是建立在对马克思的逻辑方法的错误理解的基础之上的，尤其是马克思的不变和可变资本的决定的方法。莫斯利认为，对马克思的理论的这些批评是建立在以阶级立场激发的意识形态的而不是合理的逻辑准则的基础之上。

莫斯利在文章的开篇提出了一个问题："关于马克思的价值理论的争论中，最关键的部分是什么？"莫斯利认为这个问题的答案非常简单而且直接。"最关键的部分是马克思的剥削理论的逻辑一致性。马克思的理论很有颠覆性，其认为工人创造的利润来源于工人的剩余劳动，也就是来源于对工人的剥削"[1]。根据马克思的理论，资本主义内在的是一种剥削性的经济系统，因而无法避免资本主义社会存在的剥削行为。"并不只是沃尔玛和孟加拉国的低工资工人，就所有工人创造的价值都有一部分被资本家占用，并成为其利润而言，所有的工人都因此受到了资本家的剥削"[2]。根据马克思的理论，"没有剥削，就没有利润；当然，没有利润，也就不会有资本主义"[3]。

正是因为上面的原因，莫斯利认为，"为了让马克思的颠覆性的剥削理论站不住脚，资本主义的意识形态有必要去表明马克思的理论无效之处，从

---

①②③　Fred Moseley, Recent Interpretations of the 'Transformation Problem', *Rethinking Marxism*, Vol. 23, No. 2, April 2011, P. 186.

而动摇其理论"①。因此，对马克思理论的长期的批判包括了著名的"转形问题"，以及对马克思的理论存在根本的逻辑不一致的指控。

莫斯利指出，更精确些说，"这一批判是围绕马克思的《资本论》第三卷中的生产价格理论进行的，马克思未能把由不变资本和可变资本构成的投入从价值转化为生产价格。根据这种解释，不变资本和可变资本来源于给定的生产资料和生活资料的物质量，并且在《资本论》第一卷中首先决定了这些商品的价值，而在《资本论》第三卷中又决定为这些商品的生产价格"②。

简单地说，这一批判指的是马克思没有在《资本论》第三卷中完成可变资本和不变资本的转化，而是用价值术语表示这些投入。因此他的理论被认为"在逻辑上不完整和不一致之处"③。根据博特凯维兹最初于20世纪初提出的思路，这一错误进一步被认为是可以被更正的；然而更正之后马克思的两个总量等式（总生产价格＝总价值；总利润＝总剩余价值）无法同时成立，利润率的变化也是如此（这会导致价值利润率≠价格利润率）。这一结果表明个别的价格和利润并不像马克思所说的，仅仅只是价值和剩余价值总量的再分配。"这一所谓的逻辑不一致性在已经过去的20世纪始终都是主流经济学家和其他反对马克思的理论的人坚持的主要论据"④。之所以出现这种情况，莫斯利认为原因很简单，一旦证明马克思的理论中包含逻辑矛盾，那么他关于剥削和利润的理论也就可以被认为是错误的。

莫斯利指出，"甚至大部分马克思主义者很大程度上也接受了对马克思的生产价格理论的批评——他没能转化投入而且那两个总量等式无法同时为真——虽然他们得出的总是不同的结论"。⑤ 马克思主义者一般都认为这里存在的只是些小错误，而且并没有充分的理由能够用以反对马克思的理论，特别是与主流的利润理论进行比较时，会发现与马克思的理论相比，主流理论存在更严重的逻辑问题，主流理论的解释能力更为欠缺。

莫斯利说自己"对常见的马克思主义者的反应感到同情"。⑥ 因为主流经济学几乎没有有关利润的理论。莫斯利指出，在过去的一个世纪中最重要关于利润的主流理论是"边际生产率"理论，这一理论在近几十年（在

① Fred Moseley, Recent Interpretations of the 'Transformation Problem', *Rethinking Marxism*, Vol. 23, No. 2, April 2011, P. 186.

② Fred Moseley, Recent Interpretations of the 'Transformation Problem', *Rethinking Marxism*, Vol. 23, No. 2, April 2011, pp. 186 – 187.

③④⑤ Fred Moseley, Recent Interpretations of the 'Transformation Problem', *Rethinking Marxism*, Vol. 23, No. 2, April 2011, P. 187.

"资本争论"中）被证实在逻辑上与马克思的理论相比，包含着更严重的逻辑不一致性。莫斯利指出，"马克思的理论未经讨论，在没有替代的利润理论的情况下，被研究生和本科生的教科书静悄悄地抛弃了。然而，如果现在有人想要一种关于利润的理论——当然关于资本主义的完备理论务必要包括这种理论最重要的特征——马克思理论是目前为止最好的关于利润的理论"①。

此外，莫斯利还认为能够对马克思的理论做出更有力的辩护——"事实上马克思的理论并不存在逻辑不一致之处"②。莫斯利认为，马克思在将不变资本和可变资本的投入的价值转化为生产价格上并没有失败，而且他的两个总量等式总是能同时成立的。"争论中所谓的逻辑不一致性源于对马克思的理论的逻辑结构的误读，尤其是来自于对于不变和可变资本投入的决定方法的误读"③。莫斯利认为，如果一个人能够正确地理解马克思的理论的逻辑结构，那么他就能认识到马克思在《资本论》第三卷提出的生产价格理论不仅完整而且具有一致性。莫斯利的判断是："不存在'转形问题'，至少在马克思尚未解决这一问题的意义上是不存在的"④。换言之，莫斯利认为，马克思自己解决了自己的"转形问题"，很多人提出的"转形问题"是他们自己的问题。

莫斯利指出，在过去的20多年，出现了很多有意义的对转形问题的新研究和再解释，它们为马克思的理论提供了更强有力的辩护，他简要地回顾了近期有关转形问题的再解释。

38.2.2 转形问题的新解释

莫斯利指出，最为知名且影响最大的研究转形问题的新进展被称为"新解释"。它由弗利和杜梅尼尔在20世纪80年代早期分别单独提出，而且随后被利皮兹（1982）、莫宏（1993）、格利切和厄巴尔（1987）等人所接受。莫斯利指出，"新解释"的主要创新是它认为可变资本并非源于给定数量的生活资料，而是直接给定的，是在现实的资本主义经济中用以购买劳动力预付的货币资本的实际量，它等于生活资料的生产价格而非其价值。而且，这种等量的可变资本在《资本论》第一卷中的价值理论和《资本论》第三卷中的生产价格理论中都被采用了。换句话说就是，"可变资本在价值

---

①②③④ Fred Moseley, Recent Interpretations of the 'Transformation Problem', *Rethinking Marxism*, Vol. 23, No. 2, April 2011, P. 187.

转化为生产价格的过程中并没有发生变化"①。

"新解释"还假定增加的总价值在价值转换为生产价格的过程中保持不变，而且依据净产量而非总产量重新定义了总价格—价值的相等，并定义了增加的价值量的不变。由于可变资本和增加的总价值不变，总剩余价值也不变，因此总利润＝总剩余价值。此外，根据"新解释"，重新定义后的马克思的两个总量等式能同时为真。

然而，"新解释"仍然保留了对于不变资本的标准解读，即它依然假设不变资本来源于给定物质量的生产资料——最初是作为假定的生产资料的价值，然后是作为实际的生产价格。因此，不变资本在从假定的价值向实际的生产价格的转化过程中发生了变化，且马克思的毛总价格等式并没有被满足（利润率也改变了）。基于上述分析，莫斯利认为在"新解释"中"处理不变和可变资本时存在一种根本性的方法论上的不一致性：可变资本和不变资本被以不同的方式决定了"②。可变资本被视为是由用来购买劳动力的预付的实际货币资本，而不变资本则源于给定量的生产资料。

此外，莫斯利指出，更重要的是，因为这种对不变资本的解释，利润率不再能够以马克思的理论所主张的方式决定——总剩余价值与投入的总资本的比率，在新解释中，利润率是依据斯拉法的理论决定的，这意味着利润率源自给定的投入和产出的物质数量，并且和生产价格一道是同时被决定的。莫斯利认为这是"新解释"中存在的"一个非常重大的缺陷"③。这意味着，"在利润率（从而生产价格）的决定上，'新解释'版本的劳动价值论和剩余价值理论正如其批评者所指出的，事实上是'多余的'"④。

38.2.3 转形问题的"宏观货币"的解释

莫斯利指出，自己在"转形问题"上的研究将"新解释"扩展到不变资本和可变资本，从而消除了"新解释"中存在的不一致性。莫斯利认为，在马克思理论中可变和不变资本是以相同的方式决定的；"作为现实资本主义经济中购买生产资料和劳动力的预付的货币资本的实际量，它们都是直接给定的"⑤。这一点不仅适用于可变资本，对于不变资本而言也是正确的。莫斯利指出，关键之处在于这些同样数量的可变和不变资本无论是在《资

---

①②③④　Fred Moseley, Recent Interpretations of the 'Transformation Problem', *Rethinking Marxism*, Vol. 23, No. 2, April 2011, P. 188.

⑤　Fred Moseley, Recent Interpretations of the 'Transformation Problem', *Rethinking Marxism*, Vol. 23, No. 2, April 2011, P. 189.

本论》第一卷的价值理论中还是在《资本论》第三卷的生产价格理论中都被视为是给定的。莫斯利认为，"'新解释'在突破对马克思的理论的标准解释中'只走到半道'，而它应当在对马克思的理论中最初的不变资本和可变资本投入的决定进行的始终如一的'货币'解释上'走完全程'"①。

在一些论文中②，莫斯利提出了下面的论点和文本证据支持对最初的不变资本和可变资本投入进行的"货币"解释。

第一，最主要的论点是，马克思有关价值、剩余价值和生产价格理论的整体的分析框架，是货币资本的循环。货币资本的循环如下所示：

$$M - C - P - C' - M'$$

在这其中：

$$M' = M + \Delta M$$

莫斯利认为，这一循环"描述了马克思的理论试图分析的主要问题：这一过程最后的 ΔM 的起源是什么？数量有多少？"③莫斯利认为，这一货币资本循环的结构从两个方面表明最初的货币资本 M 是给定的。第一，这一资本循环以货币开始；第二，这一资本循环是通过预付货币购买生产资料和劳动力，先于生产在流通领域中开始的。初始的 M 是货币资本循环的起点，同时也是马克思的货币资本循环理论的起点。在流通领域中先于生产预付的初始的 M，在马克思关于这些给定数量的货币如何在循环末期增值的理论中是给定的。不变资本和可变资本显然是这些预付的货币资本的组成部分（即 M = C + V）。

莫斯利认为，对马克思的理论的标准解释"完全忽视了货币资本的循环，并且假定马克思的理论中最初给定的是投入（生产资料和实际工资）的物质量。这种解释意味着资本主义生产的投入仅仅是不含价格的物质量而非已经有价格的商品"④。莫斯利指出，这就好似马克思的理论框架可以表示为如下的情形：

---

① ③　Fred Moseley, Recent Interpretations of the 'Transformation Problem', *Rethinking Marxism*, Vol. 23, No. 2, April 2011, P. 189.

②　Moseley, F. 1993. Marx's logical method and the transformation problem. In *Marx's method in 'Capital': A reexamination*, ed. F. Moseley. Atlantic Highlands, N. J.: Humanities Press; Moseley, F. The new solution to the transformation problem: A sympathetic critique. *Review of Radical Political Economics*, 2000, 32（2）, pp. 282 - 316; Moseley, F. 2001. Marx's alleged logical error: A comment on Laibman, *Science and Society*.

④　Fred Moseley, Recent Interpretations of the 'Transformation Problem', *Rethinking Marxism*, Vol. 23, No. 2, April 2011, P. 190.

$$Q - P - C'$$

而在这种表达中，没有包含货币，没有最初预付的在流通领域中用于购买生产资料和劳动力的货币。

莫斯利指出，"对马克思的理论分析框架的新解释，是对货币资本循环和用物质量术语进行的标准解释的某种混合"①。可变资本被假定为在流通领域中购买劳动力时最初预付的货币资本，但不变资本源于给定物质量的生产资料。因此新解释可以做如下表述：

$$Mv - CIp$$
$$\cdots P \cdots C' - M'$$
$$Qmp$$

莫斯利指出，"用符号表达，新解释中存在的逻辑不一致表现得非常明显"②。

第二，莫斯利指出，在马克思著作的很多段落中，他都明确地表示资本循环中最初的 M 是"生产的先决条件"或"假定的"或"预先假定的"或"给定的"。对于这些文本的出现，莫斯利指出，"要么是马克思在写这些段落的时候过于马虎，要么马克思指的就是这些术语常见的方法论含义：也就是说，它们是马克思的理论开始的初始数据"③。莫斯利显然是赞同后一种认识，他特别指出应该认识到马克思有哲学博士学位，并且擅长逻辑，而且他在《资本论》的各种手稿中都对逻辑方法给予极大的关注。莫斯利举了一个例子，有一篇名为《直接生产过程的结果》的手稿（写于 1864～1865年，作为《资本论》第一卷至第二卷的过渡）；在这部分手稿中，清楚地表明马克思的剩余价值理论的"出发点"是"给定数量的货币"。马克思的理论是关于"货币转化为资本"的理论：即最初给定量的货币转化为"给定量的货币＋增加的货币量"。莫斯利认为，"马克思的理论的主要任务就是解释初始给定量的货币如何转变为更多的货币"④。

第三，莫斯利指出，也存在大量的段落强调资本主义生产的投入（生产资料和劳动力）是商品，这意味着在生产开始之前这些商品已经开始在流通领域中买卖，因此这些商品投入已经有了价格。这"已有的价格在马

---

① ② ③　Fred Moseley, Recent Interpretations of the 'Transformation Problem', *Rethinking Marxism*, Vol. 23, No. 2, April 2011, P. 190.

④　Fred Moseley, Recent Interpretations of the 'Transformation Problem', *Rethinking Marxism*, Vol. 23, No. 2, April 2011, P. 191.

克思的价值、剩余价值和生产价格理论中被作为先决条件"①。莫斯利指出，这些已有的生产资料和劳动力的价格与购买这些投入预付的不变资本和可变资本的量完全相等。"无论是生产资料和劳动力的价格，还是用来购买它们的等量的不变资本和可变资本都是先决条件；而且它们成为马克思的生产出来的商品的价值理论、剩余价值理论和生产价格理论的决定因素"②。

第四，莫斯利指出，马克思在《资本论》第三卷的第二篇反复强调在商品的价值和生产价格的决定中"成本价格是一样的"。成本价格包含了不变和可变资本。因为对价值和生产价格而言成本价格是一样的，所以它们的两个组成部分不变资本和可变资本也是一样的。因此，莫斯利认为，"在马克思的理论中，不变资本和可变资本并不是从价值转化到生产价格。只有一个成本价格，而不是两个"③。

莫斯利指出，说明这一点的主要段落是《资本论》第三卷第九章中间的五个关键段落，包括一份最近发现的人们熟知的恩格斯出版的《资本论》第三卷中莫名遗失的，存在于马克思 1864～1865 年手稿中的"遗失的段落"。这些段落一再表明（包括清楚的、毫不含糊的代数方程形式表示的）价值 = 成本价格 + 剩余价值：

$$V = K + S$$

而且生产价格 = 成本价格 + 利润：

$$P = K + p'$$

莫斯利指出，在这里，价值和生产价格间唯一的区别在于第二部分：剩余价值或利润。由于成本价格对于价值和生产价格是相同的，"成本价格（C + V）不需要转化，因此马克思没有做这种不必要的转化并非一种'失败'"④。

第五，莫斯利指出，这种对不变资本和可变资本的"货币"解释与总剩余价值预先决定是一致的，也就是说，于总剩余价值的决定先于将其分为不同的部分。莫斯利指出，这是马克思的理论中一个非常重要的方面。莫斯利认为，总剩余价值在《资本论》第一卷中是通过整体意义上的资本家和工人阶级的阶级关系来决定的。随后，这一总剩余价值在《资本论》第三卷中作为资本家阶级内部竞争的结果被分成了不同的部分。《资本论》第三卷中对剩余价值的分配直接将总剩余价值看做是给定的，已经在《资本论》

①②③④ Fred Moseley, Recent Interpretations of the 'Transformation Problem', *Rethinking Marxism*, Vol. 23, No. 2, April 2011, P. 191.

第一卷中决定了的。莫斯利指出，尤其是在分析利润率和生产价格（剩余价值的分配中最重要的方面）时也是将总剩余价值当做给定的，并且把利润率定义为这一先前决定的总剩余价值与总资本投资之比。

在分析货币解释时，莫斯利再一次强调，从对马克思的理论中的初始给定值的货币解释中，可以直接推出马克思的两个总量等式（总生产价格＝总价值和总利润＝总剩余价值）能同时成立，利润率也不会改变。而且莫斯利进一步指出，"这两个总量相等为真不仅限于各产业资本构成相等的特例，也适用于资本构成不同的一般情况。这两个总量等式的得出依据的是马克思的逻辑方法的本质"[①]。

基于上述分析，莫斯利认为，马克思的生产价格理论中不存在逻辑的不一致。"马克思的生产价格理论是逻辑上完整且一致的"[②]。所谓的逻辑不一致性是基于对马克思的逻辑方法的误读，尤其是，对马克思的初始的货币资本的两个组成要素——可变资本和不变资本——的决定的方法的误读。

38.2.4　转形问题反思马克思主义的解释

莫斯利将近期关于"转形问题"的第三种再解释称为"'反思马克思主义'的解释"[③]。莫斯利指出，这样命名的原因是因为它是由一些反思马克思主义的领导者们提出的：沃尔夫、卡拉瑞和罗伯茨。

莫斯利指出，"RM解释"认为不变资本和可变资本在价值和生产价格的决定中是等量的这方面和他自己的观点是相似的，而且这些资本量等于生产资料和生活资料的生产价格。莫斯利认为，这一相同点是很重要的。因为，这意味着不变和可变资本并不需要从价值转化为生产价格，而且马克思在进行这一不必要的转化上并没有失败。因此，过去一个世纪对于马克思的生产价格理论的主要批评是错误的。此外，莫斯利指出，这一相同点同时还隐含着马克思的两个总量等式总是成立的。

莫斯利自己的解释和"RM解释"的"另一相同点是剩余价值的生产应该从它的分配上进行分析的假定"[④]。RM解释强调了马克思的理论偏重于阶级，因此他的理论也是以资本家和工人之间的阶级关系开始的。《资本论》第一卷是关于全体工人阶级为全体资本家阶级生产剩余价值的，《资本论》

①②③　Fred Moseley, Recent Interpretations of the 'Transformation Problem', *Rethinking Marxism*, Vol. 23, No. 2, April 2011, P. 192.

④　Fred Moseley, Recent Interpretations of the 'Transformation Problem', *Rethinking Marxism*, Vol. 23, No. 2, April 2011, P. 193.

第三卷是关于剩余价值在个体资本家之间的分配的。以这种方式，理论是通过"论证的层次"和"中间阶段"向前推进的。但是，莫斯利指出，人们会发现关于剩余价值生产的阶级理论在他们有关利润率的决定的解释中不起任何作用（在这一点上 RM 解释和新解释一样）。

莫斯利进一步指出，在 RM 解释与他自己的"货币"解释之间也存在一些重要的不同。首先，RM 解释认为马克思的理论中的所有变量——包括不变资本，可变资本和剩余价值，甚至是《资本论》第三卷中的利润和生产价格——都是用劳动时间单位定义的。"货币几乎完全从 RM 解释中消失了"[①]。莫斯利认为，这种解释似乎意味着三卷本《资本论》可以完全用劳动时间的术语来表述。"这些劳动时间也可用货币表达和度量，但这并不是理论中必要的部分，只是为了服务于方便地解释和说明。"[②]

莫斯利认为这是"一种对马克思的理论最基本的误读，它将货币资本循环（ $M\cdots M+\Delta M$ ）这一马克思的理论的整体分析框架完全丢弃了。"[③] 莫斯利认为，它同样也丢弃了马克思的理论想要解释的主要现象："在货币资本循环末期产生的 ΔM 的起源和数量"[④]。莫斯利指出，马克思将不变和可变资本定义为在货币资本循环（ M 被分成了 C + V ）的初期用来购买生产资料和劳动力的最初预付的货币资本的两个构成要素。马克思一再提到不变资本和可变资本是"预付的货币资本"或"拿出的钱"或类似的短语。"RM 解释关于不变和可变资本劳动时间的解读搞得好像资本家是用劳动时间支付购买生产资料和劳动力，但很明显实际的资本主义并不是这样。"[⑤] 资本家购买生产资料和劳动力时支付的是货币而非劳动时间，而且不变和可变资本应该被定义为货币资本的数量。

莫斯利认为，RM 解释和他的"货币"解释的第二点重要的不同是体现在不变资本和可变资本的决定方式上。莫斯利认为它们是给定的（"预先决定的"），即现实资本主义经济中用于购买生产资料和劳动力的实际预付货币量：也就是说是货币资本循环中的最初的 M（M—C…）。与此相反，RM 解释认为不变资本和可变资本源于给定物质量的生产资料和生活资料，以及生产资料和生活资料的生产价格。RM 解释也可以像标准解释一样表示为如下情形：

---

①②③④⑤ Fred Moseley, Recent Interpretations of the 'Transformation Problem', *Rethinking Marxism*, Vol. 23, No. 2, April 2011, P. 193.

$$Q - P - C'$$

在这其中，没有货币也没有在流通领域中用来购买生产资料和劳动力的初始货币。莫斯利认为，RM 解释与标准解释的区别在于，"对于前者不变资本和可变资本并不是首先作为生产资料和生活资料的价值被决定，然后作为这些商品的生产价格被决定。取而代之的是，不变资本和可变资本在产出的价值和生产价格的决定中作为生产资料和生活资料的生产价格被决定。"[①]

莫斯利认为他自己的解释和 RM 的解释之间另外一个重要的不同在于利润率的决定方法上。莫斯利指出，根据马克思的理论，利润率是由总剩余价值和投资的总资本之比决定的，"而且总剩余价值是通过《资本论》第一卷中的宏观理论决定的，然后在《资本论》第三卷中有关利润率和生产价格的微观理论中被视为是给定的（预先决定的）。"[②] 因此，莫斯利认为，"马克思的剩余价值理论与他的利润率理论之间有着直接的逻辑联系，前者是后者的前提。"[③]

但是，与此相反，在 RM 解释中，剩余价值理论和利润率的决定之间没有任何逻辑联系（在这点上与新解释类似）。总剩余价值在利润率的决定中不起任何作用。取而代之的是"马克思的剩余价值和利润率理论被抛弃了，利润率是根据斯拉法主义理论来决定的，也就是说，利润率的决定取决于给定物质量的投入和产出，与生产价格（既有投入的也有产出的）一道同时被决定。"[④] 这一斯拉法主义式的利润率决定与《资本论》第一卷中剩余价值的"阶级"理论之间是完全无关的。

莫斯利指出的他的解释和 RM 解释之间的最后一个重要的不同，与以上所有的不同相关，这个不同的核心问题是"马克思的理论到底是建立在顺序决定（sequential determination）的方法还是同时决定（simultaneous determination）的方法的基础之上"[⑤]。莫斯利认为马克思的理论是建立在顺序决定的方法基础之上的，原因有二：总剩余价值的先于利润率和生产价格被决定；不变资本和可变资本在价值和剩余价值、生产价格的决定中是给定的。"货币资本循环作为真实的历史时间中的实际过程，只能通过顺序决定的方式加以理论化。"[⑥]

---

①②③④⑤⑥ Fred Moseley, Recent Interpretations of the 'Transformation Problem', *Rethinking Marxism*, Vol. 23, No. 2, April 2011, P. 194.

另一方面，沃尔夫、罗伯茨和卡拉瑞①认为马克思理论是建立在同时决定的方法基础之上的，莫斯利认为，这种认识同斯拉法主义者对马克思的理论进行的解释类似。利润率和投入以及产出的价格都是同时决定的。莫斯利认为"同时决定的方法并不适用于马克思的理论"②。他的观点是，货币资本的循环和总剩余价值的预先决定并不能用同时决定的方法加以理论化。

在上述分析的基础上，莫斯利对 RM 解释给出了总体的评价，"即使RM 解释假定不变资本和可变资本在价值和生产价格的决定中是相同的（这是一个重要的进步），他们用劳动时间定义所有马克思的变量，他们从给定的物质量中推出不变资本和可变资本，他们的利润率决定，他们对同时决定方法的运用都是对马克思的理论的误读。"③

莫斯利没有专门对另外一种新的研究"转形问题"的方法进行分析，但是在讨论顺序决定方法和同时决定方法时，在一个脚注中对跨期单一体系解释进行了简单的评价。莫斯利指出，近期对"转形问题"进行的再解释中存在着一种被称为"跨期单一体系的解释"，这种解释是由克莱曼和麦克高伦④提出的。莫斯利指出，"跨期单一体系解释最先强调马克思的理论不是建立在同时决定的方法基础之上的，这是一个非常重要的贡献"⑤。跨期单一体系解释认为价值向生产价格的转形发生在一系列连续的时期中，这些时期被理解为真实的历史时期。莫斯利指出，在任何一个时期中，跨期单一体系解释在假定不变和可变资本被视为是给定的这个方面类似于他自己的解释，在这个基础上，跨期单一体系解释认为马克思的两个总量相等总是成立的。然而，莫斯利指出，在连续时期的分析中，跨期单一体系解释在假定不变和可变资本随着一个时期向另一个时期的变化而变化上又类似于标准解释，在连续时期分析中，马克思的两个总量相等条件中只有一个可以为真。对于跨期单一体系解释的动态分析特征，以及这种解释对马克思的有关变量的定义的变化，莫斯利没有进行进一步的分析。但是，从文章的安排和内容看，莫斯利似乎认为跨期单一体系解释的主要贡献在于同时决定

① Wolff, R., B. Roberts, and A. Callari. A Marxian alternative to the 'Transformation Problem'. *Review of Radical Political Economics*, 16 (2-3), pp. 35-115.

② Fred Moseley, Recent Interpretations of the 'Transformation Problem', *Rethinking Marxism*, Vol. 23, No. 2, April 2011, P. 194.

③⑤ Fred Moseley, Recent Interpretations of the 'Transformation Problem', *Rethinking Marxism*, Vol. 23, No. 2, April 2011, P. 195.

④ Kliman, A., and T. McGlone. The Transformation Non-problem and the Non-transformation Problem. *Capital and Class*, 1988, 35, pp. 56-82.

方法的反对上。

莫斯利在文章的结论部分，整体地评价了"转形问题"研究的新进展具有的意义。他认为，最近几十年"转形问题"研究上一些重要的新的再解释，为马克思的理论提供了强有力的辩护，对广为流传的认为马克思的理论存在逻辑不一致的批评给出了有力的反击。莫斯利自己认为马克思的理论中并不存在逻辑不一致，"所谓的逻辑不一致是建立在对马克思的逻辑方法的误读之上的——特别是对马克思的不变资本和可变资本的决定方法的误读。"① 在这种结论的基础上，莫斯利给出了他对马克思主义者的建议："马克思主义者应该接受这个结论，并且主流经济学家和其他人将不得不去应对它。对马克思的理论的长期批评是建立在阶级立场激发的意识形态的而不是合理的逻辑准则的基础之上的，将会变得越来越明显。"②

此外，莫斯利进一步指出，"这一结论强化了这样一种论点，即到目前为止最好的关于利润的理论是马克思的理论，它表明利润是通过对工人的剥削产生的。资本主义是一种建立在对工人的剥削之上的经济系统，马克思的理论中不存在削弱这一颠覆性结论的逻辑不一致性。"③

---

①② Fred Moseley, Recent Interpretations of the 'Transformation Problem', *Rethinking Marxism*, Vol. 23, No. 2, April 2011, P. 195.

③ Fred Moseley, Recent Interpretations of the 'Transformation Problem', *Rethinking Marxism*, Vol. 23, No. 2, April 2011, P. 196.

第七篇　资本积累和社会资本再生产理论

在政治经济学史上，资产阶级古典政治经济学家对资本积累问题作过探讨，但他们未能从资本发展历史趋势的角度，揭示资本积累的实质及其必然性；同时，由于理论方法上囿于"斯密教条"，他们把积累仅仅看成是资本转化为工资的过程，仅仅看成是资本主义物质生产能力的增长过程。马克思一开始研究政治经济学时就从资本与雇佣劳动的对立关系上探讨了资本积累问题。19世纪40年代末期，马克思已经认识到，随着资本积累的发展和资本对新技术、新生产方式的运用，一方面会造成大量的失业者，另一方面也会使大批较高社会阶层中的人落入工人阶级队伍。因此，资本增长越迅速，工人阶级的就业手段即生活资料就相对缩减得越厉害。

随着马克思劳动价值论和剩余价值理论的形成，马克思的资本积累理论也日臻完善。在《1857～1858年经济学手稿》中，马克思明确地认为资本积累具有两重性，一方面，资本积累是资本生产发展的基础，是资本物质生产能力不断增长的过程，因而包含着"进步的因素"；另一方面，资本积累也是资本主义生产关系再生产的过程，资本积累实质上是资本物质生产能力和资本主义生产关系再生产的统一，而再生产资本关系本身——一方面是资本家，另一方面是工人——则反映了资本积累的实质。在《1861～1863年经济学手稿》中，马克思进一步从资本主义经济运动趋势的高度阐发了资本积累理论，提出资本积累中资本和雇佣劳动之间对立关系的发展存在着三个主要趋势：劳动条件在作为资本的财产而"永恒化"的同时，也使工人成为雇佣工人的地位"永恒化"；资本积累通过使资本家及其同伙的相对财富增多而使工人的状况相对恶化；由于劳动条件以愈来愈庞大的形式，愈来愈作为社会力量出现在单个工人面前，所以，对工人来说，像过去在小生产中那样，自己占有劳动条件的可能性已经不存在了。马克思认为，这三个主要趋势就是资本积累的比其物质结果更为重要的结果。

1863 年以后，特别是在《资本论》第一卷中，马克思从资本主义经济运动趋势的高度系统地阐述了资本积累理论。马克思揭示了资本积累就是剩余价值资本化的实质，分析了资本积累的必然性和决定资本积累量的因素。资本积累的真正来源是工人所创造的剩余价值。由于资本积累的实质是剩余价值的资本化，因而资本积累的数量也就取决于剩余价值的数量。在剩余价值分割为积累基金和资本家个人消费基金比例既定的情况下，对劳动力的剥削程度、社会劳动生产率的水平、所使用的资本和所消费的资本之间的差额、预付资本的总量，就是决定并制约资本积累量的主要因素。

马克思考察了资本积累的中心问题，即资本积累对工人阶级命运的影响，"最重要的因素是资本的构成和它在积累过程进行中所起的变化。"[1] 马克思认为，资本积累引起资本技术构成的变化，从而使资本的可变部分同不变部分相比越来越小；同时又由于资本集中加速资本积累的作用，扩大和加速了资本技术构成的变化，即减少资本的可变部分的需求以增加它的不变部分，从而减少了对劳动力的需求。这样，"工人人口本身在生产出资本积累的同时，也以日益扩大的规模生产出使他们自身成为相对过剩人口的手段。"[2] 马克思由此揭示了资本主义生产方式运动中所特有的人口规律。过剩的工人人口既是资本主义财富积累的必然产物，也是资本主义生产方式发展的重要杠杆，它绝对隶属于资本，是资本积累的杠杆。马克思通过大量的事实，深刻地揭示了资本财富积累和工人贫困积累之间的对立运动，得出了"资本主义积累的绝对的、一般的规律"。这一规律的基本内容就是：在资本积累过程中，"在一极是财富的积累，同时在另一极，即在把自己的产品作为资本来生产的阶级方面，是贫困、劳动折磨、受奴役、无知、粗野和道德堕落的积累。"[3]

马克思还从资本积累回溯到资本原始积累，并在对资本原始积累的考察中，揭示出资本主义积累的历史趋势，即资本主义社会生产力和生产关系的矛盾运动。马克思指出，资本积累提高了生产水平，资本主义生产实现了社会化；生产资料日益集中，生产规模扩大；劳动社会化，每件产品都成为许多人共同劳动的结果；生产过程社会化，社会分工越来越细，各项生产活动联系紧密；市场规模日益扩大，国际市场形成，各资本主义国家的生产成为

① 《马克思恩格斯文集》第 5 卷，人民出版社 2009 年版，第 707 页。
② 《马克思恩格斯文集》第 5 卷，人民出版社 2009 年版，第 727~728 页。
③ 《马克思恩格斯文集》第 5 卷，人民出版社 2009 年版，第 743~744 页。

世界性的生产。生产的社会化要求生产资料由社会占有，并由社会对生产实行统一的计划管理，产品在全社会范围内根据劳动者的利益进行分配。但建立在生产资料私有制基础上的资本主义社会，随着资本积累不可遏止的发展，私有制不断扩大，资本日益集中在少数大资本家手中。结果，资本主义经济运动中生产资料的集中和劳动社会化的矛盾日趋尖锐。当这一矛盾的尖锐达到同它们的资本主义外壳不相容的地步时，"这个外壳就要炸毁了。资本主义私有制的丧钟就要响了。剥夺者就要被剥夺了。"① 这就是资本积累的历史趋势。

马克思的社会资本再生产理论是资本积累理论的延续和具体化。马克思的社会资本再生产理论在19世纪60年代初创立的。但是，在19世纪50年代末，马克思就已开始探讨这一问题。在《1857～1858年经济学手稿》中，马克思在《资本章》分析剩余价值生产之后，对资本的总体运动做过插入性论述。马克思认为，在资本的总体运动中，资本的价值增殖过程，实际上也就是资本"丧失"货币资格的"价值丧失"过程。这种"价值丧失"过程只有在被生产出来的包含了增殖价值的商品再度进入流通过程，并顺利地得到"实现"时，资本才重新取得了货币形式。可见，资本的再生产过程表现为"价值增殖—价值丧失—价值增殖实现"的序列转化过程。显然，从"价值丧失"到价值增殖"实现"的转化，对资本再生产有着极其重要的意义；而这一转化的关键，就在于各资本彼此按照一定的和限定的比例进行交换。马克思对这一问题作了展开论述。对社会资本再生产理论创立来说，马克思这一分析的重要意义主要在于，强调了各资本之间的合理的比例关系对"实现"的重要意义，为进一步探讨社会资本再生产的核心问题奠定了重要基础；在对不同资本之间复杂的交换过程的分析中，马克思区分了三种不同的交换类型，为他以后分析社会资本再生产的实现过程提供了重要思路；从资本再生产的角度，说明了简单再生产和扩大再生产之间的关系，这就是："在生产力发展的一定水平上（因为这种发展决定必要劳动对剩余劳动的比例），产品分割为与原料、机器、必要劳动、剩余劳动相应的各个部分时，以及最后剩余劳动本身分割为一个用于消费的部分和另一个重新变为资本的部分时，都有固定的比例。资本的这种内部的概念上的分割，在交换中则表现为各资本彼此按照一定的和限定的比例进行交换——虽然这种比

---

① 《马克思恩格斯文集》第5卷，人民出版社2009年版，第874页。

例在生产过程中经常发生变化。"①

在《1861～1863年经济学手稿》中，马克思社会资本再生产理论的创立，同对古典政治经济学理论，其中特别同对斯密和魁奈理论的批判密切相关。马克思通过对"斯密教条"的批判，提出了社会资本再生产理论的两个基本前提。

第一，"斯密教条"混淆了产品的价值和产品生产中劳动者新创造价值之间的区别。马克思认为，那种把年产品中所有作为收入或作为工资、利润消费的部分，都归结为新加劳动的看法是正确的；而把全部年产品只归结为收入或归结为工资、利润，即只归结为新加劳动中某些部分的总和的看法却是错误的。年产品中有一部分归结为不变资本，它按价值来说不代表新加劳动，而作为使用价值，既不加入工资，也不加入利润。

在这里，马克思对产品价值和产品价值中新创造价值部分作了严格区分，并在此基础上提出了社会总产品中价值构成的基本原理：年产品中所有作为可变资本构成工人收入的部分和作为剩余产品构成资本家的消费基金的部分都归结为新加劳动，而产品中其余所有代表不变资本的部分只归结为被保存的过去劳动，仅仅补偿不变资本。马克思依据劳动二重性原理，把商品价值区分为 c、v、m 三部分，说明了 c 和（v + m）之间的关系，从而科学地解决了社会资本再生产理论的一个基本前提。

第二，斯密不理解社会资本再生产中生产消费和生活消费的区别与联系，不理解与此相适应的生产资料实现和消费资料实现各自所具有的特殊规定性。斯密在提出他的"教条"的同时，也意识到商品价值中还应该包括不能归入个人消费收入的部分。为了弥补这一漏洞，斯密使用了"收入"这一含混的概念，并把这种"收入"分为"总收入"和"纯收入"。这里的"总收入"是指"土地和劳动的全部产物"，"纯收入"是指"总收入"中以工资、利润和地租形式存在的"消费基金"收入；同时，斯密又认为，对"收入"的这种划分，只适合于单个资本，不适合于社会资本；对于社会资本来说，通过层层类推，商品价值最终还是分解为工资、利润和地租三个收入部分。

马克思认为，社会总产品实际上可以分作两部分，一部分是用于个人消费的生活消费品，另一部分是用于生产消费的生产资料。作为收入进入个人消费领域的只是社会总产品中的一部分，其余一切生产部门的产品只能作为

① 《马克思恩格斯全集》第46卷上，人民出版社1979年版，第437页。

资本来消费，只能加入生产消费。因此，社会总产品可以按其最终用途分为用于生活消费的消费资料部分和用于生产消费的生产资料两大部分。与此相适应，社会生产部门也应该区分两大部类：生产消费资料的"A 部类"和生产生产资料的"B 部类"。"A 部类"的产品按其使用价值来说，代表全部年产品中每年加入个人消费的整个部分，按其交换价值来说，它代表生产者在一年内新加的劳动总量；"B 部类"提供的是非个人消费的、只加入生产消费、作为生产资料加入生产过程的产品。这样，马克思科学地解决了社会资本再生产理论的另一个基本前提。

在《1861～1863 年经济学手稿》中，马克思对社会资本再生产实现过程的总体理解，是在批判魁奈《经济表》的基础上完成的。魁奈在 18 世纪 50 年代末制定的《经济表》中，就已尝试着对社会资本再生产过程作出概要的描述。马克思认为，尽管魁奈的《经济表》还存在着一些错误前提，但是，《经济表》所作的"尝试"，还是给同时代人留下了"深刻印象"。马克思认为："这个尝试是在十八世纪三十至六十年代政治经济学幼年时期做出的，这是一个极有天才的思想，毫无疑问是政治经济学至今所提出的一切思想中最有天才的思想。"①

在完成《1861～1863 年经济学手稿》之后，马克思在 1865 年到 1870 年间及在 1877 年以后，对社会资本再生产理论又作了进一步的考察。其中，最重要的就是他在 1865～1870 年间完成的《资本论》第二卷"第Ⅰ稿"和"第Ⅱ稿"中的理论考察。

"第Ⅰ稿"是马克思《资本论》第二卷的最早的一个稿本，在专门探讨社会资本再生产问题的第三章中，马克思从新的视角，对社会资本简单再生产和扩大再生产的实现过程，对再生产的连续性和间断性作了许多新的探讨。"第Ⅱ稿"约写于 1870 年，这一手稿是恩格斯后来编辑出版《资本论》第二卷的"基础"。在该手稿第 3 章"流通过程和再生产过程的现实条件"中，马克思详尽阐述了社会资本简单再生产理论及其细节，大体形成了现行《资本论》第二卷第三篇"社会总资本的再生产和流通"的理论结构。

在这两部手稿中，马克思对社会资本再生产理论的重要发展主要包括以下三个方面：

第一，在"第Ⅰ稿"中，马克思对社会资本再生产理论的方法论问题作了许多重要说明：首先，马克思提出，探讨社会资本再生产"现实条件"

---

① 《马克思恩格斯全集》第 26 卷第Ⅰ册，人民出版社 1972 年版，第 366 页。

的出发点应该是"商品资本",应该是"许多资本的过程",即分解为各个不同生产部门的资本的总资本的过程。其次,马克思明确了社会资本再生产中简单再生产和扩大再生产的逻辑转化关系。他认为,在考察规模扩大的再生产之前,我们自然要先考察简单再生产,暂时把剩余价值再转化为资本这件事抽象掉。最后,马克思认为,资本的货币形式在再生产过程中只是作为再生产的起媒介作用的和转瞬即逝的形式执行职能,和再生产的实际过程本身没有任何关系。因此,也可以"暂时把货币抽象掉"。

第二,马克思进一步发展了社会资本扩大再生产的理论。在《1861～1863年经济学手稿》中,马克思已经提出,社会资本扩大再生产是以两个部类同时进行积累为前提的,是以不变资本和可变资本同时扩大为前提的。在"第Ⅰ稿"中,马克思又进一步考察了再转化为资本的那种部分剩余价值被用来购买生产资料的各要素的"实际条件"。他认为,转化为生产资本的那部分剩余价值,必须同时转化为可变资本与不变资本两部分,而且是按照与不同生产部门相适应的比例划分。但是,在"第Ⅰ稿"和"第Ⅱ稿"中,马克思没有明确地提出社会资本扩大再生产实现过程和实现条件的问题。这一问题在马克思写于1881年的"第Ⅷ稿"中才作了完整的论述。

第三,马克思阐述了社会资本再生产过程的"平行性"、"相继性"和"可变性"问题。在社会资本再生产过程中,"平行性"是指整个再生产过程中为给任何商品提供不同生产要素的各生产过程的彼此并列和同时性;这种"平行性"必然产生"相继性"。在"相继性"中,不同商品的这些不同生产过程彼此联系在一起,互相制约着。同时,在其他互相联系的各生产过程之间还存在着相互交错或相互作用,存在着循环,但不是逐步提高的顺序性。"可变性"则主要是指社会再生产过程中预付价值转化为实物形态过程中的变化。例如,旧有资本或者追加资本投入新的生产部门,就可能对社会资本中各资本的"平行性"或"相继性"发生直接的影响。从动态上来看,社会资本再生产实现过程,就是"平行性"、"相继性"和"可变性"相统一的结果。

马克思的社会资本再生产理论,揭示了社会资本再生产的实现条件和资本主义再生产运动的规律。马克思认为,无论是简单再生产还是扩大再生产,在社会生产的两大部类之间或部类内部,都必须保持一定的比例关系,只有这样,社会资本再生产才能顺利进行。马克思在这里所考察的社会资本再生产理论,说明了资本主义生产有其特有的运行机制,这种机制的存在和运行会自行排除它本身造成的发展的障碍,把生产推向前进。但同时,也使人们认识到，在资本主义生产方式的运动中，由于竞争、生产的无政府状态等因素的存在，社会资本再生产的实现条件，只能在不断扰乱中作为一种必然趋势强制地得到贯彻，经济危机在这种贯彻中就是作为恢复遭到破坏的平衡的强制手段。显然，马克思的分析说明了资本主义的产生、发展有它的历史必然性，同时也有它的历史局限性。这就从对资本主义生产方式运动矛盾性的分析中，揭示了资本主义发展的历史趋势。

第39章 资本积累理论论争概述

在斯密、李嘉图等主流的古典经济学家看来，企业家是资本积累的主体。例如，斯密在《国富论》中谈到资本积累方面的很多问题，认为高利贷者、地主和特权阶级都是消费者，没有进行资本积累；李嘉图基本上继承了这种观点，在他的模型中，资本家是积累的、工人是不积累的；如果人口符合马尔萨斯原理，在没有资源约束的情况下，资本积累会呈加速状态。

马克思的资本积累和再生产理论与魁奈《经济表》有着密切的联系，很多西方学者都注意到这个事实。宇野认为："在《资本论》中，马克思为了从理论上系统地阐述'社会总资本再生产和流通'而采用的再生产图式，来自对魁奈《经济表》的一种批判……我曾引用了马克思的一段话，他称赞魁奈选用了 C – C′这个商品资本的循环作为《经济表》的分析基础，表明魁奈的'伟大和识别能力'。马克思的再生产图式也建立在商品资本而不是别的资本循环基础上，因为他的图式旨在显示社会总资本的全部产品的流通。"[①]

马克思也认为，资本积累是由资本家完成的，而且劳动力的供应是无限弹性的。但原理却不相同，马克思强调，在资本积累中，资本家阶级有意让无产阶级赤贫化，从而形成一个产业大军。《资本论》中的一个预测就是，资本主义制造着自己的掘墓人。其逻辑就在于，由于资本积累的利润率在长期内趋于下降，从而导致垄断资本的产生，最后导致自身的灭亡。

马克思这一理论有三个主要的前提：一是资本家的目标是资本积累；二是无产阶级的赤贫化；三是其结果将导致利润率下降和资本主义的灭亡。假设产品恒等式为：$W = c + q + s$，其中 W 为产品价值，c 为不变成本（物化劳动），q 为工资（活劳动），s 为剩余价值。定义 $x = \dfrac{s}{q}$ 为剥削率，前提为

---

① Kozo Uno, *The Principles of Political Economy：Theory of a Purely Capitalist Society*, trans. by Thomas T. Sekine, Harvester Press, 1980, P. 67.

剩余价值是由劳动创造的。这一假设的关键是剥削率不变，即剥削率不随着时间而改变。在此基础上，利润率定义为：$p = \dfrac{s}{q+c}$。该定义和通常的理解有所不同，一般将利润率定义为$\dfrac{s}{c}$，称作资本回报率；或定义为$\dfrac{s}{W}$，即销售利润。上下除以 q，就得到：

$$p = \frac{\dfrac{s}{q}}{1+\dfrac{c}{q}} = \frac{x}{1+J}$$

其中，$J = \dfrac{c}{q}$定义为资本有机构成，即固定成本与人力资本之比。这里的关键问题在于，x 不随时间改变，但随着经济发展，资本有机构成 J 上升，即资本替代劳动的趋势明显上升，以更多的资本进行生产，进而导致利润率 p 下降，即 x 所占比例降低，剩余价值和积累降低，最终导致资本主义灭亡。在这一意义上，资本主义就成为自己的掘墓人。

艾里（A. Erlich）在 1967 年的《马克思资本积累模型的注释》中，集中于这几个关键性命题。他认为，借助现代经济学术语，马克思提出的这些命题能够得到更加准确的重新阐述。艾里认为，马克思的资本积累模型比人们通常所认为的更加复杂。

谢尔曼在 1971 年《马克思的周期增长模型》一文中，回顾了先前的不同的周期增长模型，并提供了一个建立在马克思国民收入、资本积累、增长、周期和周期增长理论基础上的模型。谢尔曼认为，马克思没有用一种系统的方式，把对这些问题的探讨结合在一起，从而导致在马克思探讨的基础上，产生了很多派生的理论和推论。

哈里斯在 1972 年发表的《论马克思的再生产和资本积累》[①] 中，考察了马克思再生产理论的分析结构，以求弄清该理论在当时解决增长和分配核心问题时所提供的方法的本质。哈里斯认为，其中特别值得注意的是资本主义经济稳定增长的可能性和利润率决定的问题。在一种稳定的再生产状态下，在剥削率给定的情况下，马克思的再生产理论提供了研究利润率的一种内在一致的理论。由与投资行为相联系的不同假定得出的相关的积累路径，

---

① D. J. Harris, On Marx's Scheme of Reproduction and Accumulation, *The Journal of Political Economy*, Vol. 80, No. 3, Part 1 (May-Jun. , 1972), pp. 505 – 522. In *Karl Marx's Economics: Critical Assessments*, Edited by Cunningham Wood, Volume Ⅲ, 1988, pp. 280 – 296.

说明了不平衡的来源。

罗默在1988年发表的《马克思的再生产模型和积累》[①] 中，提出了马克思再生产模型，每一种都是对前一种的提炼。第一种模型是一种价格形成模型，在这种模型中，规模和商品产出的构成不发挥任何作用；第二种模型把经济的产出引入到一个古典马克思再生产模型中，但此时没有积累；第三种即资本积累模型。

兰切斯特（Lancaster）1973年发表的《资本主义的动态无效性》[②] 一文，把资本主义看成进行消费或储蓄的工人与进行消费或投资的资本家之间的微分博弈，在这一思想下建立模型并求解，再将这个结果与社会最优的结果比较。兰切斯特发现，资本主义社会中储蓄和投资决策的分离，会带来明显而确定的动态福利损失。即使更复杂的模型，也能证明这个福利次优结论的成立。

尼古拉斯·乔治斯库－罗根（Georgescu-Roegen）1960年发表在《计量经济学》杂志上的文章，应用数学方法，从资本积累的角度对资本主义崩溃问题进行了研究，并讨论了数学方法在分析资本主义动态演化中可能存在的不足。

39.1 伊藤诚对马克思积累与危机理论的探索

伊藤诚对马克思积累理论的研究，是在对威克斯（J. Weeks）关于积累过程特征的描述和"利润挤压"危机批评的回应中体现出来的。在《积累过程和"利润挤压"假说》一文中，威克斯批评了利润挤压的危机理论，认为利润挤压理论随着消费不足的衰落兴盛起来[③]。伊藤诚认为，总体上看，"威克斯在谴责利润挤压的危机理论时，主要依赖的是对资本主义积累一般规律的某种理解"[④]。威克斯认为，"竞争规律的作用必然迫使资本家提

---

① J. E. Roemer, Marxian Models of Reproduction and Accumulation, In *Karl Marx's Economics*: *Critical Assessments*, Edited by Cunningham Wood, Volume Ⅲ, 1988, pp. 496 – 517.

② Kelvin Lancaster, The Dynamic Inefficiency of Capitalism, *The Journal of Political Economy*, Vol. 81, No. 5. (Sep. – Oct., 1973), pp. 1092 – 1109.

③ John Weeks, The Process of Accumulation and the 'Profit Squeeze' Hypothesis, *Science & Society*, Fall 1979, P. 259.

④ Makoto Itoh, On Marx's Theory of Accumulation: A Reply to Weeks, *Science & Society*, Vol XLV, No. 1, Spring 1981, P. 71.

高劳动生产率，而根据定义，这就涉及生产过程对活劳动的排挤"①。在威克斯看来，"积累过程的这种特性……对马克思的分析而言是基本的，似乎是无懈可击的"。利润挤压论的理论家们却忽视这一特性。把马克思在《资本论》第二卷第二十一章中对扩大再生产的讨论"似乎当作积累的一个体系"，只要"资本主义积累立足于生产资料的不断革新"，"积累本身就可以提供劳动力的供给，而与劳动人口的规模和增长情况无关"，"根据这个基本标准，所有利润挤压理论都失败了"②。因为这些理论无法说明，后备军减少和随之而来的工资增加以及利润挤压，是怎样成为与相对过剩人口产生联系在一起的积累的逻辑结果的。

威克斯还认为："资本积累将会导致劳动力价值提高和剩余价值下降，只要积累的速度迅速足以抵消由于生产率变化而出现的后备军的不断增加和价值的不断下降，前者将导致实际工资的上升，后者却阻止实际工资的上升。"③ 除了非常罕见的情况外，威克斯把在资本主义制度下生产过程的不断变革，当作足以阻止剩余价值率下降的强大力量。他甚至认为，当由于工资上升而发生剩余价值率下降时，"积累速度也放慢其步伐，而当后备军已得到充分补充时，积累又加快其速度，但这并不导致危机，只是导致积累速度的调整。"④

伊藤诚试图证明，资本过度积累以及随之而来的工资上升，从根本上看，由信用制度下资本主义竞争引发的尖锐的和普遍的危机是不可能避免的。威克斯反对这种论点，他赞同对货币作用的一种简单理解。

除了信贷作用问题外，威克斯的文章集中于资本主义积累特性的探讨上。他认为，相互竞争推动资本主义积累，使劳动生产率不断改进，排挤生产过程中的活劳动。威克斯宣称，在基本原理上，这种观点比伊藤诚的理论（即与劳动人口有关的资本过度积累作为繁荣的积累的结果被认为是必然的）更符合马克思的资本积累理论，也更符合积累的实际逻辑。伊藤诚针对这些批评和基本的争论点，从对马克思资本积累理论的简单评价出发，对

---

① John Weeks, The Process of Accumulation and the 'Profit-Squeeze' Hypothesis, *Science & Society*, Vol. XLⅢ, No. 3, Fall 1979, P. 268.

② John Weeks, The Process of Accumulation and the 'Profit-Squeeze' Hypothesis, *Science & Society*, Vol. XLⅢ, No. 3, Fall 1979, pp. 269 – 271.

③ John Weeks, The Process of Accumulation and the 'Profit-Squeeze' Hypothesis, *Science & Society*, Vol. XLⅢ, No. 3, Fall 1979, P. 273.

④ John Weeks, The Process of Accumulation and the 'Profit-Squeeze' Hypothesis, *Science & Society*, Vol. XLⅢ, No. 3, Fall 1979, P. 274.

威克斯的观点作了回应。

39.1.1　马克思理论中的资本主义人口规律

马克思在《资本论》第一卷第二十三章中系统地表述了"资本主义积累的一般规律"。威克斯说，这一章出自"马克思最成熟的著作"，代表马克思最重要的见解之一，但在某些方面，看起来仍然有不完善的地方。最显著的就是，它是根据三个相互之间极为独立且不易统一的逻辑层次来论述资本主义人口规律的。

第一，马克思假定："在资本构成不变时，对劳动力的需求随积累的增长而增长。"① 在这种假定的条件下，对劳动力的需求会和资本按同一比例增长，劳动力的需求会超过劳动力的供给，使得工资上升。"只要上述假定一直不变，这种情况最终一定会发生"，因为资本增殖额本身"随着已经执行职能的资本的规模的扩大每年都在增长。"② 当工资上升而"在其它一切情况不变时，无酬劳动就会相应地减少"③。在这里，马克思假定，"积累由于劳动价格的提高而削弱，因为利润的刺激变得迟钝了。积累减少了。但是随着积累的减少，使积累减少的原因，即资本和可供剥削的劳动力之间的不平衡，也就消失了。所以，资本主义生产过程的机制会自行排除它暂时造成的障碍。"④ 这样，马克思已在该章第一节阐述了资本主义人口规律的一个完整周期，并且用数学术语加以说明，"积累量是自变量，工资量是因变量，而不是相反。"⑤

第二，与这一章第一节相对照，那里假定资本有机构成是不变的，在这一章的以后各节中，却扩展了这一概念：在资本有机构成逐渐提高导致"相对过剩人口或产业后备军的累进生产"时，马克思认为："资本主义积累不断地并且同它的能力和规模成比例地生产出相对的，即超过资本增殖的平均需要的，因而是过剩的或追加的工人人口。"⑥ 资本主义人口规律的这种表述，与对相对过剩人口的不同形式的分析，与在第四节、第五节通过对当时英国劳动阶级的悲惨状况的实地观察，并与过剩人口存在形式的说明结合在一起，马克思考察了产业后备军的流动形式、潜在形式、停滞形式，考

---

① 《马克思恩格斯文集》第 5 卷，人民出版社 2009 年版，第 707 页。
② 《马克思恩格斯文集》第 5 卷，人民出版社 2009 年版，第 708 页。
③ 《马克思恩格斯文集》第 5 卷，人民出版社 2009 年版，第 716 页。
④⑤ 《马克思恩格斯文集》第 5 卷，人民出版社 2009 年版，第 715 页。
⑥ 《马克思恩格斯文集》第 5 卷，人民出版社 2009 年版，第 726 页。

察了陷于赤贫境地的相对过剩人口的各种形式。关于这些问题，他的结论就是："产业后备军的相对量和财富的力量一同增长。但是同现役劳动军相比，这种后备军越大，常备的过剩人口也就越多，他们的贫困同他们所受的劳动折磨成反比。最后，工人阶级中贫苦阶层和产业后备军越大，官方认为需要救济的贫民也就越多。这就是资本主义积累的绝对的、一般的规律。"①

伊藤诚指出，这个表述最常被马克思的批评者引用，也经常被一些马克思主义者引用作为马克思关于日益贫困化规律断言的证据，在这几节中，马克思已经很明显地把资本主义积累的一般规律表述为产业后备军的累进增加。伊藤诚认为："如果这一规律是正确的、有效的，因雇佣劳动者被吸收而引起的工资上升（除非在罕见的情况下）就不可能出现，无论如何，工资上升和工业周期有规律的运动是无关的。这正是威克斯断定的情况。"②

第三，然而，"马克思的理论并非如此简单"③。马克思在"相对过剩人口的累进生产"一节中，不仅认识到相对过剩人口的吸收和重新形成的周期过程，而且还把这一过程当作每十年一次的工业周期的基础，他指出："现代工业特有的生活过程，由中等活跃、生产高度繁忙、危机和停滞这几个时期构成的、穿插着较小波动的十年一次的周期形式，就是建立在产业后备军或过剩人口的不断形成、或多或少地被吸收、然后再形成这样的基础之上的。"④在同一节还可以读到："对于这个现代工业来说，如果有下面的这样的规律，那确实是太好了：劳动的供求不是通过资本的膨胀或收缩，因而不是按照资本当时的增值需要来调节，以致劳动市场忽而由于资本膨胀而显得相对不足，忽而由于资本收缩而显得过剩。"⑤

因此，工资不可能单方面地受日益增长的产业后备军压力的影响，工资必定受到工业周期各个更替阶段的波动的影响。马克思指出："工资的一般变动仅仅由同工业周期各个时期的更替相适应的产业后备军的膨胀和收缩来调节。"⑥这样，根据与第一节（在那里，假定资本构成不变）不相同的前提，"包括工资运动的规律在内的资本主义的人口规律的一个类似的完整周期便被描述出来。"⑦这就是斯威齐所强调的例证。他注意到《资本论》第三卷中的资本生产的绝对过剩和《资本论》第一卷中的资本积累理论结合

---

① 《马克思恩格斯文集》第5卷，人民出版社2009年版，第742页。

②③⑦ Makoto Itoh, On Marx's Theory of Accumulation：A Reply to Weeks, *Science & Society*, Vol. XLV, No. 1, Spring 1981, P. 74.

④ 《马克思恩格斯文集》第5卷，人民出版社2009年版，第729页。

⑤⑥ 《马克思恩格斯文集》第5卷，人民出版社2009年版，第734页。

在一起，就"很好地明确表达了危机理论"①。

39.1.2 对这一问题的解释

伊藤诚认为，在马克思关于资本主义积累理论的三个方面论证或三个例证中，威克斯坚持了第二方面的论证，几乎完全忽视了第一方面和第三方面的论证。威克斯反对伊藤诚提出的"《资本论》第三卷第十五章第三节中，马克思试图表明'由于资本与劳动人口之比的绝对生产过剩而引起的一般利润率的急剧的、突然的下降'便产生周期性经济危机"的观点。"② 他对伊藤诚认为的"马克思试图在《资本论》第一卷或其他地方证明这个论点"的说法也表示质疑。③

伊藤诚对威克斯的质疑作了反驳。首先，伊藤诚认为，相对过剩人口理论是马克思最伟大的发现之一。马克思强调了相对过剩人口的累进生产，甚至于把与劳动人口有关的资本过度积累视为"所作的最极端的假定"④ 反映的例证。但是，"由于假定相对过剩人口'无可争辩的'可得到利用，因而就断定《资本论》第一卷的资本积累理论排除了与劳动人口的限度有关的资本过度积累的任何逻辑上必然途径，那将是笨拙的和过于简单的。"⑤ 伊藤诚认为，难道可以忽视在《资本论》第一卷第二十一章存在第一种、第三种情况吗？如果把对产业后备军的吸收引起工资的上升，随之产生积累的困难这些情况看成是罕见的例外。那么，应如何理解马克思如下的说明呢？马克思认为，周期性的工业周期"就是建立在产业后备军或过剩人口的不断形成、或多或少地被吸收、然后再形成这样的基础之上的"。当马克思在资本有机构成不变的假定条件下，描述对劳动力的需求的日益增大，即第一种情况，虽说实际上竞争性的资本主义积累不断地促进生产工具的革新，排挤活劳动，如威克斯根据第二种情况所强调的那样，这难道是马克思弄错了吗？威克斯认为，第一种情况只与工场手工业时期有关。⑥ 伊藤诚认为，威

---

① Paul M. Sweezy, *The theory of capitalist development*, New York: Oxford University Press, 1942, P. 149.

② M. Itoh, The Formation of Marx's Theory of Crisis, *Science & Society*, Summer, 1978, Vol. 42, No. 2, P. 130.

③ John Weeks, The Process of Accumulation and the 'Profit-Squeeze' Hypothesis, *Science & Society*, Vol. XLIII, No. 3, Fall 1979, P. 266.

④ 《马克思恩格斯文集》第7卷，人民出版社2009年版，第284页。

⑤ Makoto Itoh, On Marx's Theory of Accumulation: A Reply to Weeks, *Science & Society*, Vol. XLV, No. 1, Spring 1981, P. 74.

⑥ John Weeks, The Process of Accumulation and the 'Profit-Squeeze' Hypothesis, *Science & Society*, Vol. XLIII, No. 3, Fall 1979, P. 270.

克斯的这种说明不能完全令人信服，因为马克思提到的工资和劳动市场的周期运动的机制，正是与工业革命之后已形成的周期有关的。

伊藤诚指出了在理解马克思主义经济思想时容易出现问题的一种方式，"发生这些怪事也许不是缺乏对马克思理论的忠实，而宁可说是忠实于马克思理论中的某种特定类型的逻辑，加之又倾向于相信马克思《资本论》中的理论既是完整的，又是正确的"[①]。然而，"这种忠实，在马克思主义者中间往往引起无益的混乱和分裂，并且可能偏离马克思思想要在科学上达到的目的。"[②] 伊藤诚指出，如果认识到《资本论》中也可能有某些前后不一致或不完善的地方，就有可能更好地共同讨论问题了。就危机理论来说，最好首先认识到马克思"留下了四个不同的未完成的理论"[③]。伊藤诚提出，"当威克斯指责我的利润挤压理论是'一个大倒退……支持李嘉图（学说）'[④]的时候，或者法因和哈里斯把我的分析称为'新李嘉图学派观点'[⑤] 的时候，这些说法都是不公正的。李嘉图和他的任何一个门徒从来也没有阐述过危机理论，而《资本论》的某些部分却也不得不被称为李嘉图主义，难道这样做不也是造成混乱吗？"[⑥]

39.1.3 关于积累的理论问题

伊藤诚认识到，他与威克斯之间的分歧，并不只限于对马克思理论解释的问题。循着宇野弘藏著作的思路，伊藤诚重新阐述了马克思的积累理论，并把以资本有机构成不变为基础的对劳动力的需求日益增长同繁荣阶段联系起来，把以资本有机构成根本改变为基础的相对过剩人口的生产同萧条阶段联系起来。经过危机的繁荣和萧条的周期变动的反复，从长远的观点来看，在相对过剩人口的反复产生基础上，资本就会提高它的有机构成并能使价值的积累继续下去。因此，在基本原理的层面上，便有一个单一的、统一的资本主义人口规律理论，而不是在逻辑上或现象上三个彼此相互分离的资本主义人口规律，第一种情况的积累形式是与繁荣阶段有关的，而第二种和第三种情况则与典型的工业周期的萧条阶段有关，也与长期过程相关。

① Makoto Itoh, On Marx's Theory of Accumulation: A Reply to Weeks, *Science & Society*, Vol. XLV, No. 1, Spring 1981, pp. 75 – 76.

②③⑥ Makoto Itoh, On Marx's Theory of Accumulation: A Reply to Weeks, *Science & Society*, Vol. XLV, No. 1, Spring 1981, P. 76.

④ John Weeks, The Process of Accumulation and the 'Profit-Squeeze' Hypothesis, *Science & Society*, Vol. XLIII, No. 3, Fall 1979, P. 259.

⑤ Fine, Ben and Laurence Harris, *Rereading Capital*, London, Macmillan, 1979, P. 80.

尽管威克斯指责利润挤压理论的学者，最明显地就是指责伊藤诚，说他们把在《资本论》第二卷第二十一章马克思对扩大再生产的论述"似乎当作积累的一个体系"，伊藤诚指出这是不正确的。首先，伊藤诚说他自己有意识地避免用《资本论》第二卷的再生产图式作为危机理论的基础，而不像商品过剩论的大多数理论家那样。第二，伊藤诚并不认为在积累总过程中，资本有机构成是始终不变的。事实上，他"把技术改变和经过萧条后发生的资本构成的提高当作繁荣的恢复，并达到比以前价值积累水平更高水平的一个最重要的因素"①。威克斯批评伊藤诚的"两分法"，说这种两分法把生产力的变革和相对剩余价值的产生限制在危机时期，仅仅假定在经济扩张时期生产绝对剩余价值，这些批评也不能认为是正确的。一方面，伊藤诚指出，他自己分析工业周期用的不是两分法，而是三分法——很明显地将工业周期区别出繁荣、危机、萧条三个阶段。另一方面，在繁荣阶段，资本有机构成不变下的资本积累，基本上相当于与以前繁荣阶段相比的相对剩余价值，而与表示这种积累特性同时存在的"劳动日的增加"，也不同于《资本论》中的绝对剩余价值生产的概念。

伊藤诚同意威克斯关于资本家之间的竞争对提高劳动生产率起着强制作用的观点。伊藤诚对问题的怀疑在于，在周期的不同阶段中，那种强制性是否始终无限制地起作用。比如，在剧烈的危机阶段（将萧条和危机区别开来），没有人会否认，不可能有积极的投资来提高劳动生产率。所以，问题在于，在竞争对提高劳动生产率起作用的过程中，繁荣与萧条两者之间是否还存在区别。

在《资本论》第三卷第十五章第三节中，马克思把竞争的日益激烈看成是"资本生产绝对过剩"的结果，并且进一步谈到这种竞争对于生产率改进的影响。马克思认为，"在一切都顺利的时候，正如我们在研究一般利润率的平均化时已经指出的那样，竞争实际上表现为资本阶级的兄弟情谊，使他们按照各自的投资比例，共同分配共同的赃物。但是，一旦问题不再是分配利润，而是分配损失，每一个人就力图尽量缩小自己的损失量，而把它推给别人。……竞争也就变为敌对的兄弟之间的斗争了"②。马克思还认为："价格下降和竞争斗争也会刺激每个资本家采用新的机器。新的改良的劳动

---

① Makoto Itoh, On Marx's Theory of Accumulation: A Reply to Weeks, *Science & Society*, Vol. XLV, No. 1, Spring 1981, P. 77.

② 《马克思恩格斯文集》第 7 卷，人民出版社 2009 年版，第 281～282 页。

方法、新的结合，使他的总产品的个别价值下降到它的一般价值以下，就是说，提高既定量劳动的生产力、降低可变资本和不变资本的比率，从而把工人游离出来。总之，就是造成人为的过剩人口"①。

伊藤诚指出，如果把这些观察和生产方法改变中的固定资本的特定限制结合起来，那他仍然相信，生产过程的全面重建是由于萧条时期激烈的竞争斗争，加上由危机引起的已经大量过剩的劳动人口而加强的。现存的固定资本不再有利可图。所以，存在着对它们尽可能更新的压力。然而，固定资本被置换之前，大部分投资于固定设备的价值都必须用折旧基金或偿债基金回到货币形式，以便减少由于放弃剩下的资本价值而受到的损失，也便于为新设备积累必要的货币资本。只要以旧设备为基础的有利可图的经济扩张不再可能，利润和某些流动资本就会以货币形式被聚集，准备用于新的投资。因此，带有固定资本更新的全新的生产方法的采用，在萧条期一般在酝酿中，在萧条期结束时则被实现——当然，这些都是周期性危机理论的基本原理方面的问题。

在繁荣阶段，资本家之间的竞争使得现有固定资本继续发挥有利可图的作用。繁荣使一系列技术得到广泛传播，特别表现出生产数量扩张的特点，正如《资本论》第一卷第二十一章第一节中所阐述的，资本有机构成绝对不变下的资本积累，如果照字面意思理解，当然是对于繁荣阶段的一种很严格的定义。然而，只要现存的固定资本继续运转，新的生产方法的竞争性采用就必然是局部的和有限的。就繁荣时期内现存的固定资本并未被放弃来说，即使劳动力的需求不是严格地按资本积累的比例增加，这种需求也必定绝对地增加。所以，繁荣期内尽管资本有机构成相对稳定，资本积累还是会继续下去，它会把越来越多的工人吸收到生产过程中，因而迟早会引起与劳动人口有关的资本的过度积累。

伊藤诚指出，在基本原理方面，如果有人相信通过提高资本有机构成，资本始终能避免劳动力短缺，而不引起严重的经济危机。那他"就的确过分信赖资本的适应性，而忽视了固定资本所施加的限制，就如同新古典派的增长理论那样"②。如果有人认为，在繁荣阶段，扩大的资本积累甚至并未减少而是增加产业后备军的绝对人数，那么，他应当受到指责，因为他

---

① 《马克思恩格斯文集》第 7 卷，人民出版社 2009 年版，第 284 页。

② Makoto Itoh, On Marx's Theory of Accumulation: A Reply to Weeks, *Science & Society*, Vol. XLV, No. 1, Spring 1981, P. 78.

"不仅忽视了资本的非适应性，而且还忽视了资本增加被雇佣工人数目的积极能力"[1]。伊藤诚提出：威克斯坚持这两种倾向中的哪一种吗？或者两者都坚持呢？确实，"他似乎没有意识到，在繁荣阶段和在萧条阶段，竞争的影响与固定资本的影响两者之间存在的差别"[2]。

39.1.4 经验应用

威克斯除了对利润挤压的危机理论提出了解释性的与理论性的批评以外，还指责该理论从"经验上看也是荒谬的"[3]。但是，威克斯并未进一步详尽阐述这一论点，特别是他并没有根据对历史经验的抽象，讲清楚周期性危机的基本原理。伊藤诚认为，应以19世纪中叶典型的有规律的工业周期的经验为基础来完成马克思的危机理论。伊藤诚指出，如果把抽象观念的经验根据，扩大到前一段或晚一些历史时期，就必须考虑到极其不同的条件和因素，或者借助于十分抽象的逻辑表述，以便显示出繁荣、危机与萧条的显著的必然性，以及它们重复出现的机制。伊藤诚指出，威克斯和其他批评者可能进一步对他的理论和19世纪中叶历史事实的联系提出质疑。因为在那个时候，英国经济中各种形式的产业后备军，即使是在繁荣阶段似乎也过于庞大，以致不能全部被吸收。另外，有时候农产品价格上涨得太快，以致抵消了繁荣末期名义工资的上涨。

伊藤诚指出，相对过剩人口的具体形式，除了大规模的及周期性发生的形式以外，马克思把它们分为流动形式（在现代工业中心的）、潜在形式（在农村的）和停滞形式（家庭工业等）。此外，还有陷于最底层即赤贫境地的贫民。伊藤诚认为，把所有这些形式的产业后备军，都说成是从资本主义生产过程内部排挤出来的相对过剩人口，这是错误的。他们包括了资本主义生产过程以外的，从小商品生产、农民等解体而产生出来的大量人员。尽管这种解体过程是由于处于核心地位的资本主义发展所引起的，以及事实上由此产生的过剩人口确实起了雇佣劳动者的后备作用，"但这个过程和结果，应该同由资本主义积累本身而产生的相对过剩人口明确地区别开来"[4]。就资本主义生产的基本原理应集中在资本的内在规律来说，其他生产方式的

---

①② Makoto Itoh, On Marx's Theory of Accumulation: A Reply to Weeks, *Science & Society*, Vol. XLV, No. 1, Spring 1981, P. 78.

③ John Weeks, The Process of Accumulation and the 'Profit-Squeeze' Hypothesis, *Science & Society*, Vol. XLIII, No. 3, Fall 1979, P. 269.

④ Makoto Itoh, On Marx's Theory of Accumulation: A Reply to Weeks, *Science & Society*, Vol. XLV, No. 1, Spring 1981, P. 80.

外部解体过程及其影响，应该在其他研究层面上加以探讨。既然如此，产生于资本主义积累过程内部的相对过剩人口的概念，就可以大致地表示为相当于实际上的周期性出现的和流动形式的后备军。当英国资本主义就业增加明显地快于人口增长的时候，这些形式中的相对过剩人口在整个工业周期中确实地被吸收被雇用完，又被周期性地再产生出来。就主要资本主义工业来说，当在可以获得的各种产业后备军在接近繁荣末期几乎耗尽的时候，工人的工资便呈上升的趋势。

农产品价格的上涨也经常发生在繁荣末期，并且抵消了实际工资的增加。然而，认为它是减轻了还不如说是扩大了利润挤压的困难。特别是棉纺工业，在繁荣末期因棉花价格上升而受到损害。因此，工业资本的过度积累，不仅容易并更加容易获得劳动人口，而且也和不产生于资本主义生产过程内部的农业原料的供给无弹性有关。正如劳动力商品一样，在基本原理的层面上，凡是资本主义生产必须作为包括所有必要的生产部门在内的整个社会构成来加以研究的地方，和来自外界的与国外的农业生产者的原料的供给无弹性有关的过度积累方面，便不可能具体地加以分析。在理论上，资本过度积累的困难，应该基本上集中在劳动力商品的限制性这一方面。从短期看来，土地的无弹性可作为次要的加强的因素。

因此，伊藤诚的看法是，利润挤压危机理论不是像威克斯所坚持的"从经验上看也是荒谬的"那样，而可能更符合马克思时代的历史经验。至于第二次世界大战后日本资本主义的经济增长这一事实，对于伊藤诚的理论并未构成有力的反证，即使搬开方法论上的问题，虽说日本工业的迅速增长取决于资本有机构成的提高，以致避免了工资增长这个潜在的问题，情况的确如此，但是日本工业持久迅速增长，也确实是通过把劳动人口吸收到资本主义生产部门中实现的。因此，在日本从事农业的经济上有活动力的人口明显而持续地下降了。作为世界资本主义的过度积累的一部分，日本资本主义不得不遭受到工资上升和初级产品的价格提高而造成的利润挤压这种困难。利润挤压理论作为研究包括日本的情况在内的世界资本主义当前危机的基本准则，伊藤诚认为是十分恰当的。[①]

---

① M. Itoh, The Inflational Crisis of World Capitalism, *Capital & Class*, Spring 1978, No. 1, pp. 1 - 10.

39.1.5　信用制度的作用

伊藤诚最后简要回应了威克斯在信贷机制方面论述的批评。伊藤诚认为，威克斯误解了他的观点。威克斯把伊藤诚的见解概括为："由于可得到的流通手段数量有时抑制积累，这个观点仅仅是一种特殊的事例。事实上，伊藤诚论证说：一种特殊商品——这里指的是劳动力商品——的价格上升，造成已生产的全部商品（或价值）所需要使之流通的货币不足，但这种不足在利息率本身的提高上表现出来。"① 威克斯在作了这样的概括以后，便试图通过把货币的作用看成是再生产图式中的流通手段来反驳上述见解。威克斯断言，在再生产图式的结构内部，"给定的生产的价值总量，工资的增长既不影响被实现的价值，也不影响实现它所运用的货币，唯一的后果是，用来和商品相交换的货币量，将和较少的剩余价值、较多的可变资本相交换，商品实现所必需的货币并无变动"② 。伊藤诚认为，威克斯所作出的批评的特点在于，他把全部注意力集中在货币作为流通手段这一种职能上。

伊藤诚指出，像威克斯引证马克思的论述所表明的那样，在再生产图式的理论中，货币仅起着流通手段的作用，变换商品所必需的货币总量并不直接受工资增长的影响。然而，"再生产图式的理论基本上不适合于对资本主义经济所特有的积累动态规律的内在矛盾的分析"③ 。再生产图式的理论，并不包括资本主义经济的全部再生产过程，虽然绝大多数马克思主义的经济危机理论家们，特别是商品过剩的变种论者，一直就倾向于认为再生产图式的理论包括了全部再生产过程。尤其是这个理论把资本积累过程中劳动力商品的资本主义再生产视为先决条件，但并未探讨它。"这个理论的任务就是说明，甚至在资本主义经济形式下，为一切社会所共有的社会再生产的基本物质条件也要加以维持"④ 。再生产图式的理论不可能直接表明资本主义生产在资本自身存在的障碍，在再生产图式的框架中，无法适当地分析资本积累动态过程中信贷和货币的作用。

伊藤诚指出，事实上，马克思对货币的分析完全不局限于货币流通手段的职能，马克思曾经尖锐地批评过李嘉图把货币只作为流通手段的狭隘看

---

① John Weeks, The Process of Accumulation and the 'Profit-Squeeze' Hypothesis, *Science & Society*, Vol. XLⅢ, No. 3, Fall 1979, P. 275.

② John Weeks, The Process of Accumulation and the 'Profit-Squeeze' Hypothesis, *Science & Society*, Vol. XLⅢ, No. 3, Fall 1979, P. 276.

③④　Makoto Itoh, On Marx's Theory of Accumulation: A Reply to Weeks, *Science & Society*, Vol. XLV, No. 1, Spring 1981, P. 82.

法，证实了货币固定地起着一般等价物的作用，起着价值尺度、储藏手段、支付手段、世界货币以及流通媒介的作用，对货币的地位和职能的这种简述，对于特殊的、历史地形成的资本主义经济的分析，特别是对于信用制度的研究都是必要的。然而，马克思并未把信用制度只当作货币的某些职能的补充。他试图表明，不仅通过商业信贷而且通过银行信贷，如何把以货币形式或商品形式存在的闲散资本动员起来，以便扩大生产。马克思也讨论了借贷货币资本积累和实际资本积累这两者之间的关系，同时注意到繁荣末期信用制度在投机性额外交易方面是怎样灵活地加以利用的，以及信用制度链条的断开是怎样导致资本主义陷入全面停顿的。

伊藤诚指出，他遵循宇野弘藏的提示，扩展马克思理论的意图在于分析信用弹性充分被利用、然后又被减弱，进而导致有规律的工业周期的繁荣末期利息率上升的过程。但伊藤诚设想的情景和威克斯的简单概括很不相同。伊藤诚并未论证工资增长、价格的上升，"造成已生产的全部商品（或价值）流通所需要的货币不足，这种不足表现为利息率本身的提高上"。他所论证的是，工资增长如何影响货币市场上的供求，这些是在银行支付储备的变动中最后被反映和概括出来的，银行支付储备的变动则以银行和商业信贷的整个系统为基础。

更确切地说，由于实际资本过度积累而造成的工资增长和利润率下降，就使工业资本动员它们自己的闲置资本，并进一步使他们对贴现汇票的需求增加成为必然。因为增加的工资必须以现金来支付，而原料一般则用汇票来购买。如果注意到后面这一点，即使在威克斯的简单模型中，在那里假定所生产的全部商品（或价值）是既定的，工资的增长显然使外部储备资金（储藏货币或世界货币）的动员成为必需。特别是在银行中，对于利息率的变动具有决定性作用的，是外部资金而不是流通手段的相对富裕程度。工资的增长同样引起商品市场价格波动的加剧，以及由此而导致依靠信用膨胀弹性的投机性囤积。信用膨胀的投机性利用，增加对银行可贷资金的需求，而减少它的供给。伴随投机交易而来的债务回收的困难的增加，也是特别重要的。

因此，伊藤诚相信，"实际资本的过度积累，不仅导致工资的增长和利润的下降，而且还造成借贷货币资本的相对短缺，随之而来的是利息率的提高。这些连锁反应必定酝酿着一场从投机性额外交易的崩溃开始的、严重的普遍的经济危机。"① 伊藤诚认为，马克思主义的危机理论应阐明这些连锁反应，包括借贷货币资本的作用，这个作用以一种外部的、相对独立的形式表现出实际资本过度积累的内在困难。威克斯的探讨把问题局限于再生产图式的结构和以流通手段为唯一职能的货币，这过分狭窄。总之，"看来倒是威克斯自己，他把马克思关于简单的和扩大的再生产图式的论述，'似乎当作积累的一个体系'，是他把马克思的货币和信用理论仅仅限于流通手段的纯粹被动作用，因而'支持李嘉图'却造成了对李嘉图的'大倒退'。"②

伊藤诚确信，在资本积累过程中，信用制度的作用，应成为马克思主义的危机理论的组成部分，得到更充分的讨论，特别是对于由通货膨胀引起的危机和萧条的原因、特性所具有的稳定的基本标准作出具体分析。伊藤诚希望对危机理论的这些方面作出更加深入的研究。

39.2 艾里对马克思资本积累理论的评述

艾里 1967 年在《美国经济评论》杂志上发表了《对马克思资本积累模型的注解》③ 一文，他对马克思的资本积累理论中的几个问题作出了自己的解释。他认为，马克思的资本积累理论能够用现代经济学的术语很好地加以表述，而且在这种模型化的过程中，马克思的资本积累理论的价值会凸显出来。在这篇文章中，艾里提出了以下几个主要的观点：第一，如果用现代经济学术语重新加以表述，马克思提出的一些重要的命题将变得更加可靠；第二，马克思的资本积累理论要比一般认为的更为复杂，包含了解决问题的更多的手段；第三，把《资本论》第二卷中的分析紧密地结合进模型，将有助于消除认识上的一些鸿沟。④

对于第一个观点，艾里指出，"在开始的时候，马克思显然被自己的关于储蓄—投资问题的'萨伊定律'搞得很被动，即使他本人是反对供给创造自己需求这种概念的，并且注意到对一个处于均衡状态下的经济体系注入

　　①② Makoto Itoh, On Marx's Theory of Accumulation: A Reply to Weeks, *Science & Society*, Vol. XLV, No. 1, Spring 1981, P. 83.
　　③ A. Erlich, Notes on Marxian Model of Capital Accumulation, *The American Economic Review*, Vol. 57, No. 2, Papers and Proceedings of the Seventy-ninth Annual Meeting of the American Economic Association (May, 1967), pp. 599 – 615.
　　④ A. Erlich, Notes on Marxian Model of Capital Accumulation, *The American Economic Review*, Vol. 57, No. 2, Papers and Proceedings of the Seventy-ninth Annual Meeting of the American Economic Association (May, 1967), P. 600.

额外的投资，会因为它的需求效应而产生一个上升的经济趋势。"① 艾里指出，但是十分清楚的是，马克思和同时代人是站在一起的，他不仅假定资本家的储蓄是用于进一步投资的目的，还理所当然地认为这些储蓄会转化为物质资料并且用于再投资。艾里认为，这样设想的结果，必然动摇由有限的"社会消费能力"最终导致需求不足这一论断的基础。因此，艾里认为，即使马克思在摆脱同萨伊的联系上获得成功，他仍然需要一种力量来源，使得投资水平维持在填补经济生产潜力与总消费水平之间缺口的必要水平之下。在这个问题上，"利润率下降规律"似乎是一个正确的选择。然而这个规律是一个"虚弱的依靠对象"②。正如罗宾逊在她的论文《论马克思的经济学》以及斯威齐在《资本主义发展论》中所指出的那样，"利润率是上升、下降还是保持稳定，取决于'资本有机构成'以及'剥削比率'发生的相对变化，并没有充足的经济上的理由证明，为什么第一个比率比第二个比率上升得更快。"③ 而且技术进步并不总是会导致资本有机构成上升，特别是当资本是由劳动时间计量而不是用实物计量的时候更是如此。在人均资本数量上升同时伴随着一个下降的或是不变的资本产出比的时候，利润率上升（或不变）的可能性甚于资本产出的上升。

艾里接着指出，"为了使这一定律免于瓦解，必须引入几个'资产阶级的'概念，如资本回报率下降、投资的边际效率下降等。事实上，马克思已非常接近于提出这些概念"④。与之相似的是，为了把"有限的社会消费能力"作为价格不稳定和阻碍经济增长的一个因素，引入凯恩斯对意愿储蓄与实际储蓄作出区分也是必不可少的。

对于第二个观点，艾里提出的问题是：根据马克思的假设前提，对"贫困化"（工人生活水平下降或者至少是相对于国民收入比重下降）的预测，在多大程度上是不可避免的吗？艾里认为，"资本积累同劳动力之间的竞争，可以用三种方式而不是一种方式解决。"⑤

第一种方式是马克思曾设想过的，即劳动力价格持续上升，因为它的上

---

① A. Erlich, Notes on Marxian Model of Capital Accumulation, *The American Economic Review*, Vol. 57, No. 2, Papers and Proceedings of the Seventy-ninth Annual Meeting of the American Economic Association (May, 1967), P. 600.

②③④ A. Erlich, Notes on Marxian Model of Capital Accumulation, *The American Economic Review*, Vol. 57, No. 2, Papers and Proceedings of the Seventy-ninth Annual Meeting of the American Economic Association (May, 1967), P. 601.

⑤ A. Erlich, Notes on Marxian Model of Capital Accumulation, *The American Economic Review*, Vol. 57, No. 2, Papers and Proceedings of the Seventy-ninth Annual Meeting of the American Economic Association (May, 1967), P. 602.

升并不会阻碍资本积累的发展的情况。斯密早就提出，一个大的资本存量，虽然利润率很低，但仍然要比具有高利润率的小资本存量增长得更快。斯密还指出，只有在资本回报率持续上升的情况下，资本的逐步上升才有可能压倒工资上涨的影响力。艾里认为，可以假定马克思是认同斯密的这些看法的，但马克思还引入了一个更加一般性的解释，他观察到，在追求财富的刺激下，比如说新市场或者是资本输出领域的开放，会使资本积累的范围突然扩大。

第二种方式更加不利于工人。在后续阶段，工资上涨挤掉了利润并因此减少了可用于积累的资源。其结果将使扩张的势头发生逆转，对劳动力的需求出现下降并且直至降低的资本积累的速率跟得上劳动力供应增加的速率。但是，在对最后结果进行估计的时候，马克思也是非常谨慎的，劳动力价格下降到同资本扩大的需求相适应的水平，这个水平有可能比工资上涨前的正常水平还要低，也有可能相同或者更高。

第三种方式最重要也最为著名，这就是日益上升的劳动力稀缺程度，促使技术向劳动节约型的方向发展。虽然马克思拒绝接受当时的"补偿理论"（相信这些被取代的工人会自动地被重新吸收），但是，他还是概括了三种不同情形的抵消方式。第一种方式是，"这些因为分工而变得畸形的可怜的人，离开他们原来的劳动范围就不值钱了，只能在少数低级的、因而始终是人员充斥和工资微薄的劳动部门去找出路。"[1] 第二种方式如马克思指出的："一些生产部门出于其本性而更加强烈地反对由手工劳动转化为机器劳动"，并促使它们利用一些"可供支配的或被游离的雇佣工人"[2]。艾里指出，对今天的读者来说，这似乎是一个对运行中的"二元经济"的描述。这非常类似于一种资本密集型部门的扩张会引起劳动密集型部门的资本—劳动比率的进一步下降。艾里指出，第三种方式是把那些工人解释为"隐性失业"。然而，"这个运作过程并不能造成任何真正的抵消"[3]。

"虽然机器在应用它的劳动部门必然排挤工人，但是它能引起其他劳动部门就业的增加。"[4] 艾里指出，马克思对这个观点的分析是非常"动态的"和高度现代的，尽管不是用动态的和现代的语言完成的。马克思对资源节约

---

[1] 《马克思恩格斯文集》第 5 卷，人民出版社 2009 年版，第 507 页。

[2] 《马克思恩格斯文集》第 7 卷，人民出版社 2009 年版，第 263 页。

[3] A. Erlich, Notes on Marxian Model of Capital Accumulation, *The American Economic Review*, Vol. 57, No. 2, Papers and Proceedings of the Seventy-ninth Annual Meeting of the American Economic Association (May, 1967), P. 603.

[4] 《马克思恩格斯文集》第 5 卷，人民出版社 2009 年版，第 509 页。

和产出增加创新两者作了区分，而且明显地认为后者更加重要。"如果机器生产的物品的总量同它所代替的手工业或工场手工业生产的物品的总量相等，那么，所使用的劳动总量就要减少。……但是事实上，人数减少了的工人所生产的机器制品总量不是不变，而是远远超过被排挤的手工业制品的总量。"① 艾里认为，马克思对产业 A 对相关联的产业 B 和 C 产生的刺激的分析，非常类似于赫希曼教授的前向——后向联系的（Backward-forward Linkages）理论。"可见，随着机器生产在一个工业部门的扩大，给这个工业部门提供生产资料的那些部门的生产首先会增加。""如果机器占领了某一劳动对象在取得最终形式前所必须经过的初期阶段或中间阶段，那么在这种机器制品进入的那些仍保持手工业或工场手工业生产方式的部门中，对劳动的需求就随着劳动材料的增加而增加"②。最后，规模经济通过一种"反馈"的机制发生作用，"随着发明的增多和对新发明的机器的需求的增加，一方面机器制造业日益分为多种多样的独立部门，另一方面制造机器的工场手工业内的分工也日益发展"③。艾里认为，这种影响能够暂时地压倒现代技术潜在的循环模式，即同"进入生产过程的商品"相比耐用固定工厂的重要性逐步提高。就如马克思认为的，"机器一经制成，在它报废以前就不需要再更新。因此，要使追加的机械工人人数持续地被雇佣，壁纸厂主就必须一个接一个地去用机器排挤工人"④。

艾里指出，所有这些对劳动节约型创新存在的"外部效应"，都是通过投资的方式发挥作用的，它们明显地构成了重要的抵消的可能，对此马克思是清楚的，马克思认为，那些被机器取代的工人，能够重新被雇用，"在这里起中介作用的，是正在挤入投资场所的新追加的资本，而决不是过去已经执行职能的并且现在转化为机器的资本"⑤。另一些新的投资机会，对劳动替代发挥了同样的抵消作用，这是通过生产创新的本质而不是创新过程的本质实现的，如马克思指出的，"一些全新的生产部门，从而一些新的劳动领域，或者直接在机器体系的基础上，或者在与机器体系相适应的一般工业变革的基础上形成起来"⑥。

艾里的上述分析，是用来论证以下这一结论的："机器对劳动稳定的逐

① 《马克思恩格斯文集》第 5 卷，人民出版社 2009 年版，第 509 页。
② 《马克思恩格斯文集》第 5 卷，人民出版社 2009 年版，第 510～511 页。
③ 《马克思恩格斯文集》第 5 卷，人民出版社 2009 年版，第 439 页。
④ 《马克思恩格斯文集》第 5 卷，人民出版社 2009 年版，第 505 页。
⑤ 《马克思恩格斯文集》第 5 卷，人民出版社 2009 年版，第 507 页。
⑥ 《马克思恩格斯文集》第 5 卷，人民出版社 2009 年版，第 513 页。

渐增加的替代，以及作为这个过程的伴随物的'贫困的积累'，在马克思论证的逻辑中，并不像他的结论试图表明的那样是建立在坚实的基础之上的。"① 艾里认为，劳动的替代或"贫困的积累"可能达到的程度，完全取决于"追加的与新的资本"形成的规模。事实上，马克思在很多论述中已非常接近这种观点。② 艾里指出，马克思似乎对下面这种类型的增长持非常乐观的态度，马克思指出，"随着积累和伴随积累而来的劳动生产力的发展，资本的突然膨胀力也增长了……因为生产过程本身的技术条件，机器、运输工具等等，有可能以最大的规模最迅速地把剩余产品转化为追加的生产资料。"③ 艾里认为，以上只是马克思试图阐述的部分问题，还需要把《资本论》第二卷中的分析联系在一起考察。

对于第三个观点，艾里认为，马克思的功绩主要有：一是"根据决定潜在增长的路线以及资本积累与劳动供给竞争路线对国民收入进行划分"；二是"明确地把两个主要部门的产出流量以及生产他们的资本存量联系起来。"④ 艾里尤其关心产出和生产这些产出的资本存量之间的联系。艾里认为，通过把"再生产图式"转化为修改后的哈罗德—多马模型，将得到以下一些结论：

第一，在其他条件相同的情况下，资本品部门产出（马克思称作的第Ⅰ部类）比重较大的经济 A 与这个比重相对较小的经济 B 具有更高的增长率。因为它能够在完成当前的替代需求后，增加更大的生产能力。结果，为了提高"有保证的增长率"，一个经济将必须提高总产出中资本品部门的份额和资本存量。

第二，这个模型意味着，如果不把操作机器的工人的数量降低到必要的水平之下，消费就不可能降低到低于被称为冯·诺伊曼类型的极限（一个更加合理的解释是，人均消费的下降将会对给定劳动力的效率产生不利的影响）。然而，艾里认为，这种对扩张的独特的限制，在马克思看来不是特别严重，因为马克思假定实际工资滞后于劳动生产率的提高。此外，马克思也不像他的前辈，并不担心农业报酬的递减。

---

①② A. Erlich, Notes on Marxian Model of Capital Accumulation, *The American Economic Review*, Vol. 57, No. 2, Papers and Proceedings of the Seventy-ninth Annual Meeting of the American Economic Association (May, 1967), P. 606.

③ 《马克思恩格斯文集》第 5 卷，人民出版社 2009 年版，第 729 页。

④ A. Erlich, Notes on Marxian Model of Capital Accumulation, *The American Economic Review*, Vol. 57, No. 2, Papers and Proceedings of the Seventy-ninth Annual Meeting of the American Economic Association (May, 1967), P. 607.

第三，这个模型还是存在种种局限性，尤其是在考虑生产能力问题时，这个模型的假设很难放松。① 与要求总收入中第Ⅰ部类的份额增加（作为加速增长的关键）同样的逻辑，将使得这种增加依赖于先前这一部类的资本存量的扩张到要求的水平（当然，假定完全生产能力利用）。然而，这种快速的扩张，将会在一定程度上取决于经济能够承受和实施的储蓄增加的程度。它将会完全受到在经济的生产过程开始时总资本存量中第Ⅰ部类的相对份额，以及每单位新工厂和它的平均形成期的资本要求。给定总资本存量的总投资增长率和存量建成的速率为50%的实际值，经济的部类构成发生明显的变化也是一个耗时的过程，即使是有很大的决心。而且有几个明显的潜在的假定，没有对外贸易、完全生产能力利用、不允许一些部门2的工厂转而生产部门1的产品，都过于严格，应当放松。

艾里在上述分析的基础上，提出了他对马克思资本积累理论的现代价值的判断。其要点在于以下三个方面：

第一，我们现在所面临的先进工业国出现的技术替代（劳动力）问题，与马克思时代的情形是不同的。然而，在很大程度上，这种不同仍然可以马克思的分析来解释。"要是全部有劳动能力的人口在生产效率最大的情况下劳动，……已经生产出来的生产资料还很不够"②。但是，艾里认为，生产能力对就业的限制的重要性，即使不是在"生产效率最大的情况下"，自马克思以后也大大地降低了。发达国家的资本存量以比劳动力增长快得多的速度增长，第Ⅰ部类现在处于更好的情况，对取代趋势能够产生充分的抵消效应。从而，给定总需求足够大，产业后备军能够被吸收进经济体系中。但是，非补偿的替代效应仍将发生：如果（a）技术进步明显是劳动节约型的；（b）大量的新设备来自能够更有效地利用资源的制造旧设备的工厂；（c）资本存量的增长在相当长的时期内比较缓慢；（d）第Ⅰ部类的很大一部分潜在产出是由军事需求推动的。

第二，在上述情况为真实的情形下，就"只有技术性的失业是可能的"③。排除技术性失业是困难的，所以一些经济学家在研究中回到了马克

① A. Erlich, Notes on Marxian Model of Capital Accumulation, *The American Economic Review*, Vol. 57, No. 2, Papers and Proceedings of the Seventy-ninth Annual Meeting of the American Economic Association (May, 1967), pp. 607–608.
② 《马克思恩格斯文集》第7卷，人民出版社2009年版，第287页。
③ A. Erlich, Notes on Marxian Model of Capital Accumulation, *The American Economic Review*, Vol. 57, No. 2, Papers and Proceedings of the Seventy-ninth Annual Meeting of the American Economic Association (May, 1967), P. 611.

思构筑的因果链条中的某个联结点。比如，罗宾逊在她的著作中强调，因迅速积累引起的劳动稀缺是推动技术进步的重要力量。但是，也有经济学家认为，投资和技术进步之间的联系，是通过"干中学"而不是劳动稀缺联系在一起的。

第三，艾里指出，前面描述过模型的"上限"是短期的，难以独立胜任对"利润率下降规律"的长期解释的任务。然而，它的作用也并非无足轻重。引入上述分析，就会注意到投资不仅能增加生产能力，还能够提前设定一个明确的规模和结构，两部类结构模型为资本积累的可能的速度提供了一个现实的因素。

第40章 资本积累模型探索

对马克思资本积累理论的模型化，是 20 世纪西方学者对马克思经济学研究的一个重要内容。在模型化过程中，既有把握马克思理论内涵的资本积累模型，在不同程度上推进了马克思资本积累理论的新发展，也有在西方主流经济学现存的积累模型基础上，对马克思资本积累理论的模型化，从而牺牲了马克思经济学的内涵及其本质。

40.1 马克思资本积累理论与瓦尔拉斯均衡

用现代西方主流经济学工具重新表述马克思资本积累理论，是西方学者对马克思资本积累理论论争的一种倾向。西方学者对马克思资本积累理论论争的另一种做法是试图把马克思的资本积累理论和新古典理论中占据支配地位的分析框架———一般均衡理论进行比较研究。马克思的资本积累理论和一般均衡分析框架之间是相似的、是统一的，还是存在重大差异，这是西方学者这一研究中的焦点问题。1987 年，罗斯姆（R. J. Rotheim）在《国际社会经济学杂志》上发表的《瓦尔拉斯均衡与马克思资本积累理论》[1] 一文认为，马克思的资本积累理论和一般均衡事实上存在着重大的差异。

实际上，罗斯姆并不是把瓦尔拉斯理论与马克思理论进行比较研究的第一人。在此之前，这种比较研究已经是马克思经济思想研究领域的热门话题。瓦尔拉斯的均衡理论和马克思的资本积累理论是神形相似的孪生子、还是完全对立的敌手，不同的经济学家提出过不同的看法。鲁吉纳（Rugina）在 1982 年撰文认为："对瓦尔拉斯和马克思进行比较，并企图把两位思想家放到同一个方向的做法是不可靠的。两位巨人的贡献以及他们的个性，属于两个完全不同的世界———一个是朝向稳定、均衡与进步的自由世界，一个

---

① R. J. Rotheim, Equilibrium in Walras's and Marx's Theories of Capital Accumulation, *International Journal of Social Economics*, Vol. 14, No. 7/8/9, 1987, pp. 27 – 43.

是自我消亡、不可避免地进入完全失衡与革命的世界"①。罗斯姆认为，鲁吉纳有关两位伟大作者的评价是正确的，但是，这种告诫性的说法，并没有妨碍经济分析史学家们继续把马克思和瓦尔拉斯归于同一个均衡框架之下。罗斯姆引用森岛通夫的论述："在他们的追随者当中，尽管存在着灾难性的对立，这种对立在两位巨人死后一个世纪内一直持续着，但马克思的模型与瓦尔拉斯的模型还是极其相似的。马克思的简单再生产即规模不变的再生产，对应于瓦尔拉斯的静态的一般均衡生产体系；马克思的扩大再生产的框架，对应于瓦尔拉斯的动态的一般均衡体系。"②

罗斯姆指出，作为一个受到传统方法训练的经济学家，森岛通夫的做法事实上就是在用他的新古典经济学工具评价马克思经济学。罗斯姆的疑问是，马克思是否应当被看作是一个新古典均衡经济学的创建者呢？瓦尔拉斯和马克思的资本积累理论之间到底有着什么样的关系呢？罗斯姆的结论是："虽然瓦尔拉斯和马克思的理论的骨架相似，但依附于骨架之上的肌肉所构成的理论主体则完全不同。"③

40.1.1 瓦尔拉斯的资本形成和信用的动态理论

瓦尔拉斯在他的"生产理论"中，在推导"产品价格和土地服务、人力服务和资本服务的价格同时决定的理论"时，假定资本存量是一个参数。资本品固定的本质的意义在于，来自这些资本品的生产性服务也是固定和不变的。如果瓦尔拉斯试图得到一般理论，那么，生产性服务的数量必须是由模型内生决定。

瓦尔拉斯提出的第一个问题是："人们所以对消费品有需求是由于消费品所提供的效用；所以对服务有需求则不仅由于其效用，而且还由于借此生产了产品之后所能取得的价格。可是为什么对资本品会有需求呢？"根据瓦尔拉斯的观点，对资本品需求是由于资本所提供的土地服务、劳动和资本服务，更确切地说："是由这些服务所产生的租金、工资和利息"所决定的。④然而，在瓦尔拉斯看来，不是这些服务的市场价值或者总收入而是这些服务的净收入吸引了资本家。根据瓦尔拉斯的观点，净收入 π 由下式决定：

① Rugina, A. H., Leon Walras: The Pure Scientist versus the Social Reform, *International Journal of Social Economics*, Vol. 9, No. 3, 1982, P. 4.

② Morishima, M., *Marx's Economics*, Cambridge, 1973, P. 105.

③ R. J. Rotheim, Equilibrium in Walras's and Marx's Theories of Capital Accumulation, *International Journal of Social Economics*, Vol. 14, No. 7/8/9, 1987, P. 28.

④ 莱昂·瓦尔拉斯著，蔡受百译：《纯粹经济学要义》，商务印书馆1989年版，第275页。

$$\pi_{kj} = p_{kj} - (u_{kj} + v_{kj}) p_{kj} \tag{40.1}$$

p_{kj}是源自任何特定资本品 j 的服务产生的总收入，u_{kj} 和 v_{kj} 为折旧费和保险费，这两者均以百分比计入资本品价格 p_{kj}，瓦尔拉斯定义的净收入率为

$$i = \frac{p_{kj} - (u_{kj} + v_{kj}) p_{kj}}{p_{kj}} (j = 1, \cdots, L) \tag{40.2}$$

在均衡情况下，所有资本品的净收入率都相等。一旦净收入率决定了，相应的资本品的市场价格为：

$$p_{kj} = \frac{p_{kj}}{i + u_{kj} + v_{kj}} \tag{40.3}$$

瓦尔拉斯还对资本品市场作出如下假设，"我们在前面已经建立的一切关系，还不足以确定 i 和资本品的价格。直到目前止，经假定土地、人力能力和狭义资本品是给定的，地主、工人和资本家对于他们所保有的资本品的服务，除留下一部分供他们自己消费外，是全部用以交换消费品和服务的。在这种情况下，不可能有资本品的买卖，因为这类商品只能按照与其净收入相对应的比率进行互相交换；而这类交易由于在理论上缺乏合理动机，因此不能产生以通货计的资本品的任何价格。"[1] 为了弥补这种疏忽，瓦尔拉斯假定一些个体（地主、工人和资本家）并不把他们所有的收入（用计价单位来度量）全部花费在消费品和服务上。从而他们有了一定的剩余，使用这些剩余他们可以购买资本品。另一方面，一些人的花费超过了他们的收入，从而需要通过消耗他们的资本品来为不足金额融资，如果只有收入（服务的市场价值）被包含进个人交换等式（预算约束），显然就不会出现这种情况。然而，如果假定资本品自身有市场价值，那么如果任何个体决定打算消费的超过他的收入，他只需要卖出他的部分的资本品。如果某个体意欲消费的最终商品和服务的数量，恰好等于他收入的金额，那么他的交换等式可以作如下表达：

$$o_t p_t + \cdots + o_p p_p + \cdots + o_k p_k + o_{k'} p_{k'} + o_{k''} p_{k''} + \cdots$$
$$= (d_a + d_b p_b + d_c p_c + d_d p_d + \cdots) \tag{40.4}$$

然而，瓦尔拉斯注意到，也可能出现提供的生产性服务的价值超过需求产品的价值的情况，因此存在剩余，瓦尔拉斯把剩余定义为 e：

$$e = o_t p_t + \cdots + o_p p_p + \cdots + o_k p_k + o_{k'} p_{k'} + o_{k''} p_{k''} + \cdots$$
$$- (d_a + d_b p_b + d_c p_c + d_d p_d + \cdots) \tag{40.5}$$

---

[1] 莱昂·瓦尔拉斯著，蔡受百译：《纯粹经济学要义》，商务印书馆 1989 年版，第 278 页。

通过从右边增加和减去个体生产性服务的市场价值——瓦尔拉斯称为 r（收入），可以得到：

$$e = r - (q_t p_t + \cdots + q_p p_p + \cdots + q_k p_k + q_{k'} p_{k'} + q_{k''} p_{k''} + \cdots)$$
$$+ (o_t p_t + \cdots + o_p p_p + \cdots + o_k p_k + o_{k'} p_{k'} + o_{k''} p_{k''} + \cdots) \qquad (40.6)$$
$$+ (d_a + d_b p_b + d_c p_c + d_d p_d + \cdots)$$

通过对上式的整理，瓦尔拉斯得出，"所提供的服务的价值对所需求的消费品的价值的超过量，跟收入对消费的超过量是同一实物"[①]。瓦尔拉斯把收入超过消费的部分定义为储蓄。通过使用这些剩余，储蓄者可以购买那些 e < 0 的人卖出的资本品。

罗斯姆指出，应该注意的是，这种静态均衡框架存在着加总谬误。换句话说，虽然任何个体可能渴望储蓄（等于资本品购买）或者耗尽他的资源，这个理论不可能允许整个社会的购买多于或少于总收入。然而，如果收入的剩余无法弥补资本存货的折旧或保险，也就是：

$$e < q_{kj} p_{kj} (u_{kj} + v_{kj}) (j = 1, \cdots, L) \qquad (40.7)$$

那么，社会的资本存量将最终耗尽，导致社会生产能力萎缩。因此，瓦尔拉斯有必要解释新资本品需求的决定问题。

瓦尔拉斯假定所有的个体在未来都有对净收入的需求，也就说他们进行储蓄去获得额外的未来净收入。瓦尔拉斯用一个假想商品 E（假定为一种能产生永久净收入的商品 E）的年单位产品收入流的折现值来代表储蓄，从而商品 E 的单位价格为：

$$p_e = \frac{1}{i} \qquad (40.8)$$

商品 E 的价格由如下等式得到：

$$i = \frac{p_e - (u_e + v_e) p_e}{p_e} \qquad (40.9)$$

$p_e - (u_e + v_e) p_e$ 等于每年的单位净收入，瓦尔拉斯进一步假定个体有对这种假想的商品的需求，就像他们对其他任何实际存在的商品存在的需求一样。以此类推，对 E 的需求由 $r = \Phi_e(q)$ 形式的某效用函数得出。瓦尔拉斯避免了提出一种制度安排，通过假定每个个体拥有特定数量的 E，以保证这种商品的价值等于"用标准商品表示的它的价值"。这表现为：

$$q_e = q_t p_t + q_p p_p + q_k p_k + q_{k'} p_{k'} + q_{k''} p_{k''} + \cdots \qquad (40.10)$$

---

① 莱昂·瓦尔拉斯著，蔡受百译：《纯粹经济学要义》，商务印书馆1989年版，第282页。

至此，交换等式（预算约束）可以被修正为：

$$o_t p_t + \cdots + o_p p_p + \cdots + o_k p_k + o_{k'} p_{k'} + o_{k''} p_{k''} + \cdots$$
$$= d_a + d_b p_b + d_c p_c + d_d p_d + d_e p_e \qquad (40.11)$$

进而，由于每个个体有一个未来净收入的效用函数，那么对这种永久年金份额的需求函数可以被确定为：

$$d_e = f_e(p_t, \cdots, p_p, \cdots, p_k, p_{k'}, p_{k''}, \cdots, p_b, p_c, p_d, p_e) \qquad (40.12)$$

把所有个体加总得到：

$$D_e = F_e(p_t, \cdots, p_p, \cdots, p_k, p_{k'}, p_{k''}, \cdots, p_b, p_c, p_d, p_e) \qquad (40.13)$$

瓦尔拉斯表明如果用 p_e 乘以上式的两边，得到储蓄的供给函数：

$$E = D_e p_e = F_e(p_t, \cdots, p_p, \cdots, p_k, p_{k'}, p_{k''}, \cdots, p_b, p_c, p_d, p_e) \, p_e \qquad (40.14)$$

考虑到 $p_e = \dfrac{1}{i}$，上式也可以表达为：

$$E = D_e p_e = F_e(p_t, \cdots, p_p, \cdots, p_k, p_{k'}, p_{k''}, \cdots, p_b, p_c, p_d, \cdots, i) \qquad (40.15)$$

对于每一个供给而言，都存在一个需求，瓦尔拉斯说，如果指定 D_k，$D_{k'}$，$D_{k''}\cdots$分别表示新资本品 K，K′，K″…的产量，得到如下等式：

$$D_k P_k + D_{k'} P_{k'} + D_{k''} P_{k''} + \cdots = E \qquad (40.16)$$

等式（40.16）表明，资本品市场上的均衡在资本品供给等于储蓄供给时成立。

瓦尔拉斯认为，通过上述方式他最终推导出新资本品的价格和储蓄的总价值。储蓄为零时，新生产出来的资本品将仅仅弥补原有资本品的折旧。如果净储蓄为正，那么净投资将为正，这将导致资本积累。

罗斯姆指出，瓦尔拉斯从来没有建立一个有效的资本积累理论。杰菲（M. Jaffe）第一个注意到这一点："忽略这种明显的可决定性，至少对我而言，完全不清楚 D_k 是从哪里来的。它看起来像是突然出现的因素，与构成整个体系的主要动机——效用函数既无直接也无间接的联系，瓦尔拉斯在使储蓄决定成为他均衡结构主要部分时遇到很大的麻烦，但他完全没有给出决定生产、决定投资新资本品的原因的任何线索。无论如何，瓦尔拉斯对储蓄决定进行了研究。制造资本品而产生了对更多储蓄的需求，但是，瓦尔拉斯的体系仍然没有为这种需求建立理性的基础。如果这种观点正确，瓦尔拉斯的资本积累理论仍然是不确定的。如果我是正确的，这种不确定性或者是由瓦尔拉斯静态体系的内在缺陷，或者是由试图把本质上动态的现象纳入静态框架的不幸尝试造成的。我认为，后一种理由更有可能。"①

虽然杰菲表达了上述观点，但森岛通夫希望读者们从瓦尔拉斯的体系中得到两点结论：第一，如果存在总（净）投资，那么足够数量的储蓄必须是可以得到的，从而产生那种投资；第二，这些均衡条件，来自于一个宏大的体系，在这个体系中，所有相关的等式和未知数都可以用公式明确地表达。

40.1.2　森岛通夫论"瓦尔拉斯式的马克思"

森岛通夫在探索"瓦尔拉斯式的马克思"（或者说"用瓦尔拉斯的方式研究马克思"）的过程中，在论简单再生产和扩大再生产时，首先提出了马克思理论的结构，接着指出可以用求解瓦尔拉斯模型的思路去研究马克思所提出的体系。森岛通夫的分析主要围绕《资本论》第二卷第二十章和第二十一章的内容展开。罗斯姆指出，如果只打算了解森岛通夫的基本意图，不需要对这两章进行全面的研究。罗斯姆的研究只限于森岛通夫对马克思简单再生产理论的描述上。为简便起见，罗斯姆在评价森岛通夫的解释和对第二十章的结果的应用之前，对马克思在《资本论》第二卷第二十章提出的简单再生产的结构方程式和均衡条件进行了描述。

马克思从提出两个阶级或两个生产者的部类开始他对简单再生产的分析，第I部类是生产生产资料的部门，由生产资料生产者构成，第II部类则代表消费品生产部门。生产部类在每个生产年度结束的时候每个部类拥有它自己产品的存货。如果生产过程要更新的话，这些生产资料和消费品必须在两个部类内部和两个部门之间分配，马克思用下面的数字例子解释这一过程：

Ⅰ. 生产资料生产：

资本…………4000c + 1000v = 5000

商品产品……4000c + 1000v + 1000s = 6000

以生产资料的形式存在。

Ⅱ. 消费资料的生产：

---

① Jaffe，W. Leon Walras's Theory of Capital Accumulation，In Lange（Ed.），*Studies in Mathematical Economics and Econometrics*，1942，pp. 47 – 48.

资本…………2000c + 500v = 2500

商品产品……2000c + 500v + 500v = 3000

以消费资料的形式存在。

概括起来，全年总商品生产：

Ⅰ. 4000c + 1000v + 1000s = 6000 生产资料

Ⅱ. 2000c + 500v + 500s = 3000 消费资料

生产中消耗的不变资本、可变资本分别为 c、v，产生的剩余价值为 s。

罗斯姆认为，上述生产过程要求作出如下假定：

第一，全部剩余价值被非生产性地消费掉。换句话说，没有剩余价值被储蓄（净储蓄）并用于净投资。

第二，上述表达式中的所有术语都是用马克思意义上的价值而不是价格表示的。罗斯姆认为，这一假设与马克思在其他章节中讨论再生产问题时是极为一致的。

第三，马克思假定商品已经生产出来，与劳动价值论保持一致，剩余价值在流通之前已经物化在产品的商品形式中，从而分析社会资本再生产的流通形式，应该根据商品资本的流通展开。

$$O' - \frac{M - C}{m - c} \cdots p \cdots C'$$

第四，两个部类的剩余价值率被假定相同，表示为剩余价值和可变资本的比率，根据马克思的上述例子，两种情形的剩余价值率都是 100%。

第五，两个部类在生产中消费的不变资本和总资本价值的比率相同，在两个部类都是 80%。

给定这些基本假定，马克思开始分析简单再生产情况下两个部类内部以及两个部类之间的交换。

第一，第Ⅱ部类工人的工资 500v 和资本家的剩余价值 500s，必须用于消费资料。但是，它们的价值存在于价值 1000 的消费资料中，这种消费资料掌握在第Ⅱ部类的资本家的手里，补偿预付的 500v，并代表 500m。因此，第Ⅱ部类的工资和剩余价值，在第Ⅱ部类内部同第Ⅱ部类的产品交换。这样，就有（500v + 500m）Ⅱ = 1000 以消费资料形式从总产品中消失。

第二，第Ⅰ部类的 1000v + 1000m，同样必须用于消费资料，即用于第Ⅱ部类的产品。因此，它们必须同第Ⅱ部类产品的其余的、数量与它们相等的不变资本部分 2000c 交换。为此，第Ⅱ部类会得到数额相等的生产资料，得到体现第Ⅰ部类的 1000v + 1000m 的价值的第Ⅰ部类产品。因此，就有

2000Ⅱc 和 （1000v + 1000m）Ⅰ 从计算中消失。

第三，还剩下 4000Ⅰc。它们由生产资料构成，只能用于第Ⅰ部类，以便补偿该部类消费掉的不变资本，因此，要通过第Ⅰ部类的各个资本家之间的互相交换来解决，就像 （500v + 500m）Ⅱ 要通过第Ⅱ部类的工人和资本家之间的交换，或通过第Ⅱ部类的各个资本家之间的交换来解决一样。[①]

因此，为了使简单再生产的条件成立，下述条件必须得到满足。

第一，第Ⅰ部类的产品的总价值必须恰好满足第Ⅰ部类和第Ⅱ部类对不变资本的需求：

$$C_1 + V_1 + S_1 = C_1 + C_2 \qquad (40.17)$$

等式（40.17）也可以被简化为：

$$V_1 + S_1 = C_2 \qquad (40.18)$$

第二，第Ⅱ部类产品的总价值必须恰好满足两个部类的资本家和工人对消费的需求：

$$C_2 + V_2 + S_2 = (V_1 + S_1) + (V_2 + S_2) \qquad (40.19)$$

等式（40.19）可以被简化为 $C_2 = V_1 + S_1$。

罗斯姆指出，马克思的简单再生产理论（扩大再生产理论也一样）完全是以价值形式提出来的。另一方面，按森岛通夫看法，瓦尔拉斯的资本和信用理论是严格地用价格表示的。森岛通夫试图提出一种简单再生产的价值和价格形式同时解决的方法，并且找到两个体系相同的条件。罗斯姆特别表明，虽然他打算说明用这种方法研究马克思的再生产理论，将会忽视马克思要强调的本质内容，但绝不贬低森岛通夫对马克思经济学的贡献。

森岛通夫一开始就表明："马克思的模型……由相互对应的两个子系统构成，但是不像其他体系，价格系统是产出决定的子系统的对偶体系，价值系统也是产出体系的对偶体系，因此马克思的体系有双重的对偶性（Dual Dualities）。"[②] 森岛通夫对三个子系统进行了描述：

一是产出决定子系统。

$$x_1 = A_1 x_1 + A_2 x_2 \qquad (40.20)$$
$$x_2 = D(L_1 x_1 + L_2 x_2) + F \qquad (40.21)$$

等式（40.20）表明第Ⅰ部类供给的生产资料等于两个部类对生产资料的需求 $A_1 x_1 + A_2 x_2$，A_1 和 A_2 代表两个部类生产资料与产出之间的比率。等

① 《马克思恩格斯文集》第6卷，人民出版社2009年版，第441页。
② Morishima，M，*Marx's Economics*，Cambridge，1973，pp. 105–106.

式（40.21）表示第Ⅱ部类供给的消费品等于对这些消费品的需求，D 和 F 分别代表工人和资本家的消费需求：

二是价值决定子系统。

$$\Lambda_1 = \Lambda_1 A_1 + L_1 \tag{40.22}$$

$$\Lambda_2 = \Lambda_1 A_2 + L_2 \tag{40.23}$$

$$\sum_{i=1}^{2} L_i x_i = \Lambda_2 D\left(\sum_{i=1}^{2} L_i x_i\right) + \Lambda_2 F \tag{40.24}$$

$$e = \frac{(1 - \Lambda_2 D)}{\Lambda_2 D} \tag{40.25}$$

$$e\Lambda_2 D\left(\sum_{i=1}^{2} L_i x_i\right) = \Lambda_2 F \tag{40.26}$$

在价值决定子系统中，等式（40.22）和等式（40.23）分别表示第Ⅰ部类和第Ⅱ部类的产出的价值，等于物化在产品中的死劳动和活劳动的总和。等式（40.24）表示生产两个部类产品的劳动的价值（可变资本和剩余价值）必须被工人花费掉 $\Lambda_2 D\left(\sum_{i=1}^{2} L_i x_i\right)$，被资本家花费掉 $\Lambda_2 F$。等式（40.25）定义了剥削率（剩余价值率），等式（40.26）意味着用价值度量的资本家阶级的消费等于资本家通过剥削工人得到的总剩余价值。

三是价格决定子系统。

$$p_1 = (1 + \pi)(p_1 A_1 + w A_1) \tag{40.27}$$

$$p_2 = (1 + \pi)(p_1 A_2 + w A_2) \tag{40.28}$$

对每个工人：

$$w = p_2 D \tag{40.29}$$

对每个资本家：

$$w = p_2 F \tag{40.30}$$

$$\pi = \left[\sum_{i=1}^{2} (p_1 A_1 + w L_i) x_i\right] \tag{40.31}$$

以与价值决定子系统中式（40.22）和式（40.23）相同的方式等式可得到式（40.27）、式（40.28），只是此处产出是用价格而不是用价值度量。π 和 w 代表统一利润率（取代剩余价值）和统一工资率（取代劳动力价值）。等式（40.29）表示每个工人把他所赚得的工资花费在消费品上，等式（40.30）意味着用价格度量的资本家阶级的消费等于它们赚取的利润的总数量。最后，等式（40.31）表示总利润等于每个部类利润的加总。

在刻画了这些子系统后，森岛通夫继续求解每个子系统的均衡条件。罗斯姆认为森岛通夫的计算过程是正确的，罗斯姆指出，森岛通夫的结论可以用非数学的语言表达，对于价值决定子系统，森岛通夫的均衡条件和马克思得到的完全一样，森岛通夫也证明，如果下述两个条件中的一个成立，用价格形式衡量的均衡条件就成立。（1）如果所有的资本和工资产品产业有同样的资本价值构成，那么所有产品的价格就和它们的价值成比例；（2）不存在对工人阶级的剥削。

综上所述，森岛通夫认为如果把《资本论》第二卷第二十章中简单再生产的条件放入与瓦尔拉斯可比的框架中，那么马克思的价值决定子系统可以被提升到瓦尔拉斯价格决定子系统的高度。罗斯姆提出一个疑问：假如像森岛通夫所做的那样，在一定严格的假定条件下，得出两个子系统是相同的，是否可以推论说马克思应当被认为是新古典经济学的真正的创始人呢？罗斯姆的答案是否定的。他用充分的证据表明森岛通夫使得马克思成为马克思本来并不是的人物。罗斯姆指出，应当主张的是马克思自己认为的自己的再生产理论是完全与瓦尔拉斯的理论不同的。[①]

40.1.3　罗斯姆对"瓦尔拉斯式的马克思"的质疑

罗斯姆指出，许多经济分析史学者在通读《资本论》第一卷时，会研究第七篇"资本的积累过程"问题；在通读《资本论》第二卷时，在第三篇会遇到同样有着宽泛主题的"社会总资本的再生产和流通"。在《资本论》第二卷的这一篇，有两章标题分别为："简单再生产"（第二十章），"积累和扩大再生产"（第二十一章）。上面已经提到，森岛通夫把他对马克思简单再生产和扩大再生产的分析，建立在《资本论》第二卷的第二十章和第二十一章基础之上。罗斯姆指出，"要想知道为什么瓦尔拉斯式的马克思分析是不合适的，有必要像了解《资本论》第二卷这两章对资本积累的讨论一样，了解《资本论》第一卷对资本积累讨论的实质"[②]。

罗斯姆指出，通常阅读马克思《资本论》的做法是两分法：马克思思想的本质（第一卷），次要的内容（第二卷，第三卷，有时候还包括第四卷"剩余价值理论"）。罗斯姆认为，持有这种观点的人，几乎没有花费时间读

---

① R. J. Rotheim, Equilibrium in Walras's and Marx's Theories of Capital Accumulation, *International Journal of Social Economics*, Vol. 14, No. 7/8/9, 1987, P. 37.

② R. J. Rotheim, Equilibrium in Walras's and Marx's Theories of Capital Accumulation, *International Journal of Social Economics*, Vol. 14, No. 7/8/9, 1987, P. 39.

完所有卷的副标题。《资本论》第一卷的副标题是"资本的生产过程"，第二卷的副标题是"资本的流通过程"，第三卷的副标题是"资本主义生产的总过程"。这种三部分划分方法和瓦尔拉斯的《纯粹经济学要义》非常相似，《纯粹经济学要义》第一篇到第五篇主要研究生产理论，第六篇为"流通和货币理论"，第七篇是"经济发展的条件和结果"。这些副标题表明，每部著作都应当被当成一个统一的整体而不是分离的部分。《资本论》的读者如在读完第一卷和第二卷后就停下来，这与马克思著作原意就相违背了，就像《纯粹经济学要义》的读者读完第五篇和第六篇停下来会就使瓦尔拉斯不快一样。《资本论》不同卷次体现马克思思想的不同进程，《资本论》第二卷紧紧接着《资本论》第一卷，且以《资本论》第一卷的内容为依据。如果我们打算对这种思想的发展有所洞察，就必须从《资本论》第一卷开始。

《资本论》第一卷主要分析的是构成资本主义生产方式特征的不同方面。马克思相信，价值和剩余价值概念是在生产领域而不是在流通领域被揭示出来的。价值关系强调并反映了资本主义的阶级关系。这些关系被分为拥有生产资料的阶级和被拥有生产资料的阶级雇佣的阶级。后者获得的实际价值少于转化到商品中的价值，两者之间的差异构成了剩余价值的来源。剩余价值不同于利润，后者在流通领域得以实现。只有在生产领域完全认识了剩余价值的来源，再生产的秘密才能被揭示出来。"资本主义生产的发展，使投入工业企业的资本有不断增长的必要，而竞争使资本主义生产方式的内在规律作为外在的强制规律支配着每一个资本家。竞争迫使他不断扩大自己的资本来维持自己的资本，而他扩大资本只能靠累进的积累"[1]。

但是，这种"累进的积累"是怎样产生的呢？通过剩余价值产生的。剩余价值是怎样产生的呢？或者说额外的资本价值是怎样产生的呢？马克思的回答是："它的产生过程我们是一清二楚的。这是资本化了的剩余价值。它一开始就没有一个价值原子不是由无酬的他人劳动产生的。合并追加劳动力的生产资料，以及维持这种劳动力的生活资料，都不外是剩余产品的不可缺少的组成部分，即资本家每年从工人阶级那里夺取的贡品的不可缺少的组成部分。"因此，"不管怎样，工人阶级总是用他们这一年的剩余劳动创造了下一年雇佣追加劳动的资本。"[2]

因此，如果进行资本积累，如果这种积累的源泉是无酬劳动，那么不仅

---

[1] 《马克思恩格斯文集》第5卷，人民出版社2009年版，第683页。
[2] 《马克思恩格斯文集》第5卷，人民出版社2009年版，第672页。

资本主义生产方式必须提供使这种积累成为必要的条件，第一，生产资料的生产必须在数量上至少满足补偿在生产中消耗掉的生产资料数量；第二，资本家阶级留有一定数量的剩余价值不能消费，以保证追加的资本流量，而且它必须确保产生剩余价值的生产关系被再生产出来。"因此，资本主义生产过程在本身的进行中，再生产出劳动力和劳动条件的分离。这样，它就再生产出剥削工人的条件，并使之永久化。它不断迫使工人为了生活而出卖自己的劳动力，同时不断使资本家能够为了发财致富而购买劳动力。现在资本家和工人作为买者和卖者在商品市场上相对立，已经不再是偶然的事情了。过程本身必定把工人不断地当作自己劳动力的卖者投回商品市场，同时又把工人自己的产品不断地变成资本家的购买手段。事实上，工人在把自己出卖给资本家以前就已经属于资本了。工人经济上的隶属地位，是由他的卖身行为的周期更新、雇主的更换和劳动的市场价格的变动造成的，同时又被这些事实所掩盖"。可见，在联系中考察资本主义生产过程，或从再生产过程加以考察时，"不仅生产商品，不仅生产剩余价值，而且还生产和再生产资本关系本身：一方面是资本家，另一方面是雇佣工人"①。

罗斯姆认为，上述引用的论述"才真正是马克思的积累理论"②。马克思的资本积累理论，包括三个方面：一是之所以存在净投资的需求，因为资本主义生产的外部强制法则驱使资本家为了保存自己的资本必须不断地扩大自己的资本；二是迫使资本家把剩余价值的一部分转化为资本而不是直接把它们消费掉；三是再生产生产关系使积累过程成为可能。③

罗斯姆认为，在森岛通夫看来，"马克思的范围比瓦尔拉斯的宽泛，因为马克思的理论，不仅关注通常的商品再生产问题，而且关注资产阶级和工人阶级的再生产（它的维持），从而论述了整个具有资本主义特征的生产过程的再生产。"④ 但森岛通夫随后就忽略了这点，他又提出，"然而，如果实质性的同一性被认识到，那么必须承认这种差异不足以重要到证明一百年的冷战（指马克思主义和新古典主义之间的争论）是合理的。"⑤

罗斯姆认为，森岛通夫拒绝考虑《资本论》第一卷中提出的根本性问题，而直接根据《资本论》第二卷提供的机制来表述他的观点。但是，马

---

① 《马克思恩格斯文集》第5卷，人民出版社2009年版，第666~667页。

② R. J. Rotheim, Equilibrium in Walras's and Marx's Theories of Capital Accumulation, *International Journal of Social Economics*, Vol. 14, No. 7/8/9, 1987, P. 39.

③ R. J. Rotheim, Equilibrium in Walras's and Marx's Theories of Capital Accumulation, *International Journal of Social Economics*, Vol. 14, No. 7/8/9, 1987, pp. 39 - 40.

④⑤ Morishima, M., *Marx's Economics*, Cambridge University Press, Cambridge, 1973, P. 105.

克思《资本论》第二卷的目的是什么呢？罗斯姆认为，在《资本论》第二卷中马克思希望人们认识到，由于资本流通过程中无数的相互依赖关系的存在，平衡的增长对积累而言是绝不可能的。因此，罗斯姆说，"均衡条件并不能构成一个积累理论，而仅仅是它的外在表现形式"①。马克思指出："资本家和工人之间的交换关系，仅仅成为属于流通过程的一种表面现象，成为一种与内容本身无关的并只是使它神秘化的形式。劳动力的不断买卖是形式。其内容则是，资本家用他总是不付等价物而占有的他人的已经对象化的劳动的一部分，来不断再换取更大量的他人的活劳动。最初，在我们看来，所有权似乎是以自己的劳动为基础的。至少我们应当承认这样的假定，因为互相对立的仅仅是权利平等的商品占有者，占有他人商品的手段只能是让渡自己的商品，而自己的商品又只能是由劳动创造的。现在，所有权对于资本家来说，表现为占有他人无酬劳动或它的产品的权利，而对于工人来说，则表现为不能占有自己的产品。所有权和劳动的分离，成了似乎是一个以它们的同一性为出发点的规律的必然结果。"②

罗斯姆认为，《资本论》第一卷中的积累理论是资本主义生产方式得以生存的理论，由于竞争过程的存在，资本必须通过扩张去抵消促使其利润率下降的力量。但是，生产资料的扩张，只是马克思再生产理论的一个因素。资本主义生产方式为了持续地更新自己，必须更新内在于资本主义体系的生产关系，必须更新生产剩余价值并使资本主义成为可能的阶级：雇佣劳动。罗斯姆认为，以上这些理论是马克思再生产理论的组成部分。罗斯姆指出："有些人可能说这些是经济社会学，而不是纯粹的经济学。但无论怎么样，它不会是瓦尔拉斯式的经济学。"③

40.2 马克思资本循环模型中的实现和积累问题

在《资本论》第二卷中，马克思讨论了资本价值在封闭的资本循环形式中的运动。在资本积累和价值实现之间存在一定的关系，这种关系只有放在资本循环的框架下才能加以研究。构筑马克思的资本循环模型，为研究资

① R. J. Rotheim, Equilibrium in Walras's and Marx's Theories of Capital Accumulation, *International Journal of Social Economics*, Vol. 14, No. 7/8/9, 1987, P. 40.

② 《马克思恩格斯文集》第 5 卷，人民出版社 2009 年版，第 673～674 页。

③ R. J. Rotheim, Equilibrium in Walras's and Marx's Theories of Capital Accumulation, *International Journal of Social Economics*, Vol. 14, No. 7/8/9, 1987, P. 41.

本构成、剩余价值率等问题提供一个分析框架，是西方学者非常关注的问题。弗利（D. K. Foley）在这方面进行了有益的尝试。弗利1982年发表的《马克思资本循环模型中的实现和资本积累》[①] 一文，通过建立数学模型讨论了资本循环，并利用这个模型分析了扩大再生产中资本积累和实现之间的关系。

在对这些问题的讨论中，弗利没有考虑资本家生产、收入分配和流通的技术变化和社会条件变化。生产要素的构成、工资和商品的周转次数假定不变，以保证模型能够实现稳定的经济增长。在现实的资本主义经济中，技术进步是在不断发生的，而且由分配所产生的冲突也在不断发生，所以弗利所讨论的模型只是对全面了解资本积累的阶段性的工作。

弗利的分析结果如下：第一，可以用严格的数学模型描述马克思关于资本循环的概念，其中各个变量可以通过资本主义企业财务账户中的数据来度量；第二，如果模型中的参数不随资本积累而发生改变，那么所讨论的模型能够预测稳定的资本积累；第三，由于总的有效需求不足，积累与商品的实现是不相容的，它可以通过不断增长的借贷来解决；第四，这种借贷规模的不断扩大会提高积累率，但是可实现的积累率存在一个上限，这个上限由当时的社会生产关系和生产力的发展来决定，而与生产要素和劳动的完全利用（新古典增长理论的观点）无关；第五，在模型中，货币价值的下降可以看成是实际的积累率接近其上限的结果。总之，费利所描述的简单模型，为马克思增长理论提供了一个框架，这个框架有助于推进对经典的宏观经济问题的新认识。

弗利的模型的基础是卡莱斯基和兰格对资本循环的数学分析。卡莱斯基和兰格主要是对固定资本存量及其变化的动态研究。弗利的模型详细讨论了在更一般情况下的整个生产成本。早期的模型利用加成来决定收入分配，进而决定消费。弗利将加成与劳动价值理论相结合，利用价值流的滞后来描述所有的支出。

费利在论文中简要回顾了劳动价值论和资本循环理论的基本概念，建立了简单的资本循环模型，讨论了它的基本性质；分析了这个模型中的实现和积累问题；通过引入信贷机制来解决产品实现的问题；介绍货币价值发生变化的可能性，研究由此产生的问题；最后对资本循环理论进行了整体评价。

---

① D. K. Foley, Realization and Accumulation in a Marxian Model of the Circuit of Capital, In *Karl Marx's Economics：Critical Assessments*, Edited by Cunningham Wood, Volume Ⅲ, pp. 902 – 920.

40.2.1 劳动、价值和资本循环

马克思对劳动价值论的基本解释是，商品的价值是凝结在商品上的抽象社会劳动的表现。在纷繁复杂的商品世界中，价值以一个统一的度量方式出现，它以货币的形式从具体商品中抽象出来。单个商品都有货币价格，而由于不公平的交易，这些货币价格可能高于或者低于凝结在这些商品生产上的实际社会劳动量。但是，从总量关系上来说，附加在所有商品上的价值则与生产所耗费的劳动总量成比例。弗利将总劳动支出和增加价值之间的比例称作货币价值。

弗利认为，由资本主义生产特性可以知道，劳动和增加价值的劳动能力本身就是一种商品，它具有货币价格，那就是工资，而且也具有价值，那就是劳动力价值。在此，可以将它看成是工资和货币价值的产物。不管是因为基本生活成本决定了工资，还是因为工人和资本家之间的阶级斗争在某种程度上决定了工资，劳动力价值在正常情况下都是小于 1 的。从平均意义上看，这表明劳动力的购买将会产生剩余价值，它等于劳动支出所产生的价值与工人通过工资获得的价值回报之间的差额。这个剩余价值又会成为经理人、销售人员等的收入，同时还用于支付其他的非生产性劳动报酬，比如租金，利息，税收。最后，它以红利的形式成为企业家们的剩余利润。

弗利认为，资本主义经济将永远处于一种持续的价值循环中。以货币表示的价值购买生产资料和劳动力，被重新投入到生产中。劳动力支出使得各种生产资料的价值得到保存，并且在生产过程中创造了比工资更高的新的价值。新的商品被出售，以实现其货币价值，从而实现剩余价值。而这些剩余价值又间接或直接地通过金融中介或金融市场进行分配。

弗利认为，从这个角度来看，资本主义经济可以看成是一个价值流动的循环体系。随着时间的变化，这些价值流动将经过不同的阶段。这样，在每个时间点上，总是有一定的价值量被看成是流通过程中的存量：一些是生产资本、一些是存货、一些是用于资本家再生产的货币资本。决定这个系统内在一致性的有两个原则，它们都源自劳动价值论：一是只有劳动支出才能产生价值；二是价值以交易的形式被保存。这里的第二个原则，并不是说交易过程能创造或损失价值，它表明一个人所得正好是另一个人所失，所以在交易过程中既不会有价值的增加，也不会有价值的减少。

在弗利看来，对资本主义经济的这种看法，为分析价值流动和它们与存量之间的关系提供了极为有效的方法。价值流动是整个分析的基础，而存货

之所以会产生，是因为价值从一个流通阶段到另一种阶段需要时间。因此，可以在资本家企业的利润表和资产负债表之间建立一种直接的对应关系，并且用马克思劳动价值理论中发展出来的概念来分析资本主义生产行为。在利润表中，生产成本是流入生产过程的资本价值，这些资本被用于购买原材料和其他生产资料（马克思称之为不变成本）和支付工人工资（马克思称之为可变成本）。销售收入包括两个部分：成本和总利润（马克思把总利润称作剩余价值）。剩余价值又被用于支付商人和企业管理成本、利息、税收、红利和未分配利润。企业资产负债表的资产部分记录了资本循环不同时期的价值存量。生产资本是厂房和设备，原材料存货以及部分成品存货的价值存量。它之所以存在，是因为在生产过程中存在时滞。商业资本是指等待出售的成品存货，它之所以存在，是因为在销售过程中也存在着时滞。金融资本是指企业的金融资产，它是在过去销售中实现，但还没有作为新的成本投入到再生产中的价值。

弗利认为，对于任何单个企业，或者企业总体来说，都可以作出以上类似的分析。但是只有在社会总资本水平上，以上的分类才能和劳动价值论对应起来。在任何低于总量水平的情况下，以货币表示的价值增加值和剩余价值可能会与企业的实际价值创造有所偏离，这是因为商品价格可能与商品实际价值不符。但是当我们加总所有的社会资本，并把它看成一个整体，由于货币价值是投入到生产中的总劳动时间与总价值增加值的比例，那么价值增加值和企业实际创造价值的偏离关系就不再存在。

在这个框架中，需要特别区分货币和价值的概念。货币是价值在资本流通过程中的一种承载体。比如说，当企业给工人支付了工资之后，货币就离开了资本流通，但是价值并没有离开。这是因为企业仍然拥有保持着他从工人那里购买到的，与工资等值的劳动力价值。但是在企业支付了红利、利息和税收之后，因为企业在交易过程中并没有收到等量的商品，所以价值和货币一起离开了资本循环。信贷的产生是另一种形式的价值，它本身并没有创造新的价值。从贷款人的角度来说，信贷将过去劳动支出所生产的货币价值，以及商品销售实现的货币价值转移给了借款人。而从借款人的角度，信贷是他们现在可以获得的，又可以用将来价值实现偿还的货币。从这两个方面来看，信贷都没有创造价值。

据此，弗利认为，马克思在资本分析中的基本概念可以这样来表示：劳动支出生产出来的价值表述为货币价值，这样可以将货币价值转化为劳动价值。生产成本分为不变成本和可变成本，弗利用可变资本与总资本的比例来度量两者的份额，并将其称为成本构成。新增价值可以分成可变资本和剩余价值，用剩余价值率，也就是剩余价值和可变资本的比例来表示它们的关系。剩余价值率和成本构成的乘积是剩余价值与总成本的比例，或者称为加成，它表明了价值在资本循环过程中能够扩张的程度。价值流通的速度用生产滞后量，销售或实现滞后量，再投资滞后量来度量，也正是因为存在着这些滞后量，所以产生了生产资本存量、商业资本存量以及金融资本存量。当剩余价值中的一部分再次投入到生产中时，一次资本循环就完成了，将投入生产的剩余价值比例称为资本化率。

40.2.2　资本循环模型

表示资本循环最简单的方法是将它看成是一个价值流动的序列，这个序列通过表示不同循环阶段的时差相联系。设 $C(t)$ 表示用于生产的总价值流量，它以原材料、生产资料和生产劳动工资的形式存在。这个流量是所有资本主义企业的流量加总，而且被用于工资支付（工资支付占总量的比例为 k）和非工资支付（非工资支付占总量的比例为 $1-k$），这其中包括在长期资本品上的总投资。

生产价值将会产生产成品的价值流量 $Q(t)$。因为价值流量的不同组成部分在生产过程中将保持不同的时间长度，所以我们将 $Q(t)$ 与 $C(t)$ 的关系式表示成：

$$Q(t) = \int_{-\infty}^{t} C(t') a(t-t'; t') dt' \tag{40.32}$$

这里 $a(t^*; t')$，$t^* \geqslant 0$，非负，而且积分为 1。$a(t^*; t')$ 是时间 t' 的成本投入，在时间 t^*+t' 转化成产成品的比例。

产成品流量经过一段时间之后又会形成销售流量 $S(t)$。产成品按照生产成本加上一个平均的加成 $q(t)$ 进行销售：

$$S(t) = \int_{-\infty}^{t} Q(t')(1+q(t')) b(t-t';t') dt' \tag{40.33}$$

这里 $b(t^*; t')$ 与 $a(t^*; t')$ 具有相同的性质，表示时间 t' 生产出来的产成品在时间 t^*+t' 被销售出去的比例。

从劳动价值论的角度来说，加成反映了劳动创造的新增价值要大于对生产工人的工资支付，这样剩余价值就等于 qC。

价值流量 S 有两个组成部分：一是对应着预先的支付 S'，它表示替代成本的价值；二是对应着剩余价值 S''。这其中成本部分可能在一定时期以后会再次投入到生产中。剩余价值中的一部分，比如说 p 的比例，也会重新投入到生产，这其中包括未分配利润，包括居民储蓄，包括在金融中介或者金融市场上获得利息收入或者红利收入。p 是资本化率。剩下的剩余价值将被用于消费。这样资本循环过程可以表示成：

$$C(t) = \int_{-\infty}^{t} S'(t')c(t - t'; t')dt' + \int_{-\infty}^{t} p(t')S''(t')c(t - t'; t')dt'$$

$$(40.34)$$

这里 $a(\cdot)$，$b(\cdot)$，$c(\cdot)$ 都表示在资本循环的不同阶段所占用的价值量，这些价值可以用于生产资本 N，等待销售的产成品存货（商业资本）M，以及企业家手中已经实现但还没有重新投入到生产中的价值，即金融资本 F。这些存量用下面的关系来表示：

$$\frac{dF(t)}{dt} = S'(t) + p(t)S''(t) - C(t) \qquad (40.35)$$

$$\frac{dN(t)}{dt} = C(t) - Q(t) \qquad (40.36)$$

$$\frac{dM(t)}{dt} = Q(t) - S'(t) \qquad (40.37)$$

方程（40.32）、方程（40.33）和方程（40.34）是线性积分方程的封闭齐次系统。在这里，只考虑这个系统的指数解。假定滞后变量 $a(\cdot)$，$b(\cdot)$，$c(\cdot)$ 和参数 p，q 随时间稳定。

首先假定所有的存量和流量都以速率 g 增长，以考察上面系统的解。因为系统是齐次的，设 C(0) = 1，那么，C(t) = exp(gt)。

根据方程（40.32）、方程（40.33）和方程（40.34），初始条件和增长率必须满足下面的条件：

$$Q(0) = a^*(g) \qquad (40.38)$$

$$S(0) = (1 + q)b^*(g)Q(0) = (1 + q)a^*(g)b^*(g) \qquad (40.39)$$

$$S'(0) = S(0)/(1 + q) = a^*(g)b^*(g) \qquad (40.40)$$

$$S''(0) = qS(0)/(1 + q) = qa^*(g)b^*(g) \qquad (40.41)$$

$$C(0) = 1 = c^*(g)(S'(0) + pS''(0))$$

$$= (1 + pq)a^*(g)b^*(g)c^*(g) \qquad (40.42)$$

其中 $a^*(g') = \int_{0}^{\infty} a(t')\exp(-g't')dt'$ 表示滞后方程 $a(\cdot)$ 按照贴现率 g' 贴现的现值。类似地，可以定义 $b^*(g)$ 和 $c^*(g)$。

如果 pq > 0，那么当 g = 0 时，方程（40.42）的右边等于 1 + pq > 1。因

为 $a^*(g)$，$b^*(g)$，$c^*(g)$ 是非负函数的贴现值，所以它们是 g 的单调减函数。这样随着 g 的增加，方程（40.42）的右边将单调地递减到 0，所以存在唯一的 g，由下面的式子决定：

$$1 = (1 + pq)a^*(g)b^*(g)c^*(g)$$

g 表示系统的积累方式。很容易证明，g 是资本化率 p 和加成 q 的增函数。

同样可以利用这些解以及方程（40.35）、方程（40.36）、方程（40.37），计算在积累的指数路径上生产资本、商业资本和金融资本的相对规模。

$$N(0) = (1 - a^*(g))/g \tag{40.43}$$

$$M(0) = [(1 - b^*(g))a^*(g)]/g \tag{40.44}$$

$$F(0) = [(1 + pq)a^*(g)b^*(g)(1 - c^*(g))]/g \tag{40.45}$$

从这些方程中，可以了解到所有企业加总的利润表和资产负债表，而且可以了解它们将怎样随积累参数的变化而变化。

这个系统的总利润率是剩余价值流量 S''，与生产和流通过程中所占用的资本存量，$N + M + F$ 的比率。利用方程（40.38）～（40.45），可以得到：

$$N(0) + M(0) + F(0) = pqa^*(g)b^*(g)/g \tag{40.46}$$

所以总利润率 r 满足：

$$r = S''/(N + M + F) = (gqa^*(g)b^*(g))/(pqa^*(g)b^*(g)) = g/p \tag{40.47}$$

或者：

$$pr = g \tag{40.48}$$

这个方程称为"剑桥方程"，它将利润率、积累率和资本化率联系起来。

五个基础变量决定了系统的稳定积累：加成 q，表明生产条件和剩余价值的比重；资本化率 p，决定用于再投资的剩余价值的比例；函数 $a(\cdot)$，$b(\cdot)$，$c(\cdot)$ 表明时间滞后量，或者是资本在不同循环阶段的换手率。注意函数 $a(\cdot)$ 所表示的生产过程中的时间滞后量与生产中所耗费的劳动时间并不相同。

上面的分析表明了社会资本层面上利润率如何形成。实际上，剩余价值是由工人以工资形式获得的产品增加值所决定的。这是因为生产资料本身就是商品，它们也具有价值，所以它们以"资本"的形式出现，也就是说生产占用了价值。从劳动价值论的观点来看，如果从像生产函数研究那样计算资本的生产率，那么就会忽略一些宏观经济因素。因为这样计算就会把生产和实现中的时间滞后量与劳动剥削的社会条件和生产技术条件相混淆。

40.2.3　实现和积累

以上讨论的模型并没有考虑商品实现的问题，或者说没有考虑有效需求的问题。弗利认为，只是假定生产和销售之间的时间差 b(·) 是系统的给定参数，而且商品的销售价格并不受市场状态的影响。这就相当于假定一个企业只是生产一种商品，然后等待一个买家过一段时间来把这种商品拿走。但是，在资本主义生产中商品实现并不是自动完成的。对于某个企业来说，它可能生产出质量存在瑕疵的产品，或者生产的产品不能满足市场的需求。对于社会总资本来说，凯恩斯和卡莱斯基的有效总需求分析也说明了这一点。能够实现最终产品的有效需求究竟如何产生呢？

从资本循环的角度来看，用于实现商品的货币需求本身产生于循环中所创造的收入。其中第一种需求是资本家用于生产资料的支出；$(1-k)C$。这种支出形成对最终产品的需求，而这些最终产品则用于生产投入或者是生产资料。第二种需求是对生产工人的工资支付，工人将工资作为维持生存的保障。第三种需求是资本家和家庭的需求，这取决于非生产性劳动的收入。产生这种需求的收入来自于剩余价值的一部分。政府也会对最终产品产生需求，政府的收入来自于对剩余价值的不同组成部分征税，或者是对工资征税。

收入循环的方式不同于资本循环。在收入循环中，工人出卖劳动获得收入，资本家通过占有剩余价值获得收入，他们将收入用于购买最终产品。但是，这就会有一个悖论。假定在资本循环的各个阶段，积累是随时间滞后量连续平滑变化，那么每个循环点上的价值流量就将对应于前一循环阶段的流量，所以在方程（40.39）和方程（40.42）中，有：

$$S(0) = (1+q)a^*(g)b^*(g) \qquad (40.49)$$

$$C(0) = (1+pq)c^*(g)S(0)/(1+q) \qquad (40.50)$$

如果 g 为正数，那么 $a^*(g)$，$b^*(g)$，$c^*(g)$ 将小于1，而且随着 g 增加，它们将下降。但是，有效需求产生于 C 和 S 的一部分。如果工人工资收入和支出之间存在时差，资本家获取剩余价值和消费，投资之间存在时差，从这些支出中所产生的有效需求将小于社会总供给。只有当 g = 0，也就是滞后系数为1时，社会需求才能实现全部最终产品上的剩余价值。从这种意义上说，资本以正的速度积累和社会产品的实现之间存在着矛盾。

这种矛盾只有当系统中的一些经济个体，比如说一部分企业，家庭或者政府在收入实现之前提前消费才能解决。解决的途径有两种：第一种是最普遍的情况，这是经济个体负债消费，然后用将来的收入偿还借款；第二种是经济个体发行货币商品股票，而且这种股票的积累独立于资本主义生产过程之外。

费利强调，借贷过程并不涉及价值的创造。事实上，它只不过是已经实现的以货币形式存在的价值从它的持有者那里转移到那些需要支出的人手中。对于贷款者来说，贷款表示在过去创造和实现的价值；对于借款者来说，贷款表示他在将来可能实现的价值。由于这种认识上的差别，导致破产和其他信贷系统冲击的产生。

资本借款人将借款投入到资本主义生产过程中获取剩余价值，贷款人与资本家讨价还价以获得这些剩余价值的部分比例，这个比例就是贷款利息。利息之所以会存在，是因为在经济中会有其他的借款人愿意支付这笔利息以获得生产资本。在通常情况下，利息率不会超过总的利润率，因为利润率决定了资本家借款人的偿还能力。而借款存在的风险和不确定性又决定了贷款人必须要获得一定量的利息。基于这种考虑，借款人和贷款人会就利息率来来回回地讨价还价，最终形成均衡利率。

当然，在信贷危机出现的时候，还有其他一些因素将会影响利息率的水平，如在流动性不足的情况下，借款人对其他债务的还款压力、贷款人对借款人还款能力的不确定等等。从资本循环的角度来说，信贷交易出现的原因在于资本家企业在收入实现之前有支出的需求，而且他们能够预期到未来收入能够偿还借款。政府的作用则是通过财政部门和货币部门来管理其自身的借贷；从而规范和限制它在收入和支出之间的冲突。所以利息本身仅仅是剩余价值流量的一个组成部分，它并不是一种对有价值的商品和服务的支付。

根据前面所描述的模型，在讨论实现问题时，必须放松实现滞后量 $b(\cdot)$ 外生给定的假定，让销售滞后量由销售内生决定，而销售又是依赖于总需求。这样，可以将销售流量表示成：

$$S(t) = (1-k)C(t) + \int_{-\infty}^{t} C(t')k(t')d(t-t';t')dt'$$

$$+ \int_{-\infty}^{t} S''(t')(1-p(t'))e(t-t';t')dt' + B'(t)$$

(40.51)

其中，$d(\cdot)$ 是工人工资支出的一个时间滞后量，$e(\cdot)$ 表示剩余价值中未用于积累部分的支出时间滞后量，$B'(\cdot)$ 表示政府和家庭用新增借款形成的支出。$C(t)$ 也可以表示成：

$$C(t) = \int_{-\infty}^{t} S'(t')c(t-t';t')dt'$$

$$\int_{-\infty}^{t} S''(t')p(t')c(t-t';t')dt' + B'(t) \qquad (40.52)$$

其中，B(t) 是新增借款的资本支出。最终产品的存货由下面的方程来决定：

$$\frac{dM(t)}{dt} = Q(t) - S(t)/(1+q(t)) \qquad (40.53)$$

如果假定存货销售是按照先进先出的原则进行的，那么销售就是 T 时间以后最终产品的价值，其中：

$$\frac{dT(t)}{dt} = S(t)/((1+q(t))Q(t-T)) - 1 \qquad (40.54)$$

为什么（40.54）式成立呢？这是因为先进先出的原则意味着：

$$\int_{t-\Delta t}^{t} S(t')/(1+q(t'))dt' = \int_{t-\Delta t-T(t-\Delta t)}^{t-T(t)} Q(t')dt' \qquad (40.55)$$

这个方程对时间微分，得到式（40.54）。

现在可以用下面的方程概括一个把实现问题考虑在内的模型：

$$Q(t) = \int_{-\infty}^{t} C(t')a(t-t';t')dt' \qquad (40.56)$$

$$S(t) = (1-k)C(t) + \int_{-\infty}^{t} C(t')k(t')d(t-t';t')dt'$$
$$\qquad (40.57)$$
$$+ \int_{-\infty}^{t} S''(t')(1-p(t'))e(t-t';t')dt' + B'(t)$$

$$C(t) = \int_{-\infty}^{t} S'(t')c(t-t';t')dt' + \int_{-\infty}^{t} S''(t')p(t')c(t-t';t')dt' + B'(t)$$
$$\qquad (40.58)$$

$$\frac{dF(t)}{dt} = S'(t) + S''(t) - C(t) + B(t) \qquad (40.59)$$

$$\frac{dN(t)}{dt} = C(t) - Q(t) \qquad (40.60)$$

$$\frac{dM(t)}{dt} = Q(t) - S'(t) \qquad (40.61)$$

$$\frac{dT(t)}{dt} = S(t)/((1+q(t))Q(t-T)) - 1 \qquad (40.62)$$

$$S'(t) = S(t)/(1+q(t-T)) \qquad (40.63)$$

$$S''(t) = q(t-T)S(t)/(1+q(t-T)) \qquad (40.64)$$

在 p，q，B，B′ 给定时，上面九个方程中有九个变量 Q，C，S，S′，S″，F，N，M，T，所以系统的解存在。

方程（40.62）~（40.64）反映了销售过程中最终产品存货先进先出的动态了。这就建立了在每个时刻待售产品的"制造年份"，也就将销售收入分成了两个部分：收回成本和剩余价值。给定这种划分，方程（40.57）和方程（40.58）构成一个流通的自治子系统，它通过存货（用 M 和 T 表示）与生产过程联系起来。

这样，在现在描述的模型中，资本的实际积累率取决于实现条件，特别是取决于滞后变量 c(·)，d(·)，e(·)，以及贷款量 B，B′。假定系统处于一个指数增长路径上（这样，B，B′与其他变量一样按照相同的速率呈指数增长），给定稳定的滞后变量 a(·)，b(·)，c(·)，d(·)，e(·) 以及常数 p，q，我们可以计算价值流的相对规模。从方程（40.57），可以得到：

$$S'(0) = (1 - k(1 - d^*(g)) + B'(0))/(1 + q(1 - (1 - p)e^*(g)))$$

$$(40.65)$$

而从方程（40.58），可以得到：

$$1 = c^*(g)(1 + pq)S'(0) + B(0) \qquad (40.66)$$

在给定支出滞后变量，资本化率和加成之后，方程（40.65）和（40.66）表明了实际积累率 g，与借款规模 B(0)，B′(0) 之间的关系。如果工人支出和剩余价值支出没有时间滞后，那么对于任意的 g，都有 d * (g) = e^*(g) = 1。如果进一步假定只有资本家能够借款，于是 B′(0) = 0，那么将看到 S′(0) = 1/(1 + pq)。在这种情况下，方程（40.66）变成：

$$B(0) = 1 - c^*(g) \qquad (40.67)$$

仔细考察这个式子，发现事实上实现的增长率 g，对应着由借款 B (0) 支付的资本家成本比例；g 越大，则 B(0) 越大。

这个结论建立了积累率实现和信贷扩张之间的联系。通过这种方式，资本循环理论厘清了马克思和凯恩斯所作分析之间的联系。尽管现在的分析局限于系统稳态路径，但是增长率和信贷关系仍然可以成为理解信贷政策对稳定经济增长所发挥作用的基础，它同时能够帮助理解信贷危机和生产危机之间的关系。

给定增长率 g，有：

$$Q(0) = a^*(g) \qquad (40.68)$$

$$N(0) = (1 - a^*(g))/g \qquad (40.69)$$

$$M(0) = (a^*(g) - S'(0))/g \qquad (40.70)$$

$$F(0) = [(1 + pq)S'(0) - (1 - B(0))]/g \qquad (40.71)$$

$$D(0) = B(0)/g \qquad (40.72)$$

其中，$D(t)$ 表示企业负债存量。

在增长路径上，资本主义企业借回货币，金融资本和其他部门的净货币积累形成了价值的积累。比如，在经典的马克思模型中，有：

$$F(0) = B(0)/g = D(0) \qquad (40.73)$$

为了简化讨论，假定不存在支出滞后和非资本主义生产性质的借款，这样 $d^*(g) = e^*(g) = 1$，而且 $B'(0) = 0$。

这样给定增长率 g，有：

$$M(0) = (a^*(g) - 1/(1+pq))/g \qquad (40.74)$$

而且如果 $dT/dt = 0$，那么：

$$(1+q)Q(0)\exp(-gt) = S(0) \qquad (40.75)$$

或者：

$$T = (1/g)\ln((1+pq)a^*(g)) \qquad (40.76)$$

因为 $M(0)$ 和 T 都大于 0，所以这些方程对实际增长率 g 的上界给出了定义。其上界 g^* 由下面的关系决定：

$$(1+pq)a^*(g^*) = 1 \qquad (40.77)$$

这就是说，最大的积累率 g^* 取决于加成 q、资本化率 p 和生产时间滞后量 $a(\cdot)$。从马克思分析的角度来说，这是一个最重要的结论。加成是成本构成和剩余价值率的乘积。这其中成本构成和 $a(\cdot)$ 反映了生产力的发展，而剩余价值率反映了资本家和工人阶级的社会关系。最大的积累率并不一定由劳动力的增长速度来决定，也不一定取决于所有资源的充分利用，这与新古典经济学的结论一样。资本循环各个环节的加成决定了价值的扩张，当实现没有滞后时，最大的积累增长率对应着资本循环中价值的最大运动速度。这和冯·诺伊曼经济增长路径相对应，因为积累完全受限于生产时间和资本的扩张能力。

在经典的马克思模型中，很容易看到资本循环模型中各个参数和资本实现最大积累速度之间的关系。加成越低，资本化率越低，生产时滞越长，那么积累的最大速度就越小。资本积累增长率越高，生产成本中负债的比例将越高，生产和销售之间的时间差将越短，所以等待销售的最终产品存货将越少。

这个模型综合了凯恩斯对有效需求的分析和马克思的生产分析。正如凯恩斯所指出的，有效需求的增加将增加资本积累率，但是如果资本主义生产的获利能力没有改变，那么只有减少存货来加速价值在资本循环环节的流通。

40.2.4 货币价值变化

弗利提出到目前为止，都是假定货币价值不变，也就是说货币表示的抽象社会劳动时间不变。需要考察假定在指数增长路径上系统参数随时间改变的情形。

在任何时点上，货币价值 m(t) 将货币量转化成劳动时间量。货币价值并不是价格水平的倒数，因为价格水平是一组特定商品和服务的货币成本。货币价值的倒数是这种意义上的价格水平和劳动生产率的乘积，而劳动生产率度量了单位时间的商品生产量。了解货币价值的运动方式是理解价格水平的第一步，但是，必须考虑到劳动生产率变化理论，以便建立价格水平理论。

用商品的实现时间来度量货币价值。它是商品销售上耗费的平均必要时间和销售实现的货币价值增加值之间的比例。如果劳动生产率变化，那么销售商品的价值将是现在再生产这种商品所要耗费的必要劳动，而不是历史上这种商品生产的劳动耗费量。

货币价值的变化并没有改变资本循环过程中的价值关系。这种情况之所以成立是因为假定剩余价值率和劳动力价值并不随货币价值改变而改变。这就意味着货币工资，随着货币价值改变做出了完全的、及时的调整。

最终产品的价值流量仍然等于：

$$Q(t) = \int_{-\infty}^{t} C(t')a(t-t'; t')dt' \tag{40.78}$$

如果要计算 Q 在各个时间点上的货币价值，必须将它除以货币价值。在变量之前加 " * " 来表示这个变量的货币价值，这样有：

$$^*Q(t) = Q(t)/m(t) \tag{40.79}$$

研究货币价值按照速率 u 指数下降的路径：

$$m(t) = m(0)\exp(-ut) \tag{40.80}$$

现在用货币变量来表示实现模型。由于货币价值存在折旧率 u，所以货币的积累率将高于 g。在经典的马克思模型中，不存在支出滞后，而且只存在资本主义生产借贷，所以有：

$$^*S(t) = ^*C(t) \tag{40.81}$$

$$^*C(t) = \int_{-\infty}^{t} {}^*S(t')c(t-t'; t')dt' + {}^*B(t) \tag{40.82}$$

如果系统在指数增长路径上，那么货币流量将按照 $g+u$ 的速度增长。货币积累率和借款规模之间的关系可以表示成：

$$^*B(0) = 1 - c^*(g+u) \tag{40.83}$$

给定货币成本中的借款份额 $^*B(0)$，货币的折旧速度越大，实际积累的速度越低。

弗利对影响货币贬值率 u 的关系作了进一步的探讨。他提出，许多不同的通货膨胀理论可以引入资本循环理论。这里考虑一个通货膨胀的"需求推动"模型，在这个模型中需求的压力可以表现为等待销售的存货商品的下降。作为一种近似，假定 u 依赖于 T。这就是说，当生产和销售之间的时差变短时，那么资本家将会察觉到市场需求增加，商品的市场价格将增加。但是，如果 T 增加，那么企业将面临产品销售的困难，这样市场价格将下降以使得资本家减少存货。注意 T 是一个宏观经济变量，它是对所有正在销售产品的企业所面临的平均困难的度量，而不是对企业之间的竞争情况的考虑。当然在现实中，因为竞争差异，不同的企业会发现他们的时间滞后量是在社会平均时间滞后量的周围分布。T 本身还是由加成、资本化率和实际增长率来决定的：

$$T = (1/g)\ln((1+pq)a^*(g)) \tag{40.84}$$

$$u = u(T), u' < 0 \tag{40.85}$$

给定 p，q，$^*B(0)$ 和滞后变量 $a(\cdot)$，$c(\cdot)$，可以通过方程 $(40.83) \sim (40.85)$ 得到 g，u，T。显然 $^*B(0)$ 增加将使得 $g+u$ 增加。事实上，可以将方程（40.84）代入到方程（40.85）中，得到：

$$u = u((1/g)\ln((1+pq)a^*(g))) \tag{40.86}$$

对方程（40.86）微分，可以证明给定其他参数不变，u 随着 g 的增加而增加。在给定 g 时，u 随着加成或资本化率的增加而下降。

通过引入实现时滞和货币折旧，弗利建立了生产和流通的完整联系。有效需求扩大将增加以货币度量的积累率。这种增加一方面将增加价值积累率，另一方面将增加货币的折旧率。随着积累率接近由社会关系和生产力发展水平所决定的最大积累率，积累货币率的增加将越来越表现为货币折旧率的增加。

弗利得出的一个有意义的结论是，如果加成下降可能会导致通货膨胀。因为加成下降在降低最大积累率的同时，还降低了等待销售的存货产品的数量，缩短了实现的时差。因为资本化率 p 总是以和 q 乘积的形式出现在模型中，所以资本化率下降也会产生通货膨胀。这个结论表明，通过控制信贷规模管理总有效需求能够对积累率的实现产生影响，但是其影响力受到企业盈利条件和积累条件的限制。也可以将上面的分析直接扩展到考虑工人工资收入和消费，以及资本家剩余价值实现和消费之间存在时间差的情况，同时还可以考虑其他的部门也存在借贷的情况。这实际上说明模型具有相当的扩展性。

弗利最后指出，资本循环的概念能够让人们从马克思劳动价值论的角度对宏观经济做出解释。可以将其他理论的假定条件以一种可检验的方式融入到这个一般的框架中。比如说，可以假定资本化率是居民财富的函数，来考察"实际货币量"的影响。也可以假定借贷量 B，投资滞后变量 c(·) 是利息的函数，这样就将凯恩斯的投资是利息的减函数的假定引入到了资本循环模型中。因为在总量资产负债表和利润表中，资本循环模型中的变量是可以观测的，所以原则上可以看到各种宏观经济影响在各个时期的重要作用。

弗利的简单线性资本循环模型反映了马克思对于资本积累过程的基本观点。最大积累率受到由剩余价值率所反映的生产社会关系的限制，而且还受到由成本构成和生产时间滞后量所反映的生产力发展水平的限制。在新古典增长模型中，劳动和其他资源的有限供给决定了潜在的增长率，但是在模型中，劳动供给只是通过其他社会变量对最大经济增长率产生影响。实际的积累率对应着一定的信贷规模。如果资本主义生产的获利能力下降，那么最大积累率将下降，而且实现时差将缩短。如果货币价值的折旧率随着销售时滞量的缩短而上升，那么加成下降将会导致货币价值加速折旧。如果货币价值折旧趋缓，那么系统的实际积累率将下降。这个过程可以看成是资本主义积累和信贷的一种危机，但是弗利只是在指数增长路径上对这种情况给予研究。弗利认为上述结论反映了马克思的基本思想：诸如货币价值变化和积累率变化之类的宏观经济现象反映了控制生产的社会关系的变化。

资本循环模型可以看成是不同经济增长理论方法的综合。凯恩斯关于经济行为依赖于有效总需求的思想被引入到模型中，来表示实际积累率和信贷规模扩张之间的关系。资本循环模型解释了这种关系背后的动态特征；有效需求增加将使得实现时滞变短，从而加速价值在资本循环过程的流通速度。资本循环模型还证明了有效需求对于限制最大积累率的作用。因为当实现时滞等于 0 时，系统将受到生产中的价值扩张能力的限制，所以最大积累率事实上对应着冯诺伊曼增长率。从另一个角度来说，资本循环模型也可以看成是哈罗德—多马模型的一般形式。

第41章 社会资本再生产理论概述

社会资本再生产理论是马克思经济学的重要内容。在马克思看来，社会资本再生产的分析重点之一，是通过对扩大再生产过程和性质的分析揭示资本主义社会资本再生产的基本规律和基本条件及内在矛盾。显然，社会资本再生产中剩余价值生产和实现的矛盾是这一分析中的一个重要问题。这一问题是与经济危机理论和资本主义生产方式历史趋势问题联系在一起的。

41.1 置盐信雄论马克思的再生产图式

置盐信雄1988年发表的《论马克思的再生产图式》一文①，从马克思的扩大再生产图式出发，提出了一个新的均衡等式，并用它来说明资本积累的基本矛盾——剩余价值生产和剩余价值实现的矛盾。

置盐信雄一开始就指出，马克思在《资本论》第二卷提出了著名的扩大再生产图式，并试图通过这种扩大再生产阐明下述观点：第一，资本主义经济有其内在的运行机制，这种机制能解决实现问题并扩大自身的再生产，尽管马尔萨斯和西斯蒙第对此一直持有不同的意见；第二，即使忽略了实现问题，资本主义经济的积累过程仍存在内在的矛盾；第三，资本主义积累过程是在重重困难和不均衡的情况下推进的。置盐信雄试图"尽可能明白而又简单地得出上述命题"②。置盐信雄的分析主要使用了数学方法。他认为，马克思在《资本论》中分析了部门之间资本有机构成不同的情况。为了使问题相对简单，在讨论的开始，最好假设不同部门之间的资本有机构成是相等的，因为这样可以避免《资本论》第三卷中出现的价值向生产价格的转

---

① N. Okishio, On Marx's Reproduction Scheme, *Kobe University Economics Review*, Vol. No. 34, 1988, pp. 1 - 24. In *Karl Marx's Economics*: *Critical Assessments*, Edited by Cunningham Wood, Volume Ⅷ, 1993, pp. 46 – 66.

② N. Okishio, On Marx's Reproduction Scheme, *Kobe University Economics Review*, Vol. No. 34, 1988, pp. 1 - 24. In *Karl Marx's Economics*: *Critical Assessments*, Edited by Cunningham Wood, Volume Ⅷ, 1993, P. 46.

化所引起的问题的复杂化。虽然固定资本在积累过程分析中是一个重要的因素，但在初步的分析中，它仍然会带来不必要的复杂性。

41.1.1 资本主义经济

置盐信雄认为，资本主义经济表现出下述两个特征：一是劳动的社会分工和私人拥有生产资料使得产品成为商品；二是被排除在生产资料所有者之外的人为了生存必然成为雇佣劳动者。[①] 必须首先建立可以反映这两个特征的简单模型。置盐信雄用图 41 – 1 表示简单的社会劳动分工体系。

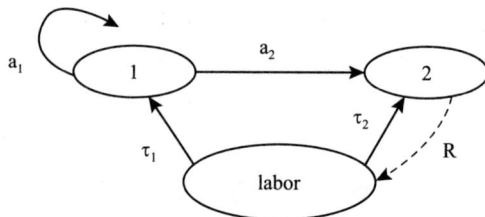

图 41 – 1 劳动分工体系

第 1 种和第 2 种商品分别是生产资料和消费商品。为了生产一单位的第 i 种商品，需要 a_i 单位的生产资料和 τ_i 劳动作为投入。劳动者每单位劳动获得 R 单位的消费品。显然，只有在以下条件下，净产品才是可能的：

$$1 - a_i > 0 \qquad (41.1)$$

马克思的商品的单位价值 λ_1，λ_2 由下面的式子决定：

$$\lambda_1 = a_1 \lambda_1 + \tau_1$$
$$\lambda_2 = a_2 \lambda_2 + \tau_2 \qquad (41.2)$$

由式（41.1）知 λ_1，λ_2 为正。

在资本主义经济下，雇佣劳动者不得不在受资本家剥削的情况下被雇用。设 R 为每单位劳动支付的消费品，有：

$$1 - R\lambda_2 > 0 \qquad (41.3)$$

生产 R 单位的消费商品所必需的直接和间接劳动为 $R\lambda_2$，而且 $R\lambda_2$ 小于一单位劳动，换句话说，雇佣劳动者被迫为资本家生产剩余价值。

---

① N. Okishio, On Marx's Reproduction Scheme, *Kobe University Economics Review*, Vol. No. 34, 1988, pp. 1 – 24. In *Karl Marx's Economics*: *Critical Assessments*, Edited by Cunningham Wood, Volume Ⅷ, 1993, P. 47.

当忽略资本有机构成之间的不等时，可以有：

$$\frac{a_1}{\tau_1} = \frac{a_2}{\tau_2} \tag{41.4}$$

为了分析问题的方便，置盐信雄引入了"产品有机构成"（Organic Composition of Production）的概念。在《资本论》中，马克思把资本有机构成定义为 $\frac{C}{V}$，C 代表不变资本，V 代表可变资本，$\frac{C}{V}$ 依赖于剥削率，因为：

$$\frac{C}{V} = \frac{C}{N}\left(\frac{M}{V} + 1\right)$$

N 代表活劳动数量，N = V + M，M 代表剩余价值。置盐信雄定义的"产品有机构成"为：

$$\mu = \frac{C}{N}$$

在置盐信雄的简单模型中，所有部门的产品有机构成为：

$$\mu_1 = \frac{a_1\lambda_1}{\tau_1}, \quad \mu_2 = \frac{a_2\lambda_2}{\tau_2} \tag{41.5}$$

从假定式（41.4）可知：

$$\mu_1 = \mu_2 = \mu \tag{41.6}$$

为了对积累过程进行分析，置盐信雄对生产的时间模式进行了假定。马克思假定在当期生产产品的劳动和生产资料必须在前一时期作为投入。置盐信雄采用了这一假定。因此，在第 t 期为了生产一单位第 i 种商品，τ_i 和 a_i 必须作为第 t−1 期的投入。另外，还必须对消费做出假定。劳动者预先获得工资，其表现就是劳动者在他们的产品生产出来之前就已经获得工资。劳动者在收到工资的当期，把工资收入完全用于消费商品。换句话说，工人消费由劳动在更早一期生产出来的商品。假定所有部门的资本家把利润的一个固定部分 a 用于消费。在这一点上，置盐信雄的假定不同于马克思。马克思没有假定在所有的部门资本家的消费和利润比率是相等的。置盐信雄指出，"不同部门的资本家有不同的消费对利润的比率，是十分奇怪的"[1]。马克思假定资本家把储蓄投入到能获取适当利润的部门，资本家的唯一目标就是得到适当的利润。置盐信雄放弃了马克思有关资本家行为的这一假定。

---

① N. Okishio, On Marx's Reproduction Scheme, *Kobe University Economics Review*, Vol. No. 34, 1988, pp. 1 – 24. In *Karl Marx's Economics*: *Critical Assessments*, Edited by Cunningham Wood, Volume Ⅷ, 1993, P. 48.

41.1.2 再生产图式

置盐信雄认为，马克思再生产图式的第一个目标就是，证明满足下述三个条件的资本主义经济的时间路径的存在：一是在各个时期两个部类的产出量分别等于其需求量；二是在两个部类，可获得的生产资料和劳动都得到充分的利用；三是两个部类的利润率是相等的，且利润率等于资本家要求的利润率。

如果价格 p_1，p_2 是由下面的式子决定，那么，条件式（41.3）就可以得到满足：

$$p_1 = (1 + r^*)(a_1 p_1 + \tau_1 R p_2)$$
$$p_2 = (1 + r^*)(a_2 p_1 + \tau_2 R p_2) \tag{41.7}$$

r^* 为资本家要求的利润率，如果式（41.4）成立，那么：

$$\frac{p_1}{p_2} = \frac{\lambda_1}{\lambda_2} \tag{41.8}$$

"生产价格"比率等于价值比率。等式（41.8）可以被改写为：

$$p_1 = k\lambda_1$$
$$p_2 = k\lambda_2 \tag{41.9}$$

由式（41.7）利润率 r 可以表述如下：

$$r^* = \frac{p_1 - a_1 p_1 - \tau_1 R p_2}{a_1 p_1 + \tau_1 R p_2}$$

由式（41.9）得到：

$$r^* = \frac{\lambda_1 - a_1 \lambda_1 - \tau_1 R \lambda_2}{a_1 \lambda_1 + \tau_1 R \lambda_2}$$

由式（41.2）得到：

$$r^* = \frac{\tau_1 (1 - R\lambda_2)}{a_1 \lambda_1 + \tau_1 R \lambda_2} = \frac{e}{\mu(1 + e) + 1} \tag{41.10}$$

剥削率：

$$e = \frac{1 - R\lambda_2}{R\lambda_2} \tag{41.11}$$

产品有机构成：

$$\mu = \frac{a_1 \lambda_1}{\tau_1} = \frac{a_1}{1 - a_1} \tag{41.12}$$

如果第 t 期的产品数量 x_1^t，x_2^t 由下式决定，那么条件式（41.1）可以得到满足：

$$x_1^t = (a_1 x_1^t + a_2 x_2^t) + (I_1^t + I_2^t) \tag{41.13}$$

$$x_2^t = R(N_1^t + N_2^t) + \frac{a(\pi_1^t + \pi_2^t)}{p_2} \tag{41.14}$$

式（41.13）右边的第一项是生产资料置换需求（Displacement Demand），第二项是新的投资需求。式（41.14）右边第一项是在第 t 期被雇用的劳动者的消费需求，第二项是资本家的消费需求，π_1^t，π_2^t 表示两个部门得到的利润数量，因此，从式（41.7）有：

$$\frac{\pi_1^t}{p_2} = r^* \left(\frac{a_1 p_1}{p_2} + \tau_1 R \right) x_1^t$$

$$\frac{\pi_2^t}{p_2} = r^* \left(\frac{a_2 p_1}{p_2} + \tau_2 R \right) x_2^t$$

由式（41.8）和式（41.10）得：

$$\frac{\pi_1^t}{p_2} = \frac{(1 - R\lambda_2)\tau_1}{\lambda_2} x_1^t$$

$$\frac{\pi_2^t}{p_2} = \frac{(1 - R\lambda_2)\tau_2}{\lambda_2} x_2^t \tag{41.15}$$

条件式（41.2），即可得的生产资料和劳动的充分利用，要求：

$$a_1 x_1^t + I_1^t = a_1 x_1^{t+1}$$

$$a_2 x_2^t + I_2^t = a_2 x_2^{t+1} \tag{41.16}$$

$$N_1^t = \tau_1 x_1^{t+1}, \quad N_2^t = \tau_2 x_2^{t+1} \tag{41.17}$$

等式（41.16）表示两个部类的生产资料得到充分利用，等式（41.17）表明被雇用的劳动充分地用于生产。通过把式（41.15）~（41.17）放入式（41.13）和式（41.14），有：

$$x_1^t = a_1 x_1^t + a_2 x_2^t + a_1(x_1^{t+1} - x_1^t) + a_2(x_2^{t+1} - x_2^t) \tag{41.18}$$

$$x_2^t = R(\tau_1 x_1^t + \tau_2 x_2^t) + R\{\tau_1(x_1^{t+1} - x_1^t) + \tau_2(x_2^{t+1} - x_2^t)\}$$

$$+ \frac{a}{\lambda_2}(1 - R\lambda_2)(\tau_1 x_1^t + \tau_2 x_2^t) \tag{41.19}$$

用 λ_1 和 λ_2 乘式（41.18）和式（41.19）的两边，可以得到：

$$X_1^t = C_1^t + C_2^t + \Delta C_1^t + \Delta C_2^t \tag{41.20}$$

$$X_2^t = V_1^t + V_2^t + \Delta V_1^t + \Delta V_2^t + a(M_1^t + M_2^t) \tag{41.21}$$

X，C，V，M 是马克思的符号：

$$X_i^t = \lambda_i x_i^t,$$

$$C_i^t = a_i \lambda_1 x_i^t$$

$$V_i^t = R\lambda_2 \tau_i x_i^t$$

$$M_i^t = (1 - R\lambda_2)\tau_i x_i^t \tag{41.22}$$

$$X_i = C_i + V_i + M_i \quad (i = 1, 2) \tag{41.23}$$

置盐信雄认为，等式（41.21）、等式（41.22）和等式（41.23），代表了马克思的扩大再生产图式。

41.1.3 均衡增长率和部门比率

置盐信雄关注的是满足三个条件的资本主义经济的时间路径的特征问题。

第一，为了满足条件（41.1）、（41.2）、（41.3），所有储蓄的剩余价值必须投入生产以增加产量。

把式（41.20）和式（41.21）相加：

$$X_1 + X_2 = (C_1 + V_1) + (C_2 + V_2) + \Delta V_1 + \Delta V_2$$
$$+ \Delta C_1 + \Delta C_2 + a(M_1 + M_2)$$

使 $1 - a = s$，由式（41.23）可得：

$$s(M_1 + M_2) = \Delta V_1 + \Delta V_2 + \Delta C_1 + \Delta C_2 \tag{41.24}$$

从而得到上述结论。

第二，为了使上述三个条件成立，第 I 部类和第 II 部类之间的比率 $\dfrac{X_1}{X_2}$ 必须保持不变。

根据两个部类产品有机构成相等的假定：

$$\frac{\Delta C_1}{\Delta V_1} = \frac{\Delta C_2}{\Delta V_2} = \mu(1 + e) \tag{41.25}$$

由式（41.20）、式（41.21）和式（41.25），消除 ΔC_i 和 ΔV_i，可以得到：

$$X_2 = V_1 + V_2 + \frac{X_1 - C_1 - C_2}{\mu(1 + e)} + a(M_1 + M_2) \tag{41.26}$$

由于产品有机构成相等，再一次可得：

$$\frac{C_1}{X_1} = \frac{C_2}{X_2} = \frac{\mu}{1 + \mu}$$

$$\frac{V_1}{X_1} = \frac{V_2}{X_2} = \frac{1}{(1 + e)(1 + \mu)} \tag{41.27}$$

$$\frac{M_1}{X_1} = \frac{M_2}{X_2} = \frac{e}{(1+e)(1+\mu)}$$

从式（41.26）和式（41.27），有：

$$\frac{X_1}{X_2} = \frac{\mu\{(1+e)(1+\mu) - ae\}}{1+\mu(1+ae)} = \lambda^* \tag{41.28}$$

上式表明部类之间的比率 $\frac{X_1}{X_2}$ 保持恒定。

第三，资本主义经济要保持持续均衡增长，两个部类的增长率必须相等，而且增长率保持不变。

由上述分析可知部类比率保持不变，因此两个部类的增长率必须相等：

$$\frac{\Delta X_1}{X_1} = \frac{\Delta X_2}{X_2} = g^* \tag{41.29}$$

由式（41.24）、式（41.25）和式（41.27）可得：

$$\frac{se}{(1+e)(1+\mu)}(X_1 + X_2) = \{1 + \mu(1+e)\}(\Delta V_1 + \Delta V_2) \tag{41.30}$$

在假定产品有机构成相等，技术和实际工资比率保持不变的情况下，得到：

$$\frac{\Delta V_1}{\Delta X_1} = \frac{\Delta V_2}{\Delta X_2} = \frac{1}{(1+e)(1+\mu)}$$

$$\frac{\Delta C_1}{\Delta X_1} = \frac{\Delta C_2}{\Delta X_2} = \frac{\mu}{1+\mu} \tag{41.31}$$

通过式（41.29）~（41.31）可知：

$$g^* = \frac{se}{\{1 + \mu(1+e)\}} \tag{41.32}$$

上式表明增长率相等且保持不变。

第四，为了保持均衡的增长路径，两个部类的积累率必须为 g^*，积累率为新投资和资本之间的比率。式（41.27）、式（41.29）和式（41.31）很容易得到积累率等于 g^*：

$$\frac{\Delta C_i}{C_i} = \frac{\Delta C_i}{\Delta X_i}\frac{\Delta X_i}{X_i}\frac{X_i}{C_i} = g^*$$

$$\frac{\Delta V_i}{V_i} = \frac{\Delta V_i}{\Delta X_i}\frac{\Delta X_i}{X_i}\frac{X_i}{V_i} = g^* \tag{41.33}$$

$$\frac{\Delta(C_i + V_i)}{C_i + V_i} = g^*$$

41.1.4 λ^* 和 g^* 的决定因素

上述分析表明，资本主义经济要保持均衡积累过程，两个部类之间的比率必须为 λ^*，两个部类的增长率必须为 g^*，但是，是什么因素决定了这些情况呢？

由定义 λ^* 的等式（41.28）可以得到：

$$\lambda^* = \frac{\mu(1 + sr^*)}{1 - \mu sr^*} \qquad (41.34)$$

由 $1 - a = s$ 和式（41.10）可得：

$$(1 + e)(1 + \mu) - ae = 1 + \mu(1 + e) + se$$
$$= \{1 + \mu(1 + e)\}(1 + sr^*) \qquad (41.35)$$

$$1 + \mu(1 + ae) = 1 + \mu(1 + e) - \mu se$$
$$= \{1 + \mu(1 + e)\}(1 - \mu sr^*) \qquad (41.36)$$

由定义 g^* 的等式（41.32）和式（41.10）可得：

$$g^* = sr^* \qquad (41.37)$$

因此，均衡的部门比率 λ^* 和均衡的增长率 g^* 是由资本家的储蓄率 s，产品的有机构成 μ 和利润率 r^* 所决定的。然而，正如式（41.10）所表明的，利润利率 r 是 μ 和剥削率 e 的函数。从而可以推论 λ^* 和 g^* 是 s，e 和 μ 的函数。下面考虑这些因素是如何影响 λ^* 和 g^* 的。

第一，资本家的储蓄率 s。由于 s 不影响利润率 r，从式（41.34）和式（41.36）可知，s 越大，λ^* 和 g^* 越大。如果储蓄率 $s = 0$，那么就得到简单再生产的情况，$g^* = 0$，且 $\lambda^* = \mu$。当储蓄率是正的时候，即 $s > 0$，就得到扩大再生产的情况，$g^* > 0$ 且 $\lambda^* > \mu$。假定劳动者被剥削，$e > 0$，因此利润率是正的，$r^* > 0$。

第二，剥削率 e。从对剥削率的定义式（41.11）可知，当 $R\lambda_2$ 下降时，剥削率 e 上升。如果由 $\frac{1}{\lambda_2}$ 度量的劳动生产率增加且实际工资率 R 不存在相对应的增加，$R\lambda_2$ 的下降导致剥削率 e 的增加。置盐信雄认为，这就是马克思的相对剩余价值剥削。

实际工资率 R 被定义为：

$$R = \frac{B}{T} \qquad (41.38)$$

B 为劳动者每天获得的消费品的数量，T 为工作日的长度。如果资本家增加工作日的长度 T，而没有相应地增加日支付 B，实际工资率 R 下降。置盐信雄认为，这与马克思所说的绝对剩余价值剥削相一致。

由式（41.10）可知，剥削的增加提高了利润率，因此根据式（41.34）和式（41.36）可知 λ^* 和 g^* 增加。

第三，产品有机构成 μ。利润率的定义式（41.10）表明，利润率是 μ 的减函数。从式（41.36）可以很容易地看出，g^* 是 μ 的减函数，因为：

$$\frac{\mathrm{d}g^*}{\mathrm{d}\mu} = s\,\frac{\mathrm{d}r^*}{\mathrm{d}\mu} < 0 \tag{41.39}$$

但是从式（41.34）中不容易看出 λ^* 是否是 μ 的增函数。在式（41.34）中，λ^* 是 μ 和 r 的函数，r 是 μ 的减函数，从式（41.34）可知：

$$\lambda^* = \frac{\mu + s\mu r^*}{1 - s\mu r^*} \tag{41.40}$$

因此，如果能说明 μr 是 μ 的增函数，那么就能够说明 λ^* 是 μ 的增函数，由式（41.11）可得：

$$\mu r^* = \frac{e\mu}{\mu(1+e)+1} = \frac{e}{1+e+\dfrac{1}{\mu}} \tag{41.41}$$

因此，μr 是 μ 的增函数，从而 g^* 是 μ 的减函数，λ^* 是 μ 的增函数。

41.1.5 矛盾

到目前为止，置盐信雄一直在研究满足三个条件的均衡增长的存在性及其特征。马克思的结论是，即使忽略所有扰乱均衡增长路径的因素，均衡增长路径自身仍然有内在的矛盾。那么，在均衡增长路径中到底存在什么矛盾呢？置盐信雄对这个问题作了进一步分析。

一是生产和消费之间逐渐扩大的差距。由物质形式表示的净产品可以由向量（$x_1 - a_1x_1 - a_2x_2$, x_2）表示，在马克思意义上的净产出的总价值可以表示为：

$$(x_1 - a_1x_1 - a_2x_2)\lambda_1 + x_2\lambda_2 = X_1 + X_2 - C_1 - C_2 \tag{41.42}$$

置盐信雄把生产和消费之间的差距定义为净产出价值和消费价值之间的差距。在均衡时，消费的价值等于消费品的价值 X_2，从而，差距由 $X_1 - C_1 - C_2$ 确定，由式（41.20）可得到：

$$X_1 - C_1 - C_2 = \Delta C_1 + \Delta C_2 \tag{41.43}$$

可知生产和消费之间的差距等于剩余的生产资料（$X_1 - C_1 - C_2$），它被积累需求（$\Delta C_1 + \Delta C_2$）所吸收。在均衡的增长路径，由式（41.33）和式（41.36）可得到：

$$X_1 - C_1 - C_2 = sr^*(C_1 + C_2) \tag{41.44}$$

置盐信雄认为，这表明，差距的存在来自于 $r > 0$，$s > 0$。为了使 r 为正，劳动者必须受剥削，因此可以认为，对劳动者的剥削和资本家的正的储蓄是差距存在的先决条件。资本家的正储蓄是资本主义经济的独特特征的反映。在奴隶制和封建制经济中，统治阶级剥削劳动者是为了他们的奢侈的消费。但是在资本主义经济中，资本家剥削劳动者的目的在于无休止的积累。

在均衡增长路径中，生产和消费之间的差距在逐渐扩大。在式（41.44）中，（$C_1 + C_2$）以式（41.33）中 g^* 的速度增长，因此（$X_1 - C_1 - C_2$）也以 g^* 的速度增长。生产和消费之间的差距在扩大，但在均衡增长的路径中，实现并不会存在困难，因为这种差距被资本家的投资需求所吸收，然而，当资本家的投资需求因为某种原因收缩时，将会出现严重的实现问题。

二是资本家和雇佣劳动者之间经济差别的扩大。在均衡增长路径中，剥削率保持恒定，尽管如此，资本家和雇佣劳动者之间的经济地位之间的差别仍然会大大增加。这源自工资劳动者花费了他们所有雇佣收入，因此，必须重新回到劳动力市场出卖劳动力以求生存。另一方面，资本家以 g^* 的比率积累他们的资本。

如果剥削率保持恒定，实际工资比率 R 的增加只与劳动生产率 $\frac{1}{\lambda_2}$ 的增加成比例。另一方面，资本家实际消费比劳动生产率增加得更快。资本家的实际消费为：

$$\frac{a(M_1 + M_2)}{\lambda_2} = \frac{ae}{\lambda_2}(V_1 + V_2) \tag{41.45}$$

$V_1 + V_2$ 以 g^* 的比率增加，劳动生产率 $\frac{1}{\lambda_2}$ 以 β 的比率增加，那么资本家的实际消费增加的比率为：

$$(1 + g^*)(1 + \beta) - 1 \approx g^* + \beta \tag{41.46}$$

因此，资本家和雇佣劳动者之间存货上存在的差别，和个人真实消费上存在的差别在均衡增长中都在增加。

三是失业或劳动短缺。置盐信雄指出，在均衡增长路径上，资本家很快乐。他们生产的产品可以以他们要求的利润率被售卖出去，他们拥有的生产资料在每个时期都得以充分利用。然而，从雇佣劳动者的角度看，远远没有这么快乐。

在均衡增长路径中，（用小时度量的）就业增加的比率等于 g^*。

$$\frac{\Delta N}{N} = \frac{\Delta(M_1 + V_1 + M_2 + V_2)}{M_1 + V_1 + M_2 + V_2} = g^*$$

但是，并不能说明 g^* 等于劳动供给的增加率 n。如果 $g^* < n$，失业率以接近 $n - g^* > 0$ 的速率增加，如果失业率超过特定的上限，资本主义经济的基础就会动摇。资本家提供的就业岗位数量不足，使其能够在劳动力市场起支配和主导作用，这是资本主义经济的基础。如果就业岗位急剧下降，那么维持资本主义生产关系就会很困难。相反地，如果 $g^* > n$，失业率会以接近 $n - g^* < 0$ 的比率减少，相应地资本家不能获得必需的劳动力去持续均衡的增长，他们的生产资料会闲置，均衡增长将不再可能。从而，为了使均衡增长能够持续，g^* 必须等于劳动供给的增加率 n，"然而，这种一致性是非常例外的"[①]。

一些人坚持认为，g^* 和 n 之间的差异可以通过实际工资 R 的变动来适当地调节。举例来说，如果 $g^* > n$，实际工资增加。R 的增加导致 n 增加和 g^* 的下降。R 的增加促进出生率的增加和死亡率的减少，进而导致 n 增加。马克思在《资本论》第一卷中批判了这种古典观点。根据定义式（41.10）和式（41.11），R 的增加，降低了剥削率和利润率，根据公式（41.36），g^* 会下降。这些人认为即使 n 保持不变，这种运动仍足以调整 g^* 和 n 之间的差异。然而，当 $g^* > n$ 时，劳动力市场供给收缩，实际工资比率必然增加吗？可能比较确定的是在资本主义制度下货币工资比率会增加。但是，实际工资比率的变动方向取决于消费品价格的变动。在这种情况下，不仅劳动市场，而且商品市场包括消费品市场也会收缩。因此，商品价格必然上升。实际工资比率的变动情况不能仅仅从劳动市场的情况推断出来。

用调整 g^* 和 n 之间的差异，保证资本主义经济存活的调整机制不只有工资—价格机制，而且要通过商业周期包括商业危机来实现。

41.1.6 资本家的决定

资本主义经济的一个主要特征是所有与生产相关的基本决策由资本家垄断，而雇佣劳动者被排除出去。但个别资本家掌握了社会劳动分工某一有限

---

① N. Okishio, On Marx's Reproduction Scheme, *Kobe University Economics Review*, Vol. No. 34, 1988, pp. 1 – 24. In *Karl Marx's Economics*: *Critical Assessments*, Edited by Cunningham Wood, Volume Ⅷ, 1993, P. 57.

范围的决策。他们基于整个经济体的有限信息做出决策。这使得资本主义经济处于无序状态。

影响资本主义积累进程的最重要的决策是投资决策，根据以上的分析，为了使资本主义经济继续保持在均衡增长的路径上，投资的数量和方向必须遵循以下严格的限制条件：

（a）所有储蓄的剩余价值必须被用于投资；

（b）两个部类的新投资必须以 g^* 的比率增加。

处于无序状态的资本家总能够满足这些条件吗？如果不能，那么这会导致什么结果？

新投资可以获得额外的生产资料和劳动力以用于增加下一时期的生产。因此投资决策必须建立在资本家对下一时期经济条件的预期基础之上。这种预期是在资本家对现在和过去发生情况的有限信息进行分析的基础上形成的。这种预期在某些时间可能收益丰厚，在其他时间却会带来巨大的损失。如果资本家预期下一时期对他们商品的需求会急剧增加，而且预期利润率会非常高，那么他们可能不会只把新投资的来源局限于他们自己储蓄下来的利润。资本家可能会通过使用他们的储备或信贷去为这种投资筹措资金。如果资本家预期在下一时期需求将会收缩，利润率将会下降，他们就不敢把所有储蓄的利润用于投资。他们将会增加货币的持有，或购买资产而不是进行投资。需要注意的是即使总的新投资等于资本家储蓄的利润，为新投资筹措资金释放储备和使用信贷仍是有必要的。由于生产和消费之间存在差距，如果没有新投资需求（$\Delta V_1 + \Delta C_1 + \Delta V_2 + \Delta C_2$），利润就无法完全实现。因此，新投资需求不能被由新投资需求的出现才能完全实现的利润来完全负担。因此，至少一部分新投资必须由释放储备和使用信贷来完成。马克思在有关货币流动和再生产计划的分析中清晰地表明上述观点。置盐信雄认为，无论如何，资本家的新投资决策违反条件（a）的情况是非常可能的。如果这种情况发生了，等式（41.24）就会变为不等式：

$$s(M_1 + M_2) < (\Delta V_1 + \Delta C_1 + \Delta V_2 + \Delta C_2)$$

或

$$s(M_1 + M_2) > (\Delta V_1 + \Delta C_1 + \Delta V_2 + \Delta C_2) \qquad (41.47)$$

这意味着至少在两个部类中有一个产生了不均衡，当资本家发现他们面对这些困难时，会如何影响他们的投资决定呢？为了回答这个问题，必须有一个理论可以描述资本家的投资决策。置盐信雄认为，许多马克思主义经济学家错误地相信新投资是由利润减去资本家的消费所决定。置盐信雄认为，这是马克思严厉批判过的萨伊定律。如果萨伊定律成立，那就不存在实现问题。资本主义经济为了能够保持均衡增长路径，若生产资料可以充分被利用，且以他们能够获得他们要求的利润率的价格出售他们生产出来的商品，资本家在不同的时期内必须保持积累率保持不变。如果不是这样，那么以上提到的条件就无法被满足。因为像式（41.33）所标明的那样，均衡增长的三个条件要求积累率保持不变。

由于忽略了固定资本，并假定生产周期为一期，资本家的投资决策决定了下一期生产所需的生产资料和劳动力。因此，必须研究资本家是如何决定他们下一时期要求的产出数量 y_1^{t+1}，y_2^{t+1} 的。假定资本家决定 y_1^{t+1}，y_2^{t+1}，当：

$$\frac{y_i^{t+1}}{z_i^t} = \frac{y_i^t}{z_i^{t-1}} + \beta(\delta_i^{t-1} - 1) \quad \beta > 0 \quad i = 1,2 \tag{41.48}$$

z_i^t 是第 i 个部门的供给数量，z_i^t 并不必然等于产出数量 x_i^t。如果有上一期的存货延期至本期，那么 $z_i^t > x_i^t$，无论如何 z_i^t 不能小于 x_i^t。δ_i 表明实现的程度。如果在第 i 个部门需求大于 z_i^t，那么 $\delta_i > 1$。相反地，如果需求小于 z_i^t，那么 $\delta_i < 1$。只有需求等于 z_i^t，δ 为 1。当实现的程度是 1 时，投资函数式（41.48）表明资本家保持前期的产量增加水平 g_i。如果 $\delta_i > 1$，他们增加 g_i，反之亦然。

41.1.7 非均衡过程

如果假定资本家的投资决定由等式（41.48）决定，那么资本主义经济是如何运行的呢？为了了解这一点，必须有一个完整的模型。第 I 部类的实现程度 δ_1^t 定义如下：

$$\delta_1^t = \frac{(a_1 y_1^{t+1} + a_2 y_2^{t+1})}{z_1^t} \tag{41.49}$$

资本家要求的下一期的产出数量为 y_1^{t+1}，y_2^{t+1}，因此他们必须获得生产资料为 $a_1 y_1^{t+1} + a_2 y_2^{t+1}$，这是对第 I 部类的需求。这种需求和供给 z_1^t 之间的比率定义了实现程度 δ_1^t。如果 $\delta_1^t \leq 1$，资本家可以获得足够的生产资料用于生产下一期所要求的产出，因此：

$$x_1^{t+1} = y_1^{t+1}, \quad x_2^{t+1} = y_2^{t+1} \tag{41.50}$$

x_1^{t+1}，x_2^{t+1} 是下一期的实际产出数量。在这种情况下第 I 部类产生过度供给。生产资料的价格可能会下降。但是，这种下降不会起到稳定均衡的作用。

由于资本家的对生产资料的真实需求和供给是由式（41.48）预先确定的，价格的下降不会使它们相等。因此，假定在出现超额供给时，价格保持不变。

$$p_1^{t+1} = p_1^t \tag{41.51}$$

超额供给存在，即没有卖掉的商品为 $(1 - \delta_1^t)z_1^t$，进入下一期，从而下一期的供给 z_1^{t+1} 为：

$$z_1^{t+1} = x_1^{t+1} + (1 - \delta_1^t)z_1^t \tag{41.52}$$

如果 $\delta_1^t > 1$，资本家就不能获得所有要求的生产资料，第 I 部类产生过度需求，生产资料的价格上升。如果由于价格的上升，资本家对生产资料的实际需求下降，均衡可以重新恢复。如果他们无视价格的上升，保持他们的实际需求，市场无法稳定。这里假定资本家保持他们计划的正常需求，因此他们的实际需求，由于价格的上升而下降。从而有：

$$p_1^{t+1}z_1^t = p_1^t(a_1 y_1^{t+1} + a_2 y_2^{t+1})$$

上式可以改写为：

$$p_1^{t+1} = p_1^t \delta_1^t \tag{41.53}$$

按照这种方式，所有的资本家根据同样的比率削减他们的投资计划：

$$x_1^{t+1} = \frac{y_1^{t+1}}{\delta_1^t}, \quad x_2^{t+1} = \frac{y_2^{t+1}}{\delta_2^t} \tag{41.54}$$

在上述情况下第 I 部类的产品供给被出售完，下一期的生产资料的供给等于 x_1^{t+1}

$$z_1^{t+1} = x_1^{t+1} \tag{41.55}$$

现在观察第 II 部类的实现程度 δ_2^t，为了简化问题我们忽略资本家的消费，那么 δ_2^t 可以被定义为：

$$\delta_2^t = \frac{w}{p_2^t} \frac{(\tau_1 x_1^{t+1} + \tau_2 x_2^{t+1})}{z_2^t} \tag{41.56}$$

在下一期资本家要求的产出数量为 y_1^{t+1}，y_2^{t+1}，但是，由于生产资料供给的限制真实产出 x_1^{t+1}，x_2^{t+1} 并不必然等于要求的数量，因此资本家对劳动的需求不是 $(\tau_1 y_1^{t+1} + \tau_2 y_2^{t+1})$，而是 $(\tau_1 x_1^{t+1} + \tau_2 x_2^{t+1})$。假定雇佣劳动者收到货币工资 $w(\tau_1 x_1^{t+1} + \tau_2 x_2^{t+1})$ 全部用于消费。因此，消费品的真实需求为 $\frac{w(\tau_1 x_1^{t+1} + \tau_2 x_2^{t+1})}{p_2^t}$，$p_2^t$ 为消费品价格。

如果 $\delta_2^t \leq 1$，劳动者可以以实际工资比率 $\frac{w}{p_2^t}$ 获得消费品，但是，没有出

售的商品等于 $(1 - \delta_2^t)z_2^t$。从而下一期的供给变为：

$$z_2^{t+1} = y_2^{t+1} + (1 - \delta_2^t)z_2^t \qquad (41.57)$$

假定价格 p_2 同价格 p_1 一样保持不变：

$$p_2^{t+1} = p_2^t \qquad (41.58)$$

如果 $\delta_2^t > 1$，劳动者无法以实际工资比率 $\dfrac{w}{p_2^t}$ 获得消费品。在这种超额需求存在的情况下，消费品价格上升从而满足：

$$p_2^{t+1}z_2^t = w(\tau_1 x_1^{t+1} + \tau_2 x_2^{t+1})$$

上式可以被改写为：

$$p_2^{t+1} = p_2^t \delta_2^t \qquad (41.59)$$

下一期的消费品供给为

$$z_2^{t+1} = x_2^{t+1} \qquad (41.60)$$

两个部类的利润率被定义为：

如果 $\delta_1^{t-1} \leq 1, r_1^t = \dfrac{(p_1^t - a_1 p_1^t - \tau_1 w)x_1^t}{(a_1 p_1^t + \tau_1 w)x_1^t + p_1^t(1 - \mu_1^{t-1})z_1^{t-1}}$

如果 $\delta_1^{t-1} > 1, r_1^t = \dfrac{(p_1^t - a_1 p_1^t - \tau_1 w)x_1^t}{(a_1 p_1^t + \tau_1 w)x_1^t}$ $\qquad (41.61)$

如果 $\delta_2^{t-1} \leq 1, r_2^t = \dfrac{(p_2^t - a_2 p_1^t - \tau_2 w)x_2^t}{(a_2 p_1^t + \tau_2 w)x_2^t + p_2^t(1 - \mu_2^{t-1})z_2^{t-1}}$

如果 $\delta_2^{t-1} > 1, r_2^t = \dfrac{(p_2^t - a_2 p_1^t - \tau_2 w)x_2^t}{(a_2 p_1^t + \tau_2 w)x_2^t}$ $\qquad (41.62)$

当 $\delta < 1$ 时，分母包含 $p(1-\delta)z$，表明存货从前一期进入当期。

假定货币工资率 w 保持不变，等式（41.48）～（41.60）足以描述整个经济的运动。$(y_1, y_2, z_1^0, z_2^0, p_1^0, p_2^0)$ 为最初给定的条件，式（41.49）决定 δ_1^0，等式（41.50）～（41.55）决定 $(x_1^1, x_2^1, z_1^1, p_1^1)$。式（41.56）决定 δ_2^0，等式（41.56）～（41.60）决定 z_2^1, p_2^1，从而由等式（41.48），就可以解出 y_1^2, y_2^2。

41.1.8 累积性的不均衡

首先，研究马克思的再生产图式的均衡增长在模型中是否有可能。在均衡增长路径中，两大部类的利润率总是等于资本家要求的比率 r^*。实现程度 δ_1, δ_2 总是等于1。像以前一样，为了简化问题，忽略资本家的消费，从而资本家的储蓄率 s 为 1。因此，均衡增长率 g^* 变为 r^*。

$$g^* = r^*$$

z_1 和 z_2 之间的均衡比率 λ^* 为：

$$\lambda^* = \frac{a_2(1 + r^*)}{1 - a_1(1 + r^*)}$$

从而可以确定最初的均衡增长条件：

$$\delta_1^{-1} = \delta_2^{-1} = 1, \ z_1^{-1} = 常数, \ z_2^{-1} = \frac{z_1^{-1}}{\lambda^*}$$

$$z_1^0 = (1 + r^*)z_1^{-1}, \ z_2^0 = (1 + r^*)z_2^{-1}$$

$$y_1^1 = (1 + r^*)z_1^1, \ y_2^1 = (1 + r^*)z_2^0$$

$$p_1^0 = p_2^*, \ p_2^0 = p_2^*$$

p_1^*，p_2^* 由式（41.61）决定，式（41.62）表明 $r = r^*$。

如果从上述最初条件开始，等式（41.48）~（41.62）可以很容易地表明：

$$\delta_1^0 = \delta_2^0 = 1, \ z_2^0 = \frac{z_1^0}{\lambda^*}$$

$$z_1^1 = (1 + r^*)z_1^0, \ z_2^1 = (1 + r^*)z_2^0$$

$$y_1^2 = (1 + r^*)z_1^0, \ y_2^2 = (1 + r^*)z_2^1$$

$$p_1^1 = p_1^*, \ p_2^1 = p_2^*$$

从而可以说如果经济从均衡的最初条件开始，均衡增长路径是可能的。

需要进一步考虑的问题是，如果最初的条件偏离了均衡的情况会发生什么？置盐信雄指出，解决这个一般性的问题是困难的，因为这个模型是由非线性差分方程组成的。置盐信雄使用了数值模拟方法，并赋予不同的参数数值，对此问题进行了思考。数值模拟结果表明资本主义经济存在累积性不均衡。资本主义经济如果要延续，就必须扭转这种累积性的不均衡进程。如果向上的累积性过程不受限制地持续向上，实际工资比率就会被迫下降到保证劳动力再生产的最低工资以下。如果向下的累积性过程不间断地持续下去，失业率会被迫超过保证资本主义社会稳定的临界水平。从向上的累积性过程向向下的累积性过程转化或者反向的转化就是商业周期。"在这种意义上，商业周期对于资本主义的存活来说绝对是必要的"[1]。

---

[1] N. Okishio, On Marx's Reproduction Scheme, *Kobe University Economics Review*, Vol. No. 34, 1988, pp. 1 – 24. In *Karl Marx's Economics*: *Critical Assessments*, Edited by Cunningham Wood, Volume Ⅷ, 1993, P. 66.

41.2 哈里斯论马克思再生产和积累理论

社会资本再生产理论在马克思对资本主义经济分析中占有重要的理论地位。在《论马克思再生产和积累理论》① 一文中，哈里斯通过构建再生产理论的分析框架，重新解释现代经济增长理论和收入分配理论中的一些问题。在这里，哈里斯特别关注资本主义经济的稳定增长问题，并讨论利润率的决定因素。哈里斯证明，在一个再生产的经济中，当剥削率给定时，他的分析框架能够产生与利润率理论内在一致的结论，与之相联系的资本积累路径将会产生导致经济不平衡发展的内在因素。

哈里斯认为，通过再生产理论，马克思揭示了整个经济体中的结构关系，表明不同的生产部门之间存在着密切的关联性，同时说明了生产价值在不同社会阶级之间的分配。这些关系以最简单的形式出现在简单再生产理论中。在扩大再生产理论中，马克思开始讨论资本积累问题。随着现代经济增长理论和收入分配理论的发展，人们提出了许多新的问题。在这种情况下，有必要重新审视马克思再生产理论，以对这些理论问题给出新的解释。

哈里斯认为，"在构建新的理论分析框架过程中，同样要以马克思的假定条件和分析方法作为基础。当然，在分析的过程中，还会应用一些现代理论的新的分析工具，这样可以进一步揭示马克思理论体系中还没有分析清楚的技术和价格关系"②。

41.2.1 价值和分配

在哈里斯的分析框架中，经济体是一个系统。在这个系统中，商品和劳动被用来生产新的商品。在技术可行的条件下，生产的产品除了补偿生产过程中的商品消耗外，还产生正的净产出。在资本主义体系当中，这些净产出以工资和剩余价值的形式分别分配给工人和资本家。假定市场处于竞争性均衡条件下，且为了简单起见，假定技术是不变的。

哈里斯认为，首先要对马克思分析中的困难进行说明。这个问题涉及生产价格和劳动价值之间的关系。"关于这个问题的很多疑惑事实上已经得到

---

① D. J. Harris, On Marx's Scheme of Reproduction and Accumulation, *The Journal of Political Economy*, Vol. 80, No. 3, Part 1 (May-Jun. , 1972), pp. 505 – 522.

② D. J. Harris, On Marx's Scheme of Reproduction and Accumulation, *The Journal of Political Economy*, Vol. 80, No. 3, Part 1 (May-Jun. , 1972), P. 506.

了澄清"[1]。在完全市场竞争均衡中，如果存在一致的利润率，那么各种商品的相对价格可以补偿工资成本和资本家的利润。在市场中，各种商品和生产要素按照这个价格进行市场交易。当生产技术不变时，单位数量商品生产上所凝结的劳动量是不变的。产出的价值可以用直接或间接投入在商品生产上的劳动时间来表示。如果工人在每周或每年的劳动时间不发生改变，那么单位产出的价值也就不发生改变。

当各个生产线上，每个工人所分配到的生产资料的价值和劳动时间相等时，或者当价格是按照利润率等于零计算出来时，那么商品的相对价格就等于劳动价值。否则，价格就会偏离劳动价值。在一定的假定条件下，所有这些结论都可以在马克思的价值理论中发现。但是并不能找到一般的法则来说明劳动价值可以转化成价格。这是因为生产中往往包含着固定资本的作用，而且技术是在不断变化的。

剩下的问题只是关于什么决定了利润率，以及净产出在资本家和工人之间的分配。如果利润率能够确定下来，那么生产技术和收入分配结果将决定商品的相对价格。哈里斯从对这个问题的回答入手来考察再生产理论。这也是现代经济增长理论所关注的核心问题。

41.2.2　理论模型

马克思的社会资本再生产理论将经济分成两个部类：生产生产资料的第Ⅰ部类，生产生活资料的第Ⅱ部类。生产在一个时期里完成，各个部门的产出用于补偿资本的损耗（c = 不变资本），支付工人工资（v = 可变资本），以及使得资本家获得剩余价值 s。在以下的分析中，按照马克思的表述，用劳动价值来表示所有的变量。于是：

$$\text{I}: c_1 + v_1 + s_1$$
$$\text{II}: c_2 + v_2 + s_2$$
$$c + v + s = 总价值 \tag{41.63}$$

假定资本有机构成是一个给定的常数：

$$k_i = \frac{c_i}{v_i} \tag{41.64}$$

其中，$i = 1, 2$。剥削率等于剩余价值和工资的比例：

---

① D. J. Harris, On Marx's Scheme of Reproduction and Accumulation, *The Journal of Political Economy*, Vol. 80, No. 3, Part 1 (May-Jun., 1972), P. 506.

$$\varepsilon_i = \frac{s_i}{v_i}, \tag{41.65}$$

马克思假定：

$$\varepsilon_1 = \varepsilon_2 = \hat{\varepsilon} \tag{41.66}$$

也就是说，两个部类中的剥削率相等，且等于常数。根据定义，净利润率等于剩余价值与资本价值的比例，后者等于不变资本与工资之和。这样，

$$r_i = \frac{s_i}{c_i + v_i} = \frac{\varepsilon_i}{1 + k_i} \tag{41.67}$$

如果假定各个部门的剥削率相等，那么由于各个部门中资本有机构成的比例不同，所以各部门的利润率将不同。

必须意识到，在劳动价值体系中，一致的利润率并没有什么意义，它的价值仅仅体现在价格体系中。在竞争的资本主义社会中，资本家对货币利润的不断追求使得市场上形成了一个统一利润率。所以在长期中，各个行业中的利润率将会趋同。根据这个平均利润率，价格不断调整，使得拥有不同资本量的资本家能够获得不同的利润。这样，在价格体系中，各个部门的资本与劳动比将会不同，由此使得各部门的利润与劳动比将不同。同时，还会看到，系统的均衡动态也可以以劳动价值的方式来表示。这样不再假定商品是按照它们的价值来出售。那么，这个系统怎样随时间改变呢？在系统不断变化的过程中，其内在的经济关系又是怎样的呢？如果不考虑技术进步，这些问题的答案取决于剩余价值。工人没有储蓄，他们的工资正好被用来满足其生活必需。而资本家将剩余价值的一部分用于资本的积累。马克思讨论了简单再生产和扩大再生产两种情况。

41.2.3　简单再生产

在简单再生产中，所有的剩余价值都被用于消费，净资本积累等于0，整个经济以相同的规模不断地再生产。因为各个部类的资金流动会最终平衡，所以市场上的交易量一定和销售量相等。对第Ⅰ部类的产品需求等于对本部门不变资本的补偿加上对第Ⅱ部类的补偿：

$$c_1 + c_2 = c_1 + v_1 + s_1 \tag{41.68}$$

对第Ⅱ部类的产品需求等于两个部类中资本家和工人的支出：

$$v_1 + s_1 + v_2 + s_2 = c_2 + v_2 + s_2 \tag{41.69}$$

均衡条件为：

$$c_2 = v_1 + s_1 \tag{41.70}$$

上面式子两边都除以 v_2，再利用方程（41.64）、方程（41.65）、方程（41.66），得到：

$$\frac{v_1}{v_2} = \frac{k_2}{1 + \varepsilon_1} \tag{41.70a}$$

这个式子表明了整个系统的一个根本性质。根据式（41.70a），各个部类中用于雇佣劳动的可变资本的数量的相互关系取决于 k_2、ε_1 的值。正是这个关系保证了各个部类中的资本家能够获得与工资价值成适当比例的剩余价值，而且经济能够维持在一个固定的规模上。这是系统的均衡条件，而且它也决定了劳动在两个部类的配置结果。这样就业量就被决定了，同时决定的还有各个部类的产出水平。资本家和工人之间的产品分配则是由给定的剥削率来决定。但是，这里无法保证资本家能够事先决定适当的工资量，所以无法保证系统能够实现均衡。

41.2.4 扩大再生产

在扩大再生产中，净资本积累是正数。在各个时期，资本家将上期获得的剩余价值中的固定比例部分 α_i，用于投资。这部分投资将用于各个部类中不变资本的增加 Δc_i 和雇用新的劳动所引起的可变资本的增加 Δv_i，以使得资本的有机构成不发生改变。

投资在各个部类的配置是一个问题。为了解决这个问题，马克思假定各个部类的资本家将剩余价值投资在各自的部类中。这当然不是一个令人满意的假定，所以稍后会放松这一假定条件。

各个部类的投资水平为：

$$I_i = \alpha_i s_{it-1} \tag{41.71}$$

它在可变资本和不变资本上的配置分别是：

$$I_i = \Delta c_i + \Delta v_i$$
$$\Delta v_i = \lambda_{vi} I_i \tag{41.72}$$
$$\Delta c_i = (1 - \lambda_{vi}) I_i$$

根据式（41.71）、式（41.72）和式（41.65），得到：

$$g_{vi} = \frac{\Delta v_i}{v_{it-1}} = \lambda_{vi} \alpha_i \varepsilon_i \tag{41.73}$$

$$g_{ci} = \frac{\Delta c_i}{c_{it-1}} = (1 - \lambda_{vi}) \frac{\alpha_i \varepsilon_i}{k_i} \tag{41.74}$$

这两个方程给出了各个部类中不变资本和可变资本的增长率，可以看到这两个变量的增长率取决于投资在两个部类上的配置比例，资本家的储蓄倾向以及剥削率。如果假定资本的有机构成不变，那么有 $g_{vi} = g_{ci}$。从方程（41.73）和方程（41.74），可以得到：

$$\lambda_{vi} = \frac{1}{1 + k_i} \qquad (41.75)$$

因为 k_i 是给定的常数，所以比例 λ_{vi} 也是固定的常数。由此，可知增长率等于常数。

如果可变资本和不变资本以固定不变的速度增长，那么在各个时期各部类对产出都会有额外的需求。因为各部类之间的流量最终会平衡，由此可知：

$$v_1 + s_1 = c_2 + \Delta c_2 + \Delta c_1 \qquad (41.76)$$

通过适当的变形，可以得到：

$$\frac{v_1}{v_2} = \frac{k_2(1 + g_{v2})}{1 + \varepsilon_1 - k_1 g_{v1}} \qquad (41.76a)$$

这样又得到劳动在各部类的均衡配置结果。与简单再生产的结果比较，可以发现现在各部类的可变资本的增长率也会对均衡的劳动配置产生影响。

由于方程（41.76a）要求在均衡时各部类中的劳动配置成固定比例，所以各部类中的雇用劳动量呈固定速度增长。根据式（41.73）和式（41.66），这也就意味着：

$$\frac{\lambda_{v1}}{\lambda_{v2}} = \frac{\alpha_2}{\alpha_1} \qquad (41.77)$$

但是根据式（41.74），有：

$$\frac{\lambda_{v1}}{\lambda_{v2}} = \frac{1 + k_2}{1 + k_1} \qquad (41.75a)$$

因此，只有当以下条件成立时，两大部类才会存在均衡的平衡增长。

$$\frac{\alpha_2}{\alpha_1} = \frac{1 + k_2}{1 + k_1} \qquad (41.78)$$

这个均衡结构的经济学解释非常清楚。"资本家将在各个时期投资一部分剩余价值到他所在的部类中，以保证该部类中的不变资本和可变资本维持一个固定的比例。这个系统要实现均衡则要求各部类在雇佣劳动上的投资呈固定的比例。只有当方程（41.78）成立时，这两个条件才会成立。但是因为 α_i，k_i 是相互独立的外生参数，很难保证方程（41.78）能够成立。因此均衡也就可能不会存在"①。

哈里斯认为，即便是均衡结果偶然存在，也没有理由相信与这个均衡所对应的就业增长率等于社会中的劳动力的增长率。因此，必须引入失业率来作为一个新的变量。事实上，在马克思的分析中，"劳动储备大军"是影响系统动态的一个重要因素。

41.2.5 对理论的重新表述

马克思假定剥削率是一个固定的常数，说的是在整个经济系统中，剩余价值量和工资量的比例是一个固定的常数。这种固定的比例关系，可以通过整个社会中的阶级关系的本质决定，同时资本家之间的竞争决定了利润，并且保证资本家按他们拥有的资本的份额来分配利润。在这个统一的比例下，价格包含了利润，而且利润与工资的比例将随之发生改变，这反映了按照不同价格所确定的资本价值的差异。

产生这种价值差异的机制在于一部分资本家对于投资获利永无休止的追求，以及他们能够自由进入到各种生产行业的可能。这种机制的存在也意味着资本家可能放弃他的生意，或者将他的剩余价值全部投资到他所在的行业中。

根据这种分析，可以通过修改方程（41.66）来改变上面的模型：

$$\varepsilon = \frac{s_1' + s_2'}{v_1' + v_2'} \tag{41.66a}$$

这里表示各变量的价格，而不是价值。有：

$$\varepsilon_i' = \frac{s_i'}{v_i'} \tag{41.65a}$$

由于由价格表示的资本有机构成现在可能取决于利润率，所以，可以将式（41.64）写成：

$$k_i' = \frac{c_i'}{v_i'} = k_i'(r) \tag{41.64a}$$

其中利润率可以表示成：

$$r = \frac{s_i'}{v_i' + c_i'} = \frac{\varepsilon_i}{1 + k_i'} \tag{41.67a}$$

这个方程可以写成：

---

① D. J. Harris, On Marx's Scheme of Reproduction and Accumulation, *The Journal of Political Economy*, Vol. 80, No. 3, Part 1 (May-Jun., 1972), P. 513.

$$\varepsilon_i' = r(1 + k_i') = \varepsilon_i'(k_i'r) \tag{41.67b}$$

为了与给定的剥削率保持一致，两个部类中的利润率应该调整到相同的水平。根据方程（41.66a）、方程（41.65a）和方程（41.67b），这也就意味着：

$$\frac{v_1'}{v_2'} = \frac{\hat{\varepsilon} - \varepsilon_2'(k_2', r)}{\hat{\varepsilon} - \varepsilon_1'(k_1', r)} \tag{41.66b}$$

这个条件构成了新模型的基本关系式。首先通过考虑扩大再生产来了解这个系统的性质。假定资本家可以在两个部类之间转移他们的资本。

经济中的投资总量是：

$$I' = \sum_i \alpha_i s_{it-1}' \tag{41.79}$$

这一投资总量被配置到两个部类中，这样：

$$I' = \Delta c_1' + \Delta v_1' + \Delta c_2' + \Delta v_2'$$
$$\Delta c_i' = \lambda_{ci} I' \tag{41.80}$$
$$\Delta v_i' = \lambda_{vi} I'$$

因此，各部类中可变资本和不变资本的增长率可以表示成：

$$\begin{cases} g_{v1} = \lambda_{v1}\left(\alpha_1 \varepsilon_1' + \alpha_2 \varepsilon_2' \dfrac{v_{2t-1}'}{v_{1t-1}'}\right) \\[2mm] g_{v2} = \lambda_{v2}\left(\alpha_1 \varepsilon_1' \dfrac{v_{1t-1}'}{v_{2t-1}'} + \alpha_2 \varepsilon_2'\right) \\[2mm] g_{c1} = \lambda_{c1}\left(\dfrac{\alpha_1 \varepsilon_1'}{k_1'} + \dfrac{\alpha_2 \varepsilon_2'}{k_2'} \dfrac{c_{2t-1}'}{c_{1t-1}'}\right) \\[2mm] g_{c2} = \lambda_{c2}\left(\dfrac{\alpha_1 \varepsilon_1'}{k_1'} \dfrac{c_{1t-1}'}{c_{2t-1}'} + \dfrac{\alpha_2 \varepsilon_2'}{k_2'}\right) \end{cases} \tag{41.81}$$

将 g_{v1} 和 g_{v2} 的表达式代入到方程（41.76a）中，得到了两个部类之间交易的平衡关系。设 $\dfrac{v_1'}{v_2'} = \dfrac{v_{1t-1}'}{v_{2t-1}'}$，得到了稳定解：

$$\frac{v_1'}{v_2'} = \frac{k_2' + (k_1'\lambda_{v1} + k_2'\lambda_{v2})\alpha_2 \varepsilon_2'(k_2', \ r)}{1 + [1 - (k_1'\lambda_{v1} + k_2'\lambda_{v2})\alpha_1]\varepsilon_1'(k_1', \ r)} \tag{41.82}$$

因为资本的有机构成不变，设 $g_{vi} = g_{ci}$，得到：

$$\frac{\lambda_{ci}}{\lambda_{vi}} = k_i' \tag{41.83}$$

再根据 v_1' 和 v_2' 的时间路径方程和方程（41.81），得到 $g_{v1} = g_{v2}$ 成立的条件是：

$$\frac{\lambda_{v1}}{\lambda_{v2}} = \frac{v'_{1t-1}}{v'_{2t-1}} \tag{41.84}$$

这样，在一般条件下，任意的初始条件都可以使得系统达到均衡。根据方程（41.83）和（41.84），投资的配置将会决定一个平衡的经济增长率。方程（41.82）决定了劳动的均衡配置结果。这个劳动配置均衡必须与方程（41.66b）保持一致，这样才能保证产生与剥削率相对应的利润率。方程（41.66b）和方程（41.82），再加上方程（41.64a）表明利润率是下面方程的解：

$$-\frac{\varepsilon - \varepsilon'_2(k'_2, r)}{\varepsilon - \varepsilon'_1(k'_1, r)} = \frac{k'_2 + (k'_1\lambda_{v1} + k'_2\lambda_{v2})\alpha_2\varepsilon'_2(k'_2, r)}{1 + [1 - (k'_1\lambda_{v1} + k'_2\lambda_{v2})\alpha_1]\varepsilon'_1(k'_1, r)} \tag{41.85}$$

其中，$\varepsilon'_1 \neq \varepsilon'_2$。这里均衡解可能存在，也可能不存在，或者有多重均衡解存在，这取决于函数的具体形式和方程（41.64a）。

但是即使均衡存在，还是没有理由确信，与这个均衡相对应的可变资本的增长率与劳动力的增长率相等。所以即使均衡存在，也很难保证这个均衡可以实现。

现在类似于前面的分析，来讨论均衡条件方程（41.64a）、方程（41.66b）和方程（41.67b）。

在简单再生产中，得到：

$$\frac{v'_1}{v'_2} = \frac{k'_2(r)}{1 + \varepsilon'_1(k'_1, r)} \tag{41.70b}$$

这个方程与方程（41.70a）不相同。根据这个方程和方程（41.66b）、方程（41.64a），利润率是下面方程的解：

$$\frac{k'_2(r)}{1 + \varepsilon'_1(k'_1, r)} = -\frac{\hat{\varepsilon} - \varepsilon'_2(k'_2, r)}{\hat{\varepsilon} - \varepsilon'_1(k'_1, r)} \tag{41.86}$$

在扩大再生产中，如果假定各部类的资本家只是在自己所在的部类投资，那么方程（41.76a）就变成：

$$\frac{v'_1}{v'_2} = \frac{k'_2(r)(1 + g_{v2})}{1 + \varepsilon'_1(k'_1, r) - k'_1(r)g_{v1}} \tag{41.76b}$$

让方程（41.76b）和（41.66b）相等，得到了均衡的利润率。再根据方程（41.73）和方程（41.74），以及方程（41.67b），发现均衡的经济增长存在的条件仅仅是：

$$\alpha_1 = \alpha_2 \tag{41.78a}$$

这个条件与条件方程（41.78）不同。从这些条件中，很容易得到，在经济均衡增长时，利润率等于经济增长率除以资本家的边际储蓄倾向。这个均衡结果与最近的经济增长理论所得到的结论也是完全一样的。

哈里斯进一步简要说明均衡条件方程（41.78）和方程（41.78a）不同的原因。均衡要求各个部类的资本总量按照相同的增长率增长。在劳动价值的体系中，两个部类具有相同的剩余价值率。当在一个部类中所获得的剩余价值要投资到相同的部类里时，方程（41.78）表明平衡的经济增长要求资本家投资的剩余价值的相对量要等于他们所拥有的资本的相对价值。但是在价格体系中，资本家所获得的剩余价值有一部分要按照价格机制在两个部类之间进行再分配，以实现各部类的利润率相等。这种发生在资本家之间的剩余价值的转移补偿了他们资本价值之间的差异。为了实现平衡增长，只需要资本家按照相同的比例来投资他们的利润。这也就是方程（41.78a）要说明的。"这两个方程的不同反映了由于价格和竞争作用，所引起的利润在资本家之间的分配"[①]。

哈里斯最后指出，当假定资本家可以在两个部类中投资他们的剩余价值时，模型具有更大的灵活性。"当资本和剩余价值可以在部类间自由流动时，利润率均等化条件和投资配置条件成为平衡经济增长的必要条件"[②]。

41.2.6　结论

罗宾逊曾对马克思再生产理论和积累理论作过这样的评价："这个模型与哈罗德先生（R. F. Harrod）有保证的增长率之间有很强的相似性。"[③] 哈里斯认为，马克思模型和哈罗德模型的异同点是显而易见的。哈里斯认为，这两个模型中的抽象均衡关系并没有显著的不同，但是，它们对具体环境中危机的来源解释不同。哈罗德模型中确定了两个危机的来源：（1）稳定经济增长（保证的经济增长）所需要的投资量和资本家实际的投资意愿之间的差异；（2）有保证的经济增长率和自然增长率（由劳动力增长和技术进步所产生的增长）之间的差异。"这两种危机产生的根源也可以在马克思的再生产理论中找到"[④]。

正如以上分析的那样，当资本家只能在他们所在部类内进行投资时，实际的经济增长率很有可能和均衡的增长率不等，只有在极其偶然的情况下，

①②④　D. J. Harris, On Marx's Scheme of Reproduction and Accumulation, *The Journal of Political Economy*, Vol. 80, No. 3, Part 1（May-Jun. , 1972）, P. 517.

③　Robinson. J. Introduction to The Accumulation of Capital, by R. Luxemburg. London：Routledge & Kegan Paul, 1951, P. 19.

这两个增长率才会相等。如果资本家可以在两个部类之间自由地转移资本和投资，那么均衡可以存在。在这两种情况下，均衡的经济增长率都不一定对应劳动力的增长率。

但是，马克思的分析指出了各生产部类中存在着供给和需求失衡的情况。将均衡关系式（41.70）和式（41.76）中的事后变量视为事前变量就可以看到这种失衡。这种意义上的局部生产过剩将会导致总体生产过剩的状态，这也正是马克思对萨伊定理批判的一个重要因素。

哈里斯指出，从这种批判出发，很自然就会问：怎样才能够保证积累按照一个合适的比例来增长？这个问题涉及到投资需求。后来的马克思主义者们，比如列宁、希法亭和罗莎·卢森堡等，都认为这个问题的答案在于资本输出的增长和帝国主义。但马克思本人并没有过多地从投资需求的角度对这个问题给予解释，他更倾向于认为，竞争使得资本家不得不将他们所获得的剩余价值进行投资，以保证他们在竞争中处于不败的地位。后来，"这个问题成为凯恩斯'有效需求'分析的核心要素"[1]。

哈里斯指出，至于哪些要素可以用来解释危机，前面的模型并没有给出解释。通过这些关系，并不能认为"消费不足"或者是"比例失调"导致了危机。如果一定要在这些因素中做出选择，必须要对了解更多的消费信息、投资信息以及收入分配的信息。必须去认识更加具体的关于积累的社会条件。

就这里所涉及的收入分配理论而言，很显然，关键的概念是剥削率。哈里斯的模型仅仅是假定剥削率是常数，而在马克思看来，剥削率是资本主义社会中各种社会关系的函数，它特别是阶级斗争中各种力量比较的结果。一旦这些社会关系决定了剥削率，那么利润率就可以决定下来，由此与之对应的价格也就决定了。在这种意义上，整个系统是封闭的，而且是内在一致的。尽管作为分配理论，哈里斯的分析并不完整，但是这种分析的基本特点是决定收入分配的法则是由价格系统之外的力量来决定，"而对这些力量的考察则是政治经济学所关注的问题"[2]。

模型是高度加总性的从而也是很容易理解的。事实上，在这个模型中，商品的相对价格只是次要的。正如已经看到的那样，可以在不改变各种概念

① D. J. Harris, On Marx's Scheme of Reproduction and Accumulation, *The Journal of Political Economy*, Vol. 80, No. 3, Part 1 (May-Jun. , 1972), P. 518.

② D. J. Harris, On Marx's Scheme of Reproduction and Accumulation, *The Journal of Political Economy*, Vol. 80, No. 3, Part 1 (May-Jun. , 1972), P. 520.

的前提下引入商品的价格。这样，"转形问题"就要求对价格、技术和收入分配之间的关系有一个准确的定义。

在哈里斯所讨论的扩大再生产模型中，如果资本家和工人的储蓄倾向给定，剥削率给定，那么资本积累率就不存在调整的可能。这个特点解释了为什么均衡的积累率不可能与劳动力的增长率保持一致。这个结论与凯恩斯增长模型的结论正好相反。在凯恩斯模型中，可以通过调整收入分配使得积累率能够由资本家的"动物精神"或"自然"增长率来决定。但是，也可以在罗宾逊的"通货膨胀障碍"的概念中找到马克思对积累类似的结论。

在哈罗德模型中，积累率是由储蓄率和资本收入比来决定的。但是哈罗德的模型并没有涉及收入分配的问题。新古典经济学家们在生产中引入了各种生产要素相互替代的概念，希望通过这种方式来讨论收入分配的问题。但是当生产技术发生变化时，这种方法的逻辑本身就存在着问题，这也是当时研究所争论的一个重要问题。

哈里斯指出，当然，对现实资本主义情况的认识还有相当长的一段路要走。在现实社会中，"不同行业会产生不同的利润率，垄断会影响价格的形成，积累和技术进步在不断地发生，价格水平和支付平衡是经济中常见的因素，而且均衡只不过是一种虚幻。在对这些问题的解释上，经济理论还任重而道远"[1]。

---

[1] D. J. Harris, On Marx's Scheme of Reproduction and Accumulation, *The Journal of Political Economy*, Vol. 80, No. 3, Part 1 (May-Jun., 1972), P. 521.

第42章 社会资本再生产模型探索

对马克思社会资本再生产理论模型的探索，构成这一时期西方学者对马克思经济学研究的重要课题。这一探索从多方面吸收了西方经济学中增长理论和模型的因素和方法，在多方面拓宽了社会资本再生产理论现实运用的视野。

42.1 带内生技术变化的马克思两大部类增长模型

莱伯曼在1981年发表的《带内生技术变化的两部类增长模型：一个马克思的模拟模型》[①] 一文指出，传统的关于增长的文献，没有将技术变化和投资纳入内生变量。马克思关于增长的文献，由于不能确定技术变化和利润率而受到质疑。这两组问题可用一个两大部类（资本品部类和消费品部类）模型来解决，在这样的模型中，资本积累与技术进步同时存在。最新技术的参数由投资者利润最大化决定，同时受制于机械化的报酬递减。模型描述了当经济收敛到平衡增长路径时，商品市场均衡、资本市场均衡和劳动力市场均衡对两部类的不同影响，并找出了一些条件，在这些条件下，随着时间的推移，价格会接近劳动价值，并且马克思所说的"资本有机构成提高"和"利润率下降"的趋势会出现。

莱伯曼提出的带内生技术变化的马克思的两大部类增长模型，首先"讨论两个领域的问题：现代增长理论和马克思经济学"[②]。在增长理论中，莱伯曼对新古典模型和后凯恩斯主义模型进行了对比。新古典模型把投资描绘成机械的供给行为，认为，增长最终由消费的时间偏好或人口的外生增长率来决定，而后凯恩斯主义模型则认为，投资和增长是全能的企业家的动物

---

① David Laibman, Two-Sector Growth with Endogenous Technical Change: A Marxian Simulation Model, *The Quarterly Journal of Economics*, Vol. 96, No. 1 (Feb., 1981), pp. 47 – 75.

② David Laibman, Two-Sector Growth with Endogenous Technical Change: A Marxian Simulation Model, *The Quarterly Journal of Economics*, Vol. 96, No. 1 (Feb., 1981), P. 47.

精神的结果。"这两种方法最终都用主观的词句解释经济增长,并没有认识到历史上具体的资本主义经济关系所带来的支配性影响"①。莱伯曼首先对马克思在这个问题上的见解进行了分析。

莱伯曼指出,在马克思关于资本主义增长和积累的文献中,会发现大量的如下描述:策略性竞争、资本的集中与积聚、由失业人口所组成的产业后备军的衰减和扩张、危机的周期性爆发、过度资本化和利润率下降的长期趋势,但这些现象并没有被严格的标准理论模型所证实。因此,"马克思主义者看来只有在两种方法之间进行选择。一种是维持非数量性的基础,另一种是沿着冯·诺伊曼—斯拉法路线的工作,去发展精致的线性模型,但这并不能把马克思的观点中关键的动态特征融入其中"②。

莱伯曼的目标在于把资本主义发展中一些复杂的、相悖的方面放入同一个模型中,希望对于超越上述的二分法有所助益。中心任务是通盘考虑在资本家作出决策的具体社会结构约束下的投资、技术变化和技术选择。莱伯曼希望从以下两方面推动研究的进展:一方面是以一种更有用的方式提出马克思的关于长期增长及其决定因素的问题,另一方面是发展增长模型。

因为模型包含资本主义增长的各种现象,所以与新古典主义和后凯恩斯主义模型相比,它的抽象层次更低一些,至少目前它还没有得到主要变量的时间路径解。因此,模型的性质必须以合理假设下的参数值和变量初始值为基础,或者通过对方程组的直接考察或通过计算和模拟得到。莱伯曼认为,"马克思经济学的许多重要特征被忽略了"③。他认为,任何单一正式模型,都难以成为代表马克思关于资本主义经济学所有方面的综合集成。④

42.1.1 模型的相关定义、假设和注释

莱伯曼模型的内容可列示如下:生产发生在两个部类——资本品部类和消费品部类,产出中的工资份额和利润中用于积累的部分,一起决定资本品和消费品的相互需求。这些需求独立于相对价格比率并决定该比率。随着市场出清价格比率的决定,新的资本品被分到各部类,这些资本品和劳动结合在一起,实现最优的新技术。该新技术会在现存价格的基础上,最大化预期利润率(该利润率会归属给创新的资本家)。如果利润率在各部类之间不

---

① David Laibman, Two-Sector Growth with Endogeneous Technical Change: A Marxian Simulation Model, *The Quarterly Journal of Economics*, Vol. 96, No. 1 (Feb., 1981), P. 47.

②③④ David Laibman, Two-Sector Growth with Endogeneous Technical Change: A Marxian Simulation Model, *The Quarterly Journal of Economics*, Vol. 96, No. 1 (Feb., 1981), P. 48.

同，一些资本将从"赤字"部类转移到盈余部类，在新一轮生产开始以前，一些老的（带有以前特征的）资本品将被淘汰；如果对劳动的需求影响工资份额，该淘汰过程也会在新一轮生产开始以前发生，因此新一轮生产将产生新的（最优的）机器劳动比率和产出劳动比率，新的相对部类规模、每部类中新的未被淘汰技术特征链，或许还有新的工资份额系数，此过程会重复下去。

一是关于部类和技术特征结构问题。在第Ⅰ部类，资本品的存量和劳动结合生产出新的资本品流；在第Ⅱ部类，同样的资本品存量和劳动结合产生出消费品流，没有物质投入流，存量不会折旧。这可表示如下：

$$B_1 L_1 \rightarrow A_1$$
$$B_2 L_2 \rightarrow A_2 \tag{42.1}$$
$$B_1^s L_1^s \rightarrow A_1^s$$
$$B_2^s L_2^s \rightarrow A_2^s \tag{42.2}$$

此处，B_1、B_2 分别代表第Ⅰ部类和第Ⅱ部类的资本品存量，L_1、L_2 是劳动投入流，A_1、A_2 是资本品和消费品的产出流。

式（42.2）中的上标代表技术特征的加总，假定在每一时刻在每一部类有一个技术特征的排第Ⅰ部类和第Ⅱ部类的总资本存量、劳动力和产出，而式（42.1）只代表最新的技术特征，跨时期劳动在各个部类之间、各个时期之间都是同质的，所以 L_i^s 是 $L_i(\tau)$，$\tau = s_i$，…，t，t，$i = 1$，2 的简单算术加总。s_i 是最早投入使用的技术特征指数，t 是当前最新技术特征指数。式（42.1）中 $L_i(t) = L_i$ 时的指数为了分析的简便而省略了。产出当然和特定部类有关，但是它们是跨技术特征同质的，资本品和消费品都是跨时期不变的——否则不能说两部类模型，产出 A_i^s 因此是 $A_i(\tau)$，$\tau = s_i$，…，t 的简单算术加总。这些技术变化被视作工艺创新而不是产品创新，因为技术特征会通过不同的生产率（人均产出比率）和相关的机器对劳动比率而彼此不同。新资本品的产出 A_i^s 应被想象成像腻子一样，它将会凝结到第Ⅰ部类、第Ⅱ部类的存量中。一旦凝结下来，它们体现着最新的固定的资本劳动比率，相应地，劳动对产出比率也固定下来。因为不考虑机器折旧，在长期机器效率也不会下降，一旦凝结下来，资本品既不被重新改装以产生新的可得机器劳动比率，也不能转移到其他部类。

总的资本存量 B_i^s 显然有些不同的属性，因为一旦凝结下来，给定技术特征的机器是独特的，不能被添加到不同技术特征的机器上去，把 B_i^s 解释成最新技术特征等价物，生产所有技术特征产出 A_1^s 所需的（同质）最新技术特征机器的数量，因此：

$$B_1^s = B_1\left(\frac{A_1^s}{A_1}\right)$$

$$B_2^s = B_2\left(\frac{A_2^s}{A_2}\right)$$

(42.3)

在几个备选方案中，莱伯曼选择了总资本存量的最新技术特征等价物的概念，并认为这一概念与现在所提出的资本市场调整（利润率等值化）的具体概念最具相关性。莱伯曼在以下的论述中作了更为详细的解释。

现在为最新技术特征、加总技术特征定义生产率和机器劳动比率：

$$x_1 = \frac{A_1}{L_1} \quad x_1^s = \frac{A_1^s}{L_1^s}$$

$$x_2 = \frac{A_2}{L_2} \quad x_2^s = \frac{A_2^s}{L_2^s}$$

(42.4)

$$k_1 = \frac{B_1}{L_1} \quad k_1^s = \frac{B_1^s}{L_1^s}$$

$$k_2 = \frac{B_2}{L_2} \quad k_2^s = \frac{B_2^s}{L_2^s}$$

二是关于部类和技术特征、理论依据的问题。因为到目前为止的模型是部类和技术特征的矩阵，使用这些概念有助于建立一个简要的理论。莱伯曼指出，要弄清楚资本主义决策制定单位的本质，因为资本主义社会的一个主要特征是私人独立地决策，因而决策单位的行为规范构成了模型的核心内容。由许多单个的资本家构成的部类处于分割控制，激烈的竞争条件会迫使一个部类之内的资本家在结构上颇为相似。他们的行为是一致的，能被加总起来，这样得到了一种关于事情真实状态的代表。每个部类表现的就像一个单位，总体的经济中分割控制状态由部类间原子式的竞争所代表。

离散部类模型被指把连续的生产过程切成任意的区间，因而造成信息损耗。这种批评存在误解，分部类的结构不是生产阶段的问题，而是社会对生产控制分割的问题。如果把资本主义经济抽象地看成一个大的纵向一体化的产业，它将展现出工人同时在初始加工到最终产出各个阶段同时工作的特性，马克思的"不变资本"流量消失了。在另一种极端情况下，最终产品在交给消费者的最后时刻之前，所有劳动都将成为"过去的"或"凝结的"

劳动。但是，这两种情形都没有抓住在生产的不同阶段私人资本手中控制权的分离，这种分离与历史上控制权从分割到平衡的演变有很大联系，而与生产过程本身内在特征几乎无关。

技术特征反过来是资本积累和技术变化相结合的必然产物，因为资本家连续地处在竞争性的压力之下，既要扩大他控制的资本，又要采用最新的技术，所以他不能淘汰过时技术的机器。如果像假设的那样，他不能把这些机器改造成具有最新的技术特征的形式，他必须积累最新的技术特征，并且与以前一样使用，它们（决定系数 s_i 的淘汰以前技术特征的标准）。每个部类内单个资本家的生存不仅取决于生产率，也取决于规模和市场份额。新的进入者将会使用最新技术特征的机器，并会持续一段时间，比其竞争对手资本存量投入使用期更短。当他在部类内羽翼渐丰的时候，他的机器的年限结构也将接近平均水平。

三是关于劳动价值、市场价格和利润率的问题。根据马克思的定义，把某一部类内产品中蕴含的劳动量定义为社会必要劳动时间，也就是管理典型的技术特征（被视为等价于总排序中的排序）所必需的劳动时间。这里假设没有原材料、没有折旧，产出中全部劳动含量为 L_i^s。单位（未转变的）劳动价值为：

$$\lambda_1 = L_1^s / A_1^s = 1/x_1^s$$
$$\lambda_2 = L_2^s / A_2^s = 1/x_2^s \tag{42.5}$$

劳动价值 λ_i 必须要被转变为市场价格 p_i，把这种转变分成两部分是很有必要的。首先，价值转变为生产价格，这导致了部类间的利润率相等（资本市场均衡）。其次，生产价格被进一步转变为市场价格，由此满足了部类间交易的零超额需求的条件（商品市场均衡）。

为确定价格水平，首先要做一个标准化假设，假设所有的价格调整是由资本品衍生的，变成计价物的消费品的价格总是等于单位劳动价值，有：

$$p_1 = \lambda_1 zm$$
$$p_2 = \lambda_2 \tag{42.6}$$

式（42.6）中，z 和 m 是应用于资本品单位劳动价值的乘子，z 把劳动价值变成马克思的生产价格，m 进一步把这些价格变成市场价格。如果 m = 1，没有第Ⅱ部类物品市场转变，使利润率相等的价格也满足部类间均衡条件。如果 z = 1，未被转变单位劳动价值满足利润率相等的条件。资本从一个部类转移到另一个部类，这种"转移机制"使不同部类利润率趋于相等。

这里资本是自由流动的。但分割仍然存在，以致作为控制单位的部类的构想正确地描述了资本行为。

把 w 定义为价值工资率或者（未转变的）增加值中的工资份额，或者当前劳动投入的工资份额（以劳动单位表示一价值数量）。这样，$\omega = 1/(1+\varepsilon)$，$\varepsilon$ 是马克思的剩余价值率或剥削率。

现在能写出两部类中利润的市场均衡率的表达式：

$$r_1 = \frac{\lambda_1 zmA_1^s - \omega L_1^s}{\lambda_1 zmB_1^s} \tag{42.7}$$

$$r_2 = \frac{\lambda_2 A_2^s - \omega L_2^s}{\lambda_1 zmB_2^s} \tag{42.8}$$

四是关于资本市场均衡的问题。解出 Z 是很容易的。为了使利润率相等，假定 m = 1。使公式（42.7）和公式（42.8）相等，通过公式（42.4）和公式（42.5）可以得到 $(z-\omega)k_1^s = (1-\omega)/k_2^s$，从中可以得到：

$$z = \omega + (1-\omega)k_1^s/k_2^s \tag{42.9}$$

这个表达式有传统的性质，当 $\omega = 1$ 或者 $k_1^s = k_2^s$ 时。z = 1，价值未被转变。

把 z 代回式（42.7）或式（42.8），得到一个相等的利润率的一般表达式：

$$r = \frac{x_1^s(1-\omega)}{k_1^s + \omega(k_2^s - k_1^s)} \tag{42.10}$$

现在能解释总资本存量的最新技术特征等价物概念的选择了。当资本家在一个恒定技术变化和不断积累的技术特征的世界里寻求最大利润率的时候，多少资本存量转化为利润率，满意的答案将是：现在资本存量的重置成本的期望值。资本家或许可以被视为在现时和技术将要淘汰之时之间预期将发生的技术变化的基础上最大利润率，很难想象资本家会在自己的部类内作这种计算，更不用说其他部类了。可以想象他所得到的最近的东西就是用最新技术特征等价物法。

如果设备可折价出售，可以假定一些资本家将安装二手设备，早期技术特征的资本存量的价格模式将出现（假定这些存量在二级市场上没有扭曲性的备选用途）。这些价格将使在每个技术特征上获得的利润率等同于在最新技术特征上获得的利润率。用价值表示：$\sum_{\tau=s_i}^{t} p_i$，τB_i，$\tau = \lambda_1 zmB_i^s$。因为最新技术特征等价物资本存量在竞争中是重要的，它将支配决定 $p_{i,\tau}$（τ 从 s_i 到 $t-1$ 之间取值）的利润率。全部的资本存量，因此由最新技术特征等价物来代表。

因为最新技术特征下的一个单位资本品的价格等同于资本品当前产出的价格——假定"凝结"过程是无成本的——尽管有一个技术特征的排序存在，所以仅仅有一个相对价格，它的决定影响着增长路径。用消费品来表示的资本品的价格，早期技术特征资本品价格列可假定存在，但不必实际计算它们。

五是关于产品市场均衡的问题。为了获得市场出清系数 m，必须进一步探讨模型的基本假设，有两个比率在如下意义上是资本主义经济过程的基础，即它们的决定是复杂的，并且不能通过任一其他变量的函数来近似。一个基本比率 ω，是阶级斗争的历史结果，反映了许多社会现实水平的跨阶段力量的平衡，它应被视作外生的，这样既给模型提供了自由度，同时也有利于对支配它的力量进行进一步分析（也就是说，像在新古典模型中一样，把它化简成市场价格）。另一个基本比率是积累比率 α，剩余价值中用于投资物品的获取或获得的新资本品的份额。像 ω 一样，α 是复杂的历史演进的社会现实的结果，包括生理物精神的强度、社会上层的消费水平、上层的相对规模、向上流动渠道的属性等等，把积累比率视作参数并不意味着它是跨时期不变的，相反，它的变化太重要了，而不能提前假定，尤其是目前忽略了源于其储蓄方面和投资方面分歧而带来的 α 的短期突如其来的波动的存在。

与 ω、α 是跨部类相等的一样，工资份额的相等意味着同质劳动的流动性，积累比率的相等仅反映了这样的假设，即上面所列举的部分 α 的决定因素，原则上同等适用于两部类的资本家。最后，注意工资完全花在消费上的假设，用到了古典的储蓄函数。

给定 ω、α 和工资中的零储蓄，对消费品和资本品的需求用价值来表示是固定的，并且对价格不敏感，因此有单位弹性需求曲线，它决定了每一期的价格和产出分布。

现在 m 的决定很容易得出，第 I 部类对消费品的需求，第 II 部类对资本品的需求分别是 $\omega L_1^s + (1-\alpha)(\lambda_1 z m A_1^s - \omega L_1^s)$ 和 $\alpha(\lambda_2 A_2^s - \omega L_2^s)$，使这两个表达式相等并解 m，有：

$$m = \frac{\alpha}{(1-\alpha)z} \frac{L_2^s(1-\omega) - L_1^s}{L_1^s} \qquad (42.11)$$

需要注意的是，不像 z，m 依赖于部类的绝对规模，同时，如果相对于第 II 部类，第 I 部类充分大，m 可变成负值。

如果 m 不等于 1 单位，实现的利润率将不同。这或许导致新资本品从"赤字"部类转移到"盈余"部类（老资本品不能被移走，尽管如此，m 充分偏离 1 将迫使一些老的资本品提前退出），后面莱伯曼对转移和淘汰机制进行了讨论。

六是关于最大化：联合利润率的问题。模型的目标函数是基于联合竞争的假设，在给定的环境中的竞争，这个环境由现存的技术特征排序和现存的价格结构构成，后者被用来抬高潜在新技术的成本。资本家为了生存而斗争，会选择新技术这会最大化全部资本存量的收益，在计算这种收益时，他们抬高了现行价格下的可替代成本，这对于引进还没有成为通用技术的技术的创新者而言确实成立，每个资本家被迫表现的像是唯一的创新者，因为如果不这样，它的竞争对手就会这样，即使他意识到价格作为他们联合行动的结果会变化，他们仍会这样。

用"联合利润率"而不是更常用的"创新利润率"或"过渡利润率"，这强调该概念是和所有资本家都相关的（在创新者和模仿者之间没有区别），它不是从一个均衡过渡到另一个均衡，而是连续地打破均衡的状态。

用一撇表示下一期单一创新技术特征的联合利润率，它可以写成：

$$\rho_1 = \frac{\lambda_1 zmA_1' - \omega L_1'}{\lambda_1 zmB_1'} \tag{42.12}$$

$$\rho_2 = \frac{\lambda_2 A_2' - \omega L_2'}{\lambda_1 zmB_2'} \tag{42.13}$$

B_1'，B_2' 的值代表新机器产出 A_1^s 在两个部类的分布，部类 I 在左边，部类 II 在右边：

$$\frac{a(\lambda_1 zmA_1^s - \omega L_1^s)}{\lambda_1 zm} \qquad \frac{a(\lambda_2 A_2^s - \omega L_2^s)}{\lambda_1 zm}$$

分子是积累值（新机器），分母是单位值，比率因此是分到每个部类的新机器的数量，整理简化，得到：

$$B_1' = A_1^s \frac{a(zm - \omega)}{zm} \tag{42.14}$$

$$B_2' = A_1^s \frac{L_2^s}{L_1^s} \frac{a(1 - \omega)}{zm} \tag{42.15}$$

能证明 $B_1' + B_2' = A_1^s$。

随着 B_1' 和 B_2' 的确定，在给定价格的基础上，式（42.12）、式（42.13）中的分母就被确定下来，最大化创新者的利润率即意味着最大化利润率，传统上马克思文献选利润率作为最大化，而新古典理论集中在绝对利润值，然而值得注意的是，联合利润率的最大化可由新古典文献中常用的静态利润最大化法则来实现带有突出的一致性的特点，新古典经济学把对个体资本家的理解程式化表述出来，并把这些理解移植到一般市场均衡领域（他们经常得出逻辑上的矛盾）。

为了确定 L_i^1 和 A_i^1，需要知道资本家的需求和体现在新技术上的劳动比率和生产率的变化，为此也为了说明创新约束，把任何变量 y 的增长因子定义成 $G_y = \dfrac{y'}{y}$ 是很有用的。一撇是指下期变量值不像增长率必须参照一个任意基底来定义，如 $\dfrac{\Delta y}{y}$ 对 $\dfrac{\Delta y}{y'}$，增长因子在离散模型里是清晰的。

注意：为了代数上的简便，$G_{K_i} = \dfrac{G_{B_i}}{G_{L_i}}$；$G_{X_i} = \dfrac{G_{A_i}}{G_{L_i}}$

暂时假定所求的 G_{K_i}，G_{X_i} 是已知的，L_i^1，A_i^1 由下式决定：

$$\frac{B_1'}{L_1'} = k_1 G_{k1} \qquad \frac{A_1'}{L_1'} = x_1 G_{x1} \tag{42.16}$$

$$\frac{B_2'}{L_2'} = k_2 G_{k2} \qquad \frac{A_2'}{L_2'} = x_2 G_{k2} \tag{42.17}$$

七是关于机械化函数（The Mechanization Function）的问题。现在希望知道新技术的选择是受什么约束的，在给定的技术期限内，机械化所实现的生产率的增加有明显的限制（机器对劳动比率的增加）。这里提出的限制的核心——机械化函数——是短期内机械化的收益递减的假设。这不是一个自然法则，这个假定从理论上强调了资本主义生产关系所从属的技术：由于时间有限或者在收益期限内迫使竞争性创新进入资本深化渠道的特殊资本主义社会安排造成了生产率的下降。原子式竞争的公司以基础研究为代价去强调过程创新，这个假设很难检验，因为美国政府发起或资助研究的巨大作用贯穿于整个资本的使用期。这个事实暗含着政府对自发地产生于资本主义过程的技术变化路径的影响。尽管如此，在某种程度上后者已经被包含在技术文化中。尽管它有抵消影响力存在的资本主义生产关系，或许还会赋予技术变化一个过度资本化的趋势。

假定生产增加是由两个因素决定的。一是机械化的程度；二是科学进步要素 G。和 a 一样，假定 G 是基于科技文化和资源的一般性水平之上的，因此在两部类内是一样的。用科布—道格拉斯形式来表达递减收益，能把机械化函数写成是机器劳动比率的增长因素和生产增长因素之间的关系：

$$G_{x1} = G(G_{k1})^{a1} \qquad (42.18)$$
$$0 < a_1, \ a_2 < 1, \ \cdots G \geqslant 1$$
$$G_{x2} = G(G_{k2})^{a2} \qquad (42.19)$$

注意式（42.18）、式（42.19）是基于最新的技术特征，而不是所有技术特征的加总。

机械化函数不是生产函数，它们并不意味着每单位劳动所产生的投入和产出之间的唯一关系，仅仅是它们增长因素之间的一个更弱的关系。投入和产出之间的关系依赖于表现在技术特征上的生产力提高的全部历史。许多这样的历史是和一个单一的机械化函数兼容的。

42.1.2 最优技术变化和增长路径

随着机器劳动比率和生产率的最优增长因素的确定，技术变化和增长路径也就确定了。莱伯曼模型得到的结果及其分析包括：

一是技术变化的社会决定。莱伯曼模型最突出的特点是 Z 的趋势值（或资本 - 劳动比率）是由机械化弹性 α_1、α_2 决定。α_1、α_2 并不是工程参数而是社会组织及工程文化的建构的函数。工程文化的建构是由资本家的优先权及驱动信念所决定，更重要的是生产率的增长路径及资本密集化是由社会结构参数 W、a 所支配。莱伯曼模型不是一般的资本主义增长理论的基础，但它至少可以抵消技术决定论所带来的影响。技术决定论在现代经济学中是非常盛行的。根据技术决定论，技术进步或者外生于经济过程，或者受最优选择的限制。这个最优选择是在排除了社会关系，尤其是资本主义社会关系影响的框架内作出的。注意技术选择问题的传统处理手法，是把它和技术变化隔离开来。现实中，资本家从不会在事前存在静止的技术中做出选择。他们会选择一个行动路线，即技术变化的路径。当把技术进步和技术变化分开来的时候，两者都视技术或技术进步来自于外生的经济过程。如果资本家在工资及社会参数的限制下，选择技术变化，正如模型所做的那样，那么它就能更好地表达社会变化及技术进步变化之间强烈的互动。

二是关于下降的生产率增长是否是资本主义矛盾的问题。对任何合理初始值和参数，模型意味着生产率增长率的序列下降，然而，马克思从来没有使这个思想成为直觉，虽然它符合资本主义系统内部天生障碍的精神。因此是符合马克思主义世界观的。

三是关于收敛到劳动价值的问题。相等的机械化函数弹性 $\alpha_1 = \alpha_2$，将

导致 $z_{lim} = 1$。进一步地，这是平衡增长的必要条件，然而参数 α_1，α_2 远非实证所能估计的。它们清楚地表达了生产的最一般的社会和技术特征，而非具体的技术和进步的展现。因此，作为一般规则，应期望它们相等，或至少不会显著不同。

到目前为止，还没注意到这一点意味着一个不同寻常的价格性质：$\alpha_1 = \alpha_2$，部类内劳动比率之比率接近于1，两个部类的资本有机构成会收敛，这样利润率相等的生产价格会接近于非转变的劳动价值。这个结果意味着一个多世纪以来，和非马克思主义圈子所相信的相比，劳动价值概念在严格分析性的经济学中有一个更重要的角色。

莱伯曼的模型极力主张把马克思的一些观点融入增长理论。部类内市场调整、资本主义竞争的具体性质、创新者的角色、有累积的技术特征构成的资本的一致利润率的形成、资本家对收益率及其基本决定因素的观察对技术进步的决定、技术参数的内生特色：在决定增长路径时阶级斗争的半自动角色，沿这条线展开工作，莱伯曼认为，模型产生了一些能证实马克思的主要结论和概念的结果：不屈从于有机构成提高这个坚不可摧的法则，莱伯曼认为支配技术变化长期偏差的要素的陈述，在这条件受到限制的形式中，该概念对找出一些趋势和条件方面大有作用。资本主义经济会把这些趋势赋予技术变化，而在找出的条件中，这些趋势或许是令人沮丧的。莱伯曼认为，基于马克思的概念基础让他的模型潜在地克服了非马克思主义经济学中的一些随意性立场，尤其是投资和技术进步以及竞争的非历史性构想。如果其中任何一项建议有所成就的话，它就表明马克思主义经济学创新可以为经济理论前沿提供思想源泉。

42.2 马克思再生产和积累模型

罗默1978年在《剑桥经济学杂志》上发表的《马克思再生产和积累模型》[①] 一文，通过三个严格的数学模型研究马克思的再生产理论。第一个是价格形成模型，在这个模型中商品生产的规模和构成不发生作用。第二个在经典的马克思简单再生产模型中，引入产品生产，但是没有资本积累。第三个讨论扩大再生产，也就是说存在资本积累。对马克思再生产理论的讨论，

---

① J. E. Roemer，Marxian Models of Reproduction and Accumulation，In *Karl Marx's Economics*：*Critical Assessments*，Edited by Cunningham Wood，Volume Ⅲ，1988，pp. 496 – 517.

大多是按照劳动价值来描述总量变量，由此决定系统均衡条件。罗默用商品价格来刻画总量变量，所以在他的模型中，大家熟悉的马克思的许多方程不再存在。那么，罗默为什么要将这些模型称为马克思的模型呢？罗默认为，马克思分析的一个关键点是阶级斗争的作用以及剥削概念，而这些因素也是罗默讨论的出发点。这里，罗默仍然让劳动价值进入剥削率的定义中，而且这也是劳动价值加入到罗默模型的唯一途径，它并不被用来描述交易。罗默相信这是对劳动价值的一种合理的使用。

42.2.1　马克思模型中的价格和利润率

在马克思和斯拉法的体系中，如果工资确定了，那么利润率和价格就可以确定下来。罗默假定价格决定与经济中的生产没有关系。但是，罗默允许工人可以选择不同的消费商品组合，这样，罗默的分析与以前的分析略有不同：利润率的关键决定因素将是社会剥削率。

那么工人怎样选择消费品呢？假定消费有两个决定因素。第一，社会剥削率——假定外生给定——决定了工人所获得的工资占总价值的比例；第二，给定价格，每个工人有一个消费选择函数。新古典经济学家们将这种选择函数称为效用函数，但是这里并不用到效用分析方法。可以假定不同的工人有不同的基本生活需要，一旦实际工资的平均水平被决定下来，工人就会根据商品价格来最好地满足他们的需要。

罗默让工人选择商品的目的，在于构建一个没有基本生存工资的马克思的模型。将工资高于基本生活所需视为允许个人消费变化。在这个模型中。暂且不讨论社会剥削率的决定问题。

罗默用的都是森岛通夫对模型的表述。设

A_1 是 $n \times n$ 不可分解矩阵，表示第一生产部类——生产资料生产部类的投入产出系数；

A_2 是 $n \times r$ 矩阵，表示第二生产部类，生活资料生产部类的投入产出系数；

p_1，p_2 表示两个部类产品的价格行向量；

B_i 表示第 i 个工人消费品的 r 维列向量；

$\gamma_i(B)$ 表示第 i 个工人的消费选择函数；

L_1，L_2 表示两个部类的直接劳动投入，用行向量表示；

π 表示利润率；

Λ_1，Λ_2 表示两个部类中的劳动价值向量；

N 表示经济中的就业工人总量。

劳动价值向量可以定义为：

$$\Lambda_1 = L_1 (I - A_1)^{-1} \qquad (42.20)$$

$$\Lambda_2 = \Lambda_1 A_2 + L_2 \qquad (42.21)$$

社会剥削率是剩余劳动时间与工人总消费中所包含的劳动时间的比率。这样，它可以表示成工人总消费的函数：

$$e(\sum_{i=1}^{N} B_i) = \frac{N - \Lambda_2 \sum_{i=1}^{N} B_i}{\Lambda_2 \sum_{i=1}^{N} B_i} \qquad (42.22)$$

用货币工资作为计价物，这样价格—利润比率方程可以写成：

$$p_1 = (1 + \pi)(p_1 A_1 + L_1) \qquad (42.23)$$

$$p_2 = (1 + \pi)(p_2 A_2 + L_2) \qquad (42.24)$$

社会剥削率假定等于一个固定的水平 e^*：

$$e(\sum_{i=1}^{N} B_i) = e^* \qquad (42.25)$$

社会剥削率 e^* 外生给定，意味着它是阶级力量平衡的反映。方程（42.25）并不是表示工资决定理论。工人和资本家并不就剥削率讨价还价。但是，可以将 e^* 作为阶级斗争状态的反映和度量。

最后，工人选择消费量以满足他们的需要：

$$\forall i, \ B_i \ 最大化 \ \gamma_i (B_i) \ 受约束于 \ p_2 B_i = 1 \qquad (42.26)$$

下面的定理表明，如果 e^* 给定，那么价格和利润率就可以决定下来。

定理 1. 给定 e^* 的水平，如果假定条件 A 成立，那么：

（a）存在满足式（42.20）～（42.26）的均衡 $\{\pi, p_1, p_2, B_1, \cdots, B_N\}$；

（b）均衡唯一；

（c）函数 $\pi = \pi(e^*)$ 是严格单调增函数，而且 $\pi(0) = 0$。

假定 A：选择函数 γ_i 是连续函数。根据式（42.26）所选择的消费组合 B_i 唯一，而且如果 $\hat{p}_2 > p_2$，那么 $\hat{B}_i < B_i$。

这个定理表明，当工人并不接受基本生存工资，而是选择他们的消费组合时，马克思的剥削理论也成立。为了说明研究目的，马克思剥削理论在这里可以表述为：资本家剥削产生了利润，随着剥削增加，利润率也增加。如果认为 e^* 是阶级力量平衡的反映，那么利润率就可以看成阶级斗争的产物，而不必假定固定的基本生存工资。需要强调的是，这里所讨论的模型与其说是一种基本消费组合的分析，不如说是用来决定实际工资。在这里，研究的重点从基本消费组合的假定转向了社会可获得的劳动时间的分配。

定理1描述的模型要比马克思的价格形成模型更为一般，因为在这个模型中，实际工资或者说消费组合是一个可变的变量。另外，这些模型在方法论上也存在着不同。这里，外生变量 e^* 是来自于价值世界的概念。如果 e^* 给定，那么价格/商品世界中的特定的价格——利润率—商品消费组合关系就会形成。在森岛通夫的表述中，外生变量是工人维持基本生活所需的商品消费B，通过它产生了价格—利润率的关系。在这种模型设定中，剥削率仅仅起到了一种附属的作用。所以森岛通夫的模型并没有将在剥削与交易中发生的价格，商品的实现很好地区分开来。一种商品的概念B，被用来决定其他的变量 π 和 p。而定理1所描述的模型，很好地将价值概念 e^* 与价格和商品的实现区分开来，后者可以看成是在给定 e^* 之后，某个特定方程的不动点。这表明商品交易世界的价格和商品量事实上是某种特定社会关系的实现，而这种社会关系可以在价值世界 e^* 里描述。

从另一个层面上说，定理1证明了边际效用和剥削理论之间的关系。如果将选择函数 $\gamma_i(B_i)$ 看成是效用函数，那么在均衡时，每个工人的消费的边际效用一定与价格成比例。而且函数 $\gamma_i(B_i)$ 的形式如果发生改变，均衡的结果 $\{\pi, p_1, p_2, B_1, \cdots, B_N\}$ 也必然发生改变。如果希望对价格决定的边际效用理论和剥削率理论进行比较，或许人们会问：均衡结果 $\{\pi, p_1, p_2, B_1, \cdots, B_N\}$ 变化对哪种变化更敏感？是函数 $\gamma_i(B_i)$ 的变化、还是 e^* 水平的变化？当然很难对这种比较做出解释。假定 $\gamma_i(B_i)$ 在一个可行的选择函数集里变化。一旦一个特定的函数形式 $\Gamma = \{\gamma_i\}$ 被选择下来，那么函数 $\pi_\Gamma(e^*)$ 就会存在。在所有这些设定中，可以定义一个对应 $\pi(e^*)$：

$$\prod(e^*) = \left\{\pi \mid \prod(e^*) = \pi, 对于某些 \Gamma\right\}$$

可以证明 $\prod(e^*)$ 是一个连续对应，如图42-1中所示，而且这个对应的最大厚度（当 e_0^* 发生时）与各个部类中资本有机构成的分散程度直接相关。如果各个部类中的资本有机构成相同，那么对应 $\prod(e^*)$ 将变成一个函数，这样边际效用对于利润率和价格形成将不发生任何作用。一般来说，e^* 很小或很大的时候，边际效用对价格形成的作用都不会很大。这在图42-1中可以看到。这也为比较效用函数理论和剥削理论提供了一种答

925

案：只有在两种情况下，边际效用对于价格决定起到重要作用：（1）当各个部类之间资本有机构成变化很大时；（2）剥削率很高或者很低时。

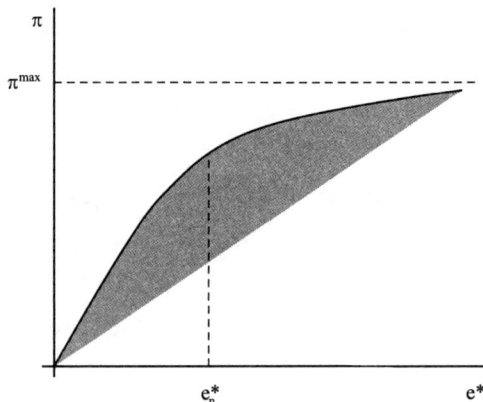

图 42 - 1　剥削率—利润率的对应

这样，上面的模型综合了新李嘉图—马克思和新古典的价格形成理论，并且证明当剥削率在一定范围内时，边际效用对价格形成有重要的作用。

利用上面的价格决定理论，可以证明存在马克思简单再生产均衡。为证明这个均衡存在，要将生产引入到模型中。

和前面一样，用 e^* 表示外生的社会剥削率。但是现在资本家和工人都对商品产生需求，但是没有资本积累：资本家阶级将利润完全消费掉。资本家通过效用函数 u_i 来选择商品消费。为了简单起见，假定在一个部类中只有一个资本家，同时还假定在经济中存在固定的就业量。

设 x_1，x_2 分别表示两个部类中的产出，用列向量表示。这样总的就业量可以表示成：

$$L_1 x_1 + L_2 x_2 = N \qquad (42.27)$$

设第 i 个资本家消费的商品组合是 F_i。那么对消费品的总需求是：

$$x_2 = \sum_1^N B_i + \sum_1^N F_i \qquad (42.28)$$

因为没有资本积累，即资本品只是用来生产消费品。所以对资本品的需求由消费品的最终需求来决定，对资本品生产的中间需求等于：

$$x_1 = A_1 x_1 + A_2 \left(\sum_1^N B_i + \sum_1^N F_i \right) \qquad (42.29)$$

第 i 个部类的利润等于：

$$\prod{}^{i} = \pi(p_1 a^i x^i + L^i x^i) \tag{42.30}$$

其中 L^i 和 x^i 分别是向量 L 和 x 的第 i 个元素，a^i 是矩阵 A 的第 i 列。

资本家按照下面的关系来选择消费：

$$\forall i, \ F_i \ 最大化 \ u_i(F_i) \ 受约束于 \ p_2 F_i = \prod{}^{i} \tag{42.31}$$

这里假定 $u_i(F_i)$ 是连续函数，而且为了简单起见，假定方程（42.31）所决定的 F_i 是唯一的。

系统（42.20）~（42.26）、（42.27）~（42.30）定义了当社会剥削率为 e^* 时的马克思简单再生产体系。和前面一样，均衡 $\{\pi, p_1, p_2, B_1, \cdots, B_N\}$ 是唯一决定的。下面的定理存在一个完备的均衡。

定理 2. 对于任意的 e^*，存在系统（42.20）~（42.26），（42.27）~（42.31）存在一个均衡 $\{\pi, p_1, p_2, B_1, \cdots, B_N, F_1, \cdots, F_n, x_1, x_2\}$。

这个简单再生产模型表明其模型设定是内在一致的，在任意剥削水平下，系统可以在稳定状态复制其自身。但是要注意的是，此时价格又被重新决定，很明显，资本家的边际效用对于价格和利润率的决定不起任何作用。对 $u_i(F_i)$ 的不同假定只会改变产出构成。当然，方程（42.31）告诉我们在均衡时，资本家的边际替代率等于价格比。

这样可以看到了一个没有增长的完备的一般均衡模型。这个模型表明了剥削对于均衡价格形成、产出构成和个人消费的作用。在这个模型中，社会剥削率的作用和新古典模型中初始禀赋的作用很类似。在新古典模型中，埃奇渥斯盒中初始禀赋的位置决定了契约曲线的起点和终点。在这里，马克思的劳动时间社会分配概念决定了均衡。

42.2.2　扩大再生产

在马克思看来，只有在扩大再生产中，资本主义的本质积累的动机才会显露出来。资本家会将一部分利润用于新的投资。模型对马克思模型做出两个修订：一是不再假定完全就业，失业被看成是后备劳动力对社会剥削率所施加的压力；二是失业工人通过利润税来获得最低的生活保障。模型构建在一个平衡增长的框架中，不考虑经济周期和危机。

假定经济中存在 n 个部类。设 t 表示对利润征税的税率，这个税率保证失业工人能够获得基本的生活保障。因为在均衡状态下，各个部类的税后利润相等，所以可以将价格方程表示为：

$$p_1 = \left(1 + \frac{\pi}{1 - t}\right)(p_1 A_1 + L_1) \qquad (42.32)$$

$$p_2 = \left(1 + \frac{\pi}{1 - t}\right)(p_2 A_2 + L_2) \qquad (42.33)$$

其中，$\frac{\pi}{1 - t}$ 表示税前利润率。

工人的预算约束是：

$$p_2 B_i = 1, \quad \forall i \qquad (42.34)$$

其中：

$$B_i \text{ 最大化 } \gamma_i(B_i) \text{ 受约束于 } p_2 B_i = 1 \qquad (42.35)$$

与前面一样，假定 γ_i 满足假定条件 A。为了实现平衡增长，产出向量 (x_1, x_2) 满足：

$$x_1 = (1 + g)(A_1 x_1 + A_2 x_2) \qquad (42.36)$$

$$x_2 = (1 + g)\left(\sum_1^N B_i - B_0(N^* - N) + \sum_1^N F_i\right) \qquad (42.37)$$

其中，g 表示经济的平衡扩张率，F_i 表示资本家的个人消费，B_0 表示失业工人的消费水平，$N^* - N$ 表示失业工人的数量。各个部类的利润为：

$$\prod^i = \frac{\pi}{1 - t}(p_1 a^i x^i + L^i x^i) = [p^i - (p_1 a^i + L^i)]x^i \qquad (42.38)$$

总就业量等于：

$$L_1 x_1 + L_2 x_2 = N \qquad (42.39)$$

在这个模型中商品在本期生产出来，在下一期被使用。而且商品可以用做消费品和投资品，这在方程（42.36）和方程（42.37）中可以看到。同样，收入和支出的分配也应该满足本期的收入用于下期的支出。

设定利润税的税率 t 以使得下期的失业工人能够支付他们的基本生活支出：

$$t\prod = (1 + g)p_2 B_0(N^* - N), \quad \prod = \sum \prod^i \qquad (42.40)$$

这里假定失业的增长率也等于 g。另外，我们假定资本家的储蓄倾向相同，等于 s，他们没有储蓄的那部分税后利润被用于下期的消费：

$$(1 - s)(1 - t)\prod_i = (1 + g)p_2 F_i \qquad (42.41)$$

这里 F_i 在满足方程（42.41）的约束下最大化 $u_i(F_i)$，而且 u_i 是连续函数，F_i 唯一。

最后，阶级斗争方程为：

$$f\left(\frac{N}{N^*}\right) = e, \ f' < 0 \tag{42.42}$$

在这里，就业率是社会剥削率的减函数。方程（42.42）表明了产业后备劳动军的影响。

在所有的方程中，积累率（g）和利润率（π）之间没有显示的关系。但是也会看到大家熟悉的剑桥方程，这也是下面引理的内容：

引理：方程（42.32）~（42.41）表明 $g = s\pi$。

g，s，π 之间的这种关系将大大简化分析。

随后的任务是要证明对于任意的就业率水平 $\frac{N}{N^*}$，系统（42.32）~（42.42）存在一个均衡。需要注意的是，这些方程还没有刻画一个完整的系统，因为到目前为止，还有两个方程没有讨论：资本家计划的积累率和劳动力的增长率。但是，还是可以在萨伊定理成立的前提下讨论均衡的。

定理 3. 对于任意的 N，系统（42.32）~（42.42）存在一个均衡 $\{\pi, \ t, \ B_1, \ \cdots, \ B_N, \ F_1, \ \cdots, \ F_n, \ g\}$ 当且仅当：

$$N \geqslant \Lambda_2 \left[\sum_1^N B_i(N) + B_0(N^* - N) \right] \tag{42.43}$$

这里方程 $B_i(N)$ 在就业水平 N 给定的情况下，对第 i 个工人赋予消费组合 B_i。注意一旦 N 给定，那么根据方程（42.42）可以确定 e。这样从方程（42.32）~（42.35），可以决定 $\frac{\pi}{(1-t)}$，p_1，p_2，和 B_1，$\cdots$，B_N。条件（42.43）表明劳动就业量必须充分大，以保证按价值计算的消费品供给能够满足所有工人阶级的生活必需：这个条件使得剩余价值非负。

注意当就业率很低或者很高时，条件（42.43）可能不成立。设 $r = \frac{N}{N^*}$ 表示就业率。很显然，当 r 很小时，条件（42.43）肯定不成立。但是当 r 接近 1 时，方程（42.43）所决定的剥削率可能会很低，这样条件（42.43）可能不成立。这也就是说，当 N 接近 N^* 时，$\Lambda_2 B_i(N)$ 可能会很大，以使得剩余劳动不足以为失业工人提供基本生活保障。

动态均衡中的失业率也还没有决定。为了决定动态失业率，在模型中引入凯恩斯的投资计划规划。剑桥方程表明经济扩张率必须等于用于投资的储蓄。但是可以找到其他的决定因素，根据这个因素，资本家可能按照预期的利润率来计划积累。如果采用卡莱斯基的递增风险原则，那么可以将资本家的计划积累率定义为：

$$g = \rho(\pi), \quad \rho' > 0 \qquad (42.44)$$

如果将方程（42.44）代入到剑桥方程中，那么可能会产生一个或多个均衡的增长率和利润率，这取决于两条曲线相交的次数。而每个均衡都会在一个或多个失业率水平上实现。

作为一个例子，设方程（42.44）具有下面的形式：

$$g = g^*$$

从前面的讨论中可知，当就业率很小时，方程（42.32）～（42.42）所决定的增长率 g 等于 0，而当 r 接近 1 时，g 也可能等于 0。但是我们至少可以假定，方程（42.42）所反映的阶级讨价还价结果可以使得在某个 $\frac{N}{N^*}$ 不等于 1 的就业率水平上实现最大的增长率。所以方程（42.32）～（42.42）所描述的 g 和 $\frac{N}{N^*}$ 之间的关系可以用图 42-2 来表示。

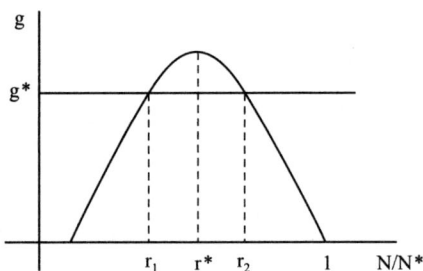

图 42-2　可实现的增长率是就业率的函数

如果 g^* 表示长期的计划增长率，那么有两种可能的均衡：r_1，r_2。注意 r_2 是不稳定的，这是因为如果失业率大于 r_2，意愿的增长率将大于实际的增长率，这样资本家将会雇佣更多的工人，推动 r 进一步增加，那么经济会最终偏离 r_2。类似地，可以分析 r_1 是一个稳定的均衡。

在图 42-2 中，稳定的就业率均衡不仅不能实现充分就业，它甚至小于使得经济增长率最大的就业率水平。

如果用方程（42.44）来描述计划增长率和利润率之间的关系，那么，就有了图 42-3 所描述的情形。因为 $\pi = \frac{g}{s}$，所以我们有：

$$\rho(\pi) = \rho\left(\frac{g}{s}\right) = \rho\left(\frac{g\left(\frac{N}{N^*}\right)}{s}\right)$$

由于函数 ρ 的单调性，以 $\frac{N}{N^*}$ 为横坐标所描述的 ρ 的图形的斜率与

$g\left(\frac{N}{N^*}\right)$ 的图形的斜率具有相同的符号。所以，ρ 的图形从上方与 g 的图形相交所得到的均衡是稳定的均衡，比如说 r_1，而 ρ 的图形从下方与 g 的图形相交所得到的均衡是不稳定的均衡，比如说 r_2。

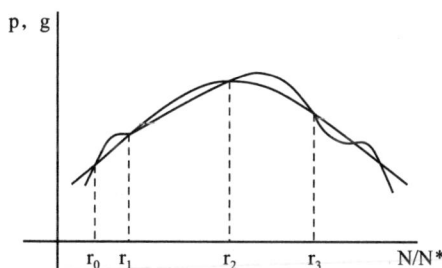

图 42 - 3　可实现的增长率和资本家计划的增长率是就业率的函数

至此，通过引入资本家的投资计划方程（42.44）完成了对图 42 - 3 所描述的模型的分析。当萨伊定理成立时，扩大再生产可以在任何可行的失业水平下实现均衡。从资本的角度来说，存在着一个最优的失业率水平，图 43 - 2 中的 r^*，在这个失业水平上经济增长率最大。这个增长率 r^* 可以看成是中产阶级充分就业的就业增长率。当投资的供给计划与资本家的投资需求计划一致时（见图 42 - 3），那么会出现多个稳定的就业均衡。在图 42.3 中，看到四种均衡模式：高失业率—低增长均衡（r_0），高失业—高增长均衡（r_1），低失业—高增长均衡（r_2），低失业—低增长均衡（r_3）。值得注意的是，在现实中，往往观察到德国出现高增长—低失业均衡，美国出现低增长—高失业均衡等现象，但是，在这里讨论的四种均衡关系，在相同的经济结构中可能出现，由此可以看出现有模型的结论更强。这样，有理由相信，一国的政策不仅可以通过改变曲线形状来改变均衡，而且可以使得经济从一个稳定的均衡向更"适宜"的均衡过渡。

最后，必须提及劳动供给。在上面的分析中，假定经济中可获得的劳动力按照 g 的增长速度增长，这个增长率与产出的均衡增长率相同。因为假定

在经济中不存在技术进步，所以这个假定意味着"自然"增长率和"保证"增长率相同，所以这里不存在哈罗德所认为的"刀锋"增长的情况，而且劳动后备军的出现也不依赖于"自然"增长率和"保证"增长率的差异。或许这两种经济增长率的等量关系是一种偶然的情况，又或许存在一种在模型中没有讨论的机制，使得劳动供给与平衡增长所需要的劳动需求正好匹配，从而使得这两个经济增长率相同。但不管是哪种情况，结论都是成立的，而且在这种情况下，可以就失业后备军对工资率的影响做出有意义的讨论。对马克思再生产理论的研究可以假定劳动力的增长率外生给定，或者让它取决于工资率和技术进步。罗默的研究只是将重点放在最简单的马克思再生产模型，来讨论就业后备军对实际工资率的影响，出于这个目的，没有必要在模型中应用到人口增长理论。作为模型的扩展，则首先应该将技术进步引入到模型中。这是因为马克思的人口法则事实上是"相对剩余人口的法则"，而在这个法则中，技术进步起到了关键的作用。

罗默的分析将马克思的价格形成理论扩展到了一个完全的积累模型。在价格形成模型中，罗默放弃了经典的基本生存消费组合的概念，取而代之的是社会剥削率，在给定各个行业阶级力量对比之后，社会剥削率是个外生的变量。在这种模型设定下，罗默证明存在均衡的价格，工人消费和利润率，而且马克思的"转形法则"也成立：高剥削率将产生高利润率，剥削是利润存在的必要条件。这个结论在工人按照效用最大化原则来选择消费的时候也成立。这样建立模型的意义在于，罗默对以价值为基础的剥削概念和以价格/商品为基础的利润概念和消费概念做出了明显的区分。

罗默在价格形成模型中讨论了简单再生产，证明给定任意的阶级力量对比（任意的社会剥削率）和任意的就业率，经济可以不断地实现再生产。这从某种意义上来说是一个经典的运用，使得更容易理解扩大再生产。

为了建立积累模型，罗默假定了平衡增长：罗默讨论的重点不在于商业周期和危机，而在于导致经济持续增长的必要条件。社会剥削率外生性的假定被放松，通过来自产业工人后备军的压力产生了失业率。通过假定税收福利机制保证了产业工人后备军的基本生活保障。罗默用整个工人阶级的再生产成本来评价剩余价值，由此证明平衡增长均衡存在的条件也是产生剩余价值的条件。最后，罗默通过假定资本家的积累计划决定了经济中的失业率。如果接受马克思关于资本家积累计划相对于利润率无弹性的说法，那么合意的经济增长率 g^* 就将决定一个失业率，而这个失业率将决定剥削率和实际工资。通过这种方式，马克思对积累动态的表述得到了复制：积累量是一个自变量，而工资则是一个因变量。反之则不成立。在更一般的模型中，罗默假定计划增长率是预期利润率的增函数，这样经济中将存在多重均衡，而且失业率和经济增长率之间没有必然的联系。

最后，罗默谈到方法论的问题。罗默是通过价格来描述再生产理论的，价值的概念被用来描述剥削，描述阶级斗争的结果。同时，罗默还在这个积累模型中证明存在经济均衡的充分必要条件是剩余价值存在。他相信，一个模型是否是以马克思的价值理论为基础并不依赖于这个模型描述交易过程所用的单位，而在于其关注点与剥削概念保持一致，而剥削率正是罗默模型分析的关键变量。

第43章 谢尔曼论马克思的
周期增长模型

资本增长理论是战后西方经济学迅速发展起来的经济理论。这一理论的发展，也包含了对马克思资本增长理论的研究。这一研究既反映了马克思经济学的现代发展的取向，也体现了西方学者对马克思经济学和西方经济学的"沟通"，以及马克思经济学自身"重塑"的特征。

43.1 对马克思简单再生产和扩大再生产的理解

谢尔曼1971年在《政治经济学史》杂志上发表的《马克思主义的周期增长模型》[①] 一文，回顾了前人基于马克思国民收入、资本积累、增长、经济周期、增长周期等方面理论的模型，建立了一个新的统一的分析框架。谢尔曼关于马克思资本增长模型的主要内容可以概述如下。

43.1.1 简单再生产

马克思以一个简单抽象的资本主义模型作为出发点。在这个模型中，马克思假定完全竞争的市场，没有政府经济行为，没有国家之间的经济关系。根据马克思的表述，W 表示国民产出的价值，W_1 表示投资品的价值，W_2 表示消费品的价值，S 表示剩余价值，V 表示可变资本，C 表示不变资本。马克思认为，从供给的角度来看，国民产出的总价值由可变资本、不变资本和剩余价值三个部分构成：

$$W = C + V + S \qquad (43.1)$$

马克思将"价值"定义为单位商品生产中的劳动投入数量。但是在其

---

① H. J. Sherman, Marxist Models of Cyclical Growth, *History of Political Economy*, 1971 (3), pp. 28 – 55. In *Karl Marx's Economics*: *Critical Assessments*, Edited by Cunningham Wood, Volume Ⅲ, 1988, pp. 188 – 209.

总量分析中，价值又被定义成一个不变的货币单位，这并不影响分析的结论。在微观分析中，马克思不断地在流量和存量两个概念之间切换。他主要是希望结合资本变化量考察工资和利润的流量。在总量分析中，虽然马克思试图将上面所定义的变量以存量的方式来处理，但是通过仔细地研究，谢尔曼认为，会发现事实上在讨论方程（43.1）的过程中，马克思用到的都是流量的概念。也就是说，W 是在某一特定时期内国民产品的总价值，S 是在同一时期内利润、租金和利息的总和，V 是工资的总和，C 是在这段时间内厂房和设备的折旧以及所消耗的中间产品的数量。

如果将模型分解成生产资料生产部类和生活资料生产部类，那么价值的构成也可以类似地表述成：

$$W_1 = C_1 + V_1 + S_1 \tag{43.2}$$
$$W_2 = C_2 + V_2 + S_2 \tag{43.3}$$

这里下标"1"表示生产资料生产部类的供给成本和剩余价值，下标"2"表示生活资料生产部类的供给成本和剩余价值。

在简单再生产或长期均衡中，模型通常假定只有资本的替代，没有资本的净扩张。因此，对第 I 部类生产资料的需求仅仅是用于两个部类的资本替代：

$$W_1 = C_1 + C_2 \tag{43.4}$$

对第 II 部类生活资料的需求也就等于两个部类中资本家和工人收入的总和：

$$W_2 = V_1 + V_2 + S_1 + S_2 \tag{43.5}$$

这样，就可以从两个不同的方向来分析马克思增长模型。首先是考察两个部类之间的均衡关系，这也就是里昂惕夫所建立的投入产出分析。投入产出分析只是将两部类模型扩展到了多部类和多产出的情形。如果只考虑两个生产部类，根据总供给等于总需求，得到：

$$C_1 + V_1 + S_1 = C_1 + C_2 \tag{43.6}$$

以及

$$C_2 + V_2 + S_2 = V_1 + V_2 + S_1 + S_2 \tag{43.7}$$

这两个方程表明了部类之间和部类内部所有均衡关系的条件。

随后，马克思试图剔除部类内的交易。利用方程（43.6）或者方程（43.7），得到：

$$C_2 = V_1 + S_1 \tag{43.8}$$

这就是说，在简单再生产中两个部类交易的结果是：第 I 部类供给的资本量和第 II 部类需求的资本量相等，等于 C_2；而且第 I 部类中资本家和工人所需要的生活资料等于第 II 部类对生活资料的供给，都等于第 I 部类中资本家和工人收入的总和，即 $V_1 + S_1$。

其次，谢尔曼认为，上面的基本模型也可以用来分析周期和增长的总量问题。如果对上面的供给方程和需求方程进行加总，那么生活资料的总价值（W_2）和生产资料的总价值（W_1）将满足下面的均衡关系：

$$W_2 = V + S \tag{43.9}$$

和

$$W_1 = C \tag{43.10}$$

将这两个式子加总，就得到了总需求方程：

$$W = W_1 + W_2 = C + V + S \tag{43.11}$$

这个式子与凯恩斯所定义的国民收入恒等式的不同之处仅仅在于，马克思定义的不变成本中同时包括了中间品购买和资本替代。

43.1.2 扩大再生产

马克思对扩大再生产或经济增长的论述要比上面复杂很多。马克思本人只是应用一些算术运算对扩大再生产进行了研究。早期马克思主义者们的研究工具也主要是局限在算术运算，直到最近，人们才开始运用一些代数方法来研究扩大再生产。

谢尔曼认为，第二次世界大战以前，最好的马克思主义模型是由斯威齐－都留重人（Sweezy-Tsuru）提出的。但是这个模型看起来比较复杂，而且容易让人产生混淆。斯威齐将生产资料的供给方程定义成：

$$W_1 = C_1 + V_1 + S_{c1} + S_{\Delta c1} + S_{av1} + S_{ac1} \tag{43.12}$$

生活资料的供给方程是：

$$W_2 = C_2 + V_2 + S_{c2} + S_{\Delta c2} + S_{av2} + S_{ac2} \tag{43.13}$$

这里 S_c 表示 S 中用于资本家消费的那部分剩余价值，$S_{\Delta c}$ 表示资本家用于消费的那部分剩余价值的增加量，S_{av} 表示用于可变资本投资的那部分剩余价值，S_{ac} 表示用于不变资本投资的那部分剩余价值。这样，生活资料的需求可以表示成：

$$W_2 = V_1 + V_2 + S_{c1} + S_{c2} + S_{\Delta c1} + S_{\Delta c2} + S_{av1} + S_{av2} \tag{43.14}$$

生产资料的需求可以表示成：

$$W_1 = C_1 + C_2 + S_{ac1} + S_{ac2} \tag{43.15}$$

最后，斯威齐设供给等于需求得到了投入产出之间关系的动态均衡条件：

$$C_2 + S_{ac2} = V_1 + S_{c1} + S_{\Delta c1} + S_{av1} \tag{43.16}$$

都留重人发现对生活资料的总需求是：

$$W_2 = V + S_c + S_{\Delta c} + S_{av} \tag{43.17}$$

对生产资料的总需求是：

$$W_1 = S_{ac} + S_{av} + C \tag{43.18}$$

这个方程式是根据对斯威齐所定义的方程（43.15）加总得到，但是都留重人在其中加入了一项新的可变资本投资。在下面的分析中，将会看到这一项的加入事实上是有问题的。最后，都留重人将上面所定义的需求方程加总得到了国民生产总值：

$$W = V + S_c + S_{\Delta c} + S_{ac} + S_{av} + S_{av} + C \tag{43.19}$$

谢尔曼认为，方程（43.19）中有三个错误。第一，使用不同的符号来表示剩余价值的不同使用途径本身容易使人产生误解，在对马克思模型的现代表述中，人们往往使用不同的比例关系来表示剩余价值的支出部分。第二，将 $S_{\Delta c}$ 包含在模型中是一个明显的错误。因为 $S_{\Delta c}$ 仅仅表示 S_c 从一个时期到下一个时期的增量，把它包含在反映一期资源约束的方程中显然是不合适的。第三，方程（43.19）中包含了两项 S_{av}。这种情况之所以会发生，是因为都留重人将 S_{av} 作为两种用途来看待。一是资本家在可变资本上的投资，二是可变资本支付给工人产生的消费需求。但是事实上，工资的支付是在一个时期内完成的，此时工资既是资本家的成本，也是工人的收入，但是由工资所产生的消费却是在下一个时期里完成的。当然对 S_{av} 的处理远远不只是适当处理时间问题这么简单。马克思对于在可变资本上的投资的定义本身就会让人产生歧义，这种歧义的来源是错误的关于"工资基金"的古典表述。

43.2 马克思再生产理论的现代增长模型

谢尔曼打算用更为简单、更为有效的模型来描述马克思的再生产理论。谢尔曼用五个符号来表示变量：W 表示国民生产总值；S 表示剩余价值；V 表示可变资本；C 表示不变资本；X 表示国民产出净值。另外，下标 1 表示生产资料生产部类，下标 2 表示生活资料生产部类。

在现代模型中，扩大再生产的总量供给方程和各个部类的供给方程与简单再生产所定义的供给方程相同。差别是来自于需求方，谢尔曼假定资本家的剩余价值有两种用途：资本家的消费和资本家的投资。设 b 表示剩余价值中用于资本家消费的比例，这样消费需求可以表示为：

$$W_2 = V_1 + V_2 + b(S_1 + S_2) \tag{43.20}$$

投资需求方程可以表示为：

$$W_1 = C_1 + C_2 + (1 - b)(S_1 + S_2) \tag{43.21}$$

正如马克思所强调的，从均衡到增长的区别仅仅由需求构成的变化或剩余价值的使用所决定（因为在简单再生产中 $1 - b = 0$）。

这样两个部类的均衡投入产出关系可以表示成：

$$V_1 + bS_1 = C_2 + (1 - b)S_2 \tag{43.22}$$

由此，可以得到总的消费需求：

$$W_2 = V + bS \tag{43.23}$$

和总的投资需求：

$$W_1 = C + (1 - b)S \tag{43.24}$$

最后，通过加总总消费和总投资，得到国民产出总量：

$$W = V + C + bS + (1 - b)S = V + C + S \tag{43.25}$$

谢尔曼认为，方程（43.25）表述了马克思的基本思想。这种一致性的内在逻辑是由 $b + (1 - b) = 1$ 来保证的。而且通过方程（43.25）的定义，很容易分析马克思的增长理论。

作为现代西方增长理论的奠基人之一，多马对苏联经济学家菲尔德曼（G. A. Feldman）的贡献给与高度评价。菲尔德曼从马克思的再生产理论中演绎出了经济增长理论。为了从马克思扩大再生产理论过渡到经济增长理论，有必要考虑各个变量在不同时间点上的值，用 t 表示某一特定的时间，$t - 1$ 表示前一个时期。不考虑资本折旧和中间品的投入。根据上面提到的再生产模型，净投资需求可以表示为：

$$X_1 = (1 - b)S \tag{43.26}$$

国民净产值：

$$X = V + bS + (1 - b)S = V + S \tag{43.27}$$

经济增长理论必须要决定国民产出的增加值。马克思认为，一个时期内的国民产出的增加量与该时期的投资量或生产能力的增长有密切的关系。这种比例关系可以用常数 k 来表示。投资量是一个时期内的总收入减去工人的消费（V）和剩余价值中资本家的消费。最后，假定存在一个给定的剥削率（用 $w = \dfrac{V}{X}$ 或者是 $w = V/V + S$ 来表示）尽管在马克思关于收入分配的讨论中预测资本主义的剥削率在长期将上升。

这样，马克思的经济增长理论的最简单的形式可以用五个基本的关系来表示，如表43-1所示。

表43-1	马克思的增长模型	
总量增长	$X_t - X_{t-1} = kX_{1t-1}$	(43.28a)
投资	$X_{1t} = X_t - V_t - bS_t$	(43.29)
消费	$X_{2t} = V_t + bS_t$	(43.30)
收入均衡	$S_t = X_t - V_t$	(43.31)
收入分配	$V_t = wX_t$	(43.32)

注意方程（43.29）中所描述的投资等于未消费的收入或者是剩余价值中储蓄的部分，即（1-b）S。当然，马克思认为这种对萨伊定理的表述只是一种最优的近似，他很清楚这个方程尽管适用于资本主义经济，但并不能反映资本主义经济的真实情况。

上面的模型可以用国民产出净值来表示：

$$X_t = [1 + k(1-b)(1-w)]X_{t-1} \qquad (43.28b)$$

利用这个方程，可以解出国民净产出的动态路径：

$$X_t = [1 + k(1-b)(1-w)]^t X_0 \qquad (43.28c)$$

需要强调的是，资本边际产出 k 的提高、工资率 w 的下降和资本家消费比例 b 的下降都会提高资本主义经济增长率。这种情况成立的前提条件是所有的储蓄都能够用于投资。

在上面的方程中，还可以在一定程度上考察马克思所谓的"非生产性劳动"。此时，方程中应该包括商业销售成本，比如说广告费用。

43.3 马克思的三种经济周期模型

谢尔曼讨论了三个经济周期模型（见表43-2、表43-3、表43-4），通过这三个模型，可以看到造成短期经济波动的各种关系。谢尔曼没有讨论马克思的资本主义长期利润率下降理论。另外，也没有讨论马克思关于资本主义经济过度波动的预测。

谢尔曼认为，马克思对于经济周期有很多有趣的描述，但是他并没有对经济周期给出一个统一的研究框架。因此，在后来的研究中出现了许多对于马克思思想的解读。这其中包括了斯威齐和卡莱斯基提出的消费不足理论。尤其是卡莱斯基所提出的理论特别值得注意，因为他早在凯恩斯的《通论》发表之前，就提出了现代"凯恩斯主义"所倡导的理论。多布强调，利润率的下降是导致经济周期的一个重要因素，从这个观点中，可以总结出过度投资理论（这一理论与哈耶克在《价格和生产》一书中所提到的对投资品的过度需求理论非常类似）。最后，考察一个将消费不足和过度投资统一起来的综合模型。

需要说明的是，在马克思那里，并没有对谢尔曼将要提到的理论模型有过直接的论述。虽然谢尔曼模型得到的结论在某种程度上与马克思的结论基本一致，但是谢尔曼认为他所做出的结论都是基于一些特殊的假定条件而得到的。

43.3.1　消费不足理论

马克思对于幼稚的消费不足理论有着非常著名的攻击。同时，还可以从马克思的著作中找到更为成熟的消费不足论的要素。在马克思和现代数理经济学家们看来，消费部类和投资部类并不是独立的两个部类，它们相互联系，共同决定最终的均衡结果。在消费不足模型中，消费需求的增长不断下降，由此所导致的投资绝对下降成为经济萧条的真正原因。

另外，必须强调的是，马克思认为消费不足只会在短期经济波动中出现，在长期里并不会出现消费不足的现象。在长期里，资本额将会增加。后面的波动增长模型讨论了这个问题（见表43-5）。更进一步地，在马克思的表述中，非生产性劳动与总劳动量的比例在维持经济长期增长中发挥着重要的作用。当然，在经济周期的分析中，这不再是要讨论的重点，所以在谢尔曼模型中，不再对这些问题进行讨论。

最后，谢尔曼注意到马克思是第一个对萨伊法则提出全面深刻批评的人，比凯恩斯早70年，马克思就已经强调在资本主义经济中总供给和总需求不会自动相等。相对于国民收入账户恒等式来说，总供给和总需求的等价关系只是一种暂时的现象。马克思在研究长期经济增长时假定萨伊法则是一个很好的近似（见表43-1），但是在波动理论中，他则不再假定萨伊定理成立。

表 43 - 2　　　　　　　　　　　马克思的消费不足周期模型

收入均衡	$X_t = S_t + V_t$	(43.33)
产出均衡	$X_t = X_{1t} + X_{2t}$	(43.34)
消费行为	$X_{2t} = V_{t-1} + a + hS_{t-1}$	(43.35)
工资行为	$V_t = c + gX_t$	(43.36)
投资者行为	$X_{1t} = v(S_{t-1} + S_{t-2})$	(43.37)

表 43 - 2 描述了净产出 X 的整个模型。在该表中所有的大写字母都表示内生变量，小写字母表示固定的正数，k 和 g 位于 0 和 1 之间。方程 (43.33) 和方程 (43.34) 表示在某个时间点上的均衡条件，方程 (43.35)、方程 (43.36)、方程 (43.37) 表示各个变量的变化方程。

方程 (43.35) 表明消费需求取决于收入的分配和总的收入水平。马克思认为工人的工资全部都用于消费，而资本家的收入中只有一小部分用于消费。资本家的收入必须足够高，以保证有相当比例的收入可以用于储蓄，或者是投资。因此消费占剩余价值的边际比例要小于 1，而且其平均比例随着剩余价值的提高而下降。

方程 (43.36) 表明工资收入的增加要慢于总收入水平的增加速度。这也就是说，各个经济阶级的收入分配变化是马克思周期理论的核心，这与凯恩斯所强调的总量心理倾向不同。收入中越来越多的部分转化成了剩余价值。只有当经济萧条时，随着收入水平的下降，工人工资在总收入所占的比重才会有所上升。如果将方程 (43.35) 和方程 (43.36) 放在一起考虑，那么就会发现收入有从工资向剩余价值转移的趋势，而且这种转移限制了消费的增长，使得消费增长的速度要远远低于收入或者是产出的增长速度。

最后，方程 (43.37) 表明净投资是由资本家的收入决定。马克思始终强调的一点是，资本家不会为了慈善事业而进行投资，他们只有在预期投资能带来新的利润时，才会去增加自己的生产能力。那么以前的利润变化可以作为未来利润预期的一个最好的指标。在这里，消费不足理论的一个核心思想是，工资收入的缓慢提高抑制了消费需求的增长，当这种抑制作用足够大的时候，就会使得投资下降，从而产生经济波动。

表 43 - 2 中的方程可以表示成关于 X 的单一方程：

$$X_t = q + yX_{t-1} + zX_{t-2} \qquad (43.38)$$

这里 q，y，z 都是常数。在这个模型中，$q = a + c(1-h)$，$y = h + v + g(1-h-v)$，$z = v(g-1)$。在波动发生时，q 影响净产出的水平。当 $y^2 < 4z$

时，国民生产净值就会产生周期性的波动。y，z 的值取决于 g，h，v。是否需要找到这些参数合理的取值范围，以使得经济产生周期性的波动呢？谢尔曼认为可以根据马克思对这些参数的假定来考察经济周期的存在性。马克思通常假定工资和收入的比例是 1/2，所以假定工资对收入的边际比例 g 等于 0.5。马克思还认为资本家将他们利润中的相当大一部分比例用于投资，在模型中，假定消费对利润的边际比例，h 是 0.2。

当假定 g = 0.5，h = 0.2 以后，产生周期性波动所需要的条件就是要使得 $(0.6 + 0.5v)^2$ 小于 $2v$。当 v 的取值范围在 $0.3 \sim 5.0$ 之间时，上面的条件自然成立。到目前，还没有办法对 v 的取值给出合理的估计。但是，有理由相信可以找到合理的关于 v 的取值，来解释现实经济中的波动。当然，这里所做的并不是要证明波动的存在性。谢尔曼只是在说明给定马克思所认为的合理的参数取值，消费不足理论可以为经济周期理论提供一种解释。

43.3.2 过度投资理论

除了用消费不足理论来解释经济周期之外，马克思的论述中还包括了过度投资对经济周期的影响。为了说明过度投资理论能够对经济周期产生很强的解释，去除所有关于消费不足的假定。这两种理论的综合将在后面讨论。表 43 - 3 描述了马克思的过度投资理论。

表 43 - 3	马克思的过度投资模型	
均衡条件		
产出和需求	$W_t = W_{1t} + W_{2t}$	(43.39)
收入和成本	$W_t = C_t + V_t + S_t$	(43.40)
消费部类	$W_{2t} = C_2 + V_2 + S_{2t}$	(43.41)
投资部类	$W_{1t} = C_1 + V_1 + S_{1t}$	(43.42)
不变资本	$C_t = C_{1t} + C_{2t}$	(43.43)
可变资本	$V_t = V_{1t} + V_{2t}$	(43.44)
行为函数		
消费	$W_{2t} = b(V_{t-1} + S_{t-1})$	(43.45)
投资	$W_{1t} = v(S_t^x - S_{t-1}^x)$	(43.46)
期望剩余价值	$S_t^x = rS_{2t} + S_{1t}$，其中 $r > 1$	(43.47)
第二部类不变资本	$C_{2t} = -h + jW_t$	(43.48)
总量不变资本	$C_t = kW_t$	(43.49)
第二部类可变资本	$V_{2t} = gW_t$	(43.50)
第一部类可变资本	$V_{1t} = mW_t$	(43.51)

在表 43-3 中，W 表示国民生产总值，C 表示不变资本，V 表示可变资本，S 表示剩余价值，下标"1"表示第 I 部类变量，下标"2"表示第 II 部类变量，S^x 表示预期剩余价值的指标。同样地，所有的大写字母表示内生变量，小写字母表示正的常数。b，j，k，g，m 位于 0 和 1 之间，r 大于 1。

方程（43.39）只包括总量变量，也就是说，在这个方程中，消费、投资和国民产出包括折旧和公司间中间品交易的成本。而且，这里定义的供给和需求都是计划变量，所以这是一个均衡条件，而不仅仅是账户恒等式。

方程（43.40）在总产出和总成本以及总剩余价值的均衡关系中包含了不变资本的成本。方程（43.41）和方程（43.42）分别列出了生活资料生产部类和生产资料生产部类的成本函数。

方程（43.43）表明在均衡时，总不变资本的成本等于生活资料生产部类的不变资本成本加上生产资料生产部类的不变资本成本。方程（43.44）说明均衡时，总的可变资本成本等于生活资料生产部类可变资本成本加上生产资料生产部类可变资本成本。

方程（43.45）表明消费变化与收入变化之间的关系。这里，之所以对消费函数做出这么简单的假定，是因为这里研究的重点不是消费，而且，在更为复杂的消费函数假定形式下，下面的分析结论不会发生改变。

方程（43.46）表明资本家只有在预期到未来剩余价值提高的情况下，才会进行新的投资。谢尔曼做出这一假定的依据是马克思对资本家本质的论述。方程（43.47）表明未来剩余价值的指标是生产资料生产部类和生活资料生产部类剩余价值的加权平均。马克思假定生活资料生产部类的剩余价值在决定未来剩余价值预期中占有更多的比重，这是因为只有在生活资料的需求旺盛时，资本家才会产生对生产资料的需求。

方程（43.48）描述了过度投资理论中一个重要的经验事实：不变资本的价值的变化程度比消费价格的变化要更为剧烈。

方程（43.49）假定总的不变资本随总产出成比例上升或下降，做出这一假定的目的主要是出于简化模型的考虑。马克思认为生活资料生产部类和生产资料生产部类的生产资料生产成本的相对变化，可以对未来利润的预期产生很重要的影响。这也就是说，如果一般价格水平上升的幅度大于生活资料的价格上升幅度，那么生活资料部类的利润率将下降，而生产资料生产部类的利润率将上升。但是由于生活资料生产部类的利润率在未来剩余价值预期形成中占有更大的比例，所以未来剩余价值预期将下降，这样资本家会降低他们的投资。

在方程（43.49）中，必须看到只有在一些假定条件成立的前提下，生产资料生产部类的总成本才会与总收入保持固定的比例。首先，假定生产技术不发生改变。第二，假定企业的纵向一体化程度不发生改变，这样中间产品的交易就不会发生变化。最后，根据定义，中间产品的价格提高反映了等量的总交易收入的提高。

方程（43.50）和方程（43.51）表明在两个部类中，工资的变化与产出价值的变化成固定的比例。这个假定条件与马克思的论述有些许的出入，谢尔曼是出于简化模型的考虑做出这样的假定。

通过简单的数学计算，可以用一个方程来描述表 43-3 中所定义的 13 个方程：

$$W_t = q + yW_{t-1} - zW_{t-2} \tag{43.52}$$

其中，q，y，z 都是常数。在本节的模型中：

$$q = 0$$

$$y = \frac{(1 + rv - v)(b - bk) + v(m - 1 + k - j) + vr(g + j)}{1 + v(m - 1 + k - j) + vr(g + j)}$$

$$z = \frac{(vr - v)(b - bk)}{(1 + v)(m - 1 + k - j) + vr(g + j)}$$

这里 q = 0 意味着模型中的产出在 0 附近波动。这也就是说，这个模型可以解释波动，但是不能解释波动的绝对水平，也不能解释长期的经济增长率。

当 $y^2 < 4z$ 时，方程（43.52）可以解释生产周期。但是 y 和 z 的取值都依赖于众多的参数，而且这些参数又很难估计。v 和 r 的取值范围看起来尤为重要，但是，对它们估计也是特别困难。由于目的是要说明通过方程（43.52）可以解释经济周期，所以下面仅仅是给出可以产生经济周期的参数的取值：v = 2，r = 1.5，b = 0.83，k = 0.1，j = 0.05，g = 0.3，m = 0.3。这里值得注意的是，只有当 r > 1 时（这是模型的基本假设），上面的模型才能产生经济周期。

43.3.3 马克思的综合模型

马克思强调了消费不足理论中所反映出来的不同阶级的收入差异，同时他也意识到了过度投资理论中所反映的价格—成本差异。谢尔曼认为可以在马克思的指导下，建立起这两种理论的一个综合。

表 43-4 描述了一般的马克思周期理论，这里 b，j，k，g，m 位于 0 到

1 之间，r 大于 1。

表 43 – 4	马克思的综合周期模型	
均衡条件		
产出	$W_t = W_{1t} + W_{2t}$	(43.53)
收入	$W_t = C_t + V_t + S_t$	(43.54)
消费	$W_{2t} = C_{2t} + V_{2t} + S_{2t}$	(43.55)
投资	$W_{1t} = C_{1t} + V_{1t} + S_{1t}$	(43.56)
不变资本	$C_t = C_{1t} + C_{2t}$	(43.57)
可变资本	$V_t = V_{1t} + V_{2t}$	(43.58)
行为函数		
消费	$W_{2t} = V_{t-1} + a + bS_{t-1}$	(43.59)
投资	$W_{1t} = v(S_t^x - S_{t-1}^x)$	(43.60)
期望剩余价值	$S_t^x = rS_{2t} + S_{1t}$，其中 $r > 1$	(43.61)
第二部类不变资本	$C_{2t} = -h + jW_t$	(43.62)
总量不变资本	$C_t = kW_t$	(43.63)
第二部类可变资本	$V_{2t} = c + gW_t$	(43.64)
第一部类可变资本	$V_{1t} = d + mW_t$	(43.65)

与表 43 – 3 中的定义一样，方程（43.53）到方程（43.58）是均衡条件。这里消费、投资和国民产出同样包括了所有的折旧和公司间中间产品的交易。方程（43.59）与表 43 – 2 中的方程（43.35）一样，描述消费行为。它表明消费依赖于总的工资量和一部分剩余价值。方程（43.60）与表 44 – 3 中的方程（43.46）一样，描述投资方程。它表明现在的投资依赖于未来剩余价值预期的变化。方程（43.61）与表 43 – 3 中的方程（43.47）一样，将未来利润的预期定义成生活资料生产部类利润和生产资料生产部类利润的加权平均。方程（43.62）和方程（43.63）与表 44 – 3 中的方程（43.48）和方程（43.49）一样。这两个方程表明生活资料生产部类的不变资本的变化程度要大于国民产出的变化程度，而总的不变资本是国民产出的固定比例。方程（43.64）和方程（43.65）表明工资的变化程度要小于总产出的变化程度。这种情况不仅体现在总量关系上，而且在各个部类内部，这种关系也成立。

现在，这个复杂的模型综合了消费不足理论中收入分配和消费的特点，以及过度投资理论中成本和投资的特点。这里利润被划分成了两个部分，这反映了资本主义的两难困境。而且，此时对于参数的要求也不再像前两个模型所要求的那样极端。

同样，可以用一个方程来描述表 43 - 4 中的 13 个方程：

$$W_t = q + yW_{t-1} - zW_{t-2} \tag{43.66}$$

其中，q，y，z 都是常数。在本节的模型中，

$$q = \frac{a + c + d - bc - bd}{1 + v(m - 1 + k - j) + vr(g + j)}$$

$$y = \frac{(1 + rv - v)(g + m + k - bg - bm - bk) + v(m - 1 + k - j) + vr(g + j)}{1 + v(m - 1 + k - j) + vr(g + j)}$$

$$z = \frac{(vr - v)(g + m + k - bg - bm - bk)}{1 + v(m - 1 + k - j) + vr(g + j)}$$

这里产出在 q 附近波动。当 $y^2 < 4z$ 时，方程（43.66）可以解释生产周期。在这种情况下，产生经济周期所需要的参数的取值范围会更广，因为在这个综合的模型中，有两个不同的力量同时会使得模型向着同一个方向发展。

43.4 周期增长模型

谢尔曼认为，由于马克思研究的本意是要将上述两种情况综合起来考虑，在讨论了马克思的长期经济增长理论和短期波动理论之后，谢尔曼综合考虑长期和短期的投资行为、消费行为和收入分配行为，以揭示马克思的周期增长理论（见表 43 - 5）。如果要将长期行为和短期行为结合起来，必须对长期变量和短期变量的加总做出适当的调整。比如说，如果只是简单地将长期消费（V + bS）和短期消费（V + a + bS）加总，那么对于总消费的估计就会是真实总消费的两倍。为了解决这个问题，假设总消费是长期消费和短期消费的凸组合。也就是说，在加总的过程中，赋予短期消

表 43 - 5	周期增长模型	
收入均衡	$X_t = S_t + V_t$	(43.67)
产出均衡	$X_t = X_{1t} + X_{2t}$	(43.68)
收入分配	$V_t = p(c + gX_t) + (1 - p)wX_t$	(43.69)
消费行为	$X_{2t} = p(V_{t-1} + a + hS_{t-1}) + (1 - p)(V_t + bS_t)$	(43.70)
投资行为	$X_{1t} = pv(S_{t-1} - S_{t-2}) + (1 - p)(\overline{X}_t - V_t - bS_t)$	(43.71)
总量增长	$\overline{X}_t - \overline{X}_{t-1} = (1 - p)kX_{1t-1}$	(43.72)

费一个权重 p，赋予长期消费一个权重 1 - p。这里 p 是位于 0 到 1 之间的正常数。这样，当 p = 1 时，讨论的周期增长模型就回到了短期波动模型，当 p = 0 时，可以用这个模型来分析长期的经济增长。

当然，这样假定总量变量的加总也会产生一些问题。比如说，如果希望建立一个与现实接近的计量模型，那么对于不同的方程来说，加总的权重应该不相同。但是，在这里出于简化分析过程的考虑，假定各个方程上的权重相等，都等于 p。之所以以一个简单的模型来反映波动和增长的事实，主要是遵循了马克思对现实序列近似的方法，通过这种近似，了解周期性经济增长的主要结构。

简单起见，用净变量来构造周期增长模型。在模型中考虑总体变量将大大增加模型分析的难度，而且不会改变现在分析的结论。所以，模型的基本组成部分是净增长模型（见表 44 - 1），方程（43.28）到方程（43.32）和消费不足波动模型（见表 44 - 2），方程（43.33）到方程（43.37）。和前面的模型一样，X 表示国民收入净产出。除此之外，还要区分 $\bar{X}$，它表示最大生产能力情况下的潜在产出。表 43 - 5 描述了周期增长模型，这里，X 表示净产出，$\bar{X}$ 表示潜在产出，V 表示可变资本，S 表示剩余价值，X_1 表示净投资，X_2 表示消费。常数项包括 p，a，c，g（短期边际工资产出比），w（长期工资产出比），h（短期边际消费倾向），b（长期边际消费倾向），v（短期加速器系数），k（长期产出资本比）。注意 p，g，w，h，b 位于 0 和 1 之间。

方程（43.67）和方程（43.68）是蕴含在所有马克思模型中的均衡条件。方程（43.69）、方程（43.70）、方程（43.71）分别表示收入分配，消费行为和投资行为。方程（43.72）表明潜在产出水平变化和净投资之间的长期关系。在所有这些方程中，表示短期波动的方程前都乘上了权重 p，表示长期增长的方程前都乘上了权重 1 - p。在表 43 - 6 中，当 p = 0 时，所有短期波动的因素都被剔除，此时该模型就退化到了表 43 - 1 所描述的马克思增长模型。当 p = 1 时，所有的长期增长因素都被剔除，那么模型就退化到了表 43 - 2 所描述的马克思消费不足波动理论。在波动模型中，产出的简化方程（43.73a）与方程（43.38）完全相同，而增长模型中，产出的简化方程（43.73b）与方程（43.28b）也是完全相同。与前面所讨论模型的唯一不同是，由于在模型中引入了一个新的变量——$\bar{X}_t$，以区分实际产出和潜在产出，所以在现在的模型中多了一个新的方程。在周期模型中，添加了一个新方程（43.72a），它表明在短期里潜在产出水平是一个常数。而在增长模型中，有短期均衡条件（43.68b）成立，这也就是说，为了等到均衡结果，产出水平必须等于投资加上消费。另外，潜在产出水平也显性地包含在投资供给方程中。这是对投资供给的一个更为合适的描述，因为马克思在增长模型中假定萨伊定理成立。最后，由于简单的增长模型中假定所有的储蓄都是用于投资，而且经济总是能够实现潜在的产出水平，所以可以证明实际产出水平和潜在产出水平相等。

表 43-6　　　　　　　　　　　　　　　　增长周期模型

周期模型（p=1）		增长模型（p=0）	
$X_t = S_t + V_t$	（43.67a）或（43.23）	$X_t = S_t + V_t$	（43.67b）或（43.31）
$X_t = X_{1t} + X_{2t}$	（43.68a）或（43.34）	$X_t = X_{1t} + X_{2t}$	（43.68b）
$V_t = c + gX_t$	（43.69a）或（43.36）	$V_t = wX_t$	（43.69b）或（43.32）
$X_{2t} = V_{t-1} + a + hS_{t-1}$	（43.70a）或（43.35）	$X_{2t} = V_t + bS_t$	（43.70b）或（43.30）
$X_{1t} = v(S_{t-1} - S_{t-2})$	（43.71a）或（43.37）	$X_{1t} = \bar{X}_t - V_t - bS_t$	（43.71b）或（43.29）
$\bar{X}_t - \bar{X}_{t-1} = 0$	（43.72a）	$\bar{X}_t - \bar{X}_{t-1} = kX_{1t}$	（43.72b）或（43.28）
可推出：$X_t = [v + h + g(1 - v - h)]X_{t-1}$ $+ v(g-1)X_{t-2} + a + c(1-h)$ （43.73a） $\bar{X}$ 等于常数		可推出：$X_t = [1 + k(1-b)(1-w)]X_{t-1}$ （43.73b） $\bar{X}_t = X_t$	

假定 p 位于 0 和 1 之间，来讨论更为一般的模型。在这种情况下，所有的方程都存在短期和长期的影响，国民产出在保持长期增长趋势的同时，在不同时期还面临着短期的波动。在考虑一般模型的解之前，注意到在这里没有必要考虑常数 c 和 a。因为它们分别表示短期消费方程和收入分配方程中的常数项，而且只会对短期波动的水平产生影响。而在新的模型中，这一波动水平由这些方程中描述长期增长的部分来决定。所以可以将 c 和 a 从模型中去掉。

在对模型做出了修改之后，根据表 43-5 中的 6 个方程，可以得到净产出的动态方程：

$$X_t = qX_{t-1} + yX_{t-2} + zX_{t-3} \qquad (43.73)$$

其中，$q = 1 + k(1-p)^2 + [p - k(1-p)^3]A + [p(h+v) - kb(1-p)^3]B$

$y = -[1 + k(1-p)^2]pA - [h + 2v + hk(1-p)^2]pB$

$z = pvB$

这里 $A = w(1-p) + pg$，$B = 1 - A$。方程（43.73）是一个齐次三阶线

性差分方程，这个方程既可能产生经济增长，也可能出现经济波动。当然，如果 p = 0，那么就不可能产生波动，如果 p = 1，也不可能出现经济增长。当 p 位于 0 和 1 之间时，产生经济增长的条件是 q + y + z 大于 1。如果 $18qyz + y^2q^2$ 小于 $4q^3y + 4y^3 + 27z^2$，那么就会出现在经济增长趋势附近的周期性波动。事实上，很容易找到合适的 g，w，h，b，k，v 的取值，满足上面条件，从而产生经济增长和波动。

例如，假定 p = 0.5。同时假定 g = 0.5，w = 0.4，b = 0.2，h = 0.3，k = 0.3，v = 2。所有这些对参数的假定都符合马克思的描述以及实证研究的结果。在这些参数取值下，得到 q = 1.9，y = 1.5，z = 0.7。于是，q + y + z = 3.1 > 1，所以经济中将会出现增长的现象。更进一步地，$18qyz + y^2q^2 =$ 26.42 远远小于 $4q^3y + 4y^3 + 27z^2 = 85.84$，所以会出现经济周期。如果选取更多的参数来进行计算，会发现当 p 从 0 到 1 不断取值时，短期的周期性波动会成为更为重要的现象，而长期增长的影响会越来越小。这也就是说，随着 p 从 0 到 1 不断增加，周期性经济波动的幅度会不断增大，而经济增长率会下降。对于马克思主义者来说，这意味着大规模的周期性失业将会降低经济增长速度。这也表明了这样一个事实：在资本主义经济中，危机和萧条不可避免地将降低整体的长期平均经济增长率，反之，则不会成立，即经济的加速增长并不会使得危机得到缓和。

最后，必须强调的是，谢尔曼讨论的周期增长理论只是对马克思关于现实描述的一个近似模型。更为现实的模型还应包括价格成本关系的影响、随机冲击、垄断力量、非生产性劳动或浪费、资本主义政府等等。

第44章 兰切斯特论资本主义的
动态无效性

44.1 资本主义的动态无效性

兰切斯特（Kelvin Lancaster）1973 年在《政治经济学杂志》上发表的《资本主义的动态无效性》[1] 一文，把资本主义看成进行消费或储蓄的工人与进行消费或投资的资本家之间的微分博弈，在这一思想下建立模型并求解，再将这个结果与社会最优的结果比较。兰切斯特发现，资本主义社会中储蓄和投资决策的分离，会带来明显而确定的动态福利损失。即使在更复杂的模型中，这个福利次优的结论也能被证明依然成立。

勒纳在有关凯恩斯理论的一次讲座中，曾说过这么一段话："马克思作为一个社会主义者，却将其一生致力于资本主义研究；另一方面，马歇尔作为一个资本主义经济学家，却去描绘社会主义经济。凯恩斯才是第一个刻画资本主义的资本主义经济学家。"[2] 兰切斯特提醒大家体会一下这段话的内涵。马歇尔式的完全竞争的情形，是在市场社会主义下可能达到的理想配置。但是，他忽视了资本家的本质，而只是突出了其作为企业家的作用。在马歇尔那里，所有理论都契合了这样的体制，即资本是由全社会共有且以市场出清的价格出租给所有参与者。资本主义（对资本的私人拥有）及私人企业（私人控制生产什么及生产多少）虽相互关联，但并非同一概念，微观经济学主要关注后者。"对于市场经济的最详尽的分析正确表明，他们的模型是私人企业经济或竞争性经济，而不是真正的资本主义经济"[3]。

---

① Kelvin Lancaster, The Dynamic Inefficiency of Capitalism, *The Journal of Political Economy*, Vol. 81, No. 5. (Sep. – Oct. , 1973), pp. 1092 – 1109.

② 转引自：Kelvin Lancaster, The Dynamic Inefficiency of Capitalism, *The Journal of Political Economy*, Vol. 81, No. 5. (Sep. – Oct. , 1973), P. 1092.

③ Kelvin Lancaster, The Dynamic Inefficiency of Capitalism, *The Journal of Political Economy*, Vol. 81, No. 5. (Sep. – Oct. , 1973), P. 1092.

先是马尔萨斯和李嘉图，然后是马克思，都意识到资本主义这一本质，集中在资本积累中的结果以及收入在资本家和工人之间的分配这两大问题上，"这种硕果累累的研究方法，为'经典的古典主义'奠定了基础，罗宾逊夫人和她的剑桥同事们再次复兴了这种思想"①。马克思认为，资本必然与资本积累相关，因此应当是动态的，并且涉及到产出在工人与资本家之间的分配——但是他仅仅注意到了后一点静态的一面。兰切斯特的目的是将冲突视作动态的，在这一过程中，"分配的斗争，不仅仅体现在当期收入分配到当期工人消费的份额上，而且与工人及资本家的跨期决策相关"②。

凯恩斯对资本积累并没有特别关注，对收入分配也几乎没有讨论过。但是，他的确触及到现代资本主义系统的一个极其重要的性质——放弃现在的消费以换取未来的消费的决定，与放弃现在的消费用来增加资本存量的决定是分离的。兰切斯特认为，"这个分析是将资本主义经济看成·种动态冲突分析的关键之处"③。

现在进一步考察一个常见的简单经典模型，在此模型中，工人被假定用他们全部的收入进行消费，而资本家则是将获取的全部利润投资到机器设备上进行资本积累。假定工人收入为总产出的一个固定比例 c，那么工人是否被资本家夺去了剩下的 (1 - c) 的那部分呢？只从静态的当期的观点看，因为损失的这部分收入变成了投资，增加了资本存量，则进一步增加了未来的收入，因此增加了工人在未来的消费量。这样看来，投资型的资本家是不应该被指责剥削了工人的，他只不过是让工人们现在的消费有所节制以使他们在未来有更多消费。

投资型的资本家的唯一作用是改变工人的消费模式的时间形状，资本家的活动使得时间形状变好或是变坏，从工人的角度看，是由他们的跨期偏好决定的。一般说来，资本家的干预能提供给工人一个更优的时间形状，即使变坏了，它的理由与在静态理论中剥削的说法还是相当不同的。要注意到只要资本家不消费，不管在不同时期工资占总产出的比例如何，工人最终得到所有产出，他们唯一可以抱怨的只是时间模式而已。

现在考虑另一种极端情形，资本家会用所有收入来消费，若工人工资占产出的比例依然是 c，那么剩下的 (1 - c) 的产出，的确是从工人的手中永久流失掉了。因为没有资本存量的增加，也就没有未来消费的增加。在工人

①②③　Kelvin Lancaster, The Dynamic Inefficiency of Capitalism, *The Journal of Political Economy*, Vol. 81, No. 5. (Sep. - Oct., 1973), P. 1093.

眼中，资本家获取的收入不再是对他们的消费的强制节制而是真实的侵占，"因为工人之所以需要资本家是他能够完成资本积累"①。

对于中间情形，资本家将收入的一部分用来消费，剩下的用于投资，工人的确失去了被资本家消费掉的那部分，但是用于投资的部分情况有所不同——工人的收入会因为资本存量的增加而增加。值得注意的是，工人损失的或"被剥削"的程度，是取决于资本家消费的整个的时间模式的，而不能简单地看当期资本家消费与工人消费的关系。即使在开始的时候，资本家将全部收入都用来投资，但若在未来增加的收入都被转化成资本家的消费，那么工人并未得到好处。

如果工人对系统参数没有任何控制力量，那么他们也就只有咬紧牙关，听任资本家摆布了。但是事实上还是能假定工人对某一个关键参数（工人消费占总产出的比率）是有影响力的，他们可以从以下三个方面影响到工人消费占总产出的比例：

第一，工人可以通过讨价还价或是劳动力的变化，直接控制工资在总产出中的比例，而工人消费掉所有收入（古典情形）。

第二，工人可以储蓄一部分收入，但既然工人只是储蓄而不做投资决定，这部分储蓄相当于是工人自愿将他们的这部分收入交给资本家，并希望资本家可以利用好这部分收入，进行真正的资本投资而不是用作包养情妇或是购买奢华车（凯恩斯情形）。

第三，在选举政治中，工人可能发挥相当重要的作用。这使得他们能够影响到公司及其他利润税与个人所得税的比例。对于给定水平的政府服务来说，改变这个比例就是改变工人的可支配收入与企业主可支配收入的比例，也就是工人消费与资本家用于资本积累及个人消费的收入间的比例（现代情形）。

总而言之，工人的困境是："他们应当放弃当前的消费，将部分收入转交给资本家吗？如果他们不这样做，他们在未来就不能拥有更多消费。如果这样做，他们又不能保证资本家真的把这部分收入进行充分的投资并带给他们期待中的更高的消费水平。"②

资本家对于投资决策显然是全权控制的，任何时候资本家都能决定资本

① Kelvin Lancaster, The Dynamic Inefficiency of Capitalism, *The Journal of Political Economy*, Vol. 81, No. 5. (Sep. - Oct., 1973), P. 1094.

② Kelvin Lancaster, The Dynamic Inefficiency of Capitalism, *The Journal of Political Economy*, Vol. 81, No. 5. (Sep. - Oct., 1973), P. 1095.

积累与消费之间的分配。马尔萨斯与李嘉图将资本家看成一台只是投资而无须做其他任何决定的机器。马克思则意识到资本家在消费或投资的选择上具有重要的作用。他说过这么一段广为流传的话："因此，虽然资本家的挥霍从来不像放荡的封建主的挥霍那样是直截了当的，相反地，在它的背后总是隐藏着最肮脏的贪欲和最小心的盘算；但是资本家的挥霍仍然和积累一同增加，一方决不会妨害另一方。因此，在资本家个人的崇高的心胸中同时展开了积累欲和享受欲之间的浮士德式的冲突。"①

马克思虽然严厉批评了他的前辈们只将资本家看成投资机器，但他的分析中并没有充分体现出资本家的消费—投资选择。这主要是因为他"将这个选择看作静态的，一种由内在激情推动的资本积累与可带来愉悦感的消费之间的平衡，而不是涉及跨期消费模式的动态选择"②。资本家被假定是为了更多的未来消费而在当期进行投资，因此资本家的投资决策是由他们想要的未来消费的时间形状决定的。既然资本家能确定资本积累的速度，也就勾勒出了未来产出的时间形状。看起来，他们（不像工人）是能够对自己的目标实行完全控制的。但其实不然，尽管他们能决定未来产出，但是产出中有多少能转化成他们自己的消费却是不可知的。他们现在进行投资只是想晚点可以消费更多。但到了那时候，他们可能发现工人只给他们留下了比期望中小得多的产出比例，或者当资本家准备减少投资增加消费时，来自工人的储蓄又正好枯竭了，还有可能因为利润税的升高减少了他们的可支配收入。

因此，资本家像工人一样，也面临一个困境："他们是应该现在就消费，还是先进行资本积累以后再消费呢？如果他们现在就消费，他很确定他能得到多少。如果他们现在进行资本积累，在他们以后想要进行消费时可能得不到他们原来期待的增加的产出比例。"③

44.2　对资本主义解释的新模式

兰切斯特指出，将工人和资本家的困境综合到一起，就可以把"资本

---

①　《马克思恩格斯文集》第5卷，人民出版社2009年版，第685页。

②　Kelvin Lancaster, The Dynamic Inefficiency of Capitalism, *The Journal of Political Economy*, Vol. 81, No. 5. (Sep. – Oct., 1973), P. 1095.

③　Kelvin Lancaster, The Dynamic Inefficiency of Capitalism, *The Journal of Political Economy*, Vol. 81, No. 5. (Sep. – Oct., 1973), P. 1096.

主义经济视为一个动态的冲突过程"[1]。资本家和工人都面对着围绕现在消费与未来消费展开的斗争。每一方都能控制一个关键因素——工人能控制他们每一期的消费水平，而资本家则控制投资速度，因此，双方的结果既取决于自己的决定，也取决于对方的决定。兰切斯特认为，可以将资本主义经济看成工人与资本家之间的微分博弈。每一方都为自己能控制的变量制定一个相应的策略（不是一个单一的当前行动，而是在完整的时间段上的路径），这样在考虑到对方有可能实行的策略以及策略间的互动后，他们能使自己的情况变得最好。

兰切斯特随后建立并解决了包含上述基本要素的最简单的资本主义经济模型，并讨论了从模型的解中得出的结论。兰切斯特指出，他的模型的目的是用来解释、而不是为资本主义经济建立一个现实模型。现实模型显然要复杂得多，兰切斯特的模型虽然简单，但还是得出了一些基本结论，尤其是双方对立带来的福利损失的结论，而且即使在更加复杂的模型中这个结论依然成立。

44.2.1 一个简单的博弈模型

假设存在一个只有一个部门、单一技术的经济，产出可以直接消费或者增加到已有的资本存量上去，劳动力数量不受限制，且资本永久存在，因此产出资本比固定不变，而且所有投资均代表了资本存量的净增加。这时，参与者的行为特征如下：

第一，在给定的上下限中，工人能够决定当期消费在当期产出中比例。这个可以通过改变工资在产出中的比例，工人储蓄的速度，利润税在总税收中的比例，或者是上述因素的综合来实现。工人的目标是在一个固定时间段内最大化其总消费。

第二，资本家能决定在未由工人消费的那部分产出中，多少用于投资，多少用于个人消费。和工人一样，资本家的目的是在固定时间段上使其总消费最大化。假定双方时间段长度一致，双方均对此时间段之外的事情不感兴趣。

定义工人消费在总产出中的比例为 $\mu_1(t)$，剩余部分中被用作投资的比例为 $\mu_2(t)$。假定，$\mu_1(t)$ 作为工人的控制变量，有上下限 b，c，且有 0 <

---

① Kelvin Lancaster, The Dynamic Inefficiency of Capitalism, *The Journal of Political Economy*, Vol. 81, No. 5 (Sep. – Oct., 1973), P. 1096.

$c < b < 1$。资本家的控制变量 $\mu_2(t)$ 在 $(0，1)$ 间自由变动。

将固定的产出资本比定义为 a，资本存量为 $k(t)$，那么在时间 t 这个经济的基本技术关系如下：

总产出 $= ak(t)$

工人消费 $= ak(t)\mu_1(t)$

资本家消费 $= ak(t)[1 - \mu_1(t)][1 - \mu_2(t)]$

投资 $= ak(t)[1 - \mu_1(t)]\mu_2(t)$

工人的总消费为：

$$J_1 = \int_0^T ak(t)\mu_1(t)dt \qquad (44.1)$$

资本家的总消费为：

$$J_2 = \int_0^T ak(t)[1 - \mu_1(t)][1 - \mu_2(t)]dt \qquad (44.2)$$

系统内唯一的状态变量，资本存量的动态路径为：

$$\dot{k}(t) = ak(t)[1 - \mu_1(t)]\mu_2(t) \qquad (44.3)$$

（因此应当忽略 μ_1，μ_2 以及 k 的时间）

这个情形的结构就是工人想最大化 J_1，而资本家想最大化 J_2，他们两者都受到相同的来自资本存量的动态关系的约束，即式 (44.3)。工人能控制 μ_1，但不能控制 μ_2，而资本家则是能控制 μ_2 而不能控制 μ_1。

这是一个非常简单的微分博弈，最后的结果是得到两个控制变量的时间路径 $\bar{\mu}_1[0，T]$，$\bar{\mu}_2[0，T]$ 满足：(1) 给定资本家选择 $\bar{\mu}_2[0，T]$ 作为最佳路径后，$\bar{\mu}_1[0，T]$ 是工人最大化问题的解。(2) 给定工人选择 $\bar{\mu}_1[0，T]$ 作为最佳路径后，$\bar{\mu}_2[0，T]$ 是资本家最大化问题的解。

兰切斯特是这样解决这个问题的：对于每一条可能路径 μ_1，寻找相应的最优路径 μ_2；同样地，对于每一条可能路径 μ_2，寻找相应的最优路径 μ_1。最后找到两个相配的路径即 $\bar{\mu}_1$，$\bar{\mu}_2$。

44.2.2　模型的解

这个解涉及两个不同的最大化问题，每一个都是在对状态变量的微分等式约束以及相关控制变量的固定约束下求积分的最大值。因此，每个问题都可直接应用庞特瑞根（Pontryagin）最大化法则解决。

工人的最大化问题是最大化：

$$J_1 = \int_0^T ak(t)\mu_1(t)dt$$

s. t. 式（44.3），$c \leqslant \mu_1 \leqslant b$，此时还应考虑到资本家对于 μ_2 的选择。

工人的汉密尔顿（Hamiltonian）方程是：

$$H_1 = ak\mu_1 + y_1 ak(1 - \mu_1)\mu_2 \qquad (44.4)$$

y_1 是工人的问题中与 k 联系的状态变量，它一定满足如下的微分方程：

$$\dot{y}_1 = -\frac{\partial H_1}{\partial k} = -[\mu_1 + y_1(1 - \mu_1)\mu_2]a \qquad (44.5)$$

在这个问题中，$y_1(t)$ 代表了在时间 t 时资本存量的一个边际增长对于工人的价值（在整个时间段的总消费）。

因为工人不关心时段外的任何事情，因此在期末的投资增加带来的边际效用为零，即横截性条件为 $y_1(T) = 0$。

由最大化原则，当给定 μ_2 时，μ_1 的最佳路径在每一点上都最大化了 H_1，且满足了对 μ_1 的约束以及 k，y_1 取值的限制。因此工人的问题的结果如下：

$$\mu_1 = c \quad 每当 \quad y_1\mu_2 > 1$$
$$\mu_1 = b \quad 每当 \quad y_1\mu_2 < 1$$

这个模型的简单以及线性关系导致了这样一个结果，控制变量处在它的取值范围的两个端点上，注意到对于 μ_1 的最优值是同时依赖于 y_1 以及 μ_2：y_1 也就是既依赖 μ_1 也依赖 μ_2。

与其浪费时间寻找对于任意的 μ_2 的路径 μ_1 的相应最优路径，还不如现在就转到资本家的问题上找出 μ_2 的路径到底与什么相关。

资本家的问题是，对于任意给定的 μ_1，选择相应的 μ_2，最大化：

$$J_2 = \int_0^T ak(t)[1 - \mu_1(t)][1 - \mu_2(t)]dt$$

并且使得式（44.3）成立，满足对于 μ_2 的限制，且要考虑工人对于 μ_1 的选择。

资本家的汉密尔顿方程是：

$$H_2 = ak(1 - \mu_1)(1 - \mu_2) + y_2 ak(1 - \mu_1)\mu_2 \qquad (44.6)$$

状态变量 y_2 不同于它在工人的问题中的意义，因为尽管它代表了投资的边际价值，但是它是代表了资本家的边际价值而不是工人的。

y_2 的路径是由以下的微分方程决定的：

$$\dot{y}_2 = -\partial H_2/\partial k$$
$$= -[1 + (y_2 - 1)\mu_2](1 - \mu_1)a \qquad (44.7)$$

同样的原因，因为资本家不关心时间段外的事情，所以有 $y_2(T) = 0$。

资本家的汉密尔顿方程 H_2 关于 μ_2 是线性的，其系数为 $ak(1-\mu_1)$ (y_2-1)。因为 $(1-\mu_1)>0$，H_2 在 μ_2 如下取值时达到最大：

$$\mu_2=0 \quad 每当 \quad y_2<1$$
$$\mu_2=1 \quad 每当 \quad y_2>1$$

既然最佳的 μ_1 是 b 或 c，最佳的 μ_2 是 0 或 1。那么这两个变量一起也只有四个组合值成为问题的可能解：

组合一　$\mu_1=c$，$\mu_2=0$，　每当　$y_1\mu_2>1$　and　$y_2<1$

组合二　$\mu_1=b$，$\mu_2=0$，　每当　$y_1\mu_2<1$　and　$y_2<1$

组合三　$\mu_1=c$，$\mu_2=1$，　每当　$y_1\mu_2>1$　and　$y_2>1$

组合四　$\mu_1=b$，$\mu_2=1$，　每当　$y_1\mu_2<1$　and　$y_2>1$

很明显组合一是不可能的，因为 $\mu_2=0$ 和 $y_1\mu_2>1$ 是互不相容的。因此只要考虑剩下的三种情况就可以了。

就像碰到这种问题时通常的做法一样，兰切斯特从结尾处开始。已经知道 $y_2(T)=0$，而 y_2 又是时间的一个连续函数，因此能够在时间末端某一点开始有 $y_2<1$。将 y_2 开始小于 1 的那一点定义为 $\bar{t}$（如果 $y_2<1$ 一直都成立，那么 $\bar{t}=0$）。因此在时间的最后，相位图应该是组合 2。将控制变量的相应值代入到微分方程（44.3）、方程（44.5）和方程（44.7）中，有：

$$\dot{k}=0,k(t)=k(\bar{t}) \quad for \quad \bar{t}\leq t\leq T,$$
$$\dot{y}_1=-ab \quad y_1(t)=y_1(\bar{t})-ab(t-\bar{t}) \quad for \quad \bar{t}\leq t\leq T$$
$$\dot{y}_2=-a(1-b) \quad y_2(t)=y_2(\bar{t})-a(1-b)(t-\bar{t}) \quad for \quad \bar{t}\leq t\leq T$$

既然 y_1 与 y_2 在最后阶段是线性递减的，又有 $y_2(T)=0$，在这个行为特征下，能计算出使得 $y_2(\bar{t})=1$ 的 $\bar{t}$ 值来。即

$$\bar{t}=T-\frac{1}{a(1-b)} \tag{44.8}$$

如果 $T>1/a(1-b)$，则系统在时间 $\bar{t}$ 后进入最后区域。在时间 $\bar{t}$ 之前有 $y_2>1$，因此相位图应由组合二或是组合三所决定。既然在这一时期有 $\mu_2=1$，$y_1\mu_2=y_1$，因此 μ_1 的值取决于 y_1 与单位一的大小关系。回到最后一个阶段，知道 $y_1(T)=0$ 而且 y_1 在这个阶段是以 ab 的速率线性递减的。在时间 $\bar{t}$，y_1 的值应当是 $y_1(\bar{t})=ab(T-\bar{t})=b/(1-b)$。

现在，注意到 b 是工人消费占总产出的最大比例，可以令 $b>\frac{1}{2}$，因此有 $b/(1-b)>1$ 以及 $y_1(\bar{t})>1$。这就意味着在最后一期之前是由组合三来刻画的（$\mu_1=c$，$\mu_2=1$）。将这些控制变量的值代入到微分方程中，可以知

道在 $\bar{t}$ 之前的任意时刻，都有 y_1，$y_2 > 1$。因此可以得出在能由组合三刻画的状态之前没有别的状态了。最终的结论包含了两个状态，从组合三开始，在时间 $\bar{t}$ 时转向组合二。换言之，在时间 $\bar{t}$ 之前，工人消费最低水平而资本家则一直在进行资本积累，而在时间 $\bar{t}$ 之后，两者均转向最大消费。

兰切斯特指出，读者有可能会（应该是一定会的）问，这是为什么呢？兰切斯特认为，发现最佳方法是在第一阶段进行最大限度的资本积累，而在第二阶段则最大消费，其实应该没什么值得奇怪的。推出的结论的重要性不在于这个大致的模式，而是在于究竟是在哪一点，开始从资本积累阶段转换到消费阶段的。兰切斯特随后的分析得出，资本主义计划中这个转换时间相对于社会最优来说，是发生在错误的时间点上的，因此资本主义积累是次优的。

44.3 资本主义方案作为博弈的次优性

兰切斯特进一步指出，既然工人和资本家都是在一个固定的时间段内最大化他们的总消费，那么将两者的消费总和作为社会的福利指数就很合适了。社会最优问题即是最大化：

$$J = J_1 + J_2 = \int_0^T ak[1 - (1 - \mu_1)\mu_2]dt$$

同时需满足资本限制即式（44.3），并假定工人消费占总产出的最小比例为 c。

这个问题将只依赖于一个控制变量 $v = (1 - \mu_1)\mu_2$，即投资在总产出中的比例。它一定满足约束条件 $0 \leqslant v \leqslant 1 - c$。很容易看出最佳路径包含两个阶段，先是最大积累（$v = 1 - c$），然后是最大消费（$v = 0$），这个转换发生在时间 t^*：

$$t^* = T - \frac{1}{a} \tag{44.9}$$

在最后一阶段，状态变量 y，现在是投资的社会价值了，以速率 a 线性递减，如前，有 $y(T) = 0$，因为工人和资本家都对时段外的事情不感兴趣。

可以看出，社会最优方案的一般模式与资本主义方案是完全相同的——都是在第一阶段采取最低消费，到了第二阶段资本积累水平为零，所有产出均用做消费。它们唯一的差别只在于这两个阶段的转换时间，兰切斯特认为，正是这个差别是至关重要的。

将 t^* 与 $\bar{t}$ 的值进行比较，有：

$$t^* - \bar{t} = \frac{b}{a(1-b)} \qquad (44.10)$$

因为 $0 < b < 1$，这个值是正的，所以社会最优中的转换时间比起资本主义的转换时间要晚一些。

将整个时间段划分为三个连续区域，就能清楚地看出社会最优方案与资本主义方案的资本积累过程的不同。如图 44 – 1 所示。

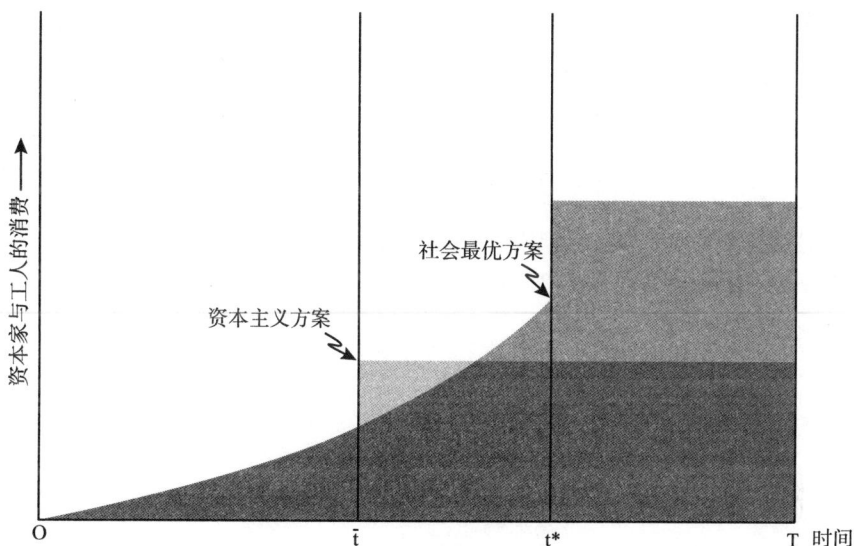

图 44 – 1　不同方案的比较

区域 1（$0 \leqslant t \leqslant \bar{t}$），两种方案是一致的，消费都是 $cak(t)$，k 以 $a(1-c)$ 的速率呈指数递增。在这段终点处，资本增长到 $k(\bar{t}) = k_0 e^{a(1-c)\bar{t}}$，将这个值定义成 $\bar{k}$。

区域 2（$\bar{t} \leqslant t \leqslant t^*$），在这一阶段，两个方案有了根本性的变化。在资本主义方案中，资本积累已经停止，消费由一期末的 $ca\bar{k}$ 突然升至 $a\bar{k}$（所有产出都用来消费），而且在以后的时间里将一直维持这样的水平不变。而在社会最优方案中，资本积累仍在继续，消费则依旧停留在 $ca\bar{k}$。资本存量与一期中表现一样，保持相同的指数增长速率。也就是说，在资本主义的方案中，这一期的资本存量与上一期相同，而在社会最优方案中，资本存量则有进一步的增长。

区域3（$t^* \leqslant t \leqslant T$），两个方案都会将所有的产出用作消费，但是社会最优方案中，因为在第二期中有了更高的资本存量，在这一期也就有了更高产出，因此可以享受到更多的消费。

对于两个方案来说，在第一期的总消费水平是一样的，在第三期社会最优方案的消费显然比资本主义方案的消费水平要高，不过在第二期两者的关系不是很清楚。为了证明资本主义方案只是社会次优的，必须证明社会最优方案三期总消费水平是比资本主义方案要高的。因为第一期是一样的，只要考虑后两期的消费就可以了。

用 W^* 来定义社会最优方案中后两期的总消费水平，$\hat{W}$ 则代表了资本主义方案中的后两期的总消费水平。既然在这两期资本主义方案中总消费等于总产出，而产出又稳定在 $a\bar{k}$，那么：

$$\hat{W} = a\bar{k}(T - \bar{t}) = \frac{k}{1 - b} \tag{44.11}$$

对于社会最优方案，可以分成两部分。在第二期，消费等于 $cak(t)$，其中 $k(t) = \bar{k}e^{a(1-c)(t^*-t)}$（$T - t^*$）。而在第三期，消费是恒等于 $ak(t^*)$。所以现在有：

$$W^* = \int_{\bar{t}}^{t^*} ca\bar{k}e^{a(1-c)(t-t)}dt + a\bar{k}e^{a(1-c)(t^*-t)}(T - t^*)$$

代入式（44.8）、式（44.9），积分值为：

$$W^* = \bar{k}\left[\frac{1}{1-c}e^{(1-c)\left[\frac{b}{1-b}\right]} - \frac{c}{1-c}\right] \tag{44.12}$$

直接比较 $\bar{W}$，W^* 还不是很清楚，可以借助 $e^x > 1 + x(x > 0)$ 来分析：因为 $(1-c)\left[\frac{b}{(1-b)}\right] > 0$，有：

$$e^{(1-c)\left[\frac{b}{(1-b)}\right]} > 1 + (1-c)\frac{b}{1-b}$$

$$\frac{1}{1-c}e^{(1-c)\left[\frac{b}{(1-b)}\right]} > \frac{1}{1-c} + \frac{b}{1-b}$$

代入到式（44.12）：

$$W^* > \bar{k}\left(\frac{1}{1-c} + \frac{b}{1-b} - \frac{c}{1-c}\right)$$
$$> \frac{\bar{k}}{1-b}$$
$$> \bar{W}$$

由此可见，社会最优方案能给资本家和工人提供更多的消费，所以资本主义方案只是次优的。

资本主义方案中的福利损失是动态的而不是静态的量，因为它涉及跨期调整。与资本主义方案相比，社会最优方案并不是在每一刻都能提供更高水平的消费——它只是在趋向期末时做得更好，而在从时间 $\bar{t}$ 开始的一个子区域里，它比资本主义方案消费要低一些。在时间 $\bar{t}+\varepsilon$ 时，在资本主义方案中的资本家和工人比在社会最优方案中的消费水平都要高一些，对于两者而言，都要应用跨期的观点。"因为这种损失的动态的本质，资本家或是工人并不能通过在某一点进行贿赂或是补偿对方的方法诱使对方按社会最优路径来行动。双方都只能给对方提供对于未来收入分配不可改进的誓约"[①]。

资本主义方案的福利损失的发生，显然是由于在区域2（$\bar{t}\leqslant t\leqslant t^{*}$）没能够进行资本积累。在这段时间里，$y(t)$ 代表了投资的社会价值，它是大于单位1的，因此此时进行投资带来的价值是高于消费的。但是产出仍然是被消费掉了，因为资本家的投资价值 y_2 是比单位1小的（在时间 $\bar{t}$ 时，它已经降到单位1了）。资本家的投资价值小于社会的投资价值，这是因为资本家只能从投资带来的增长的产出中得到（$1-b$）的比例，而社会得到了全部的产出。

工人的投资价值在这个阶段的开始是高于单位1的，但是这个对于资本主义计划是没有影响的，因为工人无法强迫资本家放弃自己的最佳利益进行投资。即使是两者的总的投资价值大于单位1这个事实也不能影响到资本家的决策，因为他们本来就是单独做决定，大家都只会考虑到自己的利益最大化。

在第一阶段（$t\leqslant\bar{t}$），投资价值对于资本家、工人或是社会都是大于单位1的，既然投资对于资本家是有利可图的，工人也能够从投资中获取好处，工人会采取最低水平的消费，因为他们坚信他们未被消费的那部分收入是一定会被用作资本积累的。因此在这个阶段，资本主义方案和社会最优方案都进行了最大化的资本积累。

在最后一个阶段（$t\geqslant t^{*}$）投资价值对于社会整体或是单独的工人、资本家都是小于单位1的。因此无论是对社会还是资本家、工人，这时都是没有资本积累的，大家也没有这样做的动力了。

资本家和工人的冲突集中在第二阶段（$\bar{t}\leqslant t\leqslant t^{*}$），为了对这个冲突有

---

① Kelvin Lancaster, The Dynamic Inefficiency of Capitalism, *The Journal of Political Economy*, Vol. 81, No. 5. (Sep. – Oct., 1973), P. 1105.

一个内在的认识，兰切斯特进行了进一步的分析，他指出不妨看一下在这个阶段中，在不同计划里资本家与工人在资本积累与资本家消费的转换，或是工人的最低消费与最高消费间的转换上是如何反应的。

现在，假设工人看了这篇文章，打算按社会最优的路径来消费，即直到时间 t^* 都一直采取最低消费。假定资本家也打算遵循社会最优路径，那么工人的效用比起在资本主义方案中是有改进的。但是当将工人的消费路径代入到资本家的最优化问题时，会发现资本家如果在 t^* 之前的某一刻 t'（不过还是在 $\bar{t}$ 之后）就将资本积累转换成消费时可以获取更大好处。那么工人就能发现他们得到的比他们在社会最优中所期望得到的要少些。如果工人以资本家的路径（在时间 t' 之前进行资本积累，然后再消费）为基础来寻找一个最优对策，他们就会在时间 t^* 之前的某一点 t'' 处就从最低消费转换至最高消费。而资本家对于这个的最优反应就是比 t' 再提前一点就从资本积累转换至消费，而工人也就会比 t'' 再提前一点从最低消费转换至最高消费。这个过程将会继续下去，而且工人的转换时间点将逐渐趋向于时间 $\bar{t}$。同样地，如果资本家试图按照社会最优路径行动即直到时间 t^* 都进行资本积累，将会使工人在时间 t^* 之前就从最低消费就转换至最高消费，这又使得资本家有新的反应，这个互动过程会继续下去直至收敛至时间 $\bar{t}$。

在这个阶段中，资本家从资本积累向消费转换的时间或是工人从最低消费向最高消费转换的时间都是不稳定的，它会引发一系列反应使得这个时间收敛至 $\bar{t}$。"因此资本主义社会的福利损失是由消费决策和投资决策彼此相互独立分离带来的博弈状态。在这个意义上来说，资本主义社会的缺陷更接近于凯恩斯主义的，而不是马克思主义的"[1]。

44.4 关于资本主义动态无效性的结论

上述分析的结论都是建立在一个极其简单的模型上的——它假定非递减的资本回报，不对未来进行折现，对整个时间段之外的事情不予考虑。兰切斯特从这个模型中得出的结论是依赖于这些简单的性质的，但是在更复杂的模型中，这些结论是否依然成立呢？这就是兰切斯特接下来关心的问题。

---

① Kelvin Lancaster, The Dynamic Inefficiency of Capitalism, *The Journal of Political Economy*, Vol. 81, No. 5. (Sep. – Oct. , 1973), P. 1106.

对于简单的线性模型能够计算和比较在社会最优方案与资本主义方案中的总消费水平，这样就能很清楚地证实在资本主义方案中的社会福利损失。但是在复杂的模型中，这样的计算有可能是很困难的甚至在某些情况下是不可能的（除了一些特殊的例子）。

但是，通过比较两个方案中的状态变量，还是能够证明这个损失的存在性的。兰切斯特依然保留 t^* 作为在社会最优方案中的从资本积累到消费的转换时间，$\bar{t}$ 则是资本主义方案中的转换时间。如果能证明所有的状态变量随着时间单调递减，又有 $\bar{t} < t^*$，就能够知道投资的社会价值（即社会最优计划中的状态变量 y）显示出在区域 2（$\bar{t} \leq t \leq t^*$）中进行资本积累是社会最优的，即使在资本主义方案中投资在时间 $\bar{t}$ 就已经停止了。因此对于更复杂的模型来说，只要保证 y，y_1，y_2 的单调递减性以及 $\bar{t} \leq t^*$ 的关系没有被破坏就可以了。

一是对未来的折现。假定从一开始工人和资本家对未来都有一个折现，折现率为 r，那么整个社会的折现率也应该是 r。引进了折现的观点之后，状态变量的微分方程变得非常复杂了，但是他们依然是随着时间递减的。转换的时间现在应该发生在相应的状态变量到达 e^{-rt} 之时，而不是单位 1 了。因为此时应该比较的是投资价值与消费的折现值。在最后一个阶段（$t > t^*$），有 $\dot{y}_2(t) = (1-b)\dot{y}(t)$（其中 $\dot{y}_2(t)$ 代表了资本家的投资价值改变速度，$\dot{y}(t)$ 则是代表了投资的社会价值的改变速度）。又因为有 $y(T) = y_2(T) = 0$，有 $y_2(t^*) < y(t^*) = e^{-rt^*}$。因此 $\bar{t} < t^*$，即资本主义方案还是比社会最优提前停止了投资。

兰切斯特指出，还能够证明即使资本家、工人、社会的折现值是不同的，上述结论依然成立，只要社会的折现值不大于工人或是资本家折现值中较小的那个即可。

二是资本回报递减。现在不再假定是单一技术和充足劳动力以保证产出资本比维持不变，兰切斯特用新古典理论中的生产函数形式 $f(k)$ 进行分析，其中 $f'(k) > 0$，$f''(k) < 0$。则当资本积累进行时，产出资本比是回报递减的。在最后一个阶段，资本主义方案和社会最优方案中都没有资本积累了，因此产出资本比是固定的（假定劳动力是不变的），在社会最优方案中，$a^* = f(k^*)/k^*$；而在资本主义方案中，$\bar{a} = f(\bar{k})/\bar{k}$，当 $k^* >$，$=$，$< \bar{k}$ 时，相应有 $a^* <$，$=$，$> \bar{a}$。在最后一期，这个结果与基本模型中的是相同的，除了需要在资本主义方案中用 a^*，在社会最优方案中用 $\bar{a}$ 代替 a（在两个模型中都是常见的）。状态变量以速率 a^*（社会最优方案中的 y），速率 $\bar{a}(1-b)$（资本主义方案中的 y_2）线性递减。因为 a^*，$\bar{a}$ 不相同，现在考虑一下有没有可能使得 $\bar{a}(1-b) \geq a^*$ 成立，这也就意味着需要 y_2 至少要和 y 降得一样快，这样才有 $\bar{t} \geq t^*$。但是要保证 $\bar{a}(1-b) \geq a^*$ 成立，至少要有 $\bar{a} > a^*$ 成立才行，而这又要求 $\bar{k} < k^*$，而同时又有 $\bar{t} \geq t^*$——这就是说资本主义方案中的资本积累速度和社会最优方案中一致，而且时间也至少有一样长，而最后却得到较低的资本存量。这个显然是矛盾的，所以一定有 $\bar{a}(1-b) < a^*$ 且有 $\bar{t} < t^*$，这就再一次证明了在区域 2（$\bar{t} \leq t \leq t^*$）上，因为没能进行资本积累带来了社会损失。

三是考虑时间段外的事情。假定资本家对整个时间段之外的事情也是感兴趣的。这意味着在期末的投资价值不再为零，而是有一个正值 $y_2(T) = m < 1$。这个会影响到转换时间 $\bar{t}$ 比在 $y_2(T) = 0$ 情况中的转换时间要晚一点，因为 y_2 只需从转换值降到 m 就可以了，而不是像从前需要从转换值降到 0。因为改变是发生在边界条件上，对整个系统内的动态关系没有影响，所以状态变量的改变速度也没有受到影响。但是如果资本家的投资价值在时间 T 时为 m，那么整个社会在期末的投资价值也至少为 m，因为在时间段外能带给资本家的利益也当然会给社会带来好处[①]。因此 $y(T) \geq m$，而且现在 y 从 t^* 降到 T 的路程要近些。因此 t^* 与 $\bar{t}$ 一定会后退的。注意到当从期末倒退时，y 总是比 y_2 增加的快；而在期末时，y 的价值至少要和 y^* 一样大，我们有 $y_2(t^*) < y(t^*)$，因此当社会最优方案中已经转换时，资本主义方案还在消费。因此再一次有 $\bar{t} < t^*$，资本主义方案依然是有福利损失的。

兰切斯特讨论的三个改变当然不是相互排斥的。可以在一个模型中有折现，时间段之外的考虑以及资本的递减回报，但是不会影响到资本主义方案是动态非有效这个结论的。兰切斯特认为这个结论是非常有力的。

尽管这个模型讨论的是资本主义经济，双方为工人和资本家，模型的主要特征是工人控制了自己的消费但不能控制资本积累，而资本家则能在剩余产出中控制投资和自己消费的比例，兰切斯特认为还是可以将这两个团体称

---

① 如果是工人而不是资本家会超越这个时间段看到未来，那么在期末时投资的社会价值将至少和工人的一样大。在这种情况下，$\bar{t}$ 不变时，t^* 会后移，这将会导致资本主义计划更大的动态非有效性。不管在期末时工人与资本家的投资价值关系如何，只要投资在期末的社会价值高于资本家的价值，资本主义计划就只能是次优的。

作别的而不是什么"工人"和"资本家"。也就是说，兰切斯特认为这个模型可以用来分析其他的社会形态，他指出："事实上，分析可能很好地适用于一些社会主义社会，在这种分析中两个群体变成了'普通公民'和特权官僚。"①

---

① Kelvin Lancaster, The Dynamic Inefficiency of Capitalism, *The Journal of Political Economy*, Vol. 81, No. 5. (Sep. – Oct., 1973), P. 1109.

第45章 资本主义积累的历史趋势研究

关于资本主义生产方式历史趋势的论述，是马克思资本积累理论的必然结论，也是马克思《资本论》第一卷得出的最后的、也是最重要的结论。西方有些学者对这一问题的探讨，并不限于对马克思已有结论的重新表述，而是结合对资本主义历史趋势论述的其他理论见解，力图"补充"和"完善"马克思关于资本主义积累的历史趋势的理论。

45.1 资本主义制度"创造性毁灭"的研究

艾略特（J. E. Elliott）在《后凯恩斯主义经济学杂志》1978 年第一卷第 2 期上发表的《〈政治经济学批判大纲〉：资本主义创造性毁灭的视角》一文认为，人们已经很好地理解了马克思经济矛盾和阶级斗争交织在一起导致资本主义在未来消亡的观点；然而，在马克思的视角内，即将到来的资本主义向社会主义的转变，包含着一个创造性毁灭和超越的过程，这还没有被人们很好地认识。艾略特认为，马克思在《政治经济学批判大纲》（即《1857～1858 年经济学手稿》）中，"对资本主义创造性毁灭和被社会主义取代的问题作了最清晰的分析"[①]。艾略特对马克思的理论作了三个主要方面的分析。

45.1.1 资本主义的创造性特征

艾略特阐述了马克思关于资本主义工业化（industrializing）、革命化（revolutionizing）和普遍化（universalizing）倾向的理论。马克思多次强调资本主义具有"无穷的"的创造力，这种创造力推动资本主义克服了一个又一个阻拦其发展的障碍。资本的历史本质是创造剩余劳动，从而创造剩余价

---

① J. E. Elliott, Marx's Grundrisse: Vision of Capitalism's Creative Destruction, *Journal of Post Keynesian Economics*, Vol. 1 (2), Winter 1978–1979, pp. 148–169. In *Karl Marx's Economics*: *Critical Assessments*, Edited by John Cuningham Wood, Volume I, P. 275.

值、投资和增长。资本主义对财富"孜孜不倦的追求"，驱使劳动超过自己"自然需要的界限"①。不论是从资本的本性上还是从历史上看，资本主义生产不仅使旧的土地所有权形式解体，而且成为现代土地所有权的创造者。资本主义生产破坏前资本主义生活方式，"破坏这一切并使之不断革命化，摧毁一切阻碍发展生产力、扩大需要、使生产多样化、利用和交换自然力量和精神力量的限制"②。"资本不可遏制地追求普遍性"③，对"生产力普遍发展"的不懈追求，包括对世界市场的追求，使资本主义区别于以前的发展阶段，为新生产方式的出现创造了前提。

资本主义的创造性源于它根本性的制度安排（特别是资本—劳动关系、货币、市场交换）。投资、科学、自然资源、劳动力，甚至是社会态度和需求，都成了促进发展的内生力量，它们由资本主义制度所创造，并受资本家指挥。总之，"只有资本才创造出资产阶级社会，并创造出社会成员对自然界和社会联系本身的普遍占有。由此产生了资本的伟大的文明作用；它创造了这样一个社会阶段，与这个社会阶段相比，以前的一切社会阶段都只表现为人类的地方性发展和对自然的崇拜"④。

艾略特认为，《政治经济学批判大纲》中"货币"和"资本"两个核心概念，体现了资本主义制度在资本主义的创造性中发挥的作用。对交换价值的普遍追求和获取以货币形式表现出来的财富，深刻地影响了资本主义的发展过程。艾略特指出，在马克思的著作中，资本不只是生产的工具或手段，它更是一种社会关系，包括劳动、工资、利润，是资本所有者和工人之间的所有联系的结晶。"资本就必然地同时是资本家，而有些社会主义者则认为，我们需要资本，但不需要资本家，——这是完全错误的"⑤。把"劳动"和"资本"分离开来，单独地谈论"劳动"或"资本"的生产性是"荒谬的"。"在资本构成生产的基础，从而资本家是生产的指挥者的地方，劳动本身只有在被资本吸收时才是生产的"⑥。此外，因为在资本主义社会，资本家处于支配劳动力的地位，因此"社会生产力的任何增长，……都不会使工人致富，而只会使资本致富"⑦。从而，资本主义生产方式包含了一种最有力的激励因素，使得资本家推动资本的发展，"资本是生产的；也就

---

① 《马克思恩格斯全集》第46卷上，人民出版社1979年版，第287页。
②③④ 《马克思恩格斯全集》第46卷上，人民出版社1979年版，第393页。
⑤ 《马克思恩格斯全集》第46卷上，人民出版社1979年版，第517页。
⑥⑦ 《马克思恩格斯全集》第46卷上，人民出版社1979年版，第268页。

是说，是发展社会生产力的重要的关系"①。

资本主义发展中的障碍推动其进一步发展。艾略特认为，资本主义的工业化、革命化和普遍化，并没有因为资本主义存在的一些制度性的特征——比如异化、剥削、危机和利润率下降等——而丧失其效力。事实上，在资本主义的辩证发展中，资本主义行为中的这些方面既作为原因也作为结果发挥作用。作为矛盾，它们刺激资本主义取得进一步的创造性突破。

在资本主义社会，"工人丧失所有权，而物化劳动拥有对活劳动的所有权，或者说资本占有他人的劳动"，是资产阶级生产方式的"基本条件"，这"绝不是同这种生产方式毫不相干的偶然现象"② 异化，通过强化资本家对劳动和生产的支配，使得资本拥有了自由、权力和动机去追求并实现他们财富的扩张，这使得社会生产力得到"普遍的发展"。"资本主义发展的障碍在于它的整个发展是以一种矛盾的方式进行的"③。因此，表现为"从事劳动的个人本身的异化；他不是把他自己创造出来的东西当做他自己的财富的条件，而是当做他人财富和自己贫苦的条件"，此外，异化的社会还提供了一种纪律和控制，服务于"从趋势和可能性来看的"生产力的"普遍发展"和世界市场的形成。④

对剥削而言，上述观点同样成立。然而，剥削尽管明显是"盗窃他人的劳动时间"，是财富"可怜的基础"，但是它不只是资本主义的制度缺陷。只认识到资本主义对财富的"无限"追求将把剥削推向最高峰也是不充分的。"剥削既是资本主义发展的原因也是资本主义发展的结果，剥削的存在并不能否定资本主义取得的创造性的成功"⑤。在艾略特看来，剥削是资本主义创造经济剩余、在经济政治精英中分配剩余、把剩余投资于促进资本主义自我毁灭的经济增长的手段。在马克思看来，剩余价值，是"游离出来的交换价值"，也就是说，超过已有交换价值或已有劳动时间的等价物的价值，它们可以被重新放入"运动的状态下"，在这种状态下，作为"抽象形式的财富"的剩余价值"只能实现在新的或劳动中（或者是推动以前闲置的劳动，或者是产生出新的工人（促进人口增长）），或者是扩大处在流通中的交换价值的新范围（这可以从生产方面通过以下办法来实现，即游离

① 《马克思恩格斯全集》第 46 卷上，人民出版社 1979 年版，第 287 页。
② 《马克思恩格斯全集》第 46 卷下，人民出版社 1980 年版，第 361 页。
③⑤ J. E. Elliott, Marx's Grundrisse: Vision of Capitalism's Creative Destruction, *Journal of Post Keynesian Economics*, Vol. 1 (2), Winter 1978－1979, P. 152.
④ 《马克思恩格斯全集》第 46 卷下，人民出版社 1980 年版，第 36 页。

出来的交换价值开创新的生产部类，也就是创造出新的交换对象，新的使用价值形式上的物化劳动)，或者是通过扩大贸易"①。

艾略特认为，"正如异化和剥削一样，危机显然源自资本主义结构和生产过程的基本面"②。在某种意义上，它们是造成资本主义功能失调的因素，是资本主义"矛盾"的证明，构成了资本主义进一步发展的"障碍"。艾略特认为，马克思是以一种辩证的方法看待资本主义发展的基本运动规律的。扩张创造了增长的障碍，反过来，这些障碍又刺激了进一步的扩张。障碍并不必然构成资本主义必然的界限或资本主义扩张最终的、内在的限制，事实上，障碍是对进一步发展的刺激。

总之，资本主义"是力图超越自己界限的一种无止境的和无限制的欲望"③，"任何界限都表现为必须克服的限制"④。当然，资本主义克服自身发展的增长过程中的特定障碍，并不表明资本主义已经一劳永逸地克服了所有障碍。每一个障碍"都是同资本的使命相矛盾的，所以资本主义生产是在矛盾中运动的，这些矛盾不断被克服，但又不断地产生出来"⑤。把上述思想放在一起，马克思得出的结论就是，资本主义"一方面确立它所特有的界限，另一方面又驱使生产超出任何界限，所以资本是一个活生生的矛盾"⑥。

45.1.2 资本主义的转变和创造性毁灭

艾略特从创造性毁灭的视角考察了马克思对经济矛盾、工人阶级和技术、自动化取代劳动力的过程进行的分析。

关于创造性毁灭和经济矛盾问题，艾略特指出，马克思认为到了"一定阶段"社会生产关系将成为进一步发展的"桎梏"。但是，即使在这种情况下，创造性毁灭仍是分析的核心，因为一种制度衰落的转折"点"或"阶段"，可以从更早时期的创造性发展或这种制度发展潜力达到顶峰时被预见到。艾略特引用了马克思有关花朵的比喻来类比这种情形，"开花以后和开花的结果就是枯萎"。经济制度的最高发展，"是达到这样一点，这时

---

① 《马克思恩格斯全集》第46卷上，人民出版社1979年版，第316页。
② J. E. Elliott, Marx's Grundrisse: Vision of Capitalism's Creative Destruction, *Journal of Post Keynesian Economics*, Vol. 1 (2)，Winter 1978–1979，P. 153.
③ 《马克思恩格斯全集》第46卷上，人民出版社1979年版，第299页。
④ 《马克思恩格斯全集》第46卷上，人民出版社1979年版，第391页。
⑤ 《马克思恩格斯全集》第46卷上，人民出版社1979年版，第393页。
⑥ 《马克思恩格斯全集》第46卷上，人民出版社1979年版，第408页。

基础本身取得的形式使它能和生产力的最高发展，因而也和个人的最丰富的发展相一致。一旦达到这一点，进一步的发展就表现为衰落，而新的发展则在新的基础上开始"①。当资本关系变成对劳动生产力发展的一种限制时，资本及雇佣劳动同社会财富和生产力的发展，就会发生像行会制度、农奴制、奴隶制同这种发展所发生的那样的关系，必然会作为桎梏被打碎。人类活动所采取的最后一种奴隶形式"就要被撕破"，"而这本身是同资本相适应的生产方式的结果"，"雇佣劳动和资本本身已经是以往的各种不自由的社会生产形式的否定，而否定雇佣劳动和资本的那些物质条件和精神条件本身则是资本的生产过程的结果"②。随着资本主义经济的发展，"异化"和"对立的形式本身是暂时的，它产生出消灭它自身的现实条件"③。资本主义，只有当生产力需要"外部的刺激"而这种刺激同时又是对生产力的"控制"的时候，才表现为经济发展的条件，到一定阶段，它就成了"多余和累赘"④。

艾略特认为，这里谈到的内容同样适用于资本主义的未来。当资本主义发展达到一定点以后，"就会不是造成而是消除资本的自行增值"⑤。达到了这一点，伴随着障碍在规模和强度上的累积，资本主义发展扩张——障碍——扩张的序列就变成障碍——扩张——障碍的序列，所以马克思在《资本论》第三卷中说，"资本主义生产总是竭力克服它所固有的这些限制，但是它用来克服这些限制的手段，只是使这些限制以更大的规模重新出现在它面前"，"资本主义生产的真正限制是资本自身"⑥。

在进行了一般性的引证后，艾略特指出，"具体地说，资本主义的'根本矛盾'是'生产过剩'"⑦。艾略特特别关注的是晚期资本主义的什么样的独特特征，可以被用来解释资本主义经济发展中创造性作用的下降。艾略特认为，马克思确认了两个这样的特征：首先，随着产出的增加、经济相互依赖程度的提升，经济货币化程度的提高和信用更大作用的发挥，周期变得越来越严重。其次，《政治经济学批判大纲》预见到了资本主义存在的一种长期性的，而不是周期性的趋势，即一般利润率的下降。马克思明确指出，

① 《马克思恩格斯全集》第46卷下，人民出版社1980年版，第35页。

②⑤ 《马克思恩格斯全集》第46卷下，人民出版社1980年版，第268页。

③ 《马克思恩格斯全集》第46卷下，人民出版社1980年版，第36页。

④ 《马克思恩格斯全集》第46卷上，人民出版社1979年版，第399页。

⑥ 《马克思恩格斯文集》第7卷，人民出版社2009年版，第278页。

⑦ J. E. Elliott, Marx's Grundrisse: Vision of Capitalism's Creative Destruction, *Journal of Post Keynesian Economics*, Vol. 1（2）, Winter 1978 – 1979, P. 155.

这个规律只是作为一种趋势发生作用，它的作用"经过一个长的时期"、"在一定的情况下"，才会"清楚地显示出来"①。

艾略特指出，在马克思那里，周期和长期趋势是交织在一起发生作用的。考虑到资本积累和利润率下降都是不规则地发生的。加之信用制度不断超越资本主义生产的"内在的桎梏和障碍"，从而推动发展，并加速资本主义危机"暴力的爆发"，因而"促进了旧生产方式解体"②。此外，长期发展越迅速、周期性危机越来越难以协调以及随之而来的萧条，资本发展程度越高，资本"就越成为生产的界限，从而也越是成为消费的界限，至于使资本成为生产和交往的棘手的界限的其他矛盾就不用谈了"③。

艾略特特别指出，使用熊彼特的术语，"只是把马克思有关资本主义经济矛盾增长的观点，解释为另外一种对资本主义'经济引擎'出现故障的激进式诊断是一种误解"④。日益严重的周期和利润率的下降本身，并不构成"专门谈资本主义生产的经济崩溃的学说"⑤。

艾略特引用马克思的论述作为他从创造性毁灭的视角分析经济矛盾的结语。与以"再生产一定的状态或者最多是扩大这种状态而发展生产力"的资本主义矛盾发展相比，新生产方式建立在资本主义"力求全面地发展生产力的基础"之上，在新生产方式中，"生产力的自由的、毫无阻碍的、不断进步的和全面的发展本身就是社会的前提，因而是社会再生产的前提；在这里唯一的前提是超越出发点"⑥。马克思宣布，一旦"抛掉狭隘的资产阶级形式"，"那么，财富岂不正是在普遍交换中造成的个人的需要、才能、享用、生产力等等的普遍性吗？财富岂不正是人对自然力——既是通常所谓的"自然"力，又是人本身的自然力——统治的充分发展吗？财富岂不正是人的创造天赋的绝对发挥吗？这种发挥，除了先前的历史发展之外没有任何其他前提，而先前的历史发展使这种全面的发展，即不以旧有的尺度来衡量的人类全部力量的全面发展成为目的本身。在这里，人不是在某一种规定性上再生产自己，而是生产出他的全面性；不是力求停留在某种已经变成的

---

① 《马克思恩格斯文集》第7卷，人民出版社2009年版，第266页。
② 《马克思恩格斯文集》第7卷，人民出版社2009年版，第500页。
③ 《马克思恩格斯全集》第46卷上，人民出版社1979年版，第400页。
④ J. E. Elliott, Marx's Grundrisse: Vision of Capitalism's Creative Destruction, *Journal of Post Keynesian Economics*, Vol. 1（2），Winter 1978 – 1979, P. 157.
⑤ 保罗·斯威齐著，陈观烈、秦亚南译：《资本主义发展论》，商务印书馆1997年版，第213页。
⑥ 《马克思恩格斯全集》第46卷下，人民出版社1980年版，第34页。

东西上，而是处在变易的绝对运动之中"①。

关于创造性毁灭和工人阶级问题。艾略特指出，创造性、腐朽性、多余和累赘自身都不构成对社会的激进重建，仅有它们也无法实现资本主义创造性的普遍趋势馈赠的未来。艾略特赞同斯威齐的观点，走向崩溃还是走上重建的道路，"主要取决于旧制度是否已经在它的生命历程中培养出一个阶级，这个阶级既有准备、又有能力来斩断它的现有缰索而建立一个新的社会"②。艾略特认为，对马克思而言，如果资本主义的历史使命在于为新的、共产主义生产方式创造前提条件，那么工人阶级的历史使命就在于建设一个新社会。两者之间的联系在于：工人阶级有能力、有决心去实现社会的转变和建设新社会，工人阶级自身也是资本主义发展的产物。

马克思对工人阶级和资本主义创造性功能的分析，存在两个与阶级关系两个重要方面的概念相对应的维度：与生产方式相联系的客观关系（自在阶级）和群体有关本阶级的主观意识以及用于追求本阶级利益而进行的经济和政治方面的组织活动（自为阶级）。艾略特认为，《政治经济学批判大纲》主要对阶级关系的第二个方面进行了分析。资本—劳动关系在马克思看来，是"历史过程"的结果，这种关系不是"永恒的"和"自然的"生产形式。"资本家和雇佣工人的产生，是资本增值过程的主要产物"③。但是，资本主义并不只是创造了现代产业工人，资本主义激发了工人对自己身份和地位的"意识"，促进了工人的联系和组织，鼓励他们为了自己集体的利益采取政治行动。随着工人越来越认识到资本主义工业的产品是劳动自己的产品，并断定"劳动同自己的实现条件的分离是不公平的、强制的，这是了不起的觉悟，这种觉悟是以资本为基础的生产方式的产物，而且也正是为这种生产方式送葬的丧钟"④。这一点，正如奴隶觉悟到自己不能作为第三者的财产一样，敲响了奴隶制的末日丧钟。

危机和萧条并不构成资本主义最终的"崩溃"，它们只是"忠告资本退位并让位于更高级的社会生产状态的最令人信服的形式"⑤。艾略特认为，马克思明确地认识到，阶级压迫和苦难，能够加强革命的热情并把这种热情推向顶峰，但同样清楚的是它们并不是消灭一个已经存在的社会制度并建立

---

① 《马克思恩格斯全集》第 46 卷上，人民出版社 1979 年版，第 486 页。

② 保罗·斯威齐著，陈观烈、秦亚南译：《资本主义发展论》，商务印书馆 1997 年版，第239 页。

③ 《马克思恩格斯全集》第 46 卷上，人民出版社 1979 年版，第 517 页。

④ 《马克思恩格斯全集》第 46 卷上，人民出版社 1979 年版，第 460 页。

⑤ 《马克思恩格斯全集》第 46 卷下，人民出版社 1980 年版，第 269 页。

一个新的社会制度充分的基础。阶级能力同样重要，它是在生产过程中由工人阶级的地位发展出来的，并直接地随着资本主义发展过程而变化。艾略特认为，工人阶级的团结和组织也是无产阶级革命和马克思视野中未来由工人阶级统治的社会主义社会得以实现的重要前提。资本主义的发展直接推进了工人阶级的团结，直接推进了社会主义运动。

至于技术、自动化和对劳动过程的替代问题，艾略特认为，在马克思的各种著作中，资本主义"终结"的时间有所不同。在写于1848年革命前夕的《共产党宣言》中，马克思和恩格斯认为资本主义的最终时刻已经到来，无产阶级革命迫在眉睫。艾略特指出，如果这种判断是正确的，那么即将到来的革命将在相对较低的经济发展水平上发生，与此相联系，创造性毁灭将只发挥相对较小的作用，而更大的作用将是由导致资本主义灭亡的其他类型的因果力量造成的。在《政治经济学批判大纲》中，留给人们的印象是，资本主义还有一段很长的路要走。《政治经济学批判大纲》中的有关论述的含义在于，尽管矛盾、冲突和危机都在加剧，但是资本主义的创造性倾向仍然很明显，而且在继续发挥作用。

因此，艾略特考察了马克思有关科学和技术对生产和劳动过程以及资本主义自身产生的创造性毁灭的影响。马克思注意到，在工业资本主义的早期阶段，生产本质上仍然是一种劳动过程。虽然在资本家的控制之下，这种生产过程仍然以劳动和技能的直接引用为特征。经营一个成功的企业包含在可盈利的水平上雇佣劳动力，从而榨取绝对和相对剩余价值。马克思认为，随着大规模工业和固定资本投资的增加，生产和劳动过程发生了质和量上的根本变化。首先，作为生产发展的结果的科学被迫服务于资本，从而提高了生产力，机器能从事先前由工人进行的工作；其次，随着科学融入到资本主义的发展过程和机器能力的扩张中，科学被应用于直接的生产过程中并成为决定和推动生产的希望；最后，随着分工的扩大，工人的作业过程变成机械的作业过程，到达某种程度，机器替代了工人。这产生了以下三个重要的后果：一是产出和财富开始更少地依赖雇佣劳动力的数量，更多地依赖影响劳动生产率的科学和技术。直接劳动作为生产的基本因素事实上消失，缩小到"不可缺少但是却处于服从地位"。二是劳动异化程度的扩大。工人变成由机器控制的生产体系中的连接物、部件或齿轮。三是劳动构成和工作特征上的根本变化。劳动的功能越来越成为"守护人"和"调节器"而不是"主要参与者"。

最后，关于科学知识、技能和一般生产力的积累，摧毁了资本主义的基础，成为社会主义的前提的问题。艾略特指出，首先，资本靠控制和剥削劳动生存，但是通过劳动和生产过程的发展，它把经济制度转化为一种科学和技术事业，从而使旧的资本——劳动过程成为从属和多余，摧毁了它自己的制度基础和它的合理性。其次，作为现今财富的基础的对"他人劳动时间的盗窃"与科学和技术的使用造就的大工业本身创造的基础相比，成了"可怜的基础"。再其次，资产阶级利用必要劳动时间创造更多的剩余劳动时间。由科学、技术和投资增长创造的生产力的增长，使劳动力减少到最低限度。于是，"资本就违背了自己的意志，成了为社会可以自由支配的时间创造条件的工具，使整个社会的劳动时间缩减到不断下降的最低限度，从而为全体（社会成员）本身的发展腾出空间"①。最后，工作本身越来越人性化。劳动成为"自由和幸福"，其表现就是自由劳动即创作，表现为物质生产中的社会的、科学的劳动。随着大工业的发展，不仅"发展为自动化过程的劳动资料的生产力要以自然力服从于社会智力为前提"，而且，个体的、直接的劳动"成为被扬弃的个别劳动，即成为社会劳动。于是这种生产方式的另一个基础也消失了"②。

45.1.3　社会主义是对资本主义的替代和完善

艾略特认为，在《政治经济学批判大纲》中，共产主义出现在一个非常发达的发展阶段，在建立未来社会主义发展的前提、塑造未来社会主义发展的线索方面，资本主义的创造性毁灭功能发挥了巨大的作用。此外，可以在《政治经济学批判大纲》中发现有关对后资本主义社会主要特征的概括，艾略特认为，这些特征主要包括："（1）建立在科学、技术和自动化基础之上的社会生产力的普遍发展；（2）建立在科学和教育的基础上的对丰富和全面的需要的培养，包括对勤劳的需要的培养；（3）作为度量使用价值和协调生产的手段的市场交换过程的终结（代之以某种社会计划）；（4）资本—劳动关系的终结，代之以'联合的工人'占有社会财产；（5）工作时间的迅速减少和社会可支配时间的急剧增加；（6）科学和社会控制使工作更人性化，为了限制消费和剩余劳动时间的榨取，通过对可支配时间的自由利用取代生产纪律。"③

---

① 《马克思恩格斯全集》第46卷下，人民出版社1980年版，第221页。
② 《马克思恩格斯全集》第46卷下，人民出版社1980年版，第223页。
③ J. E. Elliott, Marx's Grundrisse: Vision of Capitalism's Creative Destruction, *Journal of Post Keynesian Economics*, Vol. 1（2），Winter 1978 – 1979, P. 168.

艾略特指出，"对社会主义经济建设而言，这几乎是一种不具操作性的模式。但是，社会主义经济建设显然不是马克思的目标。很清楚的是，上述每一个特征都是资本主义发展过程中存在的趋势的延伸。对马克思而言，社会主义不只是紧随在资本主义之后的社会形态，它替代了资本主义，而是资本主义的继承和超越，它包含在资本主义引发和培育出来的倾向和趋势中。事实上，对马克思而言，社会主义是没有资本主义异化和剥削、矛盾性制度和行为的资本主义的延伸。正因为如此，社会主义实现了资本主义的潜能和它作出的承诺，是资本主义'历史使命'的实现。"①

45.2　资本主义衰败的数学证明

1960年，尼古拉斯·乔治斯库－罗根在《计量经济学》杂志上发表文章，应用数学方法，从资本积累的角度对资本主义崩溃问题进行了研究。②罗根指出，资本主义将由于它自身存在的和谐性问题而衰败的马克思主义的传统论点是人尽皆知的。人们同样知道，在支持这一论点的不同论据中，一个显著之处被"资本主义体制中积累过程的不充足性的主题所占据"③。一些马克思主义者努力于增加这个特别论据的数学证明的声望。在这个方向作出的第一次尝试是由奥托·鲍威尔（O. Bauer）在1936年进行的，而对这个问题的最新的讨论是鲍威尔证明内容的斯威齐改进版本。不过，罗根认为，这个改进的版本同样是从一个严重的数学错误开始，从而导致证明完全无效。这些错误的存在已经由多马（E. Domar）指出。然而，甚至连多马本人似乎也没有准确地意识到这个错误到底错在哪里。此外，在多马修改后的解中，他使用了一个完全不同于马克思的分析的积累图式。因而随后的研究面临着一个这样的问题，斯威齐的结论是否严格地遵循马克思主义关于资本主义体制的功能的假设。即使资本积累问题不是当前理论经济学家和政策建议者所专注问题的中心，这个事实本身也可单独满足对此论据进行一些探究的兴趣的需要。

---

① J. E. Elliott, Marx's Grundrisse: Vision of Capitalism's Creative Destruction, *Journal of Post Keynesian Economics*, Vol. 1 (2), Winter 1978－1979, P. 168.

② Nicholas Georgescu-Roegen, Mathematical Proofs of the Breakdown of Capitalism, *Econometrica*, Vol. 28, No. 2. (Apr., 1960), pp. 225－243.

③ Nicholas Georgescu-Roegen, Mathematical Proofs of the Breakdown of Capitalism, *Econometrica*, Vol. 28, No. 2. (Apr., 1960), P. 225.

45.2.1 资本主义动态模型

罗根指出，从关于符号表达的预备知识开始是十分必要的。尽管这也许会与许多传统的收入分析的符号表达有冲突。他用大写字母表示存量，小写字母代表流量。通过这样的方法，他希望时刻保持这两种概念的差别，并且得到一个关于所有公式维数同质的证明。

罗根将动态系统描述为（S）。首先定义净国民收入 y，其标准关系为：

$$y = c + a \tag{Ⅰ}$$

其中，c 代表家庭消费量，a 代表净积累量。净国民收入中工人阶级拥有的那部分是工资 w，对资产阶级便是剩余价值 s，因而：

$$y = w + s \tag{Ⅱ}$$

沿着马克思的思路，假设只有资产阶级能够积累，因而：

$$s = l + a \tag{Ⅲ}$$

其中，l 表示资本家家庭的消费。积累被分为两个部分：

$$a = v + k \tag{Ⅳ}$$

其中，v 表示可变资本 V 的增量，k 表示不变资本 K 的增量。可变资本，是对工人阶级维持其生活和延续而言必需的生存资料存量，不变资本是一种严格意义上的生产资料存量。罗根指出，这些术语是马克思主义的，但是 V 与 K 之间的差别可以认为是独立于马克思经济学的。

像任何一种经济学一样，必须弄清的，一方面是生产要素、另一方面是产出之间的技术关系。同样地，罗根沿着马克思理论的基础和假设：唯一纯粹的技术关系是 K 与消费物品的产出之间的比例。其中：

$$K = \lambda(w + l + v) \tag{Ⅴ}$$

正如斯威齐提醒的那样，这个关系等价于"加速原理"。

假设技术关系（广义上）也存在于工资与可变资本之间：

$$V = \mu w$$

这个关系不过是工资基金理论的正确的公式化。罗根认为工资基金理论暗含在马克思主义可变资本的概念中。

应当重点强调 λ 和 μ 对于同一维 t（时间）是不变的，因此，它们的值取决于时间单位的选取。通过选取一个恰当的时间单位，λ 与 μ 之一可以与单位值相等。如果选取这个单位，使得 μ = 1，有：

$$V = w \tag{Ⅵ}$$

没有明确的关系假定存在于产出与工资单（比如劳动）之间，注意到这点是极其重要的。因为根据马克思理论基础，后者仅仅由资本家的行为决定。

罗根转向对这种行为的讨论。在马克思主义经济学看来，资本主义的基本性质是：剩余价值中日益增多的比例被用于积累，积累中日益增多的比例被用于投资。因此资本家的行为可以用下面的关系来表达：

$$a = a(s) \qquad \frac{da}{ds} > 0 \qquad \frac{d}{ds}\left(\frac{a}{s}\right) > 0 \qquad\qquad (\text{VII})$$

并且：

$$k = k(a) \qquad \frac{dk}{da} > 0 \qquad \frac{d}{da}\left(\frac{k}{a}\right) > 0 \qquad\qquad (\text{VIII})$$

这些关系暗含着 a(s) 和 k(a) 在任意点存在一阶导数。不必假设同样的方程也具有二阶导数。但是为了更贴近真实，必须假设 a(s) 和 k(a) 是平滑的函数，这要求它们在每一点上至少存在一个右二阶导数或左二阶导数。在这个例子中，a(s) 和 k(a) 没有二阶导数的点是孤立点。

最后，必须补充如下动态关系：

$$\frac{dV}{dt} = v \qquad \frac{dK}{dt} = k \qquad\qquad (\text{IX})$$

那么这个系统（S）便涉及 10 个未知数：V，K，y，c，a，w，s，l，v，k 和 10 个关系式：（I）~（IX）。从（III），（IV），（VII）和（VIII）能得到逆函数：

$$l = l(k) \qquad v = v(k) \qquad\qquad (45.1)$$

并且从（V），（VI），（IX）得到：

$$k = \lambda v + \lambda \left(\frac{dv}{dk} + \frac{dl}{dk}\right)\frac{dk}{dt} \qquad\qquad (45.2)$$

这个微分方程决定了 k(t)。这个动态系统中另一些未知方程将随后由其他等式直接运算得出。

系统（S）有两点特性，这两点特性使（S）与扩大再生产的马克思的体制不同。第一个不同点有关剩余价值的组成。根据（45.3）和（IV），对于（S）有：

$$s = l + v + k \qquad\qquad (45.3)$$

然而在马克思的体制中：

$$\bar{s} = l + v + k + \frac{dl}{dt} \qquad\qquad (45.3\text{a})$$

的确，斯威齐关于这一点的解释，谨慎地以不留一点误解的余地为目标。人们被明确地告之，剩余价值包括四个部分：与罗根的 k 对应的 S_{ac}；与 v 对应的 S_{av}；与 l 对应的 S_c；l 自身的增长量 $S_{\Delta c}$，比如 $\frac{dl}{dt}$。此外，由于布哈林提出扩大再生产系统时用式（45.3）代替式（45.3a），斯威齐给予他尖锐的批判。根据斯威齐的说法，剩余价值分析中省略项 $\frac{dl}{dt}$ 表明了布哈林"没有能力想象出资本家消费的增长"。式（45.3）中没有 $\frac{dl}{dt}$ 根本不意味着 l 需要是常数，这一点是很基础的，因为 l 像这个系统中其他所有变量一样，是由所有等式决定的，而不是单单某一种关系。

相反，公式（45.3a）式是荒谬的、非经济学的，它在某种程度上独立于任何对于它的物质上的解释。事实上，公式（45.3a）违背了一个实质上是个算术原则的维数同质原则。只要那个公式中的字母代表着可度量的物质概念，并且不代表某些黑格尔式的理想事物，那么 l 和 $\frac{dl}{dt}$ 就不能被加入等式，仅仅总成本和平均成本能够做到这一点。罗根认为，这一点已经成为许多经济谬误的来源。这似乎需要触及把马克思的系统转化成算术上正确的模型存在困难的根源。因为公式（45.3a）的算术上的不和谐并不是偶然的，而是反映了马克思经济学的一个很重要的方面，即物质的流动能以它自身的增长为源泉的观念。

这个立场同样造成了（S）与扩大再生产系统之间不同的第二点。对于（S），从（Ⅱ）式到（Ⅳ）式和（Ⅵ）式，能够得到：

$$y = V + s = V + l + v + k \tag{45.4}$$

而在马克思动态系统中：

$$\bar{y} = V + v + \bar{s} = V + l + 2v + k + \frac{dl}{dt} \tag{45.4a}$$

罗根提醒不要犯"无心的轻率"的错误，以至于混淆了公式（45.4）中国民收入的概念。

不过，隐含在式（45.4a）背后的论据的线索，并不是同式（45.3a）的情况那样简单和明显。首先流量增长 v 追加到存量 V 的过程与流量产生是同一时期的。之后，这存量 V + v 作为一个基础，使工资与 V + v 相等。这就是公式（45.4a）比公式（45.4）多包含一个 v 是如何出现的原因。实质上，这意味着流量 v 能够消耗掉，同时也能作为一种存量的增长传递到下个时期，或者用另一句话说，可变资本的增长被认为是带有排放孔的积累，并且同时意味着消费的增长。用一种明确的术语，这意味着：

$$a = v + k \quad \text{和} \quad \bar{c} = V + v + l + \frac{dl}{dt} \tag{45.5}$$

因为马克思主义者在实践中，并没注意到这个错误：把流量加到它某个时期本身的动态增量，在这个时期中这个增量也同时产生，所以很难看出为什么剩余价值不应这样给出：

$$\bar{s} = l + \frac{dl}{dt} + v + \frac{dv}{dt} + k + \frac{dk}{dt} \tag{45.3b}$$

罗根指出，也许有人会这样解释，每一时期剩余价值可以分成六个部分：l 先前的值加上它的增量，以此类推。事实上，一旦否认了维数同质的原则，便没有理由不继续反复地把增量加到增量上，无穷无尽。

然而，抛弃扩大再生产的马克思系统，转而运用数学模型，其中的难点和不可能性可以由一个更加具体的方式表述出来。假定这个模型已经建立了，并且相应的系统已经由它的 10 个未知的方程求解出来。假定这个解以例如 $l = A + Bt$ 的形式给出。如果现在问：在 $t = t_0$ 时刻，资本家消费的流量的值是多少？有人回答 $A + Bt_0$，那么根据马克思的理论基础，这个答案是错的：因为这个答案没有包括等于 B 的"增量"$\frac{dl}{dt}$ 的部分。如果流量的值是 $A + B + Bt_0$，那么根据它所遵循的逻辑，$l = A + Bt_0$ 并不表示资本家的消费。那它表示什么呢？并且如果说资本家的消费由 $A + B + Bt$ 给定，那么将对式（45.3a）中 $\frac{dl}{dt}$ 项做些什么呢？是否放弃这点，脱离严格的马克思的理论基础；如果保留这点，将绝不会知道资本家消费的数量。[①]

最后，注意物质流动是它本身增长的源泉的观点，等同于相信不仅存在永久性移动，而且还存在永久性加速移动。但是，如果流动不是它本身增长的源泉，也许有人会问，经济增长的源泉是什么？回答这表面上的谜题并不困难。因为人类的经济不是一个孤立的系统，经济增长是其他存量不断利用的结果，包括自然物品，各种形式的闲置能量，最重要的是这种由身体中组织器官积累的特有能量。经济的过程准确地包含这些利用。必然地，这个过程的发展没有伴随其他事物相应的减少。就像是物质的增加并没有伴随着宇宙总能量的减少一样。仅仅在这一方面，可以说经济的过程是黑格尔式的，即包括它自身发展的源泉。但是过程中所涉及物质元素必须遵守普遍的物质

---

① 在解 $V = V(t)$ 运用同样的记号。

和能量法则。

45.2.2 资本主义积累不充足的论据

罗根指出，鲍威尔—斯威齐关于资本主义积累不充分的数学证明所用的模型与扩大再生产的马克思的系统不一样。这个模型在更为一般的情况下的运用存在缺点。事实上，证明是从下面的公式定义的国民收入开始的：

$$y^* = w^* + l^* + k \qquad (45.6)$$

尽管斯威齐没有明确的声明，还是可以十分合理地假设：他坚持将增加的流量加到相应的工资和资本家消费上，即：

$$w^* = V + v \quad l^* = 1 + \frac{dl}{dt} \qquad (45.7)$$

根据式（45.7），式（45.6）变成了：

$$y^* = \bar{y} - v \qquad (45.8)$$

可是，如果 w 和 l 代表它们正常的意思：

$$y^* = y - v \qquad (45.8a)$$

那么可以看出，根据任一种解释，不论是否是马克思主义的，式（45.6）都不能包括国民收入中可变资本的积累。

关于鲍威尔—斯威齐论据的第二个观察，是关于数学的不精确性的。斯威齐陈述道，根据"资本主义基本特征"，即从式（45.7）到式（45.8），能得到：

$$0 < \frac{dw^*}{dk} < 1 \quad \frac{d^2 w^*}{dk^2} < 0 \qquad (45.9a)$$

$$0 < \frac{dl^*}{dk} < 1 \quad \frac{d^2 l^*}{dk^2} < 0 \qquad (45.9b)$$

但是（Ⅶ）和（Ⅷ）一起能得出：

$$-1 - \frac{dv}{dk} < \frac{dl^*}{dk} < \frac{l^*}{v+k}\left(1 + \frac{dv}{dk}\right) \qquad (\text{Ⅶ}^{\text{bis}})$$

$$-1 < \frac{dv}{dk} < \frac{v}{k} \qquad (\text{Ⅷ}^{\text{bis}})$$

严格地说，根据（Ⅶ^{bis}）式 $\frac{dl^*}{dk}$ 甚至会是负的，而 $\frac{d^2 l^*}{dk^2}$ 可正可负。然而（Ⅷ^{bis}）式需要式（45.9a）的假设显示出这个论据更为重要的一个错误。

根据 w^* 的两种可能的解释中的一种，$\frac{dw^*}{dk}$ 取决于 $\frac{dV}{dk}$。但是后者的值并不是由资本家的行为单独决定或限制的，即（Ⅶ）和（Ⅷ）。这个值只是由作为整体的系统决定的，包括技术关系（Ⅴ）。

除了数学证明开始部分的错误，鲍威尔—斯威齐的论点可能是完全有效的。但是没有在一致的模型中检验同样的论点，这个问题是不能被排除的。并且因为（S）尽可能地接近马克思的理论基础，罗根在此基础上进一步展开分析。

鲍威尔—斯威齐的论据可以概括成以下几点：

（1）资本家的行为能够被（Ⅶ）式和（Ⅷ）式描述，如果 $\dfrac{dy}{dt} > 0$，那么 $\dfrac{dk}{dt} > 0$；

（2）另一方面，如果 $\dfrac{d^2 y}{dt^2} < 0$，技术关系（Ⅴ）与资本家行为一起需要 $\dfrac{dk}{dt} < 0$；

（3）所以，在国民收入以一个递减的速率增长时，$\dfrac{dk}{dt}$ 的行为值要比均衡值大。因而消费品的产出将呈现出一种比需求增长的快的连续趋势。罗根指出，能够证明结论（3）所依赖的假设（1）和（2）是错误的。接下来的定理将对于（1）表明这点。为了突出罗根的主要观点，下面的内容忽略了罗根对定理的数学证明，涉及的式子仍用罗根的标示。

定理1：存在 t 的方程满足（Ⅶ）和（Ⅷ），并且使得 $\dot{y} > 0$ 和 $\dot{k} < 0$。

第二条假设的错误之处将会由定理2说明。在表明这个定理之前，罗根引入了一些定义，并且证明几个有用的引理。

定义Ⅰ：如果方程 v，k，l，y，连同它们对 t 的一阶导数都是正的，那么（S）是一个增长的系统。

定义Ⅱ：如果一个增长系统（S）满足以下不等式，它是强增长系统：

$$\frac{\ddot{v} + \ddot{l}}{\dot{v} + \dot{l}} > \frac{\dot{v}}{v} > \frac{\dot{l}}{l} \tag{45.10}$$

引理1：系统：

$$v = A + Be^{\alpha t} \quad l = A' + B'e^{\alpha t} \tag{45.11}$$

其中：

$$A，B，A'，B'，\alpha > 0，A'B - B'A > 0 \tag{45.12}$$

那么这个系统是强增长系统。

引理2：给定一个与式（45.11）形式不同的强增长系统（v，l），能推出另一个与（v，l）不同的强增长系统（v*，l*）。

定理2：存在一个强增长系统（S）使得对某些t值，ÿ为负的。

斯威齐由另一个论据同样推导出资本主义积累的不充足性：资本家行为只能导致一个消费增长率和投资增长率之间一个递减的比率，而技术条件要求这个比率是个常数。明显地，如果这个论据是正确的，那么它将比在前面概括的内容要强许多。因为根据它，资本主义根本不能有均衡，不论ÿ>0还是ÿ≤0。罗根认为，这个论据同样是不合理的。

定理3：存在有关t的方程满足行为条件（Ⅶ）和（Ⅷ），使得产出增长率与不变资本增长率的比率是递增的。

引理1证明了"资本主义"系统（S）也许以这样一个方式增长：净国民收入将会以一个增加的速率连续增加。另一方面，定理2证明了存在增长系统（S），净国民收入在某些区间将以递减的速率增加。现在的问题是，引理1中的对称的情况是否存在，即ÿ也许在某个确定的t值之后保持负值，那么一个增长的系统是否存在。罗根指出对这个问题的回答是否定的。

定理4：不存在增长系统（S），使得对于所有的t≥t₀，ÿ≤0。罗根提醒说，在一个系统（S）中，ÿ也许会以保持负值的状态结束，注意到这点是很重要的。在这个系统中v和k是增长的，而l是递减的。

45.2.3 结论

罗根在他文章的最后，概括了前文分析中的几个要点，并把它们和一些附加的评注结合在一起。

第一，如同上文已经分析的（定理3），仅仅从马克思主义经济学所描述的资本家的行为的知识，不可能推导出：生产资料K与消费品产出w+l+v之间的比率是递减的。

第二，同样能看出，与马克思主义描述的资本主义相对应的经济系统是能够增长的，尽管它的净国民收入只是以一个递减的比率增长（定理2）。

因此假设马克思主义描述的资本主义在认识论方面是正确的，一个时期中，资本主义经济的国民净收入以一个递减的比率增长，这样的时期并不能证明任何关于资本主义崩溃的预言。此外，如果一个增长的资本主义经济的净国民收入以递减的比率增长，那么这样的时期的数目也许是无限的（定理2）。因此，即使这样的阶段反复下去，也不能证明崩溃的预言。

第三，增长的资本主义经济的国民收入以一个递减的比率增长，这样的阶段是不能无限期地维持下去的（定理4）——这是正确的。因此，假如知道实际上已经进入了这样的永久性的阶段，看上去能够声称资本主义系统的结束。但是，人们又怎样在实际中知道这个阶段是永久性的而不是暂时性的呢？

第四，另一方面，为什么在一个增长的资本主义系统中，资本家的消费应当是递增的，这一点不太清楚。事实上，根据马克思主义的资本集中理论，资本家的数量将会不停地减少。越快地集中，资产阶级的消费仿佛越应当减少。如果这种情况发生了，那么在其他所有方面，一个国民收入以递减比率增长的持续阶段与一个增长的经济并没有不相容。

第五，罗根强调了，根据马克思主义的基本理论，在产出和可变资本之间不存在技术关系，比如产出和就业之间。因此，资本主义系统的加总生产函数仅仅由产出和不变资本之间的关系推导出来。这完全是同意这样的立场，即就业的数量仅仅依靠于资本家们对劳动后备军大小的兴趣。换句话说，就业的数量是由资本家想要建立的可变资本数量决定的，而不是由技术条件决定的。因此，给定了资本家行为，不可能假定产出与就业之间同样的独立关系。因为如果补充了这样的关系，那么（S）的等式数目将会增加一个单位，因此将会比这个系统变量的数目还要多。那么资本主义系统将会从一开始就是一个不可能的系统。

显然，很难看出，能调和马克思主义经济学与资本家制造了远远超过需求的消费品。如果产出和就业之间没有技术关系，系统中也不会有需求等式。被雇佣的工人也不会有需求：资本家行为精确的决定他们得到和消费的数量。马克思主义立场的这一特性使许多马克思的追随者们感到困惑，比如罗莎·卢森堡，她不断地问道：在一个资本主义系统中，"需求从哪里而来？"[1]

当然，面对一个全新的个别情况时，资本家们也许并不是一次性地改变真实偏好。在一个演化的系统中，所有的经济决策容易犯这样的差错。显然这样的认识上的差错将会对系统的运行带来一些冲击，但是这些冲击不大可能朝着同样的方向积累，以致持久性地偏离由等式系统本身决定的趋势。

罗根指出，欧文·薛定谔（E. Schrodinger）表达过这样的思想：分析人

---

[1]　Rosa Luxemburg, *The Accumulation of Capital*, with an introduction by Joan Robinson, translated by A. Schwarzschild, New Haven: Yale University Press, 1951, P. 19.

生过程的困难并不在于数学的复杂性上，而是实际过程过于复杂，以至于数学无法应用。① 罗根认为，这个评论同样可应用到资本主义未来的问题上。如同其他所有在资本主义之前和即将由人类社会不断演化而产生的经济系统一样，资本主义就是一种"生命形式"。它在某些方面的功能，使人们可以进行完美的数学分析。然而，当人们面对它变化到另一种形态的演化问题时，数学对于解决这个问题，将会是太过僵化的，也会是太过于简单的工具。因而在任何领域，未来演化过程中变化的数学证明将会受到质疑。

45.3 资本主义晚期社会制度转型理论

艾略特 1984 年发表的《马克思的晚期资本主义社会制度转型理论》② 一文指出，从凡勃伦到当前坚持制度主义传统的经济学家，他们在对社会制度演化的分析中，聚焦于从早期的、以小企业和私有制为基础的本质上是自由放任的资本主义向晚期的、以大企业、大公司为基础的资本主义的转变，这种研究中包含对从封建主义向资本主义、再到向未来的共产主义转变过程的分析。对制度主义者而言，非常重要的主题也是马克思的著作所关注的核心，此外，马克思关注的内容比制度主义者的著作中能够发现的内容更为广泛。因此，考察马克思关于向晚期资本主义演化和转型的理论，以及在什么意义上我们称资本主义为"晚期资本主义"是非常有意义的，这不仅因为马克思的理论有其自身独特的价值，而且也因为它可以作为对制度主义视角的补充。

艾略特认为，马克思对资本主义从早期到晚期的转型进行的分析主要围绕三个重要主题展开。首先，资本主义的进步性和矛盾性都深深地根植于资本主义社会制度结构本身；其次，资本主义的社会经济变迁是资本主义经济体制的技术、制度和态度结构发生了质的变化，而这种变化内生于资本主义发展过程自身；最后，向晚期资本主义进行的质变以及晚期资本主义内部发生的质变，虽然是根植于资本主义社会制度关系中的资本主义进步性和矛盾性特征的产物，但是，这些质变使得这些关系变得日益老化，并最终使资本

---

① Erxvin Schrodinger, *What is Life*?, Cambridge, England: The University Press, 1955, P. 1.

② J. E. Elliott, Karl Marx's Theory of Socio-Institutional Transformation in Late-Stage Capitalism, *Journal of Economic Issues*, Vol. 18, No. 2 (Jun. , 1984), pp. 383 – 393.

主义变得不合时宜。从而，"从某种意义上说，是资本主义创造了自身毁灭的基础"①。

艾略特主要从资本主义社会制度结构及其影响，向晚期资本主义的演化和转变，以及晚期资本主义自身的演化和转变两个方面对马克思的理论进行了分析。

45.3.1 关于资本主义制度的结构及其影响

在对资本主义社会制度结构及其影响的分析中，艾略特首先回顾了马克思对资本主义两重性的考察。一方面，在马克思看来，资本主义的特征在于它的经济矛盾、社会冲突和人的堕落。异化、剥削、时常发生的周期性危机和随之而来的萧条以及大量失业，是资本主义最显著的特征。另一方面，资本主义展示了它发展、增长、进步时革命化、工业化和普遍化的特征，这些特征既创造了新的文明，也推动了世界体系向后资本主义时代的发展。总之，"尽管马克思对19世纪资本主义的矛盾性和非人性的一面进行了最精辟和最具煽动性的批判，但是，他也提供了对资本主义革命性和进步性特征最深刻、最全面的说明"②。

马克思的分析中，大量的内容是围绕着对资本主义上述特征的考察展开的。艾略特提出应该集中研究两个重要观点。

首先，在马克思看来，资本主义存在的似乎完全不同的两面性，实际上是紧密交织在一起的。在资本主义制度框架内，资本主义的进步性和经济扩张重建和扩大了（再生产）异化、剥削和周期性危机的社会制度基础。正是在商品生产的过程中，资本主义再生产了资本主义制度自身。资本主义的扩张同时增加了这一制度积极的和消极的功能。相反的逻辑也是成立的，资本主义的矛盾性特征成为资本主义发展的工具。资本主义的极大的自我矛盾性是对资本主义发展的自我推动。异化，尽管和人的本质不相一致，但是它强化了劳动纪律，而一旦缺乏劳动纪律，工业化将丧失可靠的基础。剥削，从根本的意义上看是不公正和堕落的，但是在资本主义经济中，剥削是创造经济剩余的手段，剥削通过将剩余价值分配给政治经济精英，被投资到经济发展和技术改进中。经济危机尽管造成了萧条、失业和大众的苦难，但是危机也通过破坏资本的价值，使一些小的、低效率的企业破产，刺激经济成本

---

①② J. E. Elliott, Karl Marx's Theory of Socio-Institutional Transformation in Late-Stage Capitalism, *Journal of Economic Issues*, Vol. 18, No. 2 (Jun. , 1984), P. 384.

的下降，创造了资本主义增长在更大规模上的复苏。

其次，资本主义的进步性和矛盾性都深深地根植于它的社会制度关系中。在马克思看来，资本主义社会制度的首要特征是"1. 产品作为商品和2. 商品作为资本产品的性质"①。具体来说就是，第一，资本主义的产品是商品，是为市场交换而生产的商品；第二，劳动力或劳动能力本身成为商品，劳动力成为商品是建立在具有双重意义的"自由"的基础之上的。一方面，工人是自由人，能够把自己的劳动力当作自己的商品来支配，可以选择将劳动能力出售给任何一个资本家雇主以获得雇用；另一方面，工人没有别的商品可以出卖，自由地一无所有。一是他除了劳动力外，没有别的商品可以出卖，一无所有的自由；第三，在市场交换关系下，工人和资本家作为自由和平等的为了自己的私利而相互影响的私人财产所有者；第四，在"隐蔽的生产场所"内，资本家雇主在对生产资料实施阶级垄断的基础上支配着工人，对生产和分工实行等级控制。这些经济结构的基本特征相互交织在一起，深深地影响着其他类型的制度，尤其是政治制度和意识形态。资本家们仰仗着他们的财富和财产权，对政治和公共政策施加了过度的影响。以至于马克思和恩格斯认识到，国家是"管理整个资产阶级的共同事务的委员会"。产品的商品形式以及人们将资本看作是一种"物"，而不是一种社会关系的拜物教形式，给工人造成了"平等、自由"的幻觉。

最后，资本主义的创造性也是由它的社会制度的特征决定的。资本家对财富的"癖好"，受货币和市场交换的刺激，推动了社会生产力的普遍发展。资本主义的财产关系和劳动分工，使资本家拥有了自由、能力和动机去进行工业化。资本家之间的竞争最初是围绕获得劳动力展开的竞争，到后来围绕争夺市场展开的竞争，迫使资本家合理利用劳动和资本，不断推进技术创新。资本主义制度产生了超越一切障碍推动工业发展的"无限动力"。因此，资本主义的历史使命是资本积累和工业化，恰恰是这一点，为后资本主义文明进行着准备。

45.3.2 晚期资本主义的分析

在对向晚期资本主义的演化和转变以及晚期资本主义自身的演化和转变的分析中，艾略特指出，对马克思而言，制度和社会关系在社会变迁中

---

① 《马克思恩格斯文集》第 7 卷，人民出版社 2009 年版，第 996 页。

发挥着非常重要的作用。然而，前面的分析相对集中于工业资本主义演化的早期阶段。在马克思看来，资本主义的发展不只是制度的再生产或给定的技术、制度和激励关系下经济变量在量上的扩大。相反，与马克思之后的学者凡勃伦和熊彼特相类似，马克思提出了一个社会制度转变的理论模式，即技术、制度和态度结构上发生的质变，内生于资本主义体制自身的发展过程。这一转变图景包含两个重要的、交织在一起的主题：一是随着从资本主义从以小企业为基础的私人资本主义向以大企业为基础的公司资本主义的转变，经济矛盾和社会冲突日益加剧；另一个是社会化过程。通过资本主义内部的辩证法，资本主义既为共产主义奠定了基础也为实现共产主义提供了线索。

艾略特认为，马克思至于资本主义矛盾特征加剧的分析建立在几个因素之上。其中，以下四种因素具有特别重要的意义。第一，资本主义有垄断的趋势。随着技术的进步，效率不断提高，贸易规模不断扩大，垄断不断增强。资本主义垄断的不断增长，修正了财产个人所有的经济基础，扩大了异化和剥削的范围。垄断也与周期性危机交织在一起，在萧条时期，小型的、破产的企业被卖给大型企业。垄断企业通过限制新企业进入，获取垄断利润，进行劳动节约型创新，垄断加剧了周期性的危机。但是垄断利润和大规模的生产运作，促进了大型投资项目和技术的更新，从而使生产进一步社会化，"缩短了成熟资本主义与共产主义之间的社会经济距离"[①]。第二，马克思认为周期性危机的范围将更加广泛，程度将更加严重。财富的增长加重了危机的程度，不断增长的世界市场扩大了危机波及的范围，信用的发展引发投资过度和投机盛行。固定资产耐久性的增加，延长了危机中资本贬值的延长，资本有机构成的提高引起劳动需求的相对下降，从而造成更高的失业率。第三，与异化、剥削和严重的周期性危机相对应，在资本主义不断发展过程中，广大工人阶级的命运愈加悲惨。第四，资本主义工业化不仅仅创造（再创造）出一个城市工人阶级，它还启发了工人对他们自身状况的觉悟，促使他们联合并组织起来，鼓舞他们为了集体利益而采取政治行动。日益严重的危机和剥削，刺激了作为劳动保护机构的工会的发展。随着资本主义越来越具有国家性和世界性，随着资本主义在交通运输和交往技术方面的改进，阶级斗争也开始积聚，斗争的地理范围逐步扩大，政党和其他组织赋予

---

① J. E. Elliott, Karl Marx's Theory of Socio-Institutional Transformation in Late-Stage Capitalism, *Journal of Economic Issues*, Vol. 18, No. 2 (Jun., 1984), P. 388.

这种斗争越来越强的政治色彩。作为资本主义发展过程自身产物的工人阶级组织，有助于工人形成社会主义意识，从而改变着工人们自身的状况并潜在地改变着资本主义社会本身。

因此，艾略特指出，在马克思看来，与社会经济增长和阶级斗争发展的主客观因素同时推进的是，资本主义演化过程中资本主义社会制度的转变和社会化。

首先，随着资本主义对投资基金需求的逐步扩大，加之信用发展的推动，使得资本家分成"单纯的经理"和"单纯的货币资本家"，造成了"资本主义生产方式在资本主义生产方式本身范围内的扬弃"，垄断的建立，"引起国家的干涉"①。同样地，工人之间的合作因资本主义工业化而产生，工厂制度和经济积聚因工人阶级意识的增强和工人阶级消除资本主义的支配与剥削的愿望，以及信用的发展被进一步推动。和公司制一样，合作制或工人自己的合作工厂，是在"旧形式内对旧形式打开的第一个缺口"，是资本主义自身发展的摇篮中孕育出来一个新的社会所有制的过渡形式。

其次，工人阶级规模的扩大和工人阶级的政治组织，迫使资本主义不仅放宽其政治制度限制，而且扩大选举权和立法机关的政治作用。尽管在资本家监督下，政治民主无法发生全面的激进的变革以充分实现民主的潜力，但是因阶级斗争的推动而出现的政治民主范围的扩大，确实实现了有利于劳动的立法改革，这些改革不仅缩短了资本主义与共产主义之间的距离，也使得向共产主义的最终过渡变得容易，此外，它还在政治上教育了工人阶级，提高了工人阶级的组织能力，使他们团结在一起，从而使向共产主义的过渡变得更为可能。

最后，科学技术水平的提高和工厂自动化的普及，极大地提高了劳动生产率，削弱了再生产过程中个体直接劳动的作用，减少了对人类劳动的需求量（这是以社会矛盾的形式，尤其是失业表现出来的）。此外，资本主义技术的现代化，通过不断革新生产方法和促进劳动分工，使劳动的"自由流动"和劳动者"各种能力"的培养成为必须。结果，教育改革和工人阶级技术学校的建立成为一种必然。

艾略特在结论中指出："在马克思有关晚期资本主义转型的图景中，最重要的一点就是上述因素发生的质变，这是由资本主义的创造性和破坏性本

---

① 《马克思恩格斯文集》第7卷，人民出版社2009年版，第497页。

质造成的，是由它的进步性和它的矛盾与冲突造成的，而所有这一切都根植于资本主义的社会制度特征，这些质的变化，反过来推动了资本主义社会制度特征的消亡和资本主义自身的毁灭"[1]。总之，"资本主义的社会制度关系，通过复杂的辩证过程，最终使自己变得不合时宜了"[2]。

① J. E. Elliott, Karl Marx's Theory of Socio-Institutional Transformation in Late-Stage Capitalism, *Journal of Economic Issues*, Vol. 18, No. 2（Jun. , 1984）, P. 390.

② J. E. Elliott, Karl Marx's Theory of Socio-Institutional Transformation in Late-Stage Capitalism, *Journal of Economic Issues*, Vol. 18, No. 2（Jun. , 1984）, P. 391.